2008

大中型批发零售和住宿餐饮企业统计年鉴

国家统计局贸易外经统计司 编

中国统计出版社
China Statistics Press

(京)新登字041号

图书在版编目（CIP）数据

大中型批发零售和住宿餐饮企业统计年鉴. 2008/国家统计局贸易外经统计司编
- 北京：中国统计出版社，2008. 8
ISBN 978-7-5037-5512-5

Ⅰ. 大…
Ⅱ. 国…
Ⅲ. ①批发商业－商业企业－统计资料－中国－2008－年鉴
②零售商业－商业企业－统计资料－中国－2008－年鉴
③饭店－住宿企业－统计资料－中国－2008－年鉴
④饮食业－餐饮企业－统计资料－中国－2008－年鉴
Ⅳ. F721.7-66 F719-66

中国版本图书馆CIP数据核字（2008）第104991号

大中型批发零售和住宿餐饮企业统计年鉴－2008

作　　者/国家统计局贸易外经统计司
责任编辑/马　平　王贵銮
装帧设计/艺编广告
出版发行/中国统计出版社
通信地址/北京市西城区月坛南街57号　　邮政编码/100826
办公地址/北京市丰台区西三环南路甲6号　邮政编码/100073
电　　话/邮购（010）63376907　书店（010）68783172
印　　刷/河北天普润印刷厂
经　　销/新华书店
开　　本/880×1230毫米　1/16
字　　数/1170千字
印　　张/37.5
版　　别/2008年8月第1版
版　　次/2008年8月第1次印刷
书　　号/ISBN 978-7-5037-5512-5/F·2741
定　　价/380.00元

大中型批发零售和住宿餐饮企业统计年鉴—2008

编辑成员

顾　　问：谢伏瞻　徐一帆

主　　编：宋跃征

副 主 编：王克臣　蔺　涛

编　　委：王贵銮　赵则勇　罗卫华　崔晓红　龙　玲

编辑人员：王贵銮　卢　山　杨　壮　张　敏　孙腾蛟

编者说明

一、《大中型批发零售和住宿餐饮企业年鉴—2008》系统收录了全国和各省、自治区、直辖市2007年中国大中型批发零售和住宿餐饮业企业基本情况、经营情况和主要财务情况的年报统计数据，是一部全面反映中国大中型批发零售和住宿餐饮业企业经营和发展状况的资料性年刊。

二、本年鉴正文内容分为4个部分：1.综合篇；2.地区篇；3.行业篇；4.企业篇。同时设有三个附录：1.统计上大中小型企业划分办法；2.批发零售和住宿餐饮业统计限额标准；3.主要统计指标解释。

三、为便于读者使用，本年鉴对所用略语和主要统计指标解释、统计范围和统计方法作了简要说明。

四、本年鉴中涉及的全国性统计资料，均未包括香港、澳门特别行政区和台湾省数据。

五、本年鉴中所使用的度量衡单位，均为国际统一标准计量单位。

六、本年鉴表中的“空格”表示该项统计指标数据不足本表最小单位数、不详或无该项数据。

目录

CONTENTS

1.综合篇

2.地区篇

3. 行业篇

4. 企业篇

附录

1. 综合篇

简要说明：

一、本篇资料主要内容为限额以上和大中型批发零售和住宿餐饮业企业的单位数和从业人员数情况；限额以上和大中型批发和零售业企业的商品购、销、存情况及住宿和餐饮业企业的经营情况；限额以上和大中型批发零售和住宿餐饮业企业的主要财务、劳动工资及经济效益分析指标等。

二、限额以上（含全部大中型）批发零售和住宿餐饮业采用全面调查方法。

三、批发零售和住宿餐饮业大中小型企业划分依据《统计上大中小型企业划分办法（暂行）》，具体见附件Ⅰ。

1－1 大中型批发和零售业企业基本情况

项　目	2007 年	2006 年	2007 年比 2006 年增长(%)
一、法人单位个数(个)	**6868**	**6635**	**3.5**
二、年末从业人员数(人)	**2895839**	**2673329**	**8.3**
三、商品购、销、存总额(万元)			
购进总额	455722608	364791658	24.9
进口	18317229	15199923	20.5
销售总额	488582859	390916821	25.0
批发额	367964947	281675417	30.6
出口	35912975	23301277	54.1
零售额	120617913	109241404	10.4
年末库存总额	34746693	29382162	18.3
四、年末资产负债(万元)			
流动资产合计	134183595	104786923	28.1
固定资产原价	44859736	41116298	9.1
累计折旧	13193194	11686485	12.9
资产总计	203070479	166458053	22.0
负债合计	134050598	109488838	22.4
所有者权益	68966832	56932187	21.1
实收资本	31891723	25672893	24.2
国家资本	10031206	7627799	31.5
集体资本	1242871	914928	35.8
法人资本	10620573	9260629	14.7
个人资本	5395064	3407422	58.3
港澳台资本	676371	687251	-1.6
外商资本	3925639	3774864	4.0
五、主要财务指标(万元)			
营业收入合计	475375923	376717698	26.2
主营业务收入	471103048	371166622	26.9
主营业务成本	422039734	333011593	26.7
主营业务税金及附加	996658	677775	47.0
主营业务利润	43589282	35763520	21.9
其他业务利润	3688515	3598094	2.5
营业费用	19090267	17470072	9.3
管理费用	12143070	10582269	14.7
财务费用	1506019	1157952	30.1
营业利润	16973283	12471836	36.1
利润总额	19770781	13570262	45.7
应交所得税	5345676	3651463	46.4
劳动、失业保险费	953295	843001	13.1
住房公积金和住房补贴	455806	404665	12.6
本年应付工资总额	7064701	5946281	18.8
本年应付福利费总额	668280	825458	-19.0
本年应交增值税	7435243	5873389	26.6

1－2 大中型批发和零售业法人企业和从业人员数

项目	法人企业个数(个)		年末从业人员数(人)	
	限额以上	大中型企业	限额以上	大中型企业
总计	**55737**	**6868**	**6049235**	**2895839**
一、批发业	**29046**	**2510**	**2495863**	**1110281**
(一)按登记注册类型分				
1. 内资企业	**27839**	**2403**	**2296051**	**1018810**
国有企业	3810	833	669839	370368
集体企业	925	85	76079	18232
股份合作企业	282	19	15818	4040
联营企业	181	8	14599	2217
国有联营企业	72	5	8584	1115
集体联营企业	22	1	736	270
国有与集体联营企业	45		2348	
其他联营企业	42	2	2931	832
有限责任公司	7835	695	637021	220694
国有独资公司	356	77	62360	36732
其他有限责任公司	7479	618	574661	183962
股份有限公司	1028	319	337031	236618
私营企业	13673	435	489042	114282
私营独资企业	455	11	22315	3908
私营合伙企业	150	3	4678	437
私营有限责任公司	12571	396	439144	100863
私营股份有限公司	497	25	22905	9074
其他企业	105	9	56622	52359
2. 港、澳、台商投资企业	**389**	**37**	**50554**	**18665**
合资经营企业	83	12	11444	5316
合作经营企业	14	4	1995	778
独资经营企业	287	19	35367	11909
投资股份有限公司	5	2	1748	662
3. 外商投资企业	**818**	**70**	**149258**	**72806**
中外合资经营企业	141	19	31737	19741
中外合作经营企业	11	1	1654	200
外资企业	652	46	106887	46881
外商投资股份有限公司	14	4	8980	5984

1－2 续表 1

项　目	法人企业个数(个)		年末从业人员数(人)	
	限额以上	大中型企业	限额以上	大中型企业
(二)按行业分				
农畜产品批发	1415	173	131417	34948
食品、饮料及烟草制品批发	2839	646	563461	331730
米、面制品及食用油批发	574	71	49252	10859
烟草制品批发	624	338	323960	241751
纺织、服装及日用品批发	2580	180	288791	97875
服装批发	757	71	168470	54640
文化、体育用品及器材批发	781	78	68353	27817
医药及医疗器材批发	1931	355	215633	104570
矿产品、建材及化工产品批发	11794	634	757422	355425
煤炭及制品批发	1314	98	93679	29710
石油及制品批发	1755	331	373129	255675
金属及金属矿批发	4314	76	111932	19616
建材批发	1161	35	64056	29825
化肥批发	656	48	41671	11410
机械设备、五金交电及电子产品批发	5798	387	374202	136619
汽车、摩托车及零配件批发	1234	70	61537	16758
家用电器批发	564	102	94747	56527
计算机、软件及辅助设备批发	830	33	32164	5559
贸易经纪与代理	414	14	18080	5663
其他批发	1494	43	78504	15634
(三)按控股情况分				
国有控股	6689	1368	1169702	701196
集体控股	2553	262	218889	75632
私人控股	18577	790	936384	263060
港澳台控股	387	31	46239	16390
外商控股	840	59	124649	54003

1－2 续表 2

项　目	法人企业个数(个)		年末从业人员数(人)	
	限额以上	大中型企业	限额以上	大中型企业
二、零售业	**26691**	**4358**	**3553372**	**1785558**
(一)按登记注册类型分				
1. 内资企业	**26028**	**4112**	**3177666**	**1565606**
国有企业	2626	498	311723	136394
集体企业	2180	201	156068	43604
股份合作企业	531	71	56649	29891
联营企业	193	21	18125	11630
国有联营企业	62	6	5905	3887
集体联营企业	44	6	5623	3694
国有与集体联营企业	46	1	2318	1309
其他联营企业	41	8	4279	2740
有限责任公司	6898	1572	1149854	619164
国有独资公司	152	42	29469	18436
其他有限责任公司	6746	1530	1120385	600728
股份有限公司	1104	380	515101	326609
私营企业	12238	1343	936342	391609
私营独资企业	1715	94	83653	23554
私营合伙企业	343	30	21747	10985
私营有限责任公司	9507	1144	774592	338714
私营股份有限公司	673	75	56350	18356
其他企业	258	26	33804	6705
2. 港、澳、台商投资企业	**241**	**81**	**120815**	**68248**
合资经营企业	100	38	56333	42748
合作经营企业	24	4	7489	1498
独资经营企业	112	37	54505	23613
投资股份有限公司	5	2	2488	389
3. 外商投资企业	**422**	**165**	**254891**	**151704**
中外合资经营企业	192	85	151227	107762
中外合作经营企业	49	15	32471	11839
外资企业	171	64	67913	31810
外商投资股份有限公司	10	1	3280	293

1－2 续表 3

项　　目	法人企业个数(个)		年末从业人员数(人)	
	限额以上	大中型企业	限额以上	大中型企业
（二）按行业分				
综合零售	7090	2421	2000744	1226743
百货零售	3162	1068	876958	558917
超级市场零售	2896	1238	1013407	638182
食品、饮料及烟草制品专门零售	1087	178	118517	55120
纺织、服装及日用品专门零售	1373	278	174192	68928
服装零售	725	178	117610	46553
文化、体育用品及器材专门零售	1923	273	156726	58486
体育用品零售	54	12	8662	5138
图书零售	1341	217	104714	44755
医药及医疗器材专门零售	1631	488	215013	126630
药品零售	1453	479	208091	125076
汽车、摩托车、燃料及零配件专门零售	8023	239	465166	83367
汽车零售	5347	164	286007	32988
机动车燃料零售	1810	66	154964	49250
家用电器及电子产品专门零售	3641	320	296384	132629
家用电器零售	1578	214	213331	108534
计算机、软件及辅助设备零售业	1273	32	40931	8127
通讯设备零售	493	64	34914	14419
五金、家具及室内装修材料专门零售	1041	111	69012	22522
无店铺及其他零售	882	50	57618	11133
邮购及电子销售	13	3	2908	1404
（三）按控股情况分				
国有控股	4446	976	891236	414319
集体控股	3952	655	534835	308675
私人控股	17558	2472	1782152	858195
港澳台控股	268	90	117664	63021
外商控股	467	165	227486	141348

1－3 大中型批发和零售业企业

项　　目	购进总额		进　　口		销售总额	
	限额以上	大中型企业	限额以上	大中型企业	限额以上	大中型企业
总　　计	**1289125398**	**455722608**	**88716408**	**18317229**	**1327408457**	**488582859**
一、批发业	**1048324672**	**366388529**	**84663769**	**17959977**	**1056198832**	**384733724**
（一）按登记注册类型分						
1. 内资企业	**963134656**	**341200658**	**65314562**	**14836701**	**966756883**	**353434146**
国有企业	239773281	109923130	18508470	4094309	266745459	128283665
集体企业	16124452	6011791	1958213	1659802	17223728	6196533
股份合作企业	4436839	584141	490921		4634567	568799
联营企业	5533360	784522	316466		5602009	901607
国有联营企业	3040052	509219	214670		3159771	623784
集体联营企业	211662	16012	4138		253081	23095
国有与集体联营企业	1222515		3893		1093644	
其他联营企业	1059130	259291	93766		1095513	254727
有限责任公司	284786911	80626825	25195017	5643675	289280695	84612719
国有独资公司	41330231	26076610	4719172	1506691	43900825	26895821
其他有限责任公司	243456680	54550215	20475846	4136984	245379869	57716898
股份有限公司	176805330	120336040	6401690	3180195	169243202	109311992
私营企业	232597879	20923653	12435185	258720	210522546	21239549
私营独资企业	5202633	809184	245767	4200	5537496	883875
私营合伙企业	1204560	10340	33989		1241717	17608
私营有限责任公司	215976860	14405358	11977973	238862	194276154	15698498
私营股份有限公司	10213827	5698772	177456	15658	9467180	4639568
其他企业	3076605	2010555	8601		3504678	2319283
2. 港、澳、台商投资企业	**14004174**	**2201076**	**2923697**	**44559**	**15640701**	**2662944**
合资经营企业	2998599	885901	371855	6741	3455073	1111415
合作经营企业	813848	108870			831688	147393
独资经营企业	9830429	1120696	2480454	37818	10922342	1313492
投资股份有限公司	361298	85609	71388		431599	90644
3. 外商投资企业	**71185843**	**22986796**	**16425510**	**3078718**	**73801248**	**28636633**
中外合资经营企业	19469003	7163965	2045880	57587	20687885	7719695
中外合作经营企业	323322	23281			380433	26094
外资企业	47422623	12776387	14218077	2860718	48729582	18054025
外商投资股份有限公司	3970895	3023163	161553	160413	4003349	2836819

商品购、销、存总额

单位:万元

批发		出口		零售		年末库存总额	
限额以上	大中型企业	限额以上	大中型企业	限额以上	大中型企业	限额以上	大中型企业
1043627067	**367964947**	**111543682**	**35912975**	**283781391**	**120617913**	**91932415**	**34746693**
1003015319	**354199443**	**111000959**	**35658437**	**53183513**	**30534280**	**66499216**	**25371723**
915208538	**323861409**	**98738554**	**29698023**	**51548344**	**29572737**	**60465717**	**23858811**
257980969	123627237	22675031	8994489	8764491	4656429	19036663	9278727
16613569	6076525	1949236	1379737	610159	120008	1988473	1092928
4213766	305144	532901	300	420801	263655	383068	100769
5323500	883958	595982		278509	17649	385649	55407
2983042	606135	352108		176728	17649	162775	47207
249547	23095	2087		3534		8419	
1030328		73867		63317		93515	
1060583	254727	167920		34930		120940	8200
279201298	79550181	41061484	10422837	10079397	5062538	18800103	7123810
43624866	26665109	6003121	3000568	275959	230712	4259753	2835708
235576432	52885072	35058363	7422269	9803438	4831826	14540350	4288103
145399758	91822714	11734056	7831279	23843444	17489278	6290183	4176899
203437254	19705641	20089132	1069381	7085292	1533908	13162081	1667712
5229393	794619	220875		308103	89256	434712	79807
1181557	17208	60045		60159	400	80735	5170
187790147	14329477	19296974	1007233	6486007	1369021	11875794	1177958
9236156	4564338	511239	62148	231024	75230	770840	404777
3038425	1890009	100733		466253	429274	419499	362559
15212762	**2452055**	**712560**	**5643**	**427939**	**210889**	**1283135**	**193718**
3365857	1095856	108659	5643	89216	15559	183697	92237
802276	129321			29412	18072	18400	8070
10619208	1136234	603901		303134	177259	1041894	90400
425422	90644			6176		39144	3011
72594019	**27885980**	**11549845**	**5954772**	**1207229**	**750653**	**4750363**	**1319195**
19967070	7078527	6120895	4852616	720815	641168	1037864	274474
350375	26094			30057		11120	2210
48340143	17944540	5298630	973872	389439	109485	3108401	519647
3936430	2836819	130320	128284	66919		592978	522864

1－3 续表 1

项　　目	购进总额		进　　口		销售总额	
	限额以上	大中型企业	限额以上	大中型企业	限额以上	大中型企业
(二)按行业分						
农畜产品批发	19656386	3878782	3083776	262315	20700398	3752566
食品、饮料及烟草制品批发	100883520	54976770	2544130	974509	116963559	70403291
米、面制品及食用油批发	8190929	2053079	643259	104327	8130311	1913516
烟草制品批发	58377560	41924005	973015	714348	78134038	56358149
纺织、服装及日用品批发	68886348	20599572	7554702	3331784	74482661	23585797
服装批发	26873389	10768980	3095762	1929357	28599020	11422143
文化、体育用品及器材批发	12896691	5017340	712743	251300	13535027	5445803
医药及医疗器材批发	39116796	19277928	1906704	537187	42062316	20422156
矿产品、建材及化工产品批发	611779220	208497214	40804677	7234193	580731551	202524205
煤炭及制品批发	39068484	9443458	1049273		42102738	10481791
石油及制品批发	247429181	146158771	9518313	1557416	242475677	138181242
金属及金属矿批发	200290431	38746043	18480518	3624423	197098787	39857128
建材批发	25170979	1712781	2371791	51650	26069683	1959536
化肥批发	14465892	5955594	842770	269338	14818871	5666139
机械设备、五金交电及电子产品批发	150628658	48168725	18841758	4751163	160315412	52379862
汽车、摩托车及零配件批发	35595888	10566166	4205005	153418	37783117	11177012
家用电器批发	28130999	13970353	1853901	1423810	28695411	14193437
计算机、软件及辅助设备批发	14388567	1128114	2321391	19837	14752251	1179924
贸易经纪与代理	10762911	1503294	2506153	264025	11439683	1582845
其他批发	33714142	4468904	6709125	353502	35968225	4637198
(三)按控股情况分						
国有控股	561148017	286615252	39854009	11203932	573165420	296562836
集体控股	69228272	20981949	6515643	2675002	72585606	21979774
私人控股	357666592	41995495	20398317	961858	340005018	43962334
港澳台控股	12436753	1287706	2604852	44209	13825429	1735034
外商控股	47845037	15508127	15290949	3074977	56617358	20493745

单位:万元

批发		出口		零售		年末库存总额	
限额以上	大中型企业	限额以上	大中型企业	限额以上	大中型企业	限额以上	大中型企业
20407840	3667151	1654467	56009	292558	85415	8167196	3894297
113598697	69477496	5844464	3295285	3364863	925796	7546205	4245436
7926096	1850131	1307051	882428	204215	63385	1993780	638049
76839420	56249933	843535	230527	1294618	108216	3612008	3038620
73448171	23145773	38988256	12101028	1034490	440024	4044396	1601968
28055016	11111441	16187645	5281488	544004	310702	1600452	789844
12719126	5227696	2713128	1593208	815900	218107	1856676	745455
33943223	14950929	1610651	214325	8119093	5471227	3926108	1697810
548528624	180968989	21826794	6237620	32202927	21555217	26697705	8994898
41621847	10364098	1353256	135552	480892	117693	1492695	237387
213448728	117636515	1944494	628161	29026949	20544727	6602590	3877222
195955027	39482348	10243826	3996719	1143760	374780	11420355	2885627
25208243	1638167	1887150	68299	861440	321369	1638705	125510
14492711	5531346	436414	321996	326160	134793	2006426	921807
153777866	50886956	27026821	10588433	6537546	1492905	10596744	3405401
34453696	10613839	6539927	4939947	3329422	563173	2117933	377587
28113749	13737263	2721242	808289	581662	456174	1872179	937317
13769096	1052567	1200695	35	983155	127356	695028	72387
11367798	1568563	5944321	1070109	71885	14282	762402	91287
35223975	4305891	5392056	502421	744250	331308	2901783	695173
538399170	271650554	57184347	26209547	35181193	24912282	35781779	18558566
69284435	20624602	9972304	5089671	3276312	1355173	5154376	2112174
326061573	40020396	36989414	3257058	13720203	3941939	20275036	3513179
13345572	1532382	676239		464658	202653	1172482	110738
55924569	20371511	6178655	1102162	541145	122235	4115542	1077066

1－3 续表 2

项　　目	购进总额		进　　口		销售总额	
	限额以上	大中型企业	限额以上	大中型企业	限额以上	大中型企业
二、零售业	**240800726**	**89334079**	**4052639**	**357252**	**271209625**	**103849136**
（一）按登记注册类型分						
1. 内资企业	**212394147**	**75415314**	**3342201**	**342064**	**238734126**	**87360597**
国有企业	16924000	6769116	196070	95808	18617653	7234958
集体企业	5602139	1389295	69877	1679	6026031	1454067
股份合作企业	2510567	1310865	4169	353	2852345	1481748
联营企业	1611732	616014	11660		1730613	652525
国有联营企业	593995	207850	787		620447	200717
集体联营企业	220225	74121	155		263287	104482
国有与集体联营企业	429864	197658	3604		455114	215699
其他联营企业	367649	136384	7113		391764	131627
有限责任公司	73521296	24586700	1214823	148110	80207107	27808539
国有独资公司	2075485	1092911	62613	60387	2183235	1139345
其他有限责任公司	71445811	23493789	1152210	87723	78023872	26669194
股份有限公司	43465677	25767149	142673	55480	54557100	30959419
私营企业	66335665	14516185	1692253	40635	72166866	17264835
私营独资企业	3570288	770963	17374	107	3665395	736356
私营合伙企业	919372	315792	2924		1003781	360159
私营有限责任公司	58326793	12734052	1644881	40529	63657929	15425019
私营股份有限公司	3519213	695378	27074		3839761	743301
其他企业	2423073	459989	10677		2576411	504506
2. 港、澳、台商投资企业	**8809100**	**4594865**	**396573**	**4603**	**10456591**	**5493584**
合资经营企业	4899107	3333427	233859	3551	6104530	4030496
合作经营企业	961221	114752	1232		1035916	148723
独资经营企业	2813316	1132713	157914	1052	3173204	1297159
投资股份有限公司	135456	13974	3569		142942	17207
3. 外商投资企业	**19597479**	**9323900**	**313865**	**10585**	**22018908**	**10994955**
中外合资经营企业	10092849	6569315	142591	4437	11985931	7629590
中外合作经营企业	3776221	1006737	37758	5681	4389595	1064202
外资企业	4326401	1744429	133516	467	5388034	2297559
外商投资股份有限公司	1402008	3419			255348	3603

单位:万元

批发		出口		零售		年末库存总额	
限额以上	大中型企业	限额以上	大中型企业	限额以上	大中型企业	限额以上	大中型企业
40611747	**13765503**	**542723**	**254537**	**230597878**	**90083632**	**25433200**	**9374970**
36270720	**11557013**	**536055**	**254377**	**202463406**	**75803584**	**22796359**	**8084654**
2971565	1112608	34435	24621	15646088	6122350	1925227	884819
985729	158834	12515		5040302	1295233	651918	195271
367153	188367	9		2485192	1293381	289039	175193
322899	189046			1407714	463479	100199	53833
120206	49604			500241	151113	34156	17133
38360	16829			224927	87653	11503	4925
129545	105910			325569	109789	30683	22692
34788	16703			356976	114924	23858	9083
9330733	2017117	131195	37812	70876373	25791422	8579259	3165171
307130	80456	18		1876105	1058889	367053	196809
9023604	1936661	131177	37812	69000268	24732533	8212205	2968362
14249056	5990685	298201	186690	40308044	24968733	2921441	1631852
7785407	1890189	59701	5255	64381459	15374646	8095695	1924928
255693	24431			3409702	711925	468667	113637
100338	9876			903444	350283	104512	40100
7073898	1800891	59701	5255	56584031	13624128	7186765	1701649
355478	54991			3484283	688310	335751	69543
258177	**10167**			**2318234**	**494340**	**233582**	**53588**
1145300	848900	1125	81	9311292	4644684	780457	327334
471375	415492	319		5633154	3615004	293328	193910
68712	679	81	81	967204	148043	21410	1047
605212	432729	725		2567992	864430	446843	131780
				142942	17207	18876	597
3195728	**1359590**	**5544**	**80**	**18823181**	**9635365**	**1856384**	**962982**
1119018	712590	24		10866913	6917000	1020579	686605
1299982	461866	80	80	3089613	602337	347132	47531
776046	185135	5439		4611988	2112425	459037	227802
682				254667	3603	29636	1044

1－3 续表 3

项　目	购进总额		进　口		销售总额	
	限额以上	大中型企业	限额以上	大中型企业	限额以上	大中型企业
(二)按行业分						
综合零售	87189148	52236927	307352	100661	99806961	62190929
百货零售	41991032	27433986	236073	59428	50932374	34334801
超级市场零售	41425400	23934092	59596	41233	45022977	26880031
食品、饮料及烟草制品专门零售	4680046	1456851	92077	56490	5190098	1732854
纺织、服装及日用品专门零售	5849902	1718361	64432	25249	7030244	2053724
服装零售	3681039	1253251	46191	23439	4300923	1402326
文化、体育用品及器材专门零售	6912251	1865380	192724	335	7155234	1850858
体育用品零售	490397	229457	23109		579584	262122
图书零售	3942918	1416787	48274	335	3938877	1348637
医药及医疗器材专门零售	8418796	4847716	119620	43657	9359342	5319680
药品零售	7943420	4797278	26190	31464	8777507	5267997
汽车、摩托车、燃料及零配件专门零售	94182215	14502045	2726948	114807	106809923	17467773
汽车零售	63435120	5321760	2628478	114667	66789918	5566885
机动车燃料零售	28533437	9134637	60073		37680978	11853250
家用电器及电子产品专门零售	26103699	11380319	246818	57	27406766	11746065
家用电器零售	17647909	9908827	17947	57	18330834	10093731
计算机、软件及辅助设备零售业	5071762	642968	171652		5408752	739749
通讯设备零售	2631128	769395	17178		2879260	838291
五金、家具及室内装修材料专门零售	4030122	850078	60246	839	4636599	959605
无店铺及其他零售	3434548	476403	242421	15157	3814459	527648
邮购及电子销售	168043	79225			238778	80448
(三)按控股情况分						
国有控股	65074165	26938462	650202	208871	73974620	32895758
集体控股	28613109	14631299	213600	28742	33012837	17174885
私人控股	121492554	34733470	2432533	104444	134673251	38505549
港澳台控股	7976989	4152327	390556	4603	9804535	5018509
外商控股	17643909	8878520	365748	10592	19744382	10254435

单位:万元

批发				零售		年末库存总额	
		出口					
限额以上	大中型企业	限额以上	大中型企业	限额以上	大中型企业	限额以上	大中型企业
10458632	5401455	186744	118295	89348329	56789474	8845553	5027413
2306057	1665348	177562	113286	48626317	32669453	3547649	2082648
7328419	3546522	4411	4411	37694558	23333509	4860588	2838288
1092159	370389	8003	4718	4097939	1362465	500814	129821
1173155	480493	17085	439	5857089	1573230	1207391	359144
742495	392273	5408	418	3558429	1010054	715772	225885
1427579	252415	22160		5727655	1598443	2090721	999117
246225	92557			333359	169565	114461	67371
390184	128565	3706		3548693	1220072	1042717	552830
2360024	1394817	88860	88834	6999319	3924863	1229407	740334
2102469	1377476	88860	88834	6675039	3890520	1128658	731026
18900859	5022997	145758	40825	87909064	12444777	7626817	923588
6357220	931100	87158	23520	60432698	4635786	6161012	535513
12165271	4089469	50063	17305	25515707	7763781	1196070	378540
3417698	707527	13329		23989068	11038538	3069757	1017820
948120	476930	109		17382714	9616802	1840242	841326
1780833	131300	9083		3627919	608449	827285	50365
399065	78986	569		2480196	759305	315334	115846
718779	44646	6741		3917820	914959	613488	147368
1062862	90765	54044	1427	2751596	436884	249252	30365
907	907			237871	79540	4877	2449
16795742	6181881	156571	48126	57304412	26713876	5705804	2356756
5295677	2383809	122000	108275	27724893	14791076	3282720	1528573
14077737	3030078	257549	97976	120461856	35475472	14073544	4266382
1221660	850523	806	81	8577464	4167986	745171	289871
3220931	1319212	5797	80	16529253	8935223	1625960	933387

1－4 大中型批发和零售业

项目	流动资产合计		固定资产原价	
	限额以上	大中型企业	限额以上	大中型企业
总计	**368319388**	**134183595**	**78611061**	**44859736**
一、批发业	**292711290**	**101177815**	**45040765**	**26334031**
(一)按登记注册类型分				
1. 内资企业	**265122424**	**90386051**	**42909610**	**25237477**
国有企业	76145558	36701242	16157716	10413158
集体企业	7552697	3884752	1011015	317124
股份合作企业	1427359	184424	278068	79679
联营企业	1496777	275698	250383	14669
国有联营企业	668703	151632	173711	10607
集体联营企业	114456	5291	6945	35
国有与集体联营企业	306479		26004	
其他联营企业	407139	118775	43722	4027
有限责任公司	90629247	26252655	9795672	4481605
国有独资公司	16596300	9471256	2221735	1410780
其他有限责任公司	74032947	16781399	7573936	3070824
股份有限公司	23820958	15286384	9690053	8196097
私营企业	63236014	7282391	5492576	1541824
私营独资企业	1340252	424703	764035	604183
私营合伙企业	313928	4568	47730	1358
私营有限责任公司	59152339	5794618	4507999	861899
私营股份有限公司	2429495	1058502	172813	74383
其他企业	813814	518506	234127	193323
2. 港、澳、台商投资企业	**4754787**	**957106**	**349494**	**97795**
合资经营企业	917430	315324	165254	45682
合作经营企业	167444	45844	8721	4850
独资经营企业	3472448	454182	149699	22562
投资股份有限公司	197465	141758	25820	24701
3. 外商投资企业	**22834080**	**9834657**	**1781661**	**998758**
中外合资经营企业	3897329	1362802	636362	379419
中外合作经营企业	57009	2291	35346	228
外资企业	17394344	7213535	1078376	602715
外商投资股份有限公司	1485397	1256030	31578	16397

企业年末资产负债

单位:万元

累计折旧		资产总计		负债合计		所有者权益合计	
限额以上	大中型企业	限额以上	大中型企业	限额以上	大中型企业	限额以上	大中型企业
23225191	**13193194**	**505068678**	**203070479**	**361192169**	**134050598**	**143811338**	**68966832**
13715970	**8005810**	**386977062**	**147408512**	**274527933**	**93258962**	**112393605**	**54096501**
12976384	**7685958**	**351514334**	**131403619**	**249788603**	**82336943**	**101670207**	**49013627**
5320773	3607570	105165696	51599114	67758647	27600320	37404574	23998794
364640	105092	9096154	4345840	7822459	3876653	1273695	469188
85344	25054	1833978	268582	1354926	176111	479052	92471
107031	6358	1837087	295725	1270465	167879	566622	127846
86342	5613	850118	167528	481111	47407	369007	120121
2050	32	121927	5344	108288	5235	13639	109
8581		364302		288464		75838	
10058	713	500740	122853	392602	115238	108138	7616
2939812	1374199	116541740	36829568	85724232	25929466	30817507	10900103
614906	388451	25997338	15083040	16085171	9495537	9912166	5587502
2324906	985748	90544402	21746529	69639061	16433929	20905341	5312600
2730197	2273928	41601408	27826448	27000109	17021522	14548250	10751877
1370991	245730	74372821	9573253	58283945	7275507	16088876	2297746
51956	10605	2182233	1022439	1201582	388696	980651	633743
9318	140	432569	5908	328805	3750	103764	2158
1265678	221636	68919441	7330726	54516089	5825025	14403353	1505701
44039	13348	2838578	1214180	2237470	1058036	601108	156144
57597	48030	1065451	665088	573820	289485	491631	375603
132588	**33506**	**5366094**	**1227229**	**4025240**	**833363**	**1340854**	**393866**
58967	12922	1148998	403317	823294	315836	325704	87481
5542	3064	177427	48775	136369	33301	41058	15475
54976	5291	3722161	513581	2926265	392900	795896	120681
13103	12230	317509	261556	139313	91327	178197	170230
606998	**286345**	**30096633**	**14777664**	**20714090**	**10088656**	**9382543**	**4689008**
182377	63741	5058642	2214661	3683910	1516933	1374732	697729
10062	50	129693	2469	119627	8242	10065	-5773
401877	214687	23275705	11175879	16000561	7795906	7275144	3379973
12682	7867	1632593	1384655	909992	767575	722602	617080

1-4 续表 1

项目	流动资产合计		固定资产原价	
	限额以上	大中型企业	限额以上	大中型企业
(二)按行业分				
农畜产品批发	17732868	6266976	2978007	837634
食品、饮料及烟草制品批发	34439134	22211301	9350199	6590194
米、面制品及食用油批发	5014720	1539738	1096161	374381
烟草制品批发	20298450	16853442	5958876	5122314
纺织、服装及日用品批发	21508776	6947845	2987133	1523908
服装批发	7802294	2939626	940789	533398
文化、体育用品及器材批发	5357792	2176143	1098700	671124
医药及医疗器材批发	13975136	6677681	1627590	892360
矿产品、建材及化工产品批发	128085110	33048057	21216216	13426539
煤炭及制品批发	9996945	2174543	1760673	677902
石油及制品批发	27281295	11891020	13415247	10586181
金属及金属矿批发	60104888	12633712	3193782	1521764
建材批发	9236886	747347	1050809	287959
化肥批发	6988629	3118539	635413	163728
机械设备、五金交电及电子产品批发	52587381	19055963	3991918	1769156
汽车、摩托车及零配件批发	9380234	2134758	902309	280654
家用电器批发	8240609	4640687	386530	300834
计算机、软件及辅助设备批发	3598742	341182	168489	48738
贸易经纪与代理	6565254	1983097	555926	196234
其他批发	12459840	2810753	1235075	426883
(三)按控股情况分				
国有控股	146896989	69263918	31158289	21586172
集体控股	24271177	8463409	3224039	1267404
私人控股	96471770	14225247	9028045	2756420
港澳台控股	4371707	628431	291901	75397
外商控股	20699648	8596810	1338490	648638

单位:万元

累计折旧		资产总计		负债合计		所有者权益合计	
限额以上	大中型企业	限额以上	大中型企业	限额以上	大中型企业	限额以上	大中型企业
908810	251459	26770588	11752493	20871001	8312049	5899587	3440445
3157546	2274328	47092777	29857872	21072685	10436591	26020092	19421281
355206	147532	6686634	2042663	5605497	1564412	1081136	478250
2062478	1768638	27520167	22336778	6337988	5251339	21182178	17085439
1098474	676024	27655653	9804701	20371417	6754329	7284236	3050372
263856	140427	10159113	4386489	7429802	3072733	2729311	1313756
312000	190468	7614950	3633083	4967890	2255858	2647060	1377224
505979	257901	17458170	8230637	13801738	6446723	3656432	1783915
5854761	3608172	171814292	52349059	126130359	35087068	45628410	17208942
555203	218880	13585753	3372533	9588627	2275575	3997126	1096958
3736159	2866651	46500477	25636878	30698806	15136758	15746147	10447071
769406	330447	72765681	15666755	56690617	12030530	16075064	3636225
249279	69946	12162507	1076102	9115518	587914	3046989	488188
202675	58367	8399508	3531907	6489082	2622090	1910426	909817
1232414	486714	64779809	25041170	49988044	19223356	14791765	5817815
259389	84963	11971011	2894462	9166842	2208098	2804169	686364
107599	68569	9926000	5954709	8110108	4772330	1815892	1182379
54366	8298	4078303	418993	3026968	310283	1051335	108710
197272	67484	8131448	2439780	6009957	1706208	2121490	733572
448715	193260	15659375	4299716	11314843	3036781	4344532	1262935
9734054	6815716	208560473	104966490	137178086	61620628	71326863	43292814
1036776	380684	29676005	10253393	23996196	8395777	5679809	1857616
2339091	547608	116734863	18616183	91134774	14038223	25600089	4577960
110895	25504	4823287	760252	3744225	576749	1079062	183504
495155	236299	27182434	12812193	18474652	8627586	8707782	4184607

1－4 续表 2

项目	流动资产合计		固定资产原价	
	限额以上	大中型企业	限额以上	大中型企业
二、零售业	**75608098**	**33005780**	**33570296**	**18525705**
(一)按登记注册类型分				
1. 内资企业	66613513	27965290	28742712	15587782
国有企业	4692419	2041672	3587019	1663060
集体企业	1652392	533627	913469	347413
股份合作企业	820081	599696	341713	200715
联营企业	489262	306683	167695	81605
国有联营企业	103114	55042	33254	11211
集体联营企业	67601	39579	66151	31523
国有与集体联营企业	204380	182044	43862	32438
其他联营企业	114167	30019	24429	6433
有限责任公司	23889383	9303467	9506078	5051672
国有独资公司	989487	508088	725248	508446
其他有限责任公司	22899896	8795380	8780830	4543227
股份有限公司	11814631	8799076	8163134	6042506
私营企业	22599276	6185664	5819881	2081169
私营独资企业	1017510	347428	373047	79030
私营合伙企业	237664	100606	113511	49601
私营有限责任公司	20258928	5503093	4919717	1824001
私营股份有限公司	1085175	234537	413606	128537
其他企业	656069	195404	243723	119642
2. 港、澳、台商投资企业	**2802571**	**1311028**	**1576201**	**940650**
合资经营企业	1262664	906410	1097954	744053
合作经营企业	267541	25916	153018	25468
独资经营企业	1253851	375858	313120	170175
投资股份有限公司	18515	2843	12109	955
3. 外商投资企业	**6192014**	**3729463**	**3251383**	**1997273**
中外合资经营企业	3309908	2467323	1796535	1349364
中外合作经营企业	992322	269129	415441	181525
外资企业	1868023	989876	1029323	462987
外商投资股份有限公司	21761	3136	10085	3397

单位:万元

累计折旧		资产总计		负债合计		所有者权益合计	
限额以上	大中型企业	限额以上	大中型企业	限额以上	大中型企业	限额以上	大中型企业
9509221	5187384	118091617	55661967	86664236	40791636	31417733	14870331
7963839	4299534	103926570	47261631	75977449	34620026	27939474	12641605
1055407	461652	8489720	3717620	6279293	3209151	2210427	508469
270301	108763	2680938	901417	2060784	698673	620154	202744
86742	50989	1219499	783186	962261	634741	257238	148445
57365	22586	695653	427445	487284	307713	208369	119732
17675	5159	141772	66712	94204	58599	47568	8113
17259	9058	133336	68713	101945	52776	31391	15937
12401	6528	283995	253910	179226	161526	104770	92384
10030	1842	136549	38110	111909	34812	24640	3298
2660579	1384824	35431904	15020161	27319250	11872141	8112654	3148020
194955	143132	1875762	1087687	1342795	705874	532966	381813
2465624	1241692	33556142	13932475	25976455	11166267	7579687	2766207
2269224	1679026	24148616	17338753	14936166	10639921	9202802	6698832
1496031	561458	30291565	8731823	23196432	6999547	7095133	1732276
80595	19488	1487131	435551	945974	338810	541156	96741
21712	9951	371377	149796	265333	123211	106044	26585
1292738	498860	26774171	7759914	20819398	6235309	5954772	1524605
100986	33160	1658887	386562	1165726	302217	493160	84345
68190	30236	968675	341226	735979	258140	232697	83086
523602	**294724**	**4419788**	**2377258**	**2898084**	**1584851**	**1521704**	**792407**
350705	237692	2440854	1762487	1555770	1171410	885084	591077
73620	8357	369394	47854	261985	46689	107410	1165
92738	48440	1583041	562089	1045302	361863	537739	200226
6540	235	26499	4829	35027	4890	-8528	-61
1021780	**593126**	**9745259**	**6023078**	**7788703**	**4586759**	**1956555**	**1436320**
541223	384147	5417594	4121237	4125560	3207247	1292034	913991
185755	76489	1330072	423613	1220989	278568	109083	145045
290484	131317	2968221	1472869	2402263	1093258	565958	379611
4319	1174	29371	5359	39891	7686	-10520	-2327

1－4 续表 3

项　目	流动资产合计		固定资产原价	
	限额以上	大中型企业	限额以上	大中型企业
（二）按行业分				
综合零售	28440831	18474644	19382063	13008437
百货零售	16054563	11073422	12433225	8591755
超级市场零售	11061738	7095079	6414488	4290939
食品、饮料及烟草制品专门零售	1512241	557415	750387	365832
纺织、服装及日用品专门零售	2587894	916187	1100765	614924
服装零售	1799836	666403	818027	510652
文化、体育用品及器材专门零售	3366013	1099708	1965554	836420
体育用品零售	208975	123695	30641	21529
图书零售	1848217	736211	1521252	735668
医药及医疗器材专门零售	3874395	2286622	915745	580316
药品零售	3565325	2262368	881940	574363
汽车、摩托车、燃料及零配件专门零售	23609731	3877818	6834395	2127609
汽车零售	19994534	2309946	3722086	527371
机动车燃料零售	2855694	1544092	2952338	1595274
家用电器及电子产品专门零售	9221154	5255563	1014939	456123
家用电器零售	6792807	4672382	617104	304976
计算机、软件及辅助设备零售业	1397439	278110	146535	34889
通讯设备零售	764264	277786	222629	109676
五金、家具及室内装修材料专门零售	1650706	412827	920526	402531
无店铺及其他零售	1345133	124998	685922	133514
邮购及电子销售	214839	13959	22597	17177
（三）按控股情况分				
国有控股	17064663	8509819	12147006	7007345
集体控股	10139652	6372782	5069938	3512855
私人控股	39532509	13349950	12149019	5523748
港澳台控股	2757258	1219835	1272246	810802
外商控股	6114016	3553395	2932087	1670956

单位:万元

累计折旧		资产总计		负债合计		所有者权益合计	
限额以上	大中型企业	限额以上	大中型企业	限额以上	大中型企业	限额以上	大中型企业
5662141	3769392	51242866	33746784	38337989	24786939	12904877	8959845
3368741	2401610	31464061	21627408	22426537	15148288	9037524	6479120
2118471	1331635	17552962	11654808	14369483	9304823	3183479	2349986
239441	126237	2669389	991385	1619515	639194	1049874	352191
249653	85147	3864440	1615688	2833321	1258103	1031119	357585
171115	57276	2771688	1247325	2020515	1001078	751173	246247
610977	245243	5488336	1987051	3299379	1254871	2188957	732181
10638	6948	264347	166450	205755	131169	58592	35281
450979	198405	3423504	1515278	1965240	907533	1458264	607744
303400	195611	5058477	2989874	3927466	2352645	1131011	637229
292735	194433	4708377	2960071	3648725	2325825	1059652	634246
1744301	527732	33040352	6854237	23914088	4528181	9116616	2326056
907691	125123	25614070	3124355	19885801	2548836	5728269	575519
793333	400339	6479372	3699223	3357060	1956175	3112665	1743048
281813	121609	11691980	6313045	9267953	5175694	2424028	1137351
150712	82186	8679924	5478540	7190196	4539286	1489728	939254
49271	8822	1708968	390606	1154828	302364	554140	88242
71355	28539	992331	407462	710730	305701	281601	101761
200361	72740	2817794	865215	2021650	611518	796145	253698
217134	43674	2217983	298689	1442876	184492	775107	114197
4212	2725	241613	28517	223210	21696	18404	6821
3499774	1865176	32142350	17043272	21350803	11453378	10781900	5589894
1438431	979971	16358586	10879449	12136632	7998837	4221954	2880612
3229393	1587310	56129038	20083843	42899364	15716758	13229674	4367085
417495	250834	4072236	2091876	2687073	1385238	1385164	706638
924128	504094	9389406	5563528	7590365	4237425	1799042	1326103

1－5 大中型批发和零售业

项　目	实收资本		国家资本		集体资本	
	限额以上	大中型企业	限额以上	大中型企业	限额以上	大中型企业
总　计	**84473519**	**31891723**	**19463587**	**10031206**	**3183927**	**1242871**
一、批发业	**59638016**	**21733409**	**16424544**	**8713680**	**1715509**	**506314**
(一)按登记注册类型分						
1. 内资企业	**52689000**	**18419009**	**16194851**	**8543570**	**1690167**	**506314**
国有企业	12916723	5169333	7379402	2533444	92045	48542
集体企业	704473	201697	45100	22247	538698	136666
股份合作企业	319510	55677	31078	1129	23604	5251
联营企业	294278	24741	100740	595	20014	72
国有联营企业	155069	18878	62275	95	960	72
集体联营企业	13805	100	1334		4686	
国有与集体联营企业	48495		13432		3698	
其他联营企业	76910	5763	23700	500	10670	
有限责任公司	16857340	4859082	3577577	1541349	757530	251359
国有独资公司	3037529	1166010	1680047	850500	13914	351
其他有限责任公司	13819811	3693072	1897529	690849	743616	251008
股份有限公司	8421351	6368391	5011123	4430810	150144	54857
私营企业	13007118	1649164	48913	13995	105319	9568
私营独资企业	830476	582038	2317		2254	
私营合伙企业	139450	1620	224		494	
私营有限责任公司	11588024	995428	35473	3754	97384	9568
私营股份有限公司	449168	70078	10900	10241	5188	
其他企业	168207	90925	918		2812	
2. 港、澳、台商投资企业	**790696**	**133268**	**36876**	**1400**	**7491**	
合资经营企业	254502	33097	36342	1350	2026	
合作经营企业	17784	2702	458	50	140	
独资经营企业	466131	66815	76			
投资股份有限公司	52279	30654			5325	
3. 外商投资企业	**6158321**	**3181132**	**192817**	**168711**	**17851**	
中外合资经营企业	912232	524938	191970	168711	5161	
中外合作经营企业	79022					
外资企业	4708244	2201937	697		12690	
外商投资股份有限公司	458822	454257	150			

企业实收资本及构成

单位:万元

法人资本		个人资本		港澳台资本		外商资本	
限额以上	大中型企业	限额以上	大中型企业	限额以上	大中型企业	限额以上	大中型企业
31998012	**10620573**	**20506601**	**5395064**	**1715375**	**676371**	**7606017**	**3925639**
22173150	**7125270**	**12996668**	**2391342**	**704577**	**105261**	**5623569**	**2891543**
21709592	**6953638**	**12961927**	**2379462**	**66589**	**11900**	**65874**	**24127**
5372945	2570386	71516	16961	152		662	
74745	27826	45825	14958	105			
118118	45592	146710	3704				
131894	18811	41367	5000			263	263
80749	18711	11085					
5895	100	1890					
25174		6191					
20076		22201	5000			263	263
9530241	2505490	2951138	537144	14434	8000	26421	15740
1331667	311750	11564	3072			337	337
8198574	2193740	2939574	534072	14434	8000	26084	15403
2322475	1459615	899403	420306	24407	2804	13800	
4103751	324978	8699021	1291404	25386	1096	24728	8124
65525	759	759915	581279	400		67	
28605		110127	1620				
3878575	314067	7528908	659544	24986	1096	22699	7400
131046	10152	300072	48961			1962	724
55423	940	106948	89985	2105			
121702	**26344**	**23967**	**11580**	**558199**	**89795**	**42461**	**4150**
110077	19118	10433		90991	12086	4633	543
3284	38	243	13	13660	2602		
1536	382	1724		436267	62826	26528	3608
6806	6806	11567	11567	17281	12281	11300	
341856	**145289**	**10773**	**300**	**79788**	**3567**	**5515234**	**2863266**
265604	142726	10773	300	9788		428936	213202
5611				415		72996	
68054	2563			69586	3567	4557217	2195807
2587						456085	454257

1－5 续表 1

项目	实收资本		国家资本		集体资本	
	限额以上	大中型企业	限额以上	大中型企业	限额以上	大中型企业
（二）按行业分						
农畜产品批发	2466402	613839	1164028	398029	188112	41363
食品、饮料及烟草制品批发	4910758	2279239	1849702	995533	138019	18692
米、面制品及食用油批发	854079	234900	512561	148320	6225	3660
烟草制品批发	1579112	1077818	664891	548761	16031	1328
纺织、服装及日用品批发	4425009	1312547	933594	392839	127643	44686
服装批发	1336406	435744	199432	63265	61590	22326
文化、体育用品及器材批发	1345371	515012	632839	361656	11911	2390
医药及医疗器材批发	2443750	963907	437091	193466	86349	28031
矿产品、建材及化工产品批发	30544720	11540310	9797478	5791126	747502	179501
煤炭及制品批发	1983416	269834	447846	72506	119858	43118
石油及制品批发	11940652	8070011	6730112	5517134	79456	20348
金属及金属矿批发	10404401	2157751	2108489	115634	122911	36087
建材批发	1797945	176045	156334	39446	44180	3278
化肥批发	1220608	593015	88936	17388	259640	45658
机械设备、五金交电及电子产品批发	10172917	3576798	800567	141825	304337	157110
汽车、摩托车及零配件批发	2045686	471918	113083	23360	40634	4490
家用电器批发	1601134	1153375	59677	45524	126724	114596
计算机、软件及辅助设备批发	809155	100518	18238	1170	16018	
贸易经纪与代理	1162173	388835	407734	233173	16551	1780
其他批发	2166917	542923	401512	206033	95086	32761
（三）按控股情况分						
国有控股	30926724	15090598	15847734	8487307	253210	105616
集体控股	3356016	928945	209745	60585	1142319	359198
私人控股	19028862	2918836	327137	165365	289742	41499
港澳台控股	713308	87910	23842	50	8272	
外商控股	5613106	2707121	16086	373	21967	

单位:万元

法人资本		个人资本		港澳台资本		外商资本	
限额以上	大中型企业	限额以上	大中型企业	限额以上	大中型企业	限额以上	大中型企业
705501	130036	251822	43578	3375	833	153565	
1876853	840315	604356	205452	75266	22882	366561	196365
219156	67857	103046	9063	166		12925	6000
896629	527730	1562					
1279995	427208	1505721	380375	108786	14743	469270	52696
515163	183998	484361	151246	11733	3639	64128	11270
337735	107592	249232	30797	48473	11138	65182	1440
1134897	457046	641088	222019	76958	38381	67368	24965
11343922	3873438	7162113	1101277	123207	7640	1370499	587328
694353	131630	719752	21545			1607	1035
4014769	2246021	788853	148003	35636	7036	291826	131470
3891997	1280556	3820529	725474	21038		439437	
787625	23622	686675	109700	21638		101494	
239361	34208	180966	44161	105		451600	451600
4114428	864015	2068389	385217	173073	9596	2712123	2019034
892821	231984	559381	122909	25490	4900	414278	84276
189409	35918	135215	46508	21979	1450	1068130	909380
404212	75951	276997	22604	46057	531	47634	263
459071	145488	114102	7895	10354	50	154361	450
920749	280133	399846	14732	85084		264640	9266
13587691	5942327	946690	404008	45916	7704	245483	143635
1392727	299375	581875	199633	11571	8856	17780	1298
6885849	856350	11417814	1776121	39035	3662	69285	75839
109515	10529	15089	13	513795	69241	42795	8077
197368	16689	35199	11567	94261	15798	5248226	2662695

1－5 续表 2

项　　目	实收资本		国家资本		集体资本	
	限额以上	大中型企业	限额以上	大中型企业	限额以上	大中型企业
二、零售业	**24835503**	**10158314**	**3039043**	**1317525**	**1468418**	**736558**
(一)按登记注册类型分						
1. 内资企业	**20986536**	**8131267**	**2936896**	**1290780**	**1420145**	**703545**
国有企业	1359589	460836	993369	298431	33575	15835
集体企业	600032	168053	8313	1651	452534	145536
股份合作企业	493669	135247	8925	1221	42153	16229
联营企业	142503	66270	24857	3055	18743	10732
国有联营企业	40865	7874	22667	2935	837	
集体联营企业	31526	14812	80		14719	10712
国有与集体联营企业	49037	40000	1774		2026	
其他联营企业	21075	3584	337	120	1161	20
有限责任公司	6680482	3135055	708721	346829	560864	343112
国有独资公司	241784	150912	178076	136636	1403	
其他有限责任公司	6438699	2984142	530645	210194	559461	343112
股份有限公司	4050282	2719884	1151993	627929	216043	158161
私营企业	7460308	1374257	14110	1887	79862	11582
私营独资企业	406821	55099	1198	450	3470	549
私营合伙企业	98121	19580	693	128	1172	
私营有限责任公司	6603824	1211684	10654	1309	70832	10408
私营股份有限公司	351543	87894	1566		4388	625
其他企业	199671	71666	26607	9778	16372	2360
2. 港、澳、台商投资企业	**1159978**	**604408**	**50560**	**10653**	**11710**	**30**
合资经营企业	615580	380997	45301	10653	3056	30
合作经营企业	133801	19770	2536		8654	
独资经营企业	398074	203542				
投资股份有限公司	12523	100	2723			
3. 外商投资企业	**2688989**	**1422639**	**51587**	**16092**	**36563**	**32982**
中外合资经营企业	1515728	852136	41453	15510	31878	23613
中外合作经营企业	302767	146539	9334	583	4685	9369
外资企业	860956	423764	800			
外商投资股份有限公司	9538	200				

单位:万元

法人资本		个人资本		港澳台资本		外商资本	
限额以上	大中型企业	限额以上	大中型企业	限额以上	大中型企业	限额以上	大中型企业
9824863	**3495303**	**7509933**	**3003723**	**1010798**	**571109**	**1982449**	**1034096**
9011564	**3078608**	**7477219**	**2990093**	**42120**	**17816**	**98593**	**50425**
288400	128635	33146	6887	11099	11049		
79378	11163	59193	9703	330		284	
320669	18169	121173	99628			750	
82315	49232	16588	3252				
15583	4910	1778	30				
13867	3475	2860	625				
44432	40000	806					
8433	847	11144	2597				
3384963	1230062	1960732	1206953	20912	1819	44290	6280
58110	14152	4195	125				
3326854	1215911	1956537	1206828	20912	1819	44290	6280
1526694	1062464	1118408	840132	1756		35388	31198
3218627	535997	4123431	808521	8024	4948	16254	11322
94348	12423	307789	41676			16	
26966	7833	69090	11619			200	
2952857	496971	3547250	686727	6243	4948	15989	11322
144457	18771	199302	68499	1781		50	
110518	42886	44548	15017			1625	1625
163346	**67687**	**18734**	**8184**	**899068**	**517855**	**16561**	
143515	63925	18116	7826	403690	298563	1902	
17766	2640	210		102569	17130	2066	
1964	1022	408	358	383109	202162	12593	
100	100			9700			
649953	**349008**	**13981**	**5446**	**69611**	**35439**	**1867295**	**983671**
486263	220542	7736	5366	23374	19448	925024	567657
54815	32003	80	80	33797	13436	200056	91068
105866	96464	4661		12439	2555	737190	324746
3009		1503				5025	200

1－5 续表 3

项　目	实收资本		国家资本		集体资本	
	限额以上	大中型企业	限额以上	大中型企业	限额以上	大中型企业
（二）按行业分						
综合零售	9752093	6596303	1112699	716829	726824	541225
百货零售	5257828	3418889	832194	534581	374020	225518
超级市场零售	3963942	3055830	264063	172991	237530	289337
食品、饮料及烟草制品专门零售	612063	196222	197873	77970	20913	6945
纺织、服装及日用品专门零售	932205	345799	41137	10403	69293	12167
服装零售	568394	225015	26156	3486	39356	7270
文化、体育用品及器材专门零售	1072591	352151	545788	177600	13615	1794
体育用品零售	51080	20338	3713		1056	56
图书零售	531198	262054	378921	169229	3141	233
医药及医疗器材专门零售	924633	488594	103432	60085	32553	13893
药品零售	875302	486237	98167	59028	31884	13893
汽车、摩托车、燃料及零配件专门零售	8178314	1095769	871964	214024	306466	42049
汽车零售	6054051	504741	144136	25008	191726	29285
机动车燃料零售	1929115	583873	726071	189016	96111	11949
家用电器及电子产品专门零售	1771258	693980	67102	39152	138077	93026
家用电器零售	939872	514691	15787	4616	117620	88102
计算机、软件及辅助设备零售业	481191	79324	7866	296	15609	1020
通讯设备零售	271665	94023	42929	34240	4355	3904
五金、家具及室内装修材料专门零售	880182	294419	22480	5474	41821	
无店铺及其他零售	712164	95078	76568	15990	118857	
邮购及电子销售	32636	13917				
（三）按控股情况分						
国有控股	5727582	2657670	2672495	1118054	106284	50197
集体控股	3525469	2421498	189348	158397	979201	483249
私人控股	12067704	3224264	121375	28955	347323	179243
港澳台控股	1037072	535318	25039	6153	11371	481
外商控股	2477677	1319564	30786	5968	24239	23388

单位:万元

法人资本		个人资本		港澳台资本		外商资本	
限额以上	大中型企业	限额以上	大中型企业	限额以上	大中型企业	限额以上	大中型企业
3308746	2017305	2535757	2115019	650501	466053	1417566	739873
1844260	1171040	1425368	1028543	291662	161550	490324	297657
1307283	824436	982557	1049950	336373	300439	836137	418677
131767	59365	248366	44689	1202	1006	11944	6246
315197	115968	245143	70224	183789	86059	77646	50978
148336	80178	173173	51876	138816	58554	42556	23652
293140	100818	166610	61760	16135	445	37303	9734
6576	3692	17927	13410	9253		12556	3180
106870	74295	34228	15742	835		7204	2554
472726	250210	307676	163265	7536	632	710	510
455705	249915	281366	162260	7471	632	710	510
3986564	507748	2853777	319295	62292	11049	97252	1604
3080195	171422	2535699	266477	45688	11049	56607	1500
843477	332416	212545	50493	12554		38356	
667017	272570	732066	147331	6995	2100	160001	139802
359383	189859	301638	104580	2100	2100	143343	125435
151532	51662	287300	11978	3351		15533	14367
131012	29353	92452	26527	916			
378198	131625	243862	62919	56948		136874	73079
271509	39694	176678	19222	25401	3766	43151	12271
31067	13917	605		964			
2246249	1038800	571369	410174	48538	19141	82647	21305
1352548	642197	893090	1057832	53979	51798	57304	28026
5545388	1465165	5992340	1526804	21708	6316	39570	17782
128962	59270	21280	4684	820893	457977	29527	6753
551716	289871	31855	4229	65681	35878	1773402	960231

1－6 大中型批发和零售业

项目	实收资本		主营业务收入		主营业务成本	
	限额以上	大中型企业	限额以上	大中型企业	限额以上	大中型企业
总计	**1193614020**	**475375923**	**1183920875**	**471103048**	**1084058696**	**422039734**
一、批发业	**959903438**	**377214173**	**954407850**	**375350653**	**880817164**	**338709586**
（一）按登记注册类型分						
1. 内资企业	**877620620**	**345728064**	**873491766**	**344415469**	**812680801**	**313930511**
国有企业	237952675	122785876	235947727	122168937	212552287	106365589
集体企业	15982143	6144649	15917085	6111609	15083528	5800123
股份合作企业	4194250	536306	4182878	536120	3923379	468438
联营企业	5774419	811581	5767384	811161	5362341	662361
国有联营企业	3518580	555400	3514360	554980	3236191	415726
集体联营企业	243751	23099	243684	23099	236834	22539
国有与集体联营企业	993399		991450		925973	
其他联营企业	1018690	233082	1017891	233082	963344	224097
有限责任公司	270014283	81307466	269059217	81039866	253162490	75338993
国有独资公司	38715837	24076264	38572518	23981904	35755657	22331709
其他有限责任公司	231298447	57231202	230486699	57057962	217406833	53007284
股份有限公司	148487236	112461989	148057309	112236420	138604124	105596859
私营企业	191893863	19365149	191239108	19196308	181157616	17796014
私营独资企业	4635702	853609	4542865	766839	4241815	728493
私营合伙企业	1163038	10608	1161471	10608	1078790	8062
私营有限责任公司	177531777	14464229	176984263	14386894	167741910	13219747
私营股份有限公司	8563346	4036702	8550510	4031967	8095101	3839712
其他企业	3321752	2315048	3321059	2315048	2835037	1902135
2. 港、澳、台商投资企业	**13678395**	**2387451**	**13587180**	**2374675**	**11729393**	**1883373**
合资经营企业	2896678	971429	2879490	961805	2530860	762099
合作经营企业	725008	126586	718185	126514	643654	98905
独资经营企业	9857082	1203002	9796696	1199922	8416035	965760
投资股份有限公司	199628	86433	192809	86433	138845	56608
3. 外商投资企业	**68604422**	**29098658**	**67328904**	**28560509**	**56406970**	**22895702**
中外合资经营企业	18048867	6935553	17998319	6897088	16487075	6378639
中外合作经营企业	226748	22138	226467	22138	201889	21261
外资企业	46918814	19269469	45703903	18779563	36753097	13995213
外商投资股份有限公司	3409994	2871498	3400215	2861720	2964909	2500590

企业损益及分配

单位:万元

主营业务税金及附加		主营业务利润		其他业务利润		营业费用	
限额以上	大中型企业	限额以上	大中型企业	限额以上	大中型企业	限额以上	大中型企业
2138462	**996658**	**85018107**	**43589282**	**7065785**	**3688515**	**41332170**	**19090267**
1378538	**651607**	**63361041**	**33238344**	**2617148**	**935933**	**27499033**	**11950507**
1306817	**604191**	**51372440**	**27185473**	**1902922**	**513196**	**21028006**	**9035889**
463057	279992	19503825	13669364	646290	185989	4839054	2777003
48593	23030	659666	251082	49634	13335	340197	126937
5937	998	218210	43674	11745	2016	100310	26382
13388	2431	346615	145882	8269	404	113834	8997
9972	2225	250601	136877	4292	-18	53437	4835
221	49	6228	176	97		3613	335
1970		51644		1819		24345	
1225	157	38142	8828	2061	421	32440	3828
368643	133108	13492855	5252876	647726	156260	6146546	2386871
50968	27306	2568623	1562263	93143	33354	615181	387801
317675	105802	10924232	3690613	554583	122907	5531364	1999070
173352	114973	8188321	6201717	163235	88648	4337091	2854006
222146	39646	8545288	1269182	374016	66337	4988288	720433
21442	9157	211344	27799	10441	5803	125758	20613
3021	367	61315	2179	1554		34629	392
187808	27118	7876598	1051677	344656	52772	4634825	645876
9876	3006	396030	187526	17365	7762	193075	53553
11701	10014	417661	351697	2009	207	162687	135259
4721	**751**	**1550330**	**481626**	**82809**	**34569**	**926146**	**276366**
1208	329	337843	193178	9854	6586	182824	118040
245	85	65255	27524	2162	43	37925	17362
3268	337	1093334	231165	42019	2634	683360	128324
		53898	29759	28775	25306	22038	12640
67000	**46665**	**10438271**	**5571245**	**631417**	**388168**	**5544881**	**2638253**
3649	1444	1428520	506635	32966	7600	833884	242936
44	5	21921	873	1562	1398	22412	3024
40880	22806	8575282	4725017	574797	373400	4458874	2182584
22427	22410	412548	338721	22092	5771	229711	209709

1－6 续表 1

项　目	管理费用		财务费用		营业利润	
	限额以上	大中型企业	限额以上	大中型企业	限额以上	大中型企业
总　计	**23836647**	**12143070**	**4460453**	**1506019**	**29468739**	**16973283**
一、批发业	**15590399**	**8021799**	**3105099**	**963313**	**24703370**	**14835200**
(一)按登记注册类型分						
1. 内资企业	**12605127**	**6323181**	**3078828**	**956758**	**21071201**	**12927569**
国有企业	5029224	3407378	609047	137565	11239832	8381552
集体企业	225676	73971	96404	39595	126423	48777
股份合作企业	64208	10576	13172	1194	82800	27011
联营企业	86394	20917	15119	495	192569	116968
国有联营企业	51874	17082	7529	848	164197	114792
集体联营企业	2394	191	885		428	－15
国有与集体联营企业	13998		3444		23555	
其他联营企业	18128	3644	3262	－354	4389	2191
有限责任公司	3469980	1309370	1113585	405643	4343617	1625338
国有独资公司	666470	441611	181818	89576	1259254	706712
其他有限责任公司	2803510	867759	931767	316067	3084363	918626
股份有限公司	1425882	1144654	434385	267818	3230355	2250109
私营企业	2260069	326213	785979	98237	1636542	284773
私营独资企业	66150	14787	14435	2665	58802	4738
私营合伙企业	16893	499	4173	105	15941	1411
私营有限责任公司	2093599	283816	739154	82591	1421395	172693
私营股份有限公司	83428	27111	28218	12875	140405	105931
其他企业	43695	30103	11138	6211	219063	193042
2. 港、澳、台商投资企业	**362807**	**106516**	**19300**	**－487**	**447121**	**140873**
合资经营企业	81898	53621	8719	－84	81253	31019
合作经营企业	12471	2028	－2221	－1636	27820	9859
独资经营企业	253297	42633	12160	－154	293191	67185
投资股份有限公司	15141	8234	642	1387	44857	32810
3. 外商投资企业	**2622465**	**1592102**	**6970**	**7042**	**3185048**	**1766758**
中外合资经营企业	182152	72480	25528	－872	474919	219459
中外合作经营企业	10765	227	1181	6	－7799	－986
外资企业	2341125	1476691	－32391	－5142	2610630	1466153
外商投资股份有限公司	88423	42705	12653	13049	107297	82131

单位:万元

利润总额		应交所得税		劳动、失业保险费		住房公积金和住房补贴	
限额以上	大中型企业	限额以上	大中型企业	限额以上	大中型企业	限额以上	大中型企业
34941508	**19770781**	**8908385**	**5345676**	**1785357**	**953295**	**795295**	**455806**
29927537	**17481603**	**7527219**	**4672557**	**1064236**	**583766**	**574469**	**343305**
25146481	**14623935**	**6723001**	**4224133**	**937452**	**517912**	**500199**	**300027**
12695661	9051132	3806587	2844912	408793	288866	244791	181617
139092	55450	34444	8274	15933	5801	13554	1914
91507	28187	17959	6360	4996	1733	3240	1262
207411	117684	58625	37308	3855	674	2974	709
169617	115274	49341	37012	2515	554	2110	634
2194	-7	229		143	75	28	1
25227		6667		859		665	
10374	2417	2389	296	338	44	171	74
6038093	2147092	1536717	644430	273920	117204	142375	52257
1871649	1006729	466741	309927	47932	31740	24362	17564
4166445	1140364	1069977	334503	225989	85464	118013	34693
3806062	2717498	825696	612691	111268	86747	67102	59063
1951346	313791	436306	70063	118036	16828	25848	3205
66142	5395	11009	1225	2766	221	437	13
14091	1411	3737	132	443		73	
1717044	190910	386555	42181	110351	15432	24552	2901
154069	116075	35006	26525	4477	1175	787	291
217308	193101	6667	97	651	59	315	1
457272	**139755**	**120443**	**32029**	**18797**	**6913**	**8617**	**1911**
79777	30569	15511	7664	5287	3529	1638	735
28469	9700	6821	2767	853	577	1407	135
304055	66699	88413	16943	12303	2523	5437	934
44971	32787	9698	4655	354	285	136	108
4323784	**2717913**	**683776**	**416394**	**107986**	**58940**	**65653**	**41366**
454648	221159	104499	56150	13534	6039	6266	3131
-9391	-986	50	22	725	27	222	5
3760237	2405432	553070	334311	91923	51392	57123	37082
118290	92308	26157	25911	1805	1482	2042	1148

1－6 续表 2

项 目	实收资本		主营业务收入		主营业务成本	
	限额以上	大中型企业	限额以上	大中型企业	限额以上	大中型企业
(二)按行业分						
农畜产品批发	19378967	3528544	19205863	3489110	17986024	3189184
食品、饮料及烟草制品批发	98327053	64615695	97864844	64391536	78582292	50074355
米、面制品及食用油批发	7667399	1883900	7515514	1870974	7066738	1749936
烟草制品批发	64328537	51261384	64184512	51131977	48791071	38558640
纺织、服装及日用品批发	70609276	22698017	70013427	22321080	63795320	19861077
服装批发	27695175	10955968	27520599	10903889	25150256	9631647
文化、体育用品及器材批发	12009320	4711827	11760328	4687631	10504964	4130971
医药及医疗器材批发	37835008	18129690	37750229	18078053	34881827	16763129
矿产品、建材及化工产品批发	522501015	201146942	521202873	200651954	494217110	189610609
煤炭及制品批发	40401756	9905940	40287406	9868570	36332158	9078378
石油及制品批发	217005228	139096962	216609492	138860514	205170784	131021426
金属及金属矿批发	177558898	37571529	176965803	37369361	169639910	35920901
建材批发	23711582	1918957	23621258	1913473	22521396	1671595
化肥批发	14304911	5808974	14282667	5799446	13416635	5379522
机械设备、五金交电及电子产品批发	146034098	51082023	144964166	50467271	132661747	44448775
汽车、摩托车及零配件批发	33611736	9844406	33503453	9786408	31173628	9292815
家用电器批发	24981627	14102823	24847206	13993280	22641373	12383427
计算机、软件及辅助设备批发	13435012	1069976	13394347	1067430	12857404	1011883
贸易经纪与代理	16820905	6727019	16776280	6719427	16085182	6497884
其他批发	36387796	4574416	34869841	4544590	32102698	4133603
(三)按控股情况分						
国有控股	524702498	291988243	521704338	290984247	479695873	264700173
集体控股	67114099	21041412	66844793	20958454	63273568	19572537
私人控股	300581664	40736868	299685315	40476770	283226169	37011864
港澳台控股	12379477	1586619	12293236	1575355	10561663	1157090
外商控股	55125700	21861031	53880169	21355827	44059891	16267923

单位:万元

主营业务税金及附加		主营业务利润		其他业务利润		营业费用	
限额以上	大中型企业	限额以上	大中型企业	限额以上	大中型企业	限额以上	大中型企业
25593	2791	984110	247333	121274	20228	785405	130826
320862	225046	16804545	12593723	287009	148312	3457072	2137114
5630	896	325915	112772	47931	10616	232249	76879
250619	196581	13537319	10966653	78572	59819	1490217	1255317
51236	23691	5643348	2331981	168781	39875	2954826	836351
22022	13751	2192749	1169605	52854	17490	974913	406679
21596	7817	1124044	484624	67214	25537	516762	219257
50336	19558	2566029	1208984	133668	77728	1467838	749412
702567	289274	22436445	10098714	762926	157639	11080530	4589204
128818	33817	3501961	677964	118536	20783	1610810	254486
222096	135615	10186255	7213613	182031	67185	5312090	3452459
224861	63343	5066022	1355371	234820	47420	2255023	407950
31480	10948	958704	223981	80408	8726	542997	162745
48076	42308	681060	361886	29456	5065	321645	165018
140154	54670	10924600	5703867	865026	437253	5841362	3020232
24203	4579	1834852	445144	67277	8409	1205500	302236
22034	14167	2045601	1570760	101652	58585	1631310	1357586
8922	1396	509781	50052	36313	3777	272079	25692
26845	14262	616674	198387	47636	4960	272185	56957
39349	14498	2261246	370732	163614	24401	1123055	211155
837706	497992	35560030	23518652	1096342	333746	12282614	6970936
98812	29233	2965774	1211090	165913	47803	1550888	646465
370836	78654	14050472	3100564	653774	138140	7910447	1774296
4205	354	1414323	403270	53622	7921	881630	236441
66979	45374	9370443	5004767	647498	408322	4873455	2322369

1－6 续表 3

项　　目	管理费用		财务费用		营业利润	
	限额以上	大中型企业	限额以上	大中型企业	限额以上	大中型企业
（二）按行业分						
农畜产品批发	479608	162888	417315	145087	－188240	－137336
食品、饮料及烟草制品批发	4021162	3080703	122146	－16076	10571211	8291320
米、面制品及食用油批发	198841	66086	137558	43304	－131344	－54449
烟草制品批发	2989380	2587405	－117982	－95692	10050088	7971821
纺织、服装及日用品批发	1472909	678698	262422	77080	1335946	817653
服装批发	524318	246355	99271	35697	731244	527610
文化、体育用品及器材批发	398033	197964	45423	11155	287611	91384
医药及医疗器材批发	861963	357196	226577	151403	407488	181220
矿产品、建材及化工产品批发	4202389	1687826	1555491	450195	8457297	3964845
煤炭及制品批发	582741	206528	148854	29493	1494352	251440
石油及制品批发	1347367	965019	363213	234304	4537658	2872909
金属及金属矿批发	1278976	362065	598431	100695	1546036	618552
建材批发	268797	40558	109697	11970	201081	21834
化肥批发	143511	48308	121321	51443	178142	112784
机械设备、五金交电及电子产品批发	3180602	1607676	351013	93609	2972148	1566853
汽车、摩托车及零配件批发	378344	66217	81988	11263	403716	119379
家用电器批发	380908	263630	59988	31167	156868	17237
计算机、软件及辅助设备批发	179244	21754	23732	5806	85697	4397
贸易经纪与代理	236471	63712	31607	15740	177487	69626
其他批发	737263	185138	93105	35119	682422	－10366
（三）按控股情况分						
国有控股	8248999	5342430	1400216	566194	17578513	12094645
集体控股	870359	323392	322778	116897	745995	299086
私人控股	3598827	736592	1366458	272687	3124343	760642
港澳台控股	348441	92929	15751	－2654	354124	100632
外商控股	2523774	1526456	－105	10190	2900396	1580195

单位:万元

利润总额		应交所得税		劳动、失业保险费		住房公积金和住房补贴	
限额以上	大中型企业	限额以上	大中型企业	限额以上	大中型企业	限额以上	大中型企业
573418	153427	68739	21061	30751	8352	10843	4305
11279805	8639814	3587482	2829935	364197	282354	220257	174000
52857	17472	15530	3368	22385	7141	6018	2512
10434205	8191526	3371397	2710569	274820	239526	178898	157217
1729469	1094371	399120	227098	89239	31614	32687	13299
797266	555079	180378	119628	31711	13345	13717	6438
340338	109175	68168	21127	32033	16020	12511	6673
478557	254867	123268	66600	64054	32558	18684	10868
9841271	4234053	2290367	1071673	247616	131149	154038	85287
1785465	424079	329374	84734	40348	23981	13178	4837
4657425	2876489	1305316	791094	111156	84603	73681	62619
2188465	667451	399322	140690	44870	12048	47544	12924
359346	21810	61231	2176	11433	1815	4630	787
225539	132981	45547	31738	9916	3661	4091	2196
4333784	2691048	728590	378016	176645	75113	91130	44342
521774	182674	132516	51155	24053	6442	14900	2383
234483	61372	50406	27092	32800	16344	6156	4548
140266	22104	19833	1599	15921	2239	3722	455
360643	118527	87758	31156	9158	2117	12691	2134
990252	186323	173727	25892	50544	4491	21627	2398
20652013	13647091	5769660	4059484	685045	462364	421429	285298
924642	359235	216564	75532	67997	23224	36256	7366
3944803	846680	808189	143306	195412	39877	47804	11931
367597	99412	99094	25814	18095	6065	8327	1572
4038482	2529185	633713	368421	97687	52237	60654	37138

1－6 续表 4

项　目	实收资本		主营业务收入		主营业务成本	
	限额以上	大中型企业	限额以上	大中型企业	限额以上	大中型企业
二、零售业	**233710582**	**98161750**	**229513025**	**95752396**	**203241532**	**83330148**
(一)按登记注册类型分						
1. 内资企业	**207104309**	**82750893**	**203429141**	**80693637**	**181298457**	**70411851**
国有企业	14433527	6689906	14309581	6639175	12297800	5790485
集体企业	5169299	1355960	5134440	1334815	4586447	1152525
股份合作企业	2308046	1291691	2290381	1274490	2056310	1152594
联营企业	2355494	1421802	2345255	1415389	2199153	1334097
国有联营企业	537864	189675	534481	187584	492696	167614
集体联营企业	241802	95178	240804	94432	210324	77110
国有与集体联营企业	1217291	1007765	1211983	1004641	1175576	981190
其他联营企业	358538	129184	357988	128731	320557	108184
有限责任公司	72445867	26078030	70776885	25389536	63237090	22126787
国有独资公司	2031210	1097328	1983881	1062819	1681400	863271
其他有限责任公司	70414657	24980702	68793004	24326717	61555690	21263515
股份有限公司	42852102	29325874	41822241	28336200	36560346	24682083
私营企业	65780978	16177588	64994667	15896145	58810000	13816927
私营独资企业	3167542	658679	3145442	646671	2749522	575982
私营合伙企业	950013	362058	940604	346517	834699	302943
私营有限责任公司	58302529	14488516	57562810	14239085	52213349	12366194
私营股份有限公司	3360895	668335	3345810	663872	3012430	571808
其他企业	1758996	410042	1755692	407889	1551310	356352
2. 港、澳、台商投资企业	**9089972**	**4974783**	**8986081**	**4942648**	**7444524**	**4276364**
合资经营企业	4875586	3499018	4828350	3475437	4096260	2969930
合作经营企业	986305	164206	950835	164195	796295	141785
独资经营企业	3203643	1295857	3184090	1287606	2533153	1152091
投资股份有限公司	24437	15703	22807	15410	18817	12557
3. 外商投资企业	**17516302**	**10436074**	**17097803**	**10116111**	**14498552**	**8641933**
中外合资经营企业	10001538	7303978	9736083	7049302	8346613	6099128
中外合作经营企业	2915138	995234	2841597	987517	2414882	863624
外资企业	4539550	2133779	4461241	2076208	3690986	1676244
外商投资股份有限公司	60076	3084	58883	3084	46071	2937

单位:万元

主营业务税金及附加		主营业务利润		其他业务利润		营业费用	
限额以上	大中型企业	限额以上	大中型企业	限额以上	大中型企业	限额以上	大中型企业
759924	**345051**	**21657066**	**10350938**	**4448637**	**2752582**	**13833137**	**7139760**
720747	**322184**	**17907831**	**8406531**	**3300520**	**2064144**	**10945192**	**5444369**
56341	21969	1627223	725551	216833	111954	813181	398244
27182	6778	417805	148731	51717	28941	205838	88079
9442	3675	177387	96224	25986	20073	95033	55127
4017	2096	131288	75825	15475	10614	73801	44760
706	246	35807	19082	4831	3858	25776	17090
932	278	28741	16519	1928	1448	15264	7898
672	368	33439	23084	3486	3090	16180	9808
1707	1205	33301	17140	5230	2218	16580	9965
218912	95621	6253340	2783763	1491890	955056	4357128	2217991
5822	4465	265170	195082	52804	34381	136520	104033
213090	91156	5988170	2588680	1439086	920675	4220608	2113957
161841	108053	4162415	2803671	657383	508508	2139561	1364085
234713	82120	4983673	1727212	803193	423324	3145975	1254465
32336	5007	303166	59902	34958	22294	137501	44603
5510	1922	89133	39599	11171	16333	59027	32490
183266	72563	4331392	1553579	714767	377691	2802181	1132471
13602	2628	259981	74132	42297	7005	147267	44902
8301	1872	154700	45554	38044	5675	114675	21617
20156	**11392**	**1402551**	**572956**	**312005**	**223175**	**858799**	**496102**
12587	9672	692261	484537	200459	163710	440870	371022
1993	293	139215	22117	22961	4588	60509	13408
5422	1274	567860	64225	86910	54469	355296	109613
153	153	3215	2077	1675	408	2124	2059
19021	**11475**	**2346684**	**1371452**	**836111**	**465264**	**2029146**	**1199290**
8808	6445	1265422	860708	419369	325079	1102154	802135
2920	2293	392991	120583	219018	56302	340525	109153
7006	2721	675763	390029	196261	83838	580668	287746
287	16	12508	132	1463	45	5799	257

1－6 续表5

项　　目	管理费用		财务费用		营业利润	
	限额以上	大中型企业	限额以上	大中型企业	限额以上	大中型企业
二、零售业	**8246248**	**4121270**	**1355354**	**542706**	**4765369**	**2138083**
(一)按登记注册类型分						
1. 内资企业	**6951912**	**3432930**	**1259732**	**500145**	**3773830**	**1733283**
国有企业	805916	357912	61858	33999	309757	91824
集体企业	172274	66921	28780	11417	96738	23652
股份合作企业	79565	47972	18638	15340	33394	7538
联营企业	43230	26632	7877	5399	28695	12086
国有联营企业	9948	4141	958	872	6435	1111
集体联营企业	13897	9822	2316	701	315	278
国有与集体联营企业	7899	6180	3890	3731	10544	6454
其他联营企业	11486	6489	713	96	11402	4243
有限责任公司	2466913	1155573	378515	146992	1089087	428793
国有独资公司	122674	81468	17264	8879	43328	35382
其他有限责任公司	2344239	1074104	361251	138113	1045758	393411
股份有限公司	1392959	1115477	218499	166299	1331243	876599
私营企业	1926996	641512	532316	115976	871710	286467
私营独资企业	82444	23745	28415	12994	124388	15711
私营合伙企业	25659	15593	5501	3513	17951	5014
私营有限责任公司	1703041	575305	473237	92666	675770	252272
私营股份有限公司	115851	26870	25164	6804	53601	13469
其他企业	64061	20931	13248	4723	13208	6324
2. 港、澳、台商投资企业	**432754**	**201231**	**16339**	**5329**	**552863**	**204251**
合资经营企业	228373	130309	8473	1539	269506	193971
合作经营企业	59044	19267	2800	94	55895	－6065
独资经营企业	142944	50928	4885	3602	227163	16634
投资股份有限公司	2392	727	181	94	299	－289
3. 外商投资企业	**861582**	**487109**	**79284**	**37232**	**438676**	**200549**
中外合资经营企业	410052	315420	29279	19991	259744	124832
中外合作经营企业	152734	51820	9635	1635	146700	20649
外资企业	292298	119829	39492	15603	31269	55191
外商投资股份有限公司	6497	41	878	2	963	－123

单位:万元

利润总额		应交所得税		劳动、失业保险费		住房公积金和住房补贴	
限额以上	大中型企业	限额以上	大中型企业	限额以上	大中型企业	限额以上	大中型企业
5013972	**2289178**	**1381166**	**673120**	**721122**	**369529**	**220826**	**112501**
4087299	**1862661**	**1071451**	**538830**	**634410**	**308334**	**191518**	**92920**
352480	107811	73267	25078	129417	40418	61303	15209
93372	23008	17801	3067	15633	6587	4713	1354
35781	7992	9810	5187	5984	2524	1507	849
28196	12495	7865	3073	4019	2588	1103	710
7093	1742	1871	276	1645	974	301	87
-486	141	919	304	920	680	432	331
10508	6423	3088	1912	987	801	238	207
11082	4188	1986	581	467	134	132	86
1212119	468724	394644	174756	238497	114831	65801	39070
48170	37793	11984	9126	10084	8099	4961	2820
1163949	430931	382659	165631	228413	106733	60840	36249
1473714	949392	340784	256053	128978	97325	37248	29836
864762	286082	221852	69478	108576	43108	19193	5660
117407	13454	15449	3455	2940	786	961	15
12579	4289	2562	763	1132	1391	68	24
690227	261213	192106	64081	97935	39451	16005	5177
44549	7127	11736	1179	6569	1480	2159	445
26876	7158	5430	2138	3307	952	651	233
567388	**212270**	**156186**	**53288**	**24943**	**11980**	**5779**	**2537**
275162	199084	53959	40025	11696	7869	3725	1821
59181	-5826	18307		3316	527	610	107
232758	19300	83778	13264	9850	3533	1432	598
287	-289	142		80	51	12	11
359285	**214247**	**153529**	**81002**	**61768**	**49215**	**23530**	**17043**
211266	125087	72975	49004	41552	36566	15567	12188
97580	24837	35815	7362	5174	3102	2394	1119
50010	64446	44046	24636	14939	9548	5520	3736
429	-123	693		104		50	

1－6 续表 6

项　　目	实收资本		主营业务收入		主营业务成本	
	限额以上	大中型企业	限额以上	大中型企业	限额以上	大中型企业
（二）按行业分						
综合零售	86804017	57369244	83903103	55637151	71651902	47920472
百货零售	44418655	31241851	42938535	30164510	35917434	25482394
超级市场零售	38560807	25187552	37600534	24569124	32834267	21653609
食品、饮料及烟草制品专门零售	4237517	1636968	4167274	1598246	3506991	1311938
纺织、服装及日用品专门零售	5859526	1827683	5794281	1800020	4297149	1324465
服装零售	3905927	1254250	3861162	1229616	2802718	938339
文化、体育用品及器材专门零售	6363787	1718457	6264797	1690739	4855925	1254349
体育用品零售	537618	248301	536168	247609	437134	191526
图书零售	3367234	1234547	3312688	1210583	2459003	900693
医药及医疗器材专门零售	8484521	4856824	8442607	4816313	7305156	4145367
药品零售	7949802	4809781	7910803	4769507	6849785	4109001
汽车、摩托车、燃料及零配件专门零售	88990458	17110161	88620528	17020974	82421816	15382010
汽车零售	61948700	5417846	61727880	5378208	58080468	5027574
机动车燃料零售	24960787	11646989	24825425	11597499	22441692	10314102
家用电器及电子产品专门零售	25623398	12212333	25085331	11786770	23132827	10899935
家用电器零售	17323553	10611414	16908054	10240929	15615008	9523974
计算机、软件及辅助设备零售业	5004039	752324	4945797	707805	4611097	644641
通讯设备零售	2563358	780909	2527943	770829	2269931	675176
五金、家具及室内装修材料专门零售	3996809	930781	3930419	908554	3236711	685868
无店铺及其他零售	3350550	499300	3304686	493629	2833057	405746
邮购及电子销售	220814	75246	218816	74573	175904	51964
（三）按控股情况分						
国有控股	63476157	30628423	61686913	29688300	53503819	25490534
集体控股	29327112	17530521	28902344	17174873	25791295	15245880
私人控股	115176713	35884850	113670332	35075236	102576405	30700359
港澳台控股	8699669	4533540	8600905	4504239	7143701	3885219
外商控股	17030931	9584417	16652531	9309748	14226312	8008156

单位:万元

主营业务税金及附加		主营业务利润		其他业务利润		营业费用	
限额以上	大中型企业	限额以上	大中型企业	限额以上	大中型企业	限额以上	大中型企业
385312	246759	10418228	6610255	3087518	2074415	7456856	4691506
256087	173879	5850917	3922591	1246895	830379	2739585	1824642
113060	69254	4141570	2575962	1754511	1222453	4374214	2784249
18925	7222	516708	239839	74543	38497	279296	134940
32822	11457	1307049	419822	97618	39743	761648	297519
22147	8538	914363	244687	61969	32525	529387	188301
52371	9274	1176168	404530	103652	41822	503005	185988
871	435	96949	55140	7144	1456	53171	29600
11969	4884	730961	282928	69019	37670	299474	120630
28411	13946	976308	592163	64610	46825	555521	333515
26867	13791	906667	582578	61633	46626	518594	329521
125442	21820	4858797	1149423	245374	41933	2325356	581507
78224	8083	2986125	277151	211139	34001	1400323	136779
40163	13646	1736305	868785	24559	7821	858259	441691
66663	24244	1504233	681322	649718	429272	1322812	721629
46320	19567	939453	522108	545231	395873	978605	614339
10122	1867	295095	59033	43039	18589	147646	46355
8028	2424	207485	90011	54559	14385	161803	54761
33836	7989	554479	176144	85512	32358	420499	146995
16143	2338	345096	77441	40091	7719	208144	46160
712	365	41886	22243	2126	687	36726	15359
210255	102031	6708962	3316154	939150	508526	3701490	1724378
106358	61546	2558347	1697102	552749	453173	1474774	1051985
405146	160789	8956348	3635493	1832694	1151239	5814020	2768514
19282	9797	1280366	506439	300525	201387	865933	466243
18883	10888	2153043	1195750	823519	438258	1976920	1128640

1－6 续表7

项　　目	管理费用		财务费用		营业利润	
	限额以上	大中型企业	限额以上	大中型企业	限额以上	大中型企业
(二)按行业分						
综合零售	4306087	2847788	531861	355620	2023869	1245487
百货零售	2819202	1910169	397087	276290	1464117	933826
超级市场零售	1329653	897176	117586	77027	534173	299957
食品、饮料及烟草制品专门零售	205542	87706	23553	7151	127783	64207
纺织、服装及日用品专门零售	395607	165439	44390	25279	314536	9851
服装零售	247858	103042	32812	19688	257307	－313
文化、体育用品及器材专门零售	585882	207875	23239	6683	221480	56194
体育用品零售	32084	12465	2600	1707	17525	13342
图书零售	414686	171762	6195	2694	112083	33938
医药及医疗器材专门零售	378148	218167	49005	33318	132977	84706
药品零售	348440	213165	47498	33160	124536	83976
汽车、摩托车、燃料及零配件专门零售	1449613	221079	563114	74333	1314918	384493
汽车零售	1156497	118121	512034	50442	544184	29892
机动车燃料零售	244027	101314	41676	23742	732352	354478
家用电器及电子产品专门零售	608476	288949	69792	25923	478991	269122
家用电器零售	368363	226734	38042	12143	354583	249709
计算机、软件及辅助设备零售业	129005	25105	18050	4825	72982	3011
通讯设备零售	84072	33605	12695	8627	42597	15310
五金、家具及室内装修材料专门零售	179133	51961	33053	11050	81358	17174
无店铺及其他零售	137761	32306	17349	3348	69459	6850
邮购及电子销售	17090	12283	40	631	－9483	－5342
(三)按控股情况分						
国有控股	2472322	1337934	241026	143707	1557418	763924
集体控股	1046259	715838	189101	126568	602384	355079
私人控股	3568060	1481982	843668	245001	1723970	679407
港澳台控股	383597	174907	11243	966	488842	179528
外商控股	776010	410610	70317	26464	392756	160146

单位:万元

利润总额		应交所得税		劳动、失业保险费		住房公积金和住房补贴	
限额以上	大中型企业	限额以上	大中型企业	限额以上	大中型企业	限额以上	大中型企业
2250768	1354600	717388	449570	340478	243434	97386	72685
1606122	1000945	451769	300413	192617	145847	51974	38514
555914	337281	246700	144831	134358	93531	42930	33582
183777	75454	41938	19811	25122	10741	7070	3536
291277	5518	108361	14917	30974	11463	5643	2474
234652	-4017	90532	7981	20166	6728	3121	1415
237141	61995	53286	15573	63893	30515	53271	10553
17379	13517	4704	3366	1850	1290	735	535
110642	38119	28298	9165	51333	26105	43276	8522
159396	116781	40093	28560	44696	24888	11126	6165
151682	115937	37914	28332	42955	24427	10735	5999
1343596	466146	294830	85559	110704	17532	28944	7556
573156	55713	158955	12320	83671	5400	15345	1562
728986	410215	129272	73209	23777	12104	12795	5986
375135	178640	86737	52300	82543	23682	8695	6231
239358	157167	62981	47512	26795	18615	6007	5096
85790	5459	15407	2336	8479	2695	1458	740
42297	14988	5831	2275	5209	2007	1016	333
93262	23024	21857	4096	13147	5037	4586	2216
79621	7020	16676	2735	9567	2238	4105	1084
2152	-5387	2930	82	609	469	148	59
1838868	819006	444165	206873	314396	133325	122632	57144
670223	462306	181078	142491	94160	69856	27888	16982
1687940	651525	472117	207541	231539	110372	44045	20806
503102	187073	141786	45898	22807	10614	5132	2560
313838	169268	142021	70317	58219	45363	21130	15009

1－7　大中型批发和零售业企业工资、福利费及增值税

单位:万元

项　　目	本年应付工资总额		本年应付福利费总额		本年应交增值税	
	限额以上	大中型企业	限额以上	大中型企业	限额以上	大中型企业
总　　计	**13042941**	**7064701**	**1400229**	**668280**	**14411877**	**7435243**
一、批发业	**7552439**	**4267509**	**811504**	**374705**	**10626304**	**5678774**
(一)按登记注册类型分						
1.内资企业	**6301162**	**3457491**	**638119**	**302726**	**8872614**	**4667419**
国有企业	2468983	1740244	223013	146838	3577320	2505374
集体企业	120750	34300	12629	3833	91028	33278
股份合作企业	37285	12663	5443	2540	37287	8347
联营企业	54447	12322	5322	736	59409	26369
国有联营企业	37359	10148	1867	354	39824	21591
集体联营企业	1155	278	182	39	3180	2616
国有与集体联营企业	8527		639		10518	
其他联营企业	7407	1897	2634	343	5888	2162
有限责任公司	1714120	732200	171639	55477	2322200	768499
国有独资公司	268102	175181	16230	8638	503009	273299
其他有限责任公司	1446018	557019	155409	46839	1819190	495200
股份有限公司	816133	655358	91596	69390	1506209	1157333
私营企业	1015773	203385	125066	21058	1267035	167778
私营独资企业	32125	5601	8032	600	56819	8971
私营合伙企业	7829	293	1131	32	13088	7
私营有限责任公司	932205	178855	110608	18259	1155727	150792
私营股份有限公司	43614	18636	5296	2167	41402	8008
其他企业	73671	67019	3412	2855	12129	440
2.港、澳、台商投资企业	**172082**	**66363**	**29535**	**3374**	**323477**	**73720**
合资经营企业	40208	24733	2911	1823	47816	31681
合作经营企业	6637	2556	8503	68	19274	4430
独资经营企业	120795	35967	17273	1235	247184	32602
投资股份有限公司	4442	3107	848	248	9203	5007
3.外商投资企业	**1079195**	**743655**	**143850**	**68606**	**1430212**	**937635**
中外合资经营企业	128122	84975	7573	3102	158889	74294
中外合作经营企业	5568	625	239	85	3331	194
外资企业	885805	616334	125042	64312	1248308	846101
外商投资股份有限公司	59701	41721	10996	1107	19685	17046

1－7 续表1

单位:万元

项 目	本年应付工资总额		本年应付福利费总额		本年应交增值税	
	限额以上	大中型企业	限额以上	大中型企业	限额以上	大中型企业
(二)按行业分						
农畜产品批发	222711	63457	26081	7446	72878	－37200
食品、饮料及烟草制品批发	2139762	1624384	181182	126855	2844552	2146646
米、面制品及食用油批发	98082	34736	10558	2790	17435	310
烟草制品批发	1561164	1328692	121546	98481	2406813	1937580
纺织、服装及日用品批发	659238	247637	86852	21040	865380	366913
服装批发	249436	116040	26501	8082	310234	153499
文化、体育用品及器材批发	200160	90362	19068	6402	164843	51839
医药及医疗器材批发	493399	264120	57183	22976	452056	220852
矿产品、建材及化工产品批发	2016042	1062660	216285	99517	4084352	1917476
煤炭及制品批发	213293	77456	24516	6893	823649	255163
石油及制品批发	903144	688497	99903	75514	2056752	1440922
金属及金属矿批发	449941	175514	43058	10286	717493	162596
建材批发	148272	58185	15536	2404	140091	25637
化肥批发	72590	27070	9228	2541	15679	3113
机械设备、五金交电及电子产品批发	1499406	844851	183365	85117	1714220	917441
汽车、摩托车及零配件批发	157673	48537	16076	3285	273871	75684
家用电器批发	280842	215589	28685	21111	349032	268903
计算机、软件及辅助设备批发	89379	15698	12664	1576	103992	10383
贸易经纪与代理	91354	24724	8601	2762	133210	85378
其他批发	230367	45313	32885	2592	294814	9429
(三)按控股情况分						
国有控股	4262412	2885796	393746	246421	6339672	4205184
集体控股	458849	173208	50935	16499	433571	148002
私人控股	1691465	498277	199437	44972	2226806	403542
港澳台控股	160705	54494	28183	1801	306064	64081
外商控股	979008	655734	139202	65010	1320190	857964

1-7 续表2

单位:万元

项目	本年应付工资总额		本年应付福利费总额		本年应交增值税	
	限额以上	大中型企业	限额以上	大中型企业	限额以上	大中型企业
二、零售业	**5490502**	**2797192**	**588725**	**293575**	**3785574**	**1756469**
(一)按登记注册类型分						
1. 内资企业	**4722498**	**2323193**	**498920**	**253456**	**3137991**	**1460759**
国有企业	520618	239707	50622	20220	263652	107627
集体企业	147647	45263	15099	5553	54442	17247
股份合作企业	64487	39589	5967	3348	27427	15338
联营企业	31955	18485	2688	1238	27907	17602
国有联营企业	11290	6921	747	360	5354	2254
集体联营企业	9598	6479	874	494	4006	2036
国有与集体联营企业	3943	1716	303	51	3476	1825
其他联营企业	7124	3369	765	334	15071	11487
有限责任公司	1630591	858033	165263	84306	1196378	584715
国有独资公司	75050	51631	5513	3582	28202	21616
其他有限责任公司	1555540	806403	159750	80725	1168177	563099
股份有限公司	788966	589940	80962	60057	649165	443251
私营企业	1493778	519455	166003	77405	903152	272027
私营独资企业	79139	26804	24290	18752	36378	14053
私营合伙企业	23333	13155	2261	1328	8836	4449
私营有限责任公司	1305155	458417	130263	54591	807021	245333
私营股份有限公司	86150	21078	9189	2734	50918	8192
其他企业	44457	12720	12317	1328	15868	2952
2. 港、澳、台商投资企业	**242976**	**139893**	**18294**	**8882**	**219153**	**98285**
合资经营企业	127750	103372	8195	7233	114189	74676
合作经营企业	20328	5349	2803	28	22886	377
独资经营企业	93663	30534	7204	1530	81707	23030
投资股份有限公司	1235	639	92	92	371	202
3. 外商投资企业	**525028**	**334105**	**71511**	**31237**	**428430**	**197426**
中外合资经营企业	279561	217521	26414	16603	281094	125893
中外合作经营企业	77668	26693	18676	1939	54500	14066
外资企业	166190	89631	26291	12658	92199	57293
外商投资股份有限公司	1610	260	129	37	637	174

1－7 续表3

单位:万元

项　　目	本年应付工资总额		本年应付福利费总额		本年应交增值税	
	限额以上	大中型企业	限额以上	大中型企业	限额以上	大中型企业
(二)按行业分						
综合零售	2658459	1804337	297456	189890	1644056	1062267
百货零售	1298442	931342	128419	92258	922629	612033
超级市场零售	1222662	835109	157189	93973	667819	432579
食品、饮料及烟草制品专门零售	169194	86428	18218	9371	71822	32919
纺织、服装及日用品专门零售	276476	117895	27514	10722	259508	70112
服装零售	181124	71886	17504	6321	190480	40020
文化、体育用品及器材专门零售	360379	140463	36116	10589	140197	45786
体育用品零售	21736	13852	1896	717	7359	2667
图书零售	235839	104910	22272	8105	86435	35425
医药及医疗器材专门零售	320876	183735	32291	18873	169491	103322
药品零售	286038	181393	30817	18700	149753	101912
汽车、摩托车、燃料及零配件专门零售	1061082	176704	99518	19533	940463	173412
汽车零售	809237	73461	74109	10369	587159	43378
机动车燃料零售	216553	101185	21430	8890	333141	129596
家用电器及电子产品专门零售	432688	217884	51743	27245	312412	182047
家用电器零售	278981	167202	34202	20983	217957	153639
计算机、软件及辅助设备零售业	79354	22407	9168	2573	45167	5688
通讯设备零售	59425	25085	6753	3410	38693	21783
五金、家具及室内装修材料专门零售	121362	44819	16123	4945	143840	22015
无店铺及其他零售	89984	24927	9746	2409	103786	64590
邮购及电子销售	5841	3525	1110	490	5742	3637
(三)按控股情况分						
国有控股	1546236	802325	150870	69423	1044347	496127
集体控股	674962	445708	74751	50239	406370	273718
私人控股	2538688	1116098	277719	138922	1705474	696549
港澳台控股	236251	128404	17263	7634	205568	90022
外商控股	494364	304657	68122	27357	423815	200054

1－8 大中型批发和零售业

项 目	负债比率(%)		商品销售毛利率(%)	
	限额以上	大中型企业	限额以上	大中型企业
总 计	**71.5**	**66.0**	**8.4**	**10.4**
一、批发业	**70.9**	**63.3**	**7.7**	**9.8**
(一)按登记注册类型分				
1. 内资企业	**71.1**	**62.7**	**7.0**	**8.9**
国有企业	64.4	53.5	9.9	12.9
集体企业	86.0	89.2	5.2	5.1
股份合作企业	73.9	65.6	6.2	12.6
联营企业	69.2	56.8	7.0	18.3
国有联营企业	56.6	28.3	7.9	25.1
集体联营企业	88.8	98.0	2.8	2.4
国有与集体联营企业	79.2		6.6	
其他联营企业	78.4	93.8	5.4	3.9
有限责任公司	73.6	70.4	5.9	7.0
国有独资公司	61.9	63.0	7.3	6.9
其他有限责任公司	76.9	75.6	5.7	7.1
股份有限公司	64.9	61.2	6.4	5.9
私营企业	78.4	76.0	5.3	7.3
私营独资企业	55.1	38.0	6.6	5.0
私营合伙企业	76.0	63.5	7.1	24.0
私营有限责任公司	79.1	79.5	5.2	8.1
私营股份有限公司	78.8	87.1	5.3	4.8
其他企业	53.9	43.5	14.6	17.8
2. 港、澳、台商投资企业	**75.0**	**67.9**	**13.7**	**20.7**
合资经营企业	71.7	78.3	12.1	20.8
合作经营企业	76.9	68.3	10.4	21.8
独资经营企业	78.6	76.5	14.1	19.5
投资股份有限公司	43.9	34.9	28.0	34.5
3. 外商投资企业	**68.8**	**68.3**	**16.2**	**19.8**
中外合资经营企业	72.8	68.5	8.4	7.5
中外合作经营企业	92.2	333.9	10.9	4.0
外资企业	68.7	69.8	19.6	25.5
外商投资股份有限公司	55.7	55.4	12.8	12.6

注:费用率等于营业费用、管理费用、财务费用三项之和除以营业收入合计(下表同)。

企业经济效益分析指标

人均营业收入(万元)		流动资产周转次数(次)		费用率(%)	
限额以上	大中型企业	限额以上	大中型企业	限额以上	大中型企业
216.9	**160.3**	**3.2**	**3.5**	**5.8**	**6.9**
406.0	**310.2**	**3.3**	**3.7**	**4.8**	**5.6**
401.5	**306.7**	**3.3**	**3.8**	**4.2**	**4.7**
366.5	291.7	3.1	3.3	4.4	5.1
192.4	328.9	2.1	1.6	4.1	3.9
252.0	99.2	2.9	2.9	4.2	7.1
409.5	278.9	3.9	2.9	3.7	3.7
400.8	288.5	5.3	3.7	3.2	4.1
437.6	220.0	2.1	4.4	2.8	2.3
445.5		3.2		4.2	
402.0	264.9	2.5	2.0	5.3	3.1
483.0	346.7	3.0	3.1	4.0	5.0
645.4	583.3	2.3	2.5	3.8	3.8
463.5	296.2	3.1	3.4	4.0	5.6
450.8	398.7	6.2	7.4	4.2	3.8
402.8	180.1	3.0	2.7	4.2	5.9
235.1	252.7	3.5	2.0	4.5	4.5
250.3	30.7	3.7	2.3	4.8	9.4
413.8	153.9	3.0	2.5	4.2	7.0
372.9	410.6	3.5	3.8	3.6	2.3
57.0	41.9	4.1	4.5	6.5	7.4
326.1	**145.3**	**2.9**	**2.5**	**9.6**	**16.0**
295.1	176.5	3.2	3.1	9.4	17.7
358.7	151.6	4.3	2.8	6.6	14.0
339.2	127.8	2.8	2.6	9.6	14.2
189.2	128.6	1.0	0.6	18.9	25.8
502.6	**403.4**	**3.0**	**3.0**	**11.9**	**14.6**
603.8	332.6	4.6	5.1	5.8	4.5
142.5	118.4	4.0	9.7	15.2	14.7
484.9	427.9	2.7	2.7	14.4	19.0
412.7	474.5	2.3	2.3	9.7	9.2

1－8 续表1

项　目	负债比率(%)		商品销售毛利率(%)	
	限额以上	大中型企业	限额以上	大中型企业
(二)按行业分				
农畜产品批发	78.0	70.7	6.4	8.6
食品、饮料及烟草制品批发	44.7	35.0	19.7	22.2
米、面制品及食用油批发	83.8	76.6	6.0	6.5
烟草制品批发	23.0	23.5	24.0	24.6
纺织、服装及日用品批发	73.7	68.9	8.9	11.0
服装批发	73.1	70.0	8.6	11.7
文化、体育用品及器材批发	65.2	62.1	10.7	11.9
医药及医疗器材批发	79.1	78.3	7.6	7.3
矿产品、建材及化工产品批发	73.4	67.0	5.2	5.5
煤炭及制品批发	70.6	67.5	9.8	8.0
石油及制品批发	66.0	59.0	5.3	5.6
金属及金属矿批发	77.9	76.8	4.1	3.9
建材批发	74.9	54.6	4.7	12.6
化肥批发	77.3	74.2	6.1	7.2
机械设备、五金交电及电子产品批发	77.2	76.8	8.5	11.9
汽车、摩托车及零配件批发	76.6	76.3	7.0	5.0
家用电器批发	81.7	80.1	8.9	11.5
计算机、软件及辅助设备批发	74.2	74.1	4.0	5.2
贸易经纪与代理	73.9	69.9	4.1	3.3
其他批发	72.3	70.6	7.9	9.0
(三)按控股情况分				
国有控股	65.8	58.7	8.1	9.0
集体控股	80.9	81.9	5.3	6.6
私人控股	78.1	75.4	5.5	8.6
港澳台控股	77.6	75.9	14.1	26.6
外商控股	68.0	67.3	18.2	23.8

人均营业收入(万元)		流动资产周转次数(次)		费用率(%)	
限额以上	大中型企业	限额以上	大中型企业	限额以上	大中型企业
144.3	98.4	1.1	0.6	8.7	12.4
181.1	172.9	2.9	2.9	7.7	8.1
164.4	158.5	1.5	1.2	7.4	9.9
205.6	187.0	3.2	3.0	6.8	7.3
329.4	238.6	3.3	3.3	6.6	7.0
285.9	188.7	3.5	3.7	5.8	6.3
180.2	175.1	2.2	2.2	8.0	9.1
180.5	176.4	2.7	2.7	6.8	6.9
693.7	477.4	4.1	6.1	3.2	3.3
442.1	310.9	4.0	4.6	5.8	5.0
591.5	449.2	8.0	11.7	3.2	3.3
1480.8	1230.8	3.0	3.0	2.3	2.3
358.7	66.3	2.6	2.6	3.9	11.2
385.9	509.6	2.0	1.9	4.1	4.6
417.3	369.2	2.8	2.7	6.4	9.2
569.4	613.7	3.6	4.6	5.0	3.9
304.4	256.9	3.0	3.0	8.3	11.7
422.4	185.4	3.7	3.1	3.5	5.0
939.6	1147.2	2.6	3.4	3.2	2.0
482.0	284.2	2.9	1.6	5.4	9.4
442.1	362.2	3.6	4.2	4.2	4.4
310.2	268.2	2.8	2.5	4.1	5.2
373.7	153.7	3.1	2.9	4.3	6.8
305.2	114.5	2.8	2.5	10.1	20.6
472.8	418.3	2.7	2.5	13.4	17.7

1－8 续表2

项　　目	负债比率(%)		商品销售毛利率(%)	
	限额以上	大中型企业	限额以上	大中型企业
二、零售业	**73.4**	**73.3**	**11.4**	**13.0**
(一)按登记注册类型分				
1.内资企业	**73.1**	**73.3**	**10.9**	**12.7**
国有企业	74.0	86.3	14.1	12.8
集体企业	76.9	77.5	10.7	13.7
股份合作企业	78.9	81.0	10.2	9.6
联营企业	70.0	72.0	6.2	5.7
国有联营企业	66.4	87.8	7.8	10.6
集体联营企业	76.5	76.8	12.7	18.3
国有与集体联营企业	63.1	63.6	3.0	2.3
其他联营企业	82.0	91.3	10.5	16.0
有限责任公司	77.1	79.0	10.7	12.9
国有独资公司	71.6	64.9	15.2	18.8
其他有限责任公司	77.4	80.1	10.5	12.6
股份有限公司	61.9	61.4	12.6	12.9
私营企业	76.6	80.2	9.5	13.1
私营独资企业	63.6	77.8	12.6	10.9
私营合伙企业	71.4	82.3	11.3	12.6
私营有限责任公司	77.8	80.4	9.3	13.2
私营股份有限公司	70.3	78.2	10.0	13.9
其他企业	76.0	75.7	11.6	12.6
2.港、澳、台商投资企业	**65.6**	**66.7**	**17.2**	**13.5**
合资经营企业	63.7	66.5	15.2	14.5
合作经营企业	70.9	97.6	16.3	13.6
独资经营企业	66.0	64.4	20.4	10.5
投资股份有限公司	132.2	101.3	17.5	18.5
3.外商投资企业	**79.9**	**76.2**	**15.2**	**14.6**
中外合资经营企业	76.2	77.8	14.3	13.5
中外合作经营企业	91.8	65.8	15.0	12.5
外资企业	80.9	74.2	17.3	19.3
外商投资股份有限公司	135.8	143.4	21.8	4.8

人均营业收入(万元)		流动资产周转次数(次)		费用率(%)	
限额以上	大中型企业	限额以上	大中型企业	限额以上	大中型企业
74.4	**56.1**	**3.1**	**3.0**	**10.0**	**12.0**
73.6	**54.2**	**3.1**	**3.0**	**9.2**	**11.3**
52.0	48.1	3.1	3.3	11.6	11.8
38.9	31.0	3.1	2.5	7.9	12.3
51.8	52.8	2.8	2.2	8.4	9.2
134.0	123.6	4.8	4.6	5.3	5.4
101.0	52.7	5.2	3.4	6.8	11.7
43.4	25.6	3.6	2.4	13.0	19.4
528.3	769.9	6.0	5.5	2.3	2.0
82.1	44.8	3.1	4.3	8.0	12.8
71.3	44.7	3.0	2.8	9.9	13.5
73.2	60.3	2.1	2.2	13.6	17.7
71.3	44.2	3.1	2.8	9.8	13.3
99.6	90.8	3.6	3.3	8.8	9.0
75.7	41.3	2.9	2.6	8.5	12.4
40.9	26.8	3.1	1.9	7.8	12.3
42.8	26.8	4.0	3.6	9.5	14.3
80.8	43.0	2.9	2.6	8.5	12.4
70.3	38.6	3.1	2.8	8.6	11.8
68.0	46.6	2.7	2.1	10.9	11.5
82.2	**66.3**	**3.2**	**3.8**	**14.4**	**14.1**
86.0	70.3	3.9	3.9	13.9	14.4
119.9	56.6	3.7	6.3	12.4	20.0
71.3	59.0	2.6	3.4	15.7	12.7
37.0	40.4	1.3	5.5	19.2	18.3
81.2	**69.7**	**2.8**	**2.8**	**17.0**	**16.5**
77.3	68.9	3.0	3.0	15.4	15.6
127.2	105.9	2.9	3.7	17.3	16.3
73.3	62.7	2.4	2.2	20.1	19.8
46.3	9.9	2.8	1.0	21.9	9.7

1－8 续表3

项　目	负债比率(%)		商品销售毛利率(%)	
	限额以上	大中型企业	限额以上	大中型企业
(二)按行业分				
综合零售	74.8	73.4	14.6	13.9
百货零售	71.3	70.0	16.4	15.5
超级市场零售	81.9	79.8	12.7	11.9
食品、饮料及烟草制品专门零售	60.7	64.5	15.8	17.9
纺织、服装及日用品专门零售	73.3	77.9	25.8	26.4
服装零售	72.9	80.3	27.4	23.7
文化、体育用品及器材专门零售	60.1	63.2	22.5	25.8
体育用品零售	77.8	78.8	18.5	22.6
图书零售	57.4	59.9	25.8	25.6
医药及医疗器材专门零售	77.6	78.7	13.5	13.9
药品零售	77.5	78.6	13.4	13.8
汽车、摩托车、燃料及零配件专门零售	72.4	66.1	7.0	9.6
汽车零售	77.6	81.6	5.9	6.5
机动车燃料零售	51.8	52.9	9.6	11.1
家用电器及电子产品专门零售	79.3	82.0	7.8	7.5
家用电器零售	82.8	82.9	7.6	7.0
计算机、软件及辅助设备零售业	67.6	77.4	6.8	8.9
通讯设备零售	71.6	75.0	10.2	12.4
五金、家具及室内装修材料专门零售	71.7	70.7	17.6	24.5
无店铺及其他零售	65.1	61.8	14.3	17.8
邮购及电子销售	92.4	76.1	19.6	30.3
(三)按控股情况分				
国有控股	66.4	67.2	13.3	14.1
集体控股	74.2	73.5	10.8	11.2
私人控股	76.4	78.3	9.8	12.5
港澳台控股	66.0	66.2	16.9	13.7
外商控股	80.8	76.2	14.6	14.0

人均营业收入(万元)		流动资产周转次数(次)		费用率(%)	
限额以上	大中型企业	限额以上	大中型企业	限额以上	大中型企业
50.1	48.6	3.1	3.1	14.2	13.8
54.9	56.1	2.8	2.8	13.4	12.8
47.1	42.3	3.5	3.6	15.1	14.9
42.3	32.3	2.8	2.9	12.0	14.0
39.6	27.6	2.3	2.0	20.5	26.7
39.6	28.6	2.2	1.9	20.7	24.8
42.9	28.8	1.9	1.6	17.5	23.3
63.5	47.6	2.6	2.0	16.3	17.6
34.5	27.0	1.8	1.7	21.4	23.9
40.4	37.0	2.2	2.1	11.6	12.0
39.1	37.0	2.2	2.1	11.5	12.0
208.6	185.7	3.8	4.4	4.9	5.1
215.7	149.3	3.1	2.3	5.0	5.6
214.6	213.7	8.7	7.5	4.6	4.9
96.6	92.9	2.8	2.3	7.8	8.5
95.0	101.1	2.6	2.3	8.0	8.0
127.6	91.9	3.6	2.7	5.9	10.1
70.1	46.5	3.4	2.8	10.1	12.4
62.7	38.5	2.4	2.3	15.8	22.6
74.5	37.4	2.5	4.0	10.8	16.4
80.5	49.4	1.0	5.4	24.4	37.6
83.0	72.9	3.7	3.6	10.1	10.5
62.8	58.8	2.9	2.8	9.2	10.8
72.6	43.6	2.9	2.7	8.9	12.5
77.2	65.5	3.2	3.7	14.5	14.2
81.7	68.9	2.8	2.7	16.6	16.3

1－9　大中型住宿和餐饮业企业基本情况

项　　目	2007 年	2006 年	2007 年比 2006 年增长(%)
一、法人单位个数(个)	**677**	**674**	**0.4**
二、年末从业人员数(人)	**548631**	**524738**	**4.6**
三、经营情况(万元)			
营业额	7609104	7152087	6.4
客房收入	1883819	1838285	2.5
餐费收入	4899754	4661023	5.1
商品销售收入	225145	158344	42.2
其他收入	600387	494435	21.4
四、年末资产负债(万元)			
流动资产合计	4290392	3818347	12.4
固定资产原价	12394365	11923512	3.9
累计折旧	4788681	4574980	4.7
资产总计	15480245	14046958	10.2
负债合计	10342099	9470909	9.2
所有者权益	5138147	4576049	12.3
实收资本	7992732	4184505	91.0
国家资本	4429088	1598001	177.2
集体资本	126590	72481	74.7
法人资本	1574646	1071490	47.0
个人资本	450447	254298	77.1
港澳台资本	766053	585834	30.8
外商资本	645620	574096	12.5
五、主要财务指标(万元)			
营业收入合计	8833774	7886814	12.0
主营业务收入	8771208	7803859	12.4
主营业务成本	3082640	2634129	17.0
主营业务税金及附加	446090	395741	12.7
主营业务利润	4885651	4505938	8.4
其他业务利润	22330	40133	-44.4
营业费用	2668096	2529167	5.5
管理费用	1710246	1957057	-12.6
财务费用	216240	225567	-4.1
营业利润	886100	517207	71.3
利润总额	648938	505065	28.5
应交所得税	223512	150653	48.4
劳动、失业保险费	134513	98820	36.1
住房公积金和住房补贴	38626	34255	12.8

1－10 大中型住宿和餐饮业法人企业和从业人员数

项　目	法人企业个数(个)		年末从业人员数(人)	
	星级及限额以上	大中型企业	星级及限额以上	大中型企业
总　计	**25041**	**677**	**3417703**	**548631**
一、住宿业	**10971**	**429**	**1744142**	**245277**
(一)按登记注册类型分				
1.内资企业	**10055**	**283**	**1458534**	**158437**
国有企业	3009	106	466812	59846
集体企业	667	8	72886	3815
股份合作企业	191	3	22958	1442
联营企业	77	3	13954	1624
国有联营企业	39	3	7484	1624
集体联营企业	17		1844	
国有与集体联营企业	15		3317	
其他联营企业	6		1309	
有限责任公司	2192	93	395323	49439
国有独资公司	92	7	22440	4082
其他有限责任公司	2100	86	372883	45357
股份有限公司	404	18	78084	10655
私营企业	3373	50	393052	30721
私营独资企业	975	4	74037	3100
私营合伙企业	216		16774	
私营有限责任公司	1968	45	275871	26621
私营股份有限公司	214	1	26370	1000
其他企业	142	2	15465	895
2.港、澳、台商投资企业	**496**	**87**	**162584**	**53421**
合资经营企业	287	58	97310	32073
合作经营企业	89	21	31320	14502
独资经营企业	109	6	30134	6026
投资股份有限公司	11	2	3820	820
3.外商投资企业	**420**	**59**	**123024**	**33419**
中外合资经营企业	225	29	65545	16941
中外合作经营企业	70	16	24795	9074
外资企业	116	12	30215	6322
外商投资股份有限公司	9	2	2469	1082
(二)按行业分				
旅游饭店	9851	426	1610993	243806
一般旅馆	974	2	115243	966
其他住宿服务	146	1	17906	505
(三)按控股情况分				
国有控股	4005	202	705487	116487
集体控股	1261	32	170281	15557
私人控股	4975	99	652983	56627
港澳台控股	385	58	117889	35624
外商控股	345	38	97502	20982

1－10 续表

项　　目	法人企业个数(个)		年末从业人员数(人)	
	星级及限额以上	大中型企业	星级及限额以上	大中型企业
二、餐饮业	**14070**	**248**	**1673561**	**303354**
(一)按登记注册类型分				
1. 内资企业	**13090**	**172**	**1303912**	**124361**
国有企业	569	9	72887	8019
集体企业	427		33218	
股份合作企业	306	2	21754	1582
联营企业	37	2	4328	1241
国有联营企业	6	1	1217	691
集体联营企业	12		747	
国有与集体联营企业	2		84	
其他联营企业	17	1	2280	550
有限责任公司	1918	59	252014	31278
国有独资公司	20		2598	
其他有限责任公司	1898	59	249416	31278
股份有限公司	299	9	45539	12293
私营企业	9226	88	839927	68456
私营独资企业	3195	9	217059	4541
私营合伙企业	519	3	39851	1651
私营有限责任公司	5075	73	543842	60701
私营股份有限公司	437	3	39175	1563
其他企业	308	3	34245	1492
2. 港、澳、台商投资企业	**458**	**19**	**78818**	**14892**
合资经营企业	159	7	28140	4523
合作经营企业	42	2	6683	990
独资经营企业	250	10	42751	9379
投资股份有限公司	7		1244	
3. 外商投资企业	**522**	**57**	**290831**	**164101**
中外合资经营企业	174	12	91519	67625
中外合作经营企业	71	8	27596	13346
外资企业	266	37	169919	83130
外商投资股份有限公司	11		1797	
(二)按行业分				
正餐服务	13192	178	1384952	135335
快餐服务	534	61	251133	162388
饮料及冷饮服务	87	1	7434	1128
其他餐饮服务	257	8	30042	4503
(三)按控股情况分				
国有控股	814	17	112575	14456
集体控股	965	15	101675	13258
私人控股	11314	128	1104357	90025
港澳台控股	436	20	82761	16636
外商控股	541	54	272193	146432

1－11　大中型住宿和餐饮业企业经营情况

单位：万元

项　目	营业额		客房收入	
	星级及限额以上	大中型企业	星级及限额以上	大中型企业
总　计	**37114999**	**7609104**	**9442702**	**1883819**
一、住宿业	**18042848**	**3941524**	**8516748**	**1772315**
（一）按登记注册类型分				
1. 内资企业	**13486129**	**2247016**	**6204119**	**964737**
国有企业	4283903	846897	2061985	397061
集体企业	603283	66294	267513	34151
股份合作企业	180635	15190	85353	5800
联营企业	185832	23059	103526	11066
国有联营企业	82566	23059	48253	11066
集体联营企业	18393		6705	
国有与集体联营企业	70306		41433	
其他联营企业	14567		7136	
有限责任公司	4003374	678080	1834549	274923
国有独资公司	236157	47611	108476	21960
其他有限责任公司	3767217	630469	1726072	252963
股份有限公司	847181	189045	386823	70686
私营企业	3260309	418754	1403114	166372
私营独资企业	545428	32149	221881	10561
私营合伙企业	124120		48556	
私营有限责任公司	2368949	370147	1034671	149736
私营股份有限公司	221812	16458	98006	6075
其他企业	121611	9698	61256	4678
2. 港、澳、台商投资企业	**2650033**	**1030962**	**1337207**	**482140**
合资经营企业	1642936	533606	866914	260575
合作经营企业	583276	390098	259929	173566
独资经营企业	354326	92199	172803	41211
投资股份有限公司	69496	15059	37561	6787
3. 外商投资企业	**1906685**	**663546**	**975423**	**325438**
中外合资经营企业	1021054	322612	529634	154366
中外合作经营企业	348099	142554	169988	70279
外资企业	499011	178185	256801	94275
外商投资股份有限公司	38522	20196	19001	6519
（二）按行业分				
旅游饭店	17017218	3926228	8042632	1768671
一般旅馆	878479	10283	407589	2925
其他住宿服务	147151	5013	66528	718
（三）按控股情况分				
国有控股	7507293	1785985	3663465	804405
集体控股	1541415	226260	698837	100640
私人控股	5701961	763506	2477037	296166
港澳台控股	1858342	747213	937399	353922
外商控股	1433837	418560	740010	217182

1－11 续表1

项　目	餐费收入	
	星级及限额以上	大中型企业
总　计	**24270269**	**4899754**
一、住宿业	**7157094**	**1500094**
(一)按登记注册类型分		
1. 内资企业	**5571341**	**919106**
国有企业	1662824	322574
集体企业	250285	24519
股份合作企业	74859	7393
联营企业	62562	8883
国有联营企业	25066	8883
集体联营企业	9771	
国有与集体联营企业	20809	
其他联营企业	6916	
有限责任公司	1617644	289449
国有独资公司	87838	19591
其他有限责任公司	1529806	269858
股份有限公司	348585	71991
私营企业	1508442	190866
私营独资企业	267026	17262
私营合伙企业	63846	
私营有限责任公司	1076051	164138
私营股份有限公司	101520	9466
其他企业	46141	3433
2. 港、澳、台商投资企业	**929058**	**362245**
合资经营企业	579842	204840
合作经营企业	202297	122031
独资经营企业	123418	30503
投资股份有限公司	23501	4871
3. 外商投资企业	**656695**	**218744**
中外合资经营企业	355489	111078
中外合作经营企业	125403	54363
外资企业	158995	41183
外商投资股份有限公司	16808	12120
(二)按行业分		
旅游饭店	6735626	1493990
一般旅馆	367060	4584
其他住宿服务	54409	1520
(三)按控股情况分		
国有控股	2787546	665413
集体控股	642776	95330
私人控股	2587272	355568
港澳台控股	643265	249478
外商控股	496234	134306

单位:万元

商品销售收入		其他收入	
星级及限额以上	大中型企业	星级及限额以上	大中型企业
1173327	**225145**	**2228702**	**600387**
520680	**146266**	**1848325**	**522849**
413605	**79449**	**1297064**	**283724**
147074	25743	412020	101519
18001	539	67484	7085
3875	74	16549	1923
2955	635	16790	2475
1822	635	7425	2475
763		1155	
281		7783	
89		427	
116276	20631	434905	93077
7672	1565	32171	4495
108604	19066	402734	88582
35690	22620	76084	23748
85007	8297	263746	53219
16895	1190	39627	3137
4190		7529	
59731	7108	198496	49166
4191		18096	916
4729	910	9485	678
76800	55700	306969	130878
19103	6056	177077	62134
49786	46996	71264	47505
6290	1311	51815	19174
1622	1337	6813	2065
30274	11117	244293	108247
11813	2418	124118	54751
8898	6519	43809	11393
8574	2094	74642	40633
989	86	1724	1471
493659	143746	1745301	519821
22421	1239	81409	1535
4600	1282	21615	1493
236246	63553	821668	252615
42610	3916	156706	26375
150243	20399	484303	91373
66687	49585	211807	94229
24894	8813	173841	58259

1－11 续表2

项目	营业额		客房收入	
	星级及限额以上	大中型企业	星级及限额以上	大中型企业
二、餐饮业	**19072152**	**3667580**	**925954**	**111504**
(一)按登记注册类型分				
1.内资企业	**13965137**	**1445882**	**846556**	**92496**
国有企业	617917	89695	131290	10837
集体企业	315288		32794	
股份合作企业	237268	26261	11882	14
联营企业	55223	12533	7304	5050
国有联营企业	12293	4942	3564	2255
集体联营企业	8942		703	
国有与集体联营企业	816			
其他联营企业	33172	7591	3037	2795
有限责任公司	2764806	430106	214729	24653
国有独资公司	21397		4195	
其他有限责任公司	2743409	430106	210535	24653
股份有限公司	517193	190712	50235	21702
私营企业	9045655	682954	383912	30241
私营独资企业	2194816	49316	108551	3371
私营合伙企业	407699	18425	23406	592
私营有限责任公司	6063984	598843	226381	26278
私营股份有限公司	379155	16371	25573	
其他企业	411788	13622	14410	
2.港、澳、台商投资企业	**1198007**	**217519**	**42535**	**7111**
合资经营企业	363706	53145	24626	6302
合作经营企业	95952	11530	2611	
独资经营企业	714948	152844	15010	810
投资股份有限公司	23401		289	
3.外商投资企业	**3909008**	**2004180**	**36864**	**11896**
中外合资经营企业	1224530	676159	14192	3370
中外合作经营企业	407600	176026	3671	1047
外资企业	2253638	1151995	18410	7480
外商投资股份有限公司	23240		591	
(二)按行业分				
正餐服务	15002509	1497665	906373	107022
快餐服务	3552865	2097300	4443	
饮料及冷饮服务	136439	22453	241	
其他餐饮服务	380338	50163	14898	4483
(三)按控股情况分				
国有控股	1166965	235631	175428	21843
集体控股	1053676	154023	95333	23610
私人控股	12028576	952980	577377	42768
港澳台控股	1361582	274396	45722	7111
外商控股	3461353	1890611	32094	10153

单位:万元

餐费收入		商品销售收入		其他收入	
星级及限额以上	大中型企业	星级及限额以上	大中型企业	星级及限额以上	大中型企业
17113174	**3399660**	**652647**	**78879**	**380376**	**77538**
12200176	**1214456**	**602509**	**71093**	**315897**	**67837**
418992	70879	38077	1288	29559	6691
259206		12564		10723	
210236	18679	11892	6264	3258	1305
40434	7483	1443		6043	
8313	2687	103		314	
7684		391		164	
816					
23621	4796	949		5565	
2301271	353858	158777	27111	90029	24484
14006		2081		1116	
2287265	353858	156696	27111	88913	24484
401569	129347	34665	15805	30724	23858
8202526	620589	318196	20625	141021	11499
1956374	45248	105654		24237	697
361660	17806	17415	20	5217	6
5553564	542019	180167	19885	103872	10660
330928	15516	14959	720	7694	135
365943	13622	26895		4540	
1095557	**198366**	**24920**	**5168**	**34995**	**6873**
298799	35503	15506	5168	24775	6172
88602	11530	1167		3573	
685047	151333	8243		6648	701
23109		4			
3817442	**1986838**	**25218**	**2618**	**29484**	**2828**
1194092	670888	7813	1719	8432	183
388162	174373	4416		11352	606
2212774	1141578	12775	899	9679	2039
22414		213		22	
13169973	1247325	578042	67054	348122	76264
3509916	2088534	24542	8434	13965	333
128316	20768	6280	1685	1602	
304969	43033	43782	1705	16688	942
826794	166040	94551	16990	66751	30758
848095	100332	81013	23633	28591	6448
10801121	851511	429779	29800	221329	28901
1258319	256453	24847	4508	32676	6323
3378847	1875076	22456	2584	31029	2797

1－12 大中型住宿业企业年末资产负债

单位:万元

项 目	流动资产合计	固定资产原价	累计折旧	资产合计	负债合计	所有者权益合计
总 计	**3178661**	**10108848**	**3978607**	**12097217**	**8221648**	**3875569**
一、按登记注册类型分						
1. 内资企业	**1806532**	**5499811**	**1894758**	**7172565**	**3959123**	**3213442**
国有企业	499398	2192469	813608	2443608	1125216	1318392
集体企业	64652	130915	67684	204691	155020	49671
股份合作企业	27237	32524	16654	44810	25695	19115
联营企业	14515	61663	19441	60641	18167	42473
国有联营企业	14515	61663	19441	60641	18167	42473
集体联营企业						
国有与集体联营企业						
其他联营企业						
有限责任公司	611298	1716168	525321	2399419	1257404	1142015
国有独资公司	24023	141467	53142	169462	62495	106967
其他有限责任公司	587275	1574701	472180	2229957	1194909	1035048
股份有限公司	210756	477323	198243	648148	292781	355367
私营企业	368192	861394	244866	1340995	1058632	282363
私营独资企业	31425	197897	29129	223378	151299	72079
私营合伙企业						
私营有限责任公司	331432	642641	212696	1088514	878278	210236
私营股份有限公司	5334	20856	3041	29103	29055	48
其他企业	10485	27355	8941	30254	26209	4045
2. 港、澳、台商投资企业	**884438**	**2836026**	**1208600**	**3203307**	**2781385**	**421922**
合资经营企业	548839	1666397	751253	1861684	1737575	124109
合作经营企业	264336	715990	370859	862869	722617	140252
独资经营企业	65122	422940	66581	456028	291432	164596
投资股份有限公司	6142	30699	19907	22726	29762	－7036
3. 外商投资企业	**487690**	**1773011**	**875250**	**1721346**	**1481140**	**240206**
中外合资经营企业	165465	820018	392002	747937	581965	165971
中外合作经营企业	190803	311943	193268	382709	398627	－15918
外资企业	105876	597113	269877	523467	458599	64868
外商投资股份有限公司	25546	43936	20102	67233	41949	25284
二、按行业分						
旅游饭店	3130803	10098785	3973815	12010790	8142315	3868475
一般旅馆	46020	4103	2872	74823	69489	5334
其他住宿服务	1837	5960	1921	11605	9845	1761
三、按控股情况分						
国有控股	1346975	4843965	1936004	5617823	2939704	2678119
集体控股	235267	488686	205830	699169	464768	234401
私人控股	712220	1570014	466005	2342741	1762014	580727
港澳台控股	536489	2057381	809669	2254619	2016692	237927
外商控股	354328	1163922	563004	1203865	1058954	144911

1－13 大中型住宿业企业实收资本及构成

单位:万元

项目	实收资本	国家资本	集体资本	法人资本	个人资本	港澳台资本	外商资本
总计	**7236775**	**4362333**	**112213**	**1371296**	**303937**	**655357**	**431351**
一、按登记注册类型分							
1. 内资企业	**5526780**	**4119102**	**100291**	**1015919**	**272141**	**17139**	**1900**
国有企业	839229	458972	17579	343739	1801	17139	
集体企业	16647	2000	10647	4000			
股份合作企业	31634	28634			3000		
联营企业	15680			15391			
国有联营企业	15680			15391			
集体联营企业							
国有与集体联营企业							
其他联营企业							
有限责任公司	1053575	535385	60275	427258	30657		
国有独资公司	69997	49997		20000			
其他有限责任公司	983578	485389	60275	407258	30657		
股份有限公司	230351	88711	4650	89466	45625		1900
私营企业	337084	5400	4560	136066	191058		
私营独资企业	57754			49754	8000		
私营合伙企业							
私营有限责任公司	278330	5400	4560	85312	183058		
私营股份有限公司	1000			1000			
其他企业	3002580	3000000	2580				
2. 港、澳、台商投资企业	**1042979**	**161968**	**7812**	**199077**	**18110**	**570378**	**85635**
合资经营企业	580448	120885	7812	174310	16610	233390	27443
合作经营企业	233396	41083		24767		161487	6059
独资经营企业	217234					168401	48833
投资股份有限公司	11900				1500	7100	3300
3. 外商投资企业	**667016**	**81263**	**4110**	**156300**	**13687**	**67840**	**343817**
中外合资经营企业	314901	77106	2400	45953	13687	24163	151592
中外合作经营企业	144177	4157		89530		22526	27964
外资企业	187899		1710	4980		21150	160058
外商投资股份有限公司	20040			15837			4203
二、按行业分							
旅游饭店	7223537	4362333	112213	1366096	299198	652057	431351
一般旅馆	11239			5200	3239	2800	
其他住宿服务	2000				1500	500	
三、按控股情况分							
国有控股	2249709	1196947	24658	817320	44826	110007	55662
集体控股	201052	25042	72522	86782	9208	3739	3759
私人控股	3545960	3005400	10010	281949	235327	6434	6840
港澳台控股	826088	103600	3312	131374	1344	501233	85225
外商控股	415266	31344	1710	54971	13432	33944	279866

1－14 大中型住宿业

项　目	营业收入合　计	主营业务收入	主营业务成本	主营业务税金及附加	主营业务利润	其他业务利　润
总　计	**4296710**	**4256244**	**1264626**	**209521**	**2650861**	**22398**
一、按登记注册类型分						
1. 内资企业	**2305362**	**2272490**	**649171**	**124978**	**1426207**	**14639**
国有企业	854003	831412	212208	43956	537065	3406
集体企业	63434	63434	23039	3206	37189	16
股份合作企业	16791	16791	5212	866	10714	
联营企业	23799	23046	6172	1538	15337	649
国有联营企业	23799	23046	6172	1538	15337	649
集体联营企业						
国有与集体联营企业						
其他联营企业						
有限责任公司	689488	683061	200046	39090	420934	6698
国有独资公司	47884	47858	12279	2540	31401	523
其他有限责任公司	641604	635203	187767	36550	389533	6175
股份有限公司	192087	190430	64573	9415	109659	1447
私营企业	456063	454618	136549	26405	287484	2423
私营独资企业	66589	66580	18702	3724	44163	259
私营合伙企业						
私营有限责任公司	373016	371581	111491	21684	234217	2154
私营股份有限公司	16458	16458	6356	997	9104	9
其他企业	9698	9698	1372	502	7824	
2. 港、澳、台商投资企业	**1310748**	**1306132**	**439516**	**50560**	**768819**	**5591**
合资经营企业	807550	803747	332697	28094	434196	3810
合作经营企业	396265	395451	85159	17203	286367	684
独资经营企业	91809	91809	18667	4518	36870	982
投资股份有限公司	15125	15125	2992	746	11387	115
3. 外商投资企业	**680601**	**677623**	**175940**	**33983**	**455836**	**2169**
中外合资经营企业	341872	340109	67944	16851	254522	1484
中外合作经营企业	140043	139899	37914	6812	84102	315
外资企业	178490	177908	64733	9310	103865	-93
外商投资股份有限公司	20196	19707	5349	1010	13347	462
二、按行业分						
旅游饭店	4281313	4240847	1259454	208710	2641447	22283
一般旅馆	10223	10223	3177	552	6494	
其他住宿服务	5174	5174	1995	259	2920	115
三、按控股情况分						
国有控股	2092590	2064587	666779	93385	1247472	10098
集体控股	233290	227766	66805	12150	139045	1807
私人控股	813875	811070	236781	47010	514885	6168
港澳台控股	746033	744352	173600	36115	486878	2895
外商控股	421075	418622	123528	21428	264618	1431

企业损益及分配

单位:万元

营业费用	管理费用	财务费用	营业利润	利润总额	应交所得税	劳动、失业保险费	住房公积金和住房补贴
1094985	**1309064**	**170357**	**475963**	**223329**	**105315**	**81308**	**25359**
696361	**684425**	**110319**	**66367**	**50224**	**38561**	**40722**	**13456**
272746	277740	31287	18007	16555	15206	20174	8072
12678	14547	1333	8648	7685	1914	775	286
5552	4934	746	-519	-596	158	197	52
10246	4900	947	-107	279	246	391	185
10246	4900	947	-107	279	246	391	185
216362	198836	35845	18279	-1113	6454	10911	3201
18354	15852	1554	-2199	-1391	188	1523	235
198008	182984	34291	20478	278	6267	9389	2966
44711	61419	9211	7033	9482	5949	4949	1411
129081	118901	30907	15379	18279	8635	3112	249
19014	16819	4463	4127	2045	694	156	10
102857	100337	26192	11347	16329	7941	2938	238
7210	1744	253	-95	-95		18	
4984	3149	43	-352	-346		212	
257535	**406892**	**38036**	**104067**	**89177**	**39205**	**20145**	**7629**
138500	242297	36613	26537	14364	23449	13848	4214
89993	116511	5036	79609	78535	13003	5684	3002
15998	42615	-4352	-4210	-5463	2591	588	359
13044	5470	739	2130	1741	162	25	54
141089	**217747**	**22002**	**305529**	**83928**	**27550**	**20441**	**4275**
77584	115492	9566	54738	53634	16711	17220	2577
33983	43700	10069	7870	3924	2562	1824	1061
23223	53916	1602	240814	25000	7792	1012	556
6298	4639	765	2107	1371	485	385	82
1079803	1304691	168255	478209	225504	105315	81100	25301
4205	3100	1760	-2570	-2496		193	58
10978	1272	342	324	321		15	
527845	635922	73317	111660	77907	55256	44581	16277
67533	70912	6355	11332	11212	3731	2676	1081
268731	199919	56757	22592	20529	12777	6255	712
153239	272550	22141	64580	65712	18672	12371	5003
82225	130855	12305	266224	48479	14880	15425	2286

1－15 大中型住宿业企业工资及福利

单位:万元

项 目	本年应付工资总额	本年应付福利费总额
总 计	**607124**	**81583**
一、按登记注册类型分		
1. 内资企业	**349659**	**41416**
国有企业	140609	15098
集体企业	8382	1349
股份合作企业	2852	106
联营企业	3850	8
国有联营企业	3850	8
集体联营企业		
国有与集体联营企业		
其他联营企业		
有限责任公司	105620	13059
国有独资公司	8478	982
其他有限责任公司	97142	12078
股份有限公司	26141	4732
私营企业	60232	6810
私营独资企业	7697	1080
私营合伙企业		
私营有限责任公司	50924	5729
私营股份有限公司	1611	1
其他企业	1974	256
2. 港、澳、台商投资企业	**162964**	**23939**
合资经营企业	97184	10361
合作经营企业	44051	9972
独资经营企业	19598	3035
投资股份有限公司	2131	571
3. 外商投资企业	**94501**	**16228**
中外合资经营企业	43751	9267
中外合作经营企业	23910	3592
外资企业	23900	3138
外商投资股份有限公司	2940	231
二、按行业分		
旅游饭店	604786	81423
一般旅馆	1617	159
其他住宿服务	722	
三、按控股情况分		
国有控股	301699	34997
集体控股	33109	4965
私人控股	107293	11599
港澳台控股	104555	17338
外商控股	62333	12944

1-16 大中型住宿业企业经济效益分析指标

项 目	负债比率（%）	毛利率（%）	人均营业收入（万元）	流动资产周转次数（次）	费用率（%）
总 计	**68.0**	**70.3**	**16.9**	**1.4**	**59.9**
一、按登记注册类型分					
1.内资企业	**55.2**	**71.4**	**14.0**	**1.3**	**64.7**
国有企业	46.0	74.5	13.7	1.7	68.1
集体企业	75.7	63.7	15.3	1.0	45.0
股份合作企业	57.3	69.0	11.0	0.6	66.9
联营企业	30.0	73.2	14.9	1.6	67.6
国有联营企业	30.0	73.2	14.9	1.6	67.6
集体联营企业					
国有与集体联营企业					
其他联营企业					
有限责任公司	52.4	70.7	13.7	1.1	65.4
国有独资公司	36.9	74.3	12.1	2.0	74.7
其他有限责任公司	53.6	70.4	13.8	1.1	64.7
股份有限公司	45.2	66.1	17.0	0.9	60.0
私营企业	78.9	70.0	13.9	1.2	61.2
私营独资企业	67.7	71.9	14.4	2.1	60.5
私营合伙企业					
私营有限责任公司	80.7	70.0	13.7	1.1	61.5
私营股份有限公司	99.8	61.4	15.7	3.1	55.9
其他企业	86.6	85.9	10.3	0.9	84.3
2.港、澳、台商投资企业	**86.8**	**66.3**	**24.1**	**1.5**	**53.6**
合资经营企业	93.3	58.6	24.7	1.5	51.7
合作经营企业	83.7	78.5	26.6	1.5	53.4
独资经营企业	63.9	79.7	15.4	1.4	59.1
投资股份有限公司	131.0	80.2	15.4	2.5	127.3
3.外商投资企业	**86.0**	**74.0**	**20.0**	**1.4**	**56.0**
中外合资经营企业	77.8	80.0	20.0	2.1	59.3
中外合作经营企业	104.2	72.9	15.6	0.7	62.7
外资企业	87.6	63.6	25.7	1.7	44.1
外商投资股份有限公司	62.4	72.9	18.1	0.8	57.9
二、按行业分					
旅游饭店	67.8	70.3	17.0	1.4	59.6
一般旅馆	92.9	68.9	10.5	0.2	88.7
其他住宿服务	84.8	61.4	10.2	2.8	243.4
三、按控股情况分					
国有控股	52.3	67.7	17.4	1.6	59.1
集体控股	66.5	70.7	13.9	1.0	62.1
私人控股	75.2	70.8	13.5	1.1	64.6
港澳台控股	89.4	76.7	20.8	1.4	60.0
外商控股	88.0	70.5	19.5	1.2	53.5

注：费用率等于营业费用、管理费用、财务费用三项之和除以营业收入合计（下表同）。

1－17 大中型餐饮业

项目	流动资产合计		固定资产原价	
	限额以上	大中型企业	限额以上	大中型企业
总计	**6215671**	**1111731**	**8655879**	**2285517**
一、按登记注册类型分				
1. 内资企业	**4979303**	**763499**	**6295014**	**985407**
国有企业	289465	56874	822567	154102
集体企业	96619		189751	
股份合作企业	84708	15961	110087	9925
联营企业	14200	5128	64569	46765
国有联营企业	4957	2791	46590	36742
集体联营企业	2196		5492	
国有与集体联营企业	195		72	
其他联营企业	6852	2338	12415	10022
有限责任公司	1245242	243872	1506240	237161
国有独资公司	5428		20065	
其他有限责任公司	1239815	243872	1486175	237161
股份有限公司	255817	102529	352181	178752
私营企业	2923759	326376	3160595	349796
私营独资企业	486135	7218	804856	28120
私营合伙企业	79932	3285	131579	7676
私营有限责任公司	2207959	312936	2042529	312812
私营股份有限公司	149734	2938	181630	1189
其他企业	69494	12759	89025	8906
2. 港、澳、台商投资企业	**532248**	**74401**	**652175**	**133847**
合资经营企业	206434	26672	287634	72964
合作经营企业	50597	8595	43345	4410
独资经营企业	270953	39135	318297	56474
投资股份有限公司	4264		2900	
3. 外商投资企业	**704120**	**273830**	**1708690**	**1166262**
中外合资经营企业	208992	127785	560090	411613
中外合作经营企业	109166	36638	205370	150258
外资企业	375711	109408	940011	604392
外商投资股份有限公司	10252		3219	
二、按行业分				
正餐服务	5552702	846188	7137288	1140105
快餐服务	434586	240577	1334888	1110053
饮料及冷饮服务	56372	5744	50120	11765
其他餐饮服务	172011	19222	133583	23594
三、按控股情况分				
国有控股	562620	143076	1209033	321476
集体控股	433354	77997	592227	133353
私人控股	4037237	586687	4510710	530140
港澳台控股	516598	74706	681711	154315
外商控股	665863	229265	1662199	1146234

企业年末资产负债

单位:万元

累计折旧		资产总计		负债合计		所有者权益合计	
限额以上	大中型企业	限额以上	大中型企业	限额以上	大中型企业	限额以上	大中型企业
2698893	**810074**	**15480559**	**3383028**	**10414826**	**2120451**	**5065733**	**1262577**
1781552	**289153**	**12078879**	**1960409**	**8218517**	**1258333**	**3860363**	**702075**
238777	45076	1065289	232802	598318	94957	466971	137845
68151		272347		181033		91314	
31925	2047	197231	27281	137255	12720	59975	14562
28005	19488	56837	35347	52386	39205	4452	-3858
22449	18087	32008	24088	37910	36026	-5902	-11938
2845		7023		6081		942	
57		210		181		29	
2654	1401	17597	11259	8215	3179	9382	8081
430087	71757	3074572	611033	2191526	398185	883046	212847
2652		30521		20344		10178	
427435	71757	3044050	611033	2171182	398185	872868	212847
95211	50275	672853	303473	392079	177597	280774	125876
868091	99488	6575545	729685	4571944	521431	2003601	208254
181761	5744	1295256	30705	682161	21818	613095	8887
29805	1504	234101	12835	144587	7363	89514	5472
611190	91610	4654327	679005	3460096	487862	1194231	191143
45336	630	391862	7141	285099	4389	106762	2752
21305	1022	164206	20788	93976	14239	70229	6549
234995	**44136**	**1234283**	**205001**	**865199**	**160535**	**369085**	**44466**
83497	18986	551269	96046	423679	82593	127590	13453
21787	3195	83285	10276	43117	5014	40168	5263
128548	21955	589665	98678	392501	72928	197164	25750
1162		10065		5902		4163	
682346	**476784**	**2167397**	**1217618**	**1331110**	**701582**	**836286**	**516036**
237791	178007	697352	495058	390084	270479	307268	224579
88717	59195	291149	151846	152635	89165	138514	62681
355106	239582	1157871	570714	777146	341938	380724	228776
732		21025		11244		9781	
2070157	335143	13513874	2191272	9212954	1443690	4300920	747582
562307	464704	1562496	1137660	965908	647795	596588	489866
22965	5660	91726	12499	53394	4413	38332	8086
43464	4567	312463	41597	182570	24553	129893	17044
361680	104405	1775065	493282	1025343	235624	749722	257658
186785	37454	1061628	219591	742096	157182	319532	62410
1228297	146262	9347485	1321586	6512891	920720	2834594	400866
256212	53122	1238317	230786	863876	180390	374442	50396
665919	468830	2058065	1117782	1270621	626535	787444	491247

1－18 大中型餐饮业企业

项 目	实收资本		国家资本		集体资本	
	限额以上	大中型企业	限额以上	大中型企业	限额以上	大中型企业
总 计	**5522840**	**755957**	**466530**	**66755**	**178872**	**14377**
一、按登记注册类型分						
1. 内资企业	**4195000**	**379975**	**441343**	**62613**	**173611**	**13008**
国有企业	401421	56319	348581	52614	3843	2824
集体企业	104703		2179		72907	
股份合作企业	46058	1531	1412		5297	1231
联营企业	14162	3794	719		1500	
国有联营企业	6173	2713	719			
集体联营企业	5487				1309	
国有与集体联营企业	15					
其他联营企业	2487	1081			191	
有限责任公司	1053873	129584	59628	1350	47011	7047
国有独资公司	5245		4861			
其他有限责任公司	1048628	129584	54767	1350	47011	7047
股份有限公司	184243	49731	23877	8650	27010	1905
私营企业	2276759	129328	4498		15962	
私营独资企业	496738	1425	960		5648	
私营合伙企业	86804	3765			1979	
私营有限责任公司	1567838	123138	3288		6865	
私营股份有限公司	125379	1000	250		1470	
其他企业	113782	9688	450		81	
2. 港、澳、台商投资企业	**534530**	**85011**	**9529**	**1142**	**1890**	
合资经营企业	206182	26107	8684	650	1803	
合作经营企业	52506	3636	845	492		
独资经营企业	271042	55268			87	
投资股份有限公司	4799					
3. 外商投资企业	**793310**	**290971**	**15658**	**3000**	**3372**	**1370**
中外合资经营企业	230122	84710	9312		3218	1370
中外合作经营企业	166067	73846	4002	3000	153	
外资企业	379446	132415	2344			
外商投资股份有限公司	17675					
二、按行业分						
正餐服务	4808672	446765	444190	66065	170827	12228
快餐服务	482236	292206	5618	648	3846	2150
饮料及冷饮服务	42511	9157	245		385	
其他餐饮服务	189420	7830	16478	42	3814	
三、按控股情况分						
国有控股	574385	106437	427487	61261	5773	5154
集体控股	289972	24759	9457	1352	128211	7854
私人控股	3377203	253730	12663		38174	
港澳台控股	549716	96543	5821	1142	1920	
外商控股	731564	274489	11102	3000	4794	1370

实收资本及构成

单位:万元

法人资本		个人资本		港澳台资本		外商资本	
限额以上	大中型企业	限额以上	大中型企业	限额以上	大中型企业	限额以上	大中型企业
1712536	**203351**	**2102644**	**146510**	**509665**	**110696**	**552592**	**214268**
1502783	**157895**	**2058644**	**146460**	**6806**		**11814**	
39152	10	9846	871				
11962		17634		20			
16295	300	23054					
10480	3794	1041		423			
5454	2713						
3497		681					
		15					
1528	1081	345		423			
666375	79399	277079	41789	3400		380	
221		163					
666154	79399	276917	41789	3400		380	
78377	25342	54859	13835	120			
608568	43051	1633454	86277	2843		11434	
116508	119	366757	1306	214		6651	
20359	3720	64425	45	40			
420613	39151	1130206	83987	2383		4483	
51088	60	72066	940	206		300	
71574	6000	41677	3688				
80152	**2084**	**21233**	**50**	**407813**	**81710**	**13913**	**25**
55289	1593	10978	50	123978	23790	5451	25
15427	492	450		35785	2652		
9387		9435		244071	55268	8062	
50		370		3979		400	
129601	**43372**	**22767**		**95047**	**28986**	**526865**	**214243**
92053	37072	10156		17573	900	97810	45368
8080		6573		59615	21680	87644	49167
13528	6300	5071		17859	6406	340643	119708
15940		966				769	
1574076	159897	1967216	138846	391728	41527	260635	28203
68884	40261	38361	3069	103334	69170	262194	176909
3962		8806		9554		19559	9157
65615	3193	88261	4595	5050		10203	
103219	24645	32654	15377	3271		1980	
101537	11584	50144	3970	140		483	
1313272	123853	1969104	126426	23852	3451	20139	
78286	2084	22475	50	418584	93242	22629	25
116222	41184	28267	688	63819	14004	507360	214243

1－19 大中型餐饮业企业

项　目	营业收入合计		主营业务收入		主营业务成本	
	限额以上	大中型企业	限额以上	大中型企业	限额以上	大中型企业
总　计	**18259039**	**4537064**	**18159092**	**4514964**	**8959418**	**1818015**
一、按登记注册类型分						
1. 内资企业	**13332103**	**1640635**	**13249665**	**1620635**	**7049010**	**777404**
国有企业	549310	92353	539059	91958	272841	44594
集体企业	287406		285182		159758	
股份合作企业	234985	26152	231517	23438	128938	11837
联营企业	50170	16637	49846	16637	24936	6864
国有联营企业	14261	8777	13937	8777	4944	3008
集体联营企业	8907		8907		5540	
国有与集体联营企业	816		816		342	
其他联营企业	26185	7860	26185	7860	14110	3856
有限责任公司	2647609	447606	2627379	436967	1323896	211632
国有独资公司	14725		14725		6582	
其他有限责任公司	2632883	447606	2612653	436967	1317314	211632
股份有限公司	486886	195173	482421	194457	219593	69326
私营企业	8846191	849461	8805877	843925	4787695	425345
私营独资企业	1979338	56851	1968179	56851	1174940	33777
私营合伙企业	387738	18451	385803	18425	222546	9181
私营有限责任公司	6114890	757848	6089573	752339	3195847	374377
私营股份有限公司	364225	16311	362323	16310	194363	8010
其他企业	229547	13254	228385	13254	131352	7807
2. 港、澳、台商投资企业	**1200377**	**229560**	**1194377**	**228735**	**516345**	**82556**
合资经营企业	375075	59998	374192	59964	162677	24305
合作经营企业	89231	13080	88242	12440	34078	3675
独资经营企业	712670	156481	708544	156331	312146	54577
投资股份有限公司	23401		23401		7445	
3. 外商投资企业	**3726560**	**2666869**	**3715050**	**2665593**	**1394064**	**958054**
中外合资经营企业	1214582	1057622	1212642	1057113	450400	373527
中外合作经营企业	445568	301044	444817	300441	174791	108897
外资企业	2057043	1308203	2048225	1308039	764275	475630
外商投资股份有限公司	9366		9366		4597	
二、按行业分						
正餐服务	14346860	1702831	14278220	1689994	7444355	792529
快餐服务	3413870	2761236	3392679	2751974	1283682	992081
饮料及冷饮服务	130863	22556	130629	22556	44503	6630
其他餐饮服务	367446	50441	357565	50440	186879	26774
三、按控股情况分						
国有控股	1110612	293238	1093810	291863	526477	132164
集体控股	982045	170885	975601	168489	505396	67562
私人控股	11219151	1172478	11159993	1156248	5994820	574121
港澳台控股	1271169	285675	1265193	284851	551277	104959
外商控股	3676063	2614788	3664495	2613513	1381448	939209

损益及分配

单位:万元

主营业务税金及附加		主营业务利润		其他业务利润		营业费用	
限额以上	大中型企业	限额以上	大中型企业	限额以上	大中型企业	限额以上	大中型企业
954110	**236569**	**7351224**	**2234790**	**77614**	**-69**	**5309772**	**1573111**
707007	**90465**	**4826898**	**693819**	**71064**	**9536**	**3431125**	**444700**
25267	4355	218025	43009	9735	869	150335	26890
16642		101506		1133		66926	
12669	1103	83322	10499	809	664	61794	6357
2777	814	21750	8959	314		13717	5108
682	395	8311	5374	307		5625	3742
381		2605		3		1634	
43		430				158	
1671	419	10404	3585	4		6299	1367
137507	21604	1061208	189006	17275	6472	736393	111816
740		5548		2		5531	
136768	21604	1055660	189006	17273	6472	730861	111816
22984	9454	181645	79839	9504	589	116478	49440
475631	50808	3089151	361507	31449	942	2241742	242123
102072	3235	585707	18760	7210		358691	11025
22463	960	129967	8284	811	25	84925	4737
329304	44294	2238674	328883	21627	915	1696464	220217
21792	2319	134803	5580	1801	2	101663	6144
13530	2328	70291	1001	844		43741	2967
59154	**11367**	**578050**	**128812**	**5097**	**859**	**421767**	**94041**
19167	3169	188992	32490	833	104	124088	21158
4158	330	48981	8436	1215	317	27778	1640
34722	7869	327867	87886	3050	438	260408	71243
1107		12210				9493	
187949	**134737**	**1946276**	**1412159**	**1452**	**-10464**	**1456880**	**1034370**
61432	53508	693171	630079	-2611	-5616	478525	408976
22731	14926	239629	170066	861	-3	179465	136144
103411	66302	1010106	612015	3200	-4845	796789	489250
375		3370		2		2101	
760281	92983	5374510	742944	65956	7767	3864132	493494
170899	139997	1760206	1455844	4593	-7836	1305027	1054601
6472	1017	72002	14909	201		53662	12509
16458	2573	144506	21094	6863	1	86951	12507
51150	13761	473955	142429	15371	1604	304917	86423
49633	8250	364840	56706	10321	2366	240780	30516
603841	68245	4002012	497601	45220	5567	2884499	326458
62700	13799	607810	156133	5228	932	450549	116691
186787	132514	1902607	1381921	1474	-10537	1429027	1013024

1－19 续表

项　目	管理费用		财务费用		营业利润	
	限额以上	大中型企业	限额以上	大中型企业	限额以上	大中型企业
总　计	**1906565**	**401183**	**234161**	**45883**	**724197**	**410137**
一、按登记注册类型分						
1. 内资企业	**1419129**	**173003**	**192503**	**28100**	**375366**	**95442**
国有企业	97499	21331	7010	1861	－74	－6193
集体企业	34307		3517		6021	
股份合作企业	18227	1536	2641	91	7760	3188
联营企业	6630	2649	758	491	1689	711
国有联营企业	2347	1197	392	389	254	47
集体联营企业	1042		115		148	
国有与集体联营企业	177				95	
其他联营企业	3063	1452	251	103	1192	664
有限责任公司	340162	55721	46651	8208	53394	31951
国有独资公司	2044		318		－477	
其他有限责任公司	338118	55721	46333	8208	53871	31951
股份有限公司	58666	21389	7736	5316	34833	16228
私营企业	844678	69284	121222	11861	253486	49020
私营独资企业	142984	4894	27186	1038	144622	1912
私营合伙企业	32151	1184	3406	265	20339	3290
私营有限责任公司	632280	62379	84432	10503	81431	43354
私营股份有限公司	37263	827	6198	56	7093	464
其他企业	18961	1094	2968	271	18260	539
2. 港、澳、台商投资企业	**149037**	**21088**	**16756**	**3663**	**32358**	**11290**
合资经营企业	58895	7580	6574	1864	5119	2019
合作经营企业	17208	5136	1511	209	5010	2152
独资经营企业	70635	8373	8165	1589	21270	7119
投资股份有限公司	2299		506		959	
3. 外商投资企业	**338399**	**207092**	**24902**	**14121**	**316473**	**303405**
中外合资经营企业	83880	69879	7344	3362	130151	142273
中外合作经营企业	45704	23182	4759	3859	14729	9469
外资企业	208331	114032	12511	6900	170868	151663
外商投资股份有限公司	484		288		725	
二、按行业分						
正餐服务	1575837	182012	213958	32045	347642	83693
快餐服务	261415	211177	16971	13793	348543	323496
饮料及冷饮服务	20475	3026	515	－90	4648	－537
其他餐饮服务	48839	4967	2717	135	23364	3485
三、按控股情况分						
国有控股	200016	42947	15596	7369	23688	11050
集体控股	118084	26345	12010	867	33709	13048
私人控股	1113848	106692	163691	19732	314730	69530
港澳台控股	138886	22572	19080	4568	37085	13645
外商控股	335731	202627	23782	13348	314985	302863

单位:万元

利润总额		应交所得税		劳动、失业保险费		住房公积金和住房补贴	
限额以上	大中型企业	限额以上	大中型企业	限额以上	大中型企业	限额以上	大中型企业
702053	**425610**	**247577**	**118197**	**135815**	**53204**	**28602**	**13266**
375193	**125832**	**137711**	**32460**	**87378**	**16189**	**14833**	**3405**
9714	17866	3056	344	9814	2848	3369	702
5215		2245		1781		290	
8078	4169	3345	1117	1946	361	225	62
1557	650	338	100	427	178	377	296
196	-14	123		347	160	285	236
89		31		15		8	
95		4		11		4	
1177	664	181	100	55	18	80	60
57697	31678	31513	8333	22461	5550	4163	1111
-473		37		190		50	
58171	31678	31476	8333	22271	5550	4114	1111
34959	19302	8568	5882	7356	3811	1642	984
241885	51628	86273	16590	42962	3413	4722	249
133646	2605	20606	769	6889	225	715	20
16600	754	4021	271	1455	171	356	
86359	48000	59656	15462	32827	2911	3578	229
5281	269	1990	89	1791	107	74	
16088	539	2374	95	633	28	45	
31843	**10199**	**16767**	**3848**	**8220**	**2307**	**1826**	**493**
6617	2347	5824	751	2347	267	657	25
4709	2160	1434	98	868	4	82	3
19627	5692	9441	2999	4992	2036	1086	464
890		68		13		1	
295017	**289579**	**93099**	**81889**	**40217**	**34709**	**11944**	**9369**
120604	133622	41247	42425	17905	19578	4400	3848
14377	8637	6269	3733	5493	3747	1626	855
159293	147320	45312	35731	16797	11384	5913	4667
744		272		22		4	
336949	108972	145883	28924	91399	17304	15758	3545
336406	314120	93598	88275	37558	34224	11055	9298
3331	-925	2165	146	1906	1137	594	333
25367	3442	5931	851	4952	540	1195	90
41812	37879	12748	6256	20902	7319	6621	2136
38175	15746	11598	5213	10553	3519	1950	743
292234	70400	112521	20937	56178	5421	6722	526
36006	12004	17396	4703	8833	2881	1736	758
293826	289582	93315	81088	39349	34064	11574	9104

1－20 大中型餐饮业企业工资及福利

单位:万元

项 目	本年应付工资总额		本年应付福利费总额	
	限额以上	大中型企业	限额以上	大中型企业
总 计	**2163264**	**488461**	**226941**	**58516**
一、按登记注册类型分				
1. 内资企业	**1639643**	**212320**	**159850**	**20934**
国有企业	94449	17589	10691	632
集体企业	37981		3958	
股份合作企业	27429	3158	2684	520
联营企业	7058	2809	727	227
国有联营企业	3127	2148	210	143
集体联营企业	715		96	
国有与集体联营企业	136		18	
其他联营企业	3080	661	403	84
有限责任公司	343868	58911	35073	6112
国有独资公司	2873		417	
其他有限责任公司	340995	58911	34657	6112
股份有限公司	67345	26776	7799	2150
私营企业	1034833	101068	97300	11127
私营独资企业	216298	5198	17035	330
私营合伙企业	45290	2266	3665	77
私营有限责任公司	725625	91464	72392	10437
私营股份有限公司	47620	2140	4208	283
其他企业	26680	2010	1619	166
2. 港、澳、台商投资企业	**136903**	**26777**	**12311**	**2841**
合资经营企业	47422	7705	3004	358
合作经营企业	13810	2307	3011	72
独资经营企业	72427	16765	6194	2411
投资股份有限公司	3244		103	
3. 外商投资企业	**386718**	**249364**	**54780**	**34741**
中外合资经营企业	129122	103697	21000	12196
中外合作经营企业	50804	31037	2971	1214
外资企业	205423	114630	30530	21332
外商投资股份有限公司	1369		279	
二、按行业分				
正餐服务	1772974	226975	171605	21880
快餐服务	327791	252186	50080	35854
饮料及冷饮服务	15479	2932	858	69
其他餐饮服务	47020	6369	4398	714
三、按控股情况分				
国有控股	178105	45426	18548	3047
集体控股	123896	22783	13175	2077
私人控股	1335170	145075	128458	15663
港澳台控股	140049	29626	11159	3044
外商控股	386043	245552	55602	34685

1－21　大中型餐饮业企业经济效益分析指标

项　目	负债比率(%)		毛利率(%)	
	限额以上	大中型企业	限额以上	大中型企业
总　计	**67.3**	**62.7**	**50.7**	**59.7**
一、按登记注册类型分				
1. 内资企业	**68.0**	**64.2**	**46.8**	**52.0**
国有企业	56.2	40.8	49.4	51.5
集体企业	66.5		44.0	
股份合作企业	69.6	46.6	44.3	49.5
联营企业	92.2	110.9	50.0	58.7
国有联营企业	118.4	149.6	64.5	65.7
集体联营企业	86.6		37.8	
国有与集体联营企业	86.1		58.0	
其他联营企业	46.7	28.2	46.1	50.9
有限责任公司	71.3	65.2	49.6	51.6
国有独资公司	66.7		55.3	
其他有限责任公司	71.3	65.2	49.6	51.6
股份有限公司	58.3	58.5	54.5	64.3
私营企业	69.5	71.5	45.6	49.6
私营独资企业	52.7	71.1	40.3	40.6
私营合伙企业	61.8	57.4	42.3	50.2
私营有限责任公司	74.3	71.8	47.5	50.2
私营股份有限公司	72.8	61.5	46.4	50.9
其他企业	57.2	68.5	42.5	41.1
2. 港、澳、台商投资企业	**70.1**	**78.3**	**56.8**	**63.9**
合资经营企业	76.9	86.0	56.5	59.5
合作经营企业	51.8	48.8	61.4	70.5
独资经营企业	66.6	73.9	55.9	65.1
投资股份有限公司	58.6		68.2	
3. 外商投资企业	**61.4**	**57.6**	**62.5**	**64.1**
中外合资经营企业	55.9	54.6	62.9	64.7
中外合作经营企业	52.4	58.7	60.7	63.8
外资企业	67.1	59.9	62.7	63.6
外商投资股份有限公司	53.5		50.9	
二、按行业分				
正餐服务	68.2	65.9	47.9	53.1
快餐服务	61.8	56.9	62.2	64.0
饮料及冷饮服务	58.2	35.3	65.9	70.6
其他餐饮服务	58.4	59.0	47.7	46.9
三、按控股情况分				
国有控股	57.8	47.8	51.9	54.7
集体控股	69.9	71.6	48.2	59.9
私人控股	69.7	69.7	46.3	50.3
港澳台控股	69.8	78.2	56.4	63.2
外商控股	61.7	56.1	62.3	64.1

注：费用率等于营业费用、管理费用、财务费用三项之和除以营业收入合计（下表同）。

1－21 续表

项　　目	人均营业收入（万元）		商品销售收入		其他收入	
	限额以上	大中型企业	星级及限额以上	大中型企业	星级及限额以上	大中型企业
总　　计	**12.0**	**13.8**	**2.9**	**4.1**	**40.8**	**44.5**
一、按登记注册类型分						
1. 内资企业	**11.1**	**12.4**	**2.7**	**2.1**	**37.8**	**39.4**
国有企业	8.5	11.5	1.9	1.6	46.4	54.2
集体企业	9.5		3.0		36.4	
股份合作企业	11.2	13.0	2.8	1.6	35.2	30.5
联营企业	12.7	12.2	3.5	3.2	42.1	49.6
国有联营企业	12.6	12.9	2.9	3.1	58.6	60.7
集体联营企业	15.2		4.1		31.3	
国有与集体联营企业	8.4		4.2		41.1	
其他联营企业	12.3	11.6	3.8	3.4	36.7	37.2
有限责任公司	11.1	12.3	2.1	1.8	42.4	39.3
国有独资公司	8.2		2.7		53.6	
其他有限责任公司	11.1	12.3	2.1	1.8	42.4	39.3
股份有限公司	11.7	16.1	1.9	1.9	37.6	39.0
私营企业	11.4	12.0	3.0	2.6	36.3	38.1
私营独资企业	10.6	12.6	4.1	7.9	26.7	29.8
私营合伙企业	10.6	11.2	4.9	5.6	31.1	33.5
私营有限责任公司	11.8	12.0	2.8	2.4	39.5	38.7
私营股份有限公司	10.0	10.4	2.4	5.6	39.8	43.1
其他企业	10.9	8.9	3.3	1.0	28.6	32.7
2. 港、澳、台商投资企业	**17.0**	**15.0**	**2.3**	**3.1**	**48.9**	**51.7**
合资经营企业	15.6	13.1	1.8	2.2	50.5	51.0
合作经营企业	14.8	14.2	1.8	1.5	52.1	53.4
独资经营企业	18.1	16.0	2.6	4.0	47.6	51.9
投资股份有限公司	20.5		5.5		52.6	
3. 外商投资企业	**14.4**	**14.8**	**5.3**	**9.7**	**48.8**	**47.1**
中外合资经营企业	14.5	15.5	5.8	8.3	46.9	45.6
中外合作经营企业	13.2	12.3	4.1	8.2	51.6	54.2
外资企业	14.6	14.8	5.5	12.0	49.5	46.6
外商投资股份有限公司	10.4		0.9		30.7	
二、按行业分						
正餐服务	11.4	11.8	2.6	2.0	39.4	41.6
快餐服务	14.8	15.4	7.9	11.5	46.4	46.3
饮料及冷饮服务	18.9	22.0	2.3	3.9	57.0	68.5
其他餐饮服务	13.7	12.7	2.1	2.6	37.7	34.9
三、按控股情况分						
国有控股	10.9	17.0	2.0	2.0	46.9	46.6
集体控股	11.0	12.4	2.3	2.2	37.8	33.8
私人控股	11.2	11.6	2.8	2.0	37.1	38.6
港澳台控股	17.4	16.8	2.5	3.8	47.9	50.3
外商控股	14.1	14.6	5.5	11.4	48.7	47.0

2. 地区篇

简要说明：

一、本篇资料主要内容为大中型批发零售和住宿餐饮业企业分地区的单位数和从业人员数情况；分地区的大中型批发和零售业企业商品购、销、存情况及住宿和餐饮业企业的经营情况；分地区的大中型批发和零售业、住宿和餐饮业企业的主要财务、劳动工资及经济效益分析指标等。

二、批发和零售业、住宿和餐饮业统计采用“在地统计”原则，即按企业（单位）经营地确定企业所在地区。

2-1 各地区大中型批发和零售业企业基本情况

地 区	大中型		大 型		中 型	
	法人企业（个）	年末从业人数（人）	法人企业（个）	年末从业人数（人）	法人企业（个）	年末从业人数（人）
全 国	**6868**	**2895839**	**2014**	**1964789**	**4854**	**931050**
北 京	434	232945	154	181549	280	51396
天 津	108	44424	36	32412	72	12012
河 北	239	104193	67	67907	172	36286
山 西	229	87468	60	47357	169	40111
内蒙古	121	42143	38	28312	83	13831
辽 宁	235	150127	86	84191	149	65936
吉 林	108	38686	35	25826	73	12860
黑龙江	141	70143	54	51942	87	18201
上 海	385	133280	125	89496	260	43784
江 苏	532	262682	145	188663	387	74019
浙 江	385	133280	125	89496	260	43784
安 徽	241	87432	83	58246	158	29186
福 建	194	69359	50	44287	144	25072
江 西	115	56455	41	41749	74	14706
山 东	685	315884	168	221021	517	94863
河 南	524	130162	78	46830	446	83332
湖 北	271	150026	77	111918	194	38108
湖 南	203	80862	44	50010	159	30852
广 东	664	259836	218	191005	446	68831
广 西	111	36893	32	22121	79	14772
海 南	31	7572	6	4066	25	3506
重 庆	116	77758	35	64659	81	13099
四 川	222	86554	77	59327	145	27227
贵 州	51	35432	20	30119	31	5313
云 南	120	66561	42	48117	78	18444
西 藏	8	1136			8	1136
陕 西	150	67014	46	46553	104	20461
甘 肃	75	20012	25	10628	50	9384
青 海	26	7583	10	4993	16	2590
宁 夏	27	7535	7	3728	20	3807
新 疆	117	32402	30	18261	87	14141

2-2 各地区大中型批发和零售业企业商品购、销、存总额

单位:万元

地区	购进总额	进口	销售总额	批发	出口	零售	年末库存总额
全国	**455722608**	**18317229**	**488582859**	**367964947**	**35912975**	**120617913**	**34746693**
北京	69910893	6210111	75828078	64133717	8870342	11694361	8269460
天津	22186723	223122	22534473	19897768	208919	2636705	744156
河北	9785385	65150	11366279	6663279	151444	4703000	587024
山西	8224060		10317868	8121987	1526323	2195881	584990
内蒙古	4645461	5284	5308720	3029709	25275	2279011	270149
辽宁	33079685	1437057	35368878	29664774	448140	5704104	1190710
吉林	3533831	35812	4860233	1938621	76369	2921613	504292
黑龙江	7724061	244554	8686473	5526148	46273	3160325	668044
上海	29928406	1484912	28279199	22013738	5016010	6265461	1788072
江苏	34823648	1792795	38992097	27535146	4793045	11456951	2651645
浙江	29928406	1484912	28279199	22013738	5016010	6265461	1788072
安徽	11036254	331608	12818034	9816130	766703	3001904	892668
福建	12525164	1263580	13817305	10337280	1512039	3480025	898959
江西	4130709		5226261	3179206		2047055	329502
山东	24329137	1247136	26900501	16773316	1916439	10127185	2251796
河南	13079151	3058	14150941	10391564	69982	3759377	1052188
湖北	13868575	59843	15048598	9538628	567753	5509970	895463
湖南	8006156	4903	6084211	3680666	87579	2403545	681614
广东	60450772	1554291	61305844	45759388	4383811	15546456	2699851
广西	2432215	7135	3027959	2062596	102329	965364	191040
海南	1235630	24655	1190291	574237	18237	616054	53518
重庆	7542130	20181	8890015	5621478	40307	3268536	517543
四川	12527128	76061	13738577	10169040	199823	3569537	909716
贵州	2014457	245	3319313	2490152	34825	829161	361687
云南	5627013	734088	8605653	7646151	32	959502	2131425
西藏	68524		80655	20482		60173	10900
陕西	6649265	4362	7220988	4588774	11211	2632214	403129
甘肃	6975408	147	7316299	6414837	7210	901463	519099
青海	939673		1064083	824653		239430	102244
宁夏	470949		577038	261436		315602	46703
新疆	8043738	2230	8378797	7276310	16543	1102487	751036

2－3 各地区大型批发和零售业企业商品购、销、存总额

单位:万元

地 区	购进总额	进 口	销售总额	批 发	出 口	零 售	年末库存总额
全 国	**422523934**	**17762825**	**452672791**	**352740971**	**34868404**	**99931820**	**28990822**
北 京	67881543	6086541	73487107	62928138	8793049	10558969	7614827
天 津	21454027	210724	21926795	19627260	189217	2299535	648296
河 北	8542176	60875	10099360	6186328	108921	3913032	415864
山 西	7051657		8986088	7331248	1526323	1654840	447355
内蒙古	4109989		4706363	2701785	6113	2004578	180711
辽 宁	32029604	1431907	34237158	29220413	408072	5016745	1002504
吉 林	3100332	33644	4347891	1719456	51112	2628435	372950
黑龙江	7213547	194704	8116176	5307022	25615	2809155	554631
上 海	27753402	1447230	25819175	21012628	4875231	4806547	1479730
江 苏	32147081	1774845	36138586	26789707	4765862	9348878	2288341
浙 江	27753402	1447230	25819175	21012628	4875231	4806547	1479730
安 徽	10079662	326954	11827801	9509717	766703	2318084	717647
福 建	11325179	1253654	12692326	9794215	1378101	2898111	699811
江 西	3743844		4740953	2988319		1752635	264994
山 东	21388388	1227864	23777021	15817543	1849108	7959478	1709137
河 南	10779555	1613	11827087	9349943	52618	2477145	465906
湖 北	12628491	35028	13789427	9001817	539280	4787610	681880
湖 南	7117759	4903	5069401	3353433	87579	1715968	543118
广 东	56807358	1395937	57273178	43767586	4222385	13505592	2159239
广 西	1890634		2469580	1784622	83095	684957	119223
海 南	1102430		1027964	485735		542229	28279
重 庆	7034567	20181	8307203	5283094	39023	3024109	452979
四 川	11544615	74701	12619035	9651800	190874	2967235	801576
贵 州	1787742		3049011	2373554	34825	675457	341140
云 南	5165373	734088	8087951	7408799	32	679152	2063244
西 藏							
陕 西	5969421		6526675	4382144		2144531	319428
甘 肃	6572352	40	6874871	6136120	29	738752	463914
青 海	858901		972687	800397		172290	90277
宁 夏	376696		445096	200927		244170	23269
新 疆	7314209	164	7611651	6814596	7	797055	560823

2-4 各地区中型批发和零售业企业商品购、销、存总额

单位:万元

地　区	购进总额	进　口	销售总额	批　发	出　口	零　售	年末库存总额
全　国	**33198674**	**554404**	**35910069**	**15223976**	**1044571**	**20686093**	**5755871**
北　京	2029350	123571	2340971	1205579	77293	1135392	654633
天　津	732696	12398	607678	270508	19703	337170	95860
河　北	1243209	4275	1266919	476951	42523	789968	171160
山　西	1172402		1331780	790738		541041	137635
内蒙古	535472	5284	602357	327924	19163	274432	89438
辽　宁	1050081	5150	1131720	444361	40068	687358	188206
吉　林	433499	2168	512343	219165	25256	293178	131342
黑龙江	510514	49850	570297	219126	20658	351170	113413
上　海	2175004	37682	2460024	1001110	140779	1458914	308342
江　苏	2676567	17949	2853512	745438	27184	2108073	363304
浙　江	2175004	37682	2460024	1001110	140779	1458914	308342
安　徽	956592	4654	990233	306413		683820	175021
福　建	1199986	9926	1124979	543065	133937	581914	199148
江　西	386865		485308	190887		294420	64508
山　东	2940750	19272	3123481	955774	67331	2167707	542659
河　南	2299597	1445	2323854	1041622	17365	1282232	586282
湖　北	1240085	24815	1259171	536811	28473	722361	213583
湖　南	888398		1014811	327233		687578	138496
广　东	3643414	158354	4032666	1991802	161426	2040864	540612
广　西	541582	7135	558380	277974	19234	280406	71817
海　南	133200	24655	162327	88502	18237	73825	25239
重　庆	507562		582812	338385	1285	244427	64564
四　川	982512	1360	1119543	517240	8949	602303	108140
贵　州	226715	245	270302	116597		153704	20547
云　南	461640		517701	237352		280350	68181
西　藏	68524		80655	20482		60173	10900
陕　西	679844	4362	694314	206631	11211	487683	83701
甘　肃	403056	107	441428	278717	7182	162711	55185
青　海	80772		91397	24257		67140	11967
宁　夏	94253		131942	60509		71432	23434
新　疆	729528	2067	767146	461714	16537	305432	190213

2－5 各地区大中型批发业企业商品购、销、存总额

单位:万元

地 区	购进总额	进 口	销售总额	批 发	出 口	零 售	年末库存总额
全 国	**366388529**	**17959977**	**384733724**	**354199443**	**35658437**	**30534280**	**25371723**
北 京	58345121	6164496	62830705	61167043	8869059	1663662	6728824
天 津	19700286	219570	20000971	19664455	208919	336515	562497
河 北	7196177	61097	8038859	6532256	151444	1506603	326121
山 西	6925316		8290077	7882330	1526323	407747	384336
内蒙古	3141959	5284	3595260	2792824	25275	802436	153282
辽 宁	28650868	1432354	30145333	28998287	434896	1147046	757956
吉 林	2351851	35812	3047589	1933466	76369	1114123	402445
黑龙江	6200253	244265	6467491	5285635	46273	1181856	488778
上 海	24886659	1470334	22667666	21361160	4979805	1306507	1259457
江 苏	26603164	1774645	29220646	26368141	4746346	2852504	1878648
浙 江	24886659	1470334	22667666	21361160	4979805	1306507	1259457
安 徽	9121824	327061	10574861	9569392	766703	1005470	592658
福 建	11219050	1258256	12188817	10149849	1502313	2038968	767326
江 西	3350391		4310645	3069511		1241135	254102
山 东	15962234	1224637	17656783	15526170	1916439	2130613	1399855
河 南	10724943	2991	11807334	10238971	69982	1568363	759827
湖 北	8691395	59840	9290689	8716636	567753	574053	470317
湖 南	5876204	4903	3754169	3617389	82788	136779	411190
广 东	48531652	1357171	45998517	43025157	4278194	2973360	1565704
广 西	1644484	6192	2161685	1855612	101563	306073	114998
海 南	432493	24655	515739	512119	18237	3621	21437
重 庆	5051844	660	6178381	5406979	40307	771402	358536
四 川	10228884	74701	11244583	9748695	199823	1495888	610809
贵 州	1814348		3100784	2487254	34825	613530	342174
云 南	4818335	734088	7670185	7596312	32	73873	2002853
西 藏	37289		27424	14855		12569	3788
陕 西	4837131	4362	5398965	4564753	11211	834212	251886
甘 肃	6606048	40	6879619	6410001	7210	469618	477344
青 海	839697		946222	822787		123435	87401
宁 夏	194884		275358	247581		27778	25486
新 疆	7517089	2230	7780702	7272666	16543	508035	652234

2-6 各地区大中型零售业企业商品购、销、存总额

单位:万元

地区	购进总额	进口	销售总额	批发	出口	零售	年末库存总额
全国	**89334079**	**357252**	**103849136**	**13765503**	**254537**	**90083632**	**9374970**
北京	11565772	45616	12997373	2966675	1283	10030699	1540637
天津	2486437	3551	2533502	233313		2300190	181659
河北	2589208	4052	3327420	131023		3196397	260903
山西	1298744		2027791	239657		1788134	200654
内蒙古	1503502		1713459	236885		1476575	116867
辽宁	4428818	4703	5223545	666487	13244	4557058	432754
吉林	1181980		1812644	5154		1807490	101848
黑龙江	1523809	289	2218981	240513		1978469	179266
上海	5041747	14578	5611533	652579	36205	4958954	528615
江苏	8220484	18150	9771452	1167004	46699	8604447	772997
浙江	5041747	14578	5611533	652579	36205	4958954	528615
安徽	1914430	4547	2243173	246738		1996434	300010
福建	1306114	5323	1628488	187431	9726	1441057	131633
江西	780318		915616	109695		805921	75400
山东	8366903	22499	9243718	1247146		7996572	851941
河南	2354209	67	2343607	152594		2191014	292361
湖北	5177180	4	5757910	821992		4935918	425146
湖南	2129952		2330043	63277	4791	2266766	270424
广东	11919120	197120	15307327	2734231	105617	12573096	1134147
广西	787732	943	866275	206984	766	659290	76042
海南	803137		674551	62118		612433	32081
重庆	2490286	19521	2711633	214499		2497134	159006
四川	2298244	1360	2493995	420345		2073650	298907
贵州	200109	245	218528	2897		215631	19513
云南	808679		935467	49839		885629	128572
西藏	31235		53231	5627		47604	7112
陕西	1812134		1822024	24022		1798002	151243
甘肃	369361	107	436681	4836		431845	41756
青海	99976		117861	1866		115995	14844
宁夏	276065		301680	13855		287825	21217
新疆	526649		598096	3644		594452	98802

2-7 各地区大中型批发和零售业企业年末资产负债

单位:万元

地区	流动资产合计	固定资产原价	累计折旧	资产总计	负债合计	所有者权益合计
全国	**134183595**	**44859736**	**13193194**	**203070479**	**134050598**	**68966832**
北京	30685928	4068538	1322183	47205650	32303659	14901991
天津	2726066	990749	279399	3905227	2891659	1013568
河北	2292072	1408330	384281	3924692	2701227	1219129
山西	3133810	1158988	317919	4731449	3277257	1454192
内蒙古	1430958	592515	193033	2410464	1475672	934792
辽宁	5163060	1989945	569788	8018445	5393037	2576696
吉林	842089	788940	215807	1812394	1341467	470927
黑龙江	2278568	1080673	326832	3274108	2458234	815874
上海	7348054	2601878	654194	11067107	7664077	3403030
江苏	11054689	3818821	1422095	15772107	10172787	5599320
浙江	7348054	2601878	654194	11067107	7664077	3403030
安徽	3888212	973741	278611	5053261	3394086	1659175
福建	4265991	854557	283652	6920733	3814204	3106530
江西	1155619	688075	157609	2008383	1128984	879398
山东	9650480	4035978	989322	14303625	9533776	4769849
河南	2961118	1920352	451025	5299602	3949878	1349724
湖北	4148491	2035748	563537	6301785	4324041	1977744
湖南	1976400	1319851	381416	3570907	1809445	1761463
广东	14003368	5286373	1626988	20622831	13078717	7544114
广西	787245	472943	148263	1406324	735258	671066
海南	137749	209875	55487	325018	146038	178980
重庆	2364732	1023965	274537	3516062	2435902	1080160
四川	3119392	1125472	365480	4653043	2704177	1948866
贵州	1085392	451326	150031	1618492	732847	885645
云南	5164542	1111771	418097	6561648	3678393	2883255
西藏	23436	38774	11715	67422	21969	45453
陕西	1628036	776396	250862	2443053	1620315	822738
甘肃	1368887	457294	146227	1850650	1030234	820416
青海	292318	183041	45931	485294	245595	239699
宁夏	183797	93466	27083	310385	150603	159782
新疆	1675046	699484	227596	2563213	2172983	390230

2-8 各地区大型批发和零售业企业年末资产负债

单位:万元

地区	流动资产合计	固定资产原价	累计折旧	资产总计	负债合计	所有者权益合计
全国	**117841505**	**37562924**	**11072726**	**177964981**	**114276224**	**63635709**
北京	29291807	3593625	1177590	45200143	30663739	14536404
天津	2454056	858017	243265	3476504	2558139	918365
河北	1733109	1161664	312655	3053793	1998228	1051228
山西	2631828	858507	234029	3904589	2621842	1282747
内蒙古	1083315	450159	151474	1903228	1066411	836817
辽宁	4359658	1596977	472983	6755355	4306584	2400059
吉林	499478	625536	160853	1275119	946062	329057
黑龙江	1941988	915334	281950	2754122	2036244	717879
上海	6272034	2056419	542888	9362849	6344065	3018784
江苏	10115884	3263811	1229510	14207134	8915223	5291911
浙江	6272034	2056419	542888	9362849	6344065	3018784
安徽	3500542	793104	227609	4459881	2913860	1546021
福建	3652088	702356	231658	6069997	3228716	2841281
江西	956633	581405	129969	1595351	840398	754953
山东	8393982	3327433	796931	12240284	7833095	4407188
河南	1711393	1493564	329383	3493304	2461002	1032302
湖北	3645211	1842054	502071	5563452	3727642	1835810
湖南	1596898	1149985	332278	2987378	1361565	1625813
广东	12286531	4685612	1396470	18222756	11203173	7019583
广西	571726	378492	120104	997729	459805	537924
海南	59502	181143	47125	217789	58126	159663
重庆	2173897	943004	247007	3227951	2189003	1038948
四川	2723640	959180	313377	4042555	2252202	1790353
贵州	957916	405518	135742	1425163	584904	840258
云南	4949003	988937	374734	6203343	3445712	2757631
西藏						
陕西	1317221	622164	211219	1953459	1272239	681220
甘肃	1147856	383312	120983	1553611	810174	743437
青海	254805	153394	36924	420311	206379	213932
宁夏	120368	48418	13319	211267	72415	138852
新疆	1167106	487384	155737	1823719	1555212	268507

2-9 各地区中型批发和零售业企业年末资产负债

单位:万元

地 区	流动资产合 计	固定资产原 价	累计折旧	资产总计	负债合计	所有者权益合 计
全 国	**16342090**	**7296812**	**2120468**	**25105498**	**19774374**	**5331123**
北 京	1394121	474913	144593	2005508	1639921	365587
天 津	272009	132732	36134	428723	333521	95203
河 北	558963	246666	71626	870900	702999	167901
山 西	501982	300481	83889	826860	655415	171445
内 蒙 古	347643	142356	41559	507236	409260	97975
辽 宁	803402	392969	96805	1263090	1086453	176637
吉 林	342611	163404	54954	537275	395405	141870
黑 龙 江	336580	165339	44882	519986	421991	97995
上 海	1076020	545460	111306	1704258	1320012	384246
江 苏	938805	555010	192585	1564972	1257564	307409
浙 江	1076020	545460	111306	1704258	1320012	384246
安 徽	387670	180638	51002	593380	480227	113153
福 建	613902	152201	51995	850736	585488	265249
江 西	198986	106670	27641	413032	288587	124445
山 东	1256499	708545	192392	2063342	1700681	362661
河 南	1249725	426788	121643	1806298	1488876	317422
湖 北	503280	193694	61467	738333	596399	141934
湖 南	379503	169866	49137	583529	447880	135649
广 东	1716837	600761	230518	2400075	1875544	524531
广 西	215520	94452	28159	408595	275453	133142
海 南	78247	28732	8362	107229	87912	19317
重 庆	190835	80961	27530	288111	246899	41212
四 川	395752	166292	52104	610488	451975	158513
贵 州	127476	45807	14289	193330	147943	45387
云 南	215539	122834	43363	358305	232681	125624
西 藏	23436	38774	11715	67422	21969	45453
陕 西	310815	154232	39643	489593	348076	141518
甘 肃	221031	73982	25244	297039	220060	76979
青 海	37513	29647	9007	64983	39216	25767
宁 夏	63429	45048	13764	99118	78187	20931
新 疆	507940	212100	71859	739494	617771	121723

2-10 各地区大中型批发业企业年末资产负债

单位:万元

地区	流动资产合计	固定资产原价	累计折旧	资产总计	负债合计	所有者权益合计
全国	**101177815**	**26334031**	**8005810**	**147408512**	**93258962**	**54096501**
北京	25767067	2186527	749952	39029941	26627495	12402446
天津	1922525	416192	123360	2474929	1797476	677453
河北	1517624	800869	212188	2451094	1591004	855753
山西	2545739	813989	224392	3754169	2494948	1259221
内蒙古	1035314	323012	115915	1668616	977275	691342
辽宁	3772342	737299	269375	5097519	3411666	1637142
吉林	489873	317741	94917	945184	744307	200877
黑龙江	1687836	519102	183438	2159331	1492861	666470
上海	5379950	1531356	392921	7808209	5259178	2549031
江苏	7983350	2257848	917098	10762708	6433469	4329239
浙江	5379950	1531356	392921	7808209	5259178	2549031
安徽	3098756	588179	174706	3807895	2500632	1307263
福建	3882115	710853	242261	6270943	3360785	2910158
江西	896325	500825	115462	1499049	747290	751759
山东	5592790	2101133	472863	7888181	4908358	2979822
河南	2227379	1423296	330508	3906982	2722907	1184075
湖北	2921672	1026671	314162	3968567	2622581	1345986
湖南	1206269	826005	229692	2169180	829600	1339581
广东	9426395	3163178	927584	13793378	7761739	6031639
广西	553090	213933	73855	872031	384475	487556
海南	79012	28998	9273	114723	63059	51664
重庆	1599711	657856	184402	2395756	1545930	849826
四川	2514005	934103	306506	3822306	2101105	1721201
贵州	961843	423648	140676	1453562	595382	858180
云南	4804352	973253	377764	6049188	3329404	2719784
西藏	3961	4690	2308	10494	385	10109
陕西	957194	341062	117979	1321982	856110	465872
甘肃	1191946	305794	98922	1504888	797618	707270
青海	246634	131796	31384	394953	190054	204899
宁夏	92803	24901	7469	115926	43980	71946
新疆	1439997	518570	171558	2088620	1808711	279909

2－11　各地区大中型零售业企业年末资产负债

单位:万元

地　区	流动资产合　计	固定资产原　价	累计折旧	资产总计	负债合计	所有者权益合　计
全　国	**33005780**	**18525705**	**5187384**	**55661967**	**40791636**	**14870331**
北　京	4918861	1882010	572231	8175709	5676164	2499545
天　津	803541	574557	156039	1430298	1094183	336114
河　北	774448	607461	172093	1473599	1110223	363376
山　西	588071	344999	93526	977280	782309	194971
内蒙古	395643	269504	77118	741848	498397	243451
辽　宁	1390718	1252647	300413	2920925	1981371	939554
吉　林	352215	471199	120889	867210	597160	270050
黑龙江	590732	561571	143394	1114777	965373	149404
上　海	1968104	1070523	261274	3258898	2404899	853999
江　苏	3071339	1560973	504997	5009399	3739318	1270081
浙　江	1968104	1070523	261274	3258898	2404899	853999
安　徽	789456	385562	103905	1245366	893454	351912
福　建	383875	143704	41391	649790	453419	196372
江　西	259294	187250	42148	509334	381695	127639
山　东	4057691	1934845	516460	6415445	4625418	1790027
河　南	733739	497056	120517	1392620	1226971	165649
湖　北	1226820	1009076	249376	2333218	1701461	631757
湖　南	770132	493846	151724	1401727	979845	421882
广　东	4576974	2123195	699404	6829453	5316978	1512475
广　西	234155	259011	74408	534293	350783	183510
海　南	58737	180877	46214	210295	82979	127316
重　庆	765022	366110	90135	1120306	889972	230334
四　川	605387	191370	58974	830737	603072	227665
贵　州	123549	27678	9355	164930	137465	27465
云　南	360190	138518	40333	512460	348989	163471
西　藏	19475	34084	9407	56928	21585	35344
陕　西	670842	435334	132883	1121071	764205	356866
甘　肃	176941	151500	47304	345762	232616	113146
青　海	45684	51245	14547	90341	55541	34800
宁　夏	90994	68565	19614	194459	106623	87836
新　疆	235050	180914	56038	474593	364272	110321

2－12 各地区大中型批发和零售业企业实收资本及构成

单位:万元

地区	实收资本	国家资本	集体资本	法人资本	个人资本	港澳台资本	外商资本
全国	**31891723**	**10031206**	**1242871**	**10620573**	**5395064**	**676371**	**3925639**
北京	8077100	628891	67428	4272866	248500	43769	2815646
天津	689512	373700	15767	156052	82258	18044	43691
河北	468051	108796	29506	145084	182701	40	1924
山西	461818	96400	30250	282670	45763		6736
内蒙古	499777	247656	7726	111654	132742		
辽宁	939606	248225	8134	417923	201018	12747	51560
吉林	241938	67405	1606	99633	62220	8024	3050
黑龙江	384368	148884	2705	172235	54094		6452
上海	2055043	618964	161372	493077	690203	16232	75195
江苏	1935648	614927	192207	261675	481770	50809	334261
浙江	2055043	618964	161372	493077	690203	16232	75195
安徽	560280	252285	15065	153725	122425	7223	9558
福建	1036479	616372	25742	148965	144478	1401	99521
江西	264313	72061	11108	122239	58734	170	
山东	2284989	446754	248492	393156	1086915	39345	70328
河南	992003	623632	29585	204754	80073	45180	8780
湖北	1008042	422793	41500	351223	147271	18672	26582
湖南	637954	416336	4701	117919	45575	1071	52352
广东	3884531	1806590	40337	1129116	407398	341718	159372
广西	197230	50604	9026	81383	36529	18538	1150
海南	132689	105526		12600	8400		6163
重庆	499926	237840	17716	125011	85732	600	33027
四川	650980	359474	8835	172233	59908	29942	20588
贵州	217752	157971	8546	36303	14374	50	510
云南	410078	62960	3777	273788	58061		11493
西藏	42553	42553					
陕西	339463	101809	48042	113780	63771	6325	5736
甘肃	520258	410579	11704	66783	31193		
青海	48223	5216	7436	22456	7845		5270
宁夏	54451	13945		30108	10398		
新疆	301627	53098	33187	159089	54514	240	1500

2－13　各地区大型批发和零售业企业实收资本及构成

单位：万元

地　区	实收资本	国家资本	集体资本	法人资本	个人资本	港澳台资本	外商资本
全　国	**26137029**	**9154260**	**674941**	**8812441**	**3268164**	**521494**	**3705728**
北　京	7550198	587904	39652	3967765	156314	36932	2761632
天　津	559987	343756	1619	130476	50924		33212
河　北	315535	89305	7346	86635	132250		
山　西	284252	57442	14463	196473	9638		6236
内蒙古	420805	227072	2080	80522	111131		
辽　宁	745315	202161	1000	352539	139523	7500	42592
吉　林	150014	19805		81279	41356	7524	50
黑龙江	318519	124138	525	148230	39174		6452
上　海	1379036	597207	51757	397204	260140	12985	59743
江　苏	1534532	546569	138047	218187	270664	43716	317349
浙　江	1379036	597207	51757	397204	260140	12985	59743
安　徽	446225	220909	11263	129670	68115	7223	9044
福　建	873913	574702	11566	108273	89270		90103
江　西	179377	55504	5027	69421	49425		
山　东	1933755	370373	197599	300036	971362	36736	57649
河　南	691898	546785	4285	76623	18901	45180	125
湖　北	859594	398180	33424	281391	107404	15426	23769
湖　南	524274	391082		66877	16063		50252
广　东	3343938	1773066	29038	889641	255744	264232	132217
广　西	89940	36483		30363	21944		1150
海　南	112859	104468		6779			1612
重　庆	434375	229756	14281	104419	61669		24251
四　川	542427	343215	1020	128930	31068	24731	13464
贵　州	180954	142991	8090	29363			510
云　南	336239	51151		255792	24992		4305
西　藏							
陕　西	222731	77373	33350	74672	26011	6325	5000
甘　肃	450899	403600		27473	19826		
青　海	28654	3216	4775	14311	1082		5270
宁　夏	36111			28354	7757		
新　疆	211640	38843	12978	133539	26280		

2－14 各地区中型批发和零售业企业实收资本及构成

单位:万元

地区	实收资本	国家资本	集体资本	法人资本	个人资本	港澳台资本	外商资本
全国	**5754695**	**876945**	**567930**	**1808132**	**2126901**	**154876**	**219910**
北京	526901	40987	27776	305102	92186	6836	54014
天津	129524	29944	14148	25576	31334	18044	10480
河北	152515	19492	22160	58448	50452	40	1924
山西	177567	38958	15787	86196	36126		500
内蒙古	78972	20584	5645	31132	21610		
辽宁	194291	46063	7134	65384	61495	5247	8969
吉林	91923	47600	1606	18354	20864	500	3000
黑龙江	65850	24746	2179	24005	14920		
上海	676008	21757	109615	95873	430063	3247	15452
江苏	401116	68358	54160	43487	211106	7093	16912
浙江	676008	21757	109615	95873	430063	3247	15452
安徽	114056	31376	3802	24054	54310		514
福建	162566	41670	14176	40693	55209	1401	9418
江西	84936	16557	6081	52819	9309	170	
山东	351235	76380	50893	93120	115554	2609	12679
河南	300105	76848	25300	128131	61172		8655
湖北	148448	24613	8076	69832	39868	3246	2814
湖南	113680	25254	4701	51042	29512	1071	2100
广东	540593	33525	11299	239475	151654	77487	27154
广西	107290	14120	9026	51020	14585	18538	
海南	19830	1058		5821	8400		4551
重庆	65552	8084	3436	20592	24064	600	8776
四川	108552	16260	7815	43303	28840	5211	7124
贵州	36798	14980	456	6939	14374	50	
云南	73839	11809	3777	17996	33069		7188
西藏	42553	42553					
陕西	116732	24437	14692	39108	37760		736
甘肃	69359	6979	11704	39310	11367		
青海	19569	2000	2661	8145	6763		
宁夏	18340	13945		1755	2641		
新疆	89987	14255	20208	25550	28234	240	1500

2－15 各地区大中型批发业企业实收资本及构成

单位:万元

地区	实收资本	国家资本	集体资本	法人资本	个人资本	港澳台资本	外商资本
全国	**21733409**	**8713680**	**506314**	**7125270**	**2391342**	**105261**	**2891543**
北京	6666014	535368	39609	3447974	43196	33323	2566543
天津	410889	329408	5520	57986	9727		8247
河北	231103	77568	7401	68231	77863	40	
山西	250469	64780	19041	157072	9577		
内蒙古	337729	224371	4348	56316	52694		
辽宁	525703	170837	359	281450	67155	50	5853
吉林	109929	62120	257	33555	13797	200	
黑龙江	224933	135290		79733	9910		
上海	1148437	599100	37683	308728	171732		31194
江苏	859547	562189	37486	82122	155722	2253	19775
浙江	1148437	599100	37683	308728	171732		31194
安徽	329894	184236	5704	82063	45201	3646	9044
福建	916588	608403	25314	107051	88295		87524
江西	185993	66937	5479	88040	25537		
山东	1460886	220246	158588	130853	917894		33305
河南	737912	576522	3144	137423	20698		125
湖北	582713	258088	18248	262516	37111	5950	800
湖南	434826	388810	457	32544	13015		
广东	2866933	1681525	30227	707111	303460	51943	92668
广西	81679	39498	2103	24415	8628	7036	
海南	21683	11104		8269	2310		
重庆	344011	228633	15281	59188	40910		
四川	504888	352845	1967	127019	22526	531	
贵州	193429	150087	8190	29403	5699	50	
云南	331907	54377	1849	247352	28330		
西藏	13209	13209					
陕西	117172	65868	5424	18965	26916		
甘肃	441703	405133	6835	26825	2910		
青海	23250	3216	1630	11517	1618		5270
宁夏	9470	4954		4516			
新疆	222076	39860	26491	138307	17177	240	

2－16 各地区大中型零售业企业实收资本及构成

单位:万元

地区	实收资本	国家资本	集体资本	法人资本	个人资本	港澳台资本	外商资本
全国	**10158314**	**1317525**	**736558**	**3495303**	**3003723**	**571109**	**1034096**
北京	1411086	93523	27819	824892	205304	10445	249103
天津	278623	44292	10247	98065	72531	18044	35444
河北	236948	31229	22104	76853	104838		1924
山西	211349	31620	11209	125598	36187		6736
内蒙古	162048	23285	3378	55339	80047		
辽宁	413903	77388	7775	136473	133863	12697	45708
吉林	132009	5285	1349	66078	48423	7824	3050
黑龙江	159435	13594	2705	92502	44183		6452
上海	906606	19864	123689	184349	518471	16232	44001
江苏	1076101	52738	154721	179552	326048	48556	314486
浙江	906606	19864	123689	184349	518471	16232	44001
安徽	230387	68049	9362	71662	77223	3577	514
福建	119891	7968	429	41914	56183	1401	11996
江西	78320	5124	5629	34199	33197	170	
山东	824104	226508	89904	262303	169021	39345	37023
河南	254091	47110	26440	67331	59374	45180	8655
湖北	425329	164705	23253	88707	110160	12722	25782
湖南	203128	27526	4244	85374	32560	1071	52352
广东	1017598	125066	10110	422005	103939	289775	66703
广西	115551	11106	6924	56968	27900	11503	1150
海南	111006	94422		4331	6090		6163
重庆	155915	9207	2436	65823	44823	600	33027
四川	146092	6629	6868	45214	37382	29411	20588
贵州	24323	7884	356	6899	8674		510
云南	78172	8583	1928	26436	29731		11493
西藏	29344	29344					
陕西	222291	35941	42619	94815	36855	6325	5736
甘肃	78555	5445	4869	39958	28283		
青海	24972	2000	5806	10939	6227		
宁夏	44981	8991		25592	10398		
新疆	79551	13238	6695	20781	37337		1500

2－17 各地区大中型批发和零售业企业损益及分配

单位:万元

地 区	营业收入合 计	主营业务收 入	主营业务成 本	主营业务税金及附加
全 国	**475375923**	**471103048**	**422039734**	**996658**
北 京	76715346	75636504	67584284	128306
天 津	20094522	19999120	18537406	21785
河 北	10185653	10132953	9080620	24520
山 西	10106584	9957192	8623568	41059
内蒙古	5274666	5246282	4470495	17413
辽 宁	31695228	31603907	29678189	46176
吉 林	4339754	3814578	3283222	9918
黑龙江	7934348	7907402	6991390	17038
上 海	29918105	29658348	27488787	47044
江 苏	36537959	36084246	31519948	74140
浙 江	29918105	29658348	27488787	47044
安 徽	11458613	11403843	9921478	18582
福 建	13214924	13135529	11876017	43848
江 西	4796379	4782820	3949829	15860
山 东	28469241	28236616	24982314	98227
河 南	12664042	12624535	11289614	24237
湖 北	16651391	16549177	14763623	47790
湖 南	8637155	8578992	7372515	24782
广 东	56893769	56634265	51400137	99994
广 西	3222000	3196434	2667923	9510
海 南	1138130	1134575	1029267	1716
重 庆	7878635	7842908	6990706	22326
四 川	13046419	12961025	11401375	37025
贵 州	3216389	3211708	2536128	10813
云 南	7146619	7095085	5277655	24321
西 藏	97809	96532	79830	213
陕 西	6836805	6770533	5916676	24740
甘 肃	8145946	8120643	7541367	6499
青 海	1049583	984925	859820	1930
宁 夏	494826	492918	402214	2771
新 疆	7596980	7551105	7034549	7030

2－17 续表

地　区	主营业务利　润	其他业务利　润	营业费用	管理费用
全　国	**43589282**	**3688515**	**19090267**	**12143070**
北　京	7923914	824966	4085975	2431187
天　津	1049651	83072	375691	253245
河　北	928292	92972	393222	303225
山　西	979508	66105	296761	292954
内蒙古	658958	30506	277649	115368
辽　宁	1732852	120414	847747	520202
吉　林	453505	34019	181906	129148
黑龙江	754083	61386	304773	245832
上　海	2122517	242346	932574	602168
江　苏	3971998	283431	1640378	1085126
浙　江	2122517	242346	932574	602168
安　徽	1215068	51854	520840	274578
福　建	1215665	60649	379432	281513
江　西	700321	15375	224401	115133
山　东	2827701	219410	1116050	866999
河　南	1310359	80426	473465	409364
湖　北	1310039	146583	531051	436966
湖　南	1181695	87752	424750	352739
广　东	4798192	615463	2396752	1117194
广　西	430025	26952	155977	143742
海　南	95951	5012	39715	37095
重　庆	792375	52033	384553	253056
四　川	1296786	68716	640097	195588
贵　州	569124	9185	171506	183673
云　南	1416075	34759	356841	455400
西　藏	13282	391	6903	4259
陕　西	664150	72354	333296	208368
甘　肃	436479	25739	326521	83062
青　海	104098	4722	37157	27216
宁　夏	86026	3985	26771	24362
新　疆	428077	25595	274940	92141

单位:万元

财务费用	营业利润	利润总额	应交所得税	劳动、失业保险费	住房公积金和住房补贴
1506019	**16973283**	**19770781**	**5345676**	**953295**	**455806**
192605	2058466	3793529	668481	151127	72595
114766	514021	520785	184168	15945	9287
26382	370466	354010	102288	27266	8434
39335	525775	523567	152538	27769	5517
24590	331004	356340	65522	9462	9185
71622	542281	727966	175357	46742	17006
30608	192435	201278	55022	13811	7249
47749	256241	282989	85650	21974	11586
91954	738176	892571	285591	50771	16177
106269	1819293	1876635	620928	89262	26610
91954	738176	892571	285591	50771	16177
28879	549690	564970	174305	27586	23991
19797	595572	778179	214794	20172	9982
16059	419161	390582	107296	9892	3881
132228	1170543	1179455	248420	70389	38663
51712	467638	483133	153034	33890	13750
55053	520486	545567	191918	30856	14069
19959	472000	460166	169966	28141	9092
152244	2061832	2127038	522171	83356	47171
11979	190120	194354	61241	5663	8200
787	28820	29205	8126	2841	1139
28351	208054	251937	65770	31851	10487
38418	671856	693034	193334	35968	17381
6808	270699	304690	81169	11548	17423
354	809850	873206	314670	24341	19011
331	5390	5817	491	191	270
30220	247815	250106	76135	11300	10818
29304	44259	46795	39140	4252	2168
1791	48676	48649	13287	2952	1398
2356	38427	38517	14356	2422	1114
41557	66062	83141	14921	10789	5975

2－18 各地区大型批发和

地 区	营业收入合 计	主营业务收 入	主营业务成 本	主营业务税金及附加	主营业务利 润	其他业务利 润	营业费用
全 国	**440636402**	**436882946**	**392591341**	**862083**	**39769995**	**2998890**	**16342673**
北 京	74298220	73299873	65641993	119239	7538640	756836	3803385
天 津	19493085	19401948	18022967	20276	990004	69084	313275
河 北	8858019	8822861	7915153	20193	825480	70516	308646
山 西	8794362	8664126	7531362	34474	863907	43646	216754
内蒙古	4679085	4654837	3978747	15356	589989	19648	241398
辽 宁	30525857	30450592	28696089	40932	1618924	83600	755582
吉 林	3844372	3326425	2868208	8152	418130	20068	146830
黑龙江	7385866	7369359	6524251	15695	698055	46278	264227
上 海	27713152	27511693	25596807	39752	1875134	190998	756809
江 苏	33953681	33524569	29327156	63307	3669532	226428	1399177
浙 江	27713152	27511693	25596807	39752	1875134	190998	756809
安 徽	10503015	10458033	9092354	16269	1137900	35959	442008
福 建	11957829	11905663	10799764	40079	1065820	37074	288315
江 西	4316369	4306569	3534969	11995	654332	8918	186612
山 东	25403756	25193929	22379781	81627	2501065	182132	943033
河 南	10595997	10579040	9477588	17122	1084325	54614	365713
湖 北	15441807	15347848	13754561	43310	1180605	132811	436535
湖 南	7601317	7557812	6481795	20031	1055987	68593	338868
广 东	52957752	52738783	48080390	87857	4328523	511326	2019751
广 西	2713422	2693384	2244947	7479	384988	15337	114780
海 南	985809	984953	897602	1225	80979	1335	25161
重 庆	7349196	7320662	6527034	20397	750164	46777	338882
四 川	11961169	11888408	10467834	33984	1193502	52879	561136
贵 州	2951700	2947966	2316925	8845	540364	6810	151338
云 南	6637877	6596334	4846746	22560	1357065	26005	320055
西 藏							
陕 西	6164190	6104451	5402704	17201	576934	62535	271155
甘 肃	7697423	7682618	7150382	5471	404701	18595	305264
青 海	949647	887218	774246	1704	93844	2646	31715
宁 夏	383065	381632	309289	2281	68551	1512	18437
新 疆	6806210	6769667	6352891	5517	347420	14932	221022

零售业企业损益及分配

单位:万元

管理费用	财务费用	营业利润	利润总额	应交所得税	劳动、失业保险费	住房公积金和住房补贴
10391455	**1098484**	**16842153**	**19418076**	**5178085**	**792079**	**393525**
2244026	179579	2085048	3790605	648405	129053	65294
219166	35675	518729	523567	181320	12042	7923
240544	16763	382420	360569	99283	22133	7456
225514	22241	502727	498758	145972	24343	4710
85375	17690	313045	335421	62779	6667	8253
445738	50204	557706	741199	171908	40823	15555
94121	20317	202065	207293	52373	11386	6518
212064	36124	263648	285764	82826	19419	10806
501172	67906	740246	882334	276603	38525	13404
943898	87693	1825417	1875953	609391	70276	23263
501172	67906	740246	882334	276603	38525	13404
243075	22181	556152	563396	172182	23328	10657
237638	12484	564457	728165	205542	16359	7866
97360	8005	425047	392997	105767	8581	3589
721059	96378	1109400	1112832	236903	58809	32659
298462	20788	461432	437003	140846	25313	11223
382651	46830	514145	536476	187915	26731	12081
317341	13926	454444	441186	166345	25801	8659
909524	129881	2005841	2050504	495616	68028	42869
119998	7002	189896	186305	59880	4540	7423
29149	562	30188	29959	7908	2249	1127
234247	23716	221994	250154	64705	29981	10150
147370	30103	667912	688033	189048	31820	16373
171326	4457	270200	302519	79482	10652	17080
433864	-2598	802083	864515	312200	21688	18322
177959	25422	243810	242151	72332	9987	9364
63093	26639	44272	45988	37167	3268	1851
23073	1092	45774	45667	12855	2694	1319
16221	-474	37390	36562	12628	1688	836
55255	29992	66421	79867	11302	7370	3492

2－19 各地区中型批发和

地 区	营业收入合 计	主营业务收 入	主营业务成 本	主 营 业 务税金及附加	主营业务利 润	其他业务利 润	营业费用
全 国	**34739521**	**34220102**	**29448393**	**134575**	**3819287**	**689625**	**2747594**
北 京	2417126	2336632	1942291	9066	385274	68130	282590
天 津	601437	597172	514440	1509	59647	13988	62417
河 北	1327635	1310092	1165467	4328	102812	22456	84576
山 西	1312222	1293066	1092206	6585	115601	22458	80007
内蒙古	595581	591445	491748	2057	68969	10858	36250
辽 宁	1169371	1153315	982100	5245	113929	36815	92166
吉 林	495381	488154	415014	1766	35375	13951	35076
黑龙江	548482	538044	467140	1343	56028	15108	40546
上 海	2204953	2146655	1891980	7292	247383	51347	175765
江 苏	2584278	2559678	2192791	10833	302466	57003	241201
浙 江	2204953	2146655	1891980	7292	247383	51347	175765
安 徽	955598	945811	829124	2313	77168	15895	78832
福 建	1257095	1229866	1076253	3769	149844	23575	91117
江 西	480010	476251	414860	3865	45990	6456	37789
山 东	3065485	3042687	2602533	16600	326637	37278	173017
河 南	2068045	2045495	1812026	7116	226034	25811	107752
湖 北	1209583	1201328	1009061	4480	129434	13772	94515
湖 南	1035838	1021180	890720	4751	125709	19159	85882
广 东	3936016	3895482	3319748	12137	469669	104137	377001
广 西	508578	503050	422976	2032	45037	11615	41197
海 南	152321	149622	131665	491	14971	3677	14554
重 庆	529439	522246	463672	1929	42211	5255	45671
四 川	1085250	1072617	933541	3041	103285	15837	78962
贵 州	264688	263742	219203	1969	28761	2375	20168
云 南	508742	498751	430909	1761	59010	8754	36786
西 藏	97809	96532	79830	213	13282	391	6903
陕 西	672616	666082	513973	7539	87215	9818	62141
甘 肃	448523	438025	390985	1027	31778	7144	21257
青 海	99936	97707	85575	226	10254	2077	5442
宁 夏	111761	111286	92925	490	17476	2473	8334
新 疆	790770	781439	681658	1513	80657	10663	53918

零售业企业损益及分配

单位:万元

管理费用	财务费用	营业利润	利润总额	应交所得税	劳动、失业保险费	住房公积金和住房补贴
1751614	**407536**	**131130**	**352705**	**167591**	**161216**	**62281**
187162	13026	-26582	2924	20076	22074	7302
34079	79091	-4708	-2782	2848	3902	1364
62680	9620	-11954	-6559	3006	5133	978
67440	17093	23049	24809	6565	3426	807
29993	6900	17959	20918	2743	2795	933
74464	21418	-15425	-13233	3449	5919	1451
35026	10291	-9631	-6015	2650	2425	731
33768	11625	-7406	-2775	2825	2555	779
100997	24048	-2070	10237	8988	12246	2773
141228	18576	-6124	682	11537	18986	3347
100997	24048	-2070	10237	8988	12246	2773
31503	6698	-6462	1574	2123	4258	13334
43875	7313	31115	50014	9252	3813	2116
17773	8054	-5886	-2415	1528	1311	292
145939	35850	61143	66624	11517	11580	6004
110902	30924	6205	46130	12188	8577	2527
54315	8223	6341	9091	4003	4125	1988
35398	6032	17555	18980	3621	2340	433
207671	22363	55991	76535	26555	15329	4303
23744	4977	224	8049	1361	1123	777
7945	225	-1368	-755	218	592	13
18809	4636	-13940	1783	1065	1870	337
48218	8315	3944	5001	4285	4147	1007
12347	2351	499	2171	1687	895	343
21537	2952	7767	8691	2469	2653	689
4259	331	5390	5817	491	191	270
30409	4797	4006	7954	3802	1312	1453
19969	2665	-14	807	1973	983	317
4143	699	2902	2983	432	258	79
8142	2830	1036	1956	1728	733	278
36886	11565	-359	3274	3619	3418	2483

2－20 各地区大中型

地区	营业收入合计	主营业务收入	主营业务成本	主营业务税金及附加	主营业务利润	其他业务利润	营业费用
全国	**377214173**	**375350653**	**338709586**	**651607**	**33238344**	**935933**	**11950507**
北京	65016665	64411770	57841799	97372	6472599	404918	3065903
天津	17795544	17769971	16910203	16447	827302	10973	170495
河北	7518798	7511024	6755323	14761	688586	10914	230950
山西	8102734	8013668	6961133	22177	847735	26821	202024
内蒙古	3559523	3539713	2993666	13226	476416	4810	178962
辽宁	26810873	26771165	25529822	22828	1115685	30928	569392
吉林	2644236	2640654	2264648	5318	336481	2616	122552
黑龙江	5971363	5960974	5323359	7568	540958	2750	189725
上海	24601487	24521737	22900881	28712	1592145	51491	535207
江苏	27359954	27047247	23584275	45816	3121308	53606	976753
浙江	24601487	24521737	22900881	28712	1592145	51491	535207
安徽	9439248	9393794	8153026	12842	1018898	17222	387583
福建	11627018	11574382	10498079	35688	1040615	25343	242587
江西	3956408	3951769	3230245	8762	609474	2837	163985
山东	17200595	17083197	14980901	61674	1873410	27564	627736
河南	10751770	10732701	9619818	17435	1095148	9354	332440
湖北	12109309	12103616	11068103	28934	836453	11903	220857
湖南	6291530	6281259	5427040	13540	840679	4649	198478
广东	42512740	42413287	38995132	66399	3136085	123814	1047977
广西	2354275	2350484	1966122	5597	320833	4114	97258
海南	465071	465052	416212	531	43052	144	10839
重庆	5486108	5473138	4895460	14219	542334	－2817	218207
四川	10696628	10648049	9347143	32034	1095458	15919	455960
贵州	3011295	3007825	2371983	8834	545706	7026	152361
云南	6290176	6249489	4566027	22695	1287579	11708	278629
西藏	27424	27424	22973	38	4240	128	1376
陕西	5116708	5108282	4519772	7859	452279	2841	180919
甘肃	7696965	7673314	7151050	4173	392525	10793	291338
青海	924691	862262	753795	1625	90613	2192	29263
宁夏	241957	240478	190752	944	47270	1516	9667
新疆	7031593	7001192	6569965	4849	354335	8363	225881

批发业企业损益及分配

单位：万元

管理费用	财务费用	营业利润	利润总额	应交所得税	劳动、失业保险费	住房公积金和住房补贴
8021799	**963313**	**14835200**	**17481603**	**4672557**	**583766**	**343305**
1891023	152979	1784174	3467733	541514	85854	54867
164645	88909	514286	517288	175816	6370	5580
153211	8302	346871	333648	94408	14461	6307
231282	17805	480051	477403	149091	24180	4645
71780	15872	257686	263393	62231	5080	7438
199368	40594	421132	601476	121590	22426	10677
57848	15994	170637	186385	48257	10498	6490
118388	27236	236196	255565	69256	14167	8910
386593	55077	666769	778584	241792	27285	10907
717289	63046	1563193	1652023	542133	41171	14849
386593	55077	666769	778584	241792	27285	10907
200977	17997	517160	528567	164403	21115	10014
238488	14392	570492	751838	208135	16324	8552
80200	6778	416887	388221	103582	7635	3504
417820	57253	932056	953541	198594	41884	28550
302980	42751	435893	442082	140761	26026	12244
245805	28859	419832	432658	157390	15866	10863
232522	7432	406896	389917	146242	21837	8031
667603	110878	1607960	1682243	442841	44410	35731
90612	4845	165592	161550	52209	3615	5603
20954	-104	14884	15027	2398	1712	823
157159	19000	170195	213608	57449	22153	9143
138950	31937	632212	654777	183505	29277	15673
172999	4367	272623	305081	80455	11238	17294
407816	-2438	785845	847836	310185	20988	18025
1309	31	1652	1652	90		
120898	17871	204288	211701	65399	7185	8916
58977	23444	36316	39540	36247	3165	1951
21437	952	45121	45001	12922	2440	1314
10057	141	30432	30757	10625	966	363
56219	36037	61100	73926	11246	7155	5136

2－21 各地区大中型

地区	营业收入合计	主营业务收入	主营业务成本	主营业务税金及附加	主营业务利润	其他业务利润	营业费用
全国	**98161750**	**95752396**	**83330148**	**345051**	**10350938**	**2752582**	**7139760**
北京	11698681	11224735	9742486	30933	1451316	420048	1020072
天津	2298978	2229149	1627203	5338	222349	72098	205197
河北	2666855	2621929	2325297	9759	239706	82058	162272
山西	2003850	1943524	1662435	18882	131773	39284	94736
内蒙古	1715143	1706569	1476829	4187	182542	25696	98687
辽宁	4884355	4832742	4148367	23348	617167	89486	278355
吉林	1695518	1173924	1018574	4600	117024	31403	59355
黑龙江	1962985	1946429	1668032	9471	213125	58636	115048
上海	5316618	5136611	4587907	18332	530373	190854	397367
江苏	9178005	9036999	7935672	28325	850689	229825	663626
浙江	5316618	5136611	4587907	18332	530373	190854	397367
安徽	2019365	2010049	1768453	5740	196170	34632	133257
福建	1587905	1561147	1377938	8160	175050	35306	136845
江西	839971	831051	719584	7098	90847	12537	60416
山东	11268647	11153419	10001413	36553	954291	191846	488314
河南	1912272	1891835	1669796	6802	215211	71071	141026
湖北	4542082	4445561	3695520	18857	473585	134680	310194
湖南	2345625	2297733	1945474	11242	341016	83103	226272
广东	14381028	14220978	12405005	33595	1662107	491649	1348775
广西	867725	845950	701801	3913	109192	22838	58720
海南	673060	669523	613055	1185	52898	4868	28876
重庆	2392527	2369770	2095245	8107	250041	54850	166346
四川	2349791	2312976	2054231	4991	201329	52797	184138
贵州	205094	203883	164145	1979	23418	2159	19145
云南	856443	845596	711629	1626	128496	23051	78212
西藏	70385	69108	56857	175	9042	263	5527
陕西	1720098	1662251	1396904	16881	211871	69513	152376
甘肃	448980	447329	390317	2325	43954	14946	35183
青海	124892	122663	106026	305	13485	2530	7894
宁夏	252870	252440	211462	1828	38757	2469	17104
新疆	565387	549913	464584	2182	73742	17232	49059

零售业企业损益及分配

单位:万元

管理费用	财务费用	营业利润	利润总额	应交所得税	劳动、失业保险费	住房公积金和住房补贴
4121270	**542706**	**2138083**	**2289178**	**673120**	**369529**	**112501**
540164	39627	274292	325796	126967	65273	17729
88599	25858	-265	3497	8352	9575	3707
150014	18080	23595	20362	7880	12806	2126
61672	21529	45724	46165	3446	3589	873
43588	8718	73318	92946	3291	4382	1747
320834	31028	121149	126490	53767	24315	6329
71300	14614	21797	14893	6765	3313	759
127444	20513	20046	27424	16395	7807	2676
215576	36877	71407	113987	43799	23486	5270
367837	43223	256099	224612	78795	48091	11760
215576	36877	71407	113987	43799	23486	5270
73601	10882	32530	36403	9902	6471	13977
43025	5405	25080	26341	6659	3848	1430
34933	9281	2274	2361	3714	2257	377
449179	74975	238487	225914	49826	28505	10113
106385	8961	31744	41051	12274	7865	1506
191161	26194	100654	112909	34529	14991	3206
120217	12526	65104	70249	23724	6305	1062
449591	41365	453873	444795	79330	38946	11440
53129	7133	24528	32805	9032	2048	2597
16140	891	13936	14178	5728	1129	317
95897	9351	37859	38329	8321	9698	1344
56639	6481	39643	38257	9829	6691	1708
10674	2442	-1924	-391	714	310	129
47585	2792	24006	25370	4485	3353	986
2949	300	3738	4165	401	191	270
87469	12349	43528	38405	10735	4114	1902
24085	5861	7943	7256	2893	1087	217
5779	839	3555	3648	365	512	85
14305	2215	7994	7760	3731	1455	751
35923	5520	4963	9215	3675	3634	839

2－22 各地区大中型批发和

地区	大中型		
	本年应付工资总额	本年应付福利费总额	本年应交增值税
全国	**7064701**	**668280**	**7435243**
北京	1209123	118070	1053192
天津	133906	10502	187274
河北	166965	17407	160946
山西	144851	25781	217363
内蒙古	108030	14697	162286
辽宁	242433	20371	270465
吉林	78924	9071	107523
黑龙江	140155	9474	207101
上海	347632	31112	281133
江苏	491885	48573	749890
浙江	347632	31112	281133
安徽	179870	14586	162863
福建	214802	10177	180400
江西	82971	6674	106817
山东	510496	85405	407887
河南	246295	22563	204169
湖北	240630	17896	259530
湖南	175752	15184	196489
广东	892488	64347	948964
广西	85348	10873	72690
海南	15918	1088	15924
重庆	189593	8784	182639
四川	181028	33646	356600
贵州	113665	6186	99200
云南	231010	9112	242409
西藏	3370	30	1371
陕西	136772	7390	131683
甘肃	43320	6623	35525
青海	19530	1819	26596
宁夏	14752	1404	14777
新疆	75558	8325	110406

零售业企业工资、福利及增值税

单位:万元

大型			中型		
本年应付工资总额	本年应付福利费总额	本年应交增值税	本年应付工资总额	本年应付福利费总额	本年应交增值税
5770917	**512074**	**6866404**	**1293784**	**156206**	**568839**
1075122	106423	1004937	134001	11647	48255
110300	7297	178743	23606	3205	8531
126229	12157	146384	40736	5250	14562
104074	7311	188239	40777	18470	29124
83627	10694	152657	24403	4003	9629
207777	16274	255089	34656	4098	15376
64209	6979	102134	14715	2092	5389
116930	7700	200425	23225	1774	6676
272835	23126	243322	74797	7986	37810
389197	36189	711985	102689	12384	37905
272835	23126	243322	74797	7986	37810
147237	10953	146724	32633	3633	16140
175438	7224	161516	39364	2953	18884
66782	5332	99135	16188	1343	7682
399286	67851	369862	111210	17554	38025
158781	14957	176937	87514	7605	27232
198291	13835	244168	42338	4061	15363
140052	12200	184521	35700	2984	11968
730471	51361	870279	162017	12987	78685
66511	8224	66495	18837	2649	6196
10589	472	14512	5328	616	1412
173397	7154	172294	16196	1630	10345
146056	29304	342002	34972	4341	14598
104518	5274	90192	9147	912	9008
211083	6944	232666	19928	2168	9743
			3370	30	1371
112120	4391	110409	24652	2999	21274
30054	1824	26639	13267	4800	8886
16478	1552	24703	3052	267	1893
9276	531	12162	5476	873	2615
51363	5418	93955	24195	2907	16451

2－23 各地区大中型批发和零售业企业经济效益分析指标

地　区	负债比率（%）	商品销售毛利率（%）	人均营业收入（万元）	流动资产周转次数（次）	费用率（%）
全　国	**66.0**	**10.4**	**160.3**	**3.5**	**6.9**
北　京	68.4	10.6	346.4	2.5	8.7
天　津	74.0	7.3	412.4	7.4	3.7
河　北	68.8	10.4	102.3	4.4	7.1
山　西	69.3	13.4	127.1	3.2	6.2
内蒙古	61.2	14.8	100.7	3.7	7.9
辽　宁	67.3	6.1	285.0	6.1	4.5
吉　林	74.0	13.9	109.2	5.2	7.9
黑龙江	75.1	11.6	105.0	3.5	7.5
上　海	69.3	7.3	197.9	4.1	5.4
江　苏	64.5	12.6	149.4	3.3	7.8
浙　江	69.3	7.3	197.9	4.1	5.4
安　徽	67.2	13.0	125.5	2.9	7.2
福　建	55.1	9.6	188.2	3.1	5.2
江　西	56.2	17.4	91.6	4.2	7.4
山　东	66.7	11.5	87.6	3.0	7.4
河　南	74.5	10.6	86.6	4.3	7.4
湖　北	68.6	10.8	118.9	4.0	6.1
湖　南	50.7	14.1	87.4	4.4	9.2
广　东	63.4	9.2	181.4	4.1	6.4
广　西	52.3	16.5	85.5	4.1	9.7
海　南	44.9	9.3	151.3	8.3	6.8
重　庆	69.3	10.9	101.6	3.3	8.5
四　川	58.1	12.0	157.6	4.2	6.7
贵　州	45.3	21.0	69.0	3.0	11.3
云　南	56.1	25.6	111.3	1.4	11.4
西　藏	32.6	17.3	81.4	4.2	11.7
陕　西	66.3	12.6	103.8	4.2	8.4
甘　肃	55.7	7.1	358.1	6.0	5.4
青　海	50.6	12.7	139.3	3.6	6.3
宁　夏	48.5	18.4	69.5	2.7	10.8
新　疆	84.8	6.8	231.0	4.5	5.4

注：费用率等于营业费用、管理费用、财务费用三项之和除以营业收入合计（下表同）。

2-24 各地区大型批发和零售业企业经济效益分析指标

地区	负债比率（%）	商品销售毛利率（%）	人均营业收入（万元）	流动资产周转次数（次）	费用率（%）
全国	**64.2**	**10.1**	**210.1**	**3.7**	**6.3**
北京	67.8	10.4	432.3	2.5	8.4
天津	73.6	7.1	536.5	7.9	2.9
河北	65.4	10.3	136.7	5.1	6.4
山西	67.1	13.1	179.9	3.3	5.3
内蒙古	56.0	14.5	123.8	4.3	7.4
辽宁	63.8	5.8	358.3	7.0	4.1
吉林	74.2	13.8	145.5	7.7	6.8
黑龙江	73.9	11.5	128.5	3.8	6.9
上海	67.8	7.0	261.0	4.4	4.8
江苏	62.8	12.5	195.6	3.4	7.2
浙江	67.8	7.0	261.0	4.4	4.8
安徽	65.3	13.1	170.2	3.0	6.7
福建	53.2	9.3	261.3	3.3	4.5
江西	52.7	17.9	113.3	4.5	6.8
山东	64.0	11.2	110.7	3.0	6.9
河南	70.4	10.4	154.9	6.2	6.5
湖北	67.0	10.4	148.6	4.2	5.6
湖南	45.6	14.2	110.2	4.8	8.8
广东	61.5	8.8	221.2	4.3	5.8
广西	46.1	16.6	115.9	4.7	8.9
海南	26.7	8.9	240.7	16.6	5.6
重庆	67.8	10.8	113.5	3.4	8.1
四川	55.7	11.9	210.4	4.4	6.2
贵州	41.0	21.4	72.7	3.1	11.1
云南	55.5	26.5	132.5	1.3	11.3
西藏					
陕西	65.1	11.5	131.3	4.7	7.7
甘肃	52.1	6.9	584.8	6.7	5.1
青海	49.1	12.7	190.7	3.7	5.9
宁夏	34.3	19.0	108.7	3.2	8.9
新疆	85.3	6.2	372.4	5.8	4.5

2－25　各地区中型批发和零售业企业经济效益分析指标

地　区	负债比率（%）	商品销售毛利率（%）	人均营业收入（万元）	流动资产周转次数（次）	费用率（%）
全　国	**78.8**	**13.9**	**40.0**	**2.1**	**14.1**
北　京	81.8	16.9	48.8	1.7	20.0
天　津	77.8	13.9	48.5	2.2	29.2
河　北	80.7	11.0	38.2	2.4	11.8
山　西	79.3	15.5	42.8	2.6	12.5
内蒙古	80.7	16.9	40.9	1.7	12.3
辽　宁	86.0	14.8	45.0	1.5	16.1
吉　林	73.6	15.0	37.2	1.4	16.2
黑龙江	81.2	13.2	30.3	1.6	15.7
上　海	77.5	11.9	49.0	2.0	13.6
江　苏	80.4	14.3	36.4	2.8	15.5
浙　江	77.5	11.9	49.0	2.0	13.6
安　徽	80.9	12.3	32.3	2.5	12.2
福　建	68.8	12.5	51.4	2.0	11.3
江　西	69.9	12.9	33.6	2.4	13.3
山　东	82.4	14.5	32.1	2.4	11.6
河　南	82.4	11.4	26.5	1.7	12.1
湖　北	80.8	16.0	33.5	2.4	13.0
湖　南	76.8	12.8	34.8	2.7	12.3
广　东	78.1	14.8	53.1	2.3	15.4
广　西	67.4	15.9	35.6	2.4	13.7
海　南	82.0	12.0	44.4	1.9	14.9
重　庆	85.7	11.2	41.4	2.8	13.1
四　川	74.0	13.0	41.9	2.7	12.5
贵　州	76.5	16.9	44.4	2.1	13.2
云　南	64.9	13.6	36.1	2.4	12.0
西　藏					
陕　西	71.1	22.8	35.5	2.2	14.5
甘　肃	74.1	10.7	46.8	2.0	9.8
青　海	60.3	12.4	39.1	2.7	10.3
宁　夏	78.9	16.5	31.1	1.8	17.3
新　疆	83.5	12.8	54.1	1.6	12.9

2－26　各地区大中型批发业企业经济效益分析指标

地　区	负债比率（%）	商品销售毛利率（%）	人均营业收入（万元）	流动资产周转次数（次）	费用率（%）
全　国	**63.3**	**9.8**	**310.2**	**3.7**	**5.6**
北　京	68.2	10.2	738.7	2.5	7.9
天　津	72.6	4.8	1022.0	9.3	2.4
河　北	64.9	10.1	208.8	5.0	5.2
山　西	66.5	13.1	213.8	3.2	5.6
内蒙古	58.6	15.4	146.4	3.4	7.5
辽　宁	66.9	4.6	881.8	7.1	3.0
吉　林	78.7	14.2	145.3	5.4	7.4
黑龙江	69.1	10.7	229.0	3.5	5.6
上　海	67.4	6.6	396.2	4.6	4.0
江　苏	59.8	12.8	322.2	3.4	6.4
浙　江	67.4	6.6	396.2	4.6	4.0
安　徽	65.7	13.2	225.2	3.0	6.4
福　建	53.6	9.3	299.4	3.0	4.3
江　西	49.9	18.3	144.9	4.4	6.3
山　东	62.2	12.3	129.6	3.1	6.4
河　南	69.7	10.4	184.9	4.8	6.3
湖　北	66.1	8.6	316.6	4.1	4.1
湖　南	38.2	13.6	172.5	5.2	7.0
广　东	56.3	8.1	348.2	4.5	4.3
广　西	44.1	16.4	141.2	4.3	8.2
海　南	55.0	10.5	242.5	5.9	6.8
重　庆	64.5	10.6	146.2	3.4	7.2
四　川	55.0	12.2	277.1	4.3	5.9
贵　州	41.0	21.1	75.4	3.1	10.9
云　南	55.0	26.9	165.4	1.3	10.9
西　藏	3.7	16.2	99.0	6.9	9.9
陕　西	64.8	11.5	217.8	5.3	6.2
甘　肃	53.0	6.8	673.6	6.5	4.9
青　海	48.1	12.6	223.6	3.7	5.6
宁　夏	37.9	20.7	126.3	2.6	8.2
新　疆	86.6	6.2	372.2	4.9	4.5

2－27 各地区大中型零售业企业经济效益分析指标

地　区	负债比率（%）	商品销售毛利率（%）	人均营业收入（万元）	流动资产周转次数（次）	费用率（%）
全　国	**73.3**	**13.0**	**56.1**	**3.0**	**12.0**
北　京	69.4	13.2	87.7	2.4	13.7
天　津	76.5	27.0	73.4	2.9	13.9
河　北	75.3	11.3	42.0	3.4	12.4
山　西	80.0	14.5	48.1	3.4	8.9
内蒙古	67.2	13.5	61.2	4.3	8.8
辽　宁	67.8	14.2	60.5	3.5	12.9
吉　林	68.9	13.2	78.7	4.8	8.6
黑龙江	86.6	14.3	39.7	3.3	13.4
上　海	73.8	10.7	59.7	2.7	12.2
江　苏	74.6	12.2	57.5	3.0	11.7
浙　江	73.8	10.7	59.7	2.7	12.2
安　徽	71.7	12.0	40.9	2.6	10.8
福　建	69.8	11.7	50.6	4.1	11.7
江　西	74.9	13.4	33.5	3.2	12.5
山　东	72.1	10.3	58.6	2.8	9.0
河　南	88.1	11.7	21.7	2.6	13.4
湖　北	72.9	16.9	44.6	3.7	11.6
湖　南	69.9	15.3	37.6	3.0	15.3
广　东	77.9	12.8	75.1	3.1	12.8
广　西	65.7	17.0	41.3	3.7	13.7
海　南	39.5	8.4	120.1	11.5	6.8
重　庆	79.4	11.6	59.7	3.1	11.4
四　川	72.6	11.2	53.2	3.9	10.5
贵　州	83.3	19.5	30.8	1.7	15.7
云　南	68.1	15.8	32.7	2.4	15.0
西　藏	37.9	17.7	76.1	3.6	12.5
陕　西	68.2	16.0	40.6	2.6	14.7
甘　肃	67.3	12.7	39.7	2.5	14.5
青　海	61.5	13.6	36.8	2.7	11.6
宁　夏	54.8	16.2	48.6	2.8	13.3
新　疆	76.8	15.5	40.4	2.4	16.0

2－28　各地区大中型住宿和餐饮业企业基本情况

地　区	大中型		大　型		中　型	
	法人企业（个）	年末从业人数（人）	法人企业（个）	年末从业人数（人）	法人企业（个）	年末从业人数（人）
全　国	**677**	**548631**	**102**	**259020**	**575**	**289611**
北　京	85	89054	22	55475	63	33579
天　津	12	10771	2	5755	10	5016
河　北	14	6625			14	6625
山　西	13	7474	1	1316	12	6158
内蒙古	4	1862			4	1862
辽　宁	28	26337	5	14889	23	11448
吉　林	8	4290			8	4290
黑龙江	5	2000			5	2000
上　海	40	39629	11	26117	29	13512
江　苏	51	42798	5	20145	46	22653
浙　江	65	49739	6	20674	59	29065
安　徽	7	3890			7	3890
福　建	25	17934	5	7601	20	10333
江　西	6	4108	1	1809	5	2299
山　东	37	30189	4	14540	33	15649
河　南	14	7102	1	700	13	6402
湖　北	16	16385	6	11676	10	4709
湖　南	21	14871	2	4686	19	10185
广　东	130	99310	16	38781	114	60529
广　西	4	3479	1	1845	3	1634
海　南	7	3540			7	3540
重　庆	14	23510	3	18453	11	5057
四　川	19	12412	5	6214	14	6198
贵　州	2	1085			2	1085
云　南	10	5223	1	900	9	4323
西　藏	1	202			1	202
陕　西	22	14905	4	6503	18	8402
甘　肃	5	3290			5	3290
青　海	1	505			1	505
宁　夏	1	402			1	402
新　疆	10	5710	1	941	9	4769

2-29 各地区大中型住宿和餐饮业企业经营情况

单位:万元

地区	营业额	客房收入	餐费收入	商品销售收入	其他收入
全 国	**7609104**	**1883819**	**4899754**	**225145**	**600387**
北 京	1518791	396134	910488	65913	146255
天 津	259181	35254	214450	675	8802
河 北	78979	20709	49092	2110	7067
山 西	95600	8755	80255	4357	2233
内蒙古	27541	9890	16474	500	676
辽 宁	393217	64733	310770	4937	12777
吉 林	41815	19230	17812	716	4058
黑龙江	22603	6253	14242	1303	805
上 海	590828	228504	267757	9860	84708
江 苏	722661	131251	532304	26991	32114
浙 江	568586	168358	353596	7978	38653
安 徽	38435	8620	23047	3424	3344
福 建	261807	49587	196768	7911	7541
江 西	46964	12006	29850	1542	3566
山 东	315505	104042	156045	21658	33759
河 南	83639	28528	40295	6375	8440
湖 北	224299	6795	215260	1491	753
湖 南	143055	40675	87604	976	13799
广 东	1378465	320029	906742	18942	132752
广 西	40622	4973	33100	1987	561
海 南	36354	21259	11142	255	3698
重 庆	130565	32574	86053	3582	8356
四 川	197534	49556	120397	9164	18418
贵 州	10127	5238	4027	493	370
云 南	73280	21212	46071	2048	3949
西 藏	2984	1117	1349	12	506
陕 西	199230	58476	114727	12569	13459
甘 肃	30287	6940	21758	673	916
青 海	4555	2433	949	495	679
宁 夏	5489	2224	915	680	1669
新 疆	66108	18463	36414	5528	5703

2－30 各地区大型住宿和餐饮业企业经营情况

单位:万元

地区	营业额	客房收入	餐费收入	商品销售收入	其他收入
全 国	**3821024**	**600278**	**2843997**	**118029**	**258721**
北 京	1037576	243488	641994	52361	99732
天 津	174682		174682		
河 北					
山 西	36250		36250		
内蒙古					
辽 宁	251519	9890	236688	1780	3162
吉 林					
黑龙江					
上 海	364492	141814	154250	5506	62922
江 苏	380921	10240	350816	18181	1684
浙 江	126386	18861	102735	31	4760
安 徽					
福 建	127663		120247	7417	
江 西	25271		25271		
山 东	114508	25164	60859	8364	20121
河 南	7414		7410	4	
湖 北	178654		178654		
湖 南	41027	9191	30037	29	1770
广 东	629015	105621	470950	4936	47509
广 西	22750		22750		
海 南					
重 庆	70424	5202	61073	1024	3126
四 川	97199	10830	75938	4336	6095
贵 州					
云 南	16232		16232		
西 藏					
陕 西	103658	16701	71465	9600	5892
甘 肃					
青 海					
宁 夏					
新 疆	15385	3276	5698	4462	1948

2-31 各地区中型住宿和餐饮业企业经营情况

单位:万元

地区	营业额	客房收入	餐费收入	商品销售收入	其他收入
全国	**3788080**	**1283541**	**2055757**	**107115**	**341667**
北京	481215	152646	268494	13552	46523
天津	84499	35254	39768	675	8802
河北	78979	20709	49092	2110	7067
山西	59350	8755	44006	4357	2233
内蒙古	27541	9890	16474	500	676
辽宁	141698	54843	74082	3157	9615
吉林	41815	19230	17812	716	4058
黑龙江	22603	6253	14242	1303	805
上海	226336	86690	113507	4354	21785
江苏	341739	121011	181488	8810	30430
浙江	442200	149497	250861	7948	33894
安徽	38435	8620	23047	3424	3344
福建	134144	49587	76522	494	7541
江西	21694	12006	4580	1542	3566
山东	200996	78878	95186	13294	13638
河南	76226	28528	32885	6372	8440
湖北	45645	6795	36607	1491	753
湖南	102028	31485	57567	947	12029
广东	749450	214408	435792	14006	85243
广西	17872	4973	10351	1987	561
海南	36354	21259	11142	255	3698
重庆	60140	27372	24980	2558	5230
四川	100336	38726	44459	4828	12323
贵州	10127	5238	4027	493	370
云南	57048	21212	29839	2048	3949
西藏	2984	1117	1349	12	506
陕西	95572	41775	43262	2969	7567
甘肃	30287	6940	21758	673	916
青海	4555	2433	949	495	679
宁夏	5489	2224	915	680	1669
新疆	50724	15187	30716	1067	3754

2－32 各地区大中型住宿业企业经营情况

单位:万元

地 区	营业额	客房收入	餐费收入	商品销售收入	其他收入
全 国	**3941524**	**1772315**	**1500094**	**146266**	**522849**
北 京	815873	395059	245183	52744	122888
天 津	66100	35254	21369	675	8802
河 北	48313	16973	24454	2110	4776
山 西	19149	5142	9182	2692	2133
内蒙古	24221	9890	13155	500	676
辽 宁	131083	61913	51703	4937	12530
吉 林	32135	14383	15018	421	2313
黑龙江	11938	6253	4443	437	805
上 海	430889	222485	117509	8498	82397
江 苏	296557	121750	126470	22341	25996
浙 江	408646	162340	203348	6616	36342
安 徽	22813	8620	10123	726	3344
福 建	107409	47457	52640	494	6818
江 西	21694	12006	4580	1542	3566
山 东	194580	84041	71899	8455	30186
河 南	62631	28528	20827	4993	8284
湖 北	11067	5288	4871	425	482
湖 南	95322	37255	45287	163	12617
广 东	734403	293266	313238	10830	117070
广 西	13934	4973	6413	1987	561
海 南	36354	21259	11142	255	3698
重 庆	52319	25002	20166	1945	5207
四 川	91781	47395	30543	2527	11317
贵 州	10127	5238	4027	493	370
云 南	39707	21212	13636	910	3949
西 藏	2984	1117	1349	12	506
陕 西	86419	48154	30849	1164	6252
甘 肃	12540	6940	4012	673	916
青 海	4555	2433	949	495	679
宁 夏	5489	2224	915	680	1669
新 疆	50493	18463	20799	5528	5703

2－33 各地区大中型餐饮业企业经营情况

单位:万元

地区	营业额	客房收入	餐费收入	商品销售收入	其他收入
全国	**3667580**	**111504**	**3399660**	**78879**	**77538**
北京	702918	1075	665305	13170	23368
天津	193082		193082		
河北	30666	3736	24639		2292
山西	76451	3613	71074	1665	100
内蒙古	3320		3320		
辽宁	262134	2820	259067	1	247
吉林	9680	4847	2794	295	1745
黑龙江	10665		9799	866	
上海	159940	6018	150248	1362	2311
江苏	426103	9501	405835	4650	6118
浙江	159940	6018	150248	1362	2311
安徽	15622		12923	2699	
福建	154399	2130	144129	7417	723
江西	25271		25271		
山东	120924	20001	84147	13204	3573
河南	21008		19469	1382	157
湖北	213232	1507	210389	1065	271
湖南	47733	3420	42317	813	1182
广东	644061	26763	593504	8112	15682
广西	26688		26688		
海南					
重庆	78246	7572	65887	1637	3150
四川	105754	2161	89854	6637	7102
贵州					
云南	33573		32435	1138	
西藏					
陕西	112811	10322	83878	11405	7207
甘肃	17746		17746		
青海					
宁夏					
新疆	15616		15616		

2－34　各地区大中型住宿和餐饮业企业年末资产负债

单位：万元

地　区	流动资产合　计	固定资产原　价	累计折旧	资产总计	负债合计	所有者权益合　计
全　国	**4290392**	**12394364**	**4788681**	**15480245**	**10342099**	**5138147**
北　京	745782	2112504	921937	2622244	1701774	920471
天　津	151344	332873	123029	542606	328447	214159
河　北	49623	178417	43117	228954	128054	100900
山　西	34497	81500	23195	113664	67793	45871
内蒙古	16890	61642	22848	66917	31311	35606
辽　宁	110297	566088	205821	545670	293425	252245
吉　林	67549	157588	47096	206538	112734	93804
黑龙江	16650	125623	34812	122763	71610	51154
上　海	300245	1175454	486639	1178511	727112	451399
江　苏	290418	989692	403529	1373385	825626	547759
浙　江	487740	1046917	384801	1443183	970680	472503
安　徽	19346	60259	26477	92865	46113	46752
福　建	101696	323769	137134	361274	254278	106997
江　西	18701	72158	24396	74523	31164	43359
山　东	261779	509781	165407	710355	484465	225891
河　南	49698	141344	59324	155887	110653	45234
湖　北	46532	123811	47138	178923	123249	55674
湖　南	118182	404478	143302	467623	287611	180012
广　东	858287	2126855	788500	2969179	2213832	755347
广　西	7311	49818	17887	50309	30450	19859
海　南	46034	212121	86140	199876	139357	60520
重　庆	161365	312257	121752	421454	272446	149008
四　川	149997	493298	146714	661147	504333	156814
贵　州	3483	17868	9614	13887	11081	2806
云　南	52801	136195	72168	141794	75735	66059
西　藏	2631	17454	4396	18599	5720	12880
陕　西	77017	314843	143630	301484	371156	－69672
甘　肃	12549	54019	27341	45992	28364	17628
青　海	1725	19251	8962	13854	4907	8948
宁　夏	2228	16418	6077	13981	653	13328
新　疆	27995	160073	55499	142803	87968	54835

2－35 各地区大型住宿和餐饮业企业年末资产负债

单位:万元

地区	流动资产合计	固定资产原价	累计折旧	资产总计	负债合计	所有者权益合计
全国	**1346218**	**4297732**	**1642924**	**5050300**	**2880000**	**2170300**
北京	396857	1172488	515469	1422664	827361	595303
天津	10931	70978	31559	65755	32849	32906
河北						
山西	4556	13841	5431	14182	5987	8195
内蒙古						
辽宁	45633	154264	63177	151403	80866	70537
吉林						
黑龙江						
上海	163719	659230	293681	649816	364764	285051
江苏	83673	172760	82775	225961	88851	137110
浙江	140779	275766	85771	381356	260851	120505
安徽						
福建	15394	55937	24003	72800	44429	28370
江西	3211	12364	4812	11726	5188	6538
山东	42344	178426	59377	186433	117500	68933
河南	1564	11532	3149	11726	8249	3477
湖北	34312	83751	34007	127291	106746	20546
湖南	48822	92899	38409	161849	85064	76785
广东	157435	852886	274680	934692	489672	445020
广西	1653	10726	3404	9812	5013	4799
海南						
重庆	117079	113732	28236	225839	118607	107232
四川	32254	233605	49145	236391	168433	67958
贵州						
云南	1322	5652	2596	4988	2081	2908
西藏						
陕西	39972	79609	25385	121112	65658	55453
甘肃						
青海						
宁夏						
新疆	4705	47286	17859	34506	1831	32675

2-36 各地区中型住宿和餐饮业企业年末资产负债

单位:万元

地 区	流动资产合 计	固定资产原 价	累计折旧	资产总计	负债合计	所有者权益合 计
全 国	**2944174**	**8096632**	**3145757**	**10429945**	**7462099**	**2967846**
北 京	348925	940016	406467	1199580	874413	325168
天 津	140413	261895	91470	476852	295598	181253
河 北	49623	178417	43117	228954	128054	100900
山 西	29941	67659	17764	99482	61806	37676
内 蒙 古	16890	61642	22848	66917	31311	35606
辽 宁	64664	411824	142644	394268	212560	181708
吉 林	67549	157588	47096	206538	112734	93804
黑 龙 江	16650	125623	34812	122763	71610	51154
上 海	136526	516224	192957	528696	362348	166348
江 苏	206745	816933	320754	1147424	736774	410650
浙 江	346961	771151	299030	1061827	709829	351997
安 徽	19346	60259	26477	92865	46113	46752
福 建	86303	267832	113131	288474	209848	78626
江 西	15490	59794	19584	62797	25976	36822
山 东	219435	331355	106030	523922	366965	156958
河 南	48134	129811	56175	144161	102404	41757
湖 北	12220	40060	13130	51632	16503	35129
湖 南	69359	311579	104893	305775	202547	103228
广 东	700852	1273969	513820	2034488	1724160	310327
广 西	5658	39092	14483	40496	25437	15059
海 南	46034	212121	86140	199876	139357	60520
重 庆	44286	198525	93517	195615	153838	41776
四 川	117743	259693	97569	424756	335901	88856
贵 州	3483	17868	9614	13887	11081	2806
云 南	51479	130542	69571	136805	73654	63151
西 藏	2631	17454	4396	18599	5720	12880
陕 西	37045	235234	118245	180372	305498	-125126
甘 肃	12549	54019	27341	45992	28364	17628
青 海	1725	19251	8962	13854	4907	8948
宁 夏	2228	16418	6077	13981	653	13328
新 疆	23290	112787	37640	108297	86137	22160

2-37 各地区大中型住宿业企业年末资产负债

单位:万元

地　区	流动资产合　计	固定资产原　价	累计折旧	资产总计	负债合计	所有者权益合　计
全　国	**3178661**	**10108848**	**3978607**	**12097217**	**8221648**	**3875569**
北　京						
天　津	551429	1820132	794439	2137223	1416554	720670
河　北	113171	258182	90871	433501	269461	164039
山　西	39343	165991	38327	202768	109609	93158
内蒙古	14664	54174	12280	68676	37709	30966
辽　宁	16475	58930	22452	62515	26326	36189
吉　林						
黑龙江	90096	438858	163089	424420	219137	205283
上　海	63812	120380	40422	171278	102855	68423
江　苏	11248	122165	33078	110180	67169	43011
浙　江						
安　徽	212857	1003086	433591	914340	557438	356903
福　建	241737	829316	342929	1179406	694009	485397
江　西	400352	874549	331753	1179012	801006	378006
山　东	12411	54190	24522	81186	37706	43480
河　南	71097	250554	109983	254953	190601	64352
湖　北	15490	59794	19584	62797	25976	36822
湖　南	178061	353762	122480	465856	323922	141934
广　东						
广　西	43646	115925	53446	124715	84343	40372
海　南	2822	29470	10472	28723	1825	26898
重　庆	107553	356333	130562	418564	250714	167850
四　川	705165	1670427	604666	2400926	1865296	535629
贵　州	4593	35768	13388	34586	20763	13824
云　南	46034	212121	86140	199876	139357	60520
西　藏						
陕　西	34580	193267	89223	183948	146322	37626
甘　肃	78288	412785	121837	442735	352687	90048
青　海	3483	17868	9614	13887	11081	2806
宁　夏	44595	120767	66070	115410	57429	57981
新　疆	2631	17454	4396	18599	5720	12880

2－38　各地区大中型餐饮业企业年末资产负债

单位:万元

地　区	流动资产合　计	固定资产原　价	累计折旧	资产总计	负债合计	所有者权益合　计
全　国	**1111731**	**2285517**	**810074**	**3383028**	**2120451**	**1262577**
北　京						
天　津	194354	292372	127498	485021	285220	199801
河　北	38173	74690	32158	109105	58986	50120
山　西	10281	12426	4790	26187	18445	7742
内蒙古	19833	27326	10915	44989	30084	14905
辽　宁	415	2712	397	4402	4985	－583
吉　林						
黑龙江	20201	127230	42732	121250	74288	46962
上　海	3737	37208	6674	35260	9879	25381
江　苏	5402	3458	1735	12584	4441	8143
浙　江						
安　徽	87388	172367	53048	264171	169674	94497
福　建	48681	160376	60600	193980	131617	62363
江　西	87388	172367	53048	264171	169674	94497
山　东	6935	6069	1955	11678	8407	3272
河　南	30599	73215	27151	106321	63676	42644
湖　北	3211	12364	4812	11726	5188	6538
湖　南	83718	156019	42927	244500	160543	83957
广　东						
广　西	6053	25419	5878	31172	26310	4862
海　南	43710	94341	36665	150200	121424	28777
重　庆	10629	48145	12740	49060	36897	12162
四　川	153121	456428	183834	568253	348536	219718
贵　州	2718	14049	4499	15722	9688	6035
云　南						
西　藏						
陕　西	126785	118989	32529	237506	126123	111382
甘　肃	71709	80514	24877	218412	151646	66766
青　海						
宁　夏	8206	15427	6097	26384	18306	8078
新　疆						

2－39　各地区大中型住宿和餐饮业企业实收资本及构成

单位:万元

地　区	实收资本	国家资本	集体资本	法人资本	个人资本	港澳台资本	外商资本
全　国	**7992733**	**4429088**	**126590**	**1574646**	**450447**	**766053**	**645620**
北　京	804936	138684	7570	346828	26470	182121	103263
天　津	113748	14676		66220	10550	4216	18085
河　北	107351	104173			2678	500	
山　西	40593	9800	2060	4505	22490		1739
内蒙古	37903	27586	8989	1000		329	
辽　宁	273668	53095	40	129706	7960	56299	26568
吉　林	107205	49086	51742	2018	3300		1059
黑龙江	69866	2400		56383	5000	3600	2482
上　海	289407	110071	5024	100784	7185	4630	61714
江　苏	615668	361614	2911	51143	52178	20287	127535
浙　江	419485	89213	13929	125538	132895	39259	18653
安　徽	36719	2000		1059	3584	6850	23226
福　建	126402	25513		37800	5779	31122	25899
江　西	17059	6685			8265		2109
山　东	217945	82062	2752	99524	6434	3761	23413
河　南	52915	17642	2000	16514	3324	11696	1738
湖　北	55493	3289		28746	8628	6406	8425
湖　南	236139	90781	12550	97880	19238	10199	5491
广　东	752232	103273	6670	149191	71528	312432	109138
广　西	12275	5732					6542
海　南	107821	20000		80099		2520	5202
重　庆	100261	8988	100	5012	34855	29901	21405
四　川	125998	10252	1774	102057	2960	5352	3604
贵　州	5385	3385		1500		500	
云　南	51284	2998	2580	28788	1193	1069	14657
西　藏	8875	2884	4190		1801		
陕　西	3106884	3038089	1710	10020	11152	27741	18171
甘　肃	23671	8000		789			14882
青　海	1005	1005					
宁　夏	14416			14416			
新　疆	60123	36112		17127	1000	5263	621

2－40 各地区大型住宿和餐饮业企业实收资本及构成

单位:万元

地 区	实收资本	国家资本	集体资本	法人资本	个人资本	港澳台资本	外商资本
全 国	**1364036**	**216281**	**7330**	**390924**	**101892**	**300663**	**346946**
北 京	422660	45686		165644	5543	113138	92649
天 津	14328						14328
河 北							
山 西	1739						1739
内蒙古							
辽 宁	36415	16333					20082
吉 林							
黑龙江							
上 海	195973	46452	1412	84364	436	2874	60435
江 苏	43784	15200	1370	3199	11000		13016
浙 江	58667	4752	1412	35377	436	6329	10362
安 徽							
福 建	23127				1560	13849	7718
江 西	2109						2109
山 东	25691	13846	1905	975		2335	6630
河 南	1738						1738
湖 北	21403			5407	1325	6246	8425
湖 南	36309	17630			16938		1741
广 东	296427	12971		40044	21291	125129	96993
广 西	4799						4799
海 南							
重 庆	47458			3203	34371	9884	
四 川	58388	4064	1231	47000		2490	3604
贵 州							
云 南	579						579
西 藏							
陕 西	39093	6000		5711	8992	18390	
甘 肃							
青 海							
宁 夏							
新 疆	33347	33347					

2－41　各地区中型住宿和餐饮业企业实收资本及构成

单位:万元

地　区	实收资本	国家资本	集体资本	法人资本	个人资本	港澳台资本	外商资本
全　国	**6628697**	**4212806**	**119260**	**1183722**	**348555**	**465391**	**298673**
北　京	382276	92998	7570	181185	20927	68983	10614
天　津	99420	14676		66220	10550	4216	3757
河　北	107351	104173			2678	500	
山　西	38855	9800	2060	4505	22490		
内蒙古	37903	27586	8989	1000		329	
辽　宁	237253	36762	40	129706	7960	56299	6486
吉　林	107205	49086	51742	2018	3300		1059
黑龙江	69866	2400		56383	5000	3600	2482
上　海	93434	63618	3612	16420	6749	1756	1279
江　苏	571884	346414	1541	47944	41178	20287	114519
浙　江	360818	84461	12517	90161	132459	32930	8291
安　徽	36719	2000		1059	3584	6850	23226
福　建	103275	25513		37800	4219	17273	18181
江　西	14950	6685			8265		
山　东	192254	68215	847	98549	6434	1426	16783
河　南	51176	17642	2000	16514	3324	11696	
湖　北	34090	3289		23338	7303	160	
湖　南	199830	73151	12550	97880	2300	10199	3750
广　东	455805	90302	6670	109147	50237	187304	12146
广　西	7475	5732					1743
海　南	107821	20000		80099		2520	5202
重　庆	52803	8988	100	1808	484	20018	21405
四　川	67610	6188	543	55057	2960	2862	
贵　州	5385	3385		1500		500	
云　南	50705	2998	2580	28788	1193	1069	14077
西　藏	8875	2884	4190		1801		
陕　西	3067791	3032089	1710	4309	2160	9351	18171
甘　肃	23671	8000		789			14882
青　海	1005	1005					
宁　夏	14416			14416			
新　疆	26776	2765		17127	1000	5263	621

2-42 各地区大中型住宿业企业实收资本及构成

单位:万元

地区	实收资本	国家资本	集体资本	法人资本	个人资本	港澳台资本	外商资本
全国	**7236775**	**4362333**	**112213**	**1371296**	**303937**	**655357**	**431351**
北京							
天津	705283	138121	4500	309708	3200	171749	78006
河北	88870	14676		66220		4216	3757
山西	106100	104050			1550	500	
内蒙古	34252	9800	2060	1010	21382		
辽宁	36903	27586	8989			329	
吉林							
黑龙江	248863	53095		128826	6227	55374	5341
上海	84783	26664	51742	2018	3300		1059
江苏	62383	2400		56383		3600	
浙江							
安徽	242056	104939	2447	78688		4630	51353
福建	584024	361138	880	46544	49680	20287	105495
江西	372134	84081	11352	103441	125710	39259	8291
山东	33076	2000			1000	6850	23226
河南	86331	25513		35731	3000	17167	4631
湖北	14950	6685			8265		
湖南	171896	67463		83789	100	3761	16783
广东							
广西	43825	17642	2000	16514	3016	4653	
海南	26732	3289		23238	205		
重庆	229278	90781	12550	94560	17438	10199	3750
四川	596897	90865	6670	114515	56312	271201	57334
贵州	5732	5732					
云南	107821	20000		80099		2520	5202
西藏							
陕西	51611	8988		950	250	20018	21405
甘肃	79464	10252	543	64307	1500	2862	
青海	5385	3385		1500		500	
宁夏	49512	2998	2580	28788		1069	14077
新疆	8875	2884	4190		1801		

2－43 各地区大中型餐饮业企业实收资本及构成

单位:万元

地区	实收资本	国家资本	集体资本	法人资本	个人资本	港澳台资本	外商资本
全国	**755957**	**66755**	**14377**	**203351**	**146510**	**110696**	**214268**
北京							
天津	99653	563	3070	37120	23270	10372	25257
河北	24878				10550		14328
山西	1252	124			1128		
内蒙古	6341			3495	1108		1739
辽宁	1000			1000			
吉林							
黑龙江	24805		40	880	1733	925	21227
上海	22421	22421					
江苏	7482				5000		2482
浙江							
安徽	47352	5132	2577	22096	7185		10362
福建	31644	476	2031	4599	2499		22040
江西	47352	5132	2577	22096	7185		10362
山东	3643			1059	2584		
河南	40071			2069	2779	13955	21268
湖北	2109						2109
湖南	46049	14598	2752	15735	6334		6630
广东							
广西	9089				308	7043	1738
海南	28761			5507	8423	6406	8425
重庆	6861			3320	1800		1741
四川	155335	12408		34676	15216	41231	51805
贵州	6542						6542
云南							
西藏							
陕西	48650		100	4062	34605	9884	
甘肃	46535		1231	37750	1460	2490	3604
青海							
宁夏	1772				1193		579
新疆							

2－44 各地区大中型住宿和餐饮业企业损益及分配

单位：万元

地 区	营业收入合 计	主营业务收 入	主营业务成 本	主营业务税金及附加
全 国	**8833774**	**8771208**	**3082640**	**446090**
北 京	1631404	1626887	505497	80436
天 津	259181	259181	87900	12522
河 北	79145	79014	46640	4299
山 西	101326	101326	42028	6626
内蒙古	27739	27739	7222	1497
辽 宁	401048	401004	148369	20330
吉 林	41965	41887	12446	2334
黑龙江	23759	23759	9371	1359
上 海	772693	771628	267307	39506
江 苏	654191	652993	224157	34046
浙 江	1033088	1027419	472176	40436
安 徽	38440	38435	12227	2136
福 建	301404	285633	102244	17012
江 西	47674	46745	14056	2441
山 东	386676	378936	119493	18975
河 南	104616	104390	35623	5552
湖 北	220800	220577	94389	11452
湖 南	180999	180502	65639	9710
广 东	1564181	1560292	497619	85294
广 西	44814	42555	15272	2230
海 南	36354	36354	6555	1989
重 庆	252962	252637	119810	13238
四 川	231154	230435	49064	11836
贵 州	10153	10127	1726	532
云 南	72951	65113	20591	3546
西 藏	3738	3700	1337	202
陕 西	199419	198419	61138	10231
甘 肃	31407	31407	10678	1603
青 海	4556	4556	1165	204
宁 夏	5489	5489	1305	507
新 疆	70450	62069	29597	4013

2－44 续表

地　区	主营业务利　润	其他业务利　润	营业费用	管理费用
全　国	**4885651**	**22330**	**2668096**	**1710246**
北　京	1040954	2562	446478	346208
天　津	106963	－1014	89022	40178
河　北	26112	355	30783	12146
山　西	47187	－265	33549	11181
内蒙古	19019		7341	8389
辽　宁	167183	－485	114067	75856
吉　林	21367	61	10758	17884
黑龙江	13030	31	6861	9822
上　海	437496	－1480	220618	135413
江　苏	353538	3552	209473	125000
浙　江	514807	3619	259006	152132
安　徽	24027	7	12429	8525
福　建	173462	2022	103750	50414
江　西	21964	133	17661	7153
山　东	198945	1961	107573	73988
河　南	63216	213	34179	24930
湖　北	110463	78	81082	18790
湖　南	101347	781	44288	71887
广　东	895936	2308	559680	314010
广　西	22250	701	18972	5059
海　南	28332	－49	11130	15898
重　庆	111378	4155	59673	34040
四　川	157215	431	69509	62322
贵　州	6233	25	4183	3840
云　南	40976	1309	15455	19707
西　藏	2160	118	1358	420
陕　西	127050	21	66454	39081
甘　肃	16287	－100	9581	7049
青　海	－1510		1673	3079
宁　夏	3678		2697	830
新　疆	34588	1282	18813	14717

单位:万元

财务费用	营业利润	利润总额	应交所得税	劳动、失业保险费	住房公积金和住房补贴
216240	**886100**	**648938**	**223512**	**134513**	**38626**
45830	205001	213980	59645	32885	9776
9945	31568	1354	2015	4292	1728
3432	-7762	-3068	243	1039	353
1578	7968	7301	2516	2457	109
1345	1947	1989		294	12
2722	39006	38723	10921	2384	1189
1678	-3160	-2228	2	538	103
2278	-5900	-6077	296	239	40
12552	312653	110037	32111	13057	3998
15281	50461	45557	16872	10647	3551
26175	81112	106076	33132	15264	3748
1518	1562	1387	208	489	37
7450	15884	18974	7236	11717	687
1065	5341	5941	1678	1231	455
8094	32248	30773	8543	4364	2504
2946	1374	3194	1417	1528	387
4182	9779	9361	3307	967	221
9937	-16190	-34450	3606	1052	198
38983	44406	34581	23239	21413	6413
794	2722	2338	236	123	186
-983	3185	1681	327	648	40
3872	22780	25670	6826	1082	251
9651	21440	17797	3238	2517	1197
91	-219	-110		93	15
-212	7334	7378	1225	1186	299
121	382	243	50	119	63
5442	17057	7504	3042	1678	557
7	2476	1713	461	105	102
212	-1510	-1510			139
13	138	122	14	92	18
242	3018	2707	1108	1017	252

2－45 各地区大型住宿和

地 区	营业收入合 计	主营业务收 入	主营业务成 本	主营业务税金及附加	主营业务利 润	其他业务利 润	营业费用
全 国	**4939267**	**4928441**	**1821007**	**235036**	**2610975**	**－1654**	**1497851**
北 京	1116086	1114342	334568	54182	725592	166	310339
天 津	174682	174682	63069	8795	57114	－1014	61675
河 北							
山 西	36250	36250	12877	1827	21546	－316	11981
内蒙古							
辽 宁	248987	248987	93546	12532	82795	－883	81070
吉 林							
黑龙江							
上 海	552236	551920	203689	28123	307426	－2497	148881
江 苏	312451	312451	114276	14985	145247	－104	104880
浙 江	590049	586863	324574	16857	245432	－175	128277
安 徽							
福 建	167009	161691	60329	9748	91614	679	53552
江 西	25241	25241	9061	1262	6634	98	8285
山 东	183514	183514	57714	8681	82392	－923	47308
河 南	20559	20547	7355	1039	12152	1	8191
湖 北	177285	177062	73824	9188	94049	72	68919
湖 南	73234	73234	28198	3774	41262		18707
广 东	797023	796996	251151	39745	454834	－201	302791
广 西	22750	22750	8114	1160	13476	－147	8932
海 南							
重 庆	187672	187672	96975	9885	76110	3578	46340
四 川	119597	119597	27901	5936	79760	－119	41651
贵 州							
云 南	15601	15601	5696	858	9047	111	4825
西 藏							
陕 西	103658	103658	37263	5343	61052	21	41018
甘 肃							
青 海							
宁 夏							
新 疆	15385	15385	10829	1115	3441		229

餐饮业企业损益及分配

单位:万元

管理费用	财务费用	营业利润	利润总额	应交所得税	劳动、失业保险费	住房公积金和住房补贴
607269	**83639**	**839913**	**651141**	**179041**	**68287**	**20166**
201273	28122	186024	191633	51243	23524	6691
12717	330	27083	26532	1663	2228	785
2680	-83	6652	6523	2102	2455	109
28713	1290	30688	29362	8711	858	191
71159	12585	299993	98787	27370	9472	2334
24386	1894	52115	46684	14268	3519	1596
42725	8670	65585	79650	23118	8826	1782
19260	754	18727	22262	6315	447	329
1777	55	4810	4757	1396	451	301
21487	1103	22021	22504	7099	1568	1500
2054	293	1616	1591	385	318	71
11898	3796	9508	8762	3030	583	184
9067	3821	9726	9727	2964	666	183
112205	11639	55748	55873	16973	10534	3040
1690	9	2698	2708	236	46	186
7159	2016	25472	26694	6614	95	
26594	3984	7421	8068	2607	1150	651
1139	19	3173	3173	986	192	67
7080	3342	9848	5087	1708	1087	120
2208		1005	767	253	270	48

2－46 各地区中型住宿和

地区	营业收入合计	主营业务收入	主营业务成本	主营业务税金及附加	主营业务利润	其他业务利润	营业费用
全国	**3894507**	**3842767**	**1261634**	**211054**	**2274676**	**23983**	**1170245**
北京	515318	512545	170929	26253	315362	2396	136139
天津	84499	84499	24831	3727	49849		27347
河北	79145	79014	46640	4299	26112	355	30783
山西	65076	65076	29151	4799	25641	50	21568
内蒙古	27739	27739	7222	1497	19019		7341
辽宁	152062	152017	54822	7797	84388	398	32997
吉林	41965	41887	12446	2334	21367	61	10758
黑龙江	23759	23759	9371	1359	13030	31	6861
上海	220457	219709	63619	11382	130070	1017	71737
江苏	341739	340542	109881	19061	208292	3657	104593
浙江	443039	440555	147603	23578	269375	3794	130729
安徽	38440	38435	12227	2136	24027	7	12429
福建	134395	123942	41915	7264	81848	1344	50198
江西	22433	21504	4995	1179	15330	35	9376
山东	203162	195423	61779	10294	116553	2884	60265
河南	84057	83844	28268	4513	51063	212	25989
湖北	43515	43515	20565	2264	16413	6	12163
湖南	107765	107268	37441	5937	60085	781	25581
广东	767158	763295	246468	45549	441102	2509	256889
广西	22064	19805	7158	1070	8774	848	10039
海南	36354	36354	6555	1989	28332	－49	11130
重庆	65291	64966	22835	3354	35267	577	13333
四川	111557	110838	21164	5900	77454	550	27858
贵州	10153	10127	1726	532	6233	25	4183
云南	57350	49513	14895	2688	31929	1198	10630
西藏	3738	3700	1337	202	2160	118	1358
陕西	95761	94761	23875	4888	65998		25436
甘肃	31407	31407	10678	1603	16287	－100	9581
青海	4556	4556	1165	204	－1510		1673
宁夏	5489	5489	1305	507	3678		2697
新疆	55065	46684	18769	2899	31147	1282	18584

餐饮业企业损益及分配

单位:万元

管理费用	财务费用	营业利润	利润总额	应交所得税	劳动、失业保险费	住房公积金和住房补贴
1102977	**132601**	**46187**	**-2203**	**44471**	**66225**	**18460**
144936	17707	18977	22347	8401	9361	3085
27761	9615	4485	-25178	353	2064	943
12146	3432	-7762	-3068	243	1039	353
8501	1661	1317	778	413	2	
8389	1345	1947	1989		294	12
47143	1432	8318	9361	2210	1526	998
17884	1678	-3160	-2228	2	538	103
9822	2278	-5900	-6077	296	239	40
64254	-33	12660	11250	4741	3584	1663
100614	13387	-1654	-1127	2605	7128	1955
109407	17505	15528	26426	10014	6438	1966
8525	1518	1562	1387	208	489	37
31154	6696	-2843	-3288	921	11270	358
5377	1010	531	1184	282	780	155
52501	6991	10226	8270	1444	2796	1003
22876	2653	-243	1603	1031	1210	316
6892	387	271	600	277	384	37
62820	6115	-25916	-44177	642	386	15
201805	27344	-11342	-21292	6266	10878	3374
3370	785	24	-370		77	
15898	-983	3185	1681	327	648	40
26880	1856	-2692	-1025	213	987	251
35727	5668	14019	9729	630	1367	546
3840	91	-219	-110		93	15
18568	-231	4161	4204	239	994	232
420	121	382	243	50	119	63
32001	2101	7209	2418	1334	591	437
7049	7	2476	1713	461	105	102
3079	212	-1510	-1510			139
830	13	138	122	14	92	18
12510	242	2013	1941	855	747	204

2－47 各地区大中型

地区	营业收入合计	主营业务收入	主营业务成本	主营业务税金及附加	主营业务利润	其他业务利润	营业费用
全国	**4296710**	**4256244**	**1264626**	**209521**	**2650861**	**22398**	**1094985**
北京	842769	842164	181974	41769	618421	484	146014
天津	66100	66100	11460	3248	45320		24828
河北	48479	48348	25359	2695	18331	355	25457
山西	24864	24864	9044	1397	12688		8356
内蒙古	24419	24419	5526	1313	17580		5792
辽宁	131269	131269	30216	6593	89452	317	29615
吉林	32260	32183	8915	1805	15723	61	10443
黑龙江	11938	11938	4363	687	6888		2324
上海	421959	421342	131772	21457	240793	704	99615
江苏	296557	295360	91193	14376	189791	3706	85868
浙江	682354	677132	336641	22387	318104	5804	138003
安徽	22818	22813	4203	1557	17054	7	7825
福建	107617	97206	28168	5975	70149	1309	40961
江西	22433	21504	4995	1179	15330	35	9376
山东	194418	189708	60746	9371	113765	1420	57900
河南	63610	63588	19010	3476	41102	21	18005
湖北	8043	8043	2247	422	2189	10	2874
湖南	101299	100801	34668	5512	56816	771	17812
广东	744824	741609	175209	40676	458155	2865	244018
广西	13681	11422	3827	650	4142	834	5708
海南	36354	36354	6555	1989	28332	－49	11130
重庆	52651	52326	17228	2694	32404	578	11662
四川	127154	126436	15925	6473	99268	584	34130
贵州	10153	10127	1726	532	6233	25	4183
云南	40008	38928	9005	2140	27783	1055	8383
西藏	3738	3700	1337	202	2160	118	1358
陕西	86419	86419	13693	4330	68395		22786
甘肃	13661	13661	3756	719	6347		3047
青海	4556	4556	1165	204	－1510		1673
宁夏	5489	5489	1305	507	3678		2697
新疆	54818	46437	23400	3188	25979	1387	13145

住宿业企业损益及分配

单位:万元

管理费用	财务费用	营业利润	利润总额	应交所得税	劳动、失业保险费	住房公积金和住房补贴
1309064	**170357**	**475963**	**223329**	**105315**	**81308**	**25359**
282755	40678	149458	155508	40738	19627	6389
26903	8938	4010	-25695	353	2064	943
10937	2861	-8607	-3584	80	622	339
5922	1281	-1136	-1145		2	
8389	1014	2387	2440		284	12
54694	805	8986	9314	2121	2033	1081
11834	1606	-2366	-1434	2	538	103
9184	2084	-6704	-6707		233	40
99803	9365	277935	63567	18965	5605	2909
94839	11710	1257	4255	4680	6311	1910
116523	22988	46394	59605	19986	7812	2660
6992	1393	851	678	182	307	37
28547	5903	-1939	-2230	724	11037	355
5377	1010	531	1184	282	780	155
52523	7564	6477	5441	1072	3421	1176
21666	2427	-975	1350	827	1036	269
3219	91	-800	-526	8	306	37
62971	7894	-23296	-41435	1662	959	190
237751	30286	-5401	-11595	10593	12949	4416
3067	802	-3	-200		77	
15898	-983	3185	1681	327	648	40
22459	1845	-2982	-1386	98	752	218
49993	6452	12302	8899	530	1368	719
3840	91	-219	-110		93	15
17432	-331	3355	3414	102	677	232
420	121	382	243	50	119	63
32162	2078	12117	1902	1199	630	542
5957	16	241	-420		105	102
3079	212	-1510	-1510			139
830	13	138	122	14	92	18
13099	146	1896	1703	722	825	252

2－48 各地区大中型

地区	营业收入合计	主营业务收入	主营业务成本	主营业务税金及附加	主营业务利润	其他业务利润	营业费用
全国	**4537064**	**4514964**	**1818015**	**236569**	**2234790**	**－69**	**1573111**
北京	788635	784723	323523	38666	422534	2078	300464
天津	193082	193082	76440	9273	61643	－1014	64194
河北	30666	30666	21281	1604	7781		5326
山西	76462	76462	32984	5229	34499	－265	25193
内蒙古	3320	3320	1696	184	1440		1549
辽宁	269779	269735	118153	13737	77732	－802	84453
吉林	9704	9704	3531	529	5644		315
黑龙江	11821	11821	5008	672	6142	31	4537
上海	350734	350286	135535	18049	196703	－2184	121004
江苏	357633	357633	132965	19670	163747	－154	123605
浙江	350734	350286	135535	18049	196703	－2184	121004
安徽	15622	15622	8024	579	6973		4604
福建	193787	188426	74076	11037	103313	713	62789
江西	25241	25241	9061	1262	6634	98	8285
山东	192259	189228	58747	9604	85180	541	49674
河南	41006	40803	16613	2076	22114	192	16174
湖北	212757	212534	92143	11030	108273	68	78208
湖南	79701	79701	30971	4198	44531	10	26476
广东	819357	818683	322410	44618	437781	－556	315662
广西	31133	31133	11446	1579	18108	－134	13264
海南							
重庆	200311	200311	102582	10544	78974	3578	48010
四川	103999	103999	33139	5364	57947	－152	35379
贵州							
云南	32942	26186	11587	1407	13192	254	7073
西藏							
陕西	113000	112000	47445	5901	58654	21	43668
甘肃	17746	17746	6922	884	9940	－100	6534
青海							
宁夏							
新疆	15632	15632	6197	826	8609	－105	5668

餐饮业企业损益及分配

单位:万元

管理费用	财务费用	营业利润	利润总额	应交所得税	劳动、失业保险费	住房公积金和住房补贴
401183	**45883**	**410137**	**425610**	**118197**	**53204**	**13266**
63453	5151	55543	58472	18906	13258	3386
13575	1007	27558	27049	1663	2228	785
1209	572	845	516	164	417	14
5260	297	9105	8446	2516	2455	109
	331	-441	-451		11	
21162	1917	30020	29409	8800	350	108
6050	73	-793	-793			
638	194	804	630	296	7	
35610	3187	34718	46471	13146	7452	1088
30161	3571	49204	41303	12192	4336	1641
35610	3187	34718	46471	13146	7452	1088
1533	125	711	709	25	183	
21867	1548	17823	21205	6512	681	332
1777	55	4810	4757	1396	451	301
21465	530	25771	25332	7471	943	1328
3264	518	2349	1844	590	493	118
15571	4091	10579	9887	3299	661	184
8916	2043	7106	6985	1944	93	8
76259	8697	49807	46176	12646	8463	1998
1992	-8	2725	2538	236	46	186
11581	2028	25762	27055	6728	330	34
12329	3199	9138	8898	2708	1149	478
2275	119	3979	3963	1123	509	67
6918	3365	4940	5602	1843	1047	15
1092	-9	2235	2132	461		
1618	96	1122	1004	386	192	

2－49 各地区大中型住宿和餐饮业企业工资、福利

单位：万元

地区	大中型		大型		中型	
	本年应付工资总额	本年应付福利费总额	本年应付工资总额	本年应付福利费总额	本年应付工资总额	本年应付福利费总额
全国	**1095585**	**140098**	**514065**	**68800**	**581520**	**71298**
北京	213522	27397	131048	18400	82474	8997
天津	24595	6859	12805	6246	11790	613
河北	10183	619			10183	619
山西	10224	3451	2279	2432	7944	1019
内蒙古	3080	513			3080	513
辽宁	28395	6675	11078	2576	17317	4100
吉林	6927	1029			6927	1029
黑龙江	3464	612			3464	612
上海	92151	9093	61751	5673	30400	3420
江苏	76608	13227	24075	5686	52534	7542
浙江	105807	8403	43758	2461	62049	5942
安徽	7655	1115			7655	1115
福建	32124	2588	12810	889	19314	1699
江西	5869	503	2156	22	3713	481
山东	41840	9300	15430	6287	26410	3013
河南	12713	1314	1752	245	10961	1069
湖北	28456	1823	22719	1291	5737	532
湖南	28901	2582	10510	377	18391	2205
广东	226758	24603	101637	9508	125121	15095
广西	2214	2554	1614	129	600	2425
海南	12448	769			12448	769
重庆	31559	4414	23047	3065	8512	1350
四川	30842	3085	18307	1359	12535	1726
贵州	1046	157			1046	157
云南	9700	1966	949	949	8751	1017
西藏	957	40			957	40
陕西	28830	3520	14292	919	14538	2600
甘肃	4505	625			4505	625
青海	933	131			933	131
宁夏	849	111			849	111
新疆	12432	1021	2048	287	10384	734

2-50 各地区大中型住宿和餐饮业企业经济效益分析指标

地　区	负债比率（%）	商品销售毛利率（%）	人均营业收入（万元）	流动资产周转次数（次）	费用率（%）
全　国	**66.8**	**64.9**	**15.2**	**2.1**	**52.0**
北　京	64.9	68.9	18.5	2.2	51.4
天　津	60.5	66.1	17.9	1.7	53.8
河　北	55.9	41.0	10.8	1.6	58.6
山　西	59.6	58.5	13.4	2.9	45.7
内蒙古	46.8	74.0	13.3	1.6	61.6
辽　宁	53.8	63.0	15.5	3.6	48.0
吉　林	54.6	70.3	10.2	0.6	72.3
黑龙江	58.3	60.6	8.9	1.4	79.8
上　海	61.7	65.4	19.3	2.6	47.7
江　苏	60.1	65.7	14.6	2.3	53.5
浙　江	67.3	54.0	20.4	2.1	42.3
安　徽	49.7	68.2	12.1	2.0	58.5
福　建	70.4	64.2	16.6	3.0	53.6
江　西	41.8	69.9	11.5	2.5	54.3
山　东	68.2	68.5	12.5	1.5	49.0
河　南	71.0	65.9	11.1	2.1	59.3
湖　北	68.9	57.2	11.1	4.7	47.1
湖　南	61.5	63.6	11.6	1.5	69.7
广　东	74.6	68.1	13.8	1.8	58.3
广　西	60.5	64.1	14.0	6.1	55.4
海　南	69.7	82.0	10.2	0.8	71.6
重　庆	64.6	52.6	10.5	1.6	38.6
四　川	76.3	78.7	14.1	1.5	61.2
贵　州	79.8	83.0	9.0	2.9	79.9
云　南	53.4	68.4	13.7	1.4	47.9
西　藏	30.8	63.9	7.6	1.4	50.8
陕　西	123.1	69.2	13.1	2.6	55.6
甘　肃	61.7	66.0	10.3	2.5	53.0
青　海	35.4	74.4	8.2	2.6	109.0
宁　夏	4.7	76.2	13.7	2.5	64.5
新　疆	61.6	52.3	11.7	2.5	47.9

注：费用率等于营业费用、管理费用、财务费用三项之和除以营业收入合计（下表同）。

2－51 各地区大型住宿和餐饮业企业经济效益分析指标

地　区	负债比率（%）	商品销售毛利率（%）	人均营业收入（万元）	流动资产周转次数（次）	费用率（%）
全　国	**57.0**	**63.1**	**17.6**	**3.7**	**44.3**
北　京	58.2	70.0	20.3	2.8	48.4
天　津	50.0	63.9	18.5	16.0	42.8
河　北					
山　西	42.2	64.5	27.5	8.0	40.2
内蒙古					
辽　宁	53.4	62.4	17.7	5.5	44.6
吉　林					
黑龙江					
上　海	56.1	63.1	21.2	3.4	42.1
江　苏	39.3	63.4	14.5	3.7	42.0
浙　江	68.4	44.7	28.5	4.2	30.5
安　徽					
福　建	61.0	62.7	20.8	10.8	44.0
江　西	44.2	64.1	14.1	7.9	40.1
山　东	63.0	68.6	13.3	4.3	38.1
河　南	70.3	64.2	11.3	13.1	51.3
湖　北	83.9	58.3	11.9	5.2	47.7
湖　南	52.6	61.5	15.4	1.5	43.1
广　东	52.4	68.5	16.1	5.1	53.5
广　西	51.1	64.3	15.7	13.8	46.7
海　南					
重　庆	52.5	48.3	9.9	1.6	29.6
四　川	71.3	76.7	13.4	3.7	60.4
贵　州					
云　南	41.7	63.5	15.6	11.8	38.4
西　藏					
陕　西	54.2	64.1	16.6	2.6	49.6
甘　肃					
青　海					
宁　夏					
新　疆	5.3	29.6	16.2	3.3	15.8

2-52 各地区中型住宿和餐饮业企业经济效益分析指标

地 区	负债比率（%）	商品销售毛利率（%）	人均营业收入（万元）	流动资产周转次数（次）	费用率（%）
全 国	**71.5**	**67.2**	**12.9**	**1.3**	**61.8**
北 京	72.9	66.7	15.5	1.5	58.0
天 津	62.0	70.6	16.7	0.6	76.6
河 北	55.9	41.0	10.8	1.6	58.6
山 西	62.1	55.2	10.4	2.2	48.8
内蒙古	46.8	74.0	13.3	1.6	61.6
辽 宁	53.9	63.9	12.8	2.4	53.6
吉 林	54.6	70.3	10.2	0.6	72.3
黑龙江	58.3	60.6	8.9	1.4	79.8
上 海	68.5	71.0	15.6	1.6	61.7
江 苏	64.2	67.7	14.7	1.7	64.0
浙 江	66.8	66.5	14.8	1.3	58.2
安 徽	49.7	68.2	12.1	2.0	58.5
福 建	72.7	66.2	13.3	1.6	65.5
江 西	41.4	76.8	9.6	1.4	70.3
山 东	70.0	68.4	11.9	0.9	58.9
河 南	71.0	66.3	11.0	1.7	61.3
湖 北	32.0	52.7	8.5	3.6	44.7
湖 南	66.2	65.1	10.0	1.6	87.7
广 东	84.7	67.7	12.0	1.1	63.4
广 西	62.8	63.9	12.6	3.9	64.3
海 南	69.7	82.0	10.2	0.8	71.6
重 庆	78.6	64.9	12.4	1.5	64.4
四 川	79.1	80.9	14.8	0.9	62.1
贵 州	79.8	83.0	9.0	2.9	79.9
云 南	53.8	69.9	13.2	1.1	50.5
西 藏	30.8	63.9	7.6	1.4	50.8
陕 西	169.4	74.8	10.6	2.6	62.2
甘 肃	61.7	66.0	10.3	2.5	53.0
青 海	35.4	74.4	8.2	2.6	109.0
宁 夏	4.7	76.2	13.7	2.5	64.5
新 疆	79.5	59.8	10.9	2.4	56.9

2－53　各地区大中型住宿业企业经济效益分析指标

地　区	负债比率（%）	商品销售毛利率（%）	人均营业收入（万元）	流动资产周转次数（次）	费用率（%）
全　国	**68.0**	**70.3**	**16.9**	**1.4**	**59.9**
北　京	66.3	78.4	25.2	1.5	55.7
天　津	62.2	82.7	16.1	0.6	91.8
河　北	54.1	47.5	10.9	1.2	81.0
山　西	54.9	63.6	9.2	1.7	62.6
内蒙古	42.1	77.4	14.8	1.5	62.2
辽　宁	51.6	77.0	13.2	1.5	64.8
吉　林	60.1	72.3	9.5	0.5	74.0
黑龙江	61.0	63.5	8.5	1.1	113.9
上　海	61.0	68.7	24.8	2.0	49.5
江　苏	58.8	69.1	16.7	1.2	64.9
浙　江	67.9	50.3	24.9	1.7	40.7
安　徽	46.4	81.6	12.3	1.8	71.0
福　建	74.8	71.0	13.7	1.5	70.1
江　西	41.4	76.8	9.6	1.4	70.3
山　东	69.5	68.0	13.8	1.1	60.7
河　南	67.6	70.1	9.9	1.5	66.2
湖　北	6.4	72.1	7.6	2.8	76.9
湖　南	59.9	65.6	12.1	0.9	87.5
广　东	77.7	76.4	14.5	1.1	68.7
广　西	60.0	66.5	10.9	3.0	70.0
海　南	69.7	82.0	10.2	0.8	71.6
重　庆	79.5	67.1	12.2	1.5	68.3
四　川	79.7	87.4	14.2	1.6	71.2
贵　州	79.8	83.0	9.0	2.9	79.9
云　南	49.8	76.9	12.3	0.9	63.7
西　藏	30.8	63.9	7.6	1.4	50.8
陕　西	177.9	84.2	13.2	2.7	66.0
甘　肃	66.0	72.5	8.1	1.3	66.0
青　海	35.4	74.4	8.2	2.6	109.0
宁　夏	4.7	76.2	13.7	2.5	64.5
新　疆	61.4	49.6	11.3	2.1	48.1

2-54 各地区大中型餐饮业企业经济效益分析指标

地区	负债比率（%）	商品销售毛利率（%）	人均营业收入（万元）	流动资产周转次数（次）	费用率（%）
全国	**62.7**	**59.7**	**13.8**	**4.1**	**44.5**
北京	58.8	58.8	14.4	4.1	46.8
天津	54.1	60.4	18.6	5.1	40.8
河北	70.4	30.6	10.7	3.0	23.2
山西	66.9	56.9	15.7	3.9	40.2
内蒙古	113.3	48.9	7.5	8.0	56.6
辽宁	61.3	56.2	16.9	13.4	39.9
吉林	28.0	63.6	13.8	2.6	66.3
黑龙江	35.3	57.6	9.4	2.2	45.4
上海	64.2	61.3	15.2	4.0	45.6
江苏	67.9	62.8	13.3	7.3	44.0
浙江	64.2	61.3	15.2	4.0	45.6
安徽	72.0	48.6	12.0	2.3	40.1
福建	59.9	60.7	18.8	6.3	44.5
江西	44.2	64.1	14.1	7.9	40.1
山东	65.7	69.0	11.4	2.3	37.3
河南	84.4	59.3	13.7	6.8	48.7
湖北	80.8	56.6	11.2	4.9	46.0
湖南	75.2	61.1	11.1	7.5	47.0
广东	61.3	60.6	13.2	5.4	48.9
广西	61.6	63.2	16.0	11.5	49.0
海南					
重庆	53.1	48.8	10.1	1.6	30.8
四川	69.4	68.1	13.9	1.5	48.9
贵州					
云南	69.4	55.8	15.7	4.0	28.7
西藏					
陕西	57.9	57.6	13.0	2.5	47.7
甘肃	30.8	61.0	13.1	9.1	42.9
青海					
宁夏					
新疆	65.7	60.4	13.7	8.9	47.2

3. 行业篇

简要说明：

一、本篇资料主要内容为大中型批发零售和住宿餐饮业企业分行业的单位数和从业人员数情况；大中型批发和零售业企业分行业的商品购、销、存情况及住宿和餐饮业企业分行业的经营情况；大中型批发零售和住宿餐饮业企业分行业的主要财务、劳动工资及经济效益分析指标等。

二、行业分类按照《国民经济行业分类》（GB/T 4754-2002）列示，包括批发零售业和住宿餐饮业两个门类，批发业、零售业、住宿业、餐饮业四个大类和25个行业中类。

3－1 大中型批发业企业分行业基本情况

地 区	批发业合计		农畜产品批发		食品、饮料及烟草制品批发	
	法人企业（个）	年末从业人数（人）	法人企业（个）	年末从业人数（人）	法人企业（个）	年末从业人数（人）
全 国	**2510**	**1110281**	**173**	**34948**	**646**	**331730**
北 京	180	93318	5	1715	28	9174
天 津	38	14675	1	57	5	2566
河 北	80	37637	5	914	19	11234
山 西	104	37146	2	242	17	7506
内 蒙 古	54	19960	9	1069	18	6223
辽 宁	79	26699	4	592	23	8734
吉 林	48	17527	10	1447	14	5215
黑 龙 江	55	24323	13	1534	15	6884
上 海	156	50857	7	887	29	9908
江 苏	135	95284	6	835	30	12092
浙 江	156	50857	7	887	29	9908
安 徽	90	39717	10	1982	25	14507
福 建	72	39668			23	15879
江 西	46	30167	3	895	19	11782
山 东	184	126820	13	2155	48	34010
河 南	150	38697	22	5081	57	15807
湖 北	86	38995	12	4359	18	14009
湖 南	52	17974	4	1265	18	8907
广 东	286	88350	2	587	76	23332
广 西	44	15176	4	1194	14	6221
海 南	10	1811			4	1080
重 庆	53	37310	2	229	8	10351
四 川	105	44126	5	793	34	23907
贵 州	26	29429	1	144	13	23560
云 南	51	35946	1	552	20	23564
西 藏	2	283			1	126
陕 西	47	23469			9	8040
甘 肃	38	8755	1	168	12	3314
青 海	10	4121			4	869
宁 夏	9	1922			4	804
新 疆	64	19262	24	5365	12	2217

3－1 续表 1

地 区	米、面制品及食用油批发		烟草制品批发		纺织、服装及日用品批发	
	法人企业（个）	年末从业人数（人）	法人企业（个）	年末从业人数（人）	法人企业（个）	年末从业人数（人）
全 国	**71**	**10859**	**338**	**241751**	**180**	**97875**
北 京	5	874	2	1248	20	8632
天 津	1	23	1	1319	3	598
河 北	2	278	10	9743	4	832
山 西			11	6716		
内蒙古	2	257	10	4399	1	36
辽 宁	7	1212	14	7083	5	1161
吉 林	5	593	8	4484	1	110
黑龙江			13	6589	1	641
上 海	3	596	15	3643	30	13622
江 苏	2	226	13	9563	23	9896
浙 江	3	596	15	3643	30	13622
安 徽	2	173	16	11759	6	1907
福 建	2	285	10	11798	5	1799
江 西	4	647	10	8957		
山 东	2	241	17	18612	11	33932
河 南	8	796	37	12562	2	227
湖 北	2	376	11	12750	3	354
湖 南	2	1146	11	6355	2	396
广 东	6	612	19	6437	23	7379
广 西			11	5785	1	136
海 南			4	1080		
重 庆	5	1074	1	7777	2	267
四 川	3	268	19	20487	3	1699
贵 州			10	23087		
云 南	2	259	16	21532		
西 藏			1	126		
陕 西			8	7999	2	414
甘 肃			10	2966	2	215
青 海			4	869		
宁 夏	1	112	3	692		
新 疆	2	215	8	1691		

3－1 续表2

地 区	服装批发		文化、体育用品及器材批发		医药及医疗器材批发	
	法人企业（个）	年末从业人数（人）	法人企业（个）	年末从业人数（人）	法人企业（个）	年末从业人数（人）
全 国	**71**	**54640**	**78**	**27817**	**355**	**104570**
北 京	9	4239	11	4990	19	5612
天 津	1	300	1	143	6	2004
河 北	3	716	1	554	15	3856
山 西			1	424	3	2396
内蒙古			1	302	3	384
辽 宁	1	318	3	1014	4	989
吉 林			2	403	6	1971
黑龙江	1	641			1	157
上 海	13	3874	4	1698	38	8249
江 苏	8	2731	3	2039	21	8022
浙 江	13	3874	4	1698	38	8249
安 徽	1	239	1	150	12	4694
福 建	1	937	4	922	16	3836
江 西			1	463	8	8855
山 东	7	33299	7	1812	21	6525
河 南			2	471	9	1466
湖 北	1	130	4	784	12	2668
湖 南			3	910	10	2805
广 东	10	3098	13	2362	45	11410
广 西			3	677	5	1131
海 南					4	520
重 庆	1	134	2	3558	10	6786
四 川					20	3889
贵 州			1	270	3	540
云 南			2	1049	7	3180
西 藏						
陕 西			2	537	8	2685
甘 肃	1	110			6	619
青 海						
宁 夏			1	135	2	322
新 疆			1	452	3	750

3－1 续表3

地 区	矿产品、建材及化工产品批发		煤炭及制品批发		石油及制品批发	
	法人企业（个）	年末从业人数（人）	法人企业（个）	年末从业人数（人）	法人企业（个）	年末从业人数（人）
全 国	**634**	**355425**	**98**	**29710**	**331**	**255675**
北 京	26	15662	1	693	10	8929
天 津	9	6397	1	105	3	5099
河 北	25	16697	3	409	16	14694
山 西	72	25130	52	20968	13	3069
内蒙古	17	10158	5	678	10	9233
辽 宁	27	11707			19	9385
吉 林	12	7577			10	7067
黑龙江	23	14745	2	1543	19	12788
上 海	23	10086	1	146	9	7471
江 苏	26	49203	3	643	8	45024
浙 江	23	10086	1	146	9	7471
安 徽	19	7973			16	7411
福 建	11	13531			5	10992
江 西	12	7410	1	104	11	7306
山 东	49	35779	6	699	17	6754
河 南	41	12850	6	395	27	11163
湖 北	24	12011	1	137	19	11118
湖 南	7	2205			3	326
广 东	50	24342	3	1000	30	20088
广 西	10	4484			7	4113
海 南	1	109				
重 庆	19	12016	2	235	7	9200
四 川	29	10746	1	538	17	8217
贵 州	7	4800	1	169	6	4631
云 南	13	2217	2	351	2	399
西 藏	1	157			1	157
陕 西	19	10492	4	498	12	9411
甘 肃	14	4086	1	105	9	3381
青 海	6	3252			4	2949
宁 夏	1	148	1	148		
新 疆	18	9369			12	7829

3－1 续表 4

地区	金属及金属矿批发		建材批发		化肥批发	
	法人企业（个）	年末从业人数（人）	法人企业（个）	年末从业人数（人）	法人企业（个）	年末从业人数（人）
全 国	**76**	**19616**	**35**	**29825**	**48**	**11410**
北 京	6	1630	4	1060	1	2495
天 津	1	238	1	131		
河 北	2	969	1	154		
山 西	3	525			1	190
内蒙古			1	102	1	145
辽 宁	6	1886			1	114
吉 林	1	396			1	114
黑龙江			1	32	1	382
上 海	9	1892	2	257		
江 苏	6	1359	1	375	4	738
浙 江	9	1892	2	257		
安 徽	1	58			2	504
福 建	1	412	4	1517	1	610
江 西						
山 东	5	3731	6	21860	12	2141
河 南	3	561	2	235	2	305
湖 北	2	442			1	113
湖 南			2	1677	1	61
广 东	3	487	1	216	2	174
广 西	2	269			1	102
海 南						
重 庆	3	481	3	1472	1	239
四 川	5	1163	2	204	3	464
贵 州						
云 南	3	415	1	104	4	564
西 藏						
陕 西	3	583				
甘 肃	1	122	1	172	2	306
青 海					1	214
宁 夏						
新 疆	1	105			5	1435

3－1 续表 5

地 区	机械设备、五金交电及电子产品批发		汽车、摩托车及零配件批发		家用电器批发	
	法人企业（个）	年末从业人数（人）	法人企业（个）	年末从业人数（人）	法人企业（个）	年末从业人数（人）
全 国	**387**	**136619**	**70**	**16758**	**102**	**56527**
北 京	59	43314	8	2057	9	17257
天 津	10	2414	2	787	3	642
河 北	10	3385	4	2535		
山 西	6	1062	1	142	2	441
内蒙古	3	1008	2	944		
辽 宁	11	1549	3	482	2	136
吉 林	3	804			2	599
黑龙江	1	224				
上 海	24	6383	4	444	8	2911
江 苏	23	12810	1	116	6	8442
浙 江	24	6383	4	444	8	2911
安 徽	15	7940	4	881	8	6139
福 建	11	2217	1	115	4	864
江 西	3	762	1	154	1	192
山 东	28	8618	6	1050	10	4864
河 南	16	2742	3	364	1	598
湖 北	10	2779	3	615	3	1453
湖 南	5	993			3	782
广 东	72	18225	6	610	18	5207
广 西	7	1333			2	392
海 南	1	102			1	102
重 庆	9	3872	6	2520	2	462
四 川	13	2956			3	1025
贵 州	1	115			1	115
云 南	6	1382	2	519		
西 藏						
陕 西	6	1272	4	974	1	148
甘 肃	3	353	2	286	1	67
青 海						
宁 夏	1	513			1	513
新 疆	6	1109	3	719	2	265

3－1　续表6

地　区	计算机、软件及辅助设备批发		贸易经纪与代理		其他批发	
	法人企业（个）	年末从业人数（人）	法人企业（个）	年末从业人数（人）	法人企业（个）	年末从业人数（人）
全　国	**33**	**5559**	**14**	**5663**	**43**	**15634**
北　京	3	604	5	1792	7	2427
天　津					3	496
河　北					1	165
山　西					3	386
内蒙古			1	134	1	646
辽　宁	1	220	1	123	1	830
吉　林	1	205				
黑龙江					1	138
上　海	2	235			1	24
江　苏	2	630			3	387
浙　江	2	235			1	24
安　徽	1	112			2	564
福　建	1	100	1	1176	1	308
江　西	1	416				
山　东			1	168	6	3821
河　南	2	233			1	53
湖　北			1	1783	2	248
湖　南	1	104	1	33	2	460
广　东	14	2045	2	326	3	387
广　西						
海　南						
重　庆					1	231
四　川	2	420			1	136
贵　州						
云　南			1	128	1	3874
西　藏						
陕　西					1	29
甘　肃						
青　海						
宁　夏						
新　疆						

3－2 大中型批发业企业分行业商品购、销、存总额

农畜产品批发

单位:万元

地区	购进总额	进口	销售总额	批发	出口	零售	年末库存总额
全国	**3878782**	**262315**	**3752566**	**3667151**	**56009**	**85415**	**3894297**
北京	677801	250965	331970	331970			1571769
天津	14002	2328	14002	14002	12241		
河北	68818		72781	72739		42	18369
山西	13848		13447	13447			1324
内蒙古	88243		118146	101209		16937	24106
辽宁	116782		33484	33484	8266		13037
吉林	201068	204	310307	310307			106980
黑龙江	45478		90460	79378	1546	11082	40235
上海	32840		36828	36828			24118
江苏	30659		39653	36864		2789	11254
浙江	32840		36828	36828			24118
安徽	124930		115430	115430			79835
福建							
江西	35039		64410	64410			16720
山东	183404		205243	156700		48543	53054
河南	247340	1378	271744	267347	17365	4397	144668
湖北	323750		327232	327232	3885		104288
湖南	61911		66221	66221	1000		22374
广东	38450	5373	42977	42977	10423		4353
广西	93623		100024	99201		823	1181
海南							
重庆	4171		9036	9036	1285		7753
四川	37258		37892	37892			1107
贵州	4402		6564	5871		693	937
云南	559407		487830	487830			1224706
西藏							
陕西							
甘肃	17812		27409	27409			6013
青海							
宁夏							
新疆	824906	2067	892648	892539		109	391999

3－2 续表1

食品、饮料及烟草制品批发

单位:万元

地　区	购进总额	进口	销售总额	批发	出口	零售	年末库存总额
全　国	**54976770**	**974509**	**70403291**	**69477496**	**3295285**	**925796**	**4245436**
北　京	1933692	62404	2187157	2033546	324113	153611	119652
天　津	699165	7391	682361	678936	38728	3425	29478
河　北	1585478		1926978	1904052	8339	22925	63301
山　西	1298830		1760730	1756642		4088	79983
内蒙古	868680		1090377	1074162	15844	16215	50056
辽　宁	1486272		1950021	1935901	108301	14121	141046
吉　林	645285	440	915373	912511		2862	124899
黑龙江	860528	20002	1094116	1089937		4179	119359
上　海	4892393	61525	5542220	5526469	831281	15751	130429
江　苏	3320176		4639896	4619758		20139	213582
浙　江	4892393	61525	5542220	5526469	831281	15751	130429
安　徽	1781026	350	2486416	2480241	4643	6175	128521
福　建	2542089		3184667	3099678	29989	84988	94127
江　西	1299541		1668557	1647817		20740	82610
山　东	4169865	254	4955087	4592963	4429	362124	299954
河　南	2711904	1613	3224791	3186730	52618	38061	347097
湖　北	1443315		2057985	2056126		1859	133855
湖　南	2255040		2363911	2361137	78000	2773	149396
广　东	5106865	24714	6075254	6023266	841550	51988	227902
广　西	627718		1087862	1079687	82329	8175	61756
海　南	345944		427832	424252		3579	9542
重　庆	1128694		1553415	1507927		45487	124488
四　川	2459880		3421748	3408302	8949	13445	223017
贵　州	1246583		1871527	1869688	34825	1839	288742
云　南	3146985	734088	6014019	6010918	32	3101	666225
西　藏	17966		17020	14855		2165	109
陕　西	967485		1161486	1161486			100502
甘　肃	437209	40	570993	569185	29	1807	32879
青　海	292726		345216	344970		246	30271
宁　夏	111481		179785	179785			13610
新　疆	401566	164	404275	400099	7	4176	28620

3－2 续表2

米、面制品及食用油批发

单位:万元

地区	购进总额	进口	销售总额	批发	出口	零售	年末库存总额
全国	**2053079**	**104327**	**1913516**	**1850131**	**882428**	**63385**	**638049**
北京	341772	25525	385575	385516	306607	59	18988
天津	8847		6870	4062		2808	
河北	21713		18934	18934	8339		767
山西							
内蒙古	15229		24581	24581			6875
辽宁	97507		124316	120208	10808	4108	45994
吉林	27698		38341	37769		572	41780
黑龙江							
上海	248097	34416	224613	224210	210488	403	17768
江苏	19145		18951	18951			7400
浙江	248097	34416	224613	224210	210488	403	17768
安徽	7684		9452	9452			4018
福建	33011		32356	32356			24921
江西	15956		42542	42542			22014
山东	43072		27870	27870			50486
河南	277006	1613	134311	133162	52618	1149	205490
湖北	9676		10470	10470			9492
湖南	98872		104930	104930	78000		11701
广东	134949	8357	129878	121903	5082	7975	74679
广西							
海南							
重庆	307864		250310	204823		45487	29261
四川	48895		52425	52363		62	4331
贵州							
云南	32812		35407	35328		79	30386
西藏							
陕西							
甘肃							
青海							
宁夏	3186		6437	6437			5489
新疆	11993		10335	10055		280	8443

3－2 续表3

烟草制品批发

单位:万元

地区	购进总额	进口	销售总额	批发	出口	零售	年末库存总额
全国	**41924005**	**714348**	**56358149**	**56249933**	**230527**	**108216**	**3038620**
北京	765611		858521	858419		102	27031
天津	498154		488210	488210			20951
河北	1408519		1795094	1795094			57764
山西	1224091		1677619	1675949		1669	62756
内蒙古	763722		931734	931293	15844	441	41912
辽宁	1336482		1772332	1768941	97493	3390	94655
吉林	615720	440	872400	870109		2291	82997
黑龙江	854777	20002	1085589	1081410		4179	118060
上海	3072603		3584934	3579665		5268	72695
江苏	3064774		4343271	4343271			178769
浙江	3072603		3584934	3579665		5268	72695
安徽	1552936		2227915	2227560		355	70153
福建	1885126		2469952	2469952			52956
江西	1156395		1477499	1456759		20740	54720
山东	2417530	254	2991927	2981527		10400	163549
河南	2094478		2824356	2799124		25232	121582
湖北	1417330		2020119	2018261		1859	119619
湖南	1871021		1933094	1930870		2223	99259
广东	2592377	16	3298932	3295783		3149	95822
广西	613945		1072821	1066328	82329	6493	60238
海南	345944		427832	424252		3579	9542
重庆	761377		1226004	1226004			83747
四川	2136296		2984128	2983487		641	173122
贵州	1226260		1848068	1846240	34825	1828	288041
云南	3069128	693432	5936989	5934187		2802	632344
西藏	17966		17020	14855		2165	109
陕西	885749		1154511	1154511			99304
甘肃	424038	40	557239	557239	29		28475
青海	292726		345216	344970		246	30271
宁夏	108295		173348	173348			8121
新疆	378032	164	376544	372648	7	3896	17362

3－2 续表 4

纺织、服装及日用品批发

单位:万元

地区	购进总额	进口	销售总额	批发	出口	零售	年末库存总额
全国	**20599572**	**3331784**	**23585797**	**23145773**	**12101028**	**440024**	**1601968**
北京	609892	25639	820304	781069	85006	39236	95961
天津	84702	568	85497	83982	30614	1515	3195
河北	164763	16906	160866	156728	53570	4138	4224
山西							
内蒙古	5854		7101	5069		2032	889
辽宁	222387	19351	220665	212691	159934	7974	14936
吉林	2168	2168	25256	25256	25256		
黑龙江	42429	6345	59560	59560	25615		6912
上海	2811930	335597	3025748	3000777	2219440	24972	94712
江苏	4750316	1142688	6529777	6506406	3641088	23371	502386
浙江	2811930	335597	3025748	3000777	2219440	24972	94712
安徽	1074939	86891	1298129	1298129	448261		38104
福建	2351892	610657	2426161	2417924	671184	8237	169333
江西							
山东	2137189	527218	1967730	1725135	512069	242594	370945
河南	8127		9966	7398		2568	187
湖北	46498	24811	45690	44103	24588	1586	2174
湖南	43708		42650	38774		3876	3047
广东	3298180	197348	3685352	3637698	1977780	47654	191206
广西	8122		8792	8661		131	388
海南							
重庆	22832		22847	17676		5171	1699
四川	32376		36758	36758			1240
贵州							
云南							
西藏							
陕西	54673		65621	65621			5067
甘肃	14666		15581	15581	7182		651
青海							
宁夏							
新疆							

3－2　续表5

服装批发　　　　单位:万元

地区	购进总额	进口	销售总额	批发	出口	零售	年末库存总额
全国	**10768980**	**1929357**	**11422143**	**11111441**	**5281488**	**310702**	**789844**
北京	324742	21590	515053	503695	85006	11358	44057
天津	51117	568	51028	51028	30314		446
河北	143263	16906	139005	134867	53570	4138	4125
山西							
内蒙古							
辽宁	37337	914	41353	41353	29897		2351
吉林							
黑龙江	42429	6345	59560	59560	25615		6912
上海	1718239	306832	1850563	1845650	1359732	4912	41249
江苏	1009161	56457	1094339	1074631	384355	19708	71638
浙江	1718239	306832	1850563	1845650	1359732	4912	41249
安徽	142760	703	167967	167967	162967		380
福建	2094676	604364	2164856	2164856	453377		157604
江西							
山东	2066378	525401	1892486	1667901	477025	224585	359696
河南							
湖北	24811	24811	24588	24588	24588		
湖南							
广东	1380484	57633	1555125	1519208	828127	35917	59399
广西							
海南							
重庆	8902		8476	3306		5171	737
四川							
贵州							
云南							
西藏							
陕西							
甘肃	6442		7182	7182	7182		
青海							
宁夏							
新疆							

3-2 续表6

文化、体育用品及器材批发 单位:万元

地区	购进总额	进口	销售总额	批发	出口	零售	年末库存总额
全国	**5017340**	**251300**	**5445803**	**5227696**	**1593208**	**218107**	**745455**
北京	258676		392382	367841	10	24541	70796
天津	17246		17299	16836		463	63
河北	113469		125384	123989		1395	6940
山西	88333		82439	80868		1571	17282
内蒙古	36178		30194	25974		4221	6855
辽宁	96725	67	110660	68406		42254	25608
吉林	60710		63635	61156		2479	31211
黑龙江							
上海	811053	124043	1038460	1038460	763591		84588
江苏	521777		403626	389901		13725	37279
浙江	811053	124043	1038460	1038460	763591		84588
安徽	6829		8569	8569			900
福建	135766		136089	135812	22651	277	17968
江西	51513		52561	52561			780
山东	319834		327673	293386		34287	80321
河南	214544		171756	163596		8160	25304
湖北	156211		141564	139677		1887	34419
湖南	209110		177078	165056		12022	37233
广东	428062	3147	477823	462468	24132	15355	84485
广西	138101		140335	133743	19234	6591	13757
海南							
重庆	137904		136295	116667		19627	23560
四川							
贵州	70094		70032	69912		121	291
云南	161826		126440	103097		23343	39763
西藏							
陕西	74556		82364	81262		1102	6723
甘肃							
青海							
宁夏	12863		9475	9469		6	981
新疆	84909		85212	80532		4680	13759

3－2　续表7

医药及医疗器材批发　　　　单位:万元

地　区	购进总额	进　口	销售总额	批　发	出　口	零　售	年末库存总额
全　国	**19277928**	**537187**	**20422156**	**14950929**	**214325**	**5471227**	**1697810**
北　京	1745378	302028	1914863	1354211	117907	560651	200434
天　津	1098337	22887	1133109	1020353		112756	59686
河　北	781397		907276	755129		152147	61638
山　西	41879		50132	50132			1136
内蒙古	40150		41734	39873		1861	3729
辽　宁	273963		286567	210048		76519	23048
吉　林	135527		149717	140545		9172	24402
黑龙江	9932		10945	5906		5039	1077
上　海	1564191		1619541	680194		939347	176704
江　苏	1111392	90633	1132062	765245		366817	71146
浙　江	1564191		1619541	680194		939347	176704
安　徽	1485231		1401228	1054321	2084	346907	91517
福　建	508685	51	608212	393257	16014	214955	54324
江　西	524641		638913	544690		94223	34169
山　东	1313048	12210	1448043	1063176	16993	384866	103717
河　南	362287		323953	316018		7934	32655
湖　北	668742		675506	623117		52389	70778
湖　南	481849		523230	482806		40424	43750
广　东	2447923	85813	2677892	2241896	28296	435997	211197
广　西	147795		152060	40805		111255	16449
海　南	47548	23310	46482	46441		41	8924
重　庆	1006189	257	1058076	657222	33032	400854	77356
四　川	829731		922428	794305		128123	57722
贵　州	91078		89869	89786		83	12711
云　南	476055		474386	451021		23365	33532
西　藏							
陕　西	256048		264193	202518		61675	19187
甘　肃	81986		83645	82945		701	5175
青　海							
宁　夏	7714		10750	7587		3163	5424
新　疆	175043		157806	157190		616	19518

3－2 续表 8

矿产品、建材及化工产品批发 单位:万元

地区	购进总额	进口	销售总额	批发	出口	零售	年末库存总额
全国	**208497214**	**7234193**	**202524205**	**180968989**	**6237620**	**21555217**	**8994898**
北京	31398549	2896621	30999779	30213476	1384490	786303	2882750
天津	16290934	130776	16841492	16638445	120168	203047	363825
河北	3213746	44192	3543333	2309701	88411	1233632	103372
山西	5310987		6196055	5793968	1526323	402088	274574
内蒙古	1720331		1910241	1246165	6113	664076	55770
辽宁	26058145	1407915	27032439	26107257	137400	925182	526802
吉林	1209680	33000	1484999	409777	51112	1075222	109954
黑龙江	5152854	217919	5114813	3953256	19112	1161557	320217
上海	12677256	771812	9200884	9039862	803856	161022	578454
江苏	9745477		9994431	7620960	18628	2373470	311639
浙江	12677256	771812	9200884	9039862	803856	161022	578454
安徽	2870704	34218	3546403	3054716	41330	491687	142754
福建	4147270	396483	4483899	2754653	544760	1729246	270901
江西	1322852		1763237	671767		1091470	112460
山东	4328453	60247	5074788	4269977	79388	804811	266156
河南	6694633		7318604	5884874		1433730	186128
湖北	4727726		4705512	4189180		516332	81232
湖南	2602126	4903	334117	262076	3788	72041	146094
广东	31395551	383641	26935299	24725073	393782	2210225	470733
广西	434912	4205	485371	326094		159277	4827
海南	19030	1345	21804	21804	18237		951
重庆	1751782	403	2342173	2043468	5991	298705	87874
四川	6424790	74701	6314147	5045285	190874	1268862	295594
贵州	399478		1035793	424999		610795	39137
云南	193859		236457	217850		18607	10961
西藏	19323		10404			10404	3679
陕西	3372118		3680145	2988821		691325	106999
甘肃	5949395		6075057	5636999		438058	425799
青海	546971		601006	477817		123189	57129
宁夏	4198		3469	3469			29
新疆	5836826		6037176	5597343		439833	179652

3－2 续表9

煤炭及制品批发

单位:万元

地区	购进总额	进口	销售总额	批发	出口	零售	年末库存总额
全国	**9443458**		**10481791**	**10364098**	**135552**	**117693**	**237387**
北京	4527703		4588562	4588562			
天津	5013		5932	3478		2454	222
河北	32092		38118	38118			139
山西	3169129		3847106	3762466	118561	84640	175900
内蒙古	536673		716526	716526			12100
辽宁							
吉林							
黑龙江	9110		44351	44351	9672		
上海	10389		13063	13063			181
江苏	109554		127901	126427	7319	1474	11824
浙江	10389		13063	13063			181
安徽							
福建							
江西	22228		22228	22228			
山东	42833		58677	44528		14148	7988
河南	189899		200067	200067			1515
湖北	28700		28100	28100			505
湖南							
广东	554105		573473	573331		142	21889
广西							
海南							
重庆	18172		19771	19771			221
四川	63203		55414	41384		14030	2840
贵州	15209		20819	20819			
云南	44509		46804	46804			358
西藏							
陕西	45115		53128	53128			1469
甘肃	5237		5220	4415		805	27
青海							
宁夏	4198		3469	3469			29
新疆							

3-2 续表10

石油及制品批发　　　　单位:万元

地区	购进总额	进口	销售总额	批发	出口	零售	年末库存总额
全国	**146158771**	**1557416**	**138181242**	**117636515**	**628161**	**20544727**	**3877222**
北京	8963701	1013975	8889931	8115702	615202	774229	464240
天津	15422516	83926	16030813	15831978		198834	142599
河北	3011518		3346902	2123809		1223092	85652
山西	541860		789246	472295		316951	34798
内蒙古	1148022		1157682	493607	6113	664076	39194
辽宁	19984615	21964	20922604	19997422		925182	163437
吉林	1158483		1430753	355531		1075222	108767
黑龙江	4299269	4648	4362149	3200593		1161557	186395
上海	7307670	28828	3473989	3403935		70054	234058
江苏	7855144		7645272	5282947		2362324	217751
浙江	7307670	28828	3473989	3403935		70054	234058
安徽	1212660		1882078	1504400		377678	71157
福建	2700257	194	2941879	1282837	4663	1659042	108555
江西	1300624		1741009	649539		1091470	112460
山东	1366069		1879873	1436563		443310	44872
河南	6467051		7070125	5640600		1429525	180614
湖北	3822349		3771593	3255261		516332	36461
湖南	2398903		120768	107631		13137	133061
广东	29729942	370849	25186163	23003207	2183	2182956	399993
广西	384721	4205	433800	274522		159277	2460
海南							
重庆	1213440		1397116	1132897		264219	23048
四川	3960774		4280058	3027674		1252384	164842
贵州	384269		1014975	404180		610795	39137
云南	49286		75878	61138		14740	829
西藏	19323		10404			10404	3679
陕西	2206108		2514625	1833624		681001	56984
甘肃	5872223		6004629	5567376		437253	416646
青海	520694		553022	429833		123189	46943
宁夏							
新疆	5549609		5779922	5343481		436441	124533

3－2 续表 11

金属及金属矿批发　　　　单位:万元

地 区	购进总额	进 口	销售总额	批 发	出 口	零 售	年末库存总额
全 国	**38746043**	**3624423**	**39857128**	**39482348**	**3996719**	**374780**	**2885627**
北 京	12779905	753551	12778409	12778409	336137		1223569
天 津	537621	2938	542560	542560	2938		214828
河 北	49439		51097	40557		10540	2632
山 西	1484907		1437598	1437598	1407762		47749
内蒙古							
辽 宁	5969857	1385951	6010913	6010913	137400		359129
吉 林	48171	33000	51112	51112	51112		765
黑龙江							
上 海	4297870	479023	4612839	4526286	524994	86553	279603
江 苏	1353113		1766899	1766899	11309		40753
浙 江	4297870	479023	4612839	4526286	524994	86553	279603
安 徽	1081355	34218	1103182	1103182	41330		8718
福 建	1148846	373565	1212513	1145712	376271	66802	119971
江 西							
山 东	800113		887541	776101		111439	83512
河 南	20249		22292	22292			1606
湖 北	634113		653508	653508			15971
湖 南							
广 东	642702	8452	701672	701578	391599	94	16266
广 西	34427		35443	35443			546
海 南							
重 庆	49681		283909	281433		2476	14762
四 川	2356657	74701	1932096	1932096	190874		123282
贵 州							
云 南	23817		34482	34482			2803
西 藏							
陕 西	1120896		1112393	1102069		10324	48547
甘 肃	6857		7057	7057			214
青 海							
宁 夏							
新 疆	7576		6775	6775			801

3－2 续表 12

建材批发　　　　单位:万元

地　　区	购进总额	进　口	销售总额	批　发	出　口	零　售	年末库存总额
全　　国	**1712781**	**51650**	**1959536**	**1638167**	**68299**	**321369**	**125510**
北　　京	83411		89480	78328		11152	3799
天　　津	4604		5221	3462		1759	603
河　　北	11553		11553	11553			
山　　西							
内 蒙 古	18888		18840	18840			1398
辽　　宁							
吉　　林							
黑 龙 江	34079	32618	25729	25729	9440		5790
上　　海	19374	2760	21416	17000		4416	1182
江　　苏	43985		34585	34585			10275
浙　　江	19374	2760	21416	17000		4416	1182
安　　徽							
福　　建	69487	4409	76722	73319	52373	3403	7551
江　　西							
山　　东	1064748	4200	1152502	949947	2697	202556	38212
河　　南	4429		12158	10017		2141	1142
湖　　北							
湖　　南	197082	4903	206144	147323	3788	58821	12619
广　　东	42267		47630	47018		612	6447
广　　西							
海　　南							
重　　庆	42914		175787	143961		31826	31166
四　　川	22922		24981	24712		269	2010
贵　　州							
云　　南	9366		10479	10479			277
西　　藏							
陕　　西							
甘　　肃	24301		24896	24896			1858
青　　海							
宁　　夏							
新　　疆							

3－2 续表 13

化肥批发

单位：万元

地区	购进总额	进口	销售总额	批发	出口	零售	年末库存总额
全国	**5955594**	**269338**	**5666139**	**5531346**	**321996**	**134793**	**921807**
北京	2658023	26496	2446972	2446972	128188		498540
天津							
河北							
山西	95379		101329	101329			15120
内蒙古	16748		17192	17192			3079
辽宁	3552		3036	3036			1
吉林	3027		3133	3133			422
黑龙江	810396	180652	682583	682583			128033
上海							
江苏	38988		42017	42017			2445
浙江							
安徽	576689		561143	447134		114009	62879
福建	228680	18315	252786	252786	111453		34824
江西							
山东	654781	43472	681201	672185	76364	9016	70873
河南	8030		8688	7469		1219	1231
湖北	15527		15093	15093			5193
湖南	3544		3496	3412		84	198
广东	14282		14664	13637		1027	959
广西	15764		16129	16129			1820
海南							
重庆	421064	403	443073	443073	5991		18252
四川	12069		12315	10136		2179	1037
贵州							
云南	37760		37890	34023		3867	5713
西藏							
陕西							
甘肃	40777		33255	33255			7054
青海	20874		39667	39667			9818
宁夏							
新疆	279641		250479	247087		3392	54318

3-2 续表 14

机械设备、五金交电及电子产品批发　　单位:万元

地区	购进总额	进口	销售总额	批发	出口	零售	年末库存总额
全国	**48168725**	**4751163**	**52379862**	**50886956**	**10588433**	**1492905**	**3405401**
北京	19233029	2275136	23586802	23502044	6209405	84757	1254300
天津	1383018	55619	1107703	1092838	1681	14865	101180
河北	1263875		1298141	1205818	1124	92324	68277
山西	145021		159206	159206			5660
内蒙古	132641		138550	124969		13581	10360
辽宁	121252		176052	136614		39438	9677
吉林	97412		98303	73915		24387	4998
黑龙江	72317		80945	80945			167
上海	2074402	155745	2184790	2019374	361638	165416	165314
江苏	6999972	541324	6351601	6299408	1086630	52193	719491
浙江	2074402	155745	2184790	2019374	361638	165416	165314
安徽	1717355	205602	1655673	1494972	270385	160701	111017
福建	449482	43284	260461	259245	1092	1216	78085
江西	116805		122969	88266		34702	7363
山东	2950961	624707	3108749	3048435	1299295	60314	119974
河南	475809		476088	402576		73512	23374
湖北	778582	35028	784988	784988			42881
湖南	135120		137178	131534		5644	1555
广东	5773388	656985	6056430	5849848	979010	206582	371755
广西	194213	1987	187242	167421		19820	16641
海南	19972		19622	19622			2020
重庆	817115		881300	879741		1559	34909
四川	424211		490875	407627		83247	31241
贵州	2713		26999	26999			356
云南	262305		292970	292134		836	16317
西藏							
陕西	95909		129038	48927		80110	12223
甘肃	104980		106934	77882		29052	6827
青海							
宁夏	58629		71880	47271		24609	5441
新疆	193838		203585	144963	16537	58621	18686

3－2 续表15

汽车、摩托车及零配件批发　　　　单位:万元

地区	购进总额	进口	销售总额	批发	出口	零售	年末库存总额
全国	**10566166**	**153418**	**11177012**	**10613839**	**4939947**	**563173**	**377587**
北京	5764493	1599	6107679	6104925	4852394	2753	112101
天津	779870		817648	804443		13205	64624
河北	1118418		1147464	1059580	1124	87884	55236
山西	7955		9148	9148			2081
内蒙古	119174		125557	111976		13581	7398
辽宁	27799		34475	24067		10407	1859
吉林							
黑龙江							
上海	424979	62663	461827	425242	34602	36586	5248
江苏	9802		11098	10676		422	96
浙江	424979	62663	461827	425242	34602	36586	5248
安徽	172831		169368	60308		109060	11974
福建	4933		5860	5860			1345
江西	25382		25443	13994		11449	2227
山东	172335		175228	158387		16841	14529
河南	139882		136553	82906		53647	4544
湖北	363539		378244	378244			18641
湖南							
广东	67532	26493	69940	46820	689	23121	11070
广西							
海南							
重庆	548407		610399	608841		1559	19651
四川							
贵州							
云南	89220		101444	101444			8726
西藏							
陕西	60421		84182	25134		59048	9326
甘肃	87213		87712	59310		28403	6398
青海							
宁夏							
新疆	157002		155914	97293	16537	58621	15267

3－2 续表16

家用电器批发　　单位:万元

地区	购进总额	进口	销售总额	批发	出口	零售	年末库存总额
全国	**13970353**	**1423810**	**14193437**	**13737263**	**808289**	**456174**	**937317**
北京	2626135	1174683	3671250	3671250	1497		119106
天津	472151		159380	159014		366	12317
河北							
山西	95613		103014	103014			2672
内蒙古							
辽宁	45039		48272	28981		19291	1951
吉林	66906		75067	50679		24387	3325
黑龙江							
上海	369731		439740	316977	1721	122763	31415
江苏	5530926	35811	4768921	4733349	573	35572	482231
浙江	369731		439740	316977	1721	122763	31415
安徽	966192	107	905238	853597		51641	89717
福建	58742		61193	61099		94	6837
江西	26238		28456	28456			429
山东	1558479	178180	1605231	1591187	802701	14044	52480
河南	89961		89961	89961			
湖北	267704	35028	261065	261065			8957
湖南	92627		96439	93664		2775	988
广东	894359		929413	892519	77	36894	78185
广西	13699		14595	14268		327	1853
海南	19972		19622	19622			2020
重庆	203446		202973	202973			2670
四川	78998		96001	96001			1969
贵州	2713		26999	26999			356
云南							
西藏							
陕西	15523		23794	23794			8
甘肃	17766		19222	18572		649	428
青海							
宁夏	58629		71880	47271		24609	5441
新疆	29072		35975	35975			546

3－2　续表 17

计算机、软件及辅助设备批发　　　　单位:万元

地　区	购进总额	进　口	销售总额	批　发	出　口	零　售	年末库存总额
全　国	**1128114**	**19837**	**1179924**	**1052567**	**35**	**127356**	**72387**
北　京	186459	15529	187992	183917	35	4075	20821
天　津							
河　北							
山　西							
内蒙古							
辽　宁	32361		38034	30427		7607	1384
吉　林	30505		23236	23236			1673
黑龙江							
上　海	17406		18610	12691		5919	2047
江　苏	73514		93949	80870		13079	1041
浙　江	17406		18610	12691		5919	2047
安　徽	19731		26408	26408			659
福　建	5167		5210	5210			965
江　西	65185		69069	45816		23253	4707
山　东							
河　南	28871		27804	22470		5334	1293
湖　北							
湖　南	27904		28694	25824		2869	109
广　东	452834	4308	465969	411723		54246	35131
广　西							
海　南							
重　庆							
四　川	170772		176339	171285		5055	510
贵　州							
云　南							
西　藏							
陕　西							
甘　肃							
青　海							
宁　夏							
新　疆							

3－2 续表 18

贸易经纪与代理 单位:万元

地区	购进总额	进口	销售总额	批发	出口	零售	年末库存总额
全国	**1503294**	**264025**	**1582845**	**1568563**	**1070109**	**14282**	**91287**
北京	662810	241873	703238	695835	296808	7403	84013
天津							
河北							
山西							
内蒙古	7883	5284	18345	18345	3318		1150
辽宁	5022	5022	20995	20995	20995		
吉林							
黑龙江							
上海							
江苏							
浙江							
安徽							
福建	195772	11695	201764	201715	186487	49	3214
江西							
山东	51600		51633	51633			33
河南							
湖北	536456		539280	539280	539280		
湖南	10000		11470	11470			500
广东	30081	151	32059	28523	23221	3536	2276
广西							
海南							
重庆							
四川							
贵州							
云南	3671		4061	767		3294	101
西藏							
陕西							
甘肃							
青海							
宁夏							
新疆							

3-2 续表 19

其他批发 单位:万元

地区	购进总额	进口	销售总额	批发	出口	零售	年末库存总额
全国	**4468904**	**353502**	**4637198**	**4305891**	**502421**	**331308**	**695173**
北京	1825294	109830	1894211	1887051	451320	7160	449149
天津	112882		119508	119064	5488	444	5070
河北	4632		4100	4100			
山西	26419		28068	28068			4377
内蒙古	242000		240572	157058		83514	367
辽宁	270320		314450	272894		41557	3803
吉林							
黑龙江	16716		16653	16653			810
上海	22595	21612	19196	19196			5138
江苏	123395		129600	129600			11871
浙江	22595	21612	19196	19196			5138
安徽	60810		63014	63014			10
福建	888094	196086	887565	887565	30136		79375
江西							
山东	507880		517838	324764	4266	193074	105702
河南	10299		10433	10433			413
湖北	10115		12933	12933			690
湖南	77341		98315	98315			7241
广东	13154		15431	13409		2022	1798
广西							
海南							
重庆	183157		175241	175241			898
四川	20638		20735	18525		2210	889
贵州							
云南	14227		34022	32695		1326	11249
西藏							
陕西	16343	4362	16118	16118	11211		1185
甘肃							
青海							
宁夏							
新疆							

3-3 大中型批发业企业分行业年末资产负债

农畜产品批发　　　　单位:万元

地　区	流动资产合计	固定资产原价	累计折旧	资产总计	负债合计	所有者权益合计
全　国	**6266976**	**837634**	**251459**	**11752493**	**8312049**	**3440445**
北　京	2054746	121888	20958	6600307	3735676	2864632
天　津	3876	4778	1111	7573	18799	-11226
河　北	83529	27046	11002	104745	93225	11521
山　西	9218	7821	2261	17155	10266	6890
内蒙古	58972	15790	5670	70929	56551	14378
辽　宁	263700	20679	5313	286854	295802	-8948
吉　林	63300	23235	8045	122164	105649	16515
黑龙江	133782	27256	7764	165936	147603	18333
上　海	44699	26604	6945	66859	49176	17682
江　苏	38194	20391	6760	69342	49694	19648
浙　江	44699	26604	6945	66859	49176	17682
安　徽	109478	22217	5348	175114	135109	40005
福　建						
江　西	35540	3702	1384	45882	46718	-836
山　东	111436	24502	7284	153827	120969	32858
河　南	493132	81306	19354	603966	567576	36389
湖　北	345551	74882	23678	497331	446342	50989
湖　南	38884	8781	4406	46137	43528	2609
广　东	9243	24690	4517	38580	22270	16310
广　西	16276	16106	6096	38501	18876	19625
海　南						
重　庆	11291	3184	737	16981	11708	5273
四　川	33821	11801	4998	42496	32626	9870
贵　州	8505	2618	548	10574	13355	-2782
云　南	1459264	48218	24530	1484100	1390620	93480
西　藏						
陕　西						
甘　肃	38889	7416	1647	46440	40959	5482
青　海						
宁　夏						
新　疆	756952	186119	64159	973842	809776	164067

3－3　续表1

食品、饮料及烟草制品批发　　单位:万元

地　区	流动资产合计	固定资产原价	累计折旧	资产总计	负债合计	所有者权益合计
全　国	**22211301**	**6590194**	**2274328**	**29857872**	**10436591**	**19421281**
北　京	757326	183126	56533	1412834	640484	772350
天　津	351749	39972	12769	431174	204348	226826
河　北	576269	134120	58218	688960	136353	552607
山　西	403790	159969	32969	589913	164708	425205
内蒙古	298279	93729	31432	404827	139380	265446
辽　宁	725290	212167	75947	974247	324788	649460
吉　林	202994	116843	32471	305721	82536	223185
黑龙江	302757	155136	46152	436069	134334	301735
上　海	1352337	308626	83588	1736314	1123704	612610
江　苏	2242819	398959	140890	2606435	352818	2253617
浙　江	1352337	308626	83588	1736314	1123704	612610
安　徽	903944	188809	72130	1073669	264508	809161
福　建	1077422	315627	119533	1421398	308993	1112405
江　西	415160	145481	45158	624851	160227	464623
山　东	1242643	495076	165362	1716381	585563	1130818
河　南	999461	293619	107711	1268906	741472	527434
湖　北	615665	244400	93359	866651	278544	588107
湖　南	731200	302214	98895	1097389	217327	880062
广　东	1483766	516436	176618	2074200	786509	1287691
广　西	267885	103976	39822	369441	76754	292687
海　南	35474	28333	8956	70572	24560	46012
重　庆	449103	210147	74337	647868	241177	406691
四　川	1115621	279894	97938	1414154	378255	1035899
贵　州	803027	223116	91542	1100899	386702	714197
云　南	2729349	838293	324435	3738956	1327953	2411003
西　藏	282	379	321	517	385	132
陕　西	262820	113399	37496	376544	86693	289851
甘　肃	253498	100641	37412	326074	68024	258049
青　海	125947	19813	6222	161709	25765	135944
宁　夏	60692	15860	4868	75759	16459	59300
新　疆	72398	43411	17657	109133	33566	75567

3－3 续表2

米、面制品及食用油批发 单位:万元

地区	流动资产合计	固定资产原价	累计折旧	资产总计	负债合计	所有者权益合计
全国	**1539738**	**374381**	**147532**	**2042663**	**1564412**	**478250**
北京	177750	4803	1371	181191	151648	29544
天津	9679	4068	621	13352	10419	2933
河北	11094	4198	1430	14229	10107	4122
山西						
内蒙古	71256	14006	4743	81809	71729	10080
辽宁	156285	48925	21795	249907	199324	50583
吉林	54834	19443	5747	72643	52954	19689
黑龙江						
上海	92719	27546	9964	135886	112046	23840
江苏	14495	4510	1898	27890	25607	2283
浙江	92719	27546	9964	135886	112046	23840
安徽	5992	3209	1091	8333	7757	576
福建	34362	15553	6449	44904	33620	11284
江西	34732	9220	2964	42362	37061	5302
山东	58221	13883	4809	69996	63145	6851
河南	330125	28936	10314	371483	313639	57844
湖北	15969	927	618	16279	18399	－2120
湖南	95174	7658	1923	149219	68071	81148
广东	126411	73262	33625	186870	102149	84721
广西						
海南						
重庆	44362	23055	7816	79795	55969	23826
四川	44691	21260	9180	69508	47728	21780
贵州						
云南	42572	10724	5535	56419	43063	13357
西藏						
陕西						
甘肃						
青海						
宁夏	6982	3314	1154	9197	9289	－92
新疆	19315	8336	4524	25506	18645	6860

3－3　续表3

烟草制品批发　　单位:万元

地区	流动资产合计	固定资产原价	累计折旧	资产总计	负债合计	所有者权益合计
全国	**16853442**	**5122314**	**1768638**	**22336778**	**5251339**	**17085439**
北京	142015	61062	18470	383030	20675	362355
天津	189964	24682	7476	237453	37195	200258
河北	534238	119109	50735	637849	91070	546779
山西	380667	140721	27241	548455	138110	410344
内蒙古	194986	70522	23829	284050	35896	248154
辽宁	563980	148131	53601	703672	117964	585708
吉林	145198	96086	26268	229257	27983	201274
黑龙江	298527	149880	44028	427001	131509	295492
上海	547423	193567	49182	733016	346673	386343
江苏	2120583	318475	120100	2398272	223597	2174675
浙江	547423	193567	49182	733016	346673	386343
安徽	762355	146474	56429	886141	129016	757126
福建	984144	253630	100333	1242344	174352	1067992
江西	348086	124250	37982	475200	72546	402655
山东	787393	322327	112045	1092233	132964	959269
河南	589870	246123	90760	801287	365569	435718
湖北	591247	229183	87228	827504	250328	577177
湖南	550176	284056	93211	839557	116834	722723
广东	783294	192008	40899	1032270	183124	849146
广西	266225	97890	37101	362515	73329	289186
海南	35474	28333	8956	70572	24560	46012
重庆	372105	154332	54306	508579	161688	346891
四川	925266	236764	80857	1179914	239210	940704
贵州	788833	210966	88451	1073749	368322	705428
云南	2672036	807239	314829	3642676	1262620	2380056
西藏	282	379	321	517	385	132
陕西	258038	110751	36560	366792	79588	287204
甘肃	245634	97662	36006	316437	57552	258885
青海	125947	19813	6222	161709	25765	135944
宁夏	53711	12546	3714	66562	7170	59392
新疆	48322	31789	12315	75150	9073	66077

3－3 续表 4

纺织、服装及日用品批发　　　　单位:万元

地　区	流动资产合计	固定资产原价	累计折旧	资产总计	负债合计	所有者权益合计
全　国	**6947845**	**1523908**	**676024**	**9804701**	**6754329**	**3050372**
北　京	284316	40262	9844	359110	271926	87184
天　津	17735	2887	1315	25731	15728	10004
河　北	38044	20564	4280	73536	43647	29890
山　西						
内蒙古	1589	234	60	1878	1681	197
辽　宁	99344	33919	10337	464037	109287	354750
吉　林	15939	5687	1549	22499	18440	4059
黑龙江	22343	15075	627	36791	19992	16800
上　海	848500	100569	24954	1120071	842988	277082
江　苏	2293493	804670	475799	3081297	2260969	820328
浙　江	848500	100569	24954	1120071	842988	277082
安　徽	268240	23256	3834	301112	253886	47226
福　建	692644	8173	4093	1180129	747019	433110
江　西						
山　东	471464	193780	47370	738850	526094	212756
河　南	1603	1979	759	3388	1527	1862
湖　北	2625	3850	887	15223	10412	4811
湖　南	7434	2897	381	10578	5270	5308
广　东	981214	141933	55381	1166899	729798	437101
广　西	2602	45	19	2629	1788	841
海　南						
重　庆	3184	187	69	3370	2600	771
四　川	31614	20203	7891	58943	33826	25117
贵　州						
云　南						
西　藏						
陕　西	11116	1475	982	11659	9713	1945
甘　肃	4305	1695	642	6902	4753	2149
青　海						
宁　夏						
新　疆						

3－3　续表 5

服装批发　　单位:万元

地　区	流动资产合　计	固定资产原　价	累计折旧	资产总计	负债合计	所有者权益合　计
全　国	**2939626**	**533398**	**140427**	**4386489**	**3072733**	**1313756**
北　京	192164	36238	8049	262948	200910	62038
天　津	7018	864	575	11519	7927	3592
河　北	34157	15864	3264	65967	40122	25845
山　西						
内蒙古						
辽　宁	11398	2709	944	13912	11212	2700
吉　林						
黑龙江	22343	15075	627	36791	19992	16800
上　海	375831	63209	14666	492176	378692	113484
江　苏	316246	54368	20224	569119	435880	133239
浙　江	375831	63209	14666	492176	378692	113484
安　徽	50914	16325	1702	70950	56714	14236
福　建	620356	7164	3760	1093565	679276	414289
江　西						
山　东	445825	190501	45902	708249	521641	186608
河　南						
湖　北	759	863	321	8584	6531	2053
湖　南						
广　东	483718	65599	25164	555080	332025	223055
广　西						
海　南						
重　庆	1319	16	2	1333	659	674
四　川						
贵　州						
云　南						
西　藏						
陕　西						
甘　肃	1746	1396	562	4121	2460	1661
青　海						
宁　夏						
新　疆						

3－3 续表6

文化、体育用品及器材批发

单位:万元

地区	流动资产合计	固定资产原价	累计折旧	资产总计	负债合计	所有者权益合计
全国	**2176143**	**671124**	**190468**	**3633083**	**2255858**	**1377224**
北京	306325	15494	5598	346114	263315	82799
天津	1874	2580	593	6490	3246	3244
河北	44709	18012	4913	79600	47874	31726
山西	46898	7416	3149	55649	30721	24928
内蒙古	20353	20046	3019	42806	14850	27956
辽宁	49512	26205	6539	74165	56556	17609
吉林	34578	13605	2639	66577	36986	29591
黑龙江						
上海	339844	84090	24053	657404	357299	300105
江苏	100660	52823	12695	216262	140027	76235
浙江	339844	84090	24053	657404	357299	300105
安徽	6693	996	453	7250	9297	－2048
福建	58328	21553	8660	168554	52124	116430
江西	12557	13408	5204	28380	6268	22112
山东	155491	33312	8442	230937	202909	28028
河南	64075	47461	6580	117329	80148	37181
湖北	42356	15287	6773	59364	43587	15777
湖南	74658	31495	15817	108750	67641	41110
广东	179318	29234	11962	223499	164969	58529
广西	48714	18007	5789	83183	55478	27705
海南						
重庆	97546	72640	19798	180334	102655	77680
四川						
贵州	20159	14148	2724	31695	21500	10194
云南	69362	7447	3182	90076	69661	20416
西藏						
陕西	31255	7363	2419	40094	37411	2683
甘肃						
青海						
宁夏	6726	2933	836	9592	6926	2666
新疆	24307	31479	4579	51577	27113	24465

3－3　续表7

医药及医疗器材批发　　　　单位:万元

地　区	流动资产合　计	固定资产原　价	累计折旧	资产总计	负债合计	所有者权益合　计
全　国	**6677681**	**892360**	**257901**	**8230637**	**6446723**	**1783915**
北　京	794183	72399	23688	1002923	729570	273353
天　津	303774	24365	8665	332684	274173	58511
河　北	270912	26077	9423	305165	282907	22258
山　西	11271	4065	471	16727	11302	5425
内蒙古	24197	960	238	26749	13255	13494
辽　宁	103655	7251	2069	111097	93883	17214
吉　林	91129	6529	2638	99691	89656	10034
黑龙江	48723	680	310	54236	3089	51147
上　海	500055	111872	31341	649281	489517	159764
江　苏	407919	42445	15369	499929	419062	80868
浙　江	500055	111872	31341	649281	489517	159764
安　徽	278600	43891	11541	335287	299229	36058
福　建	204375	37708	10205	253091	202105	50986
江　西	130202	29520	4798	196782	110274	86508
山　东	439322	46440	9461	502656	463043	39614
河　南	55712	8366	1518	66955	48987	17968
湖　北	254184	14161	5936	276788	233607	43180
湖　南	111351	11629	2002	143531	117142	26389
广　东	1051484	86736	38815	1320952	967246	353706
广　西	51598	7074	3733	60837	50965	9872
海　南	18388	247	121	18535	15360	3175
重　庆	398605	63176	18731	505100	398981	106119
四　川	268639	86065	8949	371142	277200	93942
贵　州	39810	6172	2232	51432	40613	10819
云　南	144228	15886	5696	160816	123246	37571
西　藏						
陕　西	90681	14788	6032	113516	119780	－6263
甘　肃	36543	2765	897	45501	40412	5089
青　海						
宁　夏	4150	3073	730	6761	5561	1200
新　疆	43935	6149	951	53195	37045	16150

3－3 续表 8

矿产品、建材及化工产品批发

单位:万元

地区	流动资产合计	固定资产原价	累计折旧	资产总计	负债合计	所有者权益合计
全国	**33048057**	**13426539**	**3608172**	**52349059**	**35087068**	**17208942**
北京	9517119	761314	288385	12057006	8596186	3460820
天津	1086679	304837	91556	1464560	1112098	352462
河北	189068	550889	117599	754298	656330	93631
山西	2038180	620208	182093	3019606	2234938	784668
内蒙古	217307	165926	68656	487272	283656	203616
辽宁	2355509	407182	160032	2968249	2351430	568108
吉林	67392	137409	46546	298771	391160	－92389
黑龙江	1168900	315104	127823	1442955	1167825	275130
上海	1536101	691706	184260	2479334	1576253	903081
江苏	1194011	745762	229253	2272718	1488857	783862
浙江	1536101	691706	184260	2479334	1576253	903081
安徽	1085970	254874	67394	1381361	1061959	319402
福建	1101397	264535	63070	2163005	1339316	823689
江西	254467	302667	57454	542200	370831	171369
山东	1467597	1076746	125104	2622281	1291060	1331222
河南	521793	986007	193001	1732914	1182186	550728
湖北	431342	636290	169164	947820	592061	355759
湖南	215100	458941	104270	721445	341109	380336
广东	3673376	2222690	592338	6706765	3354785	3351979
广西	87911	66809	17791	227526	105236	122290
海南	4605	304	155	5000	3029	1971
重庆	296728	303137	68581	672365	430748	241616
四川	946368	521798	182909	1796246	1253777	542469
贵州	89754	177519	43580	258348	131612	126736
云南	66136	34270	10524	105485	73440	32044
西藏	3679	4310	1987	9977		9977
陕西	487226	199505	69679	697368	530321	167047
甘肃	830939	191446	57834	1049803	615357	434446
青海	120687	111984	25161	233244	164289	68955
宁夏	3044	1999	797	4250	535	3715
新疆	453571	218665	76915	747558	810432	－62874

3－3 续表9

煤炭及制品批发

单位:万元

地 区	流动资产合 计	固定资产原 价	累计折旧	资产总计	负债合计	所有者权益合 计
全 国	**2174543**	**677902**	**218880**	**3372533**	**2275575**	**1096958**
北 京	396941	16449	3589	541896	281701	260195
天 津	1858	187	37	2008	670	1338
河 北	12532	7677	2502	31835	7762	24073
山 西	1249500	515762	160868	2057093	1517342	539752
内 蒙 古	140056	44686	20031	182902	121568	61334
辽 宁						
吉 林						
黑 龙 江	18115	23872	8481	35819	20929	14891
上 海	2830	1137	398	6393	4210	2183
江 苏	53235	3355	1243	65197	44538	20659
浙 江	2830	1137	398	6393	4210	2183
安 徽						
福 建						
江 西	46898	9346	3243	77562	57256	20306
山 东	37586	13145	3765	48273	39419	8854
河 南	35763	4666	1813	51948	34337	17611
湖 北	14422	937	370	20161	14049	6112
湖 南						
广 东	103017	12441	3764	153781	80916	72865
广 西						
海 南						
重 庆	4067	4973	1302	14969	7034	7935
四 川	13118	1817	651	14285	13264	1020
贵 州	7777	1810	879	9580	2360	7220
云 南	15532	3859	949	18735	14180	4555
西 藏						
陕 西	13188	8208	3441	26970	7810	19160
甘 肃	2234	440	361	2484	1484	1000
青 海						
宁 夏	3044	1999	797	4250	535	3715
新 疆						

3－3 续表10

石油及制品批发 单位:万元

地 区	流动资产合 计	固定资产原 价	累计折旧	资产总计	负债合计	所有者权益合 计
全 国	**11891020**	**10586181**	**2866651**	**25636878**	**15136758**	**10447071**
北 京	1913855	664556	261105	3122667	1929569	1193098
天 津	805352	282018	84417	1161121	839275	321846
河 北	82323	523592	110378	572429	536346	31746
山 西	75910	94971	17761	238007	133440	104567
内蒙古	51339	113762	47307	261373	125126	136247
辽 宁	505701	336727	137472	925471	618590	258170
吉 林	27587	135706	46061	208755	350227	－141472
黑龙江	374251	280675	116261	601374	386424	214950
上 海	459094	553713	147832	1161604	510494	651110
江 苏	437773	615874	193602	1319228	685319	633909
浙 江	459094	553713	147832	1161604	510494	651110
安 徽	667431	237145	61884	906629	632585	274044
福 建	284635	219831	47710	1140194	567511	572683
江 西	207569	293320	54211	464638	313575	151063
山 东	196643	290844	65149	511387	266010	245377
河 南	474637	977037	189964	1665808	1134919	530888
湖 北	120300	612619	161773	602635	297947	304689
湖 南	129587	381837	89225	554029	209639	344389
广 东	2868476	1754155	388693	5412181	2606277	2805904
广 西	75059	61621	15427	211400	92633	118767
海 南						
重 庆	30236	263669	60739	328928	158706	170222
四 川	256468	493925	171814	871106	539454	331652
贵 州	81977	175709	42702	248768	129252	119516
云 南	1196	15302	3123	18075	11413	6662
西 藏	3679	4310	1987	9977		9977
陕 西	260093	185731	64480	392138	355589	36549
甘 肃	790010	183046	55139	1002569	577719	424849
青 海	81502	107682	23011	187882	124930	62952
宁 夏						
新 疆	169243	173094	59596	374903	493296	－118392

3－3　续表 11

金属及金属矿批发　　　　单位:万元

地　区	流动资产合计	固定资产原价	累计折旧	资产总计	负债合计	所有者权益合计
全　国	**12633712**	**1521764**	**330447**	**15666755**	**12030530**	**3636225**
北　京	4650166	35582	10165	5424975	4415834	1009142
天　津	180640	12523	3387	191145	177178	13968
河　北	10968	2848	828	14141	9930	4211
山　西	627139	5912	1638	635640	500901	134738
内蒙古						
辽　宁	1841670	54278	14735	2026289	1718877	307412
吉　林	39103	1428	342	89182	40291	48891
黑龙江						
上　海	897193	125320	32200	1110430	890081	220349
江　苏	505404	55312	13058	584339	521509	62830
浙　江	897193	125320	32200	1110430	890081	220349
安　徽	167972	5150	2202	188062	172448	15614
福　建	664394	14283	3472	829999	635177	194823
江　西						
山　东	444818	614960	6904	1086915	419385	667530
河　南	6076	1501	836	7275	6872	403
湖　北	153627	17906	5329	168938	137097	31840
湖　南						
广　东	528663	412292	187011	885332	507111	378221
广　西	10036	3952	2201	12236	10517	1720
海　南						
重　庆	105584	6260	2040	111838	102499	9339
四　川	658076	14114	6993	873714	675967	197747
贵　州						
云　南	22147	5526	2240	27382	22942	4441
西　藏						
陕　西	213945	5566	1758	278260	166923	111338
甘　肃	6332	1732	908	7157	7157	
青　海						
宁　夏						
新　疆	2569	1		3075	1754	1321

3－3 续表12

建材批发

单位:万元

地区	流动资产合计	固定资产原价	累计折旧	资产总计	负债合计	所有者权益合计
全国	**747347**	**287959**	**69946**	**1076102**	**587914**	**488188**
北京	21370	1499	619	22674	6936	15739
天津	1534	528	124	1984	1646	338
河北	4488	68	22	4849	3819	1030
山西						
内蒙古	19378	3173	585	32844	26993	5851
辽宁						
吉林						
黑龙江	10002	694	32	10665	11366	-701
上海	6900	2044	644	8491	6278	2212
江苏	40332	43843	8275	82869	58601	24268
浙江	6900	2044	644	8491	6278	2212
安徽						
福建	41482	7220	2349	60938	37551	23387
江西						
山东	446454	114969	35991	525595	204506	321089
河南	978	1115	20	2139	1266	873
湖北						
湖南	81615	75872	14586	162250	127464	34785
广东	29192	5570	1713	57843	31181	26663
广西						
海南						
重庆	8951	20358	991	51618	34492	17125
四川	12775	6745	2457	26452	16994	9458
贵州						
云南	10079	165	115	10153	7598	2555
西藏						
陕西						
甘肃	4917	2052	781	6249	4944	1305
青海						
宁夏						
新疆						

3－3　续表 13

化肥批发　　　　单位:万元

地　区	流动资产合计	固定资产原价	累计折旧	资产总计	负债合计	所有者权益合计
全　国	**3118539**	**163728**	**58367**	**3531907**	**2622090**	**909817**
北　京	1079779	6020	2540	1203065	584865	618200
天　津						
河　北						
山　西	78993	2048	1415	80507	77793	2714
内蒙古	6534	4305	734	10152	9969	184
辽　宁	1373	723	87	2008	1943	66
吉　林	702	276	144	834	642	192
黑龙江	766532	9863	3050	795096	749106	45990
上　海						
江　苏	12971	5264	1601	19680	16576	3104
浙　江						
安　徽	250568	12580	3307	286670	256926	29744
福　建	110886	23201	9539	131874	99078	32796
江　西						
山　东	273280	29405	10401	338876	278949	59928
河　南	3416	1209	214	4431	4249	183
湖　北	21023	1576	781	24893	21879	3014
湖　南	3523	171	115	3951	3279	672
广　东	2350	908	409	2849	1396	1453
广　西	2817	1236	163	3889	2087	1803
海　南						
重　庆	143768	2152	474	153923	120994	32929
四　川	2132	2909	259	4849	2463	2386
贵　州						
云　南	12667	6791	3704	23357	14018	9339
西　藏						
陕　西						
甘　肃	27446	4176	646	31344	24053	7292
青　海	36022	3345	1465	40078	36445	3633
宁　夏						
新　疆	281759	45571	17320	369580	315383	54197

3-3 续表14

机械设备、五金交电及电子产品批发

单位:万元

地区	流动资产合计	固定资产原价	累计折旧	资产总计	负债合计	所有者权益合计
全国	**19055963**	**1769156**	**486714**	**25041170**	**19223356**	**5817815**
北京	9578883	649389	228791	13576986	9851806	3725180
天津	139713	28293	5305	179305	151122	28184
河北	314026	24062	6682	443685	329165	114519
山西	31140	10780	2024	43051	34738	8313
内蒙古	147576	19092	4968	172192	151063	21130
辽宁	58585	22629	6963	95822	65229	30593
吉林	14541	14433	1029	29762	19879	9883
黑龙江	6171	5609	603	18099	15005	3094
上海	755592	207731	37739	1095982	817970	278011
江苏	1667457	191296	36197	1976399	1687353	289046
浙江	755592	207731	37739	1095982	817970	278011
安徽	435095	53018	13505	522653	467174	55478
福建	276469	12193	6551	302007	216435	85572
江西	48399	6048	1464	60954	52972	7983
山东	1559158	101746	24322	1726119	1604317	121802
河南	89020	4313	1494	110789	98282	12507
湖北	188511	7209	2476	206248	178034	28214
湖南	9123	645	118	13582	20688	-7105
广东	2028359	121169	44731	2175213	1671338	503876
广西	78105	1916	605	89915	75378	14537
海南	20544	113	41	20617	20110	506
重庆	315463	4385	1852	341243	329750	11494
四川	114503	12520	3535	132613	119886	12726
贵州	588	75	48	615	1600	-985
云南	251718	23691	8815	364169	256471	107698
西藏						
陕西	36836	3456	1093	44121	36229	7892
甘肃	27771	1832	491	30169	28113	2056
青海						
宁夏	18192	1036	238	19565	14499	5065
新疆	88833	32747	7297	153315	90780	62535

3-3 续表15

汽车、摩托车及零配件批发

单位:万元

地区	流动资产合计	固定资产原价	累计折旧	资产总计	负债合计	所有者权益合计
全国	**2134758**	**280654**	**84963**	**2894462**	**2208098**	**686364**
北京	757523	48288	17541	899719	644245	255474
天津	55896	6588	1754	68266	70409	-2143
河北	219223	17937	5140	343333	237356	105977
山西	11680	1372	349	14654	12603	2051
内蒙古	128563	13323	1674	142305	123046	19259
辽宁	18704	13956	4477	35201	14117	21084
吉林						
黑龙江						
上海	160865	33690	9781	288802	230511	58291
江苏	4536	905	284	5267	3927	1340
浙江	160865	33690	9781	288802	230511	58291
安徽	61846	14489	2855	93326	66291	27034
福建	5256	139	83	5313	4668	645
江西	22189	3538	1018	30956	30136	820
山东	33203	16121	8904	43833	28107	15726
河南	21251	949	316	33314	31067	2247
湖北	61883	3270	1075	66227	53939	12288
湖南						
广东	42994	24004	5658	69446	55481	13966
广西						
海南						
重庆	194214	3001	1257	202195	196865	5330
四川						
贵州						
云南	47502	9742	4920	68471	40428	28044
西藏						
陕西	32314	3182	984	35929	32502	3426
甘肃	26791	1325	320	28853	27008	1846
青海						
宁夏						
新疆	67460	31145	6794	130253	74881	55371

3-3 续表 16

家用电器批发

单位:万元

地区	流动资产合计	固定资产原价	累计折旧	资产总计	负债合计	所有者权益合计
全国	**4640687**	**300834**	**68569**	**5954709**	**4772330**	**1182379**
北京	1983213	110376	34932	3021793	2022973	998821
天津	25227	11464	1271	36851	35809	1042
河北						
山西	12398	550	38	12952	12161	791
内蒙古						
辽宁	6312	5887	710	12660	13934	-1274
吉林	11608	14433	1029	26771	16996	9775
黑龙江						
上海	108356	43563	5291	159484	132786	26699
江苏	887994	19122	4710	910599	854118	56481
浙江	108356	43563	5291	159484	132786	26699
安徽	254029	30267	6553	297940	282091	15849
福建	22756	591	235	24811	23644	1167
江西	916	41	11	946	1097	-151
山东	671424	1368	664	715882	699517	16365
河南	7667	34	25	7721	7617	104
湖北	70255	434	302	70509	71317	-809
湖南	5333	304	113	5524	15003	-9479
广东	321932	15560	6227	341768	308989	32780
广西	3747	149	62	6597	4433	2165
海南	20544	113	41	20617	20110	506
重庆	83285	1021	380	83925	82060	1866
四川	9891	239	149	10517	12108	-1591
贵州	588	75	48	615	1600	-985
云南						
西藏						
陕西	3799	33	22	3860	3726	133
甘肃	980	507	171	1316	1105	211
青海						
宁夏	18192	1036	238	19565	14499	5065
新疆	1888	104	58	2004	1851	152

3－3 续表 17

计算机、软件及辅助设备批发

单位:万元

地　区	流动资产合　计	固定资产原　价	累计折旧	资产总计	负债合计	所有者权益合　计
全　国	**341182**	**48738**	**8298**	**418993**	**310283**	**108710**
北　京	103562	6454	2572	117216	79443	37773
天　津						
河　北						
山　西						
内蒙古						
辽　宁	303	29	3	3128	2653	475
吉　林	2933			2991	2883	108
黑龙江						
上　海	6627	424	243	6818	5072	1747
江　苏	41333	31218	2133	83401	60861	22540
浙　江	6627	424	243	6818	5072	1747
安　徽	3369	202	56	3763	2606	1157
福　建	1866	41	31	1907	1234	672
江　西	25294	2469	435	29052	21739	7314
山　东						
河　南	4764	471	183	6484	3650	2834
湖　北						
湖　南	2615	9	5	2684	1976	708
广　东	123634	6297	1983	135556	103187	32369
广　西						
海　南						
重　庆						
四　川	18256	701	413	19175	19909	－734
贵　州						
云　南						
西　藏						
陕　西						
甘　肃						
青　海						
宁　夏						
新　疆						

3-3 续表18

贸易经纪与代理

单位:万元

地区	流动资产合计	固定资产原价	累计折旧	资产总计	负债合计	所有者权益合计
全国	**1983097**	**196234**	**67484**	**2439780**	**1706208**	**733572**
北京	713974	98351	22211	963692	642097	321595
天津						
河北						
山西						
内蒙古	13365	3947	1217	21330	11002	10328
辽宁	5926	2400	589	8927	6140	2787
吉林						
黑龙江						
上海						
江苏						
浙江						
安徽						
福建	188504	48119	29004	300471	169384	131087
江西						
山东	6806	3399	1520	8727	4000	4727
河南						
湖北	1039847	29459	11360	1096619	839215	257404
湖南	685	9	8	686	828	-142
广东	11317	6276	1317	32327	28296	4031
广西						
海南						
重庆						
四川						
贵州						
云南	2672	4275	260	7002	5246	1755
西藏						
陕西						
甘肃						
青海						
宁夏						
新疆						

3－3 续表 19

其他批发 单位:万元

地 区	流动资产合计	固定资产原价	累计折旧	资产总计	负债合计	所有者权益合计
全 国	**2810753**	**426883**	**193260**	**4299716**	**3036781**	**1262935**
北 京	1760194	244304	93945	2710969	1896436	814533
天 津	17126	8480	2047	27413	17963	9450
河 北	1068	100	70	1106	1505	－399
山 西	5243	3729	1425	12069	8277	3793
内蒙古	253675	3288	655	440635	305836	134798
辽 宁	110821	4867	1587	114120	108551	5569
吉 林						
黑龙江	5162	242	159	5246	5015	231
上 海	2821	158	40	2965	2271	694
江 苏	38797	1503	134	40326	34691	5635
浙 江	2821	158	40	2965	2271	694
安 徽	10736	1119	502	11451	9469	1982
福 建	282976	2945	1146	482288	325409	156880
江 西						
山 东	138873	126132	84000	188402	110404	77998
河 南	2582	244	92	2736	2730	6
湖 北	1592	1134	530	2526	779	1746
湖 南	17833	9394	3795	27082	16069	11013
广 东	8317	14013	1907	54944	36528	18416
广 西						
海 南						
重 庆	27791	1001	297	28494	28312	183
四 川	3439	1822	287	6713	5534	1179
贵 州						
云 南	81623	1174	323	98584	82768	15816
西 藏						
陕 西	37260	1076	278	38680	35963	2717
甘 肃						
青 海						
宁 夏						
新 疆						

3－4 大中型批发业企业分行业实收资本及构成

农畜产品批发

单位:万元

地　区	实收资本	国家资本	集体资本	法人资本	个人资本	港澳台资本	外商资本
全　国	**613839**	**398029**	**41363**	**130036**	**43578**	**833**	
北　京	232134	228330		2158	1646		
天　津	4681	4681					
河　北	14156	1500	2388	4768	5500		
山　西	2799	2799					
内蒙古	9151	5625		3523	3		
辽　宁	14437	4437		10000			
吉　林	40178	36298			3880		
黑龙江	14069	14069					
上　海	3702	2702			1000		
江　苏	16080	11670			4410		
浙　江	3702	2702			1000		
安　徽	7517	4433	175	1507	1401		
福　建							
江　西	3267	3267					
山　东	15849	4275	5250	1365	4958		
河　南	35847	6716	1006	24855	3270		
湖　北	36180	4447	17924	9413	4396		
湖　南	5051	4331		661	60		
广　东	14478	11928	155	1562		833	
广　西	9424	9424					
海　南							
重　庆	6026	2947			3080		
四　川	7816	3036		1332	3448		
贵　州	800	800					
云　南	20000			20000			
西　藏							
陕　西							
甘　肃	5771		5771				
青　海							
宁　夏							
新　疆	90725	27613	8693	48892	5527		

3－4 续表1

食品、饮料及烟草制品批发　　　　单位:万元

地 区	实收资本	国家资本	集体资本	法人资本	个人资本	港澳台资本	外商资本
全 国	**2279239**	**995533**	**18692**	**840315**	**205452**	**22882**	**196365**
北 京	388273	155881		58124	2544	12825	158899
天 津	22588		3975	18613			
河 北	33789	16369	717	15041	1662		
山 西	26523	5966	702	17549	2306		
内蒙古	35977	8667	303	25057	1951		
辽 宁	53829	33773		18810	1246		
吉 林	23971	13874		10097			
黑龙江	28032	9433		18598			
上 海	87060	50350	776	20194	15742		
江 苏	81434	66007	2514	2929	9984		
浙 江	87060	50350	776	20194	15742		
安 徽	48443	13853		15331	9600	1675	7984
福 建	83237	39188		42949	1100		
江 西	23615	7245	452	15319	600		
山 东	261194	133351	4884	16222	102617		4120
河 南	136910	47875	444	84778	3813		
湖 北	59175	26944		31232	1000		
湖 南	70284	52046		17149	1090		
广 东	188608	27053	1274	114450	12377	8092	25362
广 西	22719	6718		14928	1073		
海 南	17883	11104		6779			
重 庆	74380	51234	550	20737	1859		
四 川	67346	25198		41078	1070		
贵 州	64633	37941		26641		50	
云 南	185105	43510		124518	17077		
西 藏	3232	3232					
陕 西	22152	6842		15310			
甘 肃	26253	12577		13676			
青 海	13062	2716	1328	9018			
宁 夏	4826	1410		3416			
新 疆	37648	34827		1580	1000	240	

3－4 续表2

米、面制品及食用油批发 单位:万元

地区	实收资本	国家资本	集体资本	法人资本	个人资本	港澳台资本	外商资本
全国	**234900**	**148320**	**3660**	**67857**	**9063**		**6000**
北京	9942			3392	550		6000
天津	2950		2950				
河北	1015	1015					
山西							
内蒙古	10120	2902		7218			
辽宁	26275	23213		2043	1020		
吉林	13185	13185					
黑龙江							
上海	12462	9992		1594	877		
江苏	1597	1597					
浙江	12462	9992		1594	877		
安徽	686	686					
福建	7873	7873					
江西	3109	3109					
山东	2337	2337					
河南	29297	23390	160	2743	3004		
湖北	1229	229			1000		
湖南	19349	14761		4588			
广东	39628	13103		26525			
广西							
海南							
重庆	13999	2558	550	9435	1456		
四川	15379	7594		7505	280		
贵州							
云南	6877	6877					
西藏							
陕西							
甘肃							
青海							
宁夏	1410	1410					
新疆	3721	2501		1220			

3－4 续表3

烟草制品批发 单位:万元

地区	实收资本	国家资本	集体资本	法人资本	个人资本	港澳台资本	外商资本
全 国	**1077818**	**548761**	**1328**	**527730**			
北 京	7772			7772			
天 津							
河 北	25912	12821		13091			
山 西	13622	3790		9832			
内蒙古	23004	5316		17688			
辽 宁	26133	10560		15572			
吉 林	10759	662		10097			
黑龙江	23097	4499		18598			
上 海	28494	28494					
江 苏	23477	23477					
浙 江	28494	28494					
安 徽	20905	12595		8310			
福 建	37412	11587		25825			
江 西	8631	3239		5392			
山 东	119617	119117		500			
河 南	102514	20980		81535			
湖 北	54377	23146		31232			
湖 南	44476	35812		8663			
广 东	29337	1387		27950			
广 西	21168	6718		14449			
海 南	17883	11104		6779			
重 庆	48676	48676					
四 川	43877	12214		31663			
贵 州	63287	36646		26641			
云 南	161152	36634		124518			
西 藏	3232	3232					
陕 西	20243	4933		15310			
甘 肃	21163	7587		13576			
青 海	13062	2716	1328	9018			
宁 夏	3416			3416			
新 疆	32627	32327		300			

3－4 续表4

纺织、服装及日用品批发　　单位:万元

地区	实收资本	国家资本	集体资本	法人资本	个人资本	港澳台资本	外商资本
全国	**1312547**	**392839**	**44686**	**427208**	**380375**	**14743**	**52696**
北京	93337	10456	1917	60768	5085	11107	4004
天津	3396	965		1000	1431		
河北	15695	4900	3750	1905	5100	40	
山西							
内蒙古	100			100			
辽宁	94311	18424		32077	43527		284
吉林	5685	5685					
黑龙江	8528			8528			
上海	139045	552	14255	57721	66518		
江苏	409175	296234	8672	36356	52613	300	15000
浙江	139045	552	14255	57721	66518		
安徽	19580	7729	1397	1412	6011	1971	1060
福建	79774			36252	39915		3608
江西							
山东	109071	11183		33445	40171		24272
河南	492	414	77				
湖北	1754	1000	64	690			
湖南	5008			4000	1008		
广东	173008	32383		86471	48360	1325	4469
广西	500				500		
海南							
重庆	600				600		
四川	11474	2362		8112	1000		
贵州							
云南							
西藏							
陕西	1668			650	1018		
甘肃	1300		300		1000		
青海							
宁夏							
新疆							

3－4 续表5

服装批发　　单位:万元

地区	实收资本	国家资本	集体资本	法人资本	个人资本	港澳台资本	外商资本
全国	**435744**	**63265**	**22326**	**183998**	**151246**	**3639**	**11270**
北京	22673	10083	1917	6838	1212	1973	650
天津	1000			1000			
河北	13850	4900	3750	60	5100	40	
山西							
内蒙古							
辽宁	2641	1778		101	478		284
吉林							
黑龙江	8528			8528			
上海	54366	552	5052	23973	24789		
江苏	71411	22137	6556	22338	10080	300	10000
浙江	54366	552	5052	23973	24789		
安徽	7500	1380		120	6000		
福建	69066			31840	37226		
江西							
山东	82937	10883		32745	38972		337
河南							
湖北	1000	1000					
湖南							
广东	44906	10000		32481	1100	1325	
广西							
海南							
重庆	500				500		
四川							
贵州							
云南							
西藏							
陕西							
甘肃	1000				1000		
青海							
宁夏							
新疆							

3-4 续表6

文化、体育用品及器材批发　　单位:万元

地区	实收资本	国家资本	集体资本	法人资本	个人资本	港澳台资本	外商资本
全国	**515012**	**361656**	**2390**	**107592**	**30797**	**11138**	**1440**
北京	32964	1908	2390	19671	115	8880	
天津	2001	2001					
河北	6742	1930		4812			
山西	13800	13800					
内蒙古	26514	26514					
辽宁	6957	2957		500	3500		
吉林	15075			14861	214		
黑龙江							
上海	83553	60000		19904	3649		
江苏	7762	2555			4000	1207	
浙江	83553	60000		19904	3649		
安徽	200			200			
福建	112003	109203		1500	1300		
江西	5045	5045					
山东	8592	4292		2710	150		1440
河南	11510	11510					
湖北	8181	5030		2101		1050	
湖南	4370	4370					
广东	33957	12737		11899	9321		
广西	18374	16374		1700	300		
海南							
重庆	12052	11622		20	410		
四川							
贵州	1861	1861					
云南	12000			7810	4190		
西藏							
陕西	2948	2948					
甘肃							
青海							
宁夏	2000	2000					
新疆	3000	3000					

3－4　续表7

医药及医疗器材批发　　　　　　　　　　　　　　　　　　单位:万元

地　区	实收资本	国家资本	集体资本	法人资本	个人资本	港澳台资本	外商资本
全　国	**963907**	**193466**	**28031**	**457046**	**222019**	**38381**	**24965**
北　京	122210	5093	1799	89942	12712		12664
天　津	22543	6959	751	14283	550		
河　北	57150	41014	67	8474	7595		
山　西	5748	112		5636			
内蒙古	3558			2382	1177		
辽　宁	13987			9256	4731		
吉　林	4800			2538	2063	200	
黑龙江	388				388		
上　海	71897	24177	99	26716	20905		
江　苏	51678	10602	12251	14610	12674		1541
浙　江	71897	24177	99	26716	20905		
安　徽	20951	11078	3632	1510	4731		
福　建	37874	9910	294	20914	6756		
江　西	55138	6032		24676	24430		
山　东	33102	8948	1732	14896	7526		
河　南	15495	57	26	10120	5293		
湖　北	35116			26414	8702		
湖　南	16688	6127		9555	1006		
广　东	171703	3254	695	72159	46654	38181	10760
广　西	4373		300	2853	1220		
海　南	1600			1300	300		
重　庆	45409	7658	6478	20620	10653		
四　川	26628	8305	165	4937	13222		
贵　州	8461			2762	5699		
云　南	30196	145		29052	1000		
西　藏							
陕　西	19867	18370	－356	1443	410		
甘　肃	5509	609		4180	720		
青　海							
宁　夏	636	636					
新　疆	9306	201		9105			

3－4　续表 8

矿产品、建材及化工产品批发　　单位:万元

地　区	实收资本	国家资本	集体资本	法人资本	个人资本	港澳台资本	外商资本
全　国	**11540310**	**5791126**	**179501**	**3873438**	**1101277**	**7640**	**587328**
北　京	3083847	74082	27643	2530522			451600
天　津	319814	307728		11028	1058		
河　北	44527	10946		31531	2050		
山　西	196970	39019	18139	132987	6825		
内蒙古	94521	64056	3494	18750	8222		
辽　宁	322166	111246	259	207091	3570		
吉　林	11420	6264	157	800	4200		
黑龙江	172934	111788		52606	8540		
上　海	577636	453897	13058	91622	19059		
江　苏	183035	109026	9923	4346	58705		1035
浙　江	577636	453897	13058	91622	19059		
安　徽	186025	143793		30411	11822		
福　建	487884	354576	11566	2875	36067		82800
江　西	89046	45348	5027	38671			
山　东	797892	37482	13672	22387	721328		3023
河　南	527020	509792	1500	14340	1388		
湖　北	262775	57215		187417	18143		
湖　南	328452	318861	457	500	8634		
广　东	2024677	1585599	25026	264503	105346	604	43600
广　西	21349	6981	1803	3031	2499	7036	
海　南	2000				2000		
重　庆	197318	153639	3843	17411	22426		
四　川	381497	308797	1602	68960	2138		
贵　州	117575	109485	8090				
云　南	13414	5571	621	1855	5367		
西　藏	9977	9977					
陕　西	62276	34488	1800	500	25488		
甘　肃	401052	391947	764	8239	102		
青　海	10188	500	302	2498	1618		5270
宁　夏	909	909					
新　疆	34478	－25781	17699	36936	5625		

3－4 续表 9

煤炭及制品批发 单位:万元

地区	实收资本	国家资本	集体资本	法人资本	个人资本	港澳台资本	外商资本
全 国	**269834**	**72506**	**43118**	**131630**	**21545**		**1035**
北 京	50061			50061			
天 津	1245			293	952		
河 北	12534			12534			
山 西	69985	38051	16113	12822	3000		
内蒙古	27308	4398		14910	8000		
辽 宁							
吉 林							
黑龙江	1500			60	1440		
上 海	500				500		
江 苏	12432	6863	2607		1928		1035
浙 江	500				500		
安 徽							
福 建							
江 西	15853			15853			
山 东	3755	516		989	2250		
河 南	10153	143		10010			
湖 北	4494	3339			1155		
湖 南							
广 东	30087		23378	6589	120		
广 西							
海 南							
重 庆	8401			6801	1600		
四 川	1020		1020				
贵 州	5000	5000					
云 南	1171	1071			100		
西 藏							
陕 西	12217	12217					
甘 肃	709			709			
青 海							
宁 夏	909	909					
新 疆							

3-4 续表10

石油及制品批发　　单位:万元

地　区	实收资本	国家资本	集体资本	法人资本	个人资本	港澳台资本	外商资本
全　国	**8070011**	**5517134**	**20348**	**2246021**	**148003**	**7036**	**131470**
北　京	1592990	46209	588	1546193			
天　津	296869	296869					
河　北	15617	10946		4671			
山　西	73022		1254	68558	3210		
内蒙古	61746	57490	417	3840			
辽　宁	114740	99259	65	14846	570		
吉　林	7064	6264		800			
黑龙江	154134	101588		52546			
上　海	469893	448997		19696	1200		
江　苏	130332	86132	500	300	43400		
浙　江	469893	448997		19696	1200		
安　徽	160225	143793		11970	4463		
福　建	411580	326655		2125			82800
江　西	73194	45348	5027	22818			
山　东	96780	36967	3000	16110	40703		
河　南	513228	508148	1207	3364	508		
湖　北	223491	53876		164627	4988		
湖　南	303517	301625		500	1392		
广　东	1870656	1551798		253963	21496		43400
广　西	17548	6481		3031	1000	7036	
海　南							
重　庆	155035	153029			2006		
四　川	288942	287270		612	1060		
贵　州	112575	104485	8090				
云　南	2000	1800	200				
西　藏	9977	9977					
陕　西	41821	21013			20808		
甘　肃	391947	391947					
青　海	7087	500		1318			5270
宁　夏							
新　疆	4111	-30326		34437			

3－4　续表 11

金属及金属矿批发　　　　单位:万元

地　区	实收资本	国家资本	集体资本	法人资本	个人资本	港澳台资本	外商资本
全　国	**2157751**	**115634**	**36087**	**1280556**	**725474**		
北　京	825295	26763		798532			
天　津	9806	9806					
河　北	910			860	50		
山　西	50375			50295	80		
内蒙古							
辽　宁	199465	4220		192245	3000		
吉　林	4200				4200		
黑龙江							
上　海	97693	4000	12958	67660	13075		
江　苏	27070	10425	3889	558	12197		
浙　江	97693	4000	12958	67660	13075		
安　徽	8500			6345	2155		
福　建	49649	13832			35817		
江　西							
山　东	583128		600	3528	579000		
河　南	1965	1000		965			
湖　北	19789			19789			
湖　南							
广　东	79878	23204		3300	53374		
广　西	1999	500			1499		
海　南							
重　庆	4443		3843	600			
四　川	83124	16624		66000	500		
贵　州							
云　南	3531		40	719	2772		
西　藏							
陕　西	8239	1259	1800	500	4680		
甘　肃							
青　海							
宁　夏							
新　疆	1000			1000			

3－4 续表 12

建材批发　　　　单位:万元

地　区	实收资本	国家资本	集体资本	法人资本	个人资本	港澳台资本	外商资本
全　国	**176045**	**39446**	**3278**	**23622**	**109700**		
北　京	18210	1110		17100			
天　津	160	64			96		
河　北	1516			1516			
山　西							
内蒙古	3078		3078				
辽　宁							
吉　林							
黑龙江	300				300		
上　海	1050	900	100		50		
江　苏	578	380		198			
浙　江	1050	900	100		50		
安　徽							
福　建	15089	14089		750	250		
江　西							
山　东	65835			1760	64075		
河　南	880				880		
湖　北							
湖　南	24137	17100			7037		
广　东	20000				20000		
广　西							
海　南							
重　庆	16810			10	16800		
四　川	5902	4902		838	162		
贵　州							
云　南	300			300			
西　藏							
陕　西							
甘　肃	1150			1150			
青　海							
宁　夏							
新　疆							

3－4　续表 13

化肥批发　　　　单位:万元

地　　区	实收资本	国家资本	集体资本	法人资本	个人资本	港澳台资本	外商资本
全　　国	**593015**	**17388**	**45658**	**34208**	**44161**		**451600**
北　　京	451600						451600
天　　津							
河　　北							
山　　西	1211		773		438		
内 蒙 古	2390	2168			222		
辽　　宁	194		194				
吉　　林	157		157				
黑 龙 江	17000	10200			6800		
上　　海							
江　　苏	1448	226	50	4	1168		
浙　　江							
安　　徽	17300			12096	5204		
福　　建	11566		11566				
江　　西							
山　　东	30772		10072		20700		
河　　南	293		293				
湖　　北	3000			3000			
湖　　南	662		457		205		
广　　东	822	249	568		5		
广　　西	1803		1803				
海　　南							
重　　庆	10000			10000			
四　　川	1390		582	392	416		
贵　　州							
云　　南	3412		381	836	2195		
西　　藏							
陕　　西							
甘　　肃	7246		764	6380	102		
青　　海	1384		302		1082		
宁　　夏							
新　　疆	29368	4545	17699	1500	5625		

3－4 续表 14

机械设备、五金交电及电子产品批发　　单位:万元

地　区	实收资本	国家资本	集体资本	法人资本	个人资本	港澳台资本	外商资本
全　国	**3576798**	**141825**	**157110**	**864015**	**385217**	**9596**	**2019034**
北　京	2286036	9620	2060	317507	20659	511	1935680
天　津	31797	7074		10448	6028		8247
河　北	58883	748	480	1700	55956		
山　西	3301	2001		900	400		
内蒙古	43508			6505	37003		
辽　宁	12948		100	3716	9082	50	
吉　林	8800		100	5260	3440		
黑龙江	397				397		
上　海	185044	7422	9496	92572	44360		31194
江　苏	104834	66095	120	22632	13041	746	2200
浙　江	185044	7422	9496	92572	44360		31194
安　徽	46434	3349		31448	11637		
福　建	20545	255	13453	2562	3158		1117
江　西	9882			9375	507		
山　东	162850	9364	113050	4828	35608		
河　南	10548	158		3330	6935		125
湖　北	20245	4695	50	5200	4600	4900	800
湖　南	750			500	250		
广　东	244663	8571	2996	146067	75693	2859	8477
广　西	4940			1903	3037		
海　南	200			190	10		
重　庆	7460	1533	4330	400	1197		
四　川	9795	5148	200	2600	1316	531	
贵　州	100		100				
云　南	62698	5151		57117	430		
西　藏							
陕　西	5261	3220	980	1061			
甘　肃	1818			730	1088		
青　海							
宁　夏	1100			1100			
新　疆	46919		100	41793	5025		

3－4　续表15

汽车、摩托车及零配件批发　　　　单位:万元

地区	实收资本	国家资本	集体资本	法人资本	个人资本	港澳台资本	外商资本
全　国	**471918**	**23360**	**4490**	**231984**	**122909**	**4900**	**84276**
北　京	119465			34014	1300		84151
天　津	13580	5000		8580			
河　北	55877		310	1200	54367		
山　西	1000			800	200		
内蒙古	41508			6505	35003		
辽　宁	2128			500	1628		
吉　林							
黑龙江							
上　海	53470	3918		47473	2079		
江　苏	1100	1100					
浙　江	53470	3918		47473	2079		
安　徽	18912			13004	5908		
福　建	500				500		
江　西	4800			4800			
山　东	5717	50		2801	2866		
河　南	1350			70	1155		125
湖　北	12000			5100	2000	4900	
湖　南							
广　东	14594		200	5480	8914		
广　西							
海　南							
重　庆	5700	1103	3000	400	1197		
四　川							
贵　州							
云　南	19151	5151		14000			
西　藏							
陕　西	5161	3120	980	1061			
甘　肃	1718			630	1088		
青　海							
宁　夏							
新　疆	40719			38093	2625		

3-4 续表 16

家用电器批发

单位:万元

地区	实收资本	国家资本	集体资本	法人资本	个人资本	港澳台资本	外商资本
全国	**1153375**	**45524**	**114596**	**35918**	**46508**	**1450**	**909380**
北京	907914			735	1865		905314
天津	2174	2074		100			
河北							
山西	300			100	200		
内蒙古							
辽宁	568				518	50	
吉林	8700		100	5160	3440		
黑龙江							
上海	18661			1997	16665		
江苏	46505	41950	120		2235		2200
浙江	18661			1997	16665		
安徽	19355	204		15646	3505		
福建	850	255		200	395		
江西	10			10			
山东	111427	200	110000	1227			
河南	100			100			
湖北	700	550	50	100			
湖南	150			150			
广东	13370	190	2796	6108	1010	1400	1866
广西	600			600			
海南	200			190	10		
重庆	1330		1330				
四川	200			200			
贵州	100		100				
云南							
西藏							
陕西	100	100					
甘肃	100			100			
青海							
宁夏	1100			1100			
新疆	200		100	100			

3－4　续表 17

计算机、软件及辅助设备批发　　　　单位：万元

地　　区	实收资本	国家资本	集体资本	法人资本	个人资本	港澳台资本	外商资本
全　　国	**100518**	**1170**		**75951**	**22604**	**531**	**263**
北　　京	39904	170		39734			
天　　津							
河　　北							
山　　西							
内 蒙 古							
辽　　宁	500				500		
吉　　林	100			100			
黑 龙 江							
上　　海	1310				1310		
江　　苏	22297	1000		21247	50		
浙　　江	1310				1310		
安　　徽	1000			1000			
福　　建	75				75		
江　　西	5072			4565	507		
山　　东							
河　　南	3000				3000		
湖　　北							
湖　　南	500			350	150		
广　　东	24420			8455	15702		263
广　　西							
海　　南							
重　　庆							
四　　川	1031			500		531	
贵　　州							
云　　南							
西　　藏							
陕　　西							
甘　　肃							
青　　海							
宁　　夏							
新　　疆							

3-4 续表 18

贸易经纪与代理

单位:万元

地 区	实收资本	国家资本	集体资本	法人资本	个人资本	港澳台资本	外商资本
全 国	**388835**	**233173**	**1780**	**145488**	**7895**	**50**	**450**
北 京	195308	50000		145308			
天 津							
河 北							
山 西							
内蒙古	5100	210	552		4339		
辽 宁	1500				1500		
吉 林							
黑龙江							
上 海							
江 苏							
浙 江							
安 徽							
福 建	23172	23172					
江 西							
山 东	1800	1350					450
河 南							
湖 北	158442	158442					
湖 南	180			180			
广 东	1839				1789	50	
广 西							
海 南							
重 庆							
四 川							
贵 州							
云 南	1494		1228		266		
西 藏							
陕 西							
甘 肃							
青 海							
宁 夏							
新 疆							

3－4　续表 19

其他批发　　　　单位:万元

地区	实收资本	国家资本	集体资本	法人资本	个人资本	港澳台资本	外商资本
全　国	**542923**	**206033**	**32761**	**280133**	**14732**		**9266**
北　京	231905		3800	223974	435		3697
天　津	4069		795	2615	660		
河　北	160	160					
山　西	1329	1083	200		46		
内蒙古	119300	119300					
辽　宁	5569						5569
吉　林							
黑龙江	585				585		
上　海	500				500		
江　苏	5550		4005	1250	295		
浙　江	500				500		
安　徽	744		500	244			
福　建	72100	72100					
江　西							
山　东	70536	10000	20000	35000	5536		
河　南	91		91				
湖　北	845	315	210	50	270		
湖　南	4042	3075			967		
广　东	14000		80	10000	3920		
广　西							
海　南							
重　庆	766		80		686		
四　川	332				332		
贵　州							
云　南	7000			7000			
西　藏							
陕　西	3000		3000				
甘　肃							
青　海							
宁　夏							
新　疆							

3－5 大中型批发业

农畜产品批发

地　区	营业收入合　计	主营业务收　入	主营业务成　本	主营业务税金及附加	主营业务利　润	其他业务利　润	营业费用
全　国	**3528544**	**3489110**	**3189184**	**2791**	**247333**	**20228**	**130826**
北　京	305764	301835	284234	50	17551	2080	13544
天　津	14799	14799	13784	1	1014	－80	620
河　北	73373	69373	66988	22	2362	1247	6937
山　西	13603	13558	13091		168	36	628
内蒙古	115566	114852	95098	138	19613	279	6762
辽　宁	137738	137602	126532		11070	175	6980
吉　林	63638	62648	60450	3	705	1350	4501
黑龙江	91173	89986	86186	34	2542	242	2439
上　海	36131	36082	34156	27	1899	109	3212
江　苏	37687	37687	32389	151	5021	39	2632
浙　江	36131	36082	34156	27	1899	109	3212
安　徽	116835	116285	96274	182	5945	570	7321
福　建							
江　西	64678	64678	63816	1	860	705	106
山　东	199809	199308	187732	194	10312	2713	3196
河　南	259105	257779	234173	319	22988	726	9501
湖　北	382528	382362	345978	783	29880	3408	15690
湖　南	60211	60211	58392	159	1660	378	670
广　东	42279	39602	32077	363	7163	239	1219
广　西	20800	20800	16682	80	2020	877	1526
海　南							
重　庆	8281	8281	7212		1069	－17	637
四　川	37898	37784	33114	11	4086	86	2766
贵　州	5940	5940	5680			298	55
云　南	495851	487830	450814	19	36997	－1134	10122
西　藏							
陕　西							
甘　肃	26713	26713	25912		335	210	467
青　海							
宁　夏							
新　疆	882013	867035	784266	228	60174	5582	26086

企业分行业损益及分配

单位:万元

管理费用	财务费用	营业利润	利润总额	应交所得税	劳动、失业保险费	住房公积金和住房补贴
162888	**145087**	**-137336**	**153427**	**21061**	**8352**	**4305**
34760	62630	-91303	135915	4253	2353	622
453	10	-149	-148		54	23
3505	2139	-8972	-6805	1	215	77
947	82	-1153	325	24	64	
3677	2774	6679	9295	70	715	870
2289	5995	-4019	-2273		156	21
3730	3369	-6796	-1698	8	107	37
3383	6516	-8197	-2931	22	212	
3428	1635	-6267	114	1	623	178
3375	1180	-1999	288	112	286	46
3428	1635	-6267	114	1	623	178
4729	3715	112	3237	21	485	207
808	1250	113	100			
4675	3648	3414	3378	509	432	789
12545	12554	-10586	8823	2041	622	207
8566	9896	123	-2147	278	378	92
1487	848	-967	-250	16		
4289	146	1806	3435	11	1	49
2935	1067	2524	716	242	33	371
683	572	-839	-19	15	41	18
2445	864	-1330	446	90	16	100
270	218	15	117		22	
31466	-199	-5526	-6728	12108		
383	336	-174	1		88	15
24632	22207	2422	10124	1239	828	405

3－5 续表 1

食品、饮料及烟草制品批发

地 区	营业收入合 计	主营业务收 入	主营业务成 本	主营业务税金及附加	主营业务利 润	其他业务利 润	营业费用
全 国	**64615695**	**64391536**	**50074355**	**225046**	**12593723**	**148312**	**2137114**
北 京	2119568	2078095	1790011	3388	284696	33913	169768
天 津	710352	709693	504597	3211	194575	933	18748
河 北	1734880	1734781	1354296	6939	349778	1567	34228
山 西	1571573	1571573	1134881	5878	353339	1221	24243
内蒙古	1086739	1068249	815928	4262	226792	779	28408
辽 宁	1707170	1705099	1333266	6884	328362	2428	45977
吉 林	859806	859774	665344	3084	170028	－153	17618
黑龙江	1022385	1022385	758928	4382	239595	－77	23522
上 海	4859302	4848896	4255356	12183	581356	13020	137057
江 苏	3996644	3995036	2723228	21437	988775	3865	72830
浙 江	4859302	4848896	4255356	12183	581356	13020	137057
安 徽	2322020	2317656	1659107	8228	532549	3508	62390
福 建	2926235	2910231	2313426	9213	587591	5670	38662
江 西	1577021	1573737	1167360	5353	325060	961	54437
山 东	4854501	4837596	3750838	19461	1015250	6082	248859
河 南	3226650	3219477	2638840	9007	571630	12127	77536
湖 北	1817785	1815619	1269028	9665	454123	1669	54783
湖 南	2718889	2711476	2127314	8347	575815	1617	76498
广 东	5593099	5586264	4635760	12447	928640	20106	157645
广 西	1042088	1041390	785878	4076	226123	1044	30884
海 南	384862	384862	344102	438	35697	126	5444
重 庆	1348816	1346693	1059019	5174	281233	2621	52797
四 川	3171926	3138969	2346064	13262	637799	3307	162026
贵 州	1796434	1793423	1289720	7234	464742	6957	108408
云 南	4799503	4770225	3218015	20801	1162944	8754	209224
西 藏	17020	17020	15175	13	1832	127	482
陕 西	1078595	1072841	836098	4244	227155	1086	55156
甘 肃	566944	566923	314236	2367	142063	1126	8658
青 海	296879	296879	247958	849	47474	118	2231
宁 夏	154633	154597	115429	572	37085	－102	3274
新 疆	394077	393183	349798	463	40266	894	18263

单位:万元

管理费用	财务费用	营业利润	利润总额	应交所得税	劳动、失业保险费	住房公积金和住房补贴
3080703	**-16076**	**8291320**	**8639814**	**2829935**	**282354**	**174000**
83263	9730	55848	96328	39464	8617	4008
106086	-183	78168	79310	32205	2254	1557
81142	-3191	248762	243735	82006	9049	4237
67791	-448	276668	276302	92107	3478	2711
49322	-15	163126	163339	51265	1774	1898
81442	827	240579	246676	82217	11437	5434
46898	746	122147	125414	45421	4656	2874
71870	-1	153477	163205	51068	5994	4203
103195	-1542	355667	377291	129050	10896	3452
134894	-23582	916752	912809	303983	17566	5652
103195	-1542	355667	377291	129050	10896	3452
107627	-7636	404028	409223	135458	14337	6608
148295	-4579	410883	447343	141859	11166	6349
51282	56	254280	230161	75646	6418	2757
241125	3878	577094	590260	172510	29583	23183
197703	13416	296999	311409	116703	19818	9435
140023	-6876	330689	348029	118720	10827	6968
164218	230	336486	320917	109860	20206	6570
202870	6490	592708	652074	174388	14742	10429
70441	-30	148615	144030	48470	2778	4597
19314	221	13591	13762	2202	1555	820
104608	219	127397	157360	53155	13154	5694
92095	4061	486873	508713	161058	14164	8089
158281	879	236486	269366	78126	10107	16531
350610	-5314	780478	840137	294155	19305	17287
790	30	657	657	90		
40209	-248	144201	147412	47647	2667	6518
38292	-1216	99737	102497	34123	1894	1408
9209	-978	37729	37821	12519	689	349
7304	-62	27977	28107	10105	761	278
7310	584	17554	18836	5307	1568	653

3－5 续表2

米、面制品及食用油批发

地区	营业收入合计	主营业务收入	主营业务成本	主营业务税金及附加	主营业务利润	其他业务利润	营业费用
全国	**1883900**	**1870974**	**1749936**	**896**	**112772**	**10616**	**76879**
北京	389758	389413	344878	142	44393	210	21847
天津	6870	6870	6517	2	207	134	145
河北	21315	21280	20458	1	821	30	996
山西							
内蒙古	24581	24581	20274		1838	38	532
辽宁	120121	119008	114156	3	4850	879	4034
吉林	38612	38580	35972	3	2605	98	3266
黑龙江							
上海	224728	223909	211949	1	11960	768	7189
江苏	18952	18952	18772		46	573	305
浙江	224728	223909	211949	1	11960	768	7189
安徽	9452	9452	9209		167	8	252
福建	31720	31063	30435	17	611	531	781
江西	42542	42542	41232		837	224	657
山东	27870	27867	20370	45	5585	134	2003
河南	125032	119993	115891	4	4098	1790	4320
湖北	10470	10470	10388		－288		370
湖南	107781	105282	98129	58	7095	810	3780
广东	130265	130265	124231	449	5585	2005	9243
广西							
海南							
重庆	227127	226806	218113	116	7309	550	5841
四川	48554	48554	47825	41	120	394	1062
贵州							
云南	36406	35407	33852	14	1541	554	1880
西藏							
陕西							
甘肃							
青海							
宁夏	6472	6437	6285	1	151	－144	182
新疆	10545	10335	9050		1285	265	1006

单位:万元

管理费用	财务费用	营业利润	利润总额	应交所得税	劳动、失业保险费	住房公积金和住房补贴
66086	**43304**	**-54449**	**17472**	**3368**	**7141**	**2512**
13942	5562	3253	5588	1830	710	204
654	57	-370	13	5	77	12
885	405	-1435	120	5	133	32
956	400	-12	233		9	48
4597	3055	-4509	149	-169	465	136
2398	1235	-4196	-148		315	46
4010	1482	48	2672	272	904	221
1204	419	-1175	4		294	35
4010	1482	48	2672	272	904	221
294	296	-359	4		31	3
1762	1700	-3102	65	22	180	105
1126	1525	-1420	94		147	
1771	2501	1310	1310		309	258
5084	12369	-14503	1547	115	295	177
514	1641	-2443	76		3	
5312	1181	-2367	-411	294	4	38
7881	3259	-12598	3920	466	834	593
4284	1951	-3049	940	213	840	183
2562	988	-3511	-1909	34	405	80
1305	980	-2071	1067	8	174	50
357	432	-965	-601		2	15
1180	386	-1022	67		109	55

3－5 续表3

烟草制品批发

地区	营业收入合计	主营业务收入	主营业务成本	主营业务税金及附加	主营业务利润	其他业务利润	营业费用
全国	**51261384**	**51131977**	**38558640**	**196581**	**10966653**	**59819**	**1255317**
北京	736028	734007	653395	1366	79246	1729	3475
天津	545614	545614	425424	1898	114334	71	3958
河北	1606115	1606115	1257995	6580	327923	1158	20690
山西	1488581	1488581	1058958	5766	348276	438	22379
内蒙古	928508	911743	703291	3689	187278	534	12097
辽宁	1539280	1539118	1173922	6731	322320	753	41444
吉林	816561	816561	626835	3051	165358	－263	13606
黑龙江	1013787	1013787	752240	4350	237717	－82	22832
上海	3068229	3067607	2621878	8749	436980	3064	43644
江苏	3733990	3733990	2504539	20159	950674	1704	56081
浙江	3068229	3067607	2621878	8749	436980	3064	43644
安徽	2046490	2044843	1435990	8163	496026	1569	31295
福建	2245663	2231016	1668957	8643	553415	3495	11959
江西	1386124	1382856	1008755	4374	305294	728	47799
山东	3062895	3047043	2287131	13470	716670	3553	104891
河南	2764862	2762909	2227198	8382	527329	10106	67272
湖北	1780003	1777837	1243739	9483	443429	1462	49057
湖南	2323728	2319365	1797290	7650	514425	714	62750
广东	2932260	2930841	2290957	9295	622433	3226	17391
广西	1028437	1027739	777618	3875	222578	1040	28735
海南	384862	384862	344102	438	35697	126	5444
重庆	1049022	1047867	793704	4587	249576	1155	37987
四川	2762339	2737969	2024277	11569	569719	2498	117790
贵州	1772550	1769538	1271701	7148	459942	6901	106591
云南	4721912	4693634	3150331	19973	1154866	8130	201853
西藏	17020	17020	15175	13	1832	127	482
陕西	1071550	1065866	831564	4214	224744	1016	54198
甘肃	553188	553170	303595	2337	140027	1049	6515
青海	296879	296879	247958	849	47474	118	2231
宁夏	148161	148161	109144	572	36934	42	3092
新疆	368519	367834	329105	459	37160	595	14139

单位:万元

管理费用	财务费用	营业利润	利润总额	应交所得税	劳动、失业保险费	住房公积金和住房补贴
2587405	**-95692**	**7971821**	**8191526**	**2710569**	**239526**	**157217**
27793	-173	49881	50465	17325	2871	696
24731	-1109	90784	91076	31796	421	951
75724	-3680	244665	241843	81155	8563	3982
62716	-979	274833	272376	91440	3359	2670
45559	-1168	144073	144135	47221	1147	1629
75453	-2597	244917	246353	82328	10827	5242
43654	-471	125840	125053	45421	4194	2800
70817	6	153296	163005	50994	5939	4180
71192	-6592	331801	341993	119715	6609	2440
119586	-25826	907795	905134	302785	15426	5079
71192	-6592	331801	341993	119715	6609	2440
98176	-9278	394122	399108	134362	12189	6444
135294	-6892	416550	452225	140886	10074	5297
46269	-1930	247090	219826	72892	5926	2599
176490	-4807	484769	496090	155359	26827	22071
178235	743	291701	292144	109913	18279	8712
135589	-8685	331385	346368	118163	10184	6621
147199	-916	306107	288618	99094	19059	5747
123177	-5070	498496	534243	149365	6860	7349
68236	-616	147857	142780	48387	2653	4544
19314	221	13591	13762	2202	1555	820
89279	-2005	125470	151204	52065	10378	4820
79589	1055	466853	488386	156561	13377	7472
155502	788	235338	268133	77698	9760	16378
347287	-6302	783458	840367	294147	19131	17237
790	30	657	657	90		
39323	-264	143578	146326	47464	2651	6438
37400	-1214	99613	102407	34102	1816	1368
9209	-978	37729	37821	12519	689	349
6947	-494	28942	28708	10105	759	262
5685	103	18834	18934	5301	1393	581

3－5 续表4

纺织、服装及日用品批发

地区	营业收入合计	主营业务收入	主营业务成本	主营业务税金及附加	主营业务利润	其他业务利润	营业费用
全国	**22698017**	**22321080**	**19861077**	**23691**	**2331981**	**39875**	**836351**
北京	777962	739095	552792	552	185751	7430	102482
天津	88297	87932	79828	73	4424	632	4162
河北	176684	175537	161241	167	13182	958	6888
山西							
内蒙古	7101	7101	5671	4	311		109
辽宁	215786	214462	197663	200	16600	1393	6466
吉林	33771	33771	32024	4	1540	68	203
黑龙江	59560	59560	54557	40	4963		1465
上海	2800932	2796329	2635053	1419	159857	2949	73404
江苏	6319769	6038213	5072615	6807	951981	9415	216779
浙江	2800932	2796329	2635053	1419	159857	2949	73404
安徽	1165778	1139823	953890	95	153940	431	118329
福建	2430249	2430249	2351363	1964	76922	477	52395
江西							
山东	1993968	1993541	1669954	7779	263773	4676	36512
河南	10865	10865	8818	17	2029	52	379
湖北	42992	42992	35748	66	2955	36	1378
湖南	38472	38357	36030	24	2303	116	1129
广东	3598318	3580650	3255515	2911	320170	7264	136219
广西	7819	7514	6987	11	254	284	264
海南							
重庆	21615	21615	19907	26	1683	95	1177
四川	35061	35061	28233	84	5792	134	179
贵州							
云南							
西藏							
陕西	56506	56503	53443	25	3035	410	2550
甘肃	15581	15581	14692	6	659	107	479
青海							
宁夏							
新疆							

单位:万元

管理费用	财务费用	营业利润	利润总额	应交所得税	劳动、失业保险费	住房公积金和住房补贴
678698	**77080**	**817653**	**1094371**	**227098**	**31614**	**13299**
64310	392	25997	26112	9232	4496	896
2997	417	819	818	270	198	64
6213	980	486	-1472	14	190	156
303		9	9	2		
16938	2650	-8061	165152	2710	673	209
280	1399	-70			24	9
613	313	2572	3063			
43071	8987	37344	53196	12761	4482	1272
366379	24065	372351	418633	138347	7496	3629
43071	8987	37344	53196	12761	4482	1272
21175	-562	15760	20744	3620	2508	1796
7010	13264	4730	25108	1364	452	232
37964	11950	191284	191461	5459	1518	925
614	-5	1093	139	59	46	16
1071	184	368	366		43	
840	9	440	-3	33	4	
62811	2941	130920	134324	39255	4900	2754
268	4	265	263	3	40	
363	76	214	214	71	22	
1286	987	3549	2807	1056	33	53
558	39	298	301	81	4	6
566	4	-58	-59	1	4	11

3－5 续表5

服装批发

地　区	营业收入合计	主营业务收入	主营业务成本	主营业务税金及附加	主营业务利润	其他业务利润	营业费用
全　国	**10955968**	**10903889**	**9631647**	**13751**	**1169605**	**17490**	**406679**
北　京	484954	453129	300001	215	152913	3203	81221
天　津	58952	58952	52513		3409	4	3030
河　北	157268	156807	142828	156	12876	318	6659
山　西							
内蒙古							
辽　宁	41353	41353	37337	5	4011	36	1799
吉　林							
黑龙江	59560	59560	54557	40	4963		1465
上　海	1693427	1691402	1596463	709	94230	1635	44183
江　苏	1004241	1004172	699136	494	302437	586	93629
浙　江	1693427	1691402	1596463	709	94230	1635	44183
安　徽	167967	166908	123891	20	11099		5901
福　建	2164856	2164856	2099050	1926	63880		44477
江　西							
山　东	1895645	1895645	1581806	7566	256273	4658	30297
河　南							
湖　北	25446	25446	23148	51	2247		1104
湖　南							
广　东	1494446	1479832	1311471	1847	165830	5310	47831
广　西							
海　南							
重　庆	7245	7245	6234	13	997		677
四　川							
贵　州							
云　南							
西　藏							
陕　西							
甘　肃	7182	7182	6749		209	107	224
青　海							
宁　夏							
新　疆							

单位:万元

管理费用	财务费用	营业利润	利润总额	应交所得税	劳动、失业保险费	住房公积金和住房补贴
246355	**35697**	**527610**	**555079**	**119628**	**13345**	**6438**
52594	-363	22665	22757	8085	2765	694
1996	430	718	717	237	137	38
5521	979	461	-1497	6	123	148
1545	215	489	527	73	189	61
613	313	2572	3063			
23429	2260	25993	28701	7530	2383	797
64198	7278	152295	154724	57749	1328	1037
23429	2260	25993	28701	7530	2383	797
3147	-50	2100	2507	827	267	119
4030	12491	2883	22657	798	394	208
34827	11195	191821	191855	5419	1083	812
733	153	257	257			
29814	-1462	99206	99955	31305	2269	1723
86	24	210	210	70	22	
394	-25	-54	-54		1	5

3－5 续表6

文化、体育用品及器材批发

地区	营业收入合计	主营业务收入	主营业务成本	主营业务税金及附加	主营业务利润	其他业务利润	营业费用
全国	**4711827**	**4687631**	**4130971**	**7817**	**484624**	**25537**	**219257**
北京	348504	344783	244832	546	99406	2447	44848
天津	12759	12759	10758	23	1979		938
河北	77999	77999	69538	83	8378	32	1590
山西	58044	57933	50135	50	4307	110	3441
内蒙古	30194	30194	23755	28	1839	560	495
辽宁	89490	87056	77410	1668	5533	2614	4326
吉林	43495	43495	37021	79	5639	1	4081
黑龙江							
上海	956955	952888	890855	542	61491	4433	29287
江苏	360616	360616	319569	1372	39674	1269	23385
浙江	956955	952888	890855	542	61491	4433	29287
安徽	8007	8007	7326	33	648	0	1411
福建	135386	135119	122038	268	12814	215	5903
江西	41740	41740	37307	58	4375		795
山东	232295	229219	203743	467	20981	555	7549
河南	151887	151767	133860	266	17641	419	5058
湖北	105701	105701	95957	153	9591	494	3503
湖南	152778	152734	136885	258	15591	230	3561
广东	449933	447541	416919	378	28003	3074	14369
广西	124110	124110	84204	204	15284	490	8989
海南							
重庆	111711	108279	72993	318	34968	3036	16618
四川							
贵州	47622	47455	41808	55	5593	167	1174
云南	47737	47655	33595	226	13834	386	3464
西藏							
陕西	81854	81639	74371	92	7175	226	2712
甘肃							
青海							
宁夏	8098	8098	7063	10	1026	59	366
新疆	77958	77958	48177	100	7364	287	2106

单位:万元

管理费用	财务费用	营业利润	利润总额	应交所得税	劳动、失业保险费	住房公积金和住房补贴
197964	**11155**	**91384**	**109175**	**21127**	**16020**	**6673**
36732	-163	20437	24510	6468	1942	760
884	12	145	145	48	187	39
6056	-113	876	871	308	818	138
3807	127	482	453	150	495	193
1816	322	1235	1235		16	94
3993	1402	871	1203	89	337	152
504	88	1091	1517	545	241	153
22414	1608	12615	15357	2388	1564	669
13382	-322	4499	9732	136	1074	47
22414	1608	12615	15357	2388	1564	669
759	25	-1547	-1547			
5352	301	1473	532	123	508	194
3212	-85	452	745		16	48
9885	827	3283	3401	949	1016	434
5146	124	7732	7829	2584	210	90
4692	5	1886	1862	596	795	243
8133	115	4011	3914	64	253	259
14764	709	3347	3410	373	983	464
4497	1191	1096	2550	1	511	289
14630	1820	4937	4971		2405	807
3188	346	1051	1136	375	392	475
3533	1289	5934	6348	1919	100	11
3602	-197	1284	1292	709	115	292
621	22	77	77	11	60	20
3948	94	1503	2276	904	418	133

3－5 续表7

医药及医疗器材批发

地区	营业收入合计	主营业务收入	主营业务成本	主营业务税金及附加	主营业务利润	其他业务利润	营业费用
全国	**18129690**	**18078053**	**16763129**	**19558**	**1208984**	**77728**	**749412**
北京	1731037	1717332	1541063	1978	174291	12745	99989
天津	937034	936716	894725	804	40958	331	15166
河北	876149	876049	836396	1277	34199	1874	20479
山西	50132	50132	41771	138	7961	67	6951
内蒙古	41734	41734	38010	80	3644	355	1605
辽宁	248853	248642	236708	165	9242	589	3828
吉林	141423	139323	121953	259	16488	76	16062
黑龙江	9363	9363	8491	23	850		334
上海	1403352	1399644	1305774	1994	91876	4484	46272
江苏	1021671	1020289	855148	1268	157226	3299	125576
浙江	1403352	1399644	1305774	1994	91876	4484	46272
安徽	1231267	1230678	1193805	545	31169	777	14312
福建	533572	518855	491329	585	26940	1425	12239
江西	568651	567450	488229	1280	76304	1224	63333
山东	1254907	1251686	1193583	885	50855	3418	26074
河南	322957	322897	315174	149	7574	529	2644
湖北	594413	594221	571822	448	21798	2878	10407
湖南	455178	453430	431997	475	20959	1562	13470
广东	2394327	2391875	2127407	2350	213907	31219	153085
广西	136347	136322	126509	171	5396	165	2640
海南	41633	41633	36150	74	4778		3966
重庆	926823	926194	880365	1016	41921	1932	16232
四川	849105	847790	823623	762	21979	2922	12806
贵州	83700	83700	79200	114	4100	288	1025
云南	412298	412247	378249	419	33579	96	24069
西藏							
陕西	236608	236404	227550	160	8465	306	5215
甘肃	79675	79675	76935	44	2016	11	1626
青海							
宁夏	9317	9317	8204	22	1091	56	648
新疆	134813	134813	127187	82	7544	618	3088

单位:万元

管理费用	财务费用	营业利润	利润总额	应交所得税	劳动、失业保险费	住房公积金和住房补贴
357196	**151403**	**181220**	**254867**	**66600**	**32558**	**10868**
49603	9660	27785	61706	17348	5322	2547
13229	79712	11678	12736	4770	1034	992
11257	3562	782	2451	655	1018	328
1228	259	-149	-135	76	22	
757	930	706	706			
3560	923	4069	4033	1392	139	30
1485	97	-1079	-1069	134	27	1
201	22	295	86	19	2	
30010	7320	12767	15311	5021	3642	1308
39609	3704	-3441	-3307	2449	3284	580
30010	7320	12767	15311	5021	3642	1308
12801	995	5439	5081	2374	957	267
11113	3356	1656	5533	1403	1620	345
7237	2642	6036	5698	1644	494	88
19218	6727	11149	13705	3721	1479	295
2523	435	2501	2423	490	64	3
8062	3044	3319	3246	1162	405	32
5667	421	2964	2989	579	308	14
57894	9751	69658	80659	13643	4653	1982
2986	477	1761	3473	1180	97	101
617	-160	985	984	132	70	2
20128	6987	3383	15180	762	2081	104
9893	1439	2322	2452	677	843	173
1583	461	1604	2095	628	125	16
5857	790	3017	3665	1240	524	186
7546	-405	-3351	-3366	61	562	131
899	556	-374	22	12	51	2
506	199	-206	41	8	62	31
1717	179	3178	3160		31	4

3－5 续表 8

矿产品、建材及化工产品批发

地区	营业收入合计	主营业务收入	主营业务成本	主营业务税金及附加	主营业务利润	其他业务利润	营业费用
全国	**201146942**	**200651954**	**189610609**	**289274**	**10098714**	**157639**	**4589204**
北京	32829089	32802668	31326941	61445	1414283	13763	651986
天津	14929435	14915027	14382105	11645	521277	7089	74046
河北	3314920	3314445	3061132	4329	245522	－1615	123181
山西	6223271	6141321	5551839	15935	473295	24223	161004
内蒙古	1871816	1871210	1658704	7936	180909	1950	108930
辽宁	23936061	23923558	23147351	12439	745776	4052	489611
吉林	1407323	1407216	1259373	1662	136493	823	76596
黑龙江	4694397	4685195	4325767	3079	288056	2329	160046
上海	12532120	12502840	11934474	9933	558434	18068	157343
江苏	9590034	9575294	9019331	9972	543599	15558	243628
浙江	12532120	12502840	11934474	9933	558434	18068	157343
安徽	3067349	3066005	2875952	2390	159642	1282	68413
福建	4192948	4183528	3906059	23005	254464	8526	85425
江西	1598786	1598733	1376715	1904	194427	－120	41449
山东	5117809	5030302	4652370	17482	336116	7517	212305
河南	6364025	6354216	5886522	7194	460501	－5347	224900
湖北	3027240	3024358	2777480	4876	164776	2934	94453
湖南	2632409	2631534	2423340	4007	204187	110	90066
广东	24505564	24465170	23139910	43429	1249334	16726	337838
广西	852668	850939	784252	890	64797	481	46750
海南	21804	21785	20366	5	1414	18	363
重庆	2090915	2084743	1933144	7291	142058	39	92559
四川	6114098	6101237	5654672	17071	402135	8272	260364
贵州	1054334	1054230	934616	1368	69218	－710	39279
云南	230185	228741	213792	753	12698	2177	6712
西藏	10404	10404	7798	26	2408		894
陕西	3521485	3519236	3213270	3047	200650	566	110605
甘肃	6903764	6880281	6619198	1702	243443	9049	277061
青海	627812	565383	505837	775	43139	2074	27032
宁夏	7049	7030	3862	162	3004	22	1982
新疆	5345708	5332487	5079965	3591	224226	－283	167039

单位:万元

管理费用	财务费用	营业利润	利润总额	应交所得税	劳动、失业保险费	住房公积金和住房补贴
1687826	**450195**	**3964845**	**4234053**	**1071673**	**131149**	**85287**
228687	58122	505670	684870	151823	10935	10349
31487	8907	419385	419626	136063	1196	2210
37097	2252	90330	80934	6797	2741	1189
152905	17034	204673	200918	56413	20019	1693
9199	4546	82669	84820	10472	2419	4231
70390	24919	183501	182218	34484	9301	4670
3485	9978	54290	61166	2136	5348	3412
39719	20038	87617	91701	18040	7645	4661
150430	24329	244399	273533	79543	3193	3384
84423	31541	202097	212614	68397	6580	2901
150430	24329	244399	273533	79543	3193	3384
27253	10044	83629	80803	20070	1864	782
44620	2180	130764	204959	58349	1982	858
16353	1713	153759	149015	25893	594	612
61631	22608	81960	86711	8520	3232	2025
78505	15968	143145	112967	18421	4984	2390
52976	8924	14369	9167	15578	3091	1842
47600	5558	61073	59788	35567	895	1095
224606	65609	710611	693774	195850	13154	15939
7311	2349	11007	10276	2158	151	232
1023	-156	202	173	43	69	
11172	7244	35661	36636	3159	3783	2421
27604	23379	140093	138849	20114	13057	7151
9677	2462	33806	32707	1321	544	271
5004	1143	3518	3690	665	482	212
519		995	995			
67788	18088	61912	65784	16865	3828	1969
17869	23390	-62738	-62838	2091	1128	514
12229	1930	7393	7180	403	1751	965
588	-15	470	463	163	7	24
15248	11782	34185	37019	2736	3982	3903

3－5 续表9

煤炭及制品批发

地 区	营业收入合计	主营业务收入	主营业务成本	主营业务税金及附加	主营业务利润	其他业务利润	营业费用
全 国	**9905940**	**9868570**	**9078378**	**33817**	**677964**	**20783**	**254486**
北 京	4062197	4060674	4006817	700	53157	365	18210
天 津	5180	5180	4501	23	657		235
河 北	54083	54065	46488	259	7282	306	1814
山 西	3820998	3790985	3334173	14324	381923	17507	120466
内蒙古	705219	705201	603788	5530	79225		34847
辽 宁							
吉 林							
黑龙江	43239	43239	38446	216	4063	－17	1001
上 海	11629	11629	10393	35	1201	71	497
江 苏	117736	117452	102011	281	14879	163	4529
浙 江	11629	11629	10393	35	1201	71	497
安 徽							
福 建							
江 西	19950	19950	19258		413	280	
山 东	52719	52719	45374	290	7055	391	3620
河 南	187750	187275	137906	479	48890	174	38008
湖 北	31647	31231	28807	61	2363	366	1168
湖 南							
广 东	564255	563730	513108	10471	40151	103	6583
广 西							
海 南							
重 庆	23427	19771	17709	37	1989		2449
四 川	47785	47363	44717	－62	2707	365	1895
贵 州	25893	25893	22883	111	2899		1417
云 南	48122	48122	46703	306	1075	612	37
西 藏							
陕 西	58888	58888	34629	484	23776	4	15231
甘 肃	6545	6545	6414	77	55		
青 海							
宁 夏	7049	7030	3862	162	3004	22	1982
新 疆							

单位:万元

管理费用	财务费用	营业利润	利润总额	应交所得税	劳动、失业保险费	住房公积金和住房补贴
206528	**29493**	**251440**	**424079**	**84734**	**23981**	**4837**
13670	-267	21909	186520	18396	2147	592
239	123	60	60	20	35	
3521	83	2207	2221	850	67	57
139234	22607	142200	143060	46905	19127	1229
8085	841	51450	52625	8264	433	1742
1422	1	2204	3247	1128	143	
578	179	18	126	27	95	23
4601	852	5472	5781	1926	138	50
578	179	18	126	27	95	23
1059	1690	-2057	-945		66	58
1730	1231	1160	1160	159	56	19
4387	-71	6741	7502	2436	822	184
925	-45	682	1108	363	84	19
17959	897	14815	11763	1702	159	396
326	684	-706	-388	12	5	4
1683	111	-617	-614	19	108	67
1136	-16	362	23	146	180	52
1253	179	254	261		101	66
3553	256	4740	9931	2174	107	160
	-3	58	51	19	7	72
588	-15	470	463	163	7	24

3－5 续表10

石油及制品批发

地 区	营业收入合 计	主营业务收 入	主营业务成 本	主营业务税金及附加	主营业务利 润	其他业务利 润	营业费用
全 国	**139096962**	**138860514**	**131021426**	**135615**	**7213613**	**67185**	**3452459**
北 京	11249460	11232065	10534772	3884	693409	6572	422916
天 津	13741825	13727416	13228827	11108	487482	5265	61712
河 北	3022608	3022268	2795750	3412	222410	－2419	111938
山 西	804041	804017	719268	1177	62562	232	20630
内蒙古	1130564	1129977	1021774	2341	98859	1525	73214
辽 宁	18391020	18382401	17785383	8298	575832	829	429055
吉 林	1350638	1350530	1218185	1060	124676	821	73402
黑龙江	3940942	3933644	3633088	2841	229937	442	137379
上 海	7422077	7398934	7004710	7961	386263	11120	70226
江 苏	7396691	7388262	6964234	8396	413612	8548	182736
浙 江	7422077	7398934	7004710	7961	386263	11120	70226
安 徽	1764468	1763259	1610773	2038	122426	1093	52440
福 建	2680403	2672515	2454481	4333	213701	7145	63312
江 西	1578835	1578782	1357457	1904	194014	－399	41449
山 东	2019000	2018346	1899743	2466	104501	740	48959
河 南	6136499	6127873	5712837	6536	408500	－6267	185485
湖 北	2205640	2205447	1984100	4503	139929	1833	84931
湖 南	2407121	2406258	2210163	3631	192464	91	83992
广 东	22305479	22287370	21303526	24207	947997	10707	293572
广 西	804751	803022	740499	773	60751	234	45776
海 南							
重 庆	1214155	1212972	1094496	2089	115328	－706	84911
四 川	4153162	4148279	3779503	15253	336546	769	234604
贵 州	1028442	1028338	911734	1257	66319	－710	37862
云 南	68968	68968	64103	60	4804		3463
西 藏	10404	10404	7798	26	2408		894
陕 西	2351224	2349454	2103715	2220	141251	261	83746
甘 肃	6828928	6814694	6561878	1617	241198	6954	276274
青 海	579886	517490	461870	746	39242	1973	24684
宁 夏							
新 疆	5087654	5078596	4852049	3520	200930	－587	152671

单位:万元

管理费用	财务费用	营业利润	利润总额	应交所得税	劳动、失业保险费	住房公积金和住房补贴
965019	**234304**	**2872909**	**2876489**	**791094**	**84603**	**62619**
83329	14357	182700	173422	54310	3233	6613
21818	4050	410624	410812	133539	149	1466
25928	454	87259	74328	5699	2338	995
7962	4203	31505	27365	5459	845	232
-406	3370	30694	31565	1958	1972	2453
42104	22759	96228	91630	9722	7735	3770
1664	6382	47806	48510	23	5331	3412
34348	8812	66293	69333	13685	7501	4540
117541	5518	204098	210285	64002	1161	2561
49882	13375	178187	185976	62882	3569	2296
117541	5518	204098	210285	64002	1161	2561
18574	517	80403	75083	18442	1443	580
32486	2377	122672	190887	57342	1069	684
15293	24	155815	149959	25893	529	554
18245	1587	55925	58269	6864	2501	1640
72509	15940	135663	104725	15810	4138	2147
46966	6273	6293	650	13739	2302	1551
41463	2111	64990	64356	35441	345	977
137596	49954	526772	516502	163130	11210	7292
6631	1806	8902	8769	2149	106	188
2448	3584	25467	26172	1306	3354	2051
15527	18340	92922	92418	15540	12201	6877
8541	2479	33445	32684	1175	365	219
330	69	943	943		126	21
519		995	995			
9976	11024	40987	40101	14170	3719	1809
15238	22752	-63021	-63114	2037	1063	442
10830	1310	7761	6634	203	1751	927
10135	5362	36486	36946	2576	3388	3761

3－5 续表 11

金属及金属矿批发

地 区	营业收入合计	主营业务收入	主营业务成本	主营业务税金及附加	主营业务利润	其他业务利润	营业费用
全 国	**37571529**	**37369361**	**35920901**	**63343**	**1355371**	**47420**	**407950**
北 京	12324832	12319515	11923098	33697	362720	4965	82162
天 津	892027	892027	874018	150	17860	23	5397
河 北	51459	51459	48450	81	2929	193	1139
山 西	1438911	1387036	1349038	404	26025	6389	12729
内蒙古							
辽 宁	5460052	5456167	5282025	4081	169356	3223	60350
吉 林	53552	53552	38176	481	11818	1	3155
黑龙江							
上 海	4002554	3998228	3866690	1459	130080	3329	56555
江 苏	1630286	1625268	1541393	1057	82818	3773	39657
浙 江	4002554	3998228	3866690	1459	130080	3329	56555
安 徽	748987	748987	733059	336	15592	51	6148
福 建	1111641	1111641	1090268	87	21286		11040
江 西							
山 东	865546	778776	737594	9412	28327	5535	15946
河 南	21387	20680	19210	67	1403	707	603
湖 北	555354	553082	541842	162	10767	665	3963
湖 南							
广 东	1105756	1084891	837775	7813	239257	4860	14731
广 西	33724	33724	32280	81	1363	212	237
海 南							
重 庆	246761	246062	240319	127	5396	673	2440
四 川	1867674	1861395	1790084	1759	59180	6817	21676
贵 州							
云 南	31431	31329	28677	257	2395	455	1110
西 藏							
陕 西	1111373	1110893	1074926	343	35624	301	11628
甘 肃	9249					1920	
青 海							
宁 夏							
新 疆	6420	6420	5292	31	1096		730

单位:万元

管理费用	财务费用	营业利润	利润总额	应交所得税	劳动、失业保 险 费	住房公积金和住房补贴
362065	**100695**	**618552**	**667451**	**140690**	**12048**	**12924**
96609	17519	171396	182271	50326	2863	1376
4484	3215	4788	4813	1588	557	398
1032	360	590	662	218	62	
3726	-10601	30966	29938	3862	17	33
23956	2177	86804	90123	24760	1307	799
1674	3544	6601	12685	2113	18	
27851	19900	29103	49483	11041	1549	475
20913	13076	12945	14418	2029	1292	325
27851	19900	29103	49483	11041	1549	475
4034	4192	1270	1368	428	244	134
7316	-3137	6067	10363	224	234	125
12815	4206	8707	8707	1000	237	25
1075	26	406	406	131	7	46
2641	1172	3967	3891	1475	612	260
57112	12352	159969	144728	25100	846	8194
481	26	839	242	9	22	43
2317	1032	391	402	127	28	30
8927	4485	47864	47041	4507	601	175
980	491	270	315	96		
54259	6809	16185	15753	521	3	
1862	-46	104	103			
150	-2	218	256	95	2	11

3－5　续表 12

建材批发

地　区	营业收入合　计	主营业务收　入	主营业务成　本	主营业务税金及附加	主营业务利　润	其他业务利　润	营业费用
全　国	**1918957**	**1913473**	**1671595**	**10948**	**223981**	**8726**	**162745**
北　京	79797	79221	73350	130	5741	524	4932
天　津	4462	4462	4028	9	425		208
河　北	11553	11553	9756	88	1709		628
山　西							
内蒙古	18840	18840	17947	36	857	443	456
辽　宁							
吉　林							
黑龙江	26085	25729	22384	23	3322	356	439
上　海	20115	18304	16940	155	1209	1811	2144
江　苏	34361	34361	23304	173	10885	2702	8518
浙　江	20115	18304	16940	155	1209	1811	2144
安　徽							
福　建	75136	74700	65916	27	8757	285	4000
江　西							
山　东	1146624	1146624	975607	4503	165514		128543
河　南	5158	5158	4382	96	681		249
湖　北							
湖　南	218329	218317	207502	357	10459	12	5490
广　东	47018	47018	42267	48	4703	47	1531
广　西							
海　南							
重　庆	150313	150245	141142	4955	4148	68	1323
四　川	24037	23622	20578	85	2949	318	1806
贵　州							
云　南	12119	12119	11079	102	938	138	335
西　藏							
陕　西							
甘　肃	24896	24896	18475	8	474	213	
青　海							
宁　夏							
新　疆							

单位:万元

管理费用	财务费用	营业利润	利润总额	应交所得税	劳动、失业保 险 费	住房公积金和住房补贴
40558	**11970**	**21834**	**21810**	**2176**	**1815**	**787**
1103	8	223	224	106	38	61
245	2	-30	-13		44	15
909	-5	177	177	37		
436	257	151	211	210	1	15
43	25	3171	3171			
681	-26	222	204	68	57	74
2916	1427	725	630	257	696	170
681	-26	222	204	68	57	74
2080	1371	1592	1912	400	129	49
19888	4349	17135	17135	113	43	3
188	13	230	230	6		
5575	3445	-4039	-4678	42	424	106
2198	630	391	391	243	38	
1460	55	1378	1378	417	89	112
1185	338	-62	243	48	116	30
453	-9	297	340	146	84	77
520	118	50	51	15		

3－5 续表 13

化肥批发

地区	营业收入合计	主营业务收入	主营业务成本	主营业务税金及附加	主营业务利润	其他业务利润	营业费用
全国	**5808974**	**5799446**	**5379522**	**42308**	**361886**	**5065**	**165018**
北京	2489145	2489034	2261287	22410	205337	68	89575
天津							
河北							
山西	139884	139884	131732	5	1569	68	6579
内蒙古	17193	17192	15195	30	1968	－18	413
辽宁	3036	3036	2935		100		12
吉林	3133	3133	3012	121			39
黑龙江	684132	682583	631849		50734	1549	21227
上海							
江苏	42238	41999	40266	12	1631	19	994
浙江							
安徽	553895	553760	532120	16	21624	137	9825
福建	325768	324672	295394	18559	10719	1096	7074
江西							
山东	680533	680533	653178	444	20457	754	10477
河南	8237	8237	8113	4	120	32	27
湖北	16455	16455	15543	60	852	69	－48
湖南	3496	3496	3273	1	222	－8	148
广东	14664	14664	13838	499	327		34
广西	14193	14193	11474	36	2684	36	738
海南							
重庆	436366	436361	422405	19	13938	－5	255
四川	12597	11734	11304	26	404	3	203
贵州							
云南	38619	37287	34300	27	2960	968	1207
西藏							
陕西							
甘肃	34147	34147	32430		1716	－38	787
青海	39609	39576	37250		2326	31	1815
宁夏							
新疆	251634	247471	222624	40	22200	304	13638

单位:万元

管理费用	财务费用	营业利润	利润总额	应交所得税	劳动、失业保险费	住房公积金和住房补贴
48308	**51443**	**112784**	**132981**	**31738**	**3661**	**2196**
14794	13563	87473	97273	24827	1349	1148
1135	789	-288	261	85		187
1084	79	374	419	39	13	21
86		3			51	
147	52	-117	-29			
3907	11200	15949	15949	3226		121
605	474	-324	-128	9	74	19
4645	5335	1956	4352	1201	178	68
2738	1569	434	1797	383	551	
6516	8079	-990	1442	224	350	287
30	65	30	30			
755	201	14	13	1	37	11
61	3	2	2		19	
188	59	46	77		24	
198	518	1265	1265		23	
3995	1613	8995	8962	1208	202	139
165	13	26	32	1	18	1
1199	297	1230	1304	423	122	25
249	570	72	72	20	59	
849	543	-850	72	26		37
4963	6422	-2519	-183	65	592	131

3－5 续表 14

机械设备、五金交电及电子产品批发

地区	营业收入合计	主营业务收入	主营业务成本	主营业务税金及附加	主营业务利润	其他业务利润	营业费用
全国	**51082023**	**50467271**	**44448775**	**54670**	**5703867**	**437253**	**3020232**
北京	23994557	23526693	19478723	26363	4021608	328996	1835356
天津	996683	987649	924063	601	58115	1697	54155
河北	1260578	1258625	1201533	1942	35151	6850	37639
山西	158043	151083	144434	139	6124	620	4857
内蒙古	147455	147455	138943	43	2683	172	6687
辽宁	167055	165392	127732	1425	13000	1036	7732
吉林	94780	94427	88484	228	5588	452	3491
黑龙江	77833	77833	73363		4470	235	1828
上海	1993499	1968653	1829605	2604	136443	8430	88172
江苏	5918765	5905343	5456328	4760	426255	20151	288496
浙江	1993499	1968653	1829605	2604	136443	8430	88172
安徽	1466436	1453784	1306948	1369	133174	10654	115159
福建	399272	388035	331471	326	56238	7221	30490
江西	105535	105432	96818	165	8448	67	3864
山东	2976053	2970293	2835526	3632	113905	2600	79118
河南	405938	405355	392366	480	12510	773	12268
湖北	663432	663145	633654	756	28734	197	21348
湖南	133837	133761	127954	144	5663	476	6233
广东	5883348	5858092	5347801	4480	384959	42233	245547
广西	170443	169409	161611	166	6960	775	6206
海南	16771	16771	15593	14	1164		1066
重庆	807945	807331	754175	395	38046	－10524	37331
四川	470561	469229	444584	820	22564	1035	17118
贵州	23264	23076	20959	64	2053	26	2420
云南	266520	264708	248746	274	15688	1429	6860
西藏							
陕西	125751	125751	100915	258	4046	187	2878
甘肃	104289	104141	100077	54	4010	291	3047
青海							
宁夏	62860	61436	56194	178	5064	1481	3397
新疆	197024	195718	180572	384	14761	1264	9298

单位：万元

管理费用	财务费用	营业利润	利润总额	应交所得税	劳动、失业保险费	住房公积金和住房补贴
1607676	**93609**	**1566853**	**2691048**	**378016**	**75113**	**44342**
1228542	-7818	1294523	2278545	276237	47930	32889
6891	-291	3974	4361	2321	1065	576
7784	2661	14388	14065	4628	377	183
2560	568	-855	-848	189	77	
1180	339	389	386	83	56	150
5182	3054	227	315	664	216	99
1466	319	1055	1056	13	96	4
2114	136	626	605	103	277	25
33920	12627	10155	43720	13005	2885	644
71706	24048	73233	101144	28670	4859	1985
33920	12627	10155	43720	13005	2885	644
26171	10193	9843	11127	2859	920	325
9904	-1124	24189	43391	4849	394	151
1308	1201	2247	2503	399	113	
37013	5809	18040	18800	6036	4459	851
5764	253	-5004	-1521	463	226	102
4031	-179	3737	6975	3041	191	1088
846	-65	-875	-1202	120	91	
96984	24642	97681	111661	18849	5910	4103
2176	-212	325	242	156	5	14
	-9	106	108	22	19	
5270	1889	-558	-760	269	559	94
5314	1055	603	1419	481	464	37
		-340	-339	5	47	
11260	-198	4702	6773	98	578	329
999	520	-5	306	38	9	
968	374	-77	-83	21	1	2
1038	-4	2114	2069	337	77	10
3364	1191	2258	2512	1060	329	38

3－5　续表15

汽车、摩托车及零配件批发

地　区	营业收入合　计	主营业务收　入	主营业务成　本	主 营 业 务税金及附加	主营业务利　润	其他业务利　润	营业费用
全　国	**9844406**	**9786408**	**9292815**	**4579**	**445144**	**8409**	**302236**
北　京	5256078	5221875	4958979	266	262629	4922	136110
天　津	724701	716199	681324	498	34377	533	40037
河　北	1050672	1050176	1004815	1454	23907	5614	31250
山　西	9156	9128	9069	3	56	27	136
内蒙古	134462	134462	126196	38	2637	172	6493
辽　宁	38437	38437	30686	235	7347	162	4500
吉　林							
黑龙江							
上　海	401738	396620	388515	82	8023	1161	5536
江　苏	10454	10454	9802	6	646	32	369
浙　江	401738	396620	388515	82	8023	1161	5536
安　徽	167557	166210	155236	271	9227	41	3319
福　建	5008	5008	4742	2	264		177
江　西	21750	21746	19591	7	2148	4	370
山　东	173581	172695	157495	629	12653	773	8083
河　南	116623	116618	113553	61	3004	210	1562
湖　北	313401	313391	301468	12	11911	99	11792
湖　南							
广　东	65822	65822	60672	100	5051	2351	2643
广　西							
海　南							
重　庆	535473	535004	489900	319	30069	－10905	30929
四　川							
贵　州							
云　南	89530	88858	82866	96	5896	568	3254
西　藏							
陕　西	84182	84182	81337	126	2720	187	2065
甘　肃	87712	87712	84978	33	2702	179	1476
青　海							
宁　夏							
新　疆	156332	155190	143076	259	11855	1119	6601

单位:万元

管理费用	财务费用	营业利润	利润总额	应交所得税	劳动、失业保险费	住房公积金和住房补贴
66217	**11263**	**119379**	**182674**	**51155**	**6442**	**2383**
31698	-6743	106487	113608	31811	3492	1215
1772	158	-7057	-6984		67	311
3741	2788	12028	11607	3680	290	
608	210	-871	-871			
964	559	385	382	82	6	
2020	174	1269	1349	576	87	54
3040	3079	-2471	25403	5378	356	219
99	109	101	101	3	36	10
3040	3079	-2471	25403	5378	356	219
1634	989	3336	3509	1012	291	30
116	45	-73	28	9	15	
650	1029	104	134	44	25	
3578	276	3419	3435	1190	242	
1125	-162	689	858	273	34	8
147	-242	316	304	280	20	93
2686	1466	1396	608	150	306	86
3389	2334	-1095	-1286	175	517	94
1345	3	1861	2835	82	73	6
565	380	-103	-207	21	6	
968	373	64	56	21	1	2
3034	1359	2066	2403	990	222	36

3－5 续表16

家用电器批发

地 区	营业收入合计	主营业务收入	主营业务成本	主营业务税金及附加	主营业务利润	其他业务利润	营业费用
全 国	**14102823**	**13993280**	**12383427**	**14167**	**1570760**	**58585**	**1357586**
北 京	4665669	4609168	3790406	3108	815654	21889	717691
天 津	142155	141624	134293	49	5963	254	5513
河 北							
山 西	103014	96535	92075	131	4328	62	3710
内蒙古							
辽 宁	44061	42897	38540	1018	3273	341	1846
吉 林	74546	74362	68629	136	5597	393	3288
黑龙江							
上 海	381467	373606	314251	1068	58287	2992	49648
江 苏	4084142	4076499	3765028	3025	308416	11239	236872
浙 江	381467	373606	314251	1068	58287	2992	49648
安 徽	841475	831571	717937	892	108941	9730	97910
福 建	60080	60080	56148	85	3848	12	3007
江 西	24421	24322	22378	39	1905	64	1977
山 东	1555075	1555075	1488247	1380	51042	－1002	48876
河 南	63688	63229	61377	166	1686	134	1560
湖 北	225648	225391	217923	305	7163	23	6595
湖 南	85903	85827	82027	46	3754	32	5265
广 东	901558	893132	777396	917	110187	7637	102127
广 西	12970	12970	11794	18	486		832
海 南	16771	16771	15593	14	1164		1066
重 庆	201785	201734	196347	75	5311	39	5069
四 川	82928	82808	78095	142	4571	20	5256
贵 州	23264	23076	20959	64	2053	26	2420
云 南							
西 藏							
陕 西	20507	20507	19578	133	796		813
甘 肃	16576	16429	15099	21	1309	112	1571
青 海							
宁 夏	62860	61436	56194	178	5064	1481	3397
新 疆	30792	30628	28862	91	1675	118	1631

单位:万元

管理费用	财务费用	营业利润	利润总额	应交所得税	劳动、失业保 险 费	住房公积金和住房补贴
263630	**31167**	**17237**	**61372**	**27092**	**16344**	**4548**
159565	7651	-47363	-8965	547	7678	2152
1457	188	423	513	5	274	83
613	27	40	40	189	7	
1404	2410	-341	-337	60		
1372	320	1064	1064	13	34	
6804	3054	1772	3929	1295	452	47
24538	7200	51044	50966	18209	2384	1382
6804	3054	1772	3929	1295	452	47
19929	6144	3800	4570	643	229	217
484	119	251	281	124	157	
106		-9	-6		22	
15038	1038	1501	1620	448	2595	317
250	26	-16	-2	2	59	
1180	-378	-210	-226	2243	55	19
	5	-1484	-1810	10	60	
21043	1197	3990	4271	1515	1395	271
372	10	-36	-44	4		
	-9	106	108	22	19	
892	-907	296	284	94	40	
532	8	-1078	-403		227	
		-340	-339	5	47	
129	14	-1	2		3	
	1	-140	-139			
1038	-4	2114	2069	337	77	10
81	-1	82	-1	33	77	2

3－5 续表 17

计算机、软件及辅助设备批发

地　区	营业收入合计	主营业务收入	主营业务成本	主营业务税金及附加	主营业务利润	其他业务利润	营业费用
全　国	**1069976**	**1067430**	**1011883**	**1396**	**50052**	**3777**	**25692**
北　京	165489	163305	154886	157	8262	2064	6018
天　津							
河　北							
山　西							
内蒙古							
辽　宁	32508	32508	32181	2	324		174
吉　林	20234	20065	19855	92	－9	59	204
黑龙江							
上　海	17987	17948	15639	42	2268	39	973
江　苏	80298	80298	72974	263	7062		1925
浙　江	17987	17948	15639	42	2268	39	973
安　徽	22571	22571	21877	19	675	172	309
福　建	4453	4453	4303	1	149		97
江　西	59364	59364	54849	120	4395		1518
山　东							
河　南	27910	27804	27056	17	732	83	299
湖　北							
湖　南	24524	24524	23777	16	731		378
广　东	442210	442200	420765	441	17023	1322	7835
广　西							
海　南							
重　庆							
四　川	154440	154440	148082	184	6174		4990
贵　州							
云　南							
西　藏							
陕　西							
甘　肃							
青　海							
宁　夏							
新　疆							

单位:万元

管理费用	财务费用	营业利润	利润总额	应交所得税	劳动、失业保 险 费	住房公积金和住房补贴
21754	**5806**	**4397**	**22104**	**1599**	**2239**	**455**
3106	2795	-1593	14092	221	871	265
143	5	2	2			
94	-2	-9	-8		62	4
1244	88	2	6	13	222	
2614	2354	378	653	133	187	31
1244	88	2	6	13	222	
336	35	166	168	56	20	
45	8		-2			
552	173	2152	2374	354	66	
506	39	-29	-46	4	20	
227	24	102	100	34	31	
10639	298	2946	4460	646	467	139
1005	-100	279	300	127	74	16

3－5 续表18

贸易经纪与代理

地区	营业收入合计	主营业务收入	主营业务成本	主营业务税金及附加	主营业务利润	其他业务利润	营业费用
全国	**6727019**	**6719427**	**6497884**	**14262**	**198387**	**4960**	**56957**
北京	918184	912867	854934	1424	56510	2129	26399
天津							
河北							
山西							
内蒙古	18345	18345	15297	68	2980	246	671
辽宁	18276	18276	16414	48	800	81	1040
吉林							
黑龙江							
上海							
江苏							
浙江							
安徽							
福建	209148	208157	199493	195	8469	991	5569
江西							
山东	54984	54984	48788	299	1243		396
河南							
湖北	5462115	5462115	5327242	12167	122706	287	18196
湖南	11470	11470	8186	1	3283		3132
广东	30436	29152	26837	33	2282	1226	1360
广西							
海南							
重庆							
四川							
贵州							
云南	4061	4061	694	27	115		195
西藏							
陕西							
甘肃							
青海							
宁夏							
新疆							

单位:万元

	管理费用	财务费用	营业利润	利润总额	应交所得税	劳动、失业保 险 费	住房公积金和住房补贴
	63712	**15740**	**69626**	**118527**	**31156**	**2117**	**2134**
	27033	-572	5922	48808	12368	1660	1177
	1475	340	741	1472	339	56	31
	680	121	102	93	36		
	5935	1138	-3182	2279	102	69	271
	876	32	1227	1227	396	146	48
	25902	13897	64997	64843	17911	119	594
	160	11	-19	-19			
	1569	723	-143	-155	3	67	12
	83	52	-20	-21			

3－5 续表 19

其他批发

地区	营业收入合计	主营业务收入	主营业务成本	主营业务税金及附加	主营业务利润	其他业务利润	营业费用
全国	**4574416**	**4544590**	**4133603**	**14498**	**370732**	**24401**	**211155**
北京	1991999	1988401	1768270	1628	218503	1416	121530
天津	106186	105397	100345	92	4960	371	2661
河北	4216	4216	4200	2	14		6
山西	28068	28068	24981	38	2541	544	900
内蒙古	240572	240572	202260	667	37644	470	25295
辽宁	290444	271078	266747		－14696	18560	3432
吉林							
黑龙江	16653	16653	16068	10	483	22	92
上海	19196	16407	15608	10	788		460
江苏	114769	114769	105666	49	8778	10	3429
浙江	19196	16407	15608	10	788		460
安徽	61557	61557	59725		1831		248
福建	800209	800209	782900	132	17177	818	11903
江西							
山东	516269	516269	438367	11475	60974	3	13727
河南	10345	10345	10067	3	275	75	154
湖北	13104	13104	11194	18	1892		1099
湖南	88286	88286	76944	125	11218	161	3720
广东	15436	14941	12906	8	1627	1727	696
广西							
海南							
重庆	170004	170003	168647		1355	1	857
四川	17979	17979	16853	24	1102	163	701
贵州							
云南	34022	34022	22121	176	11725		17983
西藏							
陕西	15909	15909	14125	32	1752	60	1804
甘肃							
青海							
宁夏							
新疆							

单位:万元

管理费用	财务费用	营业利润	利润总额	应交所得税	劳动、失业保险费	住房公积金和住房补贴
185138	**35119**	**-10366**	**186323**	**25892**	**4491**	**2398**
138094	20998	-60703	110941	24321	2599	1619
2618	325	266	439	139	382	119
157	12	219	-131		51	
2043	184	385	387	133	25	48
4050	6636	2133	2133		45	164
14893	703	3864	4058		167	61
488	212	-195	-162	4	38	21
125	114	90	62	24		
3522	2412	-299	109	39	28	9
125	114	90	62	24		
463	1223	-103	-101		44	30
6260	-145	-22	22693	85	135	151
5432	1774	44605	44598	494	20	
179	5	13	13	2	55	2
483	-36	346	318	105	18	5
3571	306	3782	3782	5	80	93
1818	-131	1371	3061	469		
306	194	-1	26	19	108	6
311	151	103	92	29	699	71
4	-2	-6259	-6029			
197	73	-51	-28			

3－6　大中型批发业企业分行业工资、福利及增值税

单位:万元

地　区	批发业合计			农畜产品批发		
	本年应付工资总额	本年应付福利费总额	本年应交增值税	本年应付工资总额	本年应付福利费总额	本年应交增值税
全　国	**4267509**	**374705**	**5678774**	**63457**	**7446**	**－37200**
北　京	873452	81849	828877	4624	189	－44988
天　津	66832	5255	153086	192	257	－65
河　北	89217	7357	122646	1127	277	10
山　西	94899	7485	195362	372	19	
内蒙古	61480	7990	146933	4893	1583	909
辽　宁	108274	8288	170010	752	82	－25
吉　林	56563	5987	92431	1628	501	
黑龙江	80517	5436	174706	1737	63	381
上　海	194832	13101	198048	2416	288	160
江　苏	239150	20953	599634	1534	208	75
浙　江	194832	13101	198048	2416	288	160
安　徽	122489	9362	136233	2631	145	683
福　建	162736	6462	147563			
江　西	58625	4442	94694	777	18	
山　东	251317	48197	224325	2862	407	1084
河　南	156007	15598	176192	7066	608	890
湖　北	113109	7738	181562	4461	666	1333
湖　南	92990	5853	133393	1620	127	72
广　东	465309	34688	648746	1736	49	－185
广　西	50977	7421	52990	1171	94	37
海　南	8886	400	6008			
重　庆	124296	6133	112580	324	21	65
四　川	121855	27672	326485	1218	191	251
贵　州	106079	5384	90467	100	14	
云　南	193975	4694	214261	6632		173
西　藏	1119	14				
陕　西	75493	4459	95704			
甘　肃	28998	1823	26220	185	2	
青　海	15453	1447	24404			
宁　夏	5391	551	8024			
新　疆	52361	5567	99142	10981	1351	1780

3－6 续表1

单位:万元

地 区	食品、饮料及烟草制品批发			米、面制品及食用油批发		
	本年应付工资总额	本年应付福利费总额	本年应交增值税	本年应付工资总额	本年应付福利费总额	本年应交增值税
全 国	**1624384**	**126855**	**2146646**	**34736**	**2790**	**310**
北 京	57876	3147	36960	8040	23	－957
天 津	26612	2089	32158	157	13	
河 北	45813	3279	63423	432	31	
山 西	33956	2895	64331			
内蒙古	25487	1989	61974	561	77	
辽 宁	45178	1742	61075	1956	195	－109
吉 林	25560	1635	34410	981	400	8
黑龙江	38634	1272	39617			
上 海	70573	2534	73998	2336	275	5
江 苏	41692	3907	191529	750	66	
浙 江	70573	2534	73998	2336	275	5
安 徽	60656	3857	91756	153	16	
福 建	59799	1227	90971	926	92	38
江 西	37443	3019	59771	682	29	
山 东	112283	36951	158906	663	37	
河 南	101367	7637	91012	1832	152	
湖 北	57148	2600	93766	209	76	
湖 南	62268	2420	87526	3279	216	203
广 东	132422	8184	148424	5013	634	337
广 西	36032	6115	39397			
海 南	7519	266	6133			
重 庆	66841	1970	52623	2327	85	639
四 川	73643	17385	115903	882	35	－3
贵 州	95803	4523	76914			
云 南	164850	2277	203944	494	38	139
西 藏	478					
陕 西	40423	455	60052			
甘 肃	16199	367	16087			
青 海	4325		8042			
宁 夏	2856	115	6031	109		6
新 疆	10076	464	5918	620	27	

3－6　续表2

单位:万元

地　区	烟草制品批发			纺织、服装及日用品批发		
	本年应付工资总额	本年应付福利费总额	本年应交增值税	本年应付工资总额	本年应付福利费总额	本年应交增值税
全　国	**1328692**	**98481**	**1937580**	**247637**	**21040**	**366913**
北　京	11734	461	13282	29003	704	25141
天　津	13491	13	18979	2399	252	－58
河　北	42829	3029	59687	2428	648	430
山　西	32711	2779	62392			
内蒙古	20700	1384	56451	156	22	38
辽　宁	42501	1450	60890	3051	103	－151
吉　林	24180	1180	34115	145	6	
黑龙江	38145	1228	39274	1418		265
上　海	45904	473	66674	23652	1942	5960
江　苏	36029	2825	187615	52572	7368	255171
浙　江	45904	473	66674	23652	1942	5960
安　徽	50608	2519	83680	17963	1664	14753
福　建	51535	442	87485	10242	140	3248
江　西	32721	2565	49577			
山　东	83906	33687	121252	31463	2550	20649
河　南	91646	6499	84301	351	30	145
湖　北	54486	1584	89238	511	33	164
湖　南	54581	2111	79819	322	64	85
广　东	60690	2814	107609	45164	3127	33129
广　西	34745	5077	39271	234	33	95
海　南	7519	266	6133			
重　庆	57801	1845	48540	495	69	203
四　川	65273	16110	101053	1226	109	1451
贵　州	94089	4367	76115			
云　南	163441	2125	202310			
西　藏	478					
陕　西	39669	418	59818	851	96	183
甘　肃	15438	275	15687	339	138	54
青　海	4325		8042			
宁　夏	2748	115	6025			
新　疆	8867	370	5596			

3－6 续表3

单位:万元

地区	服装批发			文化、体育用品及器材批发		
	本年应付工资总额	本年应付福利费总额	本年应交增值税	本年应付工资总额	本年应付福利费总额	本年应交增值税
全　国	**116040**	**8082**	**153499**	**90362**	**6402**	**51839**
北　京	18718	440	21467	12515	712	13715
天　津	1632	228	－273	484	133	225
河　北	2228	621	329	2120	25	834
山　西				2381		411
内蒙古				562	19	164
辽　宁	520	72	－338	2231	301	1644
吉　林				873	128	788
黑龙江	1418		265			
上　海	10215	972	1977	6865	1137	3825
江　苏	11810	827	83491	7982	144	4350
浙　江	10215	972	1977	6865	1137	3825
安　徽	1760	183		276		152
福　建	7900		3036	3160	196	1833
江　西				876		583
山　东	29594	2389	20443	3551	125	3127
河　南				1744	41	2793
湖　北	180			2717	305	978
湖　南				4853	507	2580
广　东	19444	1227	20996	10107	452	2967
广　西				2179	209	1260
海　南						
重　庆	245	34	131	10457	40	1703
四　川						
贵　州				1242	105	815
云　南				2850	227	1125
西　藏						
陕　西				1682	213	1057
甘　肃	163	116				
青　海						
宁　夏				326	43	82
新　疆				1466	205	1004

3－6 续表4

单位:万元

地区	医药及医疗器材批发			矿产品、建材及化工产品批发		
	本年应付工资总额	本年应付福利费总额	本年应交增值税	本年应付工资总额	本年应付福利费总额	本年应交增值税
全国	**264120**	**22976**	**220852**	**1062660**	**99517**	**1917476**
北京	38964	3441	18102	128429	9733	29444
天津	6447	589	8133	20299	1213	104683
河北	6012	686	6388	26334	1945	43575
山西	3441	497	1396	52450	3608	127254
内蒙古	491	42	70	25121	3870	77076
辽宁	1063	114	9182	50947	5377	95606
吉林	2979	179	2183	24192	3434	53140
黑龙江	234	40	221	37690	3940	134219
上海	20712	2222	18896	50753	3328	73644
江苏	41782	1465	21104	48493	4955	81897
浙江	20712	2222	18896	50753	3328	73644
安徽	7151	733	3719	15989	1531	16795
福建	7563	756	4585	69427	2284	38855
江西	10223	688	12709	7751	661	20632
山东	9509	1267	6580	66090	3831	19845
河南	1922	192	1057	38901	5739	75894
湖北	5196	330	2214	23202	1690	76595
湖南	3453	625	3599	18034	1947	38481
广东	44480	4572	59828	150767	13626	334410
广西	2135	143	1465	6897	587	9529
海南	912	73	－397	197	25	129
重庆	10353	295	8140	28132	3335	45787
四川	6728	896	5454	32210	8750	197886
贵州	928	18	904	7653	677	11462
云南	4514	410	3738	4565	428	1072
西藏				640	14	
陕西	3357	183	1150	28001	3503	24741
甘肃	884	157	467	10739	1080	6724
青海				11128	1447	16362
宁夏	423	63	224	643	187	611
新疆	1554	79	845	26234	3445	87484

3－6 续表 5

单位:万元

地 区	煤炭及制品批发			石油及制品批发		
	本年应付工资总额	本年应付福利费总额	本年应交增值税	本年应付工资总额	本年应付福利费总额	本年应交增值税
全 国	**77456**	**6893**	**255163**	**688497**	**75514**	**1440922**
北 京	8947	1047	7001	63034	5629	－17584
天 津	216	18	187	12217	898	102598
河 北	1664	194	383	21349	1377	29533
山 西	44082	2321	111369	5920	1119	10650
内 蒙 古	4785	808	19701	19695	2924	56473
辽 宁				37891	4568	79665
吉 林				23651	3382	51181
黑 龙 江	1020		2105	35240	3885	131803
上 海	217	17	152	30300	2686	62145
江 苏	1744	205	5237	34496	3805	68683
浙 江	217	17	152	30300	2686	62145
安 徽				12457	1123	15298
福 建				62457	1218	37836
江 西	303	4		7448	657	20632
山 东	1133	156	626	12541	1171	14565
河 南	3677	1093	1472	33379	4547	74144
湖 北	311	20	504	19753	1562	74401
湖 南				15070	1594	37042
广 东	3454	141	102854	83225	9311	164505
广 西				6296	571	9151
海 南						
重 庆	420	62	373	22813	3094	25285
四 川	916	131	203	22760	8314	191409
贵 州	1140	27	303	6513	650	11159
云 南	800	82	110	420	5	661
西 藏				640	14	
陕 西	1489	324	1804	25245	3138	17446
甘 肃	279	39	18	9178	984	6611
青 海				10604	1406	16057
宁 夏	643	187	611			
新 疆				23607	3198	87431

3－6 续表6

单位:万元

地区	金属及金属矿批发			建材批发		
	本年应付工资总额	本年应付福利费总额	本年应交增值税	本年应付工资总额	本年应付福利费总额	本年应交增值税
全国	**175514**	**10286**	**162596**	**58185**	**2404**	**25637**
北京	33522	2265	35199	1984	164	1059
天津	4225	114	1476	189	26	94
河北	749	106	756	684	72	76
山西	1673	66	5120			
内蒙古				192	49	694
辽宁	11896	655	15636			
吉林	375	49	1959			
黑龙江				154		
上海	18712	384	8600	686	120	47
江苏	6385	424	5865	2314	259	1901
浙江	18712	384	8600	686	120	47
安徽	1575	173	1366			
福建	4408	823	739	1396	157	246
江西						
山东	5301	733	2123	43181	1084	711
河南	594	70	255	141	1	7
湖北	2473	28	1125			
湖南				2374	308	1243
广东	53520	3578	60433	656		490
广西	478		378			
海南						
重庆	716	104	806	1659	43	18700
四川	7340	239	6123	691		11
贵州						
云南	629	39	523	882		217
西藏						
陕西	1267	41	5492			
甘肃	700			315		95
青海						
宁夏						
新疆	263	12	20			

3－6 续表7

单位:万元

地 区	化肥批发			机械设备、五金交电及电子产品批发		
	本年应付工资总额	本年应付福利费总额	本年应交增值税	本年应付工资总额	本年应付福利费总额	本年应交增值税
全 国	**27070**	**2541**	**3113**	**844851**	**85117**	**917441**
北 京	10153	641	944	575363	63149	675785
天 津				8776	669	7634
河 北				5291	491	7963
山 西	368	38		1541	412	1453
内蒙古	449	89	208	1458	200	2692
辽 宁	81	3		3402	452	874
吉 林	165	3		1185	104	1911
黑龙江	1277	55	311	596	114	
上 海				19663	1623	21481
江 苏	571	62	17	44456	2872	44608
浙 江				19663	1623	21481
安 徽	1956	236	131	17104	1380	8373
福 建	1166	87	34	5813	842	6704
江 西				1555	57	999
山 东	3102	613	619	19751	2212	12386
河 南	910		4	4528	1338	4380
湖 北	275	26		8584	1143	445
湖 南	269	4	6	1484	152	671
广 东	138	12		79223	4557	69609
广 西	122	16		2330	242	1208
海 南				258	36	144
重 庆	1749	3	530	7195	403	4059
四 川	229	28	38	6600	341	5539
贵 州				353	46	372
云 南	1172	294	239	3929	442	2217
西 藏						
陕 西				907	－26	8378
甘 肃	267	57		651	79	2889
青 海	288	40				
宁 夏				1143	144	1076
新 疆	2364	235	33	2050	23	2111

3－6 续表8

单位:万元

地　区	汽车、摩托车及零配件批发			家用电器批发		
	本年应付工资总额	本年应付福利费总额	本年应交增值税	本年应付工资总额	本年应付福利费总额	本年应交增值税
全　国	**48537**	**3285**	**75684**	**215589**	**21111**	**268903**
北　京	15976	367	52476	123055	13393	164720
天　津	2736	330	4980	1481	152	528
河　北	3654	344	6001			
山　西	217	301	19	831	43	1383
内蒙古	1209	93	2242			
辽　宁	941	126	223	859	177	267
吉　林				890	98	990
黑龙江						
上　海	3569	71	566	5160	513	9058
江　苏	162	11	41	24888	1839	29058
浙　江	3569	71	566	5160	513	9058
安　徽	1137	156	1239	13261	1054	6227
福　建	84	12	41	1338	141	360
江　西	277	38	70	388	18	332
山　东	1880	206	810	11259	1057	7128
河　南	720	42	575	415	37	1644
湖　北	1889	237	87	2744	335	344
湖　南				1161	107	520
广　东	2054	149	609	17343	1494	21961
广　西				392	33	78
海　南				258	36	144
重　庆	5607	280	3226	1003	118	754
四　川				1071	－13	966
贵　州				353	46	372
云　南	690	177	822			
西　藏						
陕　西	480	38	216	307	－63	8163
甘　肃	377	64	71	275	15	2818
青　海						
宁　夏				1143	144	1076
新　疆	1310	174	805	555	－177	956

3－6　续表9

单位:万元

地区	计算机、软件及辅助设备批发			贸易经纪与代理		
	本年应付工资总额	本年应付福利费总额	本年应交增值税	本年应付工资总额	本年应付福利费总额	本年应交增值税
全　国	**15698**	**1576**	**10383**	**24724**	**2762**	**85378**
北　京	4240	256	641	8647	361	78498
天　津						
河　北						
山　西						
内蒙古				454	64	307
辽　宁	384	54	23	236	118	
吉　林	295	6	921			
黑龙江						
上　海	699	119	133			
江　苏	655	23	335			
浙　江	699	119	133			
安　徽	171	24	83			
福　建	63	36	11	2828	1017	166
江　西	890		597			
山　东				698	191	
河　南	274	38	850			
湖　北				10867	950	6067
湖　南	140	20	151	118	11	10
广　东	5735	821	5228	745	50	331
广　西						
海　南						
重　庆						
四　川	1453	62	1276			
贵　州						
云　南				132		
西　藏						
陕　西						
甘　肃						
青　海						
宁　夏						
新　疆						

3－6 续表 10

单位：万元

地区	其他批发		
	本年应付工资总额	本年应付福利费总额	本年应交增值税
全　国	**45313**	**2592**	**9429**
北　京	18032	414	－3780
天　津	1624	52	376
河　北	92	6	25
山　西	758	53	517
内蒙古	2857	202	3705
辽　宁	1415		1805
吉　林			
黑龙江	208	6	3
上　海	199	28	84
江　苏	639	35	900
浙　江	199	28	84
安　徽	718	52	
福　建	3903		1200
江　西			
山　东	5111	663	1751
河　南	128	13	21
湖　北	423	22	
湖　南	840		369
广　东	664	72	234
广　西			
海　南			
重　庆	500		
四　川	230		
贵　州			
云　南	6502	910	1992
西　藏			
陕　西	272	35	144
甘　肃			
青　海			
宁　夏			
新　疆			

3－7 大中型批发业企业分行业经济效益分析指标

农畜产品批发

地区	负债比率（%）	毛利率（%）	人均营业收入（万元）	流动资产周转次数（次）	费用率（%）
全国	**70.7**	**8.6**	**98.4**	**0.6**	**12.4**
北京	56.6	5.8	179.7	0.1	36.3
天津	248.2	6.9	148.0	3.8	7.3
河北	89.0	3.4	80.1	0.9	17.1
山西	59.8	3.4	56.2	1.5	12.2
内蒙古	79.7	17.2	45.8	2.0	11.4
辽宁	103.1	8.0	223.2	0.5	11.1
吉林	86.5	3.5	42.7	1.0	18.2
黑龙江	89.0	4.2	56.6	0.7	13.5
上海	73.6	5.3	35.7	0.8	22.9
江苏	71.7	14.1	45.1	1.0	19.1
浙江	73.6	5.3	35.7	0.8	22.9
安徽	77.2	17.2	62.9	1.1	13.5
福建					
江西	101.8	1.3	72.3	1.8	3.3
山东	78.6	5.8	92.4	1.8	5.8
河南	94.0	9.2	64.8	0.5	13.4
湖北	89.7	9.5	95.0	1.1	8.9
湖南	94.3	3.0	47.6	1.5	5.0
广东	57.7	19.0	78.4	4.6	13.4
广西	49.0	19.8	17.4	1.3	26.6
海南					
重庆	68.9	12.9	30.4	0.7	22.8
四川	76.8	12.4	51.7	1.1	16.0
贵州	126.3	4.4	42.7	0.7	9.1
云南	93.7	7.6	814.2	0.3	8.3
西藏					
陕西					
甘肃	88.2	3.0	159.0	0.7	4.4
青海					
宁夏					
新疆	83.2	9.5	149.1	1.2	8.3

注：费用率等于营业费用、管理费用、财务费用三项之和除以营业收入合计（下表同）。

3-7 续表1

农畜产品批发

地　区	负债比率（%）	毛利率（%）	人均营业收入（万元）	流动资产周转次数（次）	费用率（%）
全　国	**35.0**	**22.2**	**172.9**	**2.9**	**8.1**
北　京	45.3	13.9	248.1	2.8	12.4
天　津	47.4	28.9	228.9	2.0	17.5
河　北	19.8	21.9	143.8	3.0	6.5
山　西	27.9	27.8	192.7	3.9	5.8
内蒙古	34.4	23.6	157.7	3.6	7.2
辽　宁	33.3	21.8	178.5	2.4	7.5
吉　林	27.0	22.6	163.9	4.2	7.6
黑龙江	30.8	25.8	118.1	3.4	9.3
上　海	64.7	12.2	459.9	3.6	4.9
江　苏	13.5	31.8	287.6	1.8	4.6
浙　江	64.7	12.2	459.9	3.6	4.9
安　徽	24.6	28.4	154.2	2.6	7.0
福　建	21.7	20.5	183.2	2.7	6.2
江　西	25.6	25.8	135.6	3.8	6.7
山　东	34.1	22.5	131.6	3.9	10.2
河　南	58.4	18.0	132.9	3.2	8.9
湖　北	32.1	30.1	128.6	3.0	10.3
湖　南	19.8	21.5	205.7	3.7	8.9
广　东	37.9	17.0	185.6	3.8	6.6
广　西	20.8	24.5	138.9	3.9	9.7
海　南	34.8	10.6	340.6	10.8	6.5
重　庆	37.2	21.4	122.8	3.0	11.7
四　川	26.7	25.3	172.7	2.8	8.1
贵　州	35.1	28.1	53.2	2.2	14.9
云　南	35.5	32.5	184.4	1.8	11.6
西　藏	74.4	10.8	141.8	60.4	7.7
陕　西	23.0	22.1	126.6	4.1	8.8
甘　肃	20.9	44.6	119.2	2.2	8.1
青　海	15.9	16.5	342.0	2.4	3.5
宁　夏	21.7	25.3	200.0	2.5	6.8
新　疆	30.8	11.0	174.8	5.4	6.6

3－7 续表 2

米、面制品及食用油批发

地 区	负债比率（%）	毛利率（%）	人均营业收入（万元）	流动资产周转次数（次）	费用率（%）
全 国	**76.6**	**6.5**	**158.5**	**1.2**	**9.9**
北 京	83.7	11.4	567.3	2.2	10.6
天 津	78.0	5.1	52.8	0.7	12.5
河 北	71.0	3.9	76.4	1.9	10.7
山 西					
内蒙古	87.7	17.5	100.7	0.3	7.7
辽 宁	79.8	4.1	96.2	0.8	9.7
吉 林	72.9	6.8	61.4	0.7	17.9
黑龙江					
上 海	82.5	5.3	375.8	2.4	5.6
江 苏	91.8	0.9	80.3	1.3	10.2
浙 江	82.5	5.3	375.8	2.4	5.6
安 徽	93.1	2.6	47.0	1.6	8.9
福 建	74.9	2.0	109.0	0.9	13.4
江 西	87.5	3.1	68.9	1.2	7.8
山 东	90.2	26.9	97.4	0.5	22.5
河 南	84.4	3.4	119.2	0.4	17.4
湖 北	113.0	0.8	47.6	0.7	24.1
湖 南	45.6	6.8	97.2	1.1	9.5
广 东	54.7	4.6	109.7	1.0	15.6
广 西					
海 南					
重 庆	70.1	3.8	204.6	5.1	5.3
四 川	68.7	1.5	98.7	1.1	9.5
贵 州					
云 南	76.3	4.4	104.6	0.9	11.4
西 藏					
陕 西					
甘 肃					
青 海					
宁 夏	101.0	2.4	57.8	0.9	15.0
新 疆	73.1	12.4	48.8	0.5	24.4

3－7　续表3

烟草制品批发

地　区	负债比率（%）	毛利率（%）	人均营业收入（万元）	流动资产周转次数（次）	费用率（%）
全　国	**23.5**	**24.6**	**187.0**	**3.0**	**7.3**
北　京	5.4	11.0	634.0	5.2	4.2
天　津	15.7	22.0	432.0	2.9	5.1
河　北	14.3	21.7	151.9	3.0	5.8
山　西	25.2	28.9	202.3	3.9	5.7
内蒙古	12.6	22.9	193.5	4.8	6.1
辽　宁	16.8	23.7	194.9	2.7	7.4
吉　林	12.2	23.2	182.3	5.6	7.0
黑龙江	30.8	25.8	121.3	3.4	9.2
上　海	47.3	14.5	791.2	5.6	3.5
江　苏	9.3	32.9	328.1	1.8	4.0
浙　江	47.3	14.5	791.2	5.6	3.5
安　徽	14.6	29.8	168.8	2.7	5.9
福　建	14.0	25.2	188.0	2.3	6.3
江　西	15.3	27.1	150.9	4.0	6.6
山　东	12.2	24.9	154.3	3.9	9.0
河　南	45.6	19.4	134.5	4.7	8.9
湖　北	30.3	30.0	136.6	3.0	9.9
湖　南	13.9	22.5	218.8	4.2	9.0
广　东	17.7	21.8	434.7	3.7	4.6
广　西	20.2	24.3	145.5	3.9	9.4
海　南	34.8	10.6	340.6	10.8	6.5
重　庆	31.8	24.3	134.9	2.8	11.9
四　川	20.3	26.1	187.6	3.0	7.2
贵　州	34.3	28.1	53.2	2.2	14.8
云　南	34.7	32.9	190.0	1.8	11.5
西　藏	74.4	10.8	141.8	60.4	7.7
陕　西	21.7	22.0	127.7	4.2	8.7
甘　肃	18.2	45.1	125.4	2.3	7.7
青　海	15.9	16.5	342.0	2.4	3.5
宁　夏	10.8	26.3	224.1	2.8	6.4
新　疆	12.1	10.5	212.2	7.6	5.4

3－7 续表4

纺织、服装及日用品批发

地 区	负债比率（%）	毛利率（%）	人均营业收入（万元）	流动资产周转次数（次）	费用率（%）
全 国	**68.9**	**11.0**	**238.6**	**3.3**	**7.0**
北 京	75.7	25.2	103.3	2.7	21.5
天 津	61.1	9.2	142.2	5.0	8.6
河 北	59.4	8.1	210.8	4.6	8.0
山 西					
内 蒙 古	89.5	20.1	58.7	4.5	5.8
辽 宁	23.6	7.8	229.8	2.2	12.1
吉 林	82.0	5.2	307.0	2.1	5.6
黑 龙 江	54.3	8.4	92.9	2.7	4.0
上 海	75.3	5.8	347.4	3.3	4.5
江 苏	73.4	16.0	414.9	2.8	9.6
浙 江	75.3	5.8	347.4	3.3	4.5
安 徽	84.3	16.3	611.3	4.3	11.9
福 建	63.3	3.2	1283.1	3.5	3.0
江 西					
山 东	71.2	16.2	54.4	4.2	4.3
河 南	45.1	18.8	33.4	6.8	9.1
湖 北	68.4	16.8	122.1	16.4	6.1
湖 南	49.8	6.1	105.1	5.2	5.1
广 东	62.5	9.1	362.2	3.7	5.6
广 西	68.0	7.0	50.4	3.0	6.8
海 南					
重 庆	77.1	7.9	75.3	6.8	7.5
四 川	57.4	19.5	73.7	1.1	7.0
贵 州					
云 南					
西 藏					
陕 西	83.3	5.4	135.5	5.1	5.6
甘 肃	68.9	5.7	72.5	3.6	6.7
青 海					
宁 夏					
新 疆					

3-7 续表5

服装批发

地区	负债比率（%）	毛利率（%）	人均营业收入（万元）	流动资产周转次数（次）	费用率（%）
全国	**70.0**	**11.7**	**188.7**	**3.7**	**6.3**
北京	76.4	33.8	123.6	2.5	27.5
天津	68.8	10.9	196.5	8.4	9.3
河北	60.8	8.9	219.6	4.6	8.4
山西					
内蒙古					
辽宁	80.6	9.7	130.0	3.6	8.6
吉林					
黑龙江	54.3	8.4	92.9	2.7	4.0
上海	76.9	5.6	415.0	4.5	4.1
江苏	76.6	30.4	344.0	3.2	16.4
浙江	76.9	5.6	415.0	4.5	4.1
安徽	79.9	25.8	702.8	3.3	5.4
福建	62.1	3.0	2211.3	3.5	2.8
江西					
山东	73.7	16.6	52.6	4.3	4.0
河南					
湖北	76.1	9.0	195.7	33.5	7.8
湖南					
广东	59.8	11.4	437.6	3.1	5.1
广西					
海南					
重庆	49.4	13.9	46.1	5.5	10.9
四川					
贵州					
云南					
西藏					
陕西					
甘肃	59.7	6.0	65.3	4.1	8.3
青海					
宁夏					
新疆					

3－7 续表6

文化、体育用品及器材批发

地区	负债比率（%）	毛利率（%）	人均营业收入（万元）	流动资产周转次数（次）	费用率（%）
全国	**62.1**	**11.9**	**175.1**	**2.2**	**9.1**
北京	76.1	29.0	119.3	1.1	23.4
天津	50.0	15.7	89.2	6.8	14.4
河北	60.1	10.8	164.6	1.7	9.7
山西	55.2	13.5	136.9	1.2	12.7
内蒙古	34.7	21.3	100.0	1.5	8.7
辽宁	76.3	11.1	84.1	1.8	10.9
吉林	55.6	14.9	107.9	1.3	10.7
黑龙江					
上海	54.3	6.5	497.9	2.8	5.6
江苏	64.7	11.4	180.8	3.6	10.1
浙江	54.3	6.5	497.9	2.8	5.6
安徽	128.2	8.5	53.4	1.2	27.4
福建	30.9	9.7	144.3	2.3	8.5
江西	22.1	10.6	90.2	3.3	9.4
山东	87.9	11.1	143.5	1.5	7.9
河南	68.3	11.8	212.1	2.4	6.8
湖北	73.4	9.2	134.8	2.5	7.8
湖南	62.2	10.4	177.2	2.0	7.7
广东	73.8	6.8	149.7	2.5	6.6
广西	66.7	32.2	167.0	2.5	11.8
海南					
重庆	56.9	32.6	31.5	1.1	29.6
四川					
贵州	67.8	11.9	176.4	2.4	9.9
云南	77.3	29.5	45.5	0.7	17.4
西藏					
陕西	93.3	8.9	152.4	2.6	7.5
甘肃					
青海					
宁夏	72.2	12.8	60.0	1.2	12.5
新疆	52.6	38.2	146.0	3.2	7.9

3－7　续表 7

医药及医疗器材批发

地　区	负债比率 (%)	毛利率 (%)	人均营业收入 (万元)	流动资产周转次数 (次)	费用率 (%)
全　国	**78.3**	**7.3**	**176.4**	**2.7**	**6.9**
北　京	72.7	10.3	316.4	2.2	9.2
天　津	82.4	4.5	478.8	3.1	11.5
河　北	92.7	4.5	220.0	3.2	4.0
山　西	67.6	16.7	20.9	4.4	16.8
内蒙古	49.6	8.9	105.9	1.7	7.9
辽　宁	84.5	4.8	259.0	2.4	3.3
吉　林	89.9	12.5	71.8	1.6	12.5
黑龙江	5.7	9.3	59.6	0.2	5.9
上　海	75.4	6.7	172.7	2.8	6.0
江　苏	83.8	16.2	129.5	2.5	16.5
浙　江	75.4	6.7	172.7	2.8	6.0
安　徽	89.2	3.0	226.4	4.4	2.3
福　建	79.9	5.3	141.6	2.6	5.0
江　西	56.0	14.0	87.4	4.4	12.9
山　东	92.1	4.6	187.2	2.9	4.1
河　南	73.2	2.4	191.0	5.8	1.7
湖　北	84.4	3.8	217.5	2.3	3.6
湖　南	81.6	4.7	177.9	4.1	4.3
广　东	73.2	11.1	214.4	2.3	9.2
广　西	83.8	7.2	121.1	2.6	4.5
海　南	82.9	13.2	74.2	2.3	10.6
重　庆	79.0	4.9	133.8	2.3	4.7
四　川	74.7	2.9	213.9	3.2	2.8
贵　州	79.0	5.4	153.3	2.1	3.7
云　南	76.6	8.2	126.1	2.9	7.5
西　藏					
陕　西	105.5	3.7	94.7	2.6	5.2
甘　肃	88.8	3.4	99.3	2.2	3.9
青　海					
宁　夏	82.2	11.9	29.9	2.2	14.5
新　疆	69.6	5.7	179.8	3.1	3.7

3－7 续表8

矿产品、建材及化工产品批发

地 区	负债比率（%）	毛利率（%）	人均营业收入（万元）	流动资产周转次数（次）	费用率（%）
全 国	**67.0**	**5.5**	**477.4**	**6.1**	**3.3**
北 京	71.3	4.5	2112.0	3.4	2.9
天 津	75.9	3.6	1772.3	13.7	0.8
河 北	87.0	7.6	217.2	17.5	4.9
山 西	74.0	9.6	246.4	3.1	5.3
内蒙古	58.2	11.4	155.1	8.6	6.6
辽 宁	79.2	3.2	1635.2	10.2	2.4
吉 林	130.9	10.5	171.9	20.9	6.4
黑龙江	80.9	7.7	320.4	4.0	4.7
上 海	63.6	4.5	515.5	8.2	2.7
江 苏	65.5	5.8	295.7	8.0	3.7
浙 江	63.6	4.5	515.5	8.2	2.7
安 徽	76.9	6.2	371.6	2.8	3.4
福 建	61.9	6.6	334.2	3.8	3.2
江 西	68.4	13.9	227.3	6.3	3.7
山 东	49.2	7.5	140.7	3.5	5.8
河 南	68.2	7.4	262.7	12.2	5.0
湖 北	62.5	8.2	265.4	7.0	5.2
湖 南	47.3	7.9	158.2	12.2	5.4
广 东	50.0	5.4	525.1	6.7	2.6
广 西	46.3	7.8	186.0	9.7	6.6
海 南	60.6	6.5	200.0	4.7	5.6
重 庆	64.1	7.3	179.2	7.0	5.3
四 川	69.8	7.3	508.7	6.5	5.1
贵 州	50.9	11.3	206.6	11.7	4.9
云 南	69.6	6.5	104.0	3.5	5.6
西 藏		25.1	66.3	2.8	13.6
陕 西	76.0	8.7	336.0	7.2	5.6
甘 肃	58.6	3.8	1402.6	8.3	4.6
青 海	70.4	10.5	192.1	5.2	6.6
宁 夏	12.6	45.1	38.5	2.3	36.2
新 疆	108.4	4.7	638.1	11.8	3.6

3－7 续表9

煤炭及制品批发

地　区	负债比率（%）	毛利率（%）	人均营业收入（万元）	流动资产周转次数（次）	费用率（%）
全　国	**67.5**	**8.0**	**310.9**	**4.6**	**5.0**
北　京	52.0	1.3	6288.2	10.2	0.8
天　津	33.4	13.1	49.3	2.8	11.5
河　北	24.4	14.0	132.2	4.3	10.0
山　西	73.8	12.0	184.6	3.1	7.4
内蒙古	66.5	14.4	334.7	5.0	6.2
辽　宁					
吉　林					
黑龙江	58.4	11.1	84.0	2.4	5.6
上　海	65.9	10.6	93.0	4.1	10.8
江　苏	68.3	13.1	164.4	2.2	8.5
浙　江	65.9	10.6	93.0	4.1	10.8
安　徽					
福　建					
江　西	73.8	3.5	191.8	0.4	13.8
山　东	81.7	13.9	70.0	1.4	12.5
河　南	66.1	26.4	88.7	5.2	22.5
湖　北	69.7	7.8	231.0	2.2	6.5
湖　南					
广　东	52.6	9.0	470.6	5.5	4.5
广　西					
海　南					
重　庆	47.0	10.4	88.1	5.8	14.8
四　川	92.9	5.6	88.8	3.6	7.7
贵　州	24.6	11.6	153.2	3.3	9.8
云　南	75.7	2.9	139.1	3.1	3.1
西　藏					
陕　西	29.0	41.2	117.8	4.5	32.3
甘　肃	59.8	2.0	62.3	2.9	0.0
青　海					
宁　夏	12.6	45.1	38.5	2.3	36.2
新　疆					

3－7　续表10

石油及制品批发

地　区	负债比率（%）	毛利率（%）	人均营业收入（万元）	流动资产周转次数（次）	费用率（%）
全　国	**59.0**	**5.6**	**449.2**	**11.7**	**3.3**
北　京	61.8	6.2	1247.9	5.9	4.6
天　津	72.3	3.6	1907.5	17.1	0.6
河　北	93.7	7.5	228.0	36.7	4.6
山　西	56.1	10.5	238.9	10.6	4.1
内蒙古	47.9	9.6	116.4	22.0	6.7
辽　宁	66.8	3.2	1504.4	36.4	2.7
吉　林	167.8	9.8	176.0	49.0	6.0
黑龙江	64.3	7.6	289.3	10.5	4.6
上　海	43.9	5.3	350.5	16.2	2.6
江　苏	51.9	5.7	260.8	16.9	3.3
浙　江	43.9	5.3	350.5	16.2	2.6
安　徽	69.8	8.6	248.9	2.6	4.1
福　建	49.8	8.2	243.4	9.4	3.7
江　西	67.5	14.0	227.9	7.6	3.6
山　东	52.0	5.9	276.2	10.3	3.4
河　南	68.1	6.8	292.0	12.9	4.5
湖　北	49.4	10.0	209.8	18.3	6.3
湖　南	37.8	8.1	164.5	18.6	5.3
广　东	48.2	4.4	666.5	7.8	2.2
广　西	43.8	7.8	191.3	10.7	6.7
海　南					
重　庆	48.2	9.8	140.5	40.2	7.5
四　川	61.9	8.9	465.2	16.2	6.5
贵　州	52.0	11.3	208.4	12.5	4.8
云　南	63.1	7.1	172.9	57.7	5.6
西　藏		25.1	66.3	2.8	13.6
陕　西	90.7	10.5	250.2	9.0	4.5
甘　肃	57.6	3.7	1616.7	8.6	4.6
青　海	66.5	10.7	197.8	7.1	6.4
宁　夏					
新　疆	131.6	4.5	716.4	30.1	3.3

3－7 续表11

金属及金属矿批发

地　区	负债比率（%）	毛利率（%）	人均营业收入（万元）	流动资产周转次数（次）	费用率（%）
全　国	**76.8**	**3.9**	**1230.8**	**3.0**	**2.3**
北　京	81.4	3.2	8494.0	2.7	1.6
天　津	92.7	2.0	3748.0	4.9	1.5
河　北	70.2	5.8	49.9	4.7	4.9
山　西	78.8	2.7	2740.8	2.3	0.4
内蒙古					
辽　宁	84.8	3.2	2753.4	3.0	1.6
吉　林	45.2	28.7	135.2	1.4	15.6
黑龙江					
上　海	80.2	3.3	1702.5	4.5	2.6
江　苏	89.2	5.2	1039.1	3.2	4.5
浙　江	80.2	3.3	1702.5	4.5	2.6
安　徽	91.7	2.1	2416.1	4.5	1.9
福　建	76.5	1.9	2698.2	1.7	1.4
江　西					
山　东	38.6	5.3	232.0	1.9	3.8
河　南	94.5	7.1	49.3	3.5	8.0
湖　北	81.2	2.0	1256.5	3.6	1.4
湖　南					
广　东	57.3	22.8	117.8	2.1	7.6
广　西	85.9	4.3	121.7	3.4	2.2
海　南					
重　庆	91.6	2.3	373.9	2.3	2.3
四　川	77.4	3.8	1064.2	2.8	1.9
贵　州					
云　南	83.8	8.5	75.7	1.4	8.2
西　藏					
陕　西	60.0	3.2	1906.3	5.2	6.5
甘　肃	100.0		76.4	1.5	19.6
青　海					
宁　夏					
新　疆	57.0	17.6	61.1	2.5	13.7

3－7 续表12

建材批发

地　区	负债比率（%）	毛利率（%）	人均营业收入（万元）	流动资产周转次数（次）	费用率（%）
全　国	**54.6**	**12.6**	**66.3**	**2.6**	**11.2**
北　京	30.6	7.4	74.6	3.7	7.6
天　津	83.0	9.7	34.1	2.9	10.2
河　北	78.8	15.6	83.7	2.6	13.3
山　西					
内蒙古	82.2	4.7	184.7	1.0	6.1
辽　宁					
吉　林					
黑龙江	106.6	13.0	153.4	2.6	1.9
上　海	73.9	7.5	78.6	2.9	13.9
江　苏	70.7	32.2	91.6	0.9	37.4
浙　江	73.9	7.5	78.6	2.9	13.9
安　徽					
福　建	61.6	11.8	147.6	1.8	9.9
江　西					
山　东	38.9	14.9	52.5	2.6	13.3
河　南	59.2	15.0	23.3	5.3	8.7
湖　北					
湖　南	78.6	5.0	130.8	2.7	6.6
广　东	53.9	10.1	217.7	1.6	9.3
广　西					
海　南					
重　庆	66.8	6.1	102.1	16.8	1.9
四　川	64.2	12.9	101.8	1.9	13.8
贵　州					
云　南	74.8	8.6	114.3	1.2	6.4
西　藏					
陕　西					
甘　肃	79.1	25.8	145.6	5.1	2.6
青　海					
宁　夏					
新　疆					

3-7 续表 13

化肥批发

地区	负债比率（%）	毛利率（%）	人均营业收入（万元）	流动资产周转次数（次）	费用率（%）
全国	**74.2**	**7.2**	**509.6**	**1.9**	**4.6**
北京	48.6	9.2	996.9	2.3	4.7
天津					
河北					
山西	96.6	5.8	531.9	1.8	6.1
内蒙古	98.2	11.6	118.6	2.6	9.2
辽宁	96.7	3.3	26.9	2.2	3.2
吉林	77.0	3.9	27.5	4.5	7.6
黑龙江	94.2	7.4	1988.8	0.9	5.3
上海					
江苏	84.2	4.1	85.2	3.3	4.9
浙江					
安徽	89.6	3.9	646.3	2.2	3.6
福建	75.1	9.0	534.0	2.9	3.5
江西					
山东	82.3	4.0	317.9	2.5	3.7
河南	95.9	1.5	27.4	2.4	1.5
湖北	87.9	5.5	145.6	0.8	5.5
湖南	83.0	6.4	19.8	1.0	6.1
广东	49.0	5.6	64.0	6.2	1.9
广西	53.6	19.2	139.1	5.0	10.2
海南					
重庆	78.6	3.2	1825.8	3.0	1.3
四川	50.8	3.7	31.2	5.9	3.0
贵州					
云南	60.0	8.0	68.5	3.0	7.0
西藏					
陕西					
甘肃	76.7	5.0	113.4	1.2	4.7
青海	90.9	5.9	182.5	1.1	8.1
宁夏					
新疆	85.3	10.0	214.9	0.9	9.9

3－7　续表 14

机械设备、五金交电及电子产品批发

地　区	负债比率（%）	毛利率（%）	人均营业收入（万元）	流动资产周转次数（次）	费用率（%）
全　国	**76.8**	**11.9**	**369.2**	**2.7**	**9.2**
北　京	72.6	17.2	568.3	2.5	12.7
天　津	84.3	6.4	383.9	7.1	6.1
河　北	74.2	4.5	547.6	4.0	3.8
山　西	80.7	4.4	152.1	5.1	5.1
内蒙古	87.7	5.8	125.9	1.0	5.6
辽　宁	68.1	22.8	100.1	2.9	9.6
吉　林	66.8	6.3	119.5	6.5	5.6
黑龙江	82.9	5.7	347.5	12.6	5.2
上　海	74.6	7.1	250.8	2.6	6.8
江　苏	85.4	7.6	487.3	3.5	6.5
浙　江	74.6	7.1	250.8	2.6	6.8
安　徽	89.4	10.1	169.5	3.4	10.3
福　建	71.7	14.6	178.6	1.4	9.8
江　西	86.9	8.2	138.5	2.2	6.0
山　东	92.9	4.5	370.0	1.9	4.1
河　南	88.7	3.2	148.0	4.6	4.5
湖　北	86.3	4.4	238.7	3.5	3.8
湖　南	152.3	4.3	136.7	14.7	5.2
广　东	76.8	8.7	296.0	2.9	6.2
广　西	83.8	4.6	124.5	2.2	4.8
海　南	97.5	7.0	142.1	0.8	6.3
重　庆	96.6	6.6	236.2	2.6	5.5
四　川	90.4	5.3	162.1	4.1	5.0
贵　州	260.0	9.2	202.3	39.5	10.4
云　南	70.4	6.0	203.5	1.1	6.7
西　藏					
陕　西	82.1	19.8	147.8	3.4	3.5
甘　肃	93.2	3.9	184.6	3.8	4.2
青　海					
宁　夏	74.1	8.5	122.5	3.5	7.0
新　疆	59.2	7.7	186.0	2.2	7.0

3-7 续表15

汽车、摩托车及零配件批发

地区	负债比率（%）	毛利率（%）	人均营业收入（万元）	流动资产周转次数（次）	费用率（%）
全国	**76.3**	**5.0**	**613.7**	**4.6**	**3.9**
北京	71.6	5.0	2603.3	6.9	3.1
天津	103.1	4.9	917.3	13.0	5.8
河北	69.1	4.3	721.6	4.8	3.6
山西	86.0	0.6	75.7	0.8	10.4
内蒙古	86.5	6.1	128.2	1.0	6.0
辽宁	40.1	20.2	78.8	2.1	17.4
吉林					
黑龙江					
上海	79.8	2.0	614.3	2.5	2.9
江苏	74.6	6.2	90.1	2.3	5.5
浙江	79.8	2.0	614.3	2.5	2.9
安徽	71.0	6.6	187.6	2.7	3.5
福建	87.9	5.3	49.6	1.0	6.7
江西	97.4	9.9	141.2	1.0	9.4
山东	64.1	8.8	145.6	5.2	6.9
河南	93.3	2.6	258.6	5.5	2.2
湖北	81.4	3.8	509.6	5.1	3.7
湖南					
广东	79.9	7.8	78.4	1.5	10.3
广西					
海南					
重庆	97.4	8.4	227.1	2.8	6.8
四川					
贵州					
云南	59.0	6.7	189.7	1.9	5.1
西藏					
陕西	90.5	3.4	152.2	2.6	3.6
甘肃	93.6	3.1	201.2	3.3	3.2
青海					
宁夏					
新疆	57.5	7.8	248.9	2.3	7.0

3－7 续表16

家用电器批发

地 区	负债比率（%）	毛利率（%）	人均营业收入（万元）	流动资产周转次数（次）	费用率（%）
全 国	**80.1**	**11.5**	**256.9**	**3.0**	**11.7**
北 京	66.9	17.8	279.6	2.4	19.0
天 津	97.2	5.2	185.3	5.6	5.0
河 北					
山 西	93.9	4.6	234.7	8.3	4.2
内蒙古					
辽 宁	110.1	10.2	178.4	7.0	12.8
吉 林	63.5	7.7	125.5	6.4	6.7
黑龙江					
上 海	83.3	15.9	129.8	3.5	15.6
江 苏	93.8	7.6	514.3	4.6	6.6
浙 江	83.3	15.9	129.8	3.5	15.6
安 徽	94.7	13.7	123.1	3.3	14.7
福 建	95.3	6.5	67.2	2.6	6.0
江 西	116.0	8.0	127.2	26.7	8.5
山 东	97.7	4.3	398.0	2.3	4.2
河 南	98.7	2.9	293.5	8.3	2.9
湖 北	101.1	3.3	155.3	3.2	3.3
湖 南	271.6	4.4	114.4	16.1	6.1
广 东	90.4	13.0	173.1	2.8	13.8
广 西	67.2	9.1	34.3	3.5	9.4
海 南	97.5	7.0	142.1	0.8	6.3
重 庆	97.8	2.7	436.8	2.4	2.5
四 川	115.1	5.7	115.0	8.4	7.0
贵 州	260.0	9.2	202.3	39.5	10.4
云 南					
西 藏					
陕 西	96.5	4.5	138.6	5.4	4.7
甘 肃	84.0	8.1	128.5	16.9	9.5
青 海					
宁 夏	74.1	8.5	122.5	3.5	7.0
新 疆	92.4	5.8	100.6	16.3	5.6

3-7 续表 17

计算机、软件及辅助设备批发

地　区	负债比率（%）	毛利率（%）	人均营业收入（万元）	流动资产周转次数（次）	费用率（%）
全　国	**74.1**	**5.2**	**185.4**	**3.1**	**5.0**
北　京	67.8	5.2	251.5	1.6	7.2
天　津					
河　北					
山　西					
内蒙古					
辽　宁	84.8	1.0	147.8	107.3	1.0
吉　林	96.4	1.1	101.7	6.9	1.5
黑龙江					
上　海	74.4	12.9	62.9	2.7	12.8
江　苏	73.0	9.1	192.6	1.9	8.6
浙　江	74.4	12.9	62.9	2.7	12.8
安　徽	69.3	3.1	201.5	6.7	3.0
福　建	64.7	3.4	44.5	2.4	3.3
江　西	74.8	7.6	142.7	2.3	3.8
山　东					
河　南	56.3	2.7	132.9	5.9	3.0
湖　北					
湖　南	73.6	3.0	215.1	9.4	2.6
广　东	76.1	4.8	190.0	3.6	4.2
广　西					
海　南					
重　庆					
四　川	103.8	4.1	363.4	8.5	3.8
贵　州					
云　南					
西　藏					
陕　西					
甘　肃					
青　海					
宁　夏					
新　疆					

3－7 续表 18

贸易经纪与代理

地 区	负债比率（%）	毛利率（%）	人均营业收入（万元）	流动资产周转次数（次）	费用率（%）
全 国	**69.9**	**3.3**	**1147.2**	**3.4**	**2.0**
北 京	66.6	6.3	538.5	1.3	5.8
天 津					
河 北					
山 西					
内蒙古	51.6	16.6	136.9	1.4	13.5
辽 宁	68.8	10.2	148.6	3.1	10.1
吉 林					
黑龙江					
上 海					
江 苏					
浙 江					
安 徽					
福 建	56.4	4.2	177.8	1.1	6.0
江 西					
山 东	45.8	11.3	163.6	8.1	2.4
河 南					
湖 北	76.5	2.5	3063.4	5.3	1.1
湖 南	120.7	28.6	85.6	16.8	28.8
广 东	87.5	7.9	88.2	2.7	12.0
广 西					
海 南					
重 庆					
四 川					
贵 州					
云 南	74.9	82.9	31.7	1.5	8.1
西 藏					
陕 西					
甘 肃					
青 海					
宁 夏					
新 疆					

3－7 续表19

其他批发

地　区	负债比率（%）	毛利率（%）	人均营业收入（万元）	流动资产周转次数（次）	费用率（%）
全　国	**70.6**	**9.0**	**284.2**	**1.6**	**9.4**
北　京	70.0	11.1	839.8	1.1	14.1
天　津	65.5	4.8	227.4	6.2	5.3
河　北	136.1	0.4	25.6	3.9	4.2
山　西	68.6	11.0	73.5	5.4	11.1
内蒙古	69.4	15.9	342.2	0.9	15.0
辽　宁	95.1	1.6	349.9	2.6	6.6
吉　林					
黑龙江	95.6	3.5	120.7	3.2	4.8
上　海	76.6	4.9	133.3	6.8	3.6
江　苏	86.0	7.9	238.6	3.0	8.2
浙　江	76.6	4.9	133.3	6.8	3.6
安　徽	82.7	3.0	104.9	5.7	3.1
福　建	67.5	2.2	2598.1	2.8	2.3
江　西					
山　东	58.6	15.1	131.6	3.7	4.1
河　南	99.8	2.7	63.5	4.0	3.3
湖　北	30.8	14.6	52.8	8.2	11.8
湖　南	59.3	12.8	193.2	5.0	8.6
广　东	66.5	13.6	37.5	1.9	15.4
广　西					
海　南					
重　庆	99.4	0.8	409.6	6.1	0.8
四　川	82.4	6.3	132.2	5.2	6.5
贵　州					
云　南	84.0	35.0	9.9	0.4	52.9
西　藏					
陕　西	93.0	11.2	86.5	0.4	13.0
甘　肃					
青　海					
宁　夏					
新　疆					

3-8 大中型零售业企业分行业基本情况

地 区	零售业合计		综合零售		百货零售	
	法人企业（个）	年末从业人数（人）	法人企业（个）	年末从业人数（人）	法人企业（个）	年末从业人数（人）
全 国	**4358**	**1785558**	**2421**	**1226743**	**1068**	**558917**
北 京	254	139627	106	81676	49	34673
天 津	70	29749	38	19130	18	6946
河 北	159	66556	109	53625	58	36404
山 西	125	50322	61	26630	31	12052
内蒙古	67	22183	28	8564	17	6304
辽 宁	156	123428	85	97848	47	40199
吉 林	60	21159	38	15672	16	8627
黑龙江	86	45820	47	36831	36	29143
上 海	229	82423	125	56865	41	19128
江 苏	397	167398	262	127254	102	48410
浙 江	229	82423	125	56865	41	19128
安 徽	151	47715	109	39112	38	14272
福 建	122	29691	75	18493	16	2868
江 西	69	26288	48	18619	13	6689
山 东	501	189064	268	135670	163	95411
河 南	374	91465	185	56897	88	23931
湖 北	185	111031	116	88194	37	37765
湖 南	151	62888	99	48661	25	10734
广 东	378	171486	174	93259	73	33422
广 西	67	21717	32	14018	13	6979
海 南	21	5761	11	1876	6	863
重 庆	63	40448	35	30994	18	21426
四 川	117	42428	60	24302	31	11522
贵 州	25	6003	11	2946	3	1416
云 南	69	30615	33	15758	11	2566
西 藏	6	853	1	164	1	164
陕 西	103	43545	70	34388	36	13141
甘 肃	37	11257	23	8397	17	7114
青 海	16	3462	5	1756	3	954
宁 夏	18	5613	10	3782	6	2346
新 疆	53	13140	32	8497	14	4320

3-8 续表1

地区	超级市场零售		食品、饮料及烟草制品专门零售		纺织、服装及日用品专门零售	
	法人企业（个）	年末从业人数（人）	法人企业（个）	年末从业人数（人）	法人企业（个）	年末从业人数（人）
全国	**1238**	**638182**	**178**	**55120**	**278**	**68928**
北京	48	43835	14	8709	43	11281
天津	18	11703	6	784	6	1462
河北	49	16801			4	1048
山西	29	14290	9	8830	11	2642
内蒙古	11	2260			9	1935
辽宁	35	55715	3	537	13	3059
吉林	21	6921	1	105	4	805
黑龙江	11	7688	1	367	1	120
上海	73	35288	14	3916	11	2017
江苏	160	78844	16	3614	12	2083
浙江	73	35288	14	3916	11	2017
安徽	70	24520	7	1135	3	560
福建	52	13679	6	2022	6	1142
江西	35	11930	1	230	3	686
山东	91	37513	28	8780	33	8592
河南	71	28874	19	3787	25	6127
湖北	76	49714	3	483	13	6032
湖南	70	36955	3	536	5	1736
广东	94	56055	6	2025	28	7726
广西	16	6699	4	1233	2	466
海南	5	1013	1	356	2	281
重庆	13	7455	2	274	9	1428
四川	27	12280	5	1410	8	1861
贵州	7	1272	1	60	2	609
云南	22	13192	6	785	1	250
西藏						
陕西	32	20830	2	307	6	1415
甘肃	6	1283	4	567	1	142
青海	2	802				
宁夏	4	1436	2	352		
新疆	17	4047			6	1406

3－8　续表2

地　区	服装零售		文化、体育用品及器材专门零售		体育用品零售	
	法人企业（个）	年末从业人数（人）	法人企业（个）	年末从业人数（人）	法人企业（个）	年末从业人数（人）
全　国	**178**	**46553**	**273**	**58486**	**12**	**5138**
北　京	26	6900	25	6319	2	359
天　津	3	1018	3	507		
河　北	2	578	9	1749		
山　西	8	1940	10	1948		
内 蒙 古	5	1081	5	715		
辽　宁	9	2575	10	2272		
吉　林	4	805	3	956	1	352
黑 龙 江	1	120	9	1601	1	17
上　海	7	1291	13	1838		
江　苏	9	1611	16	2071	1	109
浙　江	7	1291	13	1838		
安　徽	1	262	8	1644	1	189
福　建	3	480	5	842		
江　西	3	686	4	922		
山　东	23	5653	19	3039		
河　南	15	3379	47	6633		
湖　北	8	4440	5	1467		
湖　南	5	1736	8	1531	1	500
广　东	16	5677	29	11004	3	2270
广　西			5	889		
海　南	1	121				
重　庆	5	922				
四　川	3	495	3	1559	1	1197
贵　州	2	609	2	305	1	145
云　南	1	250	8	3509		
西　藏						
陕　西	4	1085	4	1323		
甘　肃	1	142	2	378		
青　海			1	165		
宁　夏			1	281		
新　疆	6	1406	6	1181		

3－8 续表3

地区	图书零售		医药及医疗器材专门零售		药品零售	
	法人企业（个）	年末从业人数（人）	法人企业（个）	年末从业人数（人）	法人企业（个）	年末从业人数（人）
全国	**217**	**44755**	**488**	**126630**	**479**	**125076**
北京	8	3443	16	5079	12	4496
天津	2	404	4	790	4	790
河北	9	1749	14	3138	14	3138
山西	8	1570	6	1533	6	1533
内蒙古	5	715	5	1275	5	1275
辽宁	9	2242	25	11297	25	11297
吉林	2	604	5	1755	5	1755
黑龙江	8	1584	16	4415	16	4415
上海	10	1488	32	6656	32	6656
江苏	10	1386	50	11539	49	11375
浙江	10	1488	32	6656	32	6656
安徽	7	1455	10	1534	10	1534
福建	4	682	9	1464	9	1464
江西	4	922	6	3814	6	3814
山东	17	2751	54	11137	53	11020
河南	45	6260	63	13307	61	12754
湖北	4	1316	20	4488	20	4488
湖南	7	1031	18	4838	18	4838
广东	20	5758	34	12102	33	11965
广西	5	889	12	2358	12	2358
海南			1	230	1	230
重庆			6	1627	6	1627
四川	1	196	13	2266	13	2266
贵州	1	160	5	1608	5	1608
云南	7	3334	10	6657	10	6657
西藏			1	121	1	121
陕西	4	1323	7	1920	7	1920
甘肃	2	378	3	624	3	624
青海	1	165	4	754	4	754
宁夏	1	281	2	643	2	643
新疆	6	1181	5	1005	5	1005

3-8 续表4

地区	汽车、摩托车、燃料及零配件专门零售		汽车零售		机动车燃料零售	
	法人企业（个）	年末从业人数（人）	法人企业（个）	年末从业人数（人）	法人企业（个）	年末从业人数（人）
全国	**239**	**83367**	**164**	**32988**	**66**	**49250**
北京	13	4148	11	1479	1	2552
天津	5	2671	3	331	2	2340
河北	7	3839	4	963	3	2876
山西	14	5169	8	1410	5	3439
内蒙古	11	6745	6	1226	5	5519
辽宁	7	4969	2	198	5	4771
吉林	5	783	3	332	2	451
黑龙江	3	364	3	364		
上海	5	3019	4	2255	1	764
江苏	11	2275	9	2013		
浙江	5	3019	4	2255	1	764
安徽	2	1641	1	887	1	754
福建	8	1675	5	631	3	1044
江西	2	248	2	248		
山东	25	5485	19	3563	5	1857
河南	13	1799	8	698	4	1076
湖北	12	4439	6	1540	5	2774
湖南	3	359	3	359		
广东	49	19027	39	7305	8	11507
广西	5	1157	3	540	2	617
海南	2	2469	1	45	1	2424
重庆	2	1238	2	1238		
四川	11	3609	5	598	6	3011
贵州	4	475	3	330	1	145
云南	5	966	4	868	1	98
西藏	3	381	1	172	2	209
陕西	2	201	1	91	1	110
甘肃	2	850	2	850		
青海	1	120	1	120		
宁夏						
新疆	2	227	1	79	1	148

3－8 续表 5

地　区	家用电器及电子产品专门零售		家用电器零售		计算机、软件及辅助设备零售	
	法人企业（个）	年末从业人数（人）	法人企业（个）	年末从业人数（人）	法人企业（个）	年末从业人数（人）
全　国	**320**	**132629**	**214**	**108534**	**32**	**8127**
北　京	21	19307	7	15793	6	1160
天　津	5	3181	2	2710		
河　北	14	2893	10	1926		
山　西	7	2592	6	1989	1	603
内蒙古	4	558	4	558		
辽　宁	7	2426	6	2312		
吉　林	4	1083	4	1083		
黑龙江	7	1791	4	1380		
上　海	26	7739	15	4924	2	1095
江　苏	20	17014	12	15300	5	1113
浙　江	26	7739	15	4924	2	1095
安　徽	7	1555	4	946	1	109
福　建	8	3469	6	2754		
江　西	5	1769	4	1556	1	213
山　东	42	9344	34	7472	3	361
河　南	15	1572	8	1099		
湖　北	12	5193	10	4571	2	622
湖　南	9	3082	5	2286	3	556
广　东	36	21229	24	18576	5	1090
广　西	5	819	3	479		
海　南	4	549	2	299	1	110
重　庆	6	4441	5	4313		
四　川	15	6952	12	5970		
贵　州						
云　南	4	2372	3	1572		
西　藏						
陕　西	4	2574	3	2462		
甘　肃						
青　海	4	554	4	554		
宁　夏	2	212	1	106		
新　疆	1	620	1	620		

3－8 续表6

地区	通讯设备零售		五金、家具及室内装修材料专门零售		无店铺及其他零售		邮购及电子销售	
	法人企业（个）	年末从业人数（人）	法人企业（个）	年末从业人数（人）	法人企业（个）	年末从业人数（人）	法人企业（个）	年末从业人数（人）
全国	**64**	**14419**	**111**	**22522**	**50**	**11133**	**3**	**1404**
北京	5	1924	10	1994	6	1114	2	657
天津	3	471	3	1224				
河北	4	967	1	104	1	160		
山西			6	842	1	136		
内蒙古			3	2213	2	178		
辽宁	1	114	5	820	1	200		
吉林								
黑龙江	3	411	2	331				
上海	8	1378	3	373				
江苏	3	601	8	1261	2	287		
浙江	8	1378	3	373				
安徽	2	500	4	429	1	105		
福建	2	715	4	464	1	120		
江西								
山东	4	1390	23	4550	9	2467		
河南	6	455	3	492	4	851		
湖北			4	735				
湖南	1	240	4	1142	2	1003	1	747
广东	5	1407	10	2790	12	2324		
广西	2	340			2	777		
海南								
重庆	1	128	3	446				
四川	3	982	1	141	1	328		
贵州								
云南	1	800	1	220	1	98		
西藏					1	187		
陕西	1	112	7	1075	1	342		
甘肃			2	299				
青海					1	113		
宁夏	1	106			1	343		
新疆			1	204				

3－9 大中型零售业企业分行业商品购、销、存总额

综合零售

单位:万元

地区	购进总额	进口	销售总额	批发	出口	零售	年末库存总额
全国	**52236927**	**100661**	**62190929**	**5401455**	**118295**	**56789474**	**5027413**
北京	5668433	22422	6667825	1049610		5618215	638989
天津	1217123	3551	1350197	141432		1208765	91806
河北	1786254		2495448	49799		2445649	198558
山西	460624		580527	3119		577408	61430
内蒙古	207351		450678	10860		439818	52481
辽宁	2576616	4641	3154663	109236	13244	3045427	285783
吉林	1033488		1617265	4249		1613016	74922
黑龙江	795789		1423931	18563		1405369	86343
上海	2885947		3370393	183848	27553	3186545	286092
江苏	5724140	18150	6854166	839445	39379	6014721	539487
浙江	2885947		3370393	183848	27553	3186545	286092
安徽	1400931	4547	1543336	165799		1377538	213881
福建	533251	5323	719973	7540	5008	712433	53602
江西	612931		725624	96629		628995	52724
山东	6015302	21582	6576440	840383		5736057	525467
河南	1365466		1441910	37237		1404673	160332
湖北	3511040		4335906	590537		3745369	259790
湖南	1592352		1782250	12385	4791	1769865	194846
广东	5974216	20334	7152100	600057		6552042	461605
广西	474166		526788	46294	766	480494	47493
海南	55145		59918	1052		58867	11836
重庆	1802146		1828734	91606		1737128	111150
四川	957439	5	1144603	274784		869820	82424
贵州	89439		104559	233		104326	5457
云南	345082		442422	9004		433418	42381
西藏	9213		9213			9213	
陕西	1412789		1466676	20435		1446241	103104
甘肃	274436	107	330905	926		329979	21081
青海	46110		59865			59865	4964
宁夏	235829		253357	12548		240809	15840
新疆	287935		350864			350864	57453

3－9 续表1

百货零售 单位:万元

地区	购进总额	进口	销售总额	批发	出口	零售	年末库存总额
全国	**27433986**	**59428**	**34334801**	**1665348**	**113286**	**32669453**	**2082648**
北京	2382325	22019	3069592	25572		3044021	93334
天津	559666		715456	141432		574024	12994
河北	1301559		1977740	40520		1937220	125114
山西	189480		251581	1264		250317	25600
内蒙古	125659		369038	10769		358269	19937
辽宁	1932912	4641	2491794	108239	13244	2383555	153294
吉林	827028		1370097	647		1369450	49850
黑龙江	550898		1139308	18563		1120745	56638
上海	1149674		1464537	104627	27553	1359910	118290
江苏	2380135	470	3060500	65554	39379	2994946	186814
浙江	1149674		1464537	104627	27553	1359910	118290
安徽	600303	3562	716782	140452		576329	103386
福建	90229		120801			120801	5466
江西	429539		517136	93765		423371	24091
山东	4410154	21582	4772836	492377		4280458	368645
河南	598017		657257	11302		645956	49549
湖北	2036072		2424349	154444		2269904	107113
湖南	583207		635348	7075	4791	628273	70033
广东	2628427	7048	3217861	29421		3188440	163763
广西	290163		342459	26596	766	315862	21151
海南	15571		19584			19584	5067
重庆	1467547		1505296	57672		1447624	88478
四川	355264		449357	5102		444255	26238
贵州	48110		58034			58034	1415
云南	52840		82944	4895		78049	9192
西藏	9213		9213			9213	
陕西	681437		736058	20435		715623	43485
甘肃	240849	107	293545			293545	16443
青海	23736		28301			28301	2566
宁夏	179062		192659			192659	9863
新疆	145239		180804			180804	6552

3-9 续表 2

超级市场零售 单位:万元

地区	购进总额	进口	销售总额	批发	出口	零售	年末库存总额
全国	**23934092**	**41233**	**26880031**	**3546522**	**4411**	**23333509**	**2838288**
北京	3210501	403	3505287	1014796		2490492	539091
天津	650505	3551	625847			625847	74040
河北	481687		508905	9280		499626	70468
山西	270304		327896	1855		326041	35550
内蒙古	81693		81641	91		81550	32544
辽宁	631435		633319	997		632322	113846
吉林	195834		234221	3602		230619	24344
黑龙江	244890		284624			284624	29705
上海	1621081		1780758	58911		1721846	157586
江苏	3344005	17679	3793666	773891		3019775	352673
浙江	1621081		1780758	58911		1721846	157586
安徽	793760	985	819889	22115		797774	109302
福建	380360	5323	526387	6650	4411	519738	46618
江西	183392		208487	2863		205624	28634
山东	1536219		1724563	321327		1403236	150741
河南	675793		694663	11900		682762	98935
湖北	1462552		1897194	433264		1463930	151979
湖南	998348		1133033	4768		1128265	121167
广东	3193744	13287	3763158	515008		3248150	278987
广西	173767		171608	17956		153652	24916
海南	39574		40334	1052		39283	6769
重庆	246708		236720	3222		233498	19955
四川	592716	5	686930	266480		420451	53744
贵州	36701		41418			41418	3102
云南	292241		359478	4109		355369	33188
西藏							
陕西	725122		724389			724389	59426
甘肃	33586		37360	926		36434	4638
青海	22374		31564			31564	2398
宁夏	56767		60698	12548		48151	5977
新疆	137350		165236			165236	50380

3－9 续表3

食品、饮料及烟草制品专门零售

单位:万元

地区	购进总额	进口	销售总额	批发	出口	零售	年末库存总额
全国	**1456851**	**56490**	**1732854**	**370389**	**4718**	**1362465**	**129821**
北京	243743		294734	12951		281783	19032
天津	13028		15355	739		14616	927
河北							
山西	25740		75599	9503		66097	3764
内蒙古							
辽宁	3572		9498			9498	657
吉林			3067			3067	243
黑龙江	3670		4143			4143	
上海	103859		128436	13827		114610	6930
江苏	70289		87038	4747		82291	4936
浙江	103859		128436	13827		114610	6930
安徽	32209		31713	8802		22911	12714
福建	213657		249970	131267	4718	118703	6924
江西	3859		3969			3969	125
山东	237796		249946	26734		223212	17131
河南	57285		64446	15903		48542	14530
湖北	10233		10158	412		9746	863
湖南	14037		14134	5470		8665	2500
广东	98330	56490	135305	21107		114197	17635
广西	84132		106742	92789		13953	5168
海南	1129		1613			1613	44
重庆	9495		10083	350		9733	569
四川	84509		26586	6000		20586	2049
贵州	1774		1713			1713	61
云南	18645		23550	4654		18896	2052
西藏							
陕西	6539		9003	640		8363	283
甘肃	10073		41103			41103	3393
青海							
宁夏	5388		6513	668		5845	361
新疆							

3－9 续表4

纺织、服装及日用品专门零售 单位:万元

地区	购进总额	进口	销售总额	批发	出口	零售	年末库存总额
全国	**1718361**	**25249**	**2053724**	**480493**	**439**	**1573230**	**359144**
北京	323992	9966	411034	224057	359	186977	100744
天津	37479		53211	1516		51695	23013
河北	15598		15158	648		14510	659
山西	55791		54655	2364		52291	6306
内蒙古	34428		33844			33844	3795
辽宁	178330	62	141064	2		141062	13692
吉林	28176		35022			35022	2245
黑龙江	975		1186			1186	225
上海	48400	1525	66457	25216		41242	11564
江苏	45651		57577			57577	9839
浙江	48400	1525	66457	25216		41242	11564
安徽	14447		16405	8483		7922	4653
福建	22966		28504	8369		20134	6459
江西	6661		11716			11716	1579
山东	193422		186201	9075		177126	46436
河南	79968		85361	2053		83308	11089
湖北	95975		109204	4549		104655	14532
湖南	31609		36015			36015	2237
广东	296434	12165	452615	159150	80	293465	50328
广西	3162		3142			3142	733
海南	134		3332	153		3179	1199
重庆	25636		30127	7140		22987	6584
四川	47490	6	56162	2045		54116	14241
贵州	26328		24564			24564	1763
云南	3949		3650			3650	1139
西藏							
陕西	30585		36411			36411	2274
甘肃	3800		3300			3300	1400
青海							
宁夏							
新疆	18576		31350	458		30893	8855

3-9　续表5

服装零售　　　　单位:万元

地区	购进总额	进口	销售总额	批发	出口	零售	年末库存总额
全国	**1253251**	**23439**	**1402326**	**392273**	**418**	**1010054**	**225885**
北京	181221	9613	239239	160492	338	78746	48487
天津	22417		31355			31355	17845
河北	10219		9998	4		9994	239
山西	47108		47216	3		47214	3445
内蒙古	24772		23910			23910	2531
辽宁	166748	62	127843	2		127841	7589
吉林	28176		35022			35022	2245
黑龙江	975		1186			1186	225
上海	31575	1525	44636	21816		22820	6084
江苏	40914		50881			50881	8630
浙江	31575	1525	44636	21816		22820	6084
安徽	9357		11446	6295		5151	3291
福建	17770		21647	8064		13584	4352
江西	6661		11716			11716	1579
山东	118718		106776	7289		99487	29624
河南	40180		42565	618		41948	5027
湖北	69866		77668	2800		74868	12584
湖南	31609		36015			36015	2237
广东	269322	10713	314860	155762	80	159098	42012
广西							
海南	134		1364			1364	752
重庆	15978		16071	6854		9217	5117
四川	6583		12120			12120	914
贵州	26328		24564			24564	1763
云南	3949		3650			3650	1139
西藏							
陕西	28723		31292			31292	1834
甘肃	3800		3300			3300	1400
青海							
宁夏							
新疆	18576		31350	458		30893	8855

3－9 续表 6

文化、体育用品及器材专门零售　　单位:万元

地区	购进总额	进口	销售总额	批发	出口	零售	年末库存总额
全国	**1865380**	**335**	**1850858**	**252415**		**1598443**	**999117**
北京	173266		201115	21614		179502	459853
天津	19488		23591	2407		21184	12245
河北	36352		37533	3192		34341	11617
山西	58196		48927	3771		45157	18577
内蒙古	11742		11743	890		10854	3786
辽宁	44730		46387	690		45698	18859
吉林	18146		18892			18892	7984
黑龙江	42092		37054	364		36691	15535
上海	92961		91322	1323		89999	26126
江苏	109042		106381	7994		98387	30117
浙江	92961		91322	1323		89999	26126
安徽	53007		55783	4848		50935	10385
福建	36681		30646	2983		27663	13592
江西	32966		33526	3220		30305	1434
山东	128898		117568	30145		87423	35790
河南	121382		119873	9248		110625	29771
湖北	46293		46341	6854		39487	27092
湖南	95853		100863	34294		66570	18765
广东	337750	335	340103	68494		271609	135396
广西	33044		30457	2427		28030	7333
海南							
重庆							
四川	76971		73000	36454		36545	29839
贵州	6139		7414	1365		6049	1492
云南	89871		72280	6951		65329	26923
西藏							
陕西	39015		41983			41983	12374
甘肃	6647		6938	726		6212	4036
青海	1105		1742			1742	535
宁夏	4953		4796	84		4712	1689
新疆	55832		53276	756		52521	11847

3－9　续表 7

体育用品零售　　单位:万元

地区	购进总额	进口	销售总额	批发	出口	零售	年末库存总额
全国	**229457**		**262122**	**92557**		**169565**	**67371**
北京	19630		22698	40		22658	1069
天津							
河北							
山西							
内蒙古							
辽宁							
吉林	4572		4819			4819	1697
黑龙江			1251			1251	
上海							
江苏	2074		2682			2682	180
浙江							
安徽	4242		4857	1926		2931	894
福建							
江西							
山东							
河南							
湖北							
湖南	47647		55898	24042		31857	10907
广东	83821		105165	29792		75372	32658
广西							
海南							
重庆							
四川	65050		61119	35524		25595	19886
贵州	2421		3633	1234		2399	79
云南							
西藏							
陕西							
甘肃							
青海							
宁夏							
新疆							

3－9 续表 8

图书零售

单位:万元

地 区	购进总额	进 口	销售总额	批 发	出 口	零 售	年末库存总额
全 国	**1416787**	**335**	**1348637**	**128565**		**1220072**	**552830**
北 京	80481		104171	8238		95933	139569
天 津	12750		13841	2407		11435	3632
河 北	36352		37533	3192		34341	11617
山 西	41139		37304	3771		33533	13251
内蒙古	11742		11743	890		10854	3786
辽 宁	42590		44247	690		43557	18848
吉 林	13574		14073			14073	6287
黑龙江	42092		35804	364		35440	15535
上 海	81012		75914	1323		74591	22960
江 苏	85630		80611	6515		74096	22150
浙 江	81012		75914	1323		74591	22960
安 徽	48765		50926	2922		48004	9491
福 建	33178		25641	2983		22658	13227
江 西	32966		33526	3220		30305	1434
山 东	123551		112878	29875		83003	32147
河 南	117734		114755	9248		105507	25452
湖 北	43680		42431	5448		36983	24091
湖 南	48205		44965	10252		34713	7858
广 东	208805	335	180995	23900		157095	93107
广 西	33044		30457	2427		28030	7333
海 南							
重 庆							
四 川	4317		3163	931		2233	737
贵 州	3718		3781	131		3650	1413
云 南	82899		65231	6951		58279	25466
西 藏							
陕 西	39015		41983			41983	12374
甘 肃	6647		6938	726		6212	4036
青 海	1105		1742			1742	535
宁 夏	4953		4796	84		4712	1689
新 疆	55832		53276	756		52521	11847

3－9 续表9

医药及医疗器材专门零售

单位:万元

地区	购进总额	进口	销售总额	批发	出口	零售	年末库存总额
全国	**4847716**	**43657**	**5319680**	**1394817**	**88834**	**3924863**	**740334**
北京	195424	12192	232718	48016		184703	37417
天津	16119		18673			18673	1544
河北	66602	4052	71079	10846		60233	11614
山西	117156		123004	37977		85027	15160
内蒙古	30104		29265	16057		13208	6784
辽宁	324421		371373	127557		243816	60715
吉林	31883		66125	687		65438	8999
黑龙江	439339		519782	216991		302791	55806
上海	576859	13053	611363	163471		447893	82422
江苏	832154		862500	217616	7320	644884	82382
浙江	576859	13053	611363	163471		447893	82422
安徽	48293		43043	4265		38778	8938
福建	31732		44879	7503		37376	12157
江西	35838		48283	634		47649	11838
山东	296975	854	294852	48067		246785	44939
河南	203072		209439	34364		175076	38977
湖北	97689	4	110698	19080		91618	17974
湖南	117116		126152	4659		121492	14111
广东	405045	203	487154	217351	81514	269804	65038
广西	28526		35599	5433		30167	5768
海南	1969		2115			2115	1040
重庆	52818		48346	6166		42180	5624
四川	45949		55201	7045		48156	9722
贵州	30241	245	36093	1299		34794	7265
云南	151531		151635	29229		122406	24771
西藏	2299		2233	2233			2347
陕西	14122		18593	312		18280	4714
甘肃	13323		15669	1249		14421	2924
青海	11409		16211	792		15420	3690
宁夏	8959		12249	19		12230	2774
新疆	43890		43994	2431		41564	10460

3－9　续表 10

药品零售　　　　单位:万元

地　区	购进总额	进　口	销售总额	批　发	出　口	零　售	年末库存总额
全　国	**4797278**	**31464**	**5267997**	**1377476**	**88834**	**3890520**	**731026**
北　京	157452		193833	33820		160014	29864
天　津	16119		18673			18673	1544
河　北	66602	4052	71079	10846		60233	11614
山　西	117156		123004	37977		85027	15160
内蒙古	30104		29265	16057		13208	6784
辽　宁	324421		371373	127557		243816	60715
吉　林	31883		66125	687		65438	8999
黑龙江	439339		519782	216991		302791	55806
上　海	576859	13053	611363	163471		447893	82422
江　苏	828540		858719	216326	7320	642393	81769
浙　江	576859	13053	611363	163471		447893	82422
安　徽	48293		43043	4265		38778	8938
福　建	31732		44879	7503		37376	12157
江　西	35838		48283	634		47649	11838
山　东	292469	854	290468	46900		243569	44721
河　南	200884		206934	33677		173258	38665
湖　北	97689	4	110698	19080		91618	17974
湖　南	117116		126152	4659		121492	14111
广　东	402887	203	485025	217351	81514	267674	64427
广　西	28526		35599	5433		30167	5768
海　南	1969		2115			2115	1040
重　庆	52818		48346	6166		42180	5624
四　川	45949		55201	7045		48156	9722
贵　州	30241	245	36093	1299		34794	7265
云　南	151531		151635	29229		122406	24771
西　藏	2299		2233	2233			2347
陕　西	14122		18593	312		18280	4714
甘　肃	13323		15669	1249		14421	2924
青　海	11409		16211	792		15420	3690
宁　夏	8959		12249	19		12230	2774
新　疆	43890		43994	2431		41564	10460

3－9　续表 11

汽车、摩托车、燃料及零配件专门零售　　单位:万元

地　区	购进总额	进　口	销售总额	批　发	出　口	零　售	年末库存总额
全　国	**14502045**	**114807**	**17467773**	**5022997**	**40825**	**12444777**	**923588**
北　京	2748918	325	2947194	1555031		1392163	73408
天　津	594848		519824	66001		453823	11190
河　北	540864		566173	48919		517254	13904
山　西	379022		936513	180970		755542	68416
内蒙古	1123237		1081571	208875		872696	40262
辽　宁	1055148		1180982	424204		756778	32389
吉　林	15502		20937			20937	1629
黑龙江	34940	289	34389			34389	4392
上　海	602969		655468	182379	8652	473089	60239
江　苏	324858		331337	50014		281323	16684
浙　江	602969		655468	182379	8652	473089	60239
安　徽	231716		408507	53267		355241	33360
福　建	110764		116233	7048		109185	4929
江　西	18993		19176	3472		15705	492
山　东	606852		845226	154747		690479	73496
河　南	364070		249404	50112		199293	13783
湖　北	719681		541072	122231		418840	48367
湖　南	31067		34159	846		33314	3784
广　东	2671341	92379	4668038	1564921	23520	3103117	186431
广　西	97173	943	97420	36044		61377	3885
海　南	732315		589849	60431		529418	14658
重　庆	261620	19521	297819	12542		285277	17459
四　川	433322	1350	474613	53238		421376	112391
贵　州	46189		44186			44186	3474
云　南	40664		40444			40444	5237
西　藏	19723		38496	3394		35102	4764
陕　西	7015		7140			7140	2341
甘　肃	58647		34900	1935		32966	8878
青　海	10624		10767			10767	1756
宁　夏							
新　疆	16997		20469			20469	1354

3－9 续表 12

汽车零售 单位:万元

地区	购进总额	进口	销售总额	批发	出口	零售	年末库存总额
全国	**5321760**	**114667**	**5566885**	**931100**	**23520**	**4635786**	**535513**
北京	101924	185	100773	6623		94149	8167
天津	152971		21398			21398	2243
河北	210080		178012	1810		176202	8287
山西	69995		371427	67808		303619	20314
内蒙古	218761		131266	88333		42932	17999
辽宁	9446		11451	64		11388	1053
吉林	12540		17803			17803	1553
黑龙江	34940	289	34389			34389	4392
上海	457296		485854	90538		395317	51295
江苏	312120		315205	48200		267004	14761
浙江	457296		485854	90538		395317	51295
安徽	225496		219513			219513	19517
福建	41138		41816	7048		34768	4828
江西	18993		19176	3472		15705	492
山东	573209		616820	87220		529600	71385
河南	73791		85498	2423		83074	8735
湖北	217985		218698	477		218221	25098
湖南	31067		34159	846		33314	3784
广东	1611319	92379	1650541	411691	23520	1238850	172561
广西	34545	943	35175	1058		34117	3204
海南	1081		10748			10748	143
重庆	261620	19521	297819	12542		285277	17459
四川	36947	1350	38734	8475		30259	2776
贵州	34773		31733			31733	3279
云南	36834		36914			36914	4952
西藏	1513		14453			14453	1724
陕西	1917		2008			2008	2239
甘肃	58647		34900	1935		32966	8878
青海	10624		10767			10767	1756
宁夏							
新疆	12895		13984			13984	1344

3－9 续表 13

机动车燃料零售 单位:万元

地 区	购进总额	进口	销售总额	批发	出口	零售	年末库存总额
全 国	**9134637**		**11853250**	**4089469**	**17305**	**7763781**	**378540**
北 京	2642507		2840893	1547793		1293100	63692
天 津	441877		498426	66001		432425	8946
河 北	330784		388161	47109		341052	5616
山 西	303544		561339	113163		448177	45117
内蒙古	904476		950305	120542		829764	22263
辽 宁	1045701		1169531	424141		745390	31336
吉 林	2962		3134			3134	76
黑龙江							
上 海	145673		169614	91841	8652	77773	8944
江 苏							
浙 江	145673		169614	91841	8652	77773	8944
安 徽	6220		188995	53267		135728	13843
福 建	69626		74417			74417	101
江 西							
山 东	29738		224211	67526		156684	1624
河 南	287779		161467	47688		113778	4848
湖 北	492427		314343	121754		192589	22448
湖 南							
广 东	1052755		3009932	1153230		1856702	12298
广 西	62629		62245	34986		27259	681
海 南	731234		579101	60431		518670	14516
重 庆							
四 川	396375		435880	44763		391117	109614
贵 州	11416		12453			12453	195
云 南	3830		3530			3530	285
西 藏	18210		24044	3394		20650	3040
陕 西	5099		5132			5132	102
甘 肃							
青 海							
宁 夏							
新 疆	4102		6485			6485	10

3－9 续表 14

家用电器及电子产品专门零售 单位:万元

地 区	购进总额	进 口	销售总额	批 发	出 口	零 售	年末库存总额
全 国	**11380319**	**57**	**11746065**	**707527**		**11038538**	**1017820**
北 京	2063286		2059663	40851		2018812	179981
天 津	513241		477356	17963		459393	31201
河 北	131209		129700	17619		112082	23492
山 西	164315		167345			167345	21143
内蒙古	17391		31969	204		31765	2281
辽 宁	206222		288375	3263		285112	16388
吉 林	54785		51336	218		51118	5825
黑龙江	195306		185803			185803	15279
上 海	707659		659295	78721		580573	51820
江 苏	1051363		1394603	42157		1352446	83113
浙 江	707659		659295	78721		580573	51820
安 徽	116964		125416	1274		124142	12278
福 建	335042		409728	16365		393363	31143
江 西	69069		73323	5741		67582	7208
山 东	670312		723070	118133		604936	88192
河 南	129408		139237	1898		137340	20623
湖 北	668933		577038	74354		502684	54680
湖 南	169416		149255	492		148763	13609
广 东	1860055	57	1747646	55191		1692456	190220
广 西	35847		32149	12159		19991	5093
海 南	12445		17723	483		17241	3303
重 庆	326521		483987	96696		387291	15509
四 川	634868		639136	40779		598357	45612
贵 州							
云 南	142037		184695			184695	23901
西 藏							
陕 西	252319		199976	2635		197341	13504
甘 肃							
青 海	26777		25040	1075		23965	1352
宁 夏	17920		19253	536		18717	442
新 疆	99951		94654			94654	8809

3－9　续表 15

家用电器零售　　　　单位:万元

地　区	购进总额	进　口	销售总额	批　发	出　口	零　售	年末库存总额
全　国	**9908827**	**57**	**10093731**	**476930**		**9616802**	**841326**
北　京	1903343		1816856	4015		1812841	142199
天　津	496838		459486	17963		441523	27857
河　北	97705		93152	13836		79316	19802
山　西	115298		118494			118494	14109
内蒙古	17391		31969	204		31765	2281
辽　宁	198062		279892	3263		276629	15668
吉　林	54785		51336	218		51118	5825
黑龙江	188748		179264			179264	14131
上　海	539896		479504	20605		458899	40277
江　苏	713646		1033016	30397		1002619	59662
浙　江	539896		479504	20605		458899	40277
安　徽	90288		94923	47		94876	8494
福　建	299197		373171	13801		359370	28107
江　西	62972		69377	5741		63636	6552
山　东	632972		664158	110520		553639	81957
河　南	82780		91580	1787		89793	13100
湖　北	660632		568800	72783		496017	52869
湖　南	158357		136906	423		136483	12401
广　东	1613595	57	1547440	33054		1514386	156245
广　西	27671		21134	12159		8976	2612
海　南	11533		10945	483		10463	1963
重　庆	322461		479163	96696		382468	15097
四　川	552503		550192	14622		535570	37711
贵　州							
云　南	142037		135535			135535	18737
西　藏							
陕　西	249559		197672	2635		195037	13228
甘　肃							
青　海	26777		25040	1075		23965	1352
宁　夏	9933		10567			10567	5
新　疆	99951		94654			94654	8809

3-9 续表16

计算机、软件及辅助设备零售

单位:万元

地区	购进总额	进口	销售总额	批发	出口	零售	年末库存总额
全国	**642968**		**739749**	**131300**		**608449**	**50365**
北京	25944		96240			96240	3846
天津							
河北							
山西	49017		48851			48851	7034
内蒙古							
辽宁							
吉林							
黑龙江							
上海	76454		78738	53322		25416	3430
江苏	317359		336812	11760		325052	21608
浙江	76454		78738	53322		25416	3430
安徽	11844		12247	944		11303	2181
福建							
江西	6097		3947			3947	656
山东	19355		19702	2887		16815	1629
河南							
湖北	8301		8238	1571		6667	1811
湖南	5436		5869	69		5799	418
广东	46301		47819	7425		40394	3410
广西							
海南	407		2549			2549	911
重庆							
四川							
贵州							
云南							
西藏							
陕西							
甘肃							
青海							
宁夏							
新疆							

3－9 续表 17

通讯设备零售 单位:万元

地区	购进总额	进口	销售总额	批发	出口	零售	年末库存总额
全国	**769395**		**838291**	**78986**		**759305**	**115846**
北京	113495		123095	23357		99738	28309
天津	16403		17871			17871	3344
河北	33504		36549	3782		32766	3691
山西							
内蒙古							
辽宁	8160		8483			8483	719
吉林							
黑龙江	6558		6539			6539	1148
上海	78954		87076	4794		82281	6574
江苏	20358		24775			24775	1844
浙江	78954		87076	4794		82281	6574
安徽	14832		18246	283		17963	1603
福建	35845		36558	2565		33993	3037
江西							
山东	12938		31230			31230	4047
河南	41005		41518	111		41407	7514
湖北							
湖南	5622		6481			6481	790
广东	197419		147866	12605		135261	29982
广西	8176		11015			11015	2481
海南							
重庆	4060		4824			4824	412
四川	82365		88944	26158		62786	7901
贵州							
云南			49160			49160	5163
西藏							
陕西	2760		2304			2304	276
甘肃							
青海							
宁夏	7987		8685	536		8149	437
新疆							

3－9 续表 18

五金、家具及室内装修材料专门零售 单位:万元

地区	购进总额	进口	销售总额	批发	出口	零售	年末库存总额
全国	**850078**	**839**	**959605**	**44646**		**914959**	**147368**
北京	113502	710	148734	4830		143904	23381
天津	75112		75295	3255		72040	9733
河北	5200		4600			4600	560
山西	36293		36890	1954		34936	5859
内蒙古	68561		65191			65191	5547
辽宁	35845		28006	1534		26472	3535
吉林							
黑龙江	11698		12693	4596		8098	1686
上海	23093		28799	3795		25003	3422
江苏	52935		65435	3613		61822	6312
浙江	23093		28799	3795		25003	3422
安徽	14575		16643			16643	3693
福建	14366		19967	1203		18764	2291
江西							
山东	94162	63	112294	11422		100873	15859
河南	13898	67	13423			13423	2889
湖北	27338		27495	3976		23518	1850
湖南	8121		15820	673		15147	19839
广东	143168		174743			174743	18030
广西							
海南							
重庆	12051		12538			12538	2112
四川	11954		14403			14403	2515
贵州							
云南	12044		11597			11597	2115
西藏							
陕西	47165		38890			38890	12651
甘肃	2435		3865			3865	44
青海							
宁夏							
新疆	3468		3487			3487	25

3－9　续表 19

无店铺及其他零售

单位：万元

地　区	购进总额	进　口	销售总额	批　发	出　口	零　售	年末库存总额
全　国	**476403**	**15157**	**527648**	**90765**	**1427**	**436884**	**30365**
北　京	35209		34356	9716	924	24641	7831
天　津							
河　北	7128		7729			7729	499
山　西	1607		4332			4332	
内蒙古	10688		9199			9199	1932
辽　宁	3933		3197			3197	736
吉　林							
黑龙江							
上　海							
江　苏	10053		12415	1418		10997	126
浙　江							
安　徽	2289		2327			2327	108
福　建	7655		8588	5153		3435	536
江　西							
山　东	123185		138121	8441		129680	4632
河　南	19661		20515	1780		18735	369
湖　北							
湖　南	70381		71395	4459		66936	733
广　东	132781	15157	149623	47960	503	101663	9465
广　西	31682		33977	11839		22138	570
海　南							
重　庆							
四　川	5743		10292			10292	114
贵　州							
云　南	4857		5195			5195	54
西　藏			3289			3289	
陕　西	2585		3353			3353	
甘　肃							
青　海	3951		4235			4235	2547
宁　夏	3016		5512			5512	111
新　疆							

3－9 续表 20

邮购及电子销售

单位:万元

地区	购进总额	进口	销售总额	批发	出口	零售	年末库存总额
全国	**79225**		**80448**	**907**		**79540**	**2449**
北京	17458		18719	907		17812	2277
天津							
河北							
山西							
内蒙古							
辽宁							
吉林							
黑龙江							
上海							
江苏							
浙江							
安徽							
福建							
江西							
山东							
河南							
湖北							
湖南	61767		61728			61728	172
广东							
广西							
海南							
重庆							
四川							
贵州							
云南							
西藏							
陕西							
甘肃							
青海							
宁夏							
新疆							

3－10 大中型零售业企业分行业年末资产负债

综合零售

单位:万元

地　区	流动资产合　计	固定资产原　价	累计折旧	资产总计	负债合计	所有者权益合　计
全　国	**18474644**	**13008437**	**3769392**	**33746784**	**24786939**	**8959845**
北　京	2662136	1150612	377009	4569437	3000461	1568976
天　津	475573	472581	127448	954918	752351	202567
河　北	634281	519450	150889	1196633	929651	266982
山　西	221898	151092	46182	382785	352983	29802
内蒙古	132637	103604	27140	245138	188400	56738
辽　宁	877104	904476	224015	1993025	1304924	688101
吉　林	268770	438487	112706	736313	493146	243167
黑龙江	297520	475532	122049	749546	614534	135012
上　海	1096802	686811	184794	1881489	1426027	455461
江　苏	1790436	1273410	405320	3338097	2491034	847063
浙　江	1096802	686811	184794	1881489	1426027	455461
安　徽	480398	298948	82269	831117	604224	226893
福　建	186073	92639	27000	291476	224058	67418
江　西	179579	163347	36103	399136	285220	113916
山　东	2327513	1433191	386650	4063199	3152317	910882
河　南	438340	320772	75318	859479	667531	191947
湖　北	846343	815936	218503	1739854	1260967	478887
湖　南	569738	395639	127046	1063115	735458	327657
广　东	2012184	1195898	438478	3194128	2483960	710168
广　西	132552	201924	58267	327856	229132	98724
海　南	28506	31274	7744	59908	47854	12055
重　庆	475317	327197	81268	750889	585859	165030
四　川	266969	91574	27719	360389	278169	82220
贵　州	50997	12201	4820	60406	53070	7336
云　南	120787	65172	13530	194009	126151	67858
西　藏	3554	11884	3118	13442	3913	9530
陕　西	486166	333360	110725	831061	559192	271868
甘　肃	127030	141208	43730	281943	182177	99766
青　海	16990	40190	9639	52484	32132	20352
宁　夏	66395	51160	13895	155981	73735	82246
新　疆	105254	122057	41227	288044	222282	65762

3－10 续表 1

百货零售

单位:万元

地 区	流动资产合 计	固定资产原 价	累计折旧	资产总计	负债合计	所有者权益合 计
全 国	**11073422**	**8591755**	**2401610**	**21627408**	**15148288**	**6479120**
北 京	1527008	609494	220130	2741239	1597267	1143972
天 津	260898	383803	79241	675131	454032	221099
河 北	436247	434939	120908	918660	694257	224403
山 西	83817	66096	18310	169847	153672	16175
内蒙古	91945	94380	23283	191674	156541	35133
辽 宁	748017	693493	191675	1658084	1034710	623374
吉 林	192079	377091	93423	602985	380795	222190
黑龙江	247338	410455	100298	643533	495979	147554
上 海	457035	344195	94772	850155	585660	264495
江 苏	1003189	826614	249628	2098475	1439243	659232
浙 江	457035	344195	94772	850155	585660	264495
安 徽	278520	147747	42064	462469	321581	140888
福 建	36079	13555	3382	59630	45836	13794
江 西	128631	128392	25872	305584	214189	91396
山 东	1929682	1180752	301465	3410222	2643345	766877
河 南	207871	200738	45149	480515	372524	107991
湖 北	463749	499244	136033	1010190	713802	296387
湖 南	305209	278313	84664	641642	428284	213358
广 东	1042885	536952	198702	1576454	1177405	399049
广 西	85141	158317	41816	223005	169197	53808
海 南	14183	20652	4148	37186	24064	13121
重 庆	392640	272376	57310	631764	518969	112795
四 川	132599	45343	12069	180462	130194	50268
贵 州	36896	8154	3320	43317	38054	5264
云 南	29214	14366	5896	46365	37609	8756
西 藏	3554	11884	3118	13442	3913	9530
陕 西	261510	194409	59364	477565	311767	165799
甘 肃	102230	131260	39119	247747	171250	76496
青 海	4072	32950	9029	32592	23229	9363
宁 夏	53978	35792	9748	129840	59323	70517
新 疆	60175	95804	32905	217483	165939	51543

3－10 续表 2

超级市场零售 单位:万元

地 区	流动资产合计	固定资产原价	累计折旧	资产总计	负债合计	所有者权益合计
全 国	**7095079**	**4290939**	**1331635**	**11654808**	**9304823**	**2349986**
北 京	1085984	530486	152715	1768931	1370860	398072
天 津	211056	88583	48150	275926	296016	－20090
河 北	186432	81092	29451	262852	229378	33474
山 西	137171	83807	27713	210997	197401	13597
内蒙古	40692	9224	3857	53464	31859	21605
辽 宁	121748	186785	28873	305809	237172	68637
吉 林	75682	56968	17771	127588	108183	19405
黑龙江	50183	65078	21750	106013	118555	－12542
上 海	604449	333601	86433	984755	806873	177882
江 苏	787248	446796	155693	1239622	1051792	187831
浙 江	604449	333601	86433	984755	806873	177882
安 徽	200040	149944	40002	365381	280713	84668
福 建	130535	69786	19572	199552	150743	48809
江 西	50948	34955	10231	93551	71032	22520
山 东	370524	239998	82203	611752	470746	141005
河 南	215947	101284	26433	326760	268480	58280
湖 北	379266	315939	82101	725236	544233	181003
湖 南	259283	114174	41498	413002	298014	114988
广 东	926797	645656	234555	1558189	1242779	315411
广 西	41672	43019	16269	95656	55691	39964
海 南	14323	10622	3596	22723	23790	－1067
重 庆	49798	54436	23930	85867	60346	25521
四 川	131943	44388	15204	175621	145358	30263
贵 州	12695	3809	1379	15534	13496	2039
云 南	91573	50807	7634	147644	88542	59102
西 藏						
陕 西	220663	137649	50668	348261	246160	102100
甘 肃	24800	9948	4612	34197	10927	23270
青 海	12919	7241	610	19892	8903	10989
宁 夏	12417	15368	4147	26142	14412	11729
新 疆	43845	25897	8156	69138	55497	13640

3－10 续表3

食品、饮料及烟草制品专门零售　　单位:万元

地　区	流动资产合计	固定资产原价	累计折旧	资产总计	负债合计	所有者权益合计
全　国	**557415**	**365832**	**126237**	**991385**	**639194**	**352191**
北　京	125014	78515	26109	190025	111644	78382
天　津	3316	3096	884	6589	4258	2331
河　北						
山　西	24490	57277	16713	72429	56256	16173
内蒙古						
辽　宁	3739	5822	1333	9325	4524	4801
吉　林	2239	3845	320	6481	2653	3828
黑龙江	85	6239	1445	4879	3439	1440
上　海	25923	19102	7341	47734	37384	10351
江　苏	25244	30873	17241	50680	36425	14255
浙　江	25923	19102	7341	47734	37384	10351
安　徽	21288	7989	1994	33562	27060	6502
福　建	20025	7127	1916	29110	10428	18682
江　西	77	494	22	1189	868	321
山　东	74371	55675	12699	133030	95721	37309
河　南	28412	14871	5527	65383	66454	－1071
湖　北	2921	1937	764	5194	5497	－302
湖　南	12154	4210	1329	18360	16000	2360
广　东	99710	19202	9006	175285	56857	118428
广　西	28406	8564	3771	39761	18870	20891
海　南	978	120		1098	40	1058
重　庆	2479	2782	776	4629	10769	－6140
四　川	3242	994	262	4336	4208	129
贵　州	949	2742	992	2744	1106	1638
云　南	16010	10662	6340	28029	20645	7384
西　藏						
陕　西	1451	566	330	2558	1343	1216
甘　肃	6677	829	352	7178	3924	3254
青　海						
宁　夏	2295	3198	1432	4063	5440	－1377
新　疆						

3－10　续表4

纺织、服装及日用品专门零售　　　　单位:万元

地　区	流动资产合　计	固定资产原　价	累计折旧	资产总计	负债合计	所有者权益合　计
全　国	**916187**	**614924**	**85147**	**1615688**	**1258103**	**357585**
北　京	182267	45677	12762	241390	204035	37355
天　津	37172	5672	2751	41205	37513	3692
河　北	1828	3900	231	5575	4569	1006
山　西	19042	26579	3655	48140	44012	4129
内蒙古	12443	15797	3699	28385	18183	10202
辽　宁	69603	123048	13465	204095	133171	70924
吉　林	10014	8814	1474	24700	30157	－5457
黑龙江	36	106	77	1019	476	543
上　海	40456	112419	2614	157730	144427	13303
江　苏	18438	12598	2830	30609	21363	9246
浙　江	40456	112419	2614	157730	144427	13303
安　徽	5290	439	108	5646	4855	791
福　建	11849	1274	678	13645	10621	3024
江　西	8663	3926	792	13218	9258	3961
山　东	49886	35518	9112	83207	59315	23893
河　南	22155	31272	4665	55216	53400	1816
湖　北	26576	6574	2291	33123	28810	4313
湖　南	15734	14224	3187	32416	24542	7874
广　东	210450	11976	5482	238008	150528	87480
广　西	1370	1190	533	2269	1998	270
海　南	1058	409	330	1137	1177	－40
重　庆	13638	1541	508	19352	12457	6895
四　川	24746	7705	1921	36417	7164	29253
贵　州	23454	980	629	40082	32131	7952
云　南	974	91	14	1703	577	1126
西　藏						
陕　西	32768	17367	5555	48833	33188	15645
甘　肃	3675	120	57	3796	3667	129
青　海						
宁　夏						
新　疆	32147	13294	3114	47042	42084	4958

3－10　续表 5

服装零售　　　　单位:万元

地　区	流动资产合　计	固定资产原　价	累计折旧	资产总计	负债合计	所有者权益合　计
全　国	**666403**	**510652**	**57276**	**1247325**	**1001078**	**246247**
北　京	102221	25112	5083	133966	115169	18797
天　津	28509	2173	1566	29858	29220	638
河　北	1262	1616	89	2830	2438	392
山　西	13223	11112	2423	27823	24214	3609
内蒙古	6721	8756	1980	14193	10758	3435
辽　宁	60860	120308	12128	190798	125306	65493
吉　林	10014	8814	1474	24700	30157	－5457
黑龙江	36	106	77	1019	476	543
上　海	27055	111006	1957	143286	132012	11275
江　苏	14309	10257	1977	24907	17809	7098
浙　江	27055	111006	1957	143286	132012	11275
安　徽	2902	256	28	3155	2714	442
福　建	9458	437	198	10829	9035	1794
江　西	8663	3926	792	13218	9258	3961
山　东	25672	23714	5397	50091	35608	14483
河　南	9726	11178	1734	22492	23052	－560
湖　北	13658	1915	1325	16042	17360	－1318
湖　南	15734	14224	3187	32416	24542	7874
广　东	183763	8180	3676	198409	129604	68805
广　西						
海　南	245	4	1	249	309	－60
重　庆	9058	250	34	12674	8226	4449
四　川	4421	5059	1064	11718	11122	596
贵　州	23454	980	629	40082	32131	7952
云　南	974	91	14	1703	577	1126
西　藏						
陕　西	31589	16759	5315	46744	32223	14521
甘　肃	3675	120	57	3796	3667	129
青　海						
宁　夏						
新　疆	32147	13294	3114	47042	42084	4958

3－10 续表 6

文化、体育用品及器材专门零售

单位:万元

地 区	流动资产合 计	固定资产原 价	累计折旧	资产总计	负债合计	所有者权益合 计
全 国	**1099708**	**836420**	**245243**	**1987051**	**1254871**	**732181**
北 京	200745	90621	23971	327063	252665	74398
天 津	26767	18983	2760	45223	16792	28430
河 北	25901	26627	7241	57835	44488	13347
山 西	29479	21381	7009	58482	40452	18031
内蒙古	6222	13300	3223	19641	20306	－665
辽 宁	30075	25370	6947	52371	34466	17905
吉 林	15434	7632	3426	21988	19918	2070
黑龙江	39665	17082	5540	53306	44189	9117
上 海	62502	56087	11140	127070	53682	73388
江 苏	45559	31268	13472	77570	48216	29354
浙 江	62502	56087	11140	127070	53682	73388
安 徽	37387	22884	6942	70138	25364	44774
福 建	15652	12787	3921	25080	11731	13349
江 西	6438	6433	2352	15295	9094	6202
山 东	55141	47593	14577	104446	73911	30535
河 南	50292	49520	15234	97570	57834	39737
湖 北	29982	29736	5878	67031	50236	16795
湖 南	23362	18516	7400	38246	22774	15472
广 东	180092	153981	57725	329063	194244	134819
广 西	13207	27618	5814	42008	31285	10723
海 南						
重 庆						
四 川	37712	4199	1287	44537	31444	13093
贵 州	3506	2020	839	7113	6530	583
云 南	43470	29983	8725	68117	42445	25672
西 藏						
陕 西	19777	20674	5827	35027	23781	11246
甘 肃	6449	2017	643	7828	7023	805
青 海	3704	3595	1969	5984	5269	714
宁 夏	2125	3785	1266	4683	3775	908
新 疆	26561	36644	8976	57268	29275	27993

3－10 续表7

体育用品零售 单位:万元

地区	流动资产合计	固定资产原价	累计折旧	资产总计	负债合计	所有者权益合计
全国	**123695**	**21529**	**6948**	**166450**	**131169**	**35281**
北京	4033	16578	4377	28494	23273	5221
天津						
河北						
山西						
内蒙古						
辽宁						
吉林	7686	1845	1459	8071	7659	413
黑龙江	20764	372	2	21135	17919	3216
上海						
江苏	325	814	416	3842	2408	1434
浙江						
安徽	1376			1376	1115	261
福建						
江西						
山东						
河南						
湖北						
湖南	9166	455	164	11493	10207	1285
广东	53529	1035	373	60239	45540	14700
广西						
海南						
重庆						
四川	25632	176	10	29374	20446	8928
贵州	1184	254	147	2426	2602	－176
云南						
西藏						
陕西						
甘肃						
青海						
宁夏						
新疆						

3－10 续表 8

图书零售 单位:万元

地区	流动资产合计	固定资产原价	累计折旧	资产总计	负债合计	所有者权益合计
全国	**736211**	**735668**	**198405**	**1515278**	**907533**	**607744**
北京	80374	43953	11929	149784	108912	40872
天津	10824	18344	2338	27925	13139	14786
河北	25901	26627	7241	57835	44488	13347
山西	17001	18418	5249	36890	26227	10662
内蒙古	6222	13300	3223	19641	20306	－665
辽宁	30014	25370	6947	52310	34466	17844
吉林	7749	5787	1966	13916	12259	1657
黑龙江	18901	16709	5538	32171	26270	5901
上海	49622	53710	10436	112073	41804	70269
江苏	27053	28523	12207	52259	37469	14790
浙江	49622	53710	10436	112073	41804	70269
安徽	36010	22884	6942	68762	24249	44513
福建	15601	12487	3820	24830	11591	13239
江西	6438	6433	2352	15295	9094	6202
山东	51812	46153	14258	96710	68249	28461
河南	47544	49071	14997	94590	54358	40232
湖北	25561	24388	5133	57972	47710	10262
湖南	14196	18061	7236	26753	12567	14187
广东	99500	124878	32543	238340	127427	110913
广西	13207	27618	5814	42008	31285	10723
海南						
重庆						
四川	2030	2190	594	3790	1015	2775
贵州	2323	1766	693	4687	3928	759
云南	40090	28573	7833	63876	39796	24080
西藏						
陕西	19777	20674	5827	35027	23781	11246
甘肃	6449	2017	643	7828	7023	805
青海	3704	3595	1969	5984	5269	714
宁夏	2125	3785	1266	4683	3775	908
新疆	26561	36644	8976	57268	29275	27993

3－10 续表9

医药及医疗器材专门零售

单位:万元

地区	流动资产合计	固定资产原价	累计折旧	资产总计	负债合计	所有者权益合计
全国	**2286622**	**580316**	**195611**	**2989874**	**2352645**	**637229**
北京	104116	22956	7524	147237	76607	70629
天津	5812	1363	246	7111	3981	3129
河北	23561	7076	2595	31293	30177	1116
山西	56310	5881	2758	68476	54576	13900
内蒙古	9711	1790	779	11657	9911	1746
辽宁	247982	80233	18833	330911	206974	123937
吉林	30664	10405	2343	43738	21148	22590
黑龙江	170061	48295	10310	209886	215792	－5906
上海	219105	57629	18945	293125	225867	67258
江苏	311850	62890	25949	421364	338906	82458
浙江	219105	57629	18945	293125	225867	67258
安徽	22425	6742	1724	28328	23051	5277
福建	13242	5125	1823	19112	12820	6292
江西	18123	8288	1559	27321	33829	－6509
山东	118838	46381	16864	170308	170157	152
河南	63563	21293	5656	89332	80616	8715
湖北	59583	18079	6668	84576	65398	19178
湖南	52182	16043	3777	75678	47787	27891
广东	357503	51081	28895	401151	310568	90582
广西	10945	2357	1276	12916	12889	27
海南	1827	121		1981	2282	－301
重庆	19235	8373	4090	26637	24460	2177
四川	15215	10666	3621	24604	16849	7755
贵州	24247	2773	836	28325	24482	3843
云南	54105	10378	3696	67947	52796	15151
西藏	4000	793	514	5595	6277	－682
陕西	7312	1801	676	8618	8038	580
甘肃	5000	2347	857	7785	7213	572
青海	13235	2886	1520	15005	9804	5202
宁夏	3009	5941	1245	9007	7854	1153
新疆	24761	2705	1089	27727	25668	2059

3－10 续表 10

药品零售 单位:万元

地 区	流动资产合计	固定资产原价	累计折旧	资产总计	负债合计	所有者权益合计
全 国	**2262368**	**574363**	**194433**	**2960071**	**2325825**	**634246**
北 京	85130	20096	6971	125827	56881	68946
天 津	5812	1363	246	7111	3981	3129
河 北	23561	7076	2595	31293	30177	1116
山 西	56310	5881	2758	68476	54576	13900
内 蒙 古	9711	1790	779	11657	9911	1746
辽 宁	247982	80233	18833	330911	206974	123937
吉 林	30664	10405	2343	43738	21148	22590
黑 龙 江	170061	48295	10310	209886	215792	-5906
上 海	219105	57629	18945	293125	225867	67258
江 苏	310150	61409	25587	418539	337210	81328
浙 江	219105	57629	18945	293125	225867	67258
安 徽	22425	6742	1724	28328	23051	5277
福 建	13242	5125	1823	19112	12820	6292
江 西	18123	8288	1559	27321	33829	-6509
山 东	117568	45603	16699	167809	167708	102
河 南	62847	20561	5609	87927	79158	8769
湖 北	59583	18079	6668	84576	65398	19178
湖 南	52182	16043	3777	75678	47787	27891
广 东	355921	50979	28844	399486	309077	90409
广 西	10945	2357	1276	12916	12889	27
海 南	1827	121		1981	2282	-301
重 庆	19235	8373	4090	26637	24460	2177
四 川	15215	10666	3621	24604	16849	7755
贵 州	24247	2773	836	28325	24482	3843
云 南	54105	10378	3696	67947	52796	15151
西 藏	4000	793	514	5595	6277	-682
陕 西	7312	1801	676	8618	8038	580
甘 肃	5000	2347	857	7785	7213	572
青 海	13235	2886	1520	15005	9804	5202
宁 夏	3009	5941	1245	9007	7854	1153
新 疆	24761	2705	1089	27727	25668	2059

3－10　续表 11

汽车、摩托车、燃料及零配件专门零售　　单位:万元

地　区	流动资产合计	固定资产原价	累计折旧	资产总计	负债合计	所有者权益合计
全　国	**3877818**	**2127609**	**527732**	**6854237**	**4528181**	**2326056**
北　京	215782	328688	93052	778214	379108	399106
天　津	54228	61079	14455	157933	90608	67325
河　北	39784	40024	9147	120270	44627	75643
山　西	155137	67749	14544	242716	142019	100697
内蒙古	155651	111445	36616	332639	246195	86444
辽　宁	21887	99029	32694	154482	134739	19744
吉　林	7919	1302	413	15506	11664	3842
黑龙江	10086	5846	1426	15439	12026	3412
上　海	258654	111843	29625	440824	270533	170291
江　苏	121390	40654	7854	192241	160460	31781
浙　江	258654	111843	29625	440824	270533	170291
安　徽	189178	41360	8699	235094	169782	65312
福　建	17024	13467	3167	53812	10251	43561
江　西	2434	2305	984	6335	3016	3319
山　东	938791	119052	29450	1118688	513727	604961
河　南	88248	41162	9299	146882	251794	－104912
湖　北	94891	75138	9800	168240	101946	66294
湖　南	24235	2945	977	35279	30635	4644
广　东	940684	570715	123951	1554931	1335303	219627
广　西	27236	8360	1403	78457	31699	46758
海　南	19235	148545	37910	138546	25737	112809
重　庆	89279	20934	1795	145666	104355	41312
四　川	40448	53906	18011	105919	79138	26780
贵　州	20396	6961	1239	26260	20146	6115
云　南	30154	13874	4131	48642	29636	19006
西　藏	10332	17138	4460	32587	9445	23142
陕　西	10593	3273	714	19506	14019	5487
甘　肃	24945	3509	855	33122	26922	6200
青　海	3998	658	181	5082	2214	2868
宁　夏						
新　疆	6546	4806	1258	10103	5906	4197

3－10　续表 12

汽车零售　　　　单位:万元

地　区	流动资产合　计	固定资产原　价	累计折旧	资产总计	负债合计	所有者权益合　计
全　国	**2309946**	**527371**	**125123**	**3124355**	**2548836**	**575519**
北　京	119086	31151	8287	163454	134626	28827
天　津	21659	331	167	22995	19424	3570
河　北	30471	14789	3833	62300	44374	17925
山　西	109647	31647	5707	146504	101557	44947
内蒙古	111486	23758	5198	165850	133641	32209
辽　宁	4142	3533	1503	6945	2670	4275
吉　林	7241	1229	374	14744	9976	4767
黑龙江	10086	5846	1426	15439	12026	3412
上　海	206494	46275	8691	244267	183914	60353
江　苏	115073	38940	7183	184005	153867	30139
浙　江	206494	46275	8691	244267	183914	60353
安　徽	95220	18405	4088	121470	81804	39666
福　建	15869	2702	1027	19092	15139	3953
江　西	2434	2305	984	6335	3016	3319
山　东	403306	64804	18997	534174	493230	40944
河　南	35233	5389	1696	41762	36702	5060
湖　北	75674	17167	4038	96076	85934	10143
湖　南	24235	2945	977	35279	30635	4644
广　东	502566	118873	32413	643751	581289	62462
广　西	21195	5903	891	69998	27540	42459
海　南	2750	115	50	2944	1604	1340
重　庆	89279	20934	1795	145666	104355	41312
四　川	15131	2397	716	18630	17961	669
贵　州	20190	1098	249	21182	20146	1036
云　南	18537	10915	3657	34539	21484	13055
西　藏	5290	5025	1216	11004	7064	3941
陕　西	6975	196	97	8113	7911	202
甘　肃	24945	3509	855	33122	26922	6200
青　海	3998	658	181	5082	2214	2868
宁　夏						
新　疆	5244	254	139	5368	3899	1469

3－10 续表 13

机动车燃料零售 单位:万元

地区	流动资产合计	固定资产原价	累计折旧	资产总计	负债合计	所有者权益合计
全国	**1544092**	**1595274**	**400339**	**3699223**	**1956175**	**1743048**
北京	94834	297056	84484	612699	242790	369909
天津	32569	60748	14288	134939	71184	63755
河北	9313	25234	5314	57970	253	57717
山西	39808	34868	8206	88438	35601	52837
内蒙古	44165	87687	31418	166789	112554	54235
辽宁	17746	95497	31191	147537	132069	15468
吉林	678	72	39	762	1687	－925
黑龙江						
上海	52160	65568	20934	196557	86619	109938
江苏						
浙江	52160	65568	20934	196557	86619	109938
安徽	93958	22955	4611	113624	87978	25646
福建	1156	10765	2140	34720	－4888	39608
江西						
山东	534265	53889	10162	581921	18464	563457
河南	52716	35273	7378	104545	214817	－110271
湖北	14439	57546	5668	66919	11556	55363
湖南						
广东	434498	451588	91462	907004	750755	156250
广西	6042	2458	512	8459	4160	4299
海南	16485	148430	37860	135602	24133	111469
重庆						
四川	25317	51509	17295	87289	61177	26112
贵州	206	5863	991	5079		5079
云南	11618	2960	474	14103	8152	5951
西藏	5041	12112	3244	21583	2382	19202
陕西	3618	3077	617	11393	6108	5285
甘肃						
青海						
宁夏						
新疆	1302	4552	1119	4736	2008	2728

3－10　续表 14

家用电器及电子产品专门零售　　单位:万元

地　区	流动资产合　计	固定资产原　价	累计折旧	资产总计	负债合计	所有者权益合　计
全　国	**5255563**	**456123**	**121609**	**6313045**	**5175694**	**1137351**
北　京	1356151	38356	14096	1736321	1493906	242415
天　津	184729	1658	849	194283	163003	31280
河　北	47766	9006	1699	59552	54390	5162
山　西	71279	4855	1017	81004	73449	7555
内蒙古	7380	979	203	9472	7490	1982
辽　宁	120017	2319	934	122931	114178	8753
吉　林	17175	716	207	18485	18475	10
黑龙江	68533	1448	587	70674	66596	4078
上　海	258731	16130	4985	291925	237488	54437
江　苏	729801	96337	28756	850629	606385	244244
浙　江	258731	16130	4985	291925	237488	54437
安　徽	25333	1388	702	28542	24475	4066
福　建	97604	2649	1167	150503	129109	21394
江　西	43981	2457	336	46839	40410	6429
山　东	436328	137630	33958	621119	464957	156162
河　南	28538	7048	839	54852	33777	21074
湖　北	161154	59077	5638	226760	182446	44314
湖　南	44788	3426	901	62495	50171	12325
广　东	694379	22875	10839	746302	641108	105194
广　西	17890	3512	453	21543	19333	2210
海　南	7133	409	230	7625	5890	1735
重　庆	160655	3566	738	166934	150622	16312
四　川	196448	14181	3412	216617	181250	35367
贵　州						
云　南	87899	4795	2550	93221	71056	22165
西　藏						
陕　西	75023	1262	725	79505	58314	21192
甘　肃						
青　海	4986	2985	459	8111	2765	5346
宁　夏	15283	304	118	15840	14682	1158
新　疆	37852	626	226	39040	32482	6558

3－10　续表 15

家用电器零售　　　　单位:万元

地　区	流动资产合　计	固定资产原　价	累计折旧	资产总计	负债合计	所有者权益合　计
全　国	**4672382**	**304976**	**82186**	**5478540**	**4539286**	**939254**
北　京	1210273	14449	5618	1518761	1309643	209119
天　津	175398	1324	701	184634	157392	27242
河　北	41321	6434	1343	50667	46555	4112
山　西	51410	1758	428	53109	50035	3074
内蒙古	7380	979	203	9472	7490	1982
辽　宁	118689	2252	893	121577	113396	8181
吉　林	17175	716	207	18485	18475	10
黑龙江	66359	954	460	67998	60956	7042
上　海	198217	8101	2691	213256	175634	37622
江　苏	642560	84698	25216	728622	525108	203515
浙　江	198217	8101	2691	213256	175634	37622
安　徽	16440	748	376	17192	14884	2308
福　建	91510	2488	1142	144227	124240	19987
江　西	42832	2294	316	45165	38659	6506
山　东	374399	56546	17416	481944	366395	115549
河　南	17285	6520	664	42925	23484	19441
湖　北	157469	58151	5377	222411	180060	42351
湖　南	41185	1860	536	56182	45737	10445
广　东	637962	18286	8110	681174	601790	79384
广　西	16760	3291	323	20322	18924	1398
海　南	4658	31	1	4885	3717	1168
重　庆	158955	2739	714	163589	148081	15508
四　川	178383	12791	2848	197485	164947	32538
贵　州						
云　南	76441	4550	2478	81284	61575	19709
西　藏						
陕　西	74709	1234	719	79170	58077	21093
甘　肃						
青　海	4986	2985	459	8111	2765	5346
宁　夏	13562	73	34	13601	13155	446
新　疆	37852	626	226	39040	32482	6558

3-10 续表16

计算机、软件及辅助设备零售

单位:万元

地区	流动资产合计	固定资产原价	累计折旧	资产总计	负债合计	所有者权益合计
全国	**278110**	**34889**	**8822**	**390606**	**302364**	**88242**
北京	93066	17954	5239	156961	136968	19993
天津						
河北						
山西	19869	3098	589	27895	23414	4481
内蒙古						
辽宁						
吉林						
黑龙江						
上海	30082	641	83	32294	22315	9979
江苏	74595	8219	1481	104666	69833	34833
浙江	30082	641	83	32294	22315	9979
安徽	4355	207	99	5007	4454	553
福建						
江西	1149	163	20	1675	1751	-77
山东	5137	614	119	6613	3048	3565
河南						
湖北	3685	926	261	4350	2386	1963
湖南	1633	1485	336	3642	1919	1723
广东	13185	870	479	13902	12794	1108
广西						
海南	1269	71	33	1307	1166	141
重庆						
四川						
贵州						
云南						
西藏						
陕西						
甘肃						
青海						
宁夏						
新疆						

3－10 续表 17

通讯设备零售 单位:万元

地区	流动资产合计	固定资产原价	累计折旧	资产总计	负债合计	所有者权益合计
全国	**277786**	**109676**	**28539**	**407462**	**305701**	**101761**
北京	43658	5016	2839	48412	36826	11586
天津	9331	335	148	9649	5611	4038
河北	6445	2572	356	8885	7835	1050
山西						
内蒙古						
辽宁	1328	67	41	1354	782	572
吉林						
黑龙江	2175	495	127	2677	5640	-2963
上海	26921	5783	1670	41758	35781	5977
江苏	12646	3420	2059	17341	11444	5897
浙江	26921	5783	1670	41758	35781	5977
安徽	4539	433	227	6343	5137	1205
福建	6094	161	25	6276	4869	1407
江西						
山东	50391	78857	16280	123033	86931	36102
河南	10452	369	111	11031	9955	1076
湖北						
湖南	1970	81	29	2671	2515	156
广东	40529	3364	2078	48069	26096	21972
广西	1130	221	130	1221	409	812
海南						
重庆	1700	827	24	3344	2540	804
四川	18065	1390	565	19132	16303	2829
贵州						
云南	11458	245	72	11937	9481	2456
西藏						
陕西	314	28	7	335	237	98
甘肃						
青海						
宁夏	1722	231	84	2239	1527	712
新疆						

3－10 续表 18

五金、家具及室内装修材料专门零售　　单位:万元

地　区	流动资产合　计	固定资产原　价	累计折旧	资产总计	负债合计	所有者权益合　计
全　国	**412827**	**402531**	**72740**	**865215**	**611518**	**253698**
北　京	54545	123911	16724	162479	134514	27965
天　津	15944	10126	6646	23037	25677	－2640
河　北	520	1335	268	1590	1492	98
山　西	9855	9904	1538	22494	18175	4320
内蒙古	67838	20142	4853	88476	4257	84219
辽　宁	19449	8527	1829	49102	44996	4106
吉　林						
黑龙江	4745	7023	1961	10029	8321	1708
上　海	5932	10502	1830	19002	9491	9510
江　苏	27792	12565	3500	47017	35532	11485
浙　江	5932	10502	1830	19002	9491	9510
安　徽	7861	5011	1324	11932	13642	－1710
福　建	17609	5016	1139	23002	12950	10052
江　西						
山　东	44789	45786	9841	95396	79256	16140
河　南	4507	2734	923	6355	5179	1175
湖　北	5370	2601	－165	8441	6161	2280
湖　南	14987	18399	2014	37632	24950	12683
广　东	50252	56889	7554	126542	109358	17184
广　西						
海　南						
重　庆	4419	1718	961	6199	1451	4749
四　川	2730	789	89	4699	863	3836
贵　州						
云　南	6185	946	473	8182	3762	4419
西　藏						
陕　西	36475	45852	6649	85132	53738	31394
甘　肃	3164	1471	810	4110	1691	2419
青　海						
宁　夏						
新　疆	1930	783	149	5369	6574	－1205

3-10 续表 19

无店铺及其他零售　　　　单位:万元

地　区	流动资产合计	固定资产原价	累计折旧	资产总计	负债合计	所有者权益合计
全　国	**124998**	**133514**	**43674**	**298689**	**184492**	**114197**
北　京	18106	2675	984	23543	23224	319
天　津						
河　北	807	45	24	852	828	23
山　西	582	283	112	753	387	366
内蒙古	3762	2447	605	6441	3656	2785
辽　宁	861	3822	363	4683	3399	1284
吉　林						
黑龙江						
上　海						
江　苏	831	378	77	1191	996	195
浙　江						
安　徽	298	803	145	1007	1001	6
福　建	4799	3620	580	44052	31453	12599
江　西						
山　东	12034	14019	3309	26052	16058	9995
河　南	9685	8383	3055	17552	10385	7167
湖　北						
湖　南	12951	20444	5093	38507	27531	10977
广　东	31721	40579	17474	64045	35052	28993
广　西	2549	5486	2892	9484	5577	3907
海　南						
重　庆						
四　川	17879	7356	2652	33220	3988	29232
贵　州						
云　南	608	2616	876	2611	1920	690
西　藏	1590	4271	1315	5304	1950	3354
陕　西	1279	11180	1680	10832	12593	-1762
甘　肃						
青　海	2771	932	780	3676	3357	319
宁　夏	1887	4176	1658	4885	1137	3748
新　疆						

3－10　续表 20

邮购及电子销售　　　　单位:万元

地　　区	流动资产合　　计	固定资产原　　价	累计折旧	资产总计	负债合计	所有者权益合　　计
全　　国	**13959**	**17177**	**2725**	**28517**	**21696**	**6821**
北　　京	4422	1087	357	5258	8087	－2829
天　　津						
河　　北						
山　　西						
内 蒙 古						
辽　　宁						
吉　　林						
黑 龙 江						
上　　海						
江　　苏						
浙　　江						
安　　徽						
福　　建						
江　　西						
山　　东						
河　　南						
湖　　北						
湖　　南	9537	16090	2368	23259	13609	9650
广　　东						
广　　西						
海　　南						
重　　庆						
四　　川						
贵　　州						
云　　南						
西　　藏						
陕　　西						
甘　　肃						
青　　海						
宁　　夏						
新　　疆						

3－11 大中型零售业企业分行业实收资本及构成

综合零售 单位:万元

地区	实收资本	国家资本	集体资本	法人资本	个人资本	港澳台资本	外商资本
全国	**6596303**	**716829**	**541225**	**2017305**	**2115019**	**466053**	**739873**
北京	726221	72424	24191	341783	124298	8000	155526
天津	223450	30833	3770	80019	68385	17994	22449
河北	184289	6587	13233	69601	92944		1924
山西	108340	2337	2397	86222	17384		
内蒙古	55707	2234	2164	38617	12692		
辽宁	305294	65882	1852	76781	102494	12577	45708
吉林	109864	4835	1188	55428	37539	7824	3050
黑龙江	125667	10568	1107	73682	33859		6452
上海	671048	13423	117596	87520	403256	13985	35269
江苏	744095	33550	67399	156771	226836	48556	210983
浙江	671048	13423	117596	87520	403256	13985	35269
安徽	135451	26438	9362	31713	64361	3577	
福建	62149	3747	159	16189	29464	1001	11589
江西	67852	220	5629	31445	30387	170	
山东	559624	163555	64800	172088	87829	39345	32007
河南	179309	15551	21565	52866	40266	45180	3881
湖北	332140	142397	19441	42817	89799	11904	25782
湖南	133501	13766	1592	44311	20709	771	52352
广东	601064	33526	4855	250294	41354	229238	41798
广西	55306	4030	1995	24881	22840	410	1150
海南	13199			2281	4755		6163
重庆	91697	7745	2436	17626	39639		24251
四川	50735	2300	1721	17359	9678	5211	14467
贵州	4328		300	3428	600		
云南	31752		1326	8853	16769		4805
西藏	5423	5423					
陕西	174698	31621	39624	64365	27764	6325	5000
甘肃	66663	3308	4288	37325	21743		
青海	15134		3145	6894	5095		
宁夏	34169	387		25592	8190		
新疆	57085	6718	6495	13033	30839		

3－11　续表 1

百货零售　　　　单位:万元

地　区	实收资本	国家资本	集体资本	法人资本	个人资本	港澳台资本	外商资本
全　国	**3418889**	**534581**	**225518**	**1171040**	**1028543**	**161550**	**297657**
北　京	439592	67614	20166	207383	80789	3000	60641
天　津	173981	17653	1220	70494	64878	17994	1742
河　北	140258	3861	11828	51494	73075		
山　西	25808	1117	2297	15665	6729		
内蒙古	42697	2205	2164	27581	10748		
辽　宁	234044	62377	1532	58809	91411	12577	7338
吉　林	84017	4335		39526	32669	7487	
黑龙江	108642	10568	857	64978	32239		
上　海	133068	9309	10572	47442	56900	7625	1220
江　苏	482287	21290	38910	141969	128223	8000	143895
浙　江	133068	9309	10572	47442	56900	7625	1220
安　徽	77201	22138	7075	5312	41176	1500	
福　建	10512	1020		3192	6000		300
江　西	40307	120		23870	16317		
山　东	444446	153815	52301	151525	72426		14378
河　南	101464	12872	7064	23481	11987	42180	3881
湖　北	152920	30392	9258	21126	81829	10316	
湖　南	72074	13218		5928	10774		42154
广　东	163873	33526	1688	56522	28382	38035	5720
广　西	30644	4030	1058	13460	10946		1150
海　南	9137			1200	3386		4551
重　庆	37562	7245	2436	5290	22591		
四　川	31868	100	336	11909	4846	5211	9467
贵　州	1228			1228			
云　南	9799		751	5327	3720		
西　藏	5423	5423					
陕　西	111268	31021	35904	24794	19549		
甘　肃	48083	3308	4288	19245	21243		
青　海	9334		3145	1094	5095		
宁　夏	23830			16023	7807		
新　疆	40455	6718	95	7733	25909		

3-11 续表2

超级市场零售 单位:万元

地区	实收资本	国家资本	集体资本	法人资本	个人资本	港澳台资本	外商资本
全国	**3055830**	**172991**	**289337**	**824436**	**1049950**	**300439**	**418677**
北京	250463	1430	4025	122390	41469	5000	76149
天津	48549	12500	2550	9526	3267		20707
河北	36898	2526	1405	18107	12936		1924
山西	82502	1220	100	70557	10625		
内蒙古	13010	30		11036	1944		
辽宁	69350	3005	320	16772	10883		38370
吉林	24639	500	588	15902	4261	338	3050
黑龙江	17025		250	8704	1620		6452
上海	532647	4014	106211	38788	343225	6360	34049
江苏	261808	12260	28490	14802	98613	40556	67088
浙江	532647	4014	106211	38788	343225	6360	34049
安徽	57770	4300	1806	26402	23185	2077	
福建	42147		50	12997	21814	800	6486
江西	27545	100	5629	7575	14071	170	
山东	109574	9196	7700	20563	15141	39345	17629
河南	64429	1655	4160	28275	27339	3000	
湖北	176599	112005	7562	21691	7970	1588	25782
湖南	60167	549	500	38383	9767	771	10198
广东	427447		3166	189935	10928	187340	36078
广西	22725			10421	11894	410	
海南	4062			1081	1369		1612
重庆	39937	500		12286	2900		24251
四川	17601	2200	687	5450	4264		5000
贵州	2900		300	2200	400		
云南	21954		575	3526	13048		4805
西藏							
陕西	60287	600	652	39530	8180	6325	5000
甘肃	18580			18080	500		
青海	5800			5800			
宁夏	10339	387		9569	383		
新疆	16430		6400	5300	4730		

3－11　续表3

食品、饮料及烟草制品专门零售　　　　单位:万元

地区	实收资本	国家资本	集体资本	法人资本	个人资本	港澳台资本	外商资本
全　国	**196222**	**77970**	**6945**	**59365**	**44689**	**1006**	**6246**
北　京	37703	3708	370	26269	7356		
天　津	1745	30	751	816	148		
河　北							
山　西	22236	9495	1063	2078	3365		6236
内蒙古							
辽　宁	1141	400	255		486		
吉　林	3580				3580		
黑龙江							
上　海	14049	1488	511	7385	4350	316	
江　苏	9947	1513	1277	1370	5777		10
浙　江	14049	1488	511	7385	4350	316	
安　徽	4368	824		1352	2192		
福　建	7726	666		2910	4150		
江　西	27	27					
山　东	16937	9565	472	1847	5054		
河　南	3856	2924	189		743		
湖　北	－90	110	－762		563		
湖　南	1473	1071	403				
广　东	38552	34881	927	1913	500	331	
广　西	3116	637		1948	488	44	
海　南	1058	1058					
重　庆	1617	1117			500		
四　川	525	615		100	－190		
贵　州	1431			1431			
云　南	4158	1146	128	1896	988		
西　藏							
陕　西	1006		714		292		
甘　肃	2157	1354	137	667			
青　海							
宁　夏	3854	3854					
新　疆							

3－11 续表4

纺织、服装及日用品专门零售 单位:万元

地区	实收资本	国家资本	集体资本	法人资本	个人资本	港澳台资本	外商资本
全国	**345799**	**10403**	**12167**	**115968**	**70224**	**86059**	**50978**
北京	49131	466	1120	24703	9786		13056
天津	8997			130	822	50	7995
河北	750		107	393	250		
山西	9566	5175	1081	466	2344		500
内蒙古	5753	790		3636	1327		
辽宁	18965	685	150	16100	1910	120	
吉林	2339	450		1600	289		
黑龙江	99	58			41		
上海	19879		490	12000	5774	1615	
江苏	7470	345	189		6937		
浙江	19879		490	12000	5774	1615	
安徽	730				730		
福建	3691			1100	2191	400	
江西	750			30	720		
山东	15937	357	2984	7282	5315		
河南	8689	861	2344	2758	2725		
湖北	5841	74	871	4079		818	
湖南	7393	245		5080	1769	300	
广东	84903		1382	2818	5212	56340	19151
广西	898	898					
海南	200				200		
重庆	13136			350	3410	600	8776
四川	32064		500	6759	605	24200	
贵州	7745			500	7245		
云南	1000			450	550		
西藏							
陕西	11144		260	10884			
甘肃	100			100			
青海							
宁夏							
新疆	8748		200	2750	4298		1500

3－11 续表 5

服装零售 单位:万元

地 区	实收资本	国家资本	集体资本	法人资本	个人资本	港澳台资本	外商资本
全 国	**225015**	**3486**	**7270**	**80178**	**51876**	**58554**	**23652**
北 京	22276	430	620	5973	6697		8556
天 津	8045					50	7995
河 北	393			393			
山 西	4124		864	466	2294		500
内 蒙 古	2939	790		1550	600		
辽 宁	14390	160	100	12100	1910	120	
吉 林	2339	450		1600	289		
黑 龙 江	99	58			41		
上 海	16815		490	12000	2710	1615	
江 苏	6892	305			6587		
浙 江	16815		490	12000	2710	1615	
安 徽	500				500		
福 建	2381			1100	881	400	
江 西	750			30	720		
山 东	10139	357	2434	3632	3717		
河 南	4028	692	244	1258	1834		
湖 北	1868		500	1068		300	
湖 南	7393	245		5080	1769	300	
广 东	65422		1328	2180	2660	54153	5101
广 西							
海 南	100				100		
重 庆	3510			350	3160		
四 川	5600			4995	605		
贵 州	7745			500	7245		
云 南	1000			450	550		
西 藏							
陕 西	10604			10604			
甘 肃	100			100			
青 海							
宁 夏							
新 疆	8748		200	2750	4298		1500

3－11　续表6

文化、体育用品及器材专门零售　　单位:万元

地　区	实收资本	国家资本	集体资本	法人资本	个人资本	港澳台资本	外商资本
全　国	**352151**	**177600**	**1794**	**100818**	**61760**	**445**	**9734**
北　京	43629	10955	138	8956	21934	445	1201
天　津	13428	13428					
河　北	4644	4644					
山　西	9220	3119		1041	5060		
内蒙古	253	253					
辽　宁	9112	8862		186	64		
吉　林	2400			2400			
黑龙江	6395	2329	150	1687	2229		
上　海	23354	4336		18500	518		
江　苏	12138	4095		1200	2843		4000
浙　江	23354	4336		18500	518		
安　徽	31465	28984		2481			
福　建	4804	2934		1060	810		
江　西	2400	2400					
山　东	12833	6691		2845	3297		
河　南	21113	20013			1100		
湖　北	17879	3831	83	12499	1466		
湖　南	4548	4048		500			
广　东	73783	36383		21767	13654		1979
广　西	3300	2390			910		
海　南							
重　庆							
四　川	8203		1367	836	6000		
贵　州	748	693	56				
云　南	15669	6497		5261	1357		2554
西　藏							
陕　西	2620	2620					
甘　肃	784	784					
青　海	1100			1100			
宁　夏	461	461					
新　疆	2516	2516					

3－11 续表7

体育用品零售 单位:万元

地区	实收资本	国家资本	集体资本	法人资本	个人资本	港澳台资本	外商资本
全国	**20338**		**56**	**3692**	**13410**		**3180**
北京	2162			961			1201
天津							
河北							
山西							
内蒙古							
辽宁							
吉林	500			500			
黑龙江	3291			1481	1810		
上海							
江苏	1000				1000		
浙江							
安徽	150			150			
福建							
江西							
山东							
河南							
湖北							
湖南	500			500			
广东	6679			100	4600		1979
广西							
海南							
重庆							
四川	6000				6000		
贵州	56		56				
云南							
西藏							
陕西							
甘肃							
青海							
宁夏							
新疆							

3－11　续表 8

图书零售　　单位:万元

地　区	实收资本	国家资本	集体资本	法人资本	个人资本	港澳台资本	外商资本
全　国	**262054**	**169229**	**233**	**74295**	**15742**		**2554**
北　京	18805	6054		6335	6416		
天　津	10910	10910					
河　北	4644	4644					
山　西	3869	3119			750		
内蒙古	253	253					
辽　宁	9062	8862		186	14		
吉　林	1900			1900			
黑龙江	3104	2329	150	206	419		
上　海	21336	4336		17000			
江　苏	3764	3764					
浙　江	21336	4336		17000			
安　徽	31315	28984		2331			
福　建	4694	2934		1060	700		
江　西	2400	2400					
山　东	7745	6691		757	297		
河　南	20013	20013					
湖　北	9920	3831	83	4540	1466		
湖　南	4048	4048					
广　东	55501	35763		16113	3624		
广　西	3300	2390			910		
海　南							
重　庆							
四　川	836			836			
贵　州	693	693					
云　南	15129	6497		4932	1146		2554
西　藏							
陕　西	2620	2620					
甘　肃	784	784					
青　海	1100			1100			
宁　夏	461	461					
新　疆	2516	2516					

3－11 续表9

医药及医疗器材专门零售　　单位:万元

地区	实收资本	国家资本	集体资本	法人资本	个人资本	港澳台资本	外商资本
全国	**488594**	**60085**	**13893**	**250210**	**163265**	**632**	**510**
北京	30936	1457		26786	2693		
天津	1476			1000	476		
河北	4063	121	196	2302	1444		
山西	14772	10420		1426	2926		
内蒙古	1502		600	752	150		
辽宁	42570	1559	1518	27891	11603		
吉林	7552		111	5139	2302		
黑龙江	17516	254	1448	11104	4711		
上海	66202	591		37241	28053	316	
江苏	56061	12348	1557	2133	40024		
浙江	66202	591		37241	28053	316	
安徽	6711	2322		2019	2370		
福建	4932	571	270	2153	1938		
江西	2584	1000		724	860		
山东	25906	8595	150	5352	11809		
河南	15319	3422	1662	7618	2617		
湖北	21163	325	2550	15266	3022		
湖南	18930	8025	550	5694	4662		
广东	49001	1254	936	42436	4375		
广西	2565		492	1384	690		
海南	580				580		
重庆	3758	344		3260	154		
四川	4441		280	486	3675		
贵州	3892	2113		490	779		510
云南	8205			7476	729		
西藏	1489	1489					
陕西	1806	556		550	700		
甘肃	1321		414	367	540		
青海	4478	2000	1161	685	632		
宁夏	428	428					
新疆	2235	300		1235	700		

3－11　续表 10

药品零售　　单位:万元

地　区	实收资本	国家资本	集体资本	法人资本	个人资本	港澳台资本	外商资本
全　国	**486237**	**59028**	**13893**	**249915**	**162260**	**632**	**510**
北　京	29229	1000		26541	1688		
天　津	1476			1000	476		
河　北	4063	121	196	2302	1444		
山　西	14772	10420		1426	2926		
内蒙古	1502		600	752	150		
辽　宁	42570	1559	1518	27891	11603		
吉　林	7552		111	5139	2302		
黑龙江	17516	254	1448	11104	4711		
上　海	66202	591		37241	28053	316	
江　苏	55683	11970	1557	2133	40024		
浙　江	66202	591		37241	28053	316	
安　徽	6711	2322		2019	2370		
福　建	4932	571	270	2153	1938		
江　西	2584	1000		724	860		
山　东	25856	8545	150	5352	11809		
河　南	15147	3250	1662	7618	2617		
湖　北	21163	325	2550	15266	3022		
湖　南	18930	8025	550	5694	4662		
广　东	48951	1254	936	42386	4375		
广　西	2565		492	1384	690		
海　南	580				580		
重　庆	3758	344		3260	154		
四　川	4441		280	486	3675		
贵　州	3892	2113		490	779		510
云　南	8205			7476	729		
西　藏	1489	1489					
陕　西	1806	556		550	700		
甘　肃	1321		414	367	540		
青　海	4478	2000	1161	685	632		
宁　夏	428	428					
新　疆	2235	300		1235	700		

3－11　续表 11

汽车、摩托车、燃料及零配件专门零售　　单位:万元

地　区	实收资本	国家资本	集体资本	法人资本	个人资本	港澳台资本	外商资本
全　国	**1095769**	**214024**	**42049**	**507748**	**319295**	**11049**	**1604**
北　京	324611	4513	1000	305136	13859		104
天　津	7326		5726	100	1500		
河　北	32982	15522	8300	100	9060		
山　西	35783		4778	27722	3282		
内蒙古	54240	17974	614	9000	26652		
辽　宁	18424		3000	1914	13510		
吉　林	5174		11	1000	4164		
黑龙江	2800	385			2415		
上　海	63022			8597	54425		
江　苏	30789			3300	27489		
浙　江	63022			8597	54425		
安　徽	41981	9481		26000	6500		
福　建	4289	50		1000	3239		
江　西	2077	1477			600		
山　东	59402	273	14511	11425	33194		
河　南	5008	48	80	770	4110		
湖　北	30476	17373	30	6982	6091		
湖　南	4370	330			4040		
广　东	69951	19022		17275	32154		1500
广　西	41538	1000		28110	1379	11049	
海　南	94364	93364		950	50		
重　庆	37057			36737	320		
四　川	13884	3714	3000	6370	800		
贵　州	6179	5079		1050	50		
云　南	9428	941			8487		
西　藏	19775	19775					
陕　西	5114			5114			
甘　肃	6500			500	6000		
青　海	1000		1000				
宁　夏							
新　疆	5204	3704			1500		

3－11 续表 12

汽车零售

单位:万元

地 区	实收资本	国家资本	集体资本	法人资本	个人资本	港澳台资本	外商资本
全 国	**504741**	**25008**	**29285**	**171422**	**266477**	**11049**	**1500**
北 京	37103	4513	1000	17731	13859		
天 津	1600			100	1500		
河 北	17460		8300	100	9060		
山 西	31753		4748	24722	2282		
内蒙古	27752	488	512	100	26652		
辽 宁	3489			1914	1575		
吉 林	5164			1000	4164		
黑龙江	2800	385			2415		
上 海	39672			475	39197		
江 苏	29764			3300	26464		
浙 江	39672			475	39197		
安 徽	32500			26000	6500		
福 建	3239				3239		
江 西	2077	1477			600		
山 东	55202	26	13695	9303	32179		
河 南	4280			770	3510		
湖 北	8608	3516	30		5061		
湖 南	4370	330			4040		
广 东	60014	10065		16675	31774		1500
广 西	40161			28110	1002	11049	
海 南	1000			950	50		
重 庆	37057			36737	320		
四 川	2710	1000		910	800		
贵 州	1100			1050	50		
云 南	4428	941			3487		
西 藏	2267	2267					
陕 西	500			500			
甘 肃	6500			500	6000		
青 海	1000		1000				
宁 夏							
新 疆	1500				1500		

3－11 续表 13

机动车燃料零售

单位:万元

地区	实收资本	国家资本	集体资本	法人资本	个人资本	港澳台资本	外商资本
全　国	**583873**	**189016**	**11949**	**332416**	**50493**		
北　京	287094			287094			
天　津	5726		5726				
河　北	15522	15522					
山　西	1030		30		1000		
内 蒙 古	26488	17487	102	8900			
辽　宁	14935		3000		11935		
吉　林	11		11				
黑 龙 江							
上　海	23350			8122	15228		
江　苏							
浙　江	23350			8122	15228		
安　徽	9481	9481					
福　建	1050	50		1000			
江　西							
山　东	3384	247		2122	1015		
河　南	428	48	80		300		
湖　北	20869	13857		6982	30		
湖　南							
广　东	9337	8957			380		
广　西	1377	1000			377		
海　南	93364	93364					
重　庆							
四　川	11174	2714	3000	5460			
贵　州	5079	5079					
云　南	5000				5000		
西　藏	17507	17507					
陕　西	4614			4614			
甘　肃							
青　海							
宁　夏							
新　疆	3704	3704					

3－11 续表 14

家用电器及电子产品专门零售

单位:万元

地区	实收资本	国家资本	集体资本	法人资本	个人资本	港澳台资本	外商资本
全国	**693980**	**39152**	**93026**	**272570**	**147331**	**2100**	**139802**
北京	140897		1000	70802	24728		44367
天津	17000			16000	1000		
河北	9953	4355		4458	1140		
山西	7394			5613	1782		
内蒙古	1880			1750	130		
辽宁	3463		1000	1050	1413		
吉林	1100		40	510	550		
黑龙江	1830			1030	800		
上海	35136	26	408	13106	21596		
江苏	196918		83536	8173	10674		94535
浙江	35136	26	408	13106	21596		
安徽	2910			2040	870		
福建	7450			3400	4050		
江西	2630			2000	630		
山东	98434	34669	642	50371	12752		
河南	10320	7		2500	7813		
湖北	13276	27	1041	3014	9194		
湖南	7038	42		5615	1381		
广东	51548		20	43494	5034	2100	900
广西	5676		4437	646	594		
海南	1605			1100	505		
重庆	5850			5350	500		
四川	21998			6408	15591		
贵州							
云南	3175		474	2500	201		
西藏							
陕西	4396		20	4276	100		
甘肃							
青海	2760			2260	500		
宁夏	2208				2208		
新疆	2000			2000			

3－11 续表15

家用电器零售 单位:万元

地区	实收资本	国家资本	集体资本	法人资本	个人资本	港澳台资本	外商资本
全国	**514691**	**4616**	**88102**	**189859**	**104580**	**2100**	**125435**
北京	86328			38730	17598		30000
天津	13000			13000			
河北	9613	4355		4458	800		
山西	2394			613	1782		
内蒙古	1880			1750	130		
辽宁	2963		1000	1050	913		
吉林	1100		40	510	550		
黑龙江	1750			1000	750		
上海	18610	26		4996	13588		
江苏	185480		80448	4027	6470		94535
浙江	18610	26		4996	13588		
安徽	1510			1510			
福建	6400			3400	3000		
江西	2130			1500	630		
山东	55208	133	642	46271	8162		
河南	7820	7		2000	5813		
湖北	12716	27	1041	2514	9134		
湖南	6157	42		5615	500		
广东	35520			29860	2660	2100	900
广西	4816		4437	86	294		
海南	1300			1000	300		
重庆	5350			5350			
四川	20648			5088	15561		
贵州							
云南	2675		474	2000	201		
西藏							
陕西	4296		20	4276			
甘肃							
青海	2760			2260	500		
宁夏	1658				1658		
新疆	2000			2000			

3－11 续表 16

计算机、软件及辅助设备零售 单位:万元

地 区	实收资本	国家资本	集体资本	法人资本	个人资本	港澳台资本	外商资本
全 国	**79324**	**296**	**1020**	**51662**	**11978**		**14367**
北 京	44187		1000	25620	3200		14367
天 津							
河 北							
山 西	5000			5000			
内蒙古							
辽 宁							
吉 林							
黑龙江							
上 海	9000			5875	3125		
江 苏	4750			4146	604		
浙 江	9000			5875	3125		
安 徽	500			450	50		
福 建							
江 西	500			500			
山 东	3695	296		3000	399		
河 南							
湖 北	560			500	60		
湖 南	881				881		
广 东	1151		20	597	534		
广 西							
海 南	100			100			
重 庆							
四 川							
贵 州							
云 南							
西 藏							
陕 西							
甘 肃							
青 海							
宁 夏							
新 疆							

3－11　续表 17

通讯设备零售　　　　单位:万元

地　　区	实收资本	国家资本	集体资本	法人资本	个人资本	港澳台资本	外商资本
全　国	**94023**	**34240**	**3904**	**29353**	**26527**		
北　京	8436			5816	2620		
天　津	4000			3000	1000		
河　北	340				340		
山　西							
内蒙古							
辽　宁	500				500		
吉　林							
黑龙江	80			30	50		
上　海	6676		408	2000	4268		
江　苏	6688		3088		3600		
浙　江	6676		408	2000	4268		
安　徽	900			80	820		
福　建	1050				1050		
江　西							
山　东	38640	34240		1100	3300		
河　南	2000				2000		
湖　北							
湖　南							
广　东	14177			12947	1230		
广　西	860			560	300		
海　南							
重　庆	500				500		
四　川	1350			1320	30		
贵　州							
云　南	500			500			
西　藏							
陕　西	100				100		
甘　肃							
青　海							
宁　夏	550				550		
新　疆							

3－11 续表 18

五金、家具及室内装修材料专门零售 单位:万元

地 区	实收资本	国家资本	集体资本	法人资本	个人资本	港澳台资本	外商资本
全 国	**294419**	**5474**	**21322**	**131625**	**62919**		**73079**
北 京	53498			18597	50		34850
天 津	5200				200		5000
河 北	268		268				
山 西	3973	1008	1890	1030	45		
内 蒙 古	40096			1000	39096		
辽 宁	13650			12551	1099		
吉 林							
黑 龙 江	5128			5000	128		
上 海	13917		4685		500		8732
江 苏	18333	587	763	6606	5419		4958
浙 江	13917		4685		500		8732
安 徽	6714			6000	200		514
福 建	14610			14101	102		407
江 西							
山 东	30449	2740	6291	9799	6603		5016
河 南	1169	269	600	300			
湖 北	4644	568		4050	26		
湖 南	10658			10658			
广 东	25804		110	25043	651		
广 西							
海 南							
重 庆	2800			2500	300		
四 川	2000			2000			
贵 州							
云 南	4134						4134
西 藏							
陕 西	20665	302	2000	9627	8000		736
甘 肃	1031		31	1000			
青 海							
宁 夏							
新 疆	1763			1763			

3－11　续表 19

无店铺及其他零售　　　　单位:万元

地　　区	实收资本	国家资本	集体资本	法人资本	个人资本	港澳台资本	外商资本
全　　国	**95078**	**15990**	**4136**	**39694**	**19222**	**3766**	**12271**
北　　京	4461			1861	600	2000	
天　　津							
河　　北							
山　　西	66	66					
内 蒙 古	2617	2033		583			
辽　　宁	1284				1284		
吉　　林							
黑 龙 江							
上　　海							
江　　苏	350	300			50		
浙　　江							
安　　徽	57			57			
福　　建	10240				10240		
江　　西							
山　　东	4582	64	55	1294	3168		
河　　南	9308	4015		519			4774
湖　　北							
湖　　南	15217		1700	13517			
广　　东	22993		1881	16966	1005	1766	1376
广　　西	3152	2152			1000		
海　　南							
重　　庆							
四　　川	12242			4897	1224		6121
贵　　州							
云　　南	650				650		
西　　藏	2657	2657					
陕　　西	843	843					
甘　　肃							
青　　海	500		500				
宁　　夏	3861	3861					
新　　疆							

3－11 续表 20

邮购及电子销售

单位:万元

地区	实收资本	国家资本	集体资本	法人资本	个人资本	港澳台资本	外商资本
全国	**13917**			**13917**			
北京	400			400			
天津							
河北							
山西							
内蒙古							
辽宁							
吉林							
黑龙江							
上海							
江苏							
浙江							
安徽							
福建							
江西							
山东							
河南							
湖北							
湖南	13517			13517			
广东							
广西							
海南							
重庆							
四川							
贵州							
云南							
西藏							
陕西							
甘肃							
青海							
宁夏							
新疆							

3－12 大中型零售业企业分行业损益及分配

综合零售 单位:万元

地 区	营业收入合计	主营业务收入	主营业务成本	主营业务税金及附加
全 国	**57369244**	**55637151**	**47920472**	**246759**
北 京	6080308	5765566	4888918	20880
天 津	1211831	1184399	1035077	3360
河 北	1877479	1838854	1602054	8345
山 西	543288	511598	368181	14275
内蒙古	456453	449186	389625	1924
辽 宁	3012298	2980442	2514061	19313
吉 林	1514920	996056	880045	3961
黑龙江	1226190	1211436	1012625	7048
上 海	3212616	3111167	2740930	12798
江 苏	6236280	6135364	5348444	21076
浙 江	3212616	3111167	2740930	12798
安 徽	1383373	1376083	1208526	4810
福 建	725109	715207	601235	3931
江 西	659660	655833	574538	6543
山 东	7622228	7545377	6725207	25108
河 南	1093314	1082243	944602	4340
湖 北	2987225	2902976	2313641	14181
湖 南	1807521	1765936	1504684	8189
广 东	6464569	6361892	5452475	20632
广 西	490743	469912	395038	2854
海 南	58832	56785	47640	244
重 庆	1633252	1619209	1402110	6928
四 川	1078213	1066878	938236	1991
贵 州	98951	97854	80835	581
云 南	393664	386689	321613	644
西 藏	10490	9213	7999	37
陕 西	1364738	1327442	1118341	14512
甘 肃	328800	328170	283713	2032
青 海	56199	54815	45387	159
宁 夏	210232	209814	174064	1725
新 疆	317853	309590	259696	1540

3－12 续表1

综合零售

地　区	主营业务利　润	其他业务利　润	营业费用	管理费用
全　国	**6610255**	**2074415**	**4691506**	**2847788**
北　京	855768	294655	631166	331297
天　津	129977	52120	128037	65982
河　北	184465	75390	119717	131866
山　西	39156	29142	39206	25230
内 蒙 古	37768	17744	21484	26792
辽　宁	423666	67052	176696	257811
吉　林	93025	26380	48795	55269
黑 龙 江	153502	46700	87357	89379
上　海	357439	141760	273461	147501
江　苏	671510	176901	484176	268783
浙　江	357439	141760	273461	147501
安　徽	136435	29652	96775	55147
福　建	110041	18314	81434	23254
江　西	69009	8467	48541	23666
山　东	680810	165686	365411	341679
河　南	133294	61025	92773	65676
湖　北	344580	113674	235372	146330
湖　南	253064	69632	164289	89185
广　东	827269	356583	795726	249549
广　西	62922	18449	38549	34055
海　南	7758	3417	8556	4511
重　庆	200567	34934	123164	82589
四　川	110770	33766	106715	31913
贵　州	14582	1583	9819	5626
云　南	61875	11237	38518	22405
西　藏	1177		392	298
陕　西	173182	51045	123365	68870
甘　肃	35625	12125	29368	19507
青　海	6940	1574	4041	3872
宁　夏	33632	1705	14694	10756
新　疆	43008	11944	30452	21489

单位:万元

财务费用	营业利润	利润总额	应 交 所得税	劳动、失业 保 险 费	住房公积金 和住房补贴
355620	**1245487**	**1354600**	**449570**	**243434**	**72685**
23031	164929	180818	68975	40224	10713
21348	－17624	－12819	2210	5812	2362
15847	23098	20607	7032	10473	1686
16158	8444	10559	1901	1227	140
3221	8450	7301	1075	1867	178
19219	62065	67463	31087	19797	4623
13479	13844	12617	4175	2050	231
15651	14298	21836	13212	5712	2007
18698	59539	66832	26633	15701	3038
31922	143327	184519	64379	35034	8319
18698	59539	66832	26633	15701	3038
8845	20882	23352	7230	4255	13388
2844	20823	21908	4926	2075	897
7940	833	719	3402	1416	222
50368	169373	156563	41014	19835	6149
5577	30740	35335	11430	2740	423
24116	68845	77863	28877	12785	2330
8857	60365	62363	21414	5110	818
13486	215223	223899	50766	21440	6234
5218	6744	12061	2669	1076	1339
571	－1792	－1194	108	349	
4912	28867	30380	6279	7803	1084
2572	17223	18852	4831	2737	441
745	970	1376	634	64	9
1105	11375	11968	2139	938	319
66	422	860	130	76	
9092	35778	30569	8665	2930	1615
5960	6830	6086	2299	680	33
455	1679	1679	262	407	75
864	9416	8886	3670	1157	644
4755	981	4510	1515	1966	331

3－12　续表2

百货零售

地　区	营业收入合　计	主营业务收　入	主营业务成　本	主营业务税金及附加	主营业务利　润	其他业务利　润	营业费用
全　国	**31241851**	**30164510**	**25482394**	**173879**	**3922591**	**830379**	**1824642**
北　京	2773419	2650442	2110782	14425	525235	109430	277949
天　津	641277	629349	550281	2473	70574	17715	30287
河　北	1374592	1349190	1172326	7456	144814	57427	67743
山　西	219192	204865	103346	12564	12064	14781	12383
内蒙古	367236	366244	316651	1763	28703	11036	10601
辽　宁	2392772	2364704	1994480	17985	337017	35094	89399
吉　林	1258924	745880	662123	3586	73994	16238	21276
黑龙江	962642	952136	786968	6655	120331	29274	41204
上　海	1169919	1146200	996002	6693	143505	39258	64580
江　苏	2691968	2647602	2222753	17682	390915	49915	119449
浙　江	1169919	1146200	996002	6693	143505	39258	64580
安　徽	627827	627182	556448	3300	60434	4175	20875
福　建	103453	102948	82078	1022	19848	3895	12355
江　西	443474	442844	391752	3381	46963	3334	19026
山　东	5894712	5821756	5204525	17589	517799	105597	239908
河　南	490510	483358	412711	2208	68439	27098	22559
湖　北	1567499	1528004	1123394	8782	178882	49137	90034
湖　南	666100	651413	525039	4396	121979	10105	39268
广　东	2911192	2848760	2363334	16059	445121	144519	344115
广　西	311957	296748	241595	2412	50297	5299	18283
海　南	20313	19168	14017	215	4456	1028	2884
重　庆	1319343	1307099	1129541	5905	162423	23996	87472
四　川	425171	417008	346587	843	60822	8670	42146
贵　州	52598	51697	42440	494	8763	876	4388
云　南	75932	71275	58175	276	10352	1869	3655
西　藏	10490	9213	7999	37	1177		392
陕　西	670089	656776	541663	4248	91264	3835	31800
甘　肃	289017	288958	251900	1844	30008	11879	25542
青　海	24635	24263	20479	73	2178	1229	1649
宁　夏	157114	156925	129938	1466	25128	1121	8351
新　疆	158564	156307	127068	1355	25602	3292	10493

单位:万元

管理费用	财务费用	营业利润	利润总额	应 交 所得税	劳动、失业 保 险 费	住房公积金 和住房补贴
1910169	**276290**	**933826**	**1000945**	**300413**	**145847**	**38514**
216561	14298	125858	136713	41896	23954	7269
55040	20092	-11476	-8034	1117	3894	1586
113839	14363	24613	18542	6449	8659	1498
11907	3712	5988	6327	1686	947	98
23847	3049	4728	4610	782	1411	128
215806	16844	66874	76411	28134	14631	3380
42996	10905	18238	16929	4059	1345	115
74992	14435	25447	31774	12563	5048	1421
80533	11562	26089	30727	10875	6286	1284
182978	28731	118685	149018	43237	16337	4899
80533	11562	26089	30727	10875	6286	1284
30363	5362	13976	14933	3606	2111	427
6949	349	4091	4416	951	199	70
18664	7166	6188	6176	3033	900	207
262805	46696	126348	113014	28562	15200	5528
41670	3350	27957	29841	8616	1748	230
83095	15955	44071	53714	21640	6688	1756
50810	6021	35985	38336	12112	2938	404
97965	11685	163436	164796	36768	13144	3006
26842	4472	6554	6619	2387	1013	1228
2884	145	-422	-351		113	
69897	4732	26058	27438	5234	6808	1036
14801	1484	14916	14731	3305	1317	226
3744	664	843	970	350	56	9
9563	649	-1403	-1163	86	490	106
298	66	422	860	130	76	
45355	6586	17993	15057	5504	713	327
18395	5916	5948	5145	1816	603	33
2900	469	-77	-90		401	75
9340	712	8239	8081	3397	864	578
14802	4260	1572	4678	1246	1668	312

3－12 续表 3

超级市场零售

地 区	营业收入合 计	主营业务收 入	主营业务成 本	主营业务税金及附加	主营业务利 润	其他业务利 润	营业费用
全 国	**25187552**	**24569124**	**21653609**	**69254**	**2575962**	**1222453**	**2784249**
北 京	3218913	3033088	2713470	6229	313389	179995	339387
天 津	560471	544968	477162	836	57008	34097	95677
河 北	498765	485541	426205	875	39645	17958	51482
山 西	323045	305682	264040	1665	26882	14361	26683
内蒙古	89217	82942	72974	161	9065	6708	10883
辽 宁	590553	587167	497793	1242	79952	31383	81840
吉 林	243048	237228	205065	292	19032	10135	27519
黑龙江	263548	259300	225657	393	33171	17425	46153
上 海	1928613	1852695	1646883	5627	200184	99014	199082
江 苏	3544312	3487763	3125691	3395	280595	126986	364728
浙 江	1928613	1852695	1646883	5627	200184	99014	199082
安 徽	749128	742491	646544	1422	75215	25423	75596
福 建	544937	535578	455095	2589	77894	12801	57864
江 西	216186	212990	182786	3161	22046	5134	29515
山 东	1654677	1650786	1456894	7216	154565	59374	122138
河 南	520772	516910	456165	1902	58837	33774	67602
湖 北	1406587	1361993	1178907	5365	164092	64495	143921
湖 南	1127997	1101099	967815	3723	129561	58984	122869
广 东	3366331	3348674	2943066	4161	364177	208287	438210
广 西	166055	160864	143285	426	12534	12694	19407
海 南	38519	37617	33623	29	3303	2389	5672
重 庆	239610	237810	205821	372	31242	10937	31506
四 川	644726	641554	584327	1132	49286	25075	64254
贵 州	41245	41049	33945	77	5656	679	4946
云 南	317732	315414	263439	368	51522	9368	34863
西 藏							
陕 西	685022	664115	570659	10258	81392	46195	91416
甘 肃	39783	39212	31814	188	5617	246	3826
青 海	31564	30552	24908	86	4762	345	2392
宁 夏	53118	52890	44126	259	8505	584	6343
新 疆	154465	148458	128567	179	16650	8592	19396

单位:万元

管理费用	财务费用	营业利润	利润总额	应 交 所得税	劳动、失业 保 险 费	住房公积金 和住房补贴
897176	**77027**	**299957**	**337281**	**144831**	**93531**	**33582**
104985	9185	39828	45087	26689	15068	3296
10669	1257	-6505	-5186	867	1864	732
17790	1462	-1353	2130	583	1739	188
13323	12446	2386	4162	214	280	42
2945	173	3722	2690	292	455	50
39799	2200	-4243	-9701	2952	4949	1242
11423	2542	-4404	-4319	116	705	116
14388	1216	-11149	-9938	649	663	586
63153	7030	29933	32253	14880	8843	1618
85805	3191	24641	35500	21142	18697	3420
63153	7030	29933	32253	14880	8843	1618
24387	3439	6811	8318	3599	2132	12961
14561	2179	16090	16836	3192	1787	796
5002	775	-5355	-5457	370	515	15
75807	3206	40372	40894	12331	4527	621
22354	1764	1338	3944	2791	866	185
62975	8163	24801	24171	7238	6097	575
37871	2771	25034	24720	9259	1997	414
141377	1039	54409	59424	13739	8059	3184
6944	745	-154	5091	283	63	111
1628	425	-1370	-842	108	236	
12164	93	196	328	787	426	45
16898	970	2271	3771	1513	1420	215
1722	79	98	371	284	8	
12843	456	12778	13131	2053	448	213
23114	2512	16788	14466	2802	2182	1254
1112	44	882	941	483	77	
972	-13	1756	1769	262	6	
1417	152	1177	805	273	293	67
6597	496	-754	-331	202	288	20

3－12　续表4

食品、饮料及烟草制品专门零售

地　区	营业收入合　计	主营业务收　入	主营业务成　本	主营业务税金及附加	主营业务利　润	其他业务利　润	营业费用
全　国	**1636968**	**1598246**	**1311938**	**7222**	**239839**	**38497**	**134940**
北　京	303879	283125	229136	889	53100	17320	37993
天　津	12330	12330	8634	103	3590	150	2519
河　北							
山　西	82208	82192	65326	185	10036	972	9471
内蒙古							
辽　宁	8603	8603	5774	54	2775	713	971
吉　林	3067	3067	2124	18	716	550	209
黑龙江	3756	3756	3020	61	377		298
上　海	106641	105169	90510	198	14461	1508	10704
江　苏	76163	76112	60138	396	13036	1338	12568
浙　江	106641	105169	90510	198	14461	1508	10704
安　徽	32952	32916	26956	82	2037	441	1576
福　建	216779	216686	201322	2584	12781	429	5353
江　西	3969	3969	3560	85	324		200
山　东	231836	229751	190379	931	30185	2337	15488
河　南	61402	59844	55903	313	3628	680	2662
湖　北	9838	9832	7998	64	1041	170	249
湖　南	13453	12980	12040	10	930	459	772
广　东	136018	128108	83534	367	44207	7670	12533
广　西	110740	110740	85471	407	23200	217	4459
海　南	1613	1613	1423	54	137		23
重　庆	9225	9225	8948		277	44	153
四　川	25780	25647	14556	40	3113	139	3177
贵　州	1713	1713	1563	6	109	17	32
云　南	24775	24039	21939	16	1693	702	968
西　藏							
陕　西	9003	8098	2169	40	575	297	377
甘　肃	38239	37217	32692	119	3017	837	1272
青　海							
宁　夏	6349	6349	6313	3	33		210
新　疆							

单位：万元

管理费用	财务费用	营业利润	利润总额	应 交 所得税	劳动、失业 保 险 费	住房公积金 和住房补贴
87706	**7151**	**64207**	**75454**	**19811**	**10741**	**3536**
14465	99	17862	21253	6975	3992	952
1167	2	52	152	63	313	71
6274	396	198	261	158	481	211
1605	11	900	914	305	165	45
550		507	166	45		
1224	118	-965	17	15	187	20
6045	642	-1422	-660	265	593	142
4530	396	3365	3537	702	588	51
6045	642	-1422	-660	265	593	142
1280	715	-766	241	24	91	12
3927	406	3525	3623	582	346	27
35	60	29	29			
11420	3004	3664	3926	1263	1040	109
3789	1229	-3371	89	52	381	
1055	46	51	-19		78	1
676	203	-262	253	2	207	18
11390	-1085	29040	28232	4261	581	667
8048	-19	12490	12794	4217	418	889
39	8	67	67	10	37	10
347	70	-211	-112	13	95	
603	9	-266	-312		63	8
230		-104	9	5	73	8
1308	54	145	514	78	346	73
192	7	297	292	11	45	1
1080	-8	1510	1556	503	30	79
384	146	-708	-708			

3－12　续表5

纺织、服装及日用品专门零售

地　区	营业收入合　计	主营业务收　入	主营业务成　本	主营业务税金及附加	主营业务利　润	其他业务利　润	营业费用
全　国	**1827683**	**1800020**	**1324465**	**11457**	**419822**	**39743**	**297519**
北　京	360066	355665	251082	1140	103443	3478	68335
天　津	48332	48256	34734	161	8098	70	11612
河　北	14708	14607	12053	277	2237	127	1241
山　西	53711	52882	45967	214	4689	1478	4270
内蒙古	33368	32379	20810	433	10655	257	2367
辽　宁	125070	123740	97999	1159	17306	6286	9629
吉　林	26354	25628	22567	162	2130	1690	2034
黑龙江	1186	1186	985	6	195		
上　海	61132	56718	46410	701	9607	4041	9710
江　苏	49769	49762	38297	507	10958	236	6361
浙　江	61132	56718	46410	701	9607	4041	9710
安　徽	15405	15405	12695	23	2687		1833
福　建	25776	25776	19253	80	6443	216	5030
江　西	11716	11716	9571	120	2025	138	513
山　东	173871	173194	144999	1741	25789	1607	11795
河　南	74050	71609	62806	360	8433	3801	6132
湖　北	83910	83641	61168	436	18356	377	13566
湖　南	38821	38679	30856	93	7729	542	5980
广　东	406439	401036	251214	1100	136817	7181	99115
广　西	3142	3051	1125		92	5	
海　南	2983	2983	1554	15	968	73	1109
重　庆	28456	28451	20064	56	7575	56	7504
四　川	49318	49067	39456	377	9133	243	6255
贵　州	21011	21011	8957	1103	1918	436	2619
云　南	3120	3120	1744	8	1368	19	1085
西　藏							
陕　西	33467	32422	25740	347	6334	2425	5592
甘　肃	3300	3300	2717	8	575		246
青　海							
宁　夏							
新　疆	18072	18020	13231	130	4658	919	3878

单位:万元

管理费用	财务费用	营业利润	利润总额	应交所得税	劳动、失业保险费	住房公积金和住房补贴
165439	**25279**	**9851**	**5518**	**14917**	**11463**	**2474**
31184	2818	4584	4388	4683	3504	880
2764	664	-1609	-1596	502	608	109
835	377	-89	-89	13	74	16
3930	768	-335	-555	197	226	37
2040	420	7310	7256	2	384	202
19193	6043	-3908	-3957	1029	491	114
7257	237	-249	-5402	42	54	1
188	4	3	3			
5657	2692	-4411	-4419	115	420	16
2855	590	2512	1505	472	454	119
5657	2692	-4411	-4419	115	420	16
783	52	19	2	5	124	
1625	166	-162	-180	44	24	
1272	229	149	153	43	26	
8833	1818	5033	5045	461	360	74
7233	559	-404	-13	57	783	7
5382	158	535	495	345	296	56
2203	808	-720	-748	193	34	
41307	1384	14278	14309	5616	2577	706
118	1	-23	-23			
377	5	-5	21		5	
1703	78	-1166	-1163	318	335	24
4715	195	-1770	-1573	405	149	37
711	1125	-1793	-901	21		
150	26	126	126			
4309	772	-1913	-1746	114	75	30
284	6	39		12		
2875	593	-1769	-1002	114	41	31

3－12 续表6

服装零售

地 区	营业收入合 计	主营业务收 入	主营业务成 本	主营业务税金及附加	主营业务利 润	其他业务利 润	营业费用
全 国	**1254250**	**1229616**	**938339**	**8538**	**244687**	**32525**	**188301**
北 京	208927	205589	144117	644	60828	2460	43042
天 津	27294	27294	19343	74	4479		8949
河 北	9547	9547	7571	63	1913	8	1111
山 西	45270	45048	39925	136	3613	1400	3287
内蒙古	23569	22580	12882	360	9338	250	1616
辽 宁	110944	109614	87555	1104	14075	6280	7694
吉 林	26354	25628	22567	162	2130	1690	2034
黑龙江	1186	1186	985	6	195		
上 海	42232	38151	30829	639	6682	3603	6838
江 苏	44027	44020	35436	342	8243	56	5430
浙 江	42232	38151	30829	639	6682	3603	6838
安 徽	11160	11160	9110	16	2033		1228
福 建	19490	19490	15717	22	3752	26	3180
江 西	11716	11716	9571	120	2025	138	513
山 东	102465	101788	83991	1355	15877	789	6951
河 南	38936	36595	31980	242	4363	1448	3713
湖 北	64912	64643	47499	377	13295	242	11239
湖 南	38821	38679	30856	93	7729	542	5980
广 东	284287	279189	207889	499	59475	6793	51936
广 西							
海 南	1168	1168	761	7	－46	60	376
重 庆	15121	15121	11194	23	3149	50	2213
四 川	10173	9937	8677	57	1182	123	1966
贵 州	21011	21011	8957	1103	1918	436	2619
云 南	3120	3120	1744	8	1368	19	1085
西 藏							
陕 西	28917	27871	22405	309	5157	1587	4340
甘 肃	3300	3300	2717	8	575		246
青 海							
宁 夏							
新 疆	18072	18020	13231	130	4658	919	3878

单位:万元

管理费用	财务费用	营业利润	利润总额	应交所得税	劳动、失业保险费	住房公积金和住房补贴
103042	**19688**	**-313**	**-4017**	**7981**	**6728**	**1415**
13731	520	5996	6133	2366	1396	246
1126	571	-2771	-2771	118	512	47
583	244	-16	-16	13	35	16
2743	571	-117	-254	197	98	29
1352	308	6855	6856		365	202
18128	5959	-4456	-4469	854	319	68
7257	237	-249	-5402	42	54	1
188	4	3	3			
4598	2316	-3467	-3478	104	165	16
2034	489	1469	500	150	360	54
4598	2316	-3467	-3478	104	165	16
713	46	47	-15		31	
728	99	-229	-247	15	21	
1272	229	149	153	43	26	
6150	855	2743	2738	250	130	14
3402	412	-429	-29	31	398	4
4390	94	-1278	-1317	250	191	23
2203	808	-720	-748	193	34	
16924	1018	7448	7719	2798	2185	638
105	-1	-20	-20		5	
608	38	829	846	280	124	11
2381	46	-3067	-2933		26	
711	1125	-1793	-901	21		
150	26	126	126			
3808	761	-2165	-2009	28	49	
284	6	39		12		
2875	593	-1769	-1002	114	41	31

3－12　续表 7

文化、体育用品及器材专门零售

地　区	营业收入合计	主营业务收入	主营业务成本	主营业务税金及附加	主营业务利润	其他业务利润	营业费用
全　国	**1718457**	**1690739**	**1254349**	**9274**	**404530**	**41822**	**185988**
北　京	193312	187743	131787	1212	54744	4594	27081
天　津	21718	20899	13428	139	7332	907	2870
河　北	33184	30821	22717	101	7151	1415	2462
山　西	46525	45348	36912	555	3558	768	4467
内蒙古	11743	11743	8041	31	2533	924	1012
辽　宁	40080	39877	29284	200	9852	598	4390
吉　林	16928	16904	12786	57	4061	477	1546
黑龙江	36858	36488	24881	86	8326	952	4080
上　海	80492	78850	57480	588	20782	2410	11678
江　苏	98009	97703	72565	749	23464	2202	8785
浙　江	80492	78850	57480	588	20782	2410	11678
安　徽	50249	49197	36990	159	11367	1233	4984
福　建	28291	27072	21099	283	5689	609	2850
江　西	30577	30359	23168	84	5047	388	1629
山　东	105824	105353	82582	325	20831	1805	6668
河　南	105922	103534	79920	481	23134	2019	11901
湖　北	37323	36401	27299	189	8776	1194	2978
湖　南	89747	89324	71014	1154	17157	977	8743
广　东	335112	329955	237317	1582	88262	12147	41481
广　西	26565	26294	19337	104	6619	768	2587
海　南							
重　庆							
四　川	64364	64364	51164	197	12394	453	5140
贵　州	6462	6348	5115	21	774	114	898
云　南	75965	75582	55914	207	18563	1408	6485
西　藏							
陕　西	32723	32723	24695	77	7267	303	3514
甘　肃	6938	6938	4721	9	1738	82	692
青　海	1742	1742	1221	17	505	125	170
宁　夏	4142	4142	3002	19	1120	116	468
新　疆	57168	56186	42431	59	12701	425	4752

单位:万元

管理费用	财务费用	营业利润	利润总额	应交所得税	劳动、失业保险费	住房公积金和住房补贴
207875	**6683**	**56194**	**61995**	**15573**	**30515**	**10553**
26640	1435	4181	8928	2730	6864	1700
2766	-60	2664	2678	867	138	191
6101	27	407	394	219	857	220
4236	585	-222	-501	83	376	189
2308	30	107	106		125	90
6697	172	-396	-365	-7	709	261
2603	170	220	139	31	554	464
4863	71	286	263	233	558	129
6856	310	4348	4523	637	1490	442
12414	297	4171	3509	926	2581	591
6856	310	4348	4523	637	1490	442
5653	-335	2298	2220	213	1065	421
2946	68	435	743	266	255	135
3405	-13	414	380	162	627	111
12118	236	3615	3612	645	1445	1211
15064	372	-2154	-2271	273	2290	932
6324	321	432	-242	1	231	149
7745	345	1302	1637	461	386	195
41933	1265	18536	20154	3401	4395	1475
3800	246	989	1026	343	246	197
2529	322	4875	4639	1645	506	33
754	99	-415	-391		115	105
10779	156	3133	3548	521	1229	411
4088	-36	9	154	65	798	165
1247	-7	-111	-87		265	38
330	159	-31	-31			
658	34	76	69	10	92	26
6166	105	2676	2640	1213	833	233

3－12 续表 8

体育用品零售

地区	营业收入合计	主营业务收入	主营业务成本	主营业务税金及附加	主营业务利润	其他业务利润	营业费用
全国	**248301**	**247609**	**191526**	**435**	**55140**	**1456**	**29600**
北京	19919	19403	14670	39	4694	487	2404
天津							
河北							
山西							
内蒙古							
辽宁							
吉林	4844	4819	3838	16	966	24	731
黑龙江	1251	1251	148	1	1102		854
上海							
江苏	2293	2293	1772	7	513	681	573
浙江							
安徽	4857	4857	3994	11	853		580
福建							
江西							
山东							
河南							
湖北							
湖南	47928	47776	37527	181	10069	103	5650
广东	111866	111866	84167	66	27564	155	14902
广西							
海南							
重庆							
四川	52239	52239	42729	108	9402	6	3468
贵州	3105	3105	2683	7	－22		438
云南							
西藏							
陕西							
甘肃							
青海							
宁夏							
新疆							

单位:万元

管理费用	财务费用	营业利润	利润总额	应交所得税	劳动、失业保险费	住房公积金和住房补贴
12465	**1707**	**13342**	**13517**	**3366**	**1290**	**535**
2483	471	-177	-153		514	107
106	175	-22	-25	1	4	375
312	9	-73	-73	2	27	
453	104	64	56	18	162	15
151	4	118	99	33		
3441	299	781	811	268	67	
4323	397	8167	8541	1485	155	39
1022	143	4775	4526	1560	339	
172	105	-291	-266		23	

3－12 续表9

图书零售

地　区	营业收入合　计	主营业务收　入	主营业务成　本	主营业务税金及附加	主营业务利　润	其他业务利　润	营业费用
全　国	**1234547**	**1210583**	**900693**	**4884**	**282928**	**37670**	**120630**
北　京	96929	92671	68185	243	24243	3355	8980
天　津	12344	11525	8862	98	2565	907	1844
河　北	33184	30821	22717	101	7151	1415	2462
山　西	34901	33724	26158	78	3166	614	3684
内蒙古	11743	11743	8041	31	2533	924	1012
辽　宁	38043	37840	27558	189	9553	598	3990
吉　林	12084	12084	8948	41	3095	452	815
黑龙江	35608	35237	24733	85	7224	952	3226
上　海	65976	65467	48737	149	16581	1929	8851
江　苏	73483	73177	54441	141	17670	1250	6422
浙　江	65976	65467	48737	149	16581	1929	8851
安　徽	45392	44340	32996	148	10515	1233	4404
福　建	23286	22067	16805	271	4991	609	2329
江　西	30577	30359	23168	84	5047	388	1629
山　东	101684	101213	78986	316	20297	1715	6419
河　南	101548	99160	76625	319	22216	1991	11764
湖　北	34289	33367	24868	172	8189	1151	2672
湖　南	41818	41548	33487	973	7088	875	3093
广　东	169746	164589	115220	812	45834	11679	19164
广　西	26565	26294	19337	104	6619	768	2587
海　南							
重　庆							
四　川	3408	3408	2028	3	767	401	457
贵　州	3357	3243	2432	15	796	114	460
云　南	69894	69512	51554	181	16878	1371	5919
西　藏							
陕　西	32723	32723	24695	77	7267	303	3514
甘　肃	6938	6938	4721	9	1738	82	692
青　海	1742	1742	1221	17	505	125	170
宁　夏	4142	4142	3002	19	1120	116	468
新　疆	57168	56186	42431	59	12701	425	4752

单位:万元

管理费用	财务费用	营业利润	利润总额	应交所得税	劳动、失业保险费	住房公积金和住房补贴
171762	**2694**	**33938**	**38119**	**9165**	**26105**	**8522**
14488	264	3867	6446	1452	4873	966
1634	7	-13	-4	28	79	55
6101	27	407	394	219	857	220
3519	77	-207	-437	49	376	189
2308	30	107	106		125	90
6690	175	-292	-261	-7	709	261
2496	-5	242	163	30	549	90
4551	62	359	337	231	531	129
5529	138	3992	4191	531	1296	394
9616	-139	3021	2472	517	2272	498
5529	138	3992	4191	531	1296	394
5502	-339	2181	2120	180	1065	421
2796	58	418	736	266	255	135
3405	-13	414	380	162	627	111
11902	149	3543	3539	645	1441	1211
14412	220	-2159	-2275	272	2197	932
5685	320	748	74	1	184	147
4303	46	521	826	193	319	195
33805	803	6474	8206	1695	3545	921
3800	246	989	1026	343	246	197
648	10	72	83	76	89	33
581	-6	-125	-125		92	105
9973	171	2768	3187	465	1096	371
4088	-36	9	154	65	798	165
1247	-7	-111	-87		265	38
330	159	-31	-31			
658	34	76	69	10	92	26
6166	105	2676	2640	1213	833	233

3－12 续表 10

医药及医疗器材专门零售

地区	营业收入合计	主营业务收入	主营业务成本	主营业务税金及附加	主营业务利润	其他业务利润	营业费用
全国	**4856824**	**4816313**	**4145367**	**13946**	**592163**	**46825**	**333515**
北京	208607	202846	165491	634	36721	5366	20697
天津	25506	25506	21872	96	3290	153	1900
河北	64618	64610	56830	146	7184	153	5357
山西	108666	108663	100031	125	7862	122	4315
内蒙古	28613	28613	22222	46	2896	32	2571
辽宁	390303	390302	329163	1096	56369	822	30766
吉林	60995	60764	44836	224	13006	207	3708
黑龙江	461170	460475	403053	1812	41702	1053	12411
上海	537511	525788	478486	1274	46029	7329	25406
江苏	774436	773046	704779	1305	58423	3005	32523
浙江	537511	525788	478486	1274	46029	7329	25406
安徽	39008	38913	33067	69	5133	95	3214
福建	39111	38935	32500	114	6322	411	3702
江西	43460	43460	31396	134	8458	84	4424
山东	267128	266620	229071	501	27243	420	14233
河南	185752	185139	164691	671	19768	394	8079
湖北	93747	93721	78887	422	13065	545	8925
湖南	117532	117375	90448	995	25933	2811	15271
广东	476980	471847	359964	1621	109355	13321	70322
广西	33679	33357	25452	96	4912	345	4712
海南	2115	2115	1888	6	－242	161	463
重庆	42070	41915	35436	160	6319	99	4503
四川	51069	50742	42592	462	5943	59	4042
贵州	32773	32773	27233	61	2720	6	3567
云南	131649	130294	103116	397	26781	1994	17226
西藏	2740	2740	2483	1	257	85	127
陕西	17763	17742	11674	26	2354	－3	1292
甘肃	15669	15669	13999	41	1016	30	797
青海	15077	15077	12840	12	1708	32	1122
宁夏	10802	10802	8898	52	1852	120	393
新疆	40764	40677	34483	76	3759	247	2043

单位:万元

管理费用	财务费用	营业利润	利润总额	应交所得税	劳动、失业保险费	住房公积金和住房补贴
218167	**33318**	**84706**	**116781**	**28560**	**24888**	**6165**
16228	98	5065	24783	4481	2375	940
1141	-4	654	668	130	153	18
2497	135	-169	-228	21	413	27
3847	476	328	104		424	78
1544	70	205	488	1	207	7
15134	2668	11992	12384	2854	1544	328
1946	196	8247	8145	2442	45	38
26323	3532	2598	3004	1751	1010	479
17016	5493	5443	9153	3503	3116	934
27447	4377	3005	3098	1921	3263	1059
17016	5493	5443	9153	3503	3116	934
1492	97	664	687	96	465	23
1796	342	893	1015	221	416	104
4243	885	-995	-856	41	133	36
14713	2711	895	853	201	2207	531
7408	843	3902	4070	60	1059	1
5331	415	282	171	360	399	106
5598	500	7375	9328	1356	176	7
22447	2994	27631	28762	5018	2480	167
2328	145	-551	-424	46	116	75
119	11	-242	-220		27	
2206	134	-425	-13	1	532	68
3081	311	552	471	30	156	113
2117	61	-261	-164	47	53	8
7819	479	3344	3164	452	613	
235	123	-142	-142			
1264	2	-106	-64		45	17
918	108	-539	-540		34	
708	119	309	396	5		
1235	525	-183	56	22	94	50
2970	-19	-508	-518	1	220	18

3－12　续表 11

药品零售

地　区	营业收入合　计	主营业务收　入	主营业务成　本	主 营 业 务税金及附加	主营业务利　润	其他业务利　润	营业费用
全　国	**4809781**	**4769507**	**4109001**	**13791**	**582578**	**46626**	**329521**
北　京	173190	167566	138304	513	28750	5266	17656
天　津	25506	25506	21872	96	3290	153	1900
河　北	64618	64610	56830	146	7184	153	5357
山　西	108666	108663	100031	125	7862	122	4315
内 蒙 古	28613	28613	22222	46	2896	32	2571
辽　宁	390303	390302	329163	1096	56369	822	30766
吉　林	60995	60764	44836	224	13006	207	3708
黑 龙 江	461170	460475	403053	1812	41702	1053	12411
上　海	537511	525788	478486	1274	46029	7329	25406
江　苏	771092	769802	702031	1298	57934	2905	32149
浙　江	537511	525788	478486	1274	46029	7329	25406
安　徽	39008	38913	33067	69	5133	95	3214
福　建	39111	38935	32500	114	6322	411	3702
江　西	43460	43460	31396	134	8458	84	4424
山　东	263225	262717	226320	486	26806	420	14107
河　南	183502	182889	162737	664	19478	402	7915
湖　北	93747	93721	78887	422	13065	545	8925
湖　南	117532	117375	90448	995	25933	2811	15271
广　东	474851	469718	358238	1615	108957	13315	70032
广　西	33679	33357	25452	96	4912	345	4712
海　南	2115	2115	1888	6	－242	161	463
重　庆	42070	41915	35436	160	6319	99	4503
四　川	51069	50742	42592	462	5943	59	4042
贵　州	32773	32773	27233	61	2720	6	3567
云　南	131649	130294	103116	397	26781	1994	17226
西　藏	2740	2740	2483	1	257	85	127
陕　西	17763	17742	11674	26	2354	－3	1292
甘　肃	15669	15669	13999	41	1016	30	797
青　海	15077	15077	12840	12	1708	32	1122
宁　夏	10802	10802	8898	52	1852	120	393
新　疆	40764	40677	34483	76	3759	247	2043

单位:万元

管理费用	财务费用	营业利润	利润总额	应交所得税	劳动、失业保险费	住房公积金和住房补贴
213165	**33160**	**83976**	**115937**	**28332**	**24427**	**5999**
12020	26	4314	24043	4260	2050	878
1141	-4	654	668	130	153	18
2497	135	-169	-228	21	413	27
3847	476	328	104		424	78
1544	70	205	488	1	207	7
15134	2668	11992	12384	2854	1544	328
1946	196	8247	8145	2442	45	38
26323	3532	2598	3004	1751	1010	479
17016	5493	5443	9153	3503	3116	934
27229	4341	3043	3096	1918	3193	1035
17016	5493	5443	9153	3503	3116	934
1492	97	664	687	96	465	23
1796	342	893	1015	221	416	104
4243	885	-995	-856	41	133	36
14399	2694	813	771	201	2140	451
7230	824	3980	4062	58	1059	1
5331	415	282	171	360	399	106
5598	500	7375	9328	1356	176	7
22363	2978	27618	28749	5015	2480	167
2328	145	-551	-424	46	116	75
119	11	-242	-220		27	
2206	134	-425	-13	1	532	68
3081	311	552	471	30	156	113
2117	61	-261	-164	47	53	8
7819	479	3344	3164	452	613	
235	123	-142	-142			
1264	2	-106	-64		45	17
918	108	-539	-540		34	
708	119	309	396	5		
1235	525	-183	56	22	94	50
2970	-19	-508	-518	1	220	18

3－12 续表 12

汽车、摩托车、燃料及零配件专门零售

地 区	营业收入合计	主营业务收入	主营业务成本	主营业务税金及附加	主营业务利润	其他业务利润	营业费用
全 国	**17110161**	**17020974**	**15382010**	**21820**	**1149423**	**41933**	**581507**
北 京	2537166	2527879	2352496	3008	172375	4253	84318
天 津	475033	474801	88871	818	35609	135	22340
河 北	530856	530835	500939	467	29429	1271	25831
山 西	978859	952256	867692	2397	60665	1275	26139
内蒙古	1078906	1078903	956752	1286	109253	5887	67000
辽 宁	1017754	1017165	915907	971	92747	20	36307
吉 林	20716	20716	14597	79	893	519	605
黑龙江	36739	36738	35391	32	1173	150	236
上 海	576822	566721	534737	1024	30960	5163	14131
江 苏	287367	287367	266926	587	18960	1242	8891
浙 江	576822	566721	534737	1024	30960	5163	14131
安 徽	369850	369850	340152	368	29330		9960
福 建	152459	150881	139823	281	10777	84	8096
江 西	20781	20745	19186	28	1531	36	616
山 东	1138740	1137305	1051662	985	67548	842	25497
河 南	239328	237993	222155	238	15600	－616	7399
湖 北	707834	707834	646386	1016	51830	684	17224
湖 南	35913	32076	30184	11	1881	174	995
广 东	4624524	4614168	4312067	4560	282702	6977	144054
广 西	142548	142548	120671	229	7236	2741	4609
海 南	590664	589849	545512	803	43534	474	17245
重 庆	256630	255987	244694	221	11072	2871	6105
四 川	479908	468280	430012	738	25821	138	27176
贵 州	44185	44185	40443	207	3315	3	2210
云 南	42666	42078	40525	76	1477	476	770
西 藏	53866	53866	44389	112	6331	179	4839
陕 西	12606	12606	11592	172	841	51	61
甘 肃	52169	52169	48701	43	1973	1750	2723
青 海	10767	10767	9938	10	819	10	201
宁 夏							
新 疆	17683	17683	14875	27	2780	－16	1799

单位:万元

管理费用	财务费用	营业利润	利润总额	应交所得税	劳动、失业保险费	住房公积金和住房补贴
221079	**74333**	**384493**	**466146**	**85559**	**17532**	**7556**
24737	7942	59631	63899	28162	3222	1065
5524	2759	5645	5347	479	961	321
3955	1274	-356	-1057	294	558	150
13009	2231	35448	34425	1010	605	216
5535	4170	40878	61409	1118	1040	1257
12265	2323	50160	49600	17298	1271	701
1110	284	-558	-567		52	23
1208	557	109	134	22	19	
15004	7202	-214	30501	9430	313	33
8658	4573	-1035	-444	72	723	84
15004	7202	-214	30501	9430	313	33
7028	1281	11062	11656	2162	79	75
2203	167	396	15	47	199	88
825	59	67	193	64	52	4
22160	4638	26693	26686	704	1134	606
3217	-94	4461	4455	147	228	44
8554	1506	25230	25434	2671	919	201
311	605	144	120	76		4
45399	17178	93731	91902	2561	2982	1082
3374	1545	4753	7213	1638	146	56
10491	305	15966	15564	5609	694	307
2283	2829	2726	1231	965	234	61
2847	2331	6827	5057	1029	1574	842
1236	413	-320	-321	8	5	
1607	818	-1242	-1360		23	59
1815	101	2918	2926	215	109	227
188	96	555	547	188		
1000	-198	208	234	78		
149	13	467	485	80		
383	224	359	360	4	78	17

3－12 续表 13

汽车零售

地　区	营业收入合计	主营业务收入	主营业务成本	主营业务税金及附加	主营业务利润	其他业务利润	营业费用
全　国	**5417846**	**5378208**	**5027574**	**8083**	**277151**	**34001**	**136779**
北　京	99507	95040	89409	195	5436	2756	5888
天　津	45665	45665	42915	30	2271	43	1890
河　北	179253	179253	173738	146	5369	1214	2992
山　西	387481	381202	346174	1674	18176	1265	7463
内蒙古	129530	129530	104689	250	24154	391	6768
辽　宁	11451	11451	9577	1	1873	8	398
吉　林	17582	17582	11561	48	827		532
黑龙江	36739	36738	35391	32	1173	150	236
上　海	426679	417230	391147	807	25275	5042	9999
江　苏	273252	273252	254440	537	17952	1200	8103
浙　江	426679	417230	391147	807	25275	5042	9999
安　徽	187618	187618	174584	199	12835		3906
福　建	38417	37106	34223	27	2856	70	937
江　西	20781	20745	19186	28	1531	36	616
山　东	783802	782367	735148	641	29968	808	16179
河　南	77686	77561	73540	74	3947	166	2331
湖　北	196440	196440	183882	299	12208	723	6230
湖　南	35913	32076	30184	11	1881	174	995
广　东	1514863	1513027	1436928	1572	60126	6841	36381
广　西	33673	33673	21798	26	1399	2741	832
海　南	10748	10748	10059	16	673	12	3
重　庆	256630	255987	244694	221	11072	2871	6105
四　川	63832	63649	61032	67	2012	107	1505
贵　州	31732	31732	29018	192	2302	3	1315
云　南	39136	38548	37312	54	1182	476	481
西　藏	14453	14453	12728	59	1662	103	1168
陕　西	3416	3416	3353	3	60		61
甘　肃	52169	52169	48701	43	1973	1750	2723
青　海	10767	10767	9938	10	819	10	201
宁　夏							
新　疆	11952	11952	11078	10	864		541

单位:万元

管理费用	财务费用	营业利润	利润总额	应交所得税	劳动、失业保险费	住房公积金和住房补贴
118121	**50442**	**29892**	**55713**	**12320**	**5400**	**1562**
6028	6187	-9911	-5586	131	562	174
916	-89	46	47	91	9	
2234	1210	148	-489	294	144	11
8164	2193	4091	4074	1010	132	25
3325	1835	14230	34759	351	422	84
883	101	498	497	150	36	12
577	284	-550	-545		9	1
1208	557	109	134	22	19	
10738	3511	6069	6032	1878	129	28
7994	4478	-1111	-557	65	713	76
10738	3511	6069	6032	1878	129	28
5368	1256	2305	3133	1058		
1123	122	745	274	47	1	
825	59	67	193	64	52	4
18503	4145	2047	2040	633	1100	495
1564	284	-66	-87	91	71	1
4641	1510	551	680	508	265	39
311	605	144	120	76		4
22183	12959	2413	3379	2603	1063	387
3074	1434	-858	2191	108	145	43
656	-14	39	39	6		
2283	2829	2726	1231	965	234	61
658	214	400	-1346	73	37	
1033	407	-230	-230	8	5	
1511	767	-1100	-1360		23	59
298	106	326	326	50	95	32
4	3	-1	-1			
1000	-198	208	234	78		
149	13	467	485	80		
136	164	24	16	4	10	

3－12 续表 14

机动车燃料零售

地　区	营业收入合计	主营业务收入	主营业务成本	主营业务税金及附加	主营业务利润	其他业务利润	营业费用
全　国	**11646989**	**11597499**	**10314102**	**13646**	**868785**	**7821**	**441691**
北　京	2432875	2428114	2259231	2810	166072	1438	77867
天　津	429368	429137	45956	788	33337	92	20450
河　北	351603	351582	327200	322	24060	57	22838
山　西	587632	567308	518482	713	42400	10	18065
内蒙古	949375	949373	852062	1036	85099	5496	60232
辽　宁	1006303	1005713	906329	970	90874	12	35909
吉　林	3134	3134	3037	31	66	519	73
黑龙江							
上　海	150142	149491	143589	217	5685	121	4132
江　苏							
浙　江	150142	149491	143589	217	5685	121	4132
安　徽	182233	182233	165568	170	16495		6053
福　建	114042	113775	105600	254	7921	14	7159
江　西							
山　东	350743	350743	312413	329	37501	34	9307
河　南	159557	158346	147132	164	11051	－782	4768
湖　北	502561	502561	453967	711	39331	－39	10630
湖　南							
广　东	3102095	3093575	2868306	2980	222023	125	107274
广　西	108876	108876	98873	203	5838		3777
海　南	579916	579101	535453	787	42862	462	17242
重　庆							
四　川	416076	404631	368980	670	23810	31	25671
贵　州	12453	12453	11425	15	1014		895
云　南	3530	3530	3213	22	295		289
西　藏	39413	39413	31660	54	4669	76	3670
陕　西	9190	9190	8239	169	781	51	
甘　肃							
青　海							
宁　夏							
新　疆	5730	5730	3797	17	1916	－16	1258

单位:万元

管理费用	财务费用	营业利润	利润总额	应交所得税	劳动、失业保险费	住房公积金和住房补贴
101314	**23742**	**354478**	**410215**	**73209**	**12104**	**5986**
18332	1755	69557	69500	28032	2658	892
4608	2848	5600	5300	388	953	321
1721	64	-504	-568		414	139
4707	12	31431	30368		474	191
2210	2335	26649	26650	767	619	1174
11383	2222	49662	49102	17148	1236	689
534		-8	-22		43	22
4266	3691	-6283	24469	7552	184	5
4266	3691	-6283	24469	7552	184	5
1660	25	8757	8523	1104	79	75
1080	45	-349	-259		198	88
3628	473	24628	24628	71	34	111
1554	-378	4325	4340	56	157	43
3807	23	24832	24907	2162	654	162
22987	4184	91249	88454	-66	1904	695
301	111	5611	5022	1530	2	13
9835	319	15927	15525	5603	694	307
2190	2118	6427	6403	955	1536	842
203	6	-91	-91			
96	52	-141				
1517	-5	2592	2600	165	14	195
183	92	556	549	188		
248	60	335	344		68	17

3－12　续表 15

家用电器及电子产品专门零售

地　区	营业收入合　计	主营业务收　入	主营业务成　本	主营业务税金及附加	主营业务利　润	其他业务利　润	营业费用
全　国	**12212333**	**11786770**	**10899935**	**24244**	**681322**	**429272**	**721629**
北　京	1837548	1733890	1601744	2983	129163	84995	121733
天　津	438063	398130	372379	655	24147	17453	25650
河　北	133682	129874	119359	225	8456	3697	6866
山　西	149423	149423	143581	195	3715	4881	6082
内蒙古	31992	31847	28158	102	2441	810	2556
辽　宁	259988	244347	233960	287	10100	11995	13425
吉　林	52537	50790	41620	98	3192	1580	2458
黑龙江	185193	184720	178309	370	6041	9533	8591
上　海	714476	665270	617953	1685	45631	27502	47133
江　苏	1581149	1542831	1387929	2856	41155	44191	98374
浙　江	714476	665270	617953	1685	45631	27502	47133
安　徽	111116	110368	95830	175	7084	2261	10002
福　建	371896	359325	339127	824	19374	11477	24205
江　西	69808	64968	58165	105	4453	3424	4494
山　东	1491744	1461803	1397500	3034	58011	15273	29944
河　南	120093	120070	111098	220	8753	3667	9336
湖　北	597046	586439	546784	2496	36193	17211	28318
湖　南	159420	159420	144699	406	14316	7429	16914
广　东	1630329	1611339	1459654	3126	125373	72057	130277
广　西	29822	29623	27462	132	1121	266	1796
海　南	16853	16178	15038	63	743	744	1481
重　庆	411858	403949	375398	662	21873	16848	22241
四　川	576420	563305	520322	1058	27484	17645	30622
贵　州							
云　南	165689	165689	152143	264	13283	6935	10435
西　藏							
陕　西	208439	190279	177592	311	12377	14969	12442
甘　肃							
青　海	36871	36514	33380	102	3032	816	2050
宁　夏	16468	16455	14920	19	1516	460	1032
新　疆	99936	94654	87878	110	6667	3650	6039

单位:万元

管理费用	财务费用	营业利润	利润总额	应交所得税	劳动、失业保险费	住房公积金和住房补贴
288949	**25923**	**269122**	**178640**	**52300**	**23682**	**6231**
74685	2591	17940	20959	10844	3993	1041
4625	635	11640	10768	4099	778	282
4379	400	554	585	282	380	28
3074	687	652	714	74	138	
769	168	906	931	48	92	2
5713	371	2586	2817	1023	228	243
2566	249	-212	-205	31	558	2
3844	472	4099	2579	1143	295	30
16928	1669	7403	7372	3172	1686	624
39731	387	100954	29196	10040	5044	1405
16928	1669	7403	7372	3172	1686	624
1750	8	51	-75	173	286	39
5957	756	-66	-15	481	387	88
1486	120	1777	1743	2	4	5
25410	9515	13985	14141	3348	1574	616
2016	305	762	679	250	174	38
17859	-385	8615	8903	2266	257	343
3449	297	1085	1282	202	118	19
31260	3600	50919	31216	6189	3353	411
556	-44	-112	-104	10	29	6
603	-9	-59	-61	1	18	
6499	1287	8696	8634	740	681	103
8746	330	8801	8593	1203	1153	141
3037	131	6615	6717	1150	112	95
4200	150	10554	10313	1592	215	4
575	90	1134	1115	17	98	
847	612	-514	-517	29	39	1
1457	-138	2959	2988	718	306	43

3－12 续表 16

家用电器零售

地区	营业收入合计	主营业务收入	主营业务成本	主营业务税金及附加	主营业务利润	其他业务利润	营业费用
全国	**10611414**	**10240929**	**9523974**	**19567**	**522108**	**395873**	**614339**
北京	1599947	1507311	1414074	1927	91310	74804	86792
天津	422282	382349	358524	610	23215	17388	24206
河北	95239	91431	84616	70	4911	3347	4780
山西	100572	100572	96839	182	2816	4369	4885
内蒙古	31992	31847	28158	102	2441	810	2556
辽宁	252738	237096	227144	283	9669	11979	13183
吉林	52537	50790	41620	98	3192	1580	2458
黑龙江	178523	178523	172843	330	5350	9057	7456
上海	515710	486338	452978	1119	32242	21300	38233
江苏	1271786	1233796	1095253	2513	25730	42178	90974
浙江	515710	486338	452978	1119	32242	21300	38233
安徽	83171	82875	71249	86	5862	1359	7699
福建	340632	328186	309699	810	17677	10735	22390
江西	66434	61595	55931	95	3323	3424	2978
山东	1433774	1404549	1354710	2491	44090	14330	26504
河南	77289	77289	71951	157	5180	3047	6435
湖北	586408	575801	538186	2343	34305	17211	28061
湖南	147071	147071	135106	324	11642	7379	14508
广东	1434231	1415949	1299486	2531	91945	70856	115440
广西	20407	20407	18963	110	725	68	859
海南	9595	9400	8886	18	315	176	598
重庆	407335	399425	371329	651	21429	16616	22070
四川	499528	487284	451428	858	20558	16363	24746
贵州							
云南	116529	116529	107130	218	9182	6636	7203
西藏							
陕西	206135	187975	175398	310	12267	14909	12313
甘肃							
青海	36871	36514	33380	102	3032	816	2050
宁夏	9032	9032	8237	2	793	185	687
新疆	99936	94654	87878	110	6667	3650	6039

单位：万元

管理费用	财务费用	营业利润	利润总额	应交所得税	劳动、失业保险费	住房公积金和住房补贴
226734	**12143**	**249709**	**157167**	**47512**	**18615**	**5096**
60277	-1099	20144	20175	8566	1887	472
4160	573	11663	10736	4095	722	275
2831	293	354	435	212	345	28
2431	-20	590	657	50	96	
769	168	906	931	48	92	2
5561	355	2549	2790	1015	202	243
2566	249	-212	-205	31	558	2
2950	442	4284	3469	1143	247	30
8079	635	6595	6620	3038	1074	513
35051	-604	96587	24909	9645	4724	1330
8079	635	6595	6620	3038	1074	513
675	-37	-252	-365	50	227	30
5600	642	-220	-171	458	181	59
1419	114	2236	2259	2	4	4
17080	5224	14050	14179	3294	1465	488
992	243	558	459	207	169	37
17308	-377	7528	7816	2100	163	338
3250	263	1000	1150	178	118	19
24209	2704	37874	18178	5234	2737	326
446	-49	43	53	5	19	6
385	-10	-106	-104		17	
6306	1195	8476	8417	736	679	100
7322	-57	8271	8089	1041	1067	141
2468	-10	6157	6260	999	112	95
4163	150	10552	10311	1592	215	4
575	90	1134	1115	17	98	
325	568	-603	-605		19	
1457	-138	2959	2988	718	306	43

3－12 续表 17

计算机、软件及辅助设备零售

地区	营业收入合计	主营业务收入	主营业务成本	主营业务税金及附加	主营业务利润	其他业务利润	营业费用
全国	**752324**	**707805**	**644641**	**1867**	**59033**	**18589**	**46355**
北京	99130	90737	64835	506	25396	7979	24446
天津							
河北							
山西	48851	48851	46742	13	899	512	1198
内蒙古							
辽宁							
吉林							
黑龙江							
上海	109921	92421	89114	250	3057	3723	2139
江苏	288186	287858	273742	277	13249	1583	6043
浙江	109921	92421	89114	250	3057	3723	2139
安徽	10920	10467	9886	31	551	452	330
福建							
江西	3373	3373	2233	10	1130		1516
山东	17061	16839	15731	35	1074	233	886
河南							
湖北	10638	10638	8598	152	1887		257
湖南	5869	5869	4144	71	1653		1455
广东	45905	45783	38160	260	7038	203	5796
广西							
海南	2549	2549	2342	14	42	181	152
重庆							
四川							
贵州							
云南							
西藏							
陕西							
甘肃							
青海							
宁夏							
新疆							

单位:万元

管理费用	财务费用	营业利润	利润总额	应 交 所得税	劳动、失业 保 险 费	住房公积金 和住房补贴
25105	**4825**	**3011**	**5459**	**2336**	**2695**	**740**
10132	2871	-4074	-1122	1697	1178	480
643	707	62	57	24	42	
3561	71	1010	817	18	313	74
3861	828	4100	4021	321	226	45
3561	71	1010	817	18	313	74
557	26	90	71	30	39	10
68	6	-459	-516		1	1
362	123	-63	-65	6	42	1
551	-8	1087	1087	167	95	6
49	25	125	139	22		
1544	104	120	152	33	445	49
218	1	4	4	1	1	

3－12 续表 18

通讯设备零售

地　区	营业收入合　计	主营业务收　入	主营业务成　本	主 营 业 务税金及附加	主营业务利　润	其他业务利　润	营业费用
全　国	**780909**	**770829**	**675176**	**2424**	**90011**	**14385**	**54761**
北　京	117767	115138	105093	505	9541	2212	8340
天　津	15781	15781	13855	45	932	66	1444
河　北	38443	38443	34744	154	3545	350	2086
山　西							
内 蒙 古							
辽　宁	7250	7250	6816	4	431	16	241
吉　林							
黑 龙 江	6670	6198	5467	41	691	476	1135
上　海	76758	74424	65804	249	8371	2461	5895
江　苏	21176	21176	18934	66	2176	429	1357
浙　江	76758	74424	65804	249	8371	2461	5895
安　徽	17025	17025	14696	57	672	450	1973
福　建	31264	31139	29428	14	1697	742	1814
江　西							
山　东	32929	32435	20565	419	11451	710	1701
河　南	36797	36774	33416	55	3303	619	2796
湖　北							
湖　南	6481	6481	5448	11	1021	49	951
广　东	146080	145495	119755	259	25112	997	8443
广　西	9415	9216	8500	22	396	198	937
海　南							
重　庆	4524	4524	4069	11	443	232	171
四　川	76892	76021	68895	200	6926	1283	5876
贵　州							
云　南	49160	49160	45013	46	4101	299	3232
西　藏							
陕　西	2304	2304	2194	1	110	60	130
甘　肃							
青　海							
宁　夏	7436	7423	6683	17	723	275	345
新　疆							

单位:万元

管理费用	财务费用	营业利润	利润总额	应交所得税	劳动、失业保险费	住房公积金和住房补贴
33605	**8627**	**15310**	**14988**	**2275**	**2007**	**333**
3553	825	1826	1862	546	871	83
465	61	-23	32	5	55	7
1548	107	200	149	69	35	
153	17	37	27	9	26	
894	30	-185	-890		48	
4389	793	-245	-92	101	158	8
819	163	267	267	74	94	30
4389	793	-245	-92	101	158	8
518	18	213	219	93	20	
357	114	154	156	23	206	29
7587	4167	-161	-134	2	67	127
870	61	196	212	41	5	
150	10	-40	-7	3		
5060	801	12173	12166	859	148	35
110	5	-155	-157	4	9	
192	92	220	217	4	2	3
1424	387	530	504	162	86	
570	141	457	457	151		
38		2	2			
522	44	88	88	29	19	1

3-12 续表 19

五金、家具及室内装修材料专门零售

地区	营业收入合计	主营业务收入	主营业务成本	主营业务税金及附加	主营业务利润	其他业务利润	营业费用
全国	**930781**	**908554**	**685868**	**7989**	**176144**	**32358**	**146995**
北京	145762	136855	98322	69	38464	4658	22706
天津	66165	64827	52208	5	10306	1110	10269
河北	4600	4600	4416	184			184
山西	36839	36830	31643	916	2000	635	396
内蒙古	64870	64870	44084	303	15483		1298
辽宁	27062	25070	19469	171	4003	1985	6148
吉林							
黑龙江	11894	11631	9767	55	1809	248	2075
上海	26928	26928	21401	63	5465	1142	5144
江苏	62420	62416	47001	762	10466	695	9724
浙江	26928	26928	21401	63	5465	1142	5144
安徽	15049	14954	12216	49	2096	950	4775
福建	20884	19665	16805	53	2808	1854	5598
江西							
山东	107535	105082	77813	2819	22774	3415	14133
河南	12020	11640	9293	148	2199	3	2119
湖北	25159	24717	13356	56	-255	826	3563
湖南	14909	14759	12221	84	2454	908	2176
广东	167419	163695	125834	416	34133	12069	40651
广西							
海南							
重庆	11035	11035	8595	81	2359		2675
四川	14428	14402	11954	5	2444	255	322
贵州							
云南	12911	12911	9729		3182	254	2536
西藏							
陕西	38190	37770	22575	1377	8315	25	5175
甘肃	3865	3865	3775	74	10	122	85
青海							
宁夏							
新疆	13911	13103	11989	240	168	63	97

单位:万元

管理费用	财务费用	营业利润	利润总额	应交所得税	劳动、失业保险费	住房公积金和住房补贴
51961	**11050**	**17174**	**23024**	**4096**	**5037**	**2216**
16758	1585	2073	2671	33	534	319
4631	515	-1688	-1700	1	813	352
365	11				31	
1977	228	1209	1153	22	113	3
3902	603	14680	14680	811	662	12
2398	194	-2549	-2651	85	110	15
416	107	-382	-413	18	27	10
569	171	722	685	45	167	41
2586	686	124	56	280	389	133
569	171	722	685	45	167	41
285	205	-1679	-1679		107	19
864	535	-2335	-2369		147	91
4750	1874	7206	7077	752	602	700
1081	-6	-993	-651	2	65	37
326	17	-3336	303	10	26	20
785	277	124	80	20	186	
4331	1947	2204	4126	949	484	144
271	40	-627	-629	5	17	6
102	19	2256	2010	663	25	6
397		502	687	146	93	28
3970	1873	-1331	-1337	101	4	7
48		6	6	1	79	67
583		265	236	110	191	167

3-12 续表 20

无店铺及其他零售

地　区	营业收入合　计	主营业务收　入	主营业务成　本	主营业务税金及附加	主营业务利　润	其他业务利　润	营业费用
全　国	**499300**	**493629**	**405746**	**2338**	**77441**	**7719**	**46160**
北　京	32033	31166	23510	118	7538	730	6043
天　津							
河　北	7729	7729	6930	15	785	5	614
山　西	4332	4332	3102	21	92	9	391
内蒙古	9199	9029	7137	61	1515	42	400
辽　宁	3197	3197	2750	96	351	16	23
吉　林							
黑龙江							
上　海							
江　苏	12413	12398	9594	87	2717	13	2223
浙　江							
安　徽	2364	2364	2021	5			139
福　建	7600	7600	6774	11	815	1911	578
江　西							
山　东	129739	128933	102200	1110	21100	461	5145
河　南	20391	19764	19328	33	403	100	626
湖　北							
湖　南	68308	67183	49329	301	17553	171	11132
广　东	139639	138937	122945	192	13989	3644	14616
广　西	30487	30427	27245	91	3091	47	2007
海　南							
重　庆							
四　川	10292	10292	5940	125	4228	100	689
贵　州							
云　南	6006	5195	4905	16	275	26	189
西　藏	3289	3289	1987	25	1277		170
陕　西	3170	3170	2526	18	625	400	558
甘　肃							
青　海	4235	3748	3260	5	483	-27	311
宁　夏	4878	4878	4265	10	604	68	306
新　疆							

单位:万元

管理费用	财务费用	营业利润	利润总额	应 交 所得税	劳动、失业 保 险 费	住房公积金 和住房补贴
32306	**3348**	**6850**	**7020**	**2735**	**2238**	**1084**
4170	28	-1973	-1903	85	565	120
16	9	151	151	20	20	
95		2	4	2		
698	36	781	777	236	5	
19	26	299	286	94		
834	-5	-322	-362	4	15	
184	15					
455	121	1572	1602	92		
8097	812	8021	8011	1438	310	116
901	176	-1200	-643	3	147	24
10266	635	-4309	-4065		87	
1975	596	2311	2196	570	654	554
850	43	238	262	110	16	37
2103	392	1145	520	24	328	88
82	23	7	6			
602	11	540	521	56	7	43
390	394	-316	-323		2	63
145	3	-3	5	1	7	10
425	34	-93	-24		74	30

3－12 续表 21

邮购及电子销售

地 区	营业收入合 计	主营业务收 入	主营业务成 本	主营业务税金及附加	主营业务利 润	其他业务利 润	营业费用
全 国	**75246**	**74573**	**51964**	**365**	**22243**	**687**	**15359**
北 京	16604	15931	11172	72	4687	652	4226
天 津							
河 北							
山 西							
内蒙古							
辽 宁							
吉 林							
黑龙江							
上 海							
江 苏							
浙 江							
安 徽							
福 建							
江 西							
山 东							
河 南							
湖 北							
湖 南	58642	58642	40792	293	17557	35	11132
广 东							
广 西							
海 南							
重 庆							
四 川							
贵 州							
云 南							
西 藏							
陕 西							
甘 肃							
青 海							
宁 夏							
新 疆							

单位:万元

管理费用	财务费用	营业利润	利润总额	应 交 所得税	劳动、失业 保 险 费	住房公积金 和住房补贴
12283	**631**	**-5342**	**-5387**	**82**	**469**	**59**
2660	22	-1570	-1497	82	381	59
9623	609	-3772	-3890		87	

3－13 大中型零售业企业分行业工资、福利及增值税

单位：万元

地区	零售业合计			综合零售		
	本年应付工资总额	本年应付福利费总额	本年应交增值税	本年应付工资总额	本年应付福利费总额	本年应交增值税
全国	**2797192**	**293575**	**1756469**	**1804337**	**189890**	**1062267**
北京	335671	36221	224315	194890	19949	139231
天津	67074	5247	34188	44935	3245	17795
河北	77748	10050	38300	63330	8496	30898
山西	49952	18296	22001	24679	16281	9771
内蒙古	46550	6707	15353	18048	2556	3779
辽宁	134158	12084	100456	97010	7090	60872
吉林	22362	3084	15092	16212	2317	11232
黑龙江	59638	4038	32395	41526	2837	22038
上海	152799	18011	83085	100798	12381	53878
江苏	252736	27620	150256	174749	20007	115083
浙江	152799	18011	83085	100798	12381	53878
安徽	57381	5224	26631	42863	3737	21502
福建	52066	3715	32838	27266	1081	17391
江西	24346	2232	12123	15497	1620	8657
山东	259179	37209	183562	186979	24501	103728
河南	90288	6965	27977	52031	4137	15804
湖北	127521	10158	77968	96969	7479	46020
湖南	82762	9332	63095	60799	7228	52202
广东	427180	29659	300217	236460	15176	159717
广西	34371	3452	19700	19763	2249	11359
海南	7032	688	9916	2487	267	858
重庆	65297	2651	70059	51727	1447	30740
四川	59173	5974	30115	32250	2881	11002
贵州	7586	802	8733	3658	430	5262
云南	37036	4418	28148	16343	1869	9695
西藏	2251	16	1371	298		415
陕西	61279	2931	35978	49569	1699	28280
甘肃	14322	4800	9305	9639	4368	7868
青海	4077	371	2192	2180	169	951
宁夏	9360	853	6753	6946	397	6044
新疆	23197	2758	11264	13639	1616	6320

3－13　续表1

单位:万元

地区	百货零售			超级市场零售		
	本年应付工资总额	本年应付福利费总额	本年应交增值税	本年应付工资总额	本年应付福利费总额	本年应交增值税
全　国	**931342**	**92258**	**612033**	**835109**	**93973**	**432579**
北　京	96794	8766	89464	91356	10380	48299
天　津	21133	1794	11660	22946	1284	5904
河　北	46978	6374	22907	15823	2065	7912
山　西	9261	322	1989	15279	15959	7781
内蒙古	13689	1766	3498	4360	791	281
辽　宁	78451	6017	50804	17622	977	9748
吉　林	9489	1427	9382	6642	878	1850
黑龙江	33164	2127	19722	8362	710	2315
上　海	36615	5007	23202	60342	6921	28114
江　苏	73904	11092	65400	100845	8915	49683
浙　江	36615	5007	23202	60342	6921	28114
安　徽	16280	1434	9058	26379	2248	12406
福　建	3517	218	2200	20640	703	9943
江　西	5516	601	4359	9981	1018	4298
山　东	139203	18130	68117	46095	5963	34446
河　南	19117	1167	8749	29762	2890	5792
湖　北	53592	3140	28068	42597	4339	17953
湖　南	17252	1976	15028	42887	5192	36974
广　东	106902	5156	75978	122511	9535	81981
广　西	13342	1410	9301	6160	808	1959
海　南	1424	203	710	1064	64	148
重　庆	38787	984	27383	10493	295	3016
四　川	11962	732	6890	19872	2129	4109
贵　州	1857	240	1680	1546	164	3484
云　南	3176	369	1155	13167	1500	8540
西　藏	298		415			
陕　西	20376	1469	14645	28405	226	13553
甘　肃	8150	4251	7371	1489	117	497
青　海	1291	50	413	889	120	538
宁　夏	4902	233	5098	2044	163	946
新　疆	8309	798	4185	5211	698	1996

3-13 续表2

单位:万元

地区	食品、饮料及烟草制品专门零售			纺织、服装及日用品专门零售		
	本年应付工资总额	本年应付福利费总额	本年应交增值税	本年应付工资总额	本年应付福利费总额	本年应交增值税
全国	**86428**	**9371**	**32919**	**117895**	**10722**	**70112**
北京	17124	1942	8367	33849	1372	14952
天津	1390	134	537	3047	250	1696
河北				549	67	496
山西	5732	236	3189	2380	246	1237
内蒙古				1698	294	90
辽宁	861	54	676	4499	803	2552
吉林	430	6	9	1059	92	188
黑龙江	296	52	79	97	3	5
上海	5666	672	2121	3225	438	1545
江苏	5593	272	2290	2382	276	1850
浙江	5666	672	2121	3225	438	1545
安徽	1102	124	200	754	105	52
福建	8754	1083	2984	2191	120	589
江西	242	28		742	43	166
山东	9529	2449	2827	10634	1646	2158
河南	3121	146	95	5895	440	861
湖北	586	44	650	6130	415	3298
湖南	582	59	79	1668	118	1215
广东	8128	369	1323	22410	2159	25779
广西	5570	544	3991	94		12
海南	385	69	171	395	55	132
重庆	276	21	32	1994	263	842
四川	1726	100	262	3369	253	5040
贵州	168	23	48	713	92	2052
云南	1195	100	90	278	39	70
西藏						
陕西	206	14	31	2891	509	1319
甘肃	1840	158	748	128	4	8
青海						
宁夏	259					
新疆				1600	184	367

3－13　续表3

单位:万元

地区	服装零售			文化、体育用品及器材专门零售		
	本年应付工资总额	本年应付福利费总额	本年应交增值税	本年应付工资总额	本年应付福利费总额	本年应交增值税
全　国	**71886**	**6321**	**40020**	**140463**	**10589**	**45786**
北　京	16285	737	9394	17569	1116	6130
天　津	1557	96	794	2040	201	905
河　北	316	50	335	3192	106	947
山　西	1398	120	1130	3719	179	2129
内蒙古	1231	274	74	1481	159	297
辽　宁	3463	555	2158	3836	831	1079
吉　林	1059	92	188	1563	149	446
黑龙江	97	3	5	2704	82	952
上　海	2348	393	1081	5596	300	1744
江　苏	1693	180	1383	7635	936	1880
浙　江	2348	393	1081	5596	300	1744
安　徽	506	76		3506	274	1980
福　建	888	42	311	1757	177	754
江　西	742	43	166	2136	184	792
山　东	5909	1028	1312	6974	686	4168
河　南	3238	255	488	9796	819	2801
湖　北	4037	370	3072	3203	206	1165
湖　南	1668	118	1215	4837	430	1969
广　东	16503	711	11486	35801	2056	7124
广　西				2365	141	945
海　南	143	20	61			
重　庆	999	105	357			
四　川	716	136	447	1696	272	860
贵　州	713	92	2052	481	41	129
云　南	278	39	70	5497	214	2211
西　藏						
陕　西	2023	208	987	2287	60	578
甘　肃	128	4	8	749	73	27
青　海				156	22	71
宁　夏				461	65	165
新　疆	1600	184	367	3832	511	1794

3－13 续表4

单位:万元

地 区	体育用品零售			图书零售		
	本年应付工资总额	本年应付福利费总额	本年应交增值税	本年应付工资总额	本年应付福利费总额	本年应交增值税
全 国	**13852**	**717**	**2667**	**104910**	**8105**	**35425**
北 京	1052	165	411	9136	344	2436
天 津				924	115	530
河 北				3192	106	947
山 西				3080	135	1737
内蒙古				1481	159	297
辽 宁				3656	831	1079
吉 林	311	44	20	1252	105	426
黑龙江	316	5	6	2388	77	946
上 海				4876	270	1223
江 苏	476	43	74	5796	747	1193
浙 江				4876	270	1223
安 徽	254	36	97	3251	238	1883
福 建				1613	177	754
江 西				2136	184	792
山 东				6555	626	4150
河 南				9599	792	2631
湖 北				2961	179	1086
湖 南	2248	232	1160	2590	199	809
广 东	8012	35	307	19835	1336	5619
广 西				2365	141	945
海 南						
重 庆						
四 川	1066	149	591	456	120	
贵 州	116	9		365	32	129
云 南				5042	191	1957
西 藏						
陕 西				2287	60	578
甘 肃				749	73	27
青 海				156	22	71
宁 夏				461	65	165
新 疆				3832	511	1794

3－13　续表 5

单位:万元

地　区	医药及医疗器材专门零售			药品零售		
	本年应付工资总额	本年应付福利费总额	本年应交增值税	本年应付工资总额	本年应付福利费总额	本年应交增值税
全　国	**183735**	**18873**	**103322**	**181393**	**18700**	**101912**
北　京	12805	2362	6265	11414	2252	5042
天　津	1072	153	365	1072	153	365
河　北	3059	251	859	3059	251	859
山　西	1644	337	1112	1644	337	1112
内蒙古	1470	126	412	1470	126	412
辽　宁	10181	1116	18956	10181	1116	18956
吉　林	1381	147	2290	1381	147	2290
黑龙江	10685	403	5887	10685	403	5887
上　海	13383	1486	10860	13383	1486	10860
江　苏	19012	2330	8116	18751	2293	8042
浙　江	13383	1486	10860	13383	1486	10860
安　徽	2035	300	447	2035	300	447
福　建	2168	171	846	2168	171	846
江　西	3733	129	1384	3733	129	1384
山　东	12347	1892	4025	12198	1871	3968
河　南	11808	692	1441	11394	686	1441
湖　北	4630	414	1233	4630	414	1233
湖　南	6347	575	2506	6347	575	2506
广　东	28374	1307	16467	28248	1307	16412
广　西	2885	223	767	2885	223	767
海　南	484	7	35	484	7	35
重　庆	2287	196	772	2287	196	772
四　川	3133	313	857	3133	313	857
贵　州	1843	136	957	1843	136	957
云　南	8540	1501	2945	8540	1501	2945
西　藏	154			154		
陕　西	1350	124	1090	1350	124	1090
甘　肃	580	77	215	580	77	215
青　海	758	81	275	758	81	275
宁　夏	870	362	324	870	362	324
新　疆	1334	177	754	1334	177	754

3－13 续表6

单位:万元

地区	汽车、摩托车、燃料及零配件专门零售 本年应付工资总额	汽车、摩托车、燃料及零配件专门零售 本年应付福利费总额	汽车、摩托车、燃料及零配件专门零售 本年应交增值税	汽车零售 本年应付工资总额	汽车零售 本年应付福利费总额	汽车零售 本年应交增值税
全国	**176704**	**19533**	**173412**	**73461**	**10369**	**43378**
北京	13630	1718	27229	3275	435	799
天津	5527	564	6326	465	45	93
河北	4265	574	4139	988	54	924
山西	8660	713	3309	3557	450	2620
内蒙古	16899	2247	10024	4366	936	430
辽宁	13122	1643	10878	415	22	1641
吉林	628	88	484	348	43	470
黑龙江	524	61	305	524	61	305
上海	8263	818	4648	4485	628	3993
江苏	4706	646	1857	4230	607	1698
浙江	8263	818	4648	4485	628	3993
安徽	3440	406	1685	2687	297	
福建	2900	268	6067	1090	82	214
江西	427	60	215	427	60	215
山东	7175	2370	6938	5370	2113	3291
河南	2802	304	5011	1539	222	2378
湖北	6890	666	3886	2959	333	1590
湖南	402	55	71	402	55	71
广东	47869	3220	49668	23861	2271	9829
广西	2123	118	1793	976	86	312
海南	2721	226	8566	141	20	186
重庆	2716	366	5094	2716	366	5094
四川	7466	1010	6657	936	101	412
贵州	722	81	285	438	67	97
云南	1420	251	2107	1179	226	2065
西藏	1429	16	538	333		
陕西	284	69	213	138	2	89
甘肃	856	120	370	856	120	370
青海	185	26	95	185	26	95
宁夏						
新疆	392	13	307	93	13	102

3－13 续表7

单位:万元

地 区	机动车燃料零售			家用电器及电子产品专门零售		
	本年应付工资总额	本年应付福利费总额	本年应交增值税	本年应付工资总额	本年应付福利费总额	本年应交增值税
全 国	**101185**	**8890**	**129596**	**217884**	**27245**	**182047**
北 京	9972	1178	26296	36088	6293	20150
天 津	5061	519	6233	5124	682	4549
河 北	3277	520	3215	3099	520	697
山 西	4840	227	603	2584	287	545
内蒙古	12533	1311	9594	1211	306	359
辽 宁	12707	1621	9237	3407	472	5218
吉 林	280	45	14	1089	285	443
黑龙江				3278	711	3029
上 海	3779	189	655	14779	1702	7097
江 苏				34484	2453	17770
浙 江	3779	189	655	14779	1702	7097
安 徽	753	109	1685	2751	212	691
福 建	1810	186	5853	5602	683	3854
江 西				1570	170	909
山 东	1630	199	3647	12474	1911	8897
河 南	1191	82	2633	3276	311	1343
湖 北	3744	320	2286	8421	919	21671
湖 南				4238	570	1832
广 东	23508	925	39790	34756	4594	24385
广 西	1147	31	1481	820	90	288
海 南	2580	206	8379	560	64	155
重 庆				5744	320	31875
四 川	6530	909	6244	8744	1095	5148
贵 州	284	15	188			
云 南	240	25	42	3162	422	10310
西 藏	1096	16	538			
陕 西	146	67	124	3006	127	1762
甘 肃						
青 海				633	58	754
宁 夏				370	29	126
新 疆	299		204	1837	257	1093

3－13　续表 8

单位:万元

地　区	家用电器零售			计算机、软件及辅助设备零售		
	本年应付工资总额	本年应付福利费总额	本年应交增值税	本年应付工资总额	本年应付福利费总额	本年应交增值税
全　国	**167202**	**20983**	**153639**	**22407**	**2573**	**5688**
北　京	21816	4125	15650	9977	1709	2919
天　津	4728	650	4401			
河　北	2067	383	332			
山　西	1871	188	422	713	100	123
内蒙古	1211	306	359			
辽　宁	3281	455	5192			
吉　林	1089	285	443			
黑龙江	2407	298	2872			
上　海	9544	1332	5504	1603	8	305
江　苏	31552	2142	16650	2262	261	369
浙　江	9544	1332	5504	1603	8	305
安　徽	1525	71	406	264		53
福　建	4431	551	3511			
江　西	1230	125	812	340	45	97
山　东	9416	1373	8257	440	62	557
河　南	2054	204	897			
湖　北	7467	837	21600	954	82	71
湖　南	3468	465	1683	460	64	48
广　东	27647	3851	18613	3671	222	815
广　西	479	73	210			
海　南	212	19	68	120	13	27
重　庆	5622	307	31866			
四　川	6882	900	3913			
贵　州						
云　南	2109	275	873			
西　藏						
陕　西	2920	124	1753			
甘　肃						
青　海	633	58	754			
宁　夏	162					
新　疆	1837	257	1093			

3－13　续表9

单位:万元

地　区	通讯设备零售			五金、家具及室内装修材料专门零售		
	本年应付工资总额	本年应付福利费总额	本年应交增值税	本年应付工资总额	本年应付福利费总额	本年应交增值税
全　国	**25085**	**3410**	**21783**	**44819**	**4945**	**22015**
北　京	3344	359	1093	6455	1013	1097
天　津	396	33	147	3939	18	2016
河　北	1032	137	365	100	14	184
山　西				480	17	539
内蒙古				5102	983	268
辽　宁	126	18	26	1088	54	226
吉　林						
黑龙江	870	413	157	529	－110	101
上　海	2987	332	1191	1090	215	1191
江　苏	670	50	751	3165	560	1291
浙　江	2987	332	1191	1090	215	1191
安　徽	962	141	232	837	54	74
福　建	1171	132	343	1179	123	353
江　西						
山　东	2416	436	77	6677	867	1991
河　南	1160	105	364	826	61	262
湖　北				691	15	45
湖　南	311	40	101	1200	73	292
广　东	2981	478	4853	6759	444	6040
广　西	341	18	78			
海　南						
重　庆	122	13	9	553	38	704
四　川	1862	195	1235	107		81
贵　州						
云　南	1053	147	9437	455		665
西　藏						
陕　西	86	3	9	1405	293	2705
甘　肃				530		69
青　海						
宁　夏	208	29	126			
新　疆				563		629

3－13 续表10

单位:万元

地区	无店铺及其他零售			邮购及电子销售		
	本年应付工资总额	本年应付福利费总额	本年应交增值税	本年应付工资总额	本年应付福利费总额	本年应交增值税
全国	**24927**	**2409**	**64590**	**3525**	**490**	**3637**
北京	3260	457	895	1981	274	707
天津						
河北	155	22	82			
山西	73		172			
内蒙古	642	36	124			
辽宁	156	21				
吉林						
黑龙江						
上海						
江苏	1010	141	118			
浙江						
安徽	93	13				
福建	250	8				
江西						
山东	6391	886	48829			
河南	734	56	359			
湖北						
湖南	2689	224	2930	1544	216	2930
广东	6622	335	9715			
广西	752	87	545			
海南						
重庆						
四川	683	52	209			
贵州						
云南	147	21	56			
西藏	371		417			
陕西	280	35				
甘肃						
青海	166	15	46			
宁夏	454		95			
新疆						

3－14 大中型零售业企业分行业经济效益分析指标

综合零售

地 区	负债比率（%）	毛利率（%）	人均营业收入（万元）	流动资产周转次数（次）	费用率（%）
全 国	**73.4**	**13.9**	**48.6**	**3.1**	**13.8**
北 京	65.7	15.2	76.8	2.3	16.2
天 津	78.8	12.6	58.6	2.5	17.8
河 北	77.7	12.9	36.8	3.0	14.2
山 西	92.2	28.0	23.4	2.4	14.8
内蒙古	76.9	13.3	36.4	3.4	11.3
辽 宁	65.5	15.6	54.4	3.4	15.1
吉 林	67.0	11.6	96.7	5.6	7.8
黑龙江	82.0	16.4	33.5	4.1	15.7
上 海	75.8	11.9	52.2	2.9	13.7
江 苏	74.6	12.8	52.3	3.5	12.6
浙 江	75.8	11.9	52.2	2.9	13.7
安 徽	72.7	12.2	34.4	2.9	11.6
福 建	76.9	15.9	35.9	3.9	14.8
江 西	71.5	12.4	38.2	3.7	12.1
山 东	77.6	10.9	56.5	3.3	9.9
河 南	77.7	12.7	21.1	2.5	15.0
湖 北	72.5	20.3	37.2	3.5	13.6
湖 南	69.2	14.8	36.8	3.2	14.5
广 东	77.8	14.3	60.2	3.2	16.4
广 西	69.9	15.9	36.5	3.7	15.9
海 南	79.9	16.1	31.5	2.1	23.2
重 庆	78.0	13.4	53.3	3.4	12.9
四 川	77.2	12.1	40.4	4.0	13.1
贵 州	87.9	17.4	30.0	1.9	16.4
云 南	65.0	16.8	33.5	3.3	15.8
西 藏	29.1	13.2	64.0	3.0	7.2
陕 西	67.3	15.8	40.6	2.8	14.8
甘 肃	64.6	13.5	41.1	2.6	16.7
青 海	61.2	17.2	31.6	3.3	14.9
宁 夏	47.3	17.0	60.1	3.2	12.5
新 疆	77.2	16.1	36.0	3.0	17.8

注：费用率等于营业费用、管理费用、财务费用三项之和除以营业收入合计（下表同）。

3－14 续表 1

百货零售

地 区	负债比率（%）	毛利率（%）	人均营业收入（万元）	流动资产周转次数（次）	费用率（%）
全 国	**70.0**	**15.5**	**56.1**	**2.8**	**12.8**
北 京	58.3	20.4	86.4	1.8	18.3
天 津	67.3	12.6	77.7	2.5	16.4
河 北	75.6	13.1	40.2	3.2	14.3
山 西	90.5	49.6	18.5	2.6	12.8
内 蒙 古	81.7	13.5	37.0	4.0	10.2
辽 宁	62.4	15.7	61.9	3.2	13.5
吉 林	63.2	11.2	146.0	6.6	6.0
黑 龙 江	77.1	17.3	32.3	3.9	13.6
上 海	68.9	13.1	61.5	2.6	13.4
江 苏	68.6	16.0	60.0	2.7	12.3
浙 江	68.9	13.1	61.5	2.6	13.4
安 徽	69.5	11.3	45.7	2.3	9.0
福 建	76.9	20.3	37.0	2.9	19.0
江 西	70.1	11.5	67.3	3.4	10.1
山 东	77.5	10.6	62.4	3.1	9.3
河 南	77.5	14.6	24.2	2.4	13.8
湖 北	70.7	26.5	41.4	3.4	12.1
湖 南	66.7	19.4	56.1	2.2	14.4
广 东	74.7	17.0	68.9	2.8	15.6
广 西	75.9	18.6	44.9	3.7	15.9
海 南	64.7	26.9	23.3	1.4	29.1
重 庆	82.1	13.6	62.1	3.4	12.3
四 川	72.1	16.9	40.9	3.2	13.7
贵 州	87.8	17.9	34.4	1.4	16.7
云 南	81.1	18.4	29.3	2.6	18.3
西 藏	29.1	13.2	64.0	3.0	7.2
陕 西	65.3	17.5	52.5	2.6	12.5
甘 肃	69.1	12.8	43.4	2.8	17.2
青 海	71.3	15.6	25.2	6.1	20.4
宁 夏	45.7	17.2	69.5	2.9	11.7
新 疆	76.3	18.7	35.6	2.6	18.6

3－14 续表2

超级市场零售

地 区	负债比率（%）	毛利率（%）	人均营业收入（万元）	流动资产周转次数（次）	费用率（%）
全 国	**79.8**	**11.9**	**42.3**	**3.6**	**14.9**
北 京	77.5	10.5	73.4	3.0	14.1
天 津	107.3	12.4	46.8	2.7	19.2
河 北	87.3	12.2	30.6	2.7	14.2
山 西	93.6	13.6	28.8	2.4	16.2
内蒙古	59.6	12.0	34.1	2.2	15.7
辽 宁	77.6	15.2	39.4	4.9	21.0
吉 林	84.8	13.6	35.1	3.2	17.1
黑龙江	111.8	13.0	38.9	5.3	23.4
上 海	81.9	11.1	48.5	3.2	14.0
江 苏	84.8	10.4	47.7	4.5	12.8
浙 江	81.9	11.1	48.5	3.2	14.0
安 徽	76.8	12.9	28.6	3.7	13.8
福 建	75.5	15.0	35.3	4.2	13.7
江 西	75.9	14.2	20.2	4.2	16.3
山 东	77.0	11.7	43.7	4.5	12.2
河 南	82.2	11.8	18.9	2.4	17.6
湖 北	75.0	13.4	33.7	3.7	15.3
湖 南	72.2	12.1	31.0	4.4	14.5
广 东	79.8	12.1	54.8	3.6	17.2
广 西	58.2	10.9	27.0	4.0	16.3
海 南	104.7	10.6	38.8	2.7	20.1
重 庆	70.3	13.5	32.9	4.8	18.3
四 川	82.8	8.9	40.8	4.9	12.7
贵 州	86.9	17.3	27.0	3.2	16.4
云 南	60.0	16.5	34.7	3.5	15.2
西 藏					
陕 西	70.7	14.1	33.5	3.1	17.1
甘 肃	32.0	18.9	30.0	1.6	12.5
青 海	44.8	18.5	39.4	2.4	10.6
宁 夏	55.1	16.6	42.8	4.3	14.9
新 疆	80.3	13.4	36.4	3.5	17.1

3-14 续表3

食品、饮料及烟草制品专门零售

地　区	负债比率（%）	毛利率（%）	人均营业收入（万元）	流动资产周转次数（次）	费用率（%）
全　国	**64.5**	**17.9**	**32.3**	**2.9**	**14.0**
北　京	58.8	19.1	34.9	2.4	17.3
天　津	64.6	30.0	14.1	3.7	29.9
河　北					
山　西	77.7	20.5	28.9	3.4	19.6
内蒙古					
辽　宁	48.5	32.9	17.8	2.3	30.1
吉　林	40.9	30.7	6.4	1.4	24.7
黑龙江	70.5	19.6	11.3	44.2	43.7
上　海	78.3	13.9	28.3	4.1	16.3
江　苏	71.9	21.0	19.8	3.0	23.0
浙　江	78.3	13.9	28.3	4.1	16.3
安　徽	80.6	18.1	23.6	1.5	10.8
福　建	35.8	7.1	104.4	10.8	4.5
江　西	73.0	10.3	16.8	51.8	7.4
山　东	72.0	17.1	25.1	3.1	12.9
河　南	101.6	6.6	15.9	2.2	12.5
湖　北	105.8	18.6	20.4	3.4	13.7
湖　南	87.1	7.2	25.1	1.1	12.3
广　东	32.4	34.8	68.5	1.4	16.8
广　西	47.5	22.8	89.9	3.9	11.3
海　南	3.6	11.8	7.7	1.6	4.3
重　庆	232.6	3.0	33.7	3.7	6.2
四　川	97.0	43.2	18.6	8.0	14.7
贵　州	40.3	8.7	7.6	1.8	15.3
云　南	73.7	8.7	31.8	1.5	9.4
西　藏					
陕　西	52.5	73.2	29.3	6.2	6.4
甘　肃	54.7	12.2	39.3	5.7	6.1
青　海					
宁　夏	133.9	0.6	18.0	2.8	11.7
新　疆					

3－14 续表4

纺织、服装及日用品专门零售

地 区	负债比率（%）	毛利率（%）	人均营业收入（万元）	流动资产周转次数（次）	费用率（%）
全 国	**77.9**	**26.4**	**27.6**	**2.0**	**26.7**
北 京	84.5	29.4	32.5	2.0	28.4
天 津	91.0	28.0	35.2	1.3	31.1
河 北	81.9	17.5	14.0	8.0	16.7
山 西	91.4	13.1	20.4	2.8	16.7
内蒙古	64.1	35.7	19.5	2.7	14.5
辽 宁	65.2	20.8	45.7	1.8	27.9
吉 林	122.1	11.9	33.0	2.6	36.1
黑龙江	46.7	16.9	9.9	32.9	16.2
上 海	91.6	18.2	27.9	1.5	29.5
江 苏	69.8	23.0	24.6	2.7	19.7
浙 江	91.6	18.2	27.9	1.5	29.5
安 徽	86.0	17.6	40.4	2.9	17.3
福 建	77.8	25.3	22.6	2.2	26.5
江 西	70.0	18.3	14.3	1.4	17.2
山 东	71.3	16.3	20.0	3.5	12.9
河 南	96.7	12.3	13.0	3.3	18.8
湖 北	87.0	26.9	17.3	3.2	22.8
湖 南	75.7	20.2	37.3	2.5	23.2
广 东	63.2	37.4	53.8	1.9	34.9
广 西	88.1	63.1	6.6	2.3	3.8
海 南	103.5	47.9	10.6	2.8	50.0
重 庆	64.4	29.5	19.1	2.1	32.6
四 川	19.7	19.6	23.2	2.0	22.6
贵 州	80.2	57.4	27.1	0.9	21.2
云 南	33.9	44.1	26.0	3.2	40.4
西 藏					
陕 西	68.0	20.6	23.6	1.0	31.9
甘 肃	96.6	17.7	23.2	0.9	16.3
青 海					
宁 夏					
新 疆	89.5	26.6	13.2	0.6	40.6

3－14 续表 5

服装零售

地 区	负债比率（%）	毛利率（%）	人均营业收入（万元）	流动资产周转次数（次）	费用率（%）
全 国	**80.3**	**23.7**	**28.6**	**1.9**	**24.8**
北 京	86.0	29.9	31.2	2.0	27.4
天 津	97.9	29.1	29.4	1.0	39.0
河 北	86.1	20.7	16.5	7.6	20.3
山 西	87.0	11.4	23.5	3.4	14.6
内蒙古	75.8	42.9	19.6	3.5	13.9
辽 宁	65.7	20.1	49.5	1.8	28.6
吉 林	122.1	11.9	33.0	2.6	36.1
黑龙江	46.7	16.9	9.9	32.9	16.2
上 海	92.1	19.2	28.2	1.6	32.6
江 苏	71.5	19.5	28.4	3.1	18.1
浙 江	92.1	19.2	28.2	1.6	32.6
安 徽	86.0	18.4	103.3	3.8	17.8
福 建	83.4	19.4	40.6	2.1	20.6
江 西	70.0	18.3	14.3	1.4	17.2
山 东	71.1	17.5	17.9	4.0	13.6
河 南	102.5	12.6	11.7	4.0	19.3
湖 北	108.2	26.5	19.8	4.8	24.2
湖 南	75.7	20.2	37.3	2.5	23.2
广 东	65.3	25.5	56.3	1.5	24.6
广 西					
海 南	124.2	34.8	9.7	4.8	41.1
重 庆	64.9	26.0	16.6	1.7	18.9
四 川	94.9	12.7	19.9	2.3	43.2
贵 州	80.2	57.4	27.1	0.9	21.2
云 南	33.9	44.1	26.0	3.2	40.4
西 藏					
陕 西	68.9	19.6	26.4	0.9	30.8
甘 肃	96.6	17.7	23.2	0.9	16.3
青 海					
宁 夏					
新 疆	89.5	26.6	13.2	0.6	40.6

3－14 续表 6

文化、体育用品及器材专门零售

地　区	负债比率（%）	毛利率（%）	人均营业收入（万元）	流动资产周转次数（次）	费用率（%）
全　国	**63.2**	**25.8**	**28.8**	**1.6**	**23.3**
北　京	77.3	29.8	33.6	1.0	28.5
天　津	37.1	35.7	43.0	0.8	25.7
河　北	76.9	26.3	19.9	1.3	25.9
山　西	69.2	18.6	22.5	1.6	20.0
内蒙古	103.4	31.5	15.3	1.9	28.5
辽　宁	65.8	26.6	16.2	1.3	28.1
吉　林	90.6	24.4	17.7	1.1	25.5
黑龙江	82.9	31.8	17.5	0.9	24.5
上　海	42.2	27.1	38.7	1.3	23.4
江　苏	62.2	25.7	47.3	2.2	21.9
浙　江	42.2	27.1	38.7	1.3	23.4
安　徽	36.2	24.8	30.5	1.3	20.5
福　建	46.8	22.1	36.5	1.8	20.7
江　西	59.5	23.7	33.2	4.7	16.4
山　东	70.8	21.6	34.1	1.9	18.0
河　南	59.3	22.8	14.8	2.1	25.8
湖　北	74.9	25.0	23.0	1.2	25.8
湖　南	59.5	20.5	54.7	3.8	18.8
广　东	59.0	28.1	30.4	1.9	25.3
广　西	74.5	26.5	31.4	2.0	25.0
海　南					
重　庆					
四　川	70.6	20.5	57.9	1.7	12.4
贵　州	91.8	19.4	20.7	1.8	27.1
云　南	62.3	26.0	21.6	1.7	22.9
西　藏					
陕　西	67.9	24.5	22.5	1.7	23.1
甘　肃	89.7	31.9	18.3	1.1	27.8
青　海	88.1	30.0	10.6	0.5	37.9
宁　夏	80.6	27.5	18.0	1.9	28.0
新　疆	51.1	24.5	48.1	2.2	19.3

3－14 续表 7

体育用品零售

地 区	负债比率（%）	毛利率（%）	人均营业收入（万元）	流动资产周转次数（次）	费用率（%）
全 国	**78.8**	**22.6**	**47.6**	**2.0**	**17.6**
北 京	81.7	24.4	46.3	4.9	26.9
天 津					
河 北					
山 西					
内蒙古					
辽 宁					
吉 林	94.9	20.4	13.8	0.6	20.9
黑龙江	84.8	88.2	7.9	0.1	94.0
上 海					
江 苏	62.7	22.7	18.6	7.1	49.3
浙 江					
安 徽	81.0	17.8	28.4	3.5	15.1
福 建					
江 西					
山 东					
河 南					
湖 北					
湖 南	88.8	21.5	91.6	5.2	19.6
广 东	75.6	24.8	44.0	2.1	17.5
广 西					
海 南					
重 庆					
四 川	69.6	18.2	67.8	2.0	8.9
贵 州	107.3	13.6	21.4	2.6	23.0
云 南					
西 藏					
陕 西					
甘 肃					
青 海					
宁 夏					
新 疆					

3－14　续表 8

图书零售

地　区	负债比率（%）	毛利率（%）	人均营业收入（万元）	流动资产周转次数（次）	费用率（%）
全　国	**59.9**	**25.6**	**27.0**	**1.7**	**23.9**
北　京	72.7	26.4	36.1	1.2	24.5
天　津	47.1	23.1	30.6	1.1	28.2
河　北	76.9	26.3	19.9	1.3	25.9
山　西	71.1	22.4	20.7	2.1	20.9
内蒙古	103.4	31.5	15.3	1.9	28.5
辽　宁	65.9	27.2	16.8	1.3	28.5
吉　林	88.1	26.0	20.0	1.6	27.4
黑龙江	81.7	29.8	18.2	1.9	22.0
上　海	37.3	25.6	41.1	1.3	22.0
江　苏	71.7	25.6	53.7	2.7	21.6
浙　江	37.3	25.6	41.1	1.3	22.0
安　徽	35.3	25.6	30.8	1.3	21.1
福　建	46.7	23.8	37.8	1.5	22.3
江　西	59.5	23.7	33.2	4.7	16.4
山　东	70.6	22.0	36.1	2.0	18.2
河　南	57.5	22.7	14.8	2.1	26.0
湖　北	82.3	25.5	23.3	1.3	25.3
湖　南	47.0	19.4	37.4	2.9	17.8
广　东	53.5	30.0	29.3	1.7	31.7
广　西	74.5	26.5	31.4	2.0	25.0
海　南					
重　庆					
四　川	26.8	40.5	17.4	1.7	32.7
贵　州	83.8	25.0	20.1	1.4	30.8
云　南	62.3	25.8	21.0	1.7	23.0
西　藏					
陕　西	67.9	24.5	22.5	1.7	23.1
甘　肃	89.7	31.9	18.4	1.1	27.8
青　海	88.1	30.0	10.6	0.5	37.9
宁　夏	80.6	27.5	18.0	1.9	28.0
新　疆	51.1	24.5	48.1	2.2	19.3

3－14 续表9

医药及医疗器材专门零售

地区	负债比率（%）	毛利率（%）	人均营业收入（万元）	流动资产周转次数（次）	费用率（%）
全国	**78.7**	**13.9**	**37.0**	**2.1**	**12.0**
北京	52.0	18.4	42.4	2.0	17.7
天津	56.0	14.2	32.3	4.4	11.9
河北	96.4	12.0	21.0	2.7	12.4
山西	79.7	7.9	63.0	1.9	7.9
内蒙古	85.0	22.3	20.5	2.9	14.6
辽宁	62.5	15.7	35.2	1.6	12.4
吉林	48.4	26.2	34.9	2.0	9.6
黑龙江	102.8	12.5	62.6	2.7	9.2
上海	77.1	9.0	75.2	2.5	8.9
江苏	80.4	8.8	70.1	2.5	8.3
浙江	77.1	9.0	75.2	2.5	8.9
安徽	81.4	15.0	19.9	1.7	12.3
福建	67.1	16.5	27.5	3.0	14.9
江西	123.8	27.8	11.4	2.4	22.0
山东	99.9	14.1	24.0	2.2	11.9
河南	90.2	11.0	14.3	2.9	8.8
湖北	77.3	15.8	22.2	1.6	15.6
湖南	63.1	22.9	24.7	2.3	18.2
广东	77.4	23.7	31.8	1.3	20.1
广西	99.8	23.7	14.2	3.1	21.3
海南	115.2	10.7	9.2	1.2	28.1
重庆	91.8	15.5	29.8	2.2	16.3
四川	68.5	16.1	23.7	3.4	14.6
贵州	86.4	16.9	21.0	1.4	17.5
云南	77.7	20.9	20.4	2.4	19.4
西藏	112.2	9.4	22.6	0.7	17.7
陕西	93.3	34.2	14.7	2.4	14.4
甘肃	92.6	10.7	22.9	3.1	11.6
青海	65.3	14.8	22.6	1.1	12.9
宁夏	87.2	17.6	17.2	3.6	19.9
新疆	92.6	15.2	43.1	1.6	12.3

3-14 续表10

药品零售

地 区	负债比率（%）	毛利率（%）	人均营业收入（万元）	流动资产周转次数（次）	费用率（%）
全 国	**78.6**	**13.8**	**37.0**	**2.1**	**12.0**
北 京	45.2	17.5	39.8	2.0	17.1
天 津	56.0	14.2	32.3	4.4	11.9
河 北	96.4	12.0	21.0	2.7	12.4
山 西	79.7	7.9	63.0	1.9	7.9
内蒙古	85.0	22.3	20.5	2.9	14.6
辽 宁	62.5	15.7	35.2	1.6	12.4
吉 林	48.4	26.2	34.0	2.0	9.6
黑龙江	102.8	12.5	62.6	2.7	9.2
上 海	77.1	9.0	75.2	2.5	8.9
江 苏	80.6	8.8	70.8	2.5	8.3
浙 江	77.1	9.0	75.2	2.5	8.9
安 徽	81.4	15.0	19.9	1.7	12.3
福 建	67.1	16.5	27.5	3.0	14.9
江 西	123.8	27.8	11.4	2.4	22.0
山 东	99.9	13.9	23.9	2.2	11.9
河 南	90.0	11.0	14.5	2.9	8.7
湖 北	77.3	15.8	22.2	1.6	15.6
湖 南	63.1	22.9	24.7	2.3	18.2
广 东	77.4	23.7	31.9	1.3	20.1
广 西	99.8	23.7	14.2	3.1	21.3
海 南	115.2	10.7	9.2	1.2	28.1
重 庆	91.8	15.5	29.8	2.2	16.3
四 川	68.5	16.1	23.7	3.4	14.6
贵 州	86.4	16.9	21.0	1.4	17.5
云 南	77.7	20.9	20.4	2.4	19.4
西 藏	112.2	9.4	22.6	0.7	17.7
陕 西	93.3	34.2	14.7	2.4	14.4
甘 肃	92.6	10.7	22.9	3.1	11.6
青 海	65.3	14.8	22.6	1.1	12.9
宁 夏	87.2	17.6	17.2	3.6	19.9
新 疆	92.6	15.2	43.1	1.6	12.3

3－14 续表 11

汽车、摩托车、燃料及零配件专门零售

地　区	负债比率（%）	毛利率（%）	人均营业收入（万元）	流动资产周转次数（次）	费用率（%）
全　国	**66.1**	**9.6**	**185.7**	**4.4**	**5.1**
北　京	48.7	6.9	317.2	11.8	4.6
天　津	57.4	81.3	176.1	8.8	6.4
河　北	37.1	5.6	141.5	13.3	5.9
山　西	58.5	8.9	164.8	6.3	4.2
内蒙古	74.0	11.3	143.9	6.9	7.1
辽　宁	87.2	10.0	189.5	46.5	5.0
吉　林	75.2	29.5	25.9	2.6	9.7
黑龙江	77.9	3.7	100.9	3.6	5.4
上　海	61.4	5.6	185.7	2.2	6.3
江　苏	83.5	7.1	122.8	2.4	7.7
浙　江	61.4	5.6	185.7	2.2	6.3
安　徽	72.2	8.0	226.3	2.0	4.9
福　建	19.0	7.3	94.4	9.0	6.9
江　西	47.6	7.5	84.1	8.5	7.2
山　东	45.9	7.5	198.4	1.2	4.6
河　南	171.4	6.7	107.8	2.7	4.4
湖　北	60.6	8.7	157.5	7.5	3.9
湖　南	86.8	5.9	104.7	1.5	5.3
广　东	85.9	6.5	221.5	4.9	4.5
广　西	40.4	15.3	129.7	5.2	6.7
海　南	18.6	7.5	232.2	30.7	4.7
重　庆	71.6	4.4	207.8	2.9	4.4
四　川	74.7	8.2	131.6	11.9	6.7
贵　州	76.7	8.5	89..3	2.2	8.7
云　南	60.9	3.7	41.5	1.4	7.5
西　藏	29.0	17.6	118.9	5.2	12.5
陕　西	71.9	8.0	55.3	1.2	2.7
甘　肃	81.3	6.6	61.4	2.1	6.8
青　海	43.6	7.7	89.7	2.7	3.4
宁　夏					
新　疆	58.5	15.9	59.3	2.7	13.6

3－14　续表12

汽车零售

地　区	负债比率（%）	毛利率（%）	人均营业收入（万元）	流动资产周转次数（次）	费用率（%）
全　国	**81.6**	**6.5**	**149.3**	**2.3**	**5.6**
北　京	82.4	5.9	62.7	0.8	18.2
天　津	84.5	6.0	132.4	2.1	5.9
河　北	71.2	3.1	175.7	5.9	3.6
山　西	69.3	9.2	276.8	3.5	4.6
内蒙古	80.6	19.2	66.9	1.2	9.2
辽　宁	38.4	16.4	46.4	2.8	12.1
吉　林	67.7	34.2	53.0	2.4	7.9
黑龙江	77.9	3.7	100.9	3.6	5.4
上　海	75.3	6.3	181.9	2.1	5.7
江　苏	83.6	6.9	131.4	2.4	7.5
浙　江	75.3	6.3	181.9	2.1	5.7
安　徽	67.3	6.9	213.2	2.0	5.6
福　建	79.3	7.8	67.3	2.4	5.7
江　西	47.6	7.5	84.1	8.5	7.2
山　东	92.3	6.0	211.4	1.9	5.0
河　南	87.9	5.2	66.6	2.2	5.4
湖　北	89.4	6.4	127.6	2.6	6.3
湖　南	86.8	5.9	104.7	1.5	5.3
广　东	90.3	5.0	172.8	3.0	4.7
广　西	39.3	35.3	69.9	1.6	15.9
海　南	54.5	6.4	89.6	3.9	6.0
重　庆	71.6	4.4	207.8	2.9	4.4
四　川	96.4	4.1	102.6	4.2	3.7
贵　州	95.1	8.6	90.7	1.6	8.7
云　南	62.2	3.2	44.1	2.1	7.0
西　藏	64.2	11.9	84.0	2.7	10.9
陕　西	97.5	1.8	28.9	0.5	2.0
甘　肃	81.3	6.6	61.4	2.1	6.8
青　海	43.6	7.7	89.7	2.7	3.4
宁　夏					
新　疆	72.6	7.3	103.0	2.3	7.0

3-14 续表13

机动车燃料零售

地　区	负债比率（%）	毛利率（%）	人均营业收入（万元）	流动资产周转次数（次）	费用率（%）
全　国	**52.9**	**11.1**	**213.7**	**7.5**	**4.9**
北　京	39.6	7.0	387.4	25.7	4.0
天　津	52.8	89.3	182.6	13.2	6.5
河　北	0.4	6.9	128.7	37.8	7.0
山　西	40.3	8.6	139.2	14.8	3.9
内蒙古	67.5	10.2	170.6	21.5	6.8
辽　宁	89.5	9.9	196.4	56.7	4.9
吉　林	221.4	3.1	6.7	4.6	19.4
黑龙江					
上　海	44.1	3.9	197.6	2.9	8.1
江　苏					
浙　江	44.1	3.9	197.6	2.9	8.1
安　徽	77.4	9.1	241.7	1.9	4.2
福　建	-14.1	7.2	109.2	98.7	7.3
江　西					
山　东	3.2	10.9	188.9	0.7	3.8
河　南	205.5	7.1	167.3	3.0	3.7
湖　北	17.3	9.7	177.6	34.8	2.9
湖　南					
广　东	82.8	7.3	260.9	7.1	4.3
广　西	49.2	9.2	176.5	18.0	3.8
海　南	17.8	7.5	239.2	35.2	4.7
重　庆					
四　川	70.1	8.8	137.6	16.4	7.2
贵　州		8.3	85.9	60.5	8.9
云　南	57.8	9.0	25.2	0.3	12.4
西　藏	11.0	19.7	140.3	7.8	13.2
陕　西	53.6	10.3	83.5	2.5	3.0
甘　肃					
青　海					
宁　夏					
新　疆	42.4	33.7	31.5	4.4	27.3

3－14 续表 14

家用电器及电子产品专门零售

地 区	负债比率（%）	毛利率（%）	人均营业收入（万元）	流动资产周转次数（次）	费用率（%）
全 国	**82.0**	**7.5**	**92.9**	**2.3**	**8.5**
北 京	86.0	7.6	145.9	1.4	10.8
天 津	83.9	6.5	145.2	2.4	7.1
河 北	91.3	8.1	49.0	2.8	8.7
山 西	90.7	3.9	67.5	2.1	6.6
内蒙古	79.1	11.6	40.1	4.3	10.9
辽 宁	92.9	4.3	108.1	2.2	7.5
吉 林	99.9	18.1	48.6	3.1	10.0
黑龙江	94.2	3.5	81.1	2.7	7.0
上 海	81.4	7.1	79.6	2.8	9.2
江 苏	71.3	10.0	92.5	2.2	8.8
浙 江	81.4	7.1	79.6	2.8	9.2
安 徽	85.8	13.2	71.0	4.4	10.6
福 建	85.8	5.6	108.0	3.8	8.3
江 西	86.3	10.5	39.4	1.6	8.7
山 东	74.9	4.4	147.3	3.4	4.3
河 南	61.6	7.5	39.3	4.2	9.7
湖 北	80.5	6.8	117.4	3.7	7.7
湖 南	80.3	9.2	53.3	3.6	13.0
广 东	85.9	9.4	74.2	2.3	10.1
广 西	89.7	7.3	39.3	1.7	7.7
海 南	77.2	7.0	35.5	2.4	12.3
重 庆	90.2	7.1	90.3	2.6	7.3
四 川	83.7	7.6	87.2	2.9	6.9
贵 州					
云 南	76.2	8.2	75.1	1.9	8.2
西 藏					
陕 西	73.3	6.7	76.3	2.8	8.1
甘 肃					
青 海	34.1	8.6	66.6	7.4	7.4
宁 夏	92.7	9.3	78.0	1.1	15.1
新 疆	83.2	7.2	85.1	2.6	7.4

3－14 续表15

家用电器零售

地 区	负债比率（%）	毛利率（%）	人均营业收入（万元）	流动资产周转次数（次）	费用率（%）
全 国	**82.9**	**7.0**	**101.1**	**2.3**	**8.0**
北 京	86.2	6.2	180.1	1.3	9.1
天 津	85.2	6.2	165.9	2.4	6.9
河 北	91.9	7.5	55.8	2.3	8.3
山 西	94.2	3.7	60.4	2.0	7.3
内蒙古	79.1	11.6	40.1	4.3	10.9
辽 宁	93.3	4.2	109.7	2.1	7.6
吉 林	99.9	18.1	48.6	3.1	10.0
黑龙江	89.6	3.2	103.6	2.7	6.1
上 海	82.4	6.9	91.1	2.6	9.1
江 苏	72.1	11.2	82.2	2.0	9.9
浙 江	82.4	6.9	91.1	2.6	9.1
安 徽	86.6	14.0	74.1	5.1	10.0
福 建	86.1	5.6	123.1	3.7	8.4
江 西	85.6	9.2	42.6	1.6	6.8
山 东	76.0	3.5	174.8	3.8	3.4
河 南	54.7	6.9	37.2	4.5	9.9
湖 北	81.0	6.5	131.4	3.7	7.7
湖 南	81.4	8.1	67.0	3.6	12.3
广 东	88.3	8.2	76.5	2.2	9.9
广 西	93.1	7.1	48.7	1.2	6.2
海 南	76.1	5.5	39.2	2.1	10.1
重 庆	90.5	7.0	91.9	2.6	7.3
四 川	83.5	7.4	92.6	2.8	6.4
贵 州					
云 南	75.8	8.1	82.8	1.5	8.3
西 藏					
陕 西	73.4	6.7	78.7	2.8	8.1
甘 肃					
青 海	34.1	8.6	66.6	7.4	7.4
宁 夏	96.7	8.8	86.0	0.7	17.5
新 疆	83.2	7.2	85.1	2.6	7.4

3－14　续表 16

计算机、软件及辅助设备零售

地　区	负债比率（%）	毛利率（%）	人均营业收入（万元）	流动资产周转次数（次）	费用率（%）
全　国	**77.4**	**8.9**	**91.9**	**2.7**	**10.1**
北　京	87.3	28.5	71.6	1.1	37.8
天　津					
河　北					
山　西	83.9	4.3	88.7	2.5	5.2
内蒙古					
辽　宁					
吉　林					
黑龙江					
上　海	69.1	3.6	100.4	3.7	5.2
江　苏	66.7	4.9	283.4	3.9	3.7
浙　江	69.1	3.6	100.4	3.7	5.2
安　徽	89.0	5.6	102.1	2.5	8.4
福　建					
江　西	104.6	33.8	15.8	2.9	47.1
山　东	46.1	6.6	47.3	3.3	8.0
河　南					
湖　北	54.9	19.2	17.1	2.9	7.5
湖　南	52.7	29.4	10.6	3.6	26.0
广　东	92.0	16.6	42.9	3.5	16.2
广　西					
海　南	89.2	8.1	23.2	2.0	14.5
重　庆					
四　川					
贵　州					
云　南					
西　藏					
陕　西					
甘　肃					
青　海					
宁　夏					
新　疆					

3－14 续表 17

通讯设备零售

地　区	负债比率（%）	毛利率（%）	人均营业收入（万元）	流动资产周转次数（次）	费用率（%）
全　国	**75.0**	**12.4**	**46.5**	**2.8**	**12.4**
北　京	76.1	8.7	61.7	2.7	10.8
天　津	58.2	12.2	33.5	1.7	12.5
河　北	88.2	9.6	37.6	6.0	9.7
山　西					
内蒙古					
辽　宁	57.8	6.0	71.8	5.5	5.7
吉　林					
黑龙江	210.7	11.8	11.9	3.1	30.9
上　海	85.7	11.6	38.8	2.9	14.4
江　苏	66.0	10.6	35.6	1.7	11.0
浙　江	85.7	11.6	38.8	2.9	14.4
安　徽	81.0	13.7	50.8	3.8	14.7
福　建	77.6	5.5	46.2	5.1	7.3
江　西					
山　东	70.7	36.6	22.8	0.7	40.9
河　南	90.2	9.1	42.0	3.5	10.1
湖　北					
湖　南	94.2	15.9	27.0	3.3	17.1
广　东	54.3	17.7	76.5	3.6	9.8
广　西	33.5	7.8	27.7	8.3	11.2
海　南					
重　庆	76.0	10.0	35.3	2.7	10.1
四　川	85.2	9.4	63.1	4.3	10.0
贵　州					
云　南	79.4	8.4	61.5	4.3	8.0
西　藏					
陕　西	70.6	4.8	20.6	7.3	7.3
甘　肃					
青　海					
宁　夏	68.2	10.0	70.1	4.3	12.2
新　疆					

3－14 续表 18

五金、家具及室内装修材料专门零售

地 区	负债比率（%）	毛利率（%）	人均营业收入（万元）	流动资产周转次数（次）	费用率（%）
全 国	**70.7**	**24.5**	**38.5**	**2.3**	**22.6**
北 京	82.8	28.2	74.6	2.7	28.2
天 津	111.5	19.5	48.3	4.1	23.3
河 北	93.8	4.0	44.2	8.8	12.2
山 西	80.8	14.1	42.8	3.7	7.1
内 蒙 古	4.8	32.0	22.8	1.0	8.9
辽 宁	91.6	22.3	44.4	1.4	32.3
吉 林					
黑 龙 江	83.0	16.0	35.3	2.5	21.8
上 海	49.9	20.5	79.0	4.5	21.9
江 苏	75.6	24.7	35.3	2.2	20.8
浙 江	49.9	20.5	79.0	4.5	21.9
安 徽	114.3	18.3	33.4	1.9	35.0
福 建	56.3	14.5	36.8	1.2	33.5
江 西					
山 东	83.1	26.0	21.1	2.4	19.3
河 南	81.5	20.2	22.9	2.7	26.6
湖 北	73.0	46.0	34.2	4.7	15.5
湖 南	66.3	17.2	15.9	1.0	21.7
广 东	86.4	23.1	56.8	3.3	28.0
广 西					
海 南					
重 庆	23.4	22.1	24.7	2.5	27.1
四 川	18.4	17.0	102.3	5.3	3.1
贵 州					
云 南	46.0	24.6	58.7	2.1	22.7
西 藏					
陕 西	63.1	40.2	35.5	1.0	28.8
甘 肃	41.1	2.3	12.9	1.2	3.4
青 海					
宁 夏					
新 疆	122.4	8.5	68.2	7.2	4.9

3－14　续表 19

无店铺及其他零售

地　区	负债比率（%）	毛利率（%）	人均营业收入（万元）	流动资产周转次数（次）	费用率（%）
全　国	**61.8**	**17.8**	**37.4**	**4.0**	**16.4**
北　京	98.6	24.6	25.5	1.8	32.0
天　津					
河　北	97.3	10.3	48.3	9.6	8.3
山　西	51.4	28.4	31.9	7.4	11.2
内蒙古	56.8	21.0	18.4	2.4	12.3
辽　宁	72.6	14.0	16.0	3.7	2.1
吉　林					
黑龙江					
上　海					
江　苏	83.6	22.6	42.4	14.9	24.6
浙　江					
安　徽	99.4	14.5	19.9	7.9	14.3
福　建	71.4	10.9	63.3	1.6	15.2
江　西					
山　东	61.6	20.7	32.8	10.8	10.8
河　南	59.2	2.2	29.0	2.1	8.3
湖　北					
湖　南	71.5	26.6	68.1	5.3	32.3
广　东	54.7	11.5	50.5	4.4	12.3
广　西	58.8	10.5	39.1	12.0	9.5
海　南					
重　庆					
四　川	12.0	42.3	31.4	0.6	30.9
贵　州					
云　南	73.6	5.6	58.9	9.9	4.9
西　藏	36.8	39.6	17.6	2.1	23.8
陕　西	116.3	20.3	9.4	2.5	42.3
甘　肃					
青　海	91.3	13.0	37.5	1.5	10.8
宁　夏	23.3	12.6	17.0	2.6	15.7
新　疆					

3－14　续表20

邮购及电子销售

地　　区	负债比率(%)	毛利率(%)	人均营业收入(万元)	流动资产周转次数(次)	费用率(%)
全　　国	**76.1**	**30.3**	**49.4**	**5.4**	**37.6**
北　　京	153.8	29.9	21.4	3.8	41.6
天　　津					
河　　北					
山　　西					
内 蒙 古					
辽　　宁					
吉　　林					
黑 龙 江					
上　　海					
江　　苏					
浙　　江					
安　　徽					
福　　建					
江　　西					
山　　东					
河　　南					
湖　　北					
湖　　南	58.5	30.4	78.5	6.1	36.4
广　　东					
广　　西					
海　　南					
重　　庆					
四　　川					
贵　　州					
云　　南					
西　　藏					
陕　　西					
甘　　肃					
青　　海					
宁　　夏					
新　　疆					

3－15 大中型住宿业企业分行业基本情况

地区	住宿业合计		旅游饭店		一般旅馆		其他住宿服务	
	法人企业（个）	年末从业人数（人）	法人企业（个）	年末从业人数（人）	法人企业（个）	年末从业人数（人）	法人企业（个）	年末从业人数（人）
全国	**429**	**245277**	**426**	**243806**	**2**	**966**	**1**	**505**
北京	48	33173	48	33173				
天津	8	4074	7	3656	1	418		
河北	8	4470	7	3965			1	505
山西	5	2536	5	2536				
内蒙古	3	1622	3	1622				
辽宁	18	9561	17	9013	1	548		
吉林	7	3585	7	3585				
黑龙江	3	865	3	865				
上海	26	17082	26	17082				
江苏	35	16464	35	16464				
浙江	51	27192	51	27192				
安徽	4	1877	4	1877				
福建	15	8174	15	8174				
江西	5	2299	5	2299				
山东	25	13499	25	13499				
河南	11	5327	11	5327				
湖北	2	1052	2	1052				
湖南	14	8167	14	8167				
广东	76	50189	76	50189				
广西	2	1229	2	1229				
海南	7	3540	7	3540				
重庆	9	4378	9	4378				
四川	12	6894	12	6894				
贵州	2	1085	2	1085				
云南	7	3230	7	3230				
西藏	1	202	1	202				
陕西	12	6188	12	6188				
甘肃	3	1851	3	1851				
青海	1	505	1	505				
宁夏	1	402	1	402				
新疆	8	4565	8	4565				

3-16 大中型住宿业企业分行业经营情况

旅游饭店 单位:万元

地 区	营业额	客房收入	餐费收入	商品销售收入	其他收入
全 国	**3926228**	**1768671**	**1493990**	**143746**	**519821**
北 京	815873	395059	245183	52744	122888
天 津	59485	33132	18513	422	7418
河 北	43300	16255	22934	828	3283
山 西	19149	5142	9182	2692	2133
内蒙古	24221	9890	13155	500	676
辽 宁	127415	61110	49975	3951	12380
吉 林	32135	14383	15018	421	2313
黑龙江	11938	6253	4443	437	805
上 海	430889	222485	117509	8498	82397
江 苏	296557	121750	126470	22341	25996
浙 江	408646	162340	203348	6616	36342
安 徽	22813	8620	10123	726	3344
福 建	107409	47457	52640	494	6818
江 西	21694	12006	4580	1542	3566
山 东	194580	84041	71899	8455	30186
河 南	62631	28528	20827	4993	8284
湖 北	11067	5288	4871	425	482
湖 南	95322	37255	45287	163	12617
广 东	734403	293266	313238	10830	117070
广 西	13934	4973	6413	1987	561
海 南	36354	21259	11142	255	3698
重 庆	52319	25002	20166	1945	5207
四 川	91781	47395	30543	2527	11317
贵 州	10127	5238	4027	493	370
云 南	39707	21212	13636	910	3949
西 藏	2984	1117	1349	12	506
陕 西	86419	48154	30849	1164	6252
甘 肃	12540	6940	4012	673	916
青 海	4555	2433	949	495	679
宁 夏	5489	2224	915	680	1669
新 疆	50493	18463	20799	5528	5703

3－16 续表1

一般旅馆 单位:万元

地区	营业额	客房收入	餐费收入	商品销售收入	其他收入
全国	**10283**	**2925**	**4584**	**1239**	**1535**
北京					
天津	6614	2122	2855	253	1384
河北					
山西					
内蒙古					
辽宁	3668	803	1728	986	151
吉林					
黑龙江					
上海					
江苏					
浙江					
安徽					
福建					
江西					
山东					
河南					
湖北					
湖南					
广东					
广西					
海南					
重庆					
四川					
贵州					
云南					
西藏					
陕西					
甘肃					
青海					
宁夏					
新疆					

3－16　续表 2

其他住宿服务　　　　单位:万元

地　区	营业额	客房收入	餐费收入	商品销售收入	其他收入
全　国	**5013**	**718**	**1520**	**1282**	**1493**
北　京					
天　津					
河　北	5013	718	1520	1282	1493
山　西					
内蒙古					
辽　宁					
吉　林					
黑龙江					
上　海					
江　苏					
浙　江					
安　徽					
福　建					
江　西					
山　东					
河　南					
湖　北					
湖　南					
广　东					
广　西					
海　南					
重　庆					
四　川					
贵　州					
云　南					
西　藏					
陕　西					
甘　肃					
青　海					
宁　夏					
新　疆					

3－17 大中型住宿业企业分行业年末资产负债

旅游饭店

单位：万元

地区	流动资产合计	固定资产原价	累计折旧	资产总计	负债合计	所有者权益合计
全国	**3130803**	**10098785**	**3973815**	**12010790**	**8142315**	**3868475**
北京	551429	1820132	794439	2137223	1416554	720670
天津	67411	257320	90403	362121	202789	159331
河北	37506	160031	36407	191163	99765	91398
山西	14664	54174	12280	68676	37709	30966
内蒙古	16475	58930	22452	62515	26326	36189
辽宁	89835	435619	160685	420978	216320	204658
吉林	63812	120380	40422	171278	102855	68423
黑龙江	11248	122165	33078	110180	67169	43011
上海	212857	1003086	433591	914340	557438	356903
江苏	241737	829316	342929	1179406	694009	485397
浙江	400352	874549	331753	1179012	801006	378006
安徽	12411	54190	24522	81186	37706	43480
福建	71097	250554	109983	254953	190601	64352
江西	15490	59794	19584	62797	25976	36822
山东	178061	353762	122480	465856	323922	141934
河南	43646	115925	53446	124715	84343	40372
湖北	2822	29470	10472	28723	1825	26898
湖南	107553	356333	130562	418564	250714	167850
广东	705165	1670427	604666	2400926	1865296	535629
广西	4593	35768	13388	34586	20763	13824
海南	46034	212121	86140	199876	139357	60520
重庆	34580	193267	89223	183948	146322	37626
四川	78288	412785	121837	442735	352687	90048
贵州	3483	17868	9614	13887	11081	2806
云南	44595	120767	66070	115410	57429	57981
西藏	2631	17454	4396	18599	5720	12880
陕西	32226	225495	116447	163842	291516	－127673
甘肃	10602	47703	24214	40310	26615	13695
青海	1725	19251	8962	13854	4907	8948
宁夏	2228	16418	6077	13981	653	13328
新疆	26248	153732	53292	135150	82942	52208

3－17 续表1

一般旅店

单位:万元

地区	流动资产合计	固定资产原价	累计折旧	资产总计	负债合计	所有者权益合计
全国	**46020**	**4103**	**2872**	**74823**	**69489**	**5334**
北京						
天津	45760	863	467	71380	66672	4708
河北						
山西						
内蒙古						
辽宁	261	3240	2404	3442	2817	626
吉林						
黑龙江						
上海						
江苏						
浙江						
安徽						
福建						
江西						
山东						
河南						
湖北						
湖南						
广东						
广西						
海南						
重庆						
四川						
贵州						
云南						
西藏						
陕西						
甘肃						
青海						
宁夏						
新疆						

3－17 续表2

其他住宿服务

单位:万元

地区	流动资产合计	固定资产原价	累计折旧	资产总计	负债合计	所有者权益合计
全国	**1837**	**5960**	**1921**	**11605**	**9845**	**1761**
北京						
天津						
河北	1837	5960	1921	11605	9845	1761
山西						
内蒙古						
辽宁						
吉林						
黑龙江						
上海						
江苏						
浙江						
安徽						
福建						
江西						
山东						
河南						
湖北						
湖南						
广东						
广西						
海南						
重庆						
四川						
贵州						
云南						
西藏						
陕西						
甘肃						
青海						
宁夏						
新疆						

3－18　大中型住宿业企业分行业实收资本及构成

旅游饭店　　单位:万元

地区	实收资本	国家资本	集体资本	法人资本	个人资本	港澳台资本	外商资本
全　国	**7223537**	**4362333**	**112213**	**1366096**	**299198**	**652057**	**431351**
北　京	705283	138121	4500	309708	3200	171749	78006
天　津	80870	14676		61020		1416	3757
河　北	104100	104050			50		
山　西	34252	9800	2060	1010	21382		
内蒙古	36903	27586	8989			329	
辽　宁	245624	53095		128826	2988	55374	5341
吉　林	84783	26664	51742	2018	3300		1059
黑龙江	62383	2400		56383		3600	
上　海	242056	104939	2447	78688		4630	51353
江　苏	584024	361138	880	46544	49680	20287	105495
浙　江	372134	84081	11352	103441	125710	39259	8291
安　徽	33076	2000			1000	6850	23226
福　建	86331	25513		35731	3000	17167	4631
江　西	14950	6685			8265		
山　东	171896	67463		83789	100	3761	16783
河　南	43825	17642	2000	16514	3016	4653	
湖　北	26732	3289		23238	205		
湖　南	229278	90781	12550	94560	17438	10199	3750
广　东	596897	90865	6670	114515	56312	271201	57334
广　西	5732	5732					
海　南	107821	20000		80099		2520	5202
重　庆	51611	8988		950	250	20018	21405
四　川	79464	10252	543	64307	1500	2862	
贵　州	5385	3385		1500		500	
云　南	49512	2998	2580	28788		1069	14077
西　藏	8875	2884	4190		1801		
陕　西	3064345	3032189	1710	2923		9351	18171
甘　肃	21473	8000					13472
青　海	1005	1005					
宁　夏	14416			14416			
新　疆	58502	36112		17127		5263	

3－18　续表1

一般旅店　　单位:万元

地区	实收资本	国家资本	集体资本	法人资本	个人资本	港澳台资本	外商资本
全　国	**11239**			**5200**	**3239**	**2800**	
北　京							
天　津	8000			5200		2800	
河　北							
山　西							
内蒙古							
辽　宁	3239				3239		
吉　林							
黑龙江							
上　海							
江　苏							
浙　江							
安　徽							
福　建							
江　西							
山　东							
河　南							
湖　北							
湖　南							
广　东							
广　西							
海　南							
重　庆							
四　川							
贵　州							
云　南							
西　藏							
陕　西							
甘　肃							
青　海							
宁　夏							
新　疆							

3－18　续表2

其他住宿服务　　　　单位:万元

地　区	实收资本	国家资本	集体资本	法人资本	个人资本	港澳台资本	外商资本
全　国	**2000**				**1500**	**500**	
北　京							
天　津							
河　北	2000				1500	500	
山　西							
内蒙古							
辽　宁							
吉　林							
黑龙江							
上　海							
江　苏							
浙　江							
安　徽							
福　建							
江　西							
山　东							
河　南							
湖　北							
湖　南							
广　东							
广　西							
海　南							
重　庆							
四　川							
贵　州							
云　南							
西　藏							
陕　西							
甘　肃							
青　海							
宁　夏							
新　疆							

3－19 大中型住宿业企业

旅游饭店

地　区	营业收入合计	主营业务收入	主营业务成本	主营业务税金及附加	主营业务利润	其他业务利润
全　国	**4281313**	**4240847**	**1259454**	**208710**	**2641447**	**22283**
北　京	842769	842164	181974	41769	618421	484
天　津	59485	59485	9407	2910	41097	
河　北	43305	43174	23364	2436	15411	240
山　西	24864	24864	9044	1397	12688	
内蒙古	24419	24419	5526	1313	17580	
辽　宁	127661	127661	29092	6379	87181	317
吉　林	32260	32183	8915	1805	15723	61
黑龙江	11938	11938	4363	687	6888	
上　海	421959	421342	131772	21457	240793	704
江　苏	296557	295360	91193	14376	189791	3706
浙　江	682354	677132	336641	22387	318104	5804
安　徽	22818	22813	4203	1557	17054	7
福　建	107617	97206	28168	5975	70149	1309
江　西	22433	21504	4995	1179	15330	35
山　东	194418	189708	60746	9371	113765	1420
河　南	63610	63588	19010	3476	41102	21
湖　北	8043	8043	2247	422	2189	10
湖　南	101299	100801	34668	5512	56816	771
广　东	744824	741609	175209	40676	458155	2865
广　西	13681	11422	3827	650	4142	834
海　南	36354	36354	6555	1989	28332	－49
重　庆	52651	52326	17228	2694	32404	578
四　川	127154	126436	15925	6473	99268	584
贵　州	10153	10127	1726	532	6233	25
云　南	40008	38928	9005	2140	27783	1055
西　藏	3738	3700	1337	202	2160	118
陕　西	86419	86419	13693	4330	68395	
甘　肃	13661	13661	3756	719	6347	
青　海	4556	4556	1165	204	－1510	
宁　夏	5489	5489	1305	507	3678	
新　疆	54818	46437	23400	3188	25979	1387

分行业损益及分配

单位:万元

营业费用	管理费用	财务费用	营业利润	利润总额	应交所得税	劳动、失业保险费	住房公积金和住房补贴
1079803	**1304691**	**168255**	**478209**	**225504**	**105315**	**81100**	**25301**
146014	282755	40678	149458	155508	40738	19627	6389
22515	24163	7554	6223	-23510	353	1890	885
14479	9665	2519	-8931	-3905	80	606	339
8356	5922	1281	-1136	-1145		2	
5792	8389	1014	2387	2440		284	12
27723	54334	429	9343	9625	2121	2014	1081
10443	11834	1606	-2366	-1434	2	538	103
2324	9184	2084	-6704	-6707		233	40
99615	99803	9365	277935	63567	18965	5605	2909
85868	94839	11710	1257	4255	4680	6311	1910
138003	116523	22988	46394	59605	19986	7812	2660
7825	6992	1393	851	678	182	307	37
40961	28547	5903	-1939	-2230	724	11037	355
9376	5377	1010	531	1184	282	780	155
57900	52523	7564	6477	5441	1072	3421	1176
18005	21666	2427	-975	1350	827	1036	269
2874	3219	91	-800	-526	8	306	37
17812	62971	7894	-23296	-41435	1662	959	190
244018	237751	30286	-5401	-11595	10593	12949	4416
5708	3067	802	-3	-200		77	
11130	15898	-983	3185	1681	327	648	40
11662	22459	1845	-2982	-1386	98	752	218
34130	49993	6452	12302	8899	530	1368	719
4183	3840	91	-219	-110		93	15
8383	17432	-331	3355	3414	102	677	232
1358	420	121	382	243	50	119	63
22786	32162	2078	12117	1902	1199	630	542
3047	5957	16	241	-420		105	102
1673	3079	212	-1510	-1510			139
2697	830	13	138	122	14	92	18
13145	13099	146	1896	1703	722	825	252

3－19 续表1

一般旅店

地　区	营业收入合　计	主营业务收　入	主营业务成　本	主营业务税金及附加	主营业务利　润	其他业务利　润	营业费用
全　国	**10223**	**10223**	**3177**	**552**	**6494**		**4205**
北　京							
天　津	6614	6614	2053	339	4223		2313
河　北							
山　西							
内蒙古							
辽　宁	3608	3608	1124	214	2271		1892
吉　林							
黑龙江							
上　海							
江　苏							
浙　江							
安　徽							
福　建							
江　西							
山　东							
河　南							
湖　北							
湖　南							
广　东							
广　西							
海　南							
重　庆							
四　川							
贵　州							
云　南							
西　藏							
陕　西							
甘　肃							
青　海							
宁　夏							
新　疆							

单位:万元

管理费用	财务费用	营业利润	利润总额	应交所得税	劳动、失业保险费	住房公积金和住房补贴
3100	**1760**	**-2570**	**-2496**		**193**	**58**
2740	1384	-2213	-2185		174	58
360	376	-357	-311		19	

3－19 续表 2

其他住宿服务

地区	营业收入合计	主营业务收入	主营业务成本	主营业务税金及附加	主营业务利润	其他业务利润	营业费用
全国	**5174**	**5174**	**1995**	**259**	**2920**	**115**	**10978**
北京							
天津							
河北	5174	5174	1995	259	2920	115	10978
山西							
内蒙古							
辽宁							
吉林							
黑龙江							
上海							
江苏							
浙江							
安徽							
福建							
江西							
山东							
河南							
湖北							
湖南							
广东							
广西							
海南							
重庆							
四川							
贵州							
云南							
西藏							
陕西							
甘肃							
青海							
宁夏							
新疆							

单位:万元

管理费用	财务费用	营业利润	利润总额	应 交 所得税	劳动、失业 保 险 费	住房公积金 和住房补贴
1272	**342**	**324**	**321**		**15**	
1272	342	324	321		15	

3－20　大中型住宿业企业分行业工资、福利

单位:万元

地　区	一、住宿业合计		旅游饭店	
	本年应付工资总额	本年应付福利费总额	本年应付工资总额	本年应付福利费总额
全　国	**607124**	**81583**	**604786**	**81423**
北　京	116354	16997	116354	16997
天　津	10569	501	9516	417
河　北	6473	180	5751	180
山　西	3358	472	3358	472
内蒙古	2425	429	2425	429
辽　宁	18125	5162	17562	5087
吉　林	5912	917	5912	917
黑龙江	2223	324	2223	324
上　海	54045	6676	54045	6676
江　苏	44276	6312	44276	6312
浙　江	67701	5986	67701	5986
安　徽	4750	709	4750	709
福　建	15836	1343	15836	1343
江　西	3713	481	3713	481
山　东	22587	2241	22587	2241
河　南	8949	972	8949	972
湖　北	876	113	876	113
湖　南	17057	2049	17057	2049
广　东	127444	18358	127444	18358
广　西		2398		2398
海　南	12448	769	12448	769
重　庆	7267	1224	7267	1224
四　川	18927	1800	18927	1800
贵　州	1046	157	1046	157
云　南	7322	817	7322	817
西　藏	957	40	957	40
陕　西	12195	2595	12195	2595
甘　肃	2653	366	2653	366
青　海	933	131	933	131
宁　夏	849	111	849	111
新　疆	9854	953	9854	953

3－20 续表

单位:万元

地　区	一般旅店		其他住宿服务	
	本年应付工资总额	本年应付福利费总额	本年应付工资总额	本年应付福利费总额
全　国	**1617**	**159**	**722**	
北　京				
天　津	1054	84		
河　北			722	
山　西				
内蒙古				
辽　宁	563	75		
吉　林				
黑龙江				
上　海				
江　苏				
浙　江				
安　徽				
福　建				
江　西				
山　东				
河　南				
湖　北				
湖　南				
广　东				
广　西				
海　南				
重　庆				
四　川				
贵　州				
云　南				
西　藏				
陕　西				
甘　肃				
青　海				
宁　夏				
新　疆				

3－21 大中型住宿业企业分行业经济效益分析指标

旅游饭店

地 区	负债比率（%）	毛利率（%）	人均营业收入（万元）	流动资产周转次数（次）	费用率（%）
全 国	**67.8**	**70.3**	**17.0**	**1.4**	**0.6**
北 京	66.3	78.4	25.2	1.5	0.6
天 津	56.0	84.2	16.1	0.9	0.9
河 北	52.2	45.9	10.9	1.2	0.6
山 西	54.9	63.6	9.2	1.7	0.6
内 蒙 古	42.1	77.4	14.8	1.5	0.6
辽 宁	51.4	77.2	13.6	1.4	0.6
吉 林	60.1	72.3	9.5	0.5	0.7
黑 龙 江	61.0	63.5	8.5	1.1	1.1
上 海	61.0	68.7	24.8	2.0	0.5
江 苏	58.8	69.1	16.7	1.2	0.6
浙 江	67.9	50.3	24.9	1.7	0.4
安 徽	46.4	81.6	12.3	1.8	0.7
福 建	74.8	71.0	13.7	1.5	0.7
江 西	41.4	76.8	9.6	1.4	0.7
山 东	69.5	68.0	13.8	1.1	0.6
河 南	67.6	70.1	9.9	1.5	0.7
湖 北	6.4	72.1	7.6	2.8	0.8
湖 南	59.9	65.6	12.1	0.9	0.9
广 东	77.7	76.4	14.5	1.1	0.7
广 西	60.0	66.5	10.9	3.0	0.7
海 南	69.7	82.0	10.2	0.8	0.7
重 庆	79.5	67.1	12.2	1.5	0.7
四 川	79.7	87.4	14.2	1.6	0.7
贵 州	79.8	83.0	9.0	2.9	0.8
云 南	49.8	76.9	12.3	0.9	0.6
西 藏	30.8	63.9	7.6	1.4	0.5
陕 西	177.9	84.2	13.2	2.7	0.7
甘 肃	66.0	72.5	8.1	1.3	0.7
青 海	35.4	74.4	8.2	2.6	1.1
宁 夏	4.7	76.2	13.7	2.5	0.6
新 疆	61.4	49.6	11.3	2.1	0.5

注：费用率等于营业费用、管理费用、财务费用三项之和除以营业收入合计（下表同）。

3－21 续表1

一般旅店

地　区	负债比率（%）	毛利率（%）	人均营业收入（万元）	流动资产周转次数（次）	费用率（%）
全　国	**92.9**	**68.9**	**10.5**	**0.2**	**0.9**
北　京					
天　津	93.4	69.0	15.7	0.1	1.0
河　北					
山　西					
内蒙古					
辽　宁	81.8	68.9	6.6	13.8	0.7
吉　林					
黑龙江					
上　海					
江　苏					
浙　江					
安　徽					
福　建					
江　西					
山　东					
河　南					
湖　北					
湖　南					
广　东					
广　西					
海　南					
重　庆					
四　川					
贵　州					
云　南					
西　藏					
陕　西					
甘　肃					
青　海					
宁　夏					
新　疆					

3－21 续表2

其他住宿服务

地　　区	负债比率（%）	毛利率（%）	人均营业收入（万元）	流动资产周转次数（次）	费用率（%）
全　　国	**84.8**	**61.4**	**10.2**	**2.8**	**2.4**
北　　京					
天　　津					
河　　北	84.8	61.4	10.2	2.8	2.4
山　　西					
内 蒙 古					
辽　　宁					
吉　　林					
黑 龙 江					
上　　海					
江　　苏					
浙　　江					
安　　徽					
福　　建					
江　　西					
山　　东					
河　　南					
湖　　北					
湖　　南					
广　　东					
广　　西					
海　　南					
重　　庆					
四　　川					
贵　　州					
云　　南					
西　　藏					
陕　　西					
甘　　肃					
青　　海					
宁　　夏					
新　　疆					

3－22 大中型餐饮业企业分行业基本情况

地区	餐饮业合计		正餐服务	
	法人企业(个)	年末从业人数（人）	法人企业（个）	年末从业人数（人）
全国	**248**	**303354**	**178**	**135335**
北京	37	55881	26	28255
天津	4	6697	2	942
河北	6	2155	6	2155
山西	8	4938	7	3622
内蒙古	1	240	1	240
辽宁	10	16776	5	2536
吉林	1	705	1	705
黑龙江	2	1135	1	535
上海	14	22547	11	6308
江苏	16	26334	9	4763
浙江	14	22547	11	6308
安徽	3	2013	2	555
福建	10	9760	3	1340
江西	1	1809		
山东	12	16690	11	8850
河南	3	1775	1	737
湖北	14	15333	12	9427
湖南	7	6704	6	3194
广东	54	49121	40	23307
广西	2	2250		
海南				
重庆	5	19132	5	19132
四川	7	5518	5	2781
贵州				
云南	3	1993	2	1093
西藏				
陕西	10	8717	9	7365
甘肃	2	1439	1	720
青海				
宁夏				
新疆	2	1145	1	465

3－22 续表

地区	快餐服务		饮料及冷饮服务		其他餐饮服务	
	法人企业（个）	年末从业人数（人）	法人企业（个）	年末从业人数（人）	法人企业（个）	年末从业人数（人）
全　国	**61**	**162388**	**1**	**1128**	**8**	**4503**
北　京	10	26498	1	1128		
天　津	2	5755				
河　北						
山　西	1	1316				
内蒙古						
辽　宁	5	14240				
吉　林						
黑龙江	1	600				
上　海	2	15790			1	449
江　苏	6	21026			1	545
浙　江	2	15790			1	449
安　徽					1	1458
福　建	6	8018			1	402
江　西	1	1809				
山　东	1	7840				
河　南	2	1038				
湖　北	2	5906				
湖　南	1	3510				
广　东	11	24614			3	1200
广　西	2	2250				
海　南						
重　庆						
四　川	2	2737				
贵　州						
云　南	1	900				
西　藏						
陕　西	1	1352				
甘　肃	1	719				
青　海						
宁　夏						
新　疆	1	680				

3－23 大中型餐饮业企业分行业经营情况

正餐服务 单位:万元

地 区	营业额	客房收入	餐费收入	商品销售收入	其他收入
全 国	**1497665**	**107022**	**1247325**	**67054**	**76264**
北 京	326797	1075	291202	11485	23035
天 津	18400		18400		
河 北	30666	3736	24639		2292
山 西	40201	3613	34824	1665	100
内 蒙 古	3320		3320		
辽 宁	27272	2820	24204	1	247
吉 林	9680	4847	2794	295	1745
黑 龙 江	5834		4968	866	
上 海	92092	6018	82400	1362	2311
江 苏	69041	9501	49082	4341	6117
浙 江	92092	6018	82400	1362	2311
安 徽	8802		7808	994	
福 建	17007	2130	14153		723
江 西					
山 东	92289	20001	55512	13204	3573
河 南	5766		4935	674	157
湖 北	116353	1507	113510	1065	271
湖 南	29514	3420	24098	813	1182
广 东	268158	22281	223025	8112	14740
广 西					
海 南					
重 庆	78246	7572	65887	1637	3150
四 川	47878	2161	31978	6637	7102
贵 州					
云 南	17342		16203	1138	
西 藏					
陕 西	91946	10322	63013	11405	7207
甘 肃	5943		5943		
青 海					
宁 夏					
新 疆	3029		3029		

3－23 续表 1

快餐服务　　单位:万元

地区	营业额	客房收入	餐费收入	商品销售收入	其他收入
全国	**2097300**		**2088534**	**8434**	**333**
北京	353668		353335		333
天津	174682		174682		
河北					
山西	36250		36250		
内蒙古					
辽宁	234863		234863		
吉林					
黑龙江	4831		4831		
上海	60726		60726		
江苏	351888		351579	309	
浙江	60726		60726		
安徽					
福建	131968		124551	7417	
江西	25271		25271		
山东	28635		28635		
河南	15241		14533	708	
湖北	96879		96879		
湖南	18219		18219		
广东	357403		357403		
广西	26688		26688		
海南					
重庆					
四川	57876		57876		
贵州					
云南	16232		16232		
西藏					
陕西	20865		20865		
甘肃	11803		11803		
青海					
宁夏					
新疆	12587		12587		

3－23 续表 2

饮料及冷饮服务

单位:万元

地　区	营业额	客房收入	餐费收入	商品销售收入	其他收入
全　国	**22453**		**20768**	**1685**	
北　京	22453		20768	1685	
天　津					
河　北					
山　西					
内蒙古					
辽　宁					
吉　林					
黑龙江					
上　海					
江　苏					
浙　江					
安　徽					
福　建					
江　西					
山　东					
河　南					
湖　北					
湖　南					
广　东					
广　西					
海　南					
重　庆					
四　川					
贵　州					
云　南					
西　藏					
陕　西					
甘　肃					
青　海					
宁　夏					
新　疆					

3－23 续表 3

其他餐饮服务　　单位:万元

地　　区	营业额	客房收入	餐费收入	商品销售收入	其他收入
全　　国	**50163**	**4483**	**43033**	**1705**	**942**
北　　京					
天　　津					
河　　北					
山　　西					
内 蒙 古					
辽　　宁					
吉　　林					
黑 龙 江					
上　　海	7121		7121		
江　　苏	5175		5174		1
浙　　江	7121		7121		
安　　徽	6820		5115	1705	
福　　建	5424		5424		
江　　西					
山　　东					
河　　南					
湖　　北					
湖　　南					
广　　东	18501	4483	13077		942
广　　西					
海　　南					
重　　庆					
四　　川					
贵　　州					
云　　南					
西　　藏					
陕　　西					
甘　　肃					
青　　海					
宁　　夏					
新　　疆					

3－24 大中型餐饮业企业分行业年末资产负债

正餐服务 单位：万元

地区	流动资产合计	固定资产原价	累计折旧	资产总计	负债合计	所有者权益合计
全国	**846188**	**1140105**	**335143**	**2191272**	**1443690**	**747582**
北京	137373	142292	49431	297549	177516	120033
天津	27242	3712	600	43351	26137	17214
河北	10281	12426	4790	26187	18445	7742
山西	15277	13484	5484	30807	24097	6710
内蒙古	415	2712	397	4402	4985	－583
辽宁	2267	25132	4371	24173	13233	10940
吉林	3737	37208	6674	35260	9879	25381
黑龙江	5110	1154	759	9781	1728	8053
上海	69188	75862	14531	182204	120939	61265
江苏	18870	47355	11742	79826	58804	21022
浙江	69188	75862	14531	182204	120939	61265
安徽	4704	4703	1413	8522	6151	2372
福建	9664	14885	2055	24272	13330	10942
江西						
山东	79062	113593	26850	205912	142974	62938
河南	3579	3188	571	9222	8912	310
湖北	36297	52141	17751	104702	80195	24507
湖南	8245	25146	4280	32137	30818	1319
广东	109867	227381	96852	318105	234981	83123
广西						
海南						
重庆	126785	118989	32529	237506	126123	111382
四川	69191	53685	14114	192551	128128	64423
贵州						
云南	6884	9775	3501	21396	16225	5170
西藏						
陕西	31037	78266	20985	117064	76604	40461
甘肃	875	1041	918	1283	408	875
青海						
宁夏						
新疆	1052	113	14	2860	2141	719

3－24 续表 1

快餐服务 单位:万元

地　区	流动资产合计	固定资产原价	累计折旧	资产总计	负债合计	所有者权益合计
全　国	**240577**	**1110053**	**464704**	**1137660**	**647795**	**489866**
北　京	51237	138315	72407	174974	103292	71682
天　津	10931	70978	31559	65755	32849	32906
河　北						
山　西	4556	13841	5431	14182	5987	8195
内蒙古						
辽　宁	17935	102097	38361	97077	61055	36022
吉　林						
黑龙江	292	2305	976	2803	2713	90
上　海	15502	96034	38196	79119	46947	32172
江　苏	28425	112066	48593	110638	70813	39825
浙　江	15502	96034	38196	79119	46947	32172
安　徽						
福　建	15925	56329	24178	74883	44909	29974
江　西	3211	12364	4812	11726	5188	6538
山　东	4656	42426	16077	38588	17569	21019
河　南	2474	22231	5308	21949	17398	4552
湖　北	7412	42199	18915	45499	41229	4270
湖　南	2384	22999	8460	16923	6080	10844
广　东	38056	210716	84780	228087	102273	125815
广　西	2718	14049	4499	15722	9688	6035
海　南						
重　庆						
四　川	2518	26828	10763	25861	23518	2343
贵　州						
云　南	1322	5652	2596	4988	2081	2908
西　藏						
陕　西	13754	11083	6198	20577	3037	17540
甘　肃	1072	5275	2208	4399	1340	3058
青　海						
宁　夏						
新　疆	695	6229	2193	4792	2885	1908

3－24 续表 2

饮料及冷饮服务 单位:万元

地　区	流动资产合计	固定资产原价	累计折旧	资产总计	负债合计	所有者权益合计
全　国	**5744**	**11765**	**5660**	**12499**	**4413**	**8086**
北　京	5744	11765	5660	12499	4413	8086
天　津						
河　北						
山　西						
内蒙古						
辽　宁						
吉　林						
黑龙江						
上　海						
江　苏						
浙　江						
安　徽						
福　建						
江　西						
山　东						
河　南						
湖　北						
湖　南						
广　东						
广　西						
海　南						
重　庆						
四　川						
贵　州						
云　南						
西　藏						
陕　西						
甘　肃						
青　海						
宁　夏						
新　疆						

3－24 续表 3

其他餐饮服务　　单位:万元

地　区	流动资产合计	固定资产原价	累计折旧	资产总计	负债合计	所有者权益合计
全　国	**19222**	**23594**	**4567**	**41597**	**24553**	**17044**
北　京						
天　津						
河　北						
山　西						
内蒙古						
辽　宁						
吉　林						
黑龙江						
上　海	2698	471	320	2849	1789	1059
江　苏	1387	955	265	3516	2000	1517
浙　江	2698	471	320	2849	1789	1059
安　徽	2231	1366	542	3156	2256	900
福　建	5011	2001	917	7166	5438	1728
江　西						
山　东						
河　南						
湖　北						
湖　南						
广　东	5198	18331	2202	22061	11282	10780
广　西						
海　南						
重　庆						
四　川						
贵　州						
云　南						
西　藏						
陕　西						
甘　肃						
青　海						
宁　夏						
新　疆						

3－25 大中型餐饮业企业分行业实收资本及构成

正餐服务

单位:万元

地区	实收资本	国家资本	集体资本	法人资本	个人资本	港澳台资本	外商资本
全国	**446765**	**66065**	**12228**	**159897**	**138846**	**41527**	**28203**
北京	58726	407	2290	27958	22880	1495	3695
天津	10550				10550		
河北	1252	124			1128		
山西	4603			3495	1108		
内蒙古	1000			1000			
辽宁	1923		40	100	1733	25	25
吉林	22421	22421					
黑龙江	5000				5000		
上海	28006	5111	2577	13191	7127		
江苏	16368	476	661	3300	1999		9932
浙江	28006	5111	2577	13191	7127		
安徽	2763			1059	1704		
福建	13756				100	106	13550
江西							
山东	39419	14598	2752	15735	6334		
河南	308				308		
湖北	14090			5507	8423	160	
湖南	5120			3320	1800		
广东	76381	11916		22343	12116	29007	1000
广西							
海南							
重庆	48650		100	4062	34605	9884	
四川	40441		1231	37750	1460		
贵州							
云南	1193				1193		
西藏							
陕西	24999	5900		7097	11152	850	
甘肃	789			789			
青海							
宁夏							
新疆	1000				1000		

3－25 续表 1

快餐服务　　　　单位:万元

地　　区	实收资本	国家资本	集体资本	法人资本	个人资本	港澳台资本	外商资本
全　　国	**292206**	**648**	**2150**	**40261**	**3069**	**69170**	**176909**
北　　京	31770	156	780	9162	390	8877	12405
天　　津	14328						14328
河　　北							
山　　西	1739						1739
内 蒙 古							
辽　　宁	22882			780		900	21202
吉　　林							
黑 龙 江	2482						2482
上　　海	19245			8884			10362
江　　苏	14776		1370	1299			12108
浙　　江	19245			8884			10362
安　　徽							
福　　建	24246				2679	13849	7718
江　　西	2109						2109
山　　东	6630						6630
河　　南	8781					7043	1738
湖　　北	14671					6246	8425
湖　　南	1741						1741
广　　东	74773	492		11253		12224	50805
广　　西	6542						6542
海　　南							
重　　庆							
四　　川	6094					2490	3604
贵　　州							
云　　南	579						579
西　　藏							
陕　　西	17540					17540	
甘　　肃	1410						1410
青　　海							
宁　　夏							
新　　疆	621						621

3－25 续表 2

饮料及冷饮服务　　　　单位:万元

地　区	实收资本	国家资本	集体资本	法人资本	个人资本	港澳台资本	外商资本
全　国	**9157**						**9157**
北　京	9157						9157
天　津							
河　北							
山　西							
内蒙古							
辽　宁							
吉　林							
黑龙江							
上　海							
江　苏							
浙　江							
安　徽							
福　建							
江　西							
山　东							
河　南							
湖　北							
湖　南							
广　东							
广　西							
海　南							
重　庆							
四　川							
贵　州							
云　南							
西　藏							
陕　西							
甘　肃							
青　海							
宁　夏							
新　疆							

3-25 续表 3

其他餐饮服务

单位:万元

地　区	实收资本	国家资本	集体资本	法人资本	个人资本	港澳台资本	外商资本
全　国	**7830**	**42**		**3193**	**4595**		
北　京							
天　津							
河　北							
山　西							
内蒙古							
辽　宁							
吉　林							
黑龙江							
上　海	100	21		22	58		
江　苏	500				500		
浙　江	100	21		22	58		
安　徽	880				880		
福　建	2069			2069			
江　西							
山　东							
河　南							
湖　北							
湖　南							
广　东	4181			1081	3100		
广　西							
海　南							
重　庆							
四　川							
贵　州							
云　南							
西　藏							
陕　西							
甘　肃							
青　海							
宁　夏							
新　疆							

3－26　大中型餐饮业企业分行业损益及分配

正餐服务　　　　单位:万元

地　区	营业收入合　计	主营业务收入	主营业务成本	主营业务税金及附加	主营业务利　润	其他业务利　润
全　国	**1702831**	**1689994**	**792529**	**92983**	**742944**	**7767**
北　京	388936	387669	177429	18897	191344	909
天　津	18400	18400	13372	479	4530	
河　北	30666	30666	21281	1604	7781	
山　西	40213	40213	20107	3402	12953	50
内蒙古	3320	3320	1696	184	1440	
辽　宁	37449	37404	25121	1974	10310	41
吉　林	9704	9704	3531	529	5644	
黑龙江	5834	5834	2476	373	2986	22
上　海	91920	91774	45406	4693	41675	327
江　苏	69041	69041	28286	5077	32371	
浙　江	91920	91774	45406	4693	41675	327
安　徽	8802	8802	4783	459	3515	
福　建	17048	17007	8888	973	7146	35
江　西						
山　东	94618	91587	25107	4691	26093	1582
河　南	5766	5610	3263	304	2042	157
湖　北	117264	117041	58634	6178	51142	－4
湖　南	29242	29242	12537	1675	15029	10
广　东	276025	276000	123770	17655	126706	590
广　西						
海　南						
重　庆	200311	200311	102582	10544	78974	3578
四　川	47888	47888	18586	2552	25200	
贵　州						
云　南	17342	10585	5891	549	4146	144
西　藏						
陕　西	92135	91135	40124	4857	46154	
甘　肃	5943	5943	2585	446	2913	
青　海						
宁　夏						
新　疆	3046	3046	1670	196	1179	

3－26 续表 1

正餐服务

地　区	营业费用	管理费用	财务费用
全　国	**493494**	**182012**	**32045**
北　京	132751	34199	3569
天　津	2519	858	677
河　北	5326	1209	572
山　西	13212	2580	380
内蒙古	1549		331
辽　宁	4773	2616	632
吉　林	315	6050	73
黑龙江	1777	436	64
上　海	24858	16483	1716
江　苏	20683	11831	1442
浙　江	24858	16483	1716
安　徽	2563	873	104
福　建	5386	1934	835
江　西			
山　东	15399	13070	661
河　南	1377	621	－4
湖　北	39300	7109	3104
湖　南	7930	5090	1584
广　东	89302	32460	6436
广　西			
海　南			
重　庆	48010	11581	2028
四　川	12697	7772	2592
贵　州			
云　南	2248	1136	100
西　藏			
陕　西	33460	6918	3425
甘　肃	2258	189	6
青　海			
宁　夏			
新　疆	944	516	7

单位:万元

营业利润	利润总额	应交所得税	劳动、失业保险费	住房公积金和住房补贴
83693	**108972**	**28924**	**17304**	**3545**
21735	25037	7310	5718	1634
475	517			
845	516	164	417	14
2453	1923	413		
-441	-451		11	
2356	3040	810	170	42
-793	-793			
730	675	296	7	
-1055	10602	1390	1677	274
3231	2305	409	1634	144
-1055	10602	1390	1677	274
-26	9	17	56	
-974	-1130	140	161	
10263	9825	2747	814	342
205	205	204	159	31
1732	1985	906	198	
435	317	20	93	8
9867	8150	3456	2891	537
25762	27055	6728	330	34
4390	4331	1249	422	197
806	790	137	318	
2566	3284	1078	542	15
471	460	59		
-287	-281		12	

3－26 续表 2

快餐服务

地　区	营业收入合　计	主营业务收入	主营业务成本	主营业务税金及附加	主营业务利　润	其他业务利　润
全　国	**2761236**	**2751974**	**992081**	**139997**	**1455844**	**－7836**
北　京	377143	374498	139464	18753	216281	1169
天　津	174682	174682	63069	8795	57114	－1014
河　北						
山　西	36250	36250	12877	1827	21546	－316
内蒙古						
辽　宁	232330	232330	93032	11763	67422	－843
吉　林						
黑龙江	5987	5987	2532	299	3156	9
上　海	251693	251391	86919	12957	151515	－2511
江　苏	283418	283418	100513	14306	130656	－154
浙　江	251693	251391	86919	12957	151515	－2511
安　徽						
福　建	171314	165996	63399	9793	92803	679
江　西	25241	25241	9061	1262	6634	98
山　东	97641	97641	33641	4913	59087	－1041
河　南	35240	35193	13350	1772	20072	35
湖　北	95493	95493	33509	4852	57132	72
湖　南	50459	50459	18434	2523	29502	
广　东	524553	523904	187483	25865	304551	－1146
广　西	31133	31133	11446	1579	18108	－134
海　南						
重　庆						
四　川	56112	56112	14553	2812	32747	－152
贵　州						
云　南	15601	15601	5696	858	9047	111
西　藏						
陕　西	20865	20865	7321	1043	12501	21
甘　肃	11803	11803	4338	438	7027	－100
青　海						
宁　夏						
新　疆	12587	12587	4527	629	7430	－105

单位:万元

营业费用	管理费用	财务费用	营业利润	利润总额	应交所得税	劳动、失业保险费	住房公积金和住房补贴
1054601	**211177**	**13793**	**323496**	**314120**	**88275**	**34224**	**9298**
155204	26228	1673	34345	34360	11451	6403	1419
61675	12717	330	27083	26532	1663	2228	785
11981	2680	-83	6652	6523	2102	2455	109
79680	18545	1285	27664	26369	7990	180	66
2760	202	130	74	-45			
94190	18579	1490	34744	34838	11416	5641	802
102287	18330	2085	45931	38955	11770	2600	1493
94190	18579	1490	34744	34838	11416	5641	802
54379	19507	749	18847	22385	6332	507	332
8285	1777	55	4810	4757	1396	451	301
34275	8395	-131	15508	15508	4724	129	986
14797	2643	523	2144	1639	385	334	87
38908	8462	988	8846	7903	2392	463	184
18546	3826	459	6671	6669	1924		
223464	41014	2118	39241	37337	9081	5545	1401
13264	1992	-8	2725	2538	236	46	186
22683	4557	607	4748	4567	1459	727	281
4825	1139	19	3173	3173	986	192	67
10208		-61	2374	2318	765	505	
4276	903	-16	1764	1672	401		
4725	1102	90	1409	1285	386	180	

3－26 续表 3

饮料及冷饮服务

地　区	营业收入合　计	主营业务收入	主营业务成本	主营业务税金及附加	主营业务利　润	其他业务利　润
全　国	**22556**	**22556**	**6630**	**1017**	**14909**	
北　京	22556	22556	6630	1017	14909	
天　津						
河　北						
山　西						
内蒙古						
辽　宁						
吉　林						
黑龙江						
上　海						
江　苏						
浙　江						
安　徽						
福　建						
江　西						
山　东						
河　南						
湖　北						
湖　南						
广　东						
广　西						
海　南						
重　庆						
四　川						
贵　州						
云　南						
西　藏						
陕　西						
甘　肃						
青　海						
宁　夏						
新　疆						

单位:万元

营业费用	管理费用	财务费用	营业利润	利润总额	应交所得税	劳动、失业保险费	住房公积金和住房补贴
12509	**3026**	**-90**	**-537**	**-925**	**146**	**1137**	**333**
12509	3026	-90	-537	-925	146	1137	333

3－26 续表 4

其他餐饮服务

地　区	营业收入合　计	主营业务收入	主营业务成本	主营业务税金及附加	主营业务利　润	其他业务利　润
全　国	**50441**	**50440**	**26774**	**2573**	**21094**	**1**
北　京						
天　津						
河　北						
山　西						
内蒙古						
辽　宁						
吉　林						
黑龙江						
上　海	7121	7121	3210	399	3513	
江　苏	5175	5174	4166	287	721	1
浙　江	7121	7121	3210	399	3513	
安　徽	6820	6820	3241	120	3459	
福　建	5424	5424	1789	271	3364	
江　西						
山　东						
河　南						
湖　北						
湖　南						
广　东	18779	18779	11158	1097	6524	
广　西						
海　南						
重　庆						
四　川						
贵　州						
云　南						
西　藏						
陕　西						
甘　肃						
青　海						
宁　夏						
新　疆						

单位:万元

营业费用	管理费用	财务费用	营业利润	利润总额	应交所得税	劳动、失业保险费	住房公积金和住房补贴
12507	**4967**	**135**	**3485**	**3442**	**851**	**540**	**90**
1955	547	-19	1029	1031	340	134	13
635		45	42	43	14	103	4
1955	547	-19	1029	1031	340	134	13
2041	660	21	737	700	8	127	
3025	427	-37	-51	-51	40	13	
2896	2786	143	699	689	109	28	60

3－27 大中型餐饮业企业分行业工资、福利

单位：万元

地区	餐饮业合计		正餐服务	
	本年应付工资总额	本年应付福利费总额	本年应付工资总额	本年应付福利费总额
全国	**488461**	**58516**	**226975**	**21880**
北京	97168	10401	51382	4782
天津	14026	6358	1220	112
河北	3710	440	3710	440
山西	6865	2978	4586	546
内蒙古	655	84	655	84
辽宁	10270	1513	2739	146
吉林	1015	112	1015	112
黑龙江	1240	288	787	110
上海	38106	2417	13657	976
江苏	32332	6915	9398	1383
浙江	38106	2417	13657	976
安徽	2905	406	1234	172
福建	16288	1245	2346	244
江西	2156	22		
山东	19253	7059	12741	1524
河南	3764	342	862	68
湖北	27580	1710	15349	1685
湖南	11844	533	4518	533
广东	99314	6245	40383	3063
广西	2214	156		
海南				
重庆	24292	3190	24292	3190
四川	11915	1285	5577	495
贵州				
云南	2378	1149	1429	201
西藏				
陕西	16635	925	14001	865
甘肃	1852	259	846	118
青海				
宁夏				
新疆	2578	68	593	56

3－27 续表

单位：万元

地 区	快餐服务		饮料及冷饮服务		其他餐饮服务	
	本年应付工资总额	本年应付福利费总额	本年应付工资总额	本年应付福利费总额	本年应付工资总额	本年应付福利费总额
全 国	**252186**	**35854**	**2932**	**69**	**6369**	**714**
北 京	42854	5550	2932	69		
天 津	12805	6246				
河 北						
山 西	2279	2432				
内 蒙 古						
辽 宁	7531	1367				
吉 林						
黑 龙 江	454	178				
上 海	23789	1341			661	101
江 苏	22052	5411			883	121
浙 江	23789	1341			661	101
安 徽					1671	234
福 建	13307	959			635	42
江 西	2156	22				
山 东	6512	5535				
河 南	2902	275				
湖 北	12231	25				
湖 南	7327					
广 东	57072	3066			1859	115
广 西	2214	156				
海 南						
重 庆						
四 川	6339	790				
贵 州						
云 南	949	949				
西 藏						
陕 西	2635	60				
甘 肃	1006	141				
青 海						
宁 夏						
新 疆	1986	12				

3－28 大中型餐饮业企业分行业经济效益分析指标

正餐服务

地　区	负债比率（%）	毛利率（%）	人均营业收入（万元）	流动资产周转次数（次）	费用率（%）
全　国	**65.9**	**53.1**	**11.8**	**2.0**	**0.4**
北　京	59.7	54.2	14.0	2.8	0.4
天　津	60.3	27.3	19.5	0.7	0.2
河　北	70.4	30.6	10.7	3.0	0.2
山　西	78.2	50.0	11.3	2.6	0.4
内蒙古	113.3	48.9	7.5	8.0	0.6
辽　宁	54.7	32.8	14.8	16.5	0.2
吉　林	28.0	63.6	13.8	2.6	0.7
黑龙江	17.7	57.6	8.9	1.1	0.4
上　海	66.4	50.5	13.4	1.3	0.5
江　苏	73.7	59.0	14.4	3.7	0.5
浙　江	66.4	50.5	13.4	1.3	0.5
安　徽	72.2	45.7	10.0	1.9	0.4
福　建	54.9	47.7	11.7	1.8	0.5
江　西					
山　东	69.4	72.6	9.7	1.2	0.3
河　南	96.6	41.8	8.6	1.6	0.3
湖　北	76.6	49.9	9.5	3.2	0.4
湖　南	95.9	57.1	8.6	3.5	0.5
广　东	73.9	55.2	11.2	2.5	0.5
广　西					
海　南					
重　庆	53.1	48.8	10.1	1.6	0.3
四　川	66.5	61.2	13.6	0.7	0.5
贵　州					
云　南	75.8	44.4	15.9	2.5	0.2
西　藏					
陕　西	65.4	56.0	12.5	3.0	0.5
甘　肃	31.8	56.5	8.4	6.8	0.4
青　海					
宁　夏					
新　疆	74.9	45.2	6.5	2.9	0.5

注：费用率等于营业费用、管理费用、财务费用三项之和除以营业收入合计（下表同）。

3－28 续表1

快餐服务

地　区	负债比率（%）	毛利率（%）	人均营业收入（万元）	流动资产周转次数（次）	费用率（%）
全　国	**56.9**	**64.0**	**15.4**	**11.5**	**0.5**
北　京	59.0	62.8	14.5	7.4	0.5
天　津	50.0	63.9	18.5	16.0	0.4
河　北					
山　西	42.2	64.5	27.5	8.0	0.4
内蒙古					
辽　宁	62.9	60.0	17.3	13.0	0.4
吉　林					
黑龙江	96.8	57.7	10.0	20.5	0.5
上　海	59.3	65.4	15.9	16.2	0.5
江　苏	64.0	64.5	13.1	10.0	0.4
浙　江	59.3	65.4	15.9	16.2	0.5
安　徽					
福　建	60.0	61.8	20.3	10.8	0.4
江　西	44.2	64.1	14.1	7.9	0.4
山　东	45.5	65.5	13.6	21.0	0.4
河　南	79.3	62.1	15.1	14.2	0.5
湖　北	90.6	64.9	14.6	12.9	0.5
湖　南	35.9	63.5	13.2	21.2	0.5
广　东	44.8	64.2	14.7	13.8	0.5
广　西	61.6	63.2	16.0	11.5	0.5
海　南					
重　庆					
四　川	90.9	74.1	14.3	22.3	0.5
贵　州					
云　南	41.7	63.5	15.6	11.8	0.4
西　藏					
陕　西	14.8	64.9	15.4	1.5	0.5
甘　肃	30.5	63.3	18.2	11.0	0.4
青　海					
宁　夏					
新　疆	60.2	64.0	18.5	18.1	0.5

3－28 续表2

饮料及冷饮服务

地　区	负债比率（%）	毛利率（%）	人均营业收入（万元）	流动资产周转次数（次）	费用率（%）
全　国	**35.3**	**70.6**	**22.0**	**3.9**	**0.7**
北　京	35.3	70.6	22.0	3.9	0.7
天　津					
河　北					
山　西					
内蒙古					
辽　宁					
吉　林					
黑龙江					
上　海					
江　苏					
浙　江					
安　徽					
福　建					
江　西					
山　东					
河　南					
湖　北					
湖　南					
广　东					
广　西					
海　南					
重　庆					
四　川					
贵　州					
云　南					
西　藏					
陕　西					
甘　肃					
青　海					
宁　夏					
新　疆					

3－28 续表3

其他餐饮服务

地区	负债比率（%）	毛利率（%）	人均营业收入（万元）	流动资产周转次数（次）	费用率（%）
全　国	**59.0**	**46.9**	**12.7**	**2.6**	**0.3**
北　京					
天　津					
河　北					
山　西					
内蒙古					
辽　宁					
吉　林					
黑龙江					
上　海	62.8	54.9	15.9	2.6	0.3
江　苏	56.9	19.5	9.5	3.7	0.1
浙　江	62.8	54.9	15.9	2.6	0.3
安　徽	71.5	52.5	16.1	3.1	0.4
福　建	75.9	67.0	13.5	1.1	0.6
江　西					
山　东					
河　南					
湖　北					
湖　南					
广　东	51.1	40.6	11.0	3.6	0.3
广　西					
海　南					
重　庆					
四　川					
贵　州					
云　南					
西　藏					
陕　西					
甘　肃					
青　海					
宁　夏					
新　疆					

4. 企 业 篇

简要说明:

一、本篇提供了大型批发零售和住宿餐饮业企业名单、所属行业、所在地及资产总计、销售额及全部从业人员年平均人数等主要经济指标。

二、本篇资料来源于2007年批发零售和住宿餐饮业企业上报的统计年报。

4－1　大型批发业企业名单及主要经济指标

企业名称	资产总计（万元）	销售额（万元）	全部从业人员年平均人数（人）	所属行业	企业所在地
中粮集团有限公司	5096022	132212	576	谷物、豆及薯类批发	北京市东城区
诺基亚（中国）投资有限公司	2286917	5608492	2158	通讯及广播电视设备批发	北京市经济技术开发区
五矿钢铁有限责任公司	1686284	5613292	212	金属及金属矿批发	北京市海淀区
松下电器（中国）有限公司	1564076	366871	1832	家用电器批发	北京市朝阳区
西门子（中国）有限公司	1558708	970641	5225	通讯及广播电视设备批发	北京市朝阳区
云南红塔烟叶有限责任公司	1484100	487830	609	其他农畜产品批发	云南省玉溪市红塔区
中国石油化工股份有限公司广东石油分公司	1478902	2976301	659	石油及制品批发	广东省广州市荔湾区
中国储备棉管理总公司	1474848	166787	692	棉、麻批发	北京市西城区
中国航空技术进出口总公司	1414565	266596	606	其他未列明的批发	北京市朝阳区
中国航空油料有限责任公司	1272497	1270864	4269	石油及制品批发	北京市海淀区
中国农业生产资料集团公司	1239051	1615131	200	农药批发	北京市海淀区
中化化肥有限公司	1203065	2446972	2497	化肥批发	北京市西城区
中钢钢铁公司	1197963	2782077	309	金属及金属矿批发	北京市海淀区
中国石油物资装备（集团）总公司	1197517	369883	260	金属及金属矿批发	北京市西城区
中国机械设备进出口总公司	1197359	1158978	609	其他机械设备及电子产品批发	北京市宣武区
山西煤炭进出口集团公司	1176666	1560990	210	煤炭及制品批发	山西省太原市杏花岭区
武钢集团国际经济贸易公司	1096619	539280	1783	贸易经纪与代理	湖北省武汉市青山区
厦门建发股份有限公司	1093565	2164856	979	服装批发	福建省厦门市思明区
中国北方工业公司	1075204	218026	565	其他未列明的批发	北京市宣武区
中国石油天然气股份有限公司华北销售分公司	1049136	5732747	219	石油及制品批发	北京市朝阳区
中国矿产有限责任公司	1033433	2678857	231	金属及金属矿批发	北京市海淀区
索尼（中国）有限公司	1024417	1802302	1693	家用电器批发	北京市朝阳区
中国石油天然气股份有限公司华南地区销售分公司	1002495	4273700	12000	石油及制品批发	广东省广州市天河区
博兴县兴福钢贸城	936410	633600	1400	金属及金属矿批发	山东省滨州市博兴县
鞍钢集团国际经济贸易公司	911102	2841687	584	金属及金属矿批发	辽宁省鞍山市铁东区
中国石油天然气股份有限公司西北销售分公司	848381	4215471	449	石油及制品批发	甘肃省兰州市城关区
中国石化销售有限公司华南分公司	847414	11667584	1010	石油及制品批发	广东省广州市越秀区
中国石化销售有限公司华北分公司	840755	14508173	663	石油及制品批发	天津市和平区
厦门国贸集团股份有限公司	829999	1212513	412	金属及金属矿批发	福建省厦门市思明区
中国石油化工股份有限公司浙江石油分公司	807096	1874319	19487	石油及制品批发	浙江省杭州市上城区
黑龙江省农业生产资料公司	795096	682583	344	化肥批发	黑龙江省哈尔滨市道外区
深圳市中金岭南有色金属股份有限公司	793413	383500	8970	金属及金属矿批发	广东省深圳市福田区
中国石油化工股份有限公司河南分公司	790824	3549149	12257	石油及制品批发	河南省郑州市金水区
云南省烟草公司曲靖公司	789067	763765	6615	烟草制品批发	云南省曲靖市麒麟区
中国石油化工股份有限公司江苏石油分公司	778503	5713491	21047	石油及制品批发	江苏省南京市鼓楼区
中邮普泰通信服务股份有限公司	764871	1949435	231	通讯及广播电视设备批发	北京市西城区
大连东展集团有限公司	731667	1874395	448	金属及金属矿批发	辽宁省大连市沙河口区
上海浦东国际机场航空油料有限责任公司	700905	1353677	240	石油及制品批发	上海市上海市浦东新区
上海市医药股份有限公司	693382	1080257	3036	西药批发	上海市上海市浦东新区
一汽丰田汽车销售有限公司	667616	5811466	592	汽车、摩托车及零配件批发	北京市海淀区
中石化森美（福建）石油有限公司	634832	962156	9006	石油及制品批发	福建省福州市鼓楼区
苏宁电器股份有限公司南京采购中心	621967	3541951	4390	家用电器批发	江苏省南京市鼓楼区
太原钢铁（集团）国际经济贸易有限公司	615852	1407762	241	金属及金属矿批发	山西省太原市尖草坪区
上海宝钢钢材贸易有限公司	563634	4240936	201	金属及金属矿批发	上海市上海市浦东新区
上海上汽大众汽车销售有限公司	547808	5881236	983	汽车、摩托车及零配件批发	上海市上海市嘉定区
中国石油化工股份有限公司湖南石油分公司	544836	79862	14419	石油及制品批发	湖南省长沙市开福区
云南省烟草公司昆明市公司	543387	565329	1400	烟草制品批发	云南省昆明市盘龙区
江苏国泰国际集团有限公司	542529	1054620	2548	纺织品、针织品及原料批发	江苏省苏州市张家港市
中国神华能源股份有限公司煤炭销售中心	541896	4588562	646	煤炭及制品批发	北京市东城区
深圳市天音通信发展有限公司	536507	1437981	2000	通讯及广播电视设备批发	广东省深圳市福田区

4－1 续表1

企业名称	资产总计（万元）	销售额（万元）	全部从业人员年平均人数（人）	所属行业	企业所在地
海尔集团电器产业有限公司	525637	986727	215	家用电器批发	山东省青岛市崂山区
施耐德电气(中国)投资有限公司	520999	382143	2594	其他机械设备及电子产品批发	北京市朝阳区
中国石油技术开发公司	510032	662693	446	石油及制品批发	北京市西城区
浙江物产金属集团有限公司	509154	2491237	468	金属及金属矿批发	浙江省杭州市下城区
中国烟草总公司重庆市公司	508579	1226004	7777	烟草制品批发	重庆市江北区
淄川建材城	505000	1086217	21189	建材批发	山东省淄博淄川
江苏省海外企业集团有限公司	504618	548386	1278	其他机械设备及电子产品批发	江苏省南京市玄武区
诺基亚西门子通信技术(北京)有限公司	500280	522554	1000	其他机械设备及电子产品批发	北京市东城区
中国石油天然气股份有限公司东北销售分公司	495140	17866538	664	石油及制品批发	辽宁省沈阳市沈河区
宝钢贸易有限公司	482374	1123843	208	金属及金属矿批发	上海市上海市浦东新区
厦门象屿集团有限公司	482288	887565	308	其他未列明的批发	福建省厦门市湖里区
中国石油天然气股份有限公司四川销售分公司	471772	2301402	469	石油及制品批发	四川省成都市青羊区
江苏苏美达集团公司	464616	1257548	4466	纺织品、针织品及原料批发	江苏省南京市玄武区
中国烟草总公司深圳市公司	459684	725878	328	烟草制品批发	广东省深圳市福田区
中国电子进出口总公司	456171	146743	289	贸易经纪与代理	北京市海淀区
杭州娃哈哈食品饮料营销有限公司	450254	812080	1007	饮料及茶叶批发	浙江省杭州市上城区
神华煤焦化工有限责任公司	440635	240572	703	其他未列明的批发	内蒙古自治区乌海市海勃湾区
中国石油化工股份有限公司福建石油分公司	438988	1855350	1335	石油及制品批发	福建省福州市鼓楼区
辽宁成大股份有限公司	437988	147713	278	纺织品、针织品及原料批发	辽宁省大连市中山区
江苏省烟草公司南京分公司	432360	588522	218	烟草制品批发	江苏省南京市白下区
青岛海尔国际贸易有限公司	412667	525327	351	其他机械设备及电子产品批发	山东省青岛市崂山区
中国石化集团湖北石油总公司	410385	2007676	949	石油及制品批发	湖北省武汉市桥口区
中钢设备公司	381323	222317	265	其他机械设备及电子产品批发	北京市东城区
浙江省新华书店集团有限公司	380320	219582	731	图书批发	浙江省杭州市西湖区
云南省烟草玉溪市公司	380231	374303	1109	烟草制品批发	云南省玉溪市红塔区
攀钢集团国际经济贸易有限公司	378993	532389	255	金属及金属矿批发	四川省成都市金牛区
中国烟草总公司北京市公司	376801	843442	1018	烟草制品批发	北京市东城区
云南省烟草公司红河州公司	373388	368510	2263	烟草制品批发	云南省红河州弥勒县
江苏省烟草公司苏州分公司	370439	666578	570	烟草制品批发	江苏省苏州市金阊区
江苏弘业国际集团有限公司	364471	293778	1840	纺织品、针织品及原料批发	江苏省南京市白下区
中国石油化工股份有限公司广东佛山石油分公司	363048	882002	2576	石油及制品批发	广东省佛山市禅城区
佳能(中国)有限公司	361945	452351	1035	其他机械设备及电子产品批发	北京市东城区
南京纺织品进出口股份有限公司	358055	646913	347	纺织品、针织品及原料批发	江苏省南京市鼓楼区
浙江物产国际贸易有限公司	348476	1674066	485	金属及金属矿批发	浙江省杭州市下城区
遵义市烟草专卖局(分公司)	346648	453993	9965	烟草制品批发	贵州省遵义市红花岗区
北电网络(中国)有限公司	341978	159241	1118	通讯及广播电视设备批发	北京市朝阳区
湖北银丰实业集团有限责任公司	339960	217543	2083	棉、麻批发	湖北省武汉市江岸区
重庆医药股份有限公司	331164	570419	5071	西药批发	重庆市渝中区
江苏舜天国际集团机械进出口股份有限公司	330463	537991	380	其他机械设备及电子产品批发	江苏省南京市白下区
上海汽车工业销售有限公司	328774	196201	305	汽车、摩托车及零配件批发	上海市上海市徐汇区
四川烟草公司成都分公司	323778	794923	1367	烟草制品批发	四川省成都市青羊区
中国石化国际事业有限公司	320192	459868	417	贸易经纪与代理	北京市朝阳区
山东省机械进出口集团公司	317955	490159	576	其他机械设备及电子产品批发	山东省青岛市市南区
江苏省烟草公司无锡分公司	314243	522513	944	烟草制品批发	江苏省无锡市崇安区
唐山市冀东物贸集团有限公司	314025	670452	750	汽车、摩托车及零配件批发	河北省唐山市滦县
卡特彼勒(中国)投资有限公司	311413	434740	398	其他机械设备及电子产品批发	北京市朝阳区
中国铁路物资沈阳公司	307500	1176055	404	金属及金属矿批发	辽宁省沈阳市和平区
中国铁路物资北京公司	305755	1322477	288	金属及金属矿批发	北京市宣武区
乐金电子(中国)有限公司	302131	1203906	11590	家用电器批发	北京市朝阳区
中国(福建)对外贸易中心集团	300471	201764	1176	贸易经纪与代理	福建省福州市鼓楼区

4－1 续表2

企业名称	资产总计（万元）	销售额（万元）	全部从业人员年平均人数（人）	所属行业	企业所在地
新疆农资(集团)有限责任公司	297737	189956	306	化肥批发	新疆(区)乌鲁木齐市天山区
云南烟草大理州公司	289894	284905	2594	烟草制品批发	云南省大理白族自治州大理市
北京二商集团有限责任公司	288575	34976	563	肉、禽、蛋及水产品批发	北京市宣武区
云南省烟草楚雄州公司	288083	405026	1204	烟草制品批发	云南省楚雄州楚雄市
中国化工建设总公司	284739	140703	202	其他化工产品批发	北京市朝阳区
南京金属物流集团有限公司	284096	771819	468	金属及金属矿批发	江苏省南京市白下区
欧莱雅(中国)有限公司	274624	653357	1620	化妆品及卫生用品批发	上海市上海市静安区
松下电器机电(上海)有限公司	268847	1369502	618	其他机械设备及电子产品批发	上海市上海市浦东新区
昆明船舶设备集团有限公司	268615	147405	334	其他机械设备及电子产品批发	云南省昆明市盘龙区
索尼爱立信移动通信产品(中国)有限公司	267521	818678	1237	其他机械设备及电子产品批发	北京市朝阳区
中国石油化工股份有限公司天津石油分公司	264253	1447197	6097	石油及制品批发	天津市南开区
陕西东岭工贸集团股份有限公司	261762	1086079	301	金属及金属矿批发	陕西省宝鸡市金台区
中国烟草总公司大连市烟草公司	260066	405114	827	烟草制品批发	辽宁省大连市西岗区
丽珠医药集团股份有限公司	258389	61664	562	医疗用品及器材批发	广东省珠海市香洲区
深圳市燃气集团有限公司	257673	147079	2361	石油及制品批发	广东省深圳市福田区
广东省广新外贸轻纺控股公司	256038	699536	1083	服装批发	广东省广州市越秀区
浙江物产元通机电(集团)有限公司	252314	404518	225	汽车、摩托车及零配件批发	浙江省杭州市下城区
中国机械进出口(集团)有限公司	251635	43501	358	其他机械设备及电子产品批发	北京市西城区
湖北省烟草公司武汉市公司	251401	608218	1907	烟草制品批发	湖北省武汉东西湖
中国石油化工股份有限公司深圳石油分公司	250251	1780494	3126	石油及制品批发	广东省深圳市福田区
安徽辉隆农资集团有限公司	246709	418294	448	化肥批发	安徽省合肥市庐阳区
广州医药有限公司	243369	805125	577	西药批发	广东省广州市荔湾区
中国石油天然气股份有限公司上海销售公司	239127	84892	3394	石油及制品批发	上海市上海市浦东新区
中国烟草总公司天津市公司	237453	488210	1263	烟草制品批发	天津市和平区
福建省烟草公司三明市公司	233578	157324	2234	烟草制品批发	福建省三明市梅列区
阿迪达斯体育(中国)有限公司	230010	520767	629	服装批发	江苏省苏州市平江区
三菱商事(上海)有限公司	229964	764622	350	计算机、软件及辅助设备批发	上海市上海市浦东新区
中国石油天然气股份有限公司江苏销售分公司	229271	875740	5158	石油及制品批发	江苏省南京市鼓楼区
北京医药股份有限公司	226617	473046	850	西药批发	北京市东城区
福建省烟草公司泉州分公司	222909	525833	1388	烟草制品批发	福建省泉州市丰泽区
四川省烟草公司凉山州公司	222491	451727	3399	烟草制品批发	四川省凉山州西昌市
中石化股份有限公司安徽合肥石油分公司	218685	388073	1213	石油及制品批发	安徽省合肥市包河区
江苏舜天股份有限公司	217336	146777	291	服装批发	江苏省南京市白下区
施耐德电气(中国)投资有限公司上海分公司	216912	334597	1900	五金、交电批发	上海市上海市普陀区
英迈(中国)商业有限公司	216553	1029362	678	其他未列明的批发	上海市上海市徐汇区
中铁二局集团物资有限公司	215854	537073	371	金属及金属矿批发	四川省成都市金牛区
深圳市光汇石油化工股份有限公司	214045	82154	223	石油及制品批发	广东省深圳市龙岗区
中国石油天然气股份有限公司重庆销售分公司	213494	1123719	7234	石油及制品批发	重庆市渝中区
威海纺织集团进出口有限公司	213005	348783	239	服装批发	山东省威海市环翠区
宁波市慈溪进出口股份有限公司	211959	612205	783	首饰、工艺品及收藏品批发	浙江省宁波市慈溪市
江苏开元股份有限公司	210411	465946	839	纺织品、针织品及原料批发	江苏省南京市白下区
江苏省烟草公司南通分公司	209599	403384	1082	烟草制品批发	江苏省南通市崇川区
广东省丝绸纺织集团有限公司	208222	702183	386	纺织品、针织品及原料批发	广东省广州市越秀区
云南省烟草公司昭通市公司	205630	327946	3077	烟草制品批发	云南省昭通市昭阳区
烟台张裕葡萄酿酒公司销售有限公司	204180	251421	376	饮料及茶叶批发	山东省烟台市芝罘区
青岛益佳国际贸易集团有限公司	203832	214306	776	服装批发	山东省青岛市市南区
浙江特产集团有限公司	203723	429503	292	其他机械设备及电子产品批发	浙江省杭州市上城区
中化物产股份有限公司	198210	447081	345	其他化工产品批发	北京市东城区
耐克体育(中国)有限公司	194231	782111	598	鞋帽批发	江苏省苏州市太仓市
国药集团药业股份有限公司	192816	394889	284	西药批发	北京市崇文区

4－1 续表3

企业名称	资产总计（万元）	销售额（万元）	全部从业人员年平均人数（人）	所属行业	企业所在地
中国铁路物资天津公司	191145	542560	238	金属及金属矿批发	天津市河东区
国药控股天津有限公司	190876	727110	727	西药批发	天津市和平区
南京红太阳农资商贸连锁有限公司	190037	283134	338	农药批发	江苏省南京市高淳县
江阴市长江钢管有限公司	189845	388109	498	金属及金属矿批发	江苏省无锡市江阴市
贵州省烟草公司毕节地区分公司	189339	328181	11275	烟草制品批发	贵州省毕节市
广东烟草广州市有限公司	189268	745124	1197	烟草制品批发	广东省广州市天河区
安徽省徽商股份有限公司	188062	1103182	310	金属及金属矿批发	安徽省合肥市包河区
山东省新华书店	187936	211358	593	图书批发	山东省济南市市中区
中国铁路物资上海公司	184494	1006946	321	金属及金属矿批发	上海市上海市闸北区
浙江远大进出口有限公司	184272	1070777	300	其他化工产品批发	浙江省宁波市北仑区
江苏博西家用电器销售有限公司	182383	686519	1910	家用电器批发	江苏省南京市鼓楼区
埃克森美孚（中国）投资有限公司	178026	398689	637	石油及制品批发	上海市上海市徐汇区
重庆新华书店（集团）有限责任公司	177427	130763	3365	图书批发	重庆市渝中区
浙江新大集团有限公司	176681	307945	536	纺织品、针织品及原料批发	浙江省杭州市滨江区
上海市机械设备成套（集团）有限公司（商业）	176514	183620	422	其他机械设备及电子产品批发	上海市上海市普陀区
上海市五金矿产进出口公司	174632	344697	373	金属及金属矿批发	上海市上海市闸北区
江苏省烟草公司常州分公司	172217	303173	672	烟草制品批发	江苏省常州市钟楼区
江苏开元国际集团轻工业品进出口股份有限公司	170556	301523	287	其他日用品批发	江苏省南京市白下区
上海云峰（集团）有限公司	170380	150208	431	汽车、摩托车及零配件批发	上海市上海市闵行区
浙江中油华电能源有限公司	170341	286904	245	石油及制品批发	浙江省温州市洞头县
江苏省新华书店集团有限公司	169479	306196	324	图书批发	江苏省南京市玄武区
国药控股有限公司	167941	714213	340	西药批发	上海市上海市黄浦区
青岛烟草有限公司	167742	125645	1100	烟草制品批发	山东省青岛市市北区
中粮国际（北京）有限公司	166938	347223	234	米、面制品及食用油批发	北京市东城区
上海兰生股份有限公司	164856	189918	1313	鞋帽批发	上海市上海市虹口区
云南省烟草保山市公司	164045	204181	1851	烟草制品批发	云南省保山市隆阳区
中国石油天然气股份有限公司大连销售分公司	163055	927693	2982	石油及制品批发	辽宁省大连市中山区
新疆奎屯农七师供销棉麻总公司	161348	209086	284	棉、麻批发	新疆（区）伊犁州奎屯市
广东省电信器材公司	160694	257078	285	通讯及广播电视设备批发	广东省广州市越秀区
上海雷允上药业有限公司	159752	231228	3137	中药材及中成药批发	上海市上海市黄浦区
上海新华传媒股份有限公司	158370	192325	3752	图书批发	上海市上海市黄浦区
浙江凯喜雅国际股份有限公司	158302	210697	271	纺织品、针织品及原料批发	浙江省杭州市下城区
中国铁路物资成都公司	157386	332532	685	金属及金属矿批发	四川省成都市青羊区
哈尔滨市烟草公司	156378	350390	1873	烟草制品批发	黑龙江省哈尔滨市南岗区
江苏苏豪国际集团股份有限公司	156198	526438	304	纺织品、针织品及原料批发	江苏省南京市白下区
深圳市广聚能源股份有限公司	156028	63433	376	石油及制品批发	广东省深圳市南山区
江苏省烟草公司盐城分公司	155906	284029	1184	烟草制品批发	江苏省盐城市亭湖区
中国出国人员服务总公司	155841	57516	570	贸易经纪与代理	北京市朝阳区
中国铁路物资武汉公司	155540	647243	312	金属及金属矿批发	湖北省武汉武昌
福建新华发行（集团）有限责任公司	155314	113438	390	图书批发	福建省福州市鼓楼区
福建省烟草公司福州分公司	155141	417881	1194	烟草制品批发	福建省福州市晋安区
中国石油天然气股份有限公司山西销售分公司	154600	172192	561	石油及制品批发	山西省太原市小店区
北京李宁体育用品有限公司	154042	311567	573	服装批发	北京市崇文区
九禾农资股份有限公司	153923	443073	239	化肥批发	重庆市九龙坡区
兵团棉麻公司	152770	279292	478	棉、麻批发	新疆（区）乌鲁木齐市沙依巴克区
卡夫食品（中国）有限公司	152642	164852	783	糕点、糖果及糖批发	北京市朝阳区
福建省龙岩烟草分公司	151856	231040	2067	烟草制品批发	福建省龙岩市新罗区
上海新宇钟表集团股份有限公司	150384	212828	243	其他日用品批发	上海市上海市卢湾区
广州市立白企业集团有限公司	150025	760509	1800	厨房、卫生间用具及日用杂货批发	广东省广州市荔湾区
安徽华源医药股份有限公司	148350	955088	1889	西药批发	安徽省阜阳市太和区

4－1 续表4

企业名称	资产总计（万元）	销售额（万元）	全部从业人员年平均人数（人）	所属行业	企业所在地
云南省烟草公司文山州公司	148141	1285780	1865	烟草制品批发	云南省文山州文山县
山东省农业生产资料有限责任公司	147510	341449	230	化肥批发	山东省济南市历下区
上海电力物资有限公司	147475	635998	233	其他机械设备及电子产品批发	上海市上海市黄浦区
中国医药对外贸易公司	147283	232176	258	西药批发	北京市海淀区
大金(中国)投资有限公司	147083	70069	1389	其他机械设备及电子产品批发	北京市东城区
南方建材股份有限公司	146827	180234	1502	建材批发	湖南省长沙市芙蓉区
国药控股广州有限公司	146506	462945	400	西药批发	广东省广州市荔湾区
中国石油天然气股份有限公司广西销售分公司	146059	188397	2966	石油及制品批发	广西壮族自治区南宁市青秀区
淄博金彩沙发城有限公司	145000	430657	3100	其他未列明的批发	山东省淄博市周村区
东方国际集团上海市对外贸易有限公司	144018	535605	206	其他未列明的批发	上海市上海市长宁区
中国石油天然气股份有限公司河南销售分公司	143983	744453	568	石油及制品批发	河南省郑州市金水区
沈阳市烟草公司	143643	421325	1515	烟草制品批发	辽宁省沈阳市沈河区
湖南省烟草公司长沙市公司	141105	458339	951	烟草制品批发	湖南省长沙市雨花区
山东潍坊烟草有限公司	141073	359386	3290	烟草制品批发	山东省潍坊市高新区
中国石化(销售)川渝分公司	140999	786796	621	石油及制品批发	四川省成都市青羊区
中国烟草总公司青海分公司	140590	191917	227	烟草制品批发	青海省西宁市城西区
阿斯利康无锡贸易有限公司	139162	262178	2781	西药批发	江苏省无锡市新区
泰科电子(上海)有限公司	138784	231906	351	其他未列明的批发	上海市上海市浦东新区
广东省机械进出口股份有限公司	138314	325214	315	其他机械设备及电子产品批发	广东省广州市越秀区
昌吉回族自治州粮油购销(集团)有限责任公司	137897	75343	913	谷物、豆及薯类批发	新疆(区)昌吉回族自治州昌吉市
陕西省烟草公司西安分公司	136717	402902	1673	烟草制品批发	陕西省西安市碑林区
江苏省烟草公司泰州分公司	135849	286764	1077	烟草制品批发	江苏省泰州市海陵区
中国石油天然气股份有限公司	135496	247221	2274	石油及制品批发	内蒙古自治区赤峰市松山区
江苏省烟草公司徐州分公司	135426	295949	1460	烟草制品批发	江苏省徐州市云龙区
江苏省烟草公司扬州分公司	134324	308365	1033	烟草制品批发	江苏省扬州市维扬区
云南中烟物资(集团)有限责任公司	133300	727305	207	烟草制品批发	云南省昆明市五华区
浙江省烟草公司温州分公司	133083	539901	315	烟草制品批发	浙江省温州市鹿城区
湖北省烟草公司恩施州公司	132505	89668	3624	烟草制品批发	湖北省恩施州恩施市
福建省农资集团公司	131874	252786	610	化肥批发	福建省福州市鼓楼区
上海海烟物流发展有限公司	131825	675209	675	烟草制品批发	上海市上海市长宁区
湖北联谊实业集团有限公司	131193	237218	201	其他化工产品批发	湖北省武昌区武汉市
松下电器机电(深圳)有限公司	130910	555810	280	其他机械设备及电子产品批发	广东省深圳市福田区
山东潍坊海王银河医药有限公司	130907	392768	722	中药材及中成药批发	山东省潍坊市奎文区
天津天狮生物工程有限公司	130070	124022	1286	其他食品批发	天津市武清区
中国石油化工股份有限公司浙江宁波石油分公司	128086	961706	293	石油及制品批发	浙江省宁波市海曙区
德力西电气有限公司	127852	42574	642	其他机械设备及电子产品批发	浙江省温州市乐清市
浙江英特药业有限责任公司	127100	385237	323	西药批发	浙江省杭州市下城区
中国铁路物资哈尔滨公司	127075	605767	260	石油及制品批发	黑龙江省哈尔滨市南岗区
万联能源集团有限公司	126255	101139	213	石油及制品批发	江苏省连云港市新浦区
明尼苏达矿业制造上海国际贸易有限公司	126062	331320	650	其他未列明的批发	上海市上海市浦东新区
中国石油化工股份有限公司郑州石油公司	126021	606088	506	石油及制品批发	河南省郑州市管城回族区
中国石油天然气股份有限公司贵州销售分公司	125585	244878	1661	石油及制品批发	贵州省贵阳市南明区
上海市药材有限公司	125257	94121	1382	中药材及中成药批发	上海市上海市黄浦区
云南省烟草烟叶公司	124825	203530	332	烟草制品批发	云南省昆明市官渡区
中国石油天然气股份有限公司北京销售分公司	124364	687239	2229	石油及制品批发	北京市朝阳区
安徽新兴格力空调销售有限公司	123672	207355	720	家用电器批发	安徽省合肥市瑶海区
福建省烟草公司南平市公司	123385	235984	2313	烟草制品批发	福建省南平市延平区
阿尔派电子(中国)有限公司	123215	87382	473	汽车、摩托车及零配件批发	北京市朝阳区
广东新华发行集团股份有限公司	122792	98945	524	图书批发	广东省广州市越秀区
上海伊藤忠商事有限公司	122140	43513	242	其他未列明的批发	上海市上海市浦东新区

4－1 续表5

企业名称	资产总计（万元）	销售额（万元）	全部从业人员年平均人数（人）	所属行业	企业所在地
天津太平（集团）有限公司	121726	359240	814	西药批发	天津市和平区
安徽洽洽食品有限公司	120880	153798	892	其他食品批发	安徽省合肥市经开区
中国再生资源开发有限公司	120643	1283236	416	再生物资回收与批发	北京市西城区
山东格力电器市场营销有限公司	120637	175373	562	家用电器批发	山东省济南市天桥区
贵州省烟草公司贵阳市分公司	120448	294964	1313	烟草制品批发	贵州省贵阳市南明区
中基宁波对外贸易股份有限公司	120411	681924	206	服装批发	浙江省宁波市鄞州区
中油黑龙江农垦石油有限责任公司	120121	253835	1578	石油及制品批发	黑龙江省哈尔滨南岗区
睢阳区棉麻公司	119571	42234	1001	棉、麻批发	河南省商丘市睢阳区
上海燃料浦东有限责任公司	119534	517175	212	石油及制品批发	上海市上海市黄浦区
江苏省烟草公司镇江分公司	119092	247618	704	烟草制品批发	江苏省镇江市京口区
广州纺织品进出口集团有限公司	118516	220861	303	服装批发	广东省广州市越秀区
中国石油化工股份有限公司安徽分公司	118407	192852	214	石油及制品批发	安徽省蚌埠市龙子湖区
山东临沂烟草有限公司	116619	337699	3218	烟草制品批发	山东省临沂市兰山区
郴州市烟草公司	115771	299552	1575	烟草制品批发	湖南省郴州市北湖区
李宁（中国）体育用品有限公司	114975	162663	846	体育用品批发	北京市通州区
包头市华银工程机械有限公司	114659	78793	728	汽车、摩托车及零配件批发	内蒙古自治区包头市昆区
青岛润泰事业有限公司沈阳分公司	114120	314450	830	其他未列明的批发	辽宁省沈阳市和平区
河南省新华书店	113958	168235	612	图书批发	河南省郑州市金水区
攀钢集团国贸攀枝花有限公司	113785	524252	254	金属及金属矿批发	四川省攀枝花市东区
通用美康医药有限公司	113139	139687	303	中药材及中成药批发	北京市崇文区
中国铁路物资西安公司	113125	535527	230	石油及制品批发	陕西省西安市新城区
中国药材集团公司	112503	92312	259	中药材及中成药批发	北京市宣武区
绮丽集团有限责任公司	112473	137227	532	服装批发	山东省青岛市市南区
福建省烟草公司厦门烟草分公司	112024	251942	303	烟草制品批发	福建省厦门市思明区
河南省烟草公司郑州分公司	111974	378209	2079	烟草制品批发	河南省郑州市中原区
福建省烟草公司漳州分公司	111911	320553	1123	烟草制品批发	福建省漳州市芗城区
苏州市苏创集团有限公司	111108	43957	218	石油及制品批发	江苏省苏州市太仓市
重庆桐君阁股份有限公司	111048	261268	568	中药材及中成药批发	重庆市渝中区
浙江省茶叶集团有限公司	110930	298324	216	饮料及茶叶批发	浙江省杭州市下城区
中国石油天然气股份有限公司青海销售分公司	110855	421463	2171	石油及制品批发	青海省西宁市城北区
联合利华服务（合肥）有限公司	109230	657817	873	化妆品及卫生用品批发	安徽省合肥市经开区
中国电子器材总公司	108874	242418	670	其他机械设备及电子产品批发	北京市海淀区
淄川服装城	108511	1103029	33000	服装批发	山东省淄博淄川区
安徽省技术进出口股份有限公司	108054	475880	362	其他机械设备及电子产品批发	安徽省合肥市蜀山区
河北省烟草公司石家庄分公司	107732	319643	1070	烟草制品批发	河北省石家庄市桥西区
浙江省土产畜产进出口集团公司	107616	321084	235	其他食品批发	浙江省杭州市下城区
浙江省粮油食品进出口股份有限公司	107440	210488	292	米、面制品及食用油批发	浙江省杭州市下城区
合肥市荣事达洗衣设备有限责任公司	107198	198732	3692	家用电器批发	安徽省合肥市高新区
武汉医药集团股份有限公司	106985	64513	353	西药批发	湖北省武汉市江岸区
湖南省粮油食品进出口集团有限公司	106101	89200	999	米、面制品及食用油批发	湖南省长沙市芙蓉区
安徽省烟草公司合肥市公司	105636	319792	1119	烟草制品批发	安徽省合肥市蜀山区
中国石油天然气股份有限公司黑龙江哈尔滨销售分公司	104846	428907	2231	石油及制品批发	黑龙江省哈尔滨市道里区
湖南省烟草专卖局衡阳市公司	104407	116645	1053	烟草制品批发	湖南省衡阳市蒸湘区
大金（中国）投资有限公司上海分公司	104159	502822	691	计算机、软件及辅助设备批发	上海市上海市静安区
广州市番禺番龙石油化工有限公司	103561	144290	205	石油及制品批发	广东省广州市番禺区
上海博世力士乐液压及自动化有限公司	103455	127666	295	其他机械设备及电子产品批发	上海市上海市浦东新区
广东省食品进出口集团公司	102822	160516	2122	肉、禽、蛋及水产品批发	广东省广州市越秀区
山西省烟草公司太原市分公司	102409	286162	666	烟草制品批发	山西省太原市迎泽区
深圳市爱施德实业股份有限公司	102277	331420	2500	通讯及广播电视设备批发	广东省深圳市福田区
深圳市青岛啤酒华南营销有限公司	102271	262872	3036	饮料及茶叶批发	广东省深圳市福田区

4－1　续表6

企业名称	资产总计（万元）	销售额（万元）	全部从业人员年平均人数（人）	所属行业	企业所在地
中国石油天然气股份有限公司西北销售公司新疆分公司	102238	4659355	209	石油及制品批发	新疆(区)乌鲁木齐市经济技术开发区
雅培贸易(上海)有限公司	101817	173013	516	五金、交电批发	上海市上海市黄浦区
东营鲁能方大集团有限责任公司	101649	52432	428	五金、交电批发	山东省东营开发区
晋城金驹实业有限公司	100734	82775	4614	煤炭及制品批发	山西省晋城城区
新疆天汇汽车服务有限公司	100693	124650	375	汽车、摩托车及零配件批发	新疆(区)乌鲁木齐市新市区
瑞表国际贸易(上海)有限公司	100619	404084	341	其他日用品批发	上海市上海市徐汇区
广州珠江电力燃料有限公司	100249	442384	283	煤炭及制品批发	广东省广州市天河区
中国石化山东泰山石油股份有限公司	100203	319758	1031	石油及制品批发	山东省泰安市泰山区
富士施乐实业发展(上海)有限公司	100098	168832	842	其他未列明的批发	上海市上海市浦东新区
上海烟草集团黄浦烟草糖酒有限公司	99968	183054	511	烟草制品批发	上海市上海市黄浦区
江西省烟草公司南昌市公司	99821	282084	859	烟草制品批发	江西省南昌市西湖区
广东中域电讯连锁有限公司	99736	119085	638	通讯及广播电视设备批发	广东省东莞市东莞市
中捷环洲钢业股份有限公司	99636	172579	350	金属及金属矿批发	浙江省台州市玉环县
云南省医药有限公司	99492	301161	306	西药批发	云南省昆明市盘龙区
中石化中海船舶燃料供应有限公司	99081	1021344	637	石油及制品批发	广东省广州市天河区
江苏省燃料总公司	98712	561136	229	金属及金属矿批发	江苏省南京市鼓楼区
云南香格里拉金六福酒业销售有限公司	98584	34022	3434	其他未列明的批发	云南省迪庆州经济开发区
山东烟台烟草有限公司	98117	329106	1263	烟草制品批发	山东省烟台市莱山区
贵州省烟草公司黔西南州分公司	97842	175010	1326	烟草制品批发	贵州省黔西南州兴义市
中国石油化工股份有限公司安徽阜阳石油分公司	97719	184586	730	石油及制品批发	安徽省阜阳市颍州区
重庆华轻商业公司	97355	255918	430	金属及金属矿批发	重庆市渝中区
中国石油化工有限公司河北石家庄分公司	96904	577930	1918	石油及制品批发	河北省石家庄市裕华区
四川省医药有限公司	96585	104871	234	西药批发	四川省成都市青羊区
中国石化销售有限公司川渝重庆分公司	96182	196402	789	石油及制品批发	重庆市渝中区
山东道恩集团有限公司	95952	394466	316	其他化工产品批发	山东省烟台市龙口市
北京市糖业烟酒公司	94957	153151	553	糕点、糖果及糖批发	北京市崇文区
浙江东菱股份有限公司	94925	189828	445	金属及金属矿批发	浙江省嘉兴市南湖区
中国石油化工股分有限公司赣州石油分公司	94294	288319	462	石油及制品批发	江西省赣州市章贡区
安徽省烟草公司安庆公公司	93651	222664	1023	烟草制品批发	安徽省安庆市迎江区
甘肃省烟草兰州公司	93544	163673	950	烟草制品批发	甘肃省兰州市城关区
宿州中石化公司	92935	152907	437	石油及制品批发	安徽省宿州市墉桥区
深圳三九医药贸易有限公司	92559	167771	1060	中药材及中成药批发	广东省深圳市罗湖区
河北省烟草公司唐山分公司	92421	215263	793	烟草制品批发	河北省唐山市路北区
浙江中大集团股份有限公司	92284	301949	259	纺织品、针织品及原料批发	浙江省杭州市下城区
湖南省新华书店	91738	154999	566	图书批发	湖南省长沙市芙蓉区
中国石油化工股份有限公司开封分公司	91500	121341	240	石油及制品批发	河南省开封市鼓楼区
开利空调销售服务(上海)有限公司	90796	253466	900	其他机械设备及电子产品批发	上海市上海市黄浦区
山东济南烟草有限公司	90632	278775	951	烟草制品批发	山东省济南市历城区
捷成(中国)贸易有限公司	90423	166932	366	饮料及茶叶批发	北京市东城区
广州市粮食集团有限责任公司	90166	77935	500	米、面制品及食用油批发	广东省广州市越秀区
中化天津公司	90083	160922	331	其他化工产品批发	天津市河西区
上海丝绸集团股份有限公司	89974	488119	478	服装批发	上海市上海市徐汇区
深圳一致药业股份有限公司	89799	144195	275	西药批发	广东省深圳市福田区
南京医药合肥天星有限公司	89517	174621	1183	西药批发	安徽省合肥市庐阳区
延边天池工贸有限公司	89182	51112	396	金属及金属矿批发	吉林省延边朝鲜族自治州和龙市
烟台市农业生产资料总公司	88671	179620	271	化肥批发	山东省烟台市芝罘区
合肥丰乐种业股份有限公司	88545	37101	485	种子、饲料批发	安徽省合肥市蜀山区
重庆建设销售有限责任公司重庆分公司	87536	164871	617	汽车、摩托车及零配件批发	重庆市九龙坡区
湖北九洲通医药有限公司	86847	315506	810	西药批发	湖北省武汉市汉阳区
玛纳斯县供销合作社供销联社	86310	48085	920	棉、麻批发	新疆(区)昌吉回族自治州玛纳斯县

4-1 续表7

企业名称	资产总计（万元）	销售额（万元）	全部从业人员年平均人数（人）	所属行业	企业所在地
河南省粮油食品进出口公司	85743	69690	218	米、面制品及食用油批发	河南省郑州市金水区
江苏省烟草公司淮安分公司	85521	167281	800	烟草制品批发	江苏省淮安市清浦区
温州菜篮子集团有限公司	85405	70221	1737	果品、蔬菜批发	浙江省温州市鹿城区
广东省轻工进出口股份有限公司	85210	275860	1842	厨房、卫生间用具及日用杂货批发	广东省广州市越秀区
四川科伦医药贸易有限公司	85204	217973	410	中药材及中成药批发	四川省都市新都区
北京中石化首创石油投资经营有限公司	85184	279303	836	石油及制品批发	北京市朝阳区
浙江省纺织品进出口集团有限公司	85138	315544	369	其他机械设备及电子产品批发	浙江省杭州市上城区
中国电线电缆进出口有限公司	84811	51124	237	其他未列明的批发	北京市朝阳区
河北省烟草公司保定分公司	84581	307381	1634	烟草制品批发	河北省保定市北市区
中国石油化工股份有限公司安阳石油分公司	84245	311597	454	石油及制品批发	河南省安阳市北关区
南京普迪建材实业集团邮箱公司	82869	34585	375	建材批发	江苏省南京市白下区
申莱斯电子(上海)有限公司	82776	176190	275	其他未列明的批发	上海市上海市浦东新区
广东烟草东莞市有限公司	82172	398899	546	服装批发	广东省东莞市东莞市
山东济宁烟草有限公司	82107	270035	1420	烟草制品批发	山东省济宁市高新区
江西汇仁集团医药科研营销有限公司	81278	213664	479	中药材及中成药批发	江西省南昌市青山湖区
岳阳市烟草公司	81179	244656	672	烟草制品批发	湖南省岳阳市岳阳楼区
山西省农业生产资料公司	80507	101329	263	化肥批发	山西省太原市迎泽区
南京新华海科技产业集团有限公司	80039	86350	311	计算机、软件及辅助设备批发	江苏省南京市玄武区
河北省新华书店	79600	125384	474	图书批发	河北省石家庄市桥西区
库柏电气(上海)有限公司	78505	214883	383	其他机械设备及电子产品批发	上海市上海市浦东新区
湖南省烟草公司永州市公司	78478	177865	2219	烟草制品批发	湖南省永州市冷水滩区
浙江省烟草公司绍兴分公司	78340	347272	328	烟草制品批发	浙江省绍兴市越城区
重庆新兴格力电器销售有限责任公司	77621	197884	362	家用电器批发	重庆市九龙坡区
四川省烟草公司泸州市公司	77606	126412	1232	烟草制品批发	四川省泸州市江阳区
广东烟草佛山市有限公司责任公司	77314	366016	725	烟草制品批发	广东省佛山市禅城区
福特汽车(中国)有限公司	76679	93540	210	汽车、摩托车及零配件批发	上海市上海市浦东新区
河南省烟草公司平顶山分公司	76413	78863	2850	烟草制品批发	河南省平顶山市新华区
华北制药集团销售有限公司	76008	80743	628	西药批发	河北省石家庄市长安区
贵州省烟草公司黔南分公司	75712	97975	2329	烟草制品批发	贵州省黔南布依族苗族自治州都匀市
广州格力空调销售有限公司	75545	107143	200	家用电器批发	广东省广州市越秀区
安徽省烟草公司六安市公司	74660	139047	829	烟草制品批发	安徽省六安市金安区
中国石油化工股份有限公司广东江门石油分公司	74373	331027	1701	石油及制品批发	广东省江门市蓬江区
吉林省烟草公司长春分公司	74351	313269	1188	烟草制品批发	吉林省长春市二道区
成都西部医药经营有限公司	74335	294524	311	西药批发	四川省成都市金牛区
上海广电信息电子销售有限公司	74199	57803	371	家用电器批发	上海市上海市徐汇区
福建同春药业股份有限公司	74072	196275	896	西药批发	福建省福州市仓山区
中国石油化工股份有限公司河北保定市石油分公司	73804	268613	814	石油及制品批发	河北省保定市南市区
朔州市芦西选煤厂	73744	51280	594	煤炭及制品批发	山西省朔州平鲁区
广州食品企业集团有限公司	73569	43030	471	肉、禽、蛋及水产品批发	广东省广州市荔湾区
上海神州数码有限公司	73311	449012	463	计算机、软件及辅助设备批发	上海市上海市长宁区
浙江省烟草宁波分公司	72632	659956	355	烟草制品批发	浙江省宁波市科技园区
中国石油化工股份有限公司河北唐山分公司	72514	465827	759	石油及制品批发	河北省唐山市路北区
福建华闽进出口有限公司	72459	226241	494	鞋帽批发	福建省福州市鼓楼区
中国石油化工股份有限公司江西宜春石油分公司	72454	192665	378	石油及制品批发	江西省宜春市袁州区
浙江震元股份有限公司	72298	63860	281	中药材及中成药批发	浙江省绍兴市越城区
中石化山东淄博石油分公司	72210	317980	240	石油及制品批发	山东省淄博市张店区
安徽省烟草公司巢湖市公司	71983	177975	875	烟草制品批发	安徽省巢湖市居巢区
石家庄乐仁堂股份有限公司	71959	331000	1074	西药批发	河北省石家庄市桥东区
中化上海公司	71878	120084	275	其他化工产品批发	上海市上海市黄浦区
安徽安粮国际发展股份有限公司	71819	260949	262	纺织品、针织品及原料批发	安徽省合肥市庐阳区

4－1　续表8

企业名称	资产总计（万元）	销售额（万元）	全部从业人员年平均人数（人）	所属行业	企业所在地
芜湖亚夏实业有限公司	71714	127077	545	汽车、摩托车及零配件批发	安徽省芜湖市鸠江区
吉林省北方医药有限责任公司	71647	76625	900	西药批发	吉林省长春市宽城区
湖南省烟草公司株洲市公司	71494	213092	627	饮料及茶叶批发	湖南省株洲市芦淞区
宁波百隆贸易有限公司	71398	84356	233	纺织品、针织品及原料批发	浙江省宁波市镇海区
河北省烟草公司廊坊分公司	71193	136936	702	烟草制品批发	河北省廊坊市广阳区
陕西东大石油化工有限公司	70969	219849	204	石油及制品批发	陕西省西安市高新区
安徽省服装进出口股份有限公司	70950	167967	239	服装批发	安徽省合肥市庐阳区
中国石油化工股份有限公司广东韶关石油分公司	70902	279953	830	石油及制品批发	广东省韶关市浈江区
沈阳市第一粮库	70579	31705	323	米、面制品及食用油批发	辽宁省沈阳市铁西区
中山市物资集团有限公司	70519	296687	312	金属及金属矿批发	广东省中山市中山市
广东华农温氏畜牧股份有限公司	70458	89574	1960	肉、禽、蛋及水产品批发	广东省云浮市新兴县
江苏省烟草公司连云港分公司	69959	148817	881	烟草制品批发	江苏省连云港市新浦区
江西省烟草公司赣州分公司	69661	187049	2013	烟草制品批发	江西省赣州市章贡区
新疆生产建设兵团石油有限公司	69412	250320	1685	石油及制品批发	新疆(区)乌鲁木齐市天山区
浙江东方集团股份有限公司	69396	409115	524	服装批发	浙江省杭州市上城区
温州金洲集团有限公司	69196	167874	315	服装批发	浙江省温州市鹿城区
湖南省烟草公司常德市公司	69065	74447	909	烟草制品批发	湖南省常德市武陵区
酩悦轩尼诗帝亚吉欧洋酒(上海)有限公司	68452	367310	324	饮料及茶叶批发	上海市上海市静安区
福建省烟草公司宁德市公司	68160	169678	733	烟草制品批发	福建省宁德市 蕉城区
山东翔龙实业集团有限公司	67887	62542	200	化肥批发	山东省临沂市兰山区
北京方正延中信息系统有限公司	67774	81937	245	计算机、软件及辅助设备批发	北京市海淀区
德利多富信息系统(上海)有限公司	67612	85216	472	其他机械设备及电子产品批发	上海市上海市浦东新区
湖北新兴格力电器销售有限公司	67482	191760	680	家用电器批发	湖北省武汉市桥口区
中国石油化工股份有限公司江西南昌石油分公司	67475	302807	1312	石油及制品批发	江西省南昌市青山湖区
浙江省烟草公司杭州市萧山区公司	67103	148325	220	烟草制品批发	浙江省杭州市萧山区
安徽省烟草公司宣城市公司	66866	145813	669	烟草制品批发	安徽省宣城市宣州区
上海创思服饰有限公司	66786	78025	218	服装批发	上海市上海市长宁区
中化河北进出口公司	66722	77734	210	其他化工产品批发	河北省石家庄市新华区
河北省烟草公司沧州分公司	65811	157234	1189	烟草制品批发	河北省沧州市运河区
欧文斯科宁(中国)投资有限公司	65621	74500	250	建材批发	上海市上海市浦东新区
上海史泰博企业发展有限公司	65572	134429	768	文具用品批发	上海市上海市长宁区
湖北省烟草公司襄樊市公司	65395	181550	1461	烟草制品批发	湖北省襄樊市樊城区
云南省烟草丽江市公司	65373	102074	493	烟草制品批发	云南省丽江市古城区
中国石化工股份有限公司安徽宣城石油分公司	65070	117398	471	石油及制品批发	安徽省宣城市宣州区
河北省烟草公司邯郸分公司	64990	212201	1551	烟草制品批发	河北省邯郸市丛台区
松下电工(中国)有限公司	64984	33171	501	五金、交电批发	北京市朝阳区
华润雪花啤酒(中国)有限公司	64390	35619	781	饮料及茶叶批发	北京市东城区
云南省烟草思茅市公司	64374	145768	773	烟草制品批发	云南省思茅市翠云区
四川烟草公司绵阳市分公司	63952	161731	690	烟草制品批发	四川省绵阳市游仙区
深圳市华孚进出口有限公司	63865	114458	415	纺织品、针织品及原料批发	广东省深圳市福田区
中国石油化工股份有限公司安徽滁州石油分公司	63638	126530	562	石油及制品批发	安徽省滁州市琅琊区
安徽省烟草公司芜湖市公司	63557	120931	450	烟草制品批发	安徽省芜湖市弋江区
北京骏马诚信机械有限公司	63428	99324	536	其他机械设备及电子产品批发	北京市海淀区
江苏省烟草公司宿迁分公司	63338	120278	757	烟草制品批发	江苏省宿迁市宿城区
湖北银海棉业有限责任公司	63335	41494	551	棉、麻批发	湖北省潜江市潜江市
宁波医药股份有限公司	63080	231468	250	西药批发	浙江省宁波市海曙区
内蒙古自治区烟草公司呼市分公司	62742	186160	627	烟草制品批发	内蒙古自治区呼和浩特市玉泉区
湖北省烟草公司宜昌市公司	62728	163650	1170	烟草制品批发	湖北省宜昌市西陵区
山西省烟草公司大同市公司	62538	183295	779	烟草制品批发	山西省大同市城区
贵州省烟草公司铜仁分公司	62144	146834	2058	烟草制品批发	贵州省铜仁地区铜仁市

4－1 续表9

企业名称	资产总计（万元）	销售额（万元）	全部从业人员年平均人数（人）	所属行业	企业所在地
中国石油化工股份有限公司南阳石油分公司	62032	214220	479	石油及制品批发	河南省南阳市卧龙区
四川粮油（集团）有限责任公司	61789	40320	252	米、面制品及食用油批发	四川省成都市锦江区
中国石油天然气股份有限公司吉林白城销售分公司	61508	137774	600	石油及制品批发	吉林省白城市洮北区
内盟古铁鑫煤化有限公司	61452	212995	360	煤炭及制品批发	内蒙古自治区包头市东河区
中国石化武汉石油（集团）股份有限公司	61162	346530	2031	石油及制品批发	湖北省武汉市江汉区
上海市农业生产资料公司	61130	203041	299	化肥批发	上海市上海市闸北区
北京新华书店首都发行所有限公司	60508	69164	638	图书批发	北京市西城区
湖北省烟草公司荆州市公司	60262	205491	1077	烟草制品批发	湖北省荆州市沙市区
山西省烟草公司运城市公司	60207	211434	995	烟草制品批发	山西省运城盐湖区
广西新华书店集团有限公司	60168	116619	468	图书批发	广西壮族自治区南宁市青秀区
中国石油天然气股份有限公司西北销售兰州分公司	60077	1147618	350	石油及制品批发	甘肃省兰州市西固区
湖北省烟草公司黄冈市公司	59880	197276	1032	烟草制品批发	湖北省黄冈市黄州区
吉林省新华书店集团有限责任公司	59866	56198	275	图书批发	吉林省长春市二道区
深圳招商石化有限公司	59771	75161	352	其他化工产品批发	广东省深圳市南山区
浙江省工艺品进出口有限公司	59747	192003	285	首饰、工艺品及收藏品批发	浙江省杭州市下城区
中国石油化工股份有限公司广东清远石油分公司	59431	65862	1048	石油及制品批发	广东省清远市清城区
广东省肇庆土产进出口公司	59345	156267	333	五金、交电批发	广东省肇庆市端州区
江西省宜春市烟草分公司	59306	170750	979	烟草制品批发	江西省宜春市袁州区
中石化巢湖公司	59209	94470	452	石油及制品批发	安徽省巢湖市居巢区
河南省烟草公司洛阳分公司	58788	86158	401	烟草制品批发	河南省洛阳市洛龙区
中国石油化工股份有限公司阳江石油分公司	58785	153745	654	石油及制品批发	广东省阳江市江城区
常州药业股份有限公司	58664	110759	343	西药批发	江苏省常州市天宁区
山特维克国际贸易（上海）有限公司	58597	165423	390	其他未列明的批发	上海市上海市浦东新区
安徽省烟草公司滁州市公司	58218	157116	769	烟草制品批发	安徽省滁州市琅琊区
长沙双鹤医药有限责任公司	57984	246531	644	西药批发	湖南省长沙市岳麓区
浙江省烟草公司台州分公司	57944	379471	382	烟草制品批发	浙江省台州市椒江区
广东新中源陶瓷有限公司	57843	47630	216	建材批发	广东省佛山市禅城区
广西壮族自治区南宁市烟草公司	57771	151061	962	烟草制品批发	广西壮族自治区南宁市西乡塘区
浙江省烟草公司湖州分公司	57577	250465	376	烟草制品批发	浙江省湖州市吴兴区
广西壮族自治区烟草公司桂林分公司	57492	177648	805	烟草制品批发	广西壮族自治区桂林市象山区
三星（中国）投资有限公司广州分公司	57299	258086	260	家用电器批发	广东省广州市越秀区
河北东盛英华医药有限公司	57292	177483	370	西药批发	河北省邢台市邢台县
山西省烟草公司临汾市公司	57195	196640	820	烟草制品批发	山西省临汾市尧都区
湖南省烟草公司益阳分公司	57033	188781	351	烟草制品批发	湖南省益阳市赫山区
福建省烟草公司莆田分公司	56921	152673	427	烟草制品批发	福建省莆田市城厢区
江西省烟草公司九江分公司	56628	196350	870	烟草制品批发	江西省九江市浔阳区
江西南华医药有限公司	56462	105022	519	西药批发	江西省南昌市西湖区
浙江省邮电器材公司	56450	118524	317	通讯及广播电视设备批发	浙江省杭州市下城区
渤海石油物资供应公司	56113	75442	444	石油及制品批发	天津市塘沽区
四川省烟草公司宜宾市公司	55775	161050	882	烟草制品批发	四川省宜宾市翠屏区
山西新华书店集团有限公司	55649	82439	424	图书批发	山西省太原市迎泽区
雄风集团有限公司	55438	114401	840	家用电器批发	浙江省绍兴市诸暨市
深圳市怡化电脑有限公司	55371	62967	200	计算机、软件及辅助设备批发	广东省深圳市福田区
广西壮族自治区烟草公司百色市公司	55327	104499	1379	烟草制品批发	广西壮族自治区百色市右江区
中国邮电器材重庆公司	55123	67928	600	通讯及广播电视设备批发	重庆市渝中区
四川省烟草公司德阳市分公司	54905	134754	679	烟草制品批发	四川省德阳市旌阳区
河北省烟草公司邢台分公司	54815	141651	1342	烟草制品批发	河北省邢台市桥东区
邵阳市烟草公司	54730	57071	1013	烟草制品批发	湖南省邵阳市大祥区
新疆棉花产业（集团）莎车棉业有限责任公司	54041	32541	648	棉、麻批发	新疆（区）喀什地区莎车市
中国石油化工股份有限公司山东烟台石油分公司	53915	381806	1607	石油及制品批发	山东省烟台市芝罘区

4－1 续表10

企业名称	资产总计（万元）	销售额（万元）	全部从业人员年平均人数（人）	所属行业	企业所在地
杭州市轻工工艺纺织品进出口有限公司	53772	223974	350	服装批发	浙江省杭州市拱墅区
中国石油化工股份有限公司广东河源分公司	53531	117471	582	石油及制品批发	广东省河源市源城区
朔州市煤炭运销公司	53245	143182	2100	煤炭及制品批发	山西省朔州朔城区
广州市番禺沙园集团有限公司	52854	80828	304	家用电器批发	广东省广州市番禺区
广东烟草茂名市有限责任公司	52616	177073	772	饮料及茶叶批发	广东省茂名市茂南区
国药控股沈阳有限公司	52606	202015	260	西药批发	辽宁省沈阳市和平区
东风裕隆汽车销售有限公司	52501	345709	358	汽车、摩托车及零配件批发	湖北省武汉经济开发
中国农业机械华北集团有限公司	52178	108563	366	汽车、摩托车及零配件批发	天津市和平区
山西省烟草公司吕梁市公司	51683	159330	909	烟草制品批发	山西省吕梁离石区
珠海市燃气集团有限公司	51640	122547	522	石油及制品批发	广东省珠海市香洲区
山西省烟草公司长治公司	51606	146265	717	烟草制品批发	山西省长治城区
哈尔滨烟叶公司	51593	57638	1292	烟草制品批发	黑龙江省哈尔滨市南岗区
新疆维吾尔自治区新华书店	51577	85212	534	图书批发	新疆（区）乌鲁木齐市天山区
中国石油化工股份有限公司马鞍山市石油分公司	51574	94564	363	石油及制品批发	安徽省马鞍山市花山区
河南省烟草公司南阳分公司	51504	301883	446	烟草制品批发	河南省南阳市宛城区
重庆东风渝安汽车销售有限公司	51335	194709	212	汽车、摩托车及零配件批发	重庆市沙坪坝区
达能食品贸易（中国）有限公司	51269	122649	437	糕点、糖果及糖批发	上海市上海市徐汇区
河南省烟草公司商丘分公司	51266	191902	1431	烟草制品批发	河南省商丘市睢阳区
湖北省烟草公司孝感市分公司	51045	151794	730	烟草制品批发	湖北省孝感市孝南区
昆明七彩云南实业股份有限公司	50969	81983	844	首饰、工艺品及收藏品批发	云南省昆明市呈贡县
上海电力燃料有限公司	50770	563717	538	煤炭及制品批发	上海市上海市卢湾区
江苏开元国际集团畜产进出口股份有限公司	50573	151828	235	服装批发	江苏省南京市白下区
上海怡康化工材料有限公司	50488	94070	210	其他化工产品批发	上海市上海市长宁区
深圳市金活医药有限公司	50342	48726	279	中药材及中成药批发	广东省深圳市罗湖区
贵州省烟草公司安顺分公司	50306	101294	1359	烟草制品批发	贵州省安顺市西秀区
江苏小天鹅营销有限责任公司	50177	310335	550	家用电器批发	江苏省无锡市北塘区
中铁物资集团东北有限公司	50158	74155	275	金属及金属矿批发	辽宁省沈阳市大东区
山东大陆企业集团有限公司	49614	56568	1329	金属及金属矿批发	山东省临沂市兰山区
宿州烟草公司	49472	125707	1083	烟草制品批发	安徽省宿州市墉桥区
重庆市盐业总公司	49260	52026	1950	盐及调味品批发	重庆市渝中区
山西省烟草公司晋中市公司	49141	156729	695	烟草制品批发	山西省晋中市榆次区
奥林巴斯（北京）销售服务有限公司	49130	48700	768	医疗用品及器材批发	北京市东城区
山东菏泽烟草有限公司	49003	210834	1218	烟草制品批发	山东省菏泽市牡丹区
厦门夏商农产品集团有限公司	48942	364662	245	果品、蔬菜批发	福建省厦门市湖里区
安徽省阜阳市烟草公司	48793	181565	1410	烟草制品批发	安徽省阜阳市颍州区
山东威海烟草有限公司	48759	113139	472	烟草制品批发	山东省威海市环翠区
汕头市众业达电器有限公司	48682	217020	230	其他机械设备及电子产品批发	广东省汕头市龙湖区
广东茶叶进出口有限公司	48598	45568	215	饮料及茶叶批发	广东省广州市天河区
江苏悦达集团有限公司	48380	96225	395	煤炭及制品批发	江苏省盐城市亭湖区
河南省烟草公司信阳分公司	48365	191030	1230	烟草制品批发	河南省信阳市平桥区
深圳市康哲药业有限公司	48274	39748	669	西药批发	广东省深圳市南山区
上海新联纺进出口有限公司	48272	182384	215	纺织品、针织品及原料批发	上海市上海市长宁区
中国石油化工股份有限公司河北邯郸石油分公司	48124	265523	533	石油及制品批发	河北省邯郸市邯山区
北京明珠新兴格力空调销售有限公司	48112	72870	292	家用电器批发	北京市朝阳区
昆明国家粮食储备有限公司	48058	32009	244	米、面制品及食用油批发	云南省昆明市官渡区
北京师范大学出版社发行部	47923	63975	264	图书批发	北京市海淀区
广东九州通医药有限公司	47812	223760	550	西药批发	广东省中山市中山市
四川省烟草公司达州分公司	47719	146019	918	烟草制品批发	四川省达州市通川区
内蒙古自治区烟草公司包头分公司	47674	156267	594	烟草制品批发	内蒙古自治区包头市高新区
贵州省烟草公司六盘水分公司	47591	81678	934	烟草制品批发	贵州省六盘水市钟山区

4－1 续表11

企业名称	资产总计（万元）	销售额（万元）	全部从业人员年平均人数（人）	所属行业	企业所在地
中国石油化工股份有限公司江西九江分公司	47570	169689	853	石油及制品批发	江西省九江市浔阳区
中国石化股份公司河南信阳分公司	47475	162770	761	石油及制品批发	河南省信阳市平桥区
抚州烟草公司	47141	129860	1545	烟草制品批发	江西省抚州市 临川区
济南中信医药有限公司	47112	184440	480	西药批发	山东省济南市槐荫区
中国石油天然气股份有限公司河南开封销售分公司	46909	31177	368	石油及制品批发	河南省开封市金明区
湖南省烟草公司湘西自治州公司	46811	123062	1018	烟草制品批发	湖南省湘西土家族苗族自治州吉首市
宁波波导销售有限公司	46738	151159	1407	通讯及广播电视设备批发	浙江省宁波市奉化市
中国电子器件工业有限公司	46696	101806	248	计算机、软件及辅助设备批发	北京市海淀区
北京服装进出口股份有限公司	46604	85006	231	服装批发	北京市朝阳区
成都万友经济技术开发总公司	46515	47463	239	农业机械批发	四川省成都市金牛区
广州华新商贸有限公司	46197	96146	241	饮料及茶叶批发	广东省广州市海珠区
晋城市阳城公路煤炭销售有限公司	46106	186702	400	煤炭及制品批发	山西省晋城阳城县
广州市药材公司	46071	135686	406	中药材及中成药批发	广东省广州市荔湾区
湖北省烟草公司十堰市公司	46004	108897	480	烟草制品批发	湖北省十堰市茅箭区
中国石油化工股份有限公司河南洛阳石油分公司	45978	140570	264	石油及制品批发	河南省洛阳市西工区
河南省烟草公司驻马店分公司	45757	177519	390	烟草制品批发	河南省驻马店市驿城区
新疆九州通医药有限公司	45747	129827	500	西药批发	新疆（区）乌鲁木齐市高新区
江苏亚邦药业集团股份有限公司	45626	36407	713	中药材及中成药批发	江苏省常州市金坛市
湖南省烟草公司怀化分公司	45588	43427	619	烟草制品批发	湖南省怀化市鹤城区
陕西省烟草公司咸阳市公司	45586	158257	1813	烟草制品批发	陕西省咸阳市秦都区
常熟市交电家电有限责任公司	45552	134782	257	家用电器批发	江苏省苏州市常熟市
盂县煤炭运销公司	45516	262143	1070	煤炭及制品批发	山西省阳泉盂县
北京市京新龙医药销售有限公司	45511	173194	399	西药批发	北京市朝阳区
湖南省烟草公司湘潭市公司	45389	149249	239	烟草制品批发	湖南省湘潭市岳塘区
山东枣庄烟草有限公司	45345	141968	876	烟草制品批发	山东省枣庄滕州市
山东北药鲁抗有限公司	45293	158528	1761	西药批发	山东省济宁市中区
山东新星购销总部	45220	362347	2956	饮料及茶叶批发	山东省淄博淄川
中国石化销售有限公司西北陕西分公司	45165	392920	718	石油及制品批发	陕西省西安市碑林区
上海罗捷斯迪电子有限公司	45118	64093	303	其他未列明的批发	上海市上海市浦东新区
西宁中油燃起有限责任公司	45075	33686	277	石油及制品批发	青海省西宁市城西区
重庆马家岩大川建材市场管理有限公司	45000	155298	1200	建材批发	重庆市沙坪坝区
山东日照烟草有限公司	44727	108527	823	烟草制品批发	山东省日照市东港区
中国烟草总公司辽宁省丹东分公司	44681	88175	818	烟草制品批发	辽宁省丹东市振兴区
河南省烟草公司安阳分公司	44571	145112	875	烟草制品批发	河南省安阳市北关区
兄弟（中国）商业有限公司	44449	164102	328	计算机、软件及辅助设备批发	上海市上海市长宁区
神华集团包头矿业有限责任公司运销处	44293	156423	460	煤炭及制品批发	内蒙古自治区包头市土右旗
上海南浦食品公司浦东分公司	44143	114521	707	其他食品批发	上海市上海市浦东新区
陕西省烟草公司榆林市公司	44131	142699	666	烟草制品批发	陕西省榆林市榆阳区
中国石油天然气有限公司甘肃省庆阳销售分公司	44008	95267	318	石油及制品批发	甘肃省庆阳市西峰区
广州市振戎燃气连锁经营有限公司	43835	161081	857	石油及制品批发	广东省广州市天河区
济南药业集团有限责任公司	43813	121594	712	中药材及中成药批发	山东省济南市市中区
广西格力空调销售有限责任公司	43786	73333	200	其他机械设备及电子产品批发	广西壮族自治区南宁市青秀区
中国烟草贵州进出口有限责任公司	43728	47685	885	烟草制品批发	贵州省贵阳市南明区
安徽轻工国际贸易有限公司	43589	176764	225	其他日用品批发	安徽省合肥市蜀山区
山东省福瑞达集团有限公司	43511	38976	525	金属及金属矿批发	山东省淄博市周村区
四川省烟草公司攀枝花市公司	43291	73294	718	烟草制品批发	四川省攀枝花市东区
杭州万事利丝绸科技有限公司	43160	71713	350	纺织品、针织品及原料批发	浙江省杭州市江干区
南京蓝燕石化储运实业有限公司	43152	284385	266	石油及制品批发	江苏省南京市栖霞区
内蒙古新华书店有限责任公司	42806	30194	302	图书批发	内蒙古自治区呼和浩特市新城区
江西省烟草公司上饶市公司	42758	192013	1155	烟草制品批发	江西省上饶市信州区

4－1　续表12

企业名称	资产总计（万元）	销售额（万元）	全部从业人员年平均人数（人）	所属行业	企业所在地
上海中燃船舶燃料有限公司	42691	140563	804	石油及制品批发	上海市上海市虹口区
浙江省烟草公司瑞安市公司	42648	107269	200	烟草制品批发	浙江省温州市瑞安市
河北圣仑进出口集团公司	42435	105770	473	服装批发	河北省石家庄市新华区
中国石油化工股份有限公司河北沧州石油公司	42419	240295	1154	石油及制品批发	河北省沧州市运河区
上海浦星贸易有限公司	42371	184028	305	其他食品批发	上海市上海市浦东新区
中国石油化工股份有限公司贵州贵阳分公司	42285	299032	1273	石油及制品批发	贵州省贵阳市南明区
江苏省苏南盐业有限公司	42190	57964	357	盐及调味品批发	江苏省苏州市金阊区
南京药业股份有限公司	42025	130658	538	中药材及中成药批发	江苏省南京市白下区
山东德州扒鸡集团有限公司	41879	31191	1450	肉、禽、蛋及水产品批发	山东省德州市运河
德州银龙集团有限公司	41849	54369	300	棉、麻批发	山东省德州市运河
青岛巴龙集团有限公司	41732	46172	1066	服装批发	山东省青岛市市南区
新疆巴州尉犁县棉麻公司	41707	31885	238	棉、麻批发	新疆(区)巴州尉犁县
黑龙江省烟草公司牡丹江烟叶公司	41691	48334	1712	烟草制品批发	黑龙江省牡丹江牡丹江
上海九州通医药有限公司	41671	198554	625	西药批发	上海市上海市普陀区
广东烟草韶关市有限公司	41616	167509	1012	烟草制品批发	广东省韶关市浈江区
深圳虎威制衣有限公司广州分公司	41481	115450	502	服装批发	广东省广州市越秀区
河北省烟草公司秦皇岛分公司	41339	99988	633	烟草制品批发	河北省秦皇岛市海港区
河南省烟草公司三门峡分公司	41317	150543	242	烟草制品批发	河南省三门峡市湖滨区
吉林省烟草公司吉林分公司	41137	142355	980	烟草制品批发	吉林省吉林市丰满区
吉安市烟草公司	41110	139270	822	烟草制品批发	江西省吉安市吉州区
中国石油化工股份有限公司濮阳石油分公司	41086	128549	402	石油及制品批发	河南省濮阳市华龙区
山东德州烟草有限公司	41059	131533	975	烟草制品批发	山东省德州市经济开发区
安徽省烟草公司淮南市公司	40910	119128	530	烟草制品批发	安徽省淮南市田家庵区
浙江省烟草公司金华分公司	40808	326409	329	烟草制品批发	浙江省金华市婺城区
宜宾市智溢酒业有限公司	40730	84768	1000	饮料及茶叶批发	四川省宜宾市翠屏区
四川射洪沱牌曲酒供销有限公司	40603	64951	252	饮料及茶叶批发	四川省遂宁市射洪县
四川省烟草公司乐山分公司	40526	116508	425	烟草制品批发	四川省乐山市市中区
厦门医药采购供应站	40514	93032	358	医疗用品及器材批发	福建省厦门市思明区
浙江省烟草公司嘉兴分公司	40494	341642	258	烟草制品批发	浙江省嘉兴市秀洲区
广西壮族自治区烟草公司柳州市公司	40409	132191	587	烟草制品批发	广西壮族自治区柳州市柳北区
熙可国际贸易(上海浦东新区)有限公司	40241	43845	335	其他未列明的批发	上海市上海市黄浦区
上海雅马哈建设摩托车销售有限公司	40176	252607	242	汽车、摩托车及零配件批发	上海市上海市徐汇区
江西省抚州石油分公司	40156	134170	801	石油及制品批发	茳西省抚州市 临川区
美敦力医疗用品技术服务(上海)有限公司	40125	121618	585	医疗用品及器材批发	上海市上海市浦东新区
青海农牧生产资料股份有限公司	40078	39667	217	化肥批发	青海省西宁市城北区
贵州省烟草公司黔东南分公司	39991	120454	1851	烟草制品批发	贵州省黔东南苗族侗族自治州凯里市
中国石油化工股份公司江西吉安分公司	39990	214517	1063	石油及制品批发	江西省吉安市吉州区
陕西华远医药商业集团有限责任公司	39983	121884	985	西药批发	陕西省西安市碑林区
安徽徽商农家福有限公司	39960	142849	409	化肥批发	安徽省合肥市包河区
云南省烟草公司临沧市公司	39700	103497	712	烟草制品批发	云南省临沧市临翔区
山东瑞康药品配送有限公司	39666	54863	210	中药材及中成药批发	山东省烟台市芝罘区
山东机械设备进出口集团公司	39547	39991	241	其他机械设备及电子产品批发	山东省青岛市市南区
香奈尔(中国)贸易有限公司	39511	56926	487	其他未列明的批发	上海市上海市浦东新区
三星电子(北京)技术有限公司	39367	72041	523	家用电器批发	北京市朝阳区
上海家化销售有限公司	39282	113500	4138	化妆品及卫生用品批发	上海市上海市虹口区
潍坊市钢联金属材料有限公司	39130	140037	355	金属及金属矿批发	山东省潍坊市潍城区
云南新华书店图书有限公司	39107	44458	205	图书批发	云南省昆明市官渡区
罗克韦尔自动化(厦门)有限公司	39069	96375	520	其他机械设备及电子产品批发	福建省厦门市湖里区
浙江话机世界数码连锁集团有限公司	39019	128487	201	通讯及广播电视设备批发	浙江省杭州市拱墅区
恒源祥(集团)有限公司	38953	33518	229	纺织品、针织品及原料批发	上海市上海市黄浦区

4－1 续表13

企业名称	资产总计（万元）	销售额（万元）	全部从业人员年平均人数（人）	所属行业	企业所在地
深圳市金立通信设备有限公司	38928	206947	365	通讯及广播电视设备批发	广东省深圳市福田区
中国石油化工股份有限公司河南焦作石油分公司	38899	180000	844	石油及制品批发	河南省焦作市山阳区
深圳市亨吉利世界名表中心有限公司	38536	53386	800	其他日用品批发	广东省深圳市南山区
华普信息技术有限公司	38455	70141	579	计算机、软件及辅助设备批发	上海市上海市浦东新区
宁夏回族自治区烟草公司银川市分公司	38357	96777	273	烟草制品批发	宁夏回族自治区银川市金凤区
库车县供销社	38348	30875	464	化肥批发	新疆（区）阿克苏地区库车县
江阴市海江废金属加工有限公司	38320	105923	204	再生物资回收与批发	江苏省无锡市江阴市
山西省烟草公司忻州市公司	38231	110249	726	烟草制品批发	山西省忻州市忻府区
上海第一医药股份有限公司	38191	50285	367	中药材及中成药批发	上海市上海市黄浦区
陕西省烟草公司宝鸡分公司	38130	118413	1238	烟草制品批发	陕西省宝鸡市渭滨区
乌鲁木齐铁路局实业开发总公司	38076	32900	370	石油及制品批发	新疆（区）乌鲁木齐市新市
辽宁北方出版物配送有限公司	37894	31590	489	图书批发	辽宁省沈阳市东陵区
深圳天俊实业股份有限公司	37853	30642	381	牲畜批发	广东省深圳市罗湖区
南京华东医药有限责任公司	37807	151820	450	中药材及中成药批发	江苏省南京市玄武区
宁波博洋服饰有限公司	37677	69223	470	服装批发	浙江省宁波市海曙区
中国石油化工股份有限公司河南新乡石油公司	37649	195174	238	石油及制品批发	河南省新乡市卫滨区
大昌洋行（上海）有限公司	37474	115852	600	西药批发	上海市上海市浦东新区
上海实业外联发国际物流有限公司	37429	44789	481	其他机械设备及电子产品批发	上海市上海市浦东新区
中国船舶燃料供应大连公司	37424	55000	289	石油及制品批发	辽宁省大连市中山区
蚌埠市烟草专卖局（公司）	37259	105985	552	烟草制品批发	安徽省蚌埠市禹会区
上海烟草集团闵行烟草糖酒有限公司	37066	81908	511	烟草制品批发	上海市上海市闵行区
中石油天然气股份有限公司陕西西安销售分公司	36974	358497	2338	石油及制品批发	陕西省西安市莲湖区
中国石油天然气股份有限公司东北销售大庆分公司	36971	1667708	460	石油及制品批发	黑龙江省大庆市龙凤区
中国石油化工股份有限公司广东粤东石油公司	36948	118125	408	石油及制品批发	广东省汕头市龙湖区
无锡山禾医药集团物流股份有限公司	36926	106132	380	西药批发	江苏省无锡市南长区
日东电工（上海浦东新区）有限公司	36896	75167	297	其他未列明的批发	上海市上海市浦东新区
黑龙江烟草公司大庆分公司	36870	119007	550	烟草制品批发	黑龙江省大庆市萨尔图区
东宁县吉信工贸（集财）有限责任公司	36791	59560	641	服装批发	黑龙江省牡丹江东宁县
烟台开发区舒家批发市场有限公司	36650	249980	1650	其他食品批发	山东省烟台市开发区
肥城市银宝食品有限公司	36630	52545	910	肉、禽、蛋及水产品批发	山东省泰安市肥城县
山东荣庆物流有限公司	36548	52523	3886	果品、蔬菜批发	山东省临沂市苍山县
浙江省烟草公司义乌市公司	36521	110390	226	烟草制品批发	浙江省金华市义乌市
河南省烟草公司新乡分公司新乡市烟草专买分公司	36307	45986	873	果品、蔬菜批发	河南省新乡市牧野区
山东淄博烟草有限公司	36186	153715	944	烟草制品批发	山东省淄博市张店区
杰伟世（中国）投资有限公司	36181	99582	225	家用电器批发	北京市朝阳区
河南省烟草公司开封分公司	36102	134318	849	烟草制品批发	河南省开封市古楼区
安徽省烟草公司马鞍山市公司	36049	76960	311	烟草制品批发	安徽省马鞍山市花山区
浙江烟草公司余姚市公司	35977	110095	241	烟草制品批发	浙江省宁波市余姚市
上海雷允上药业西区有限公司	35975	40939	347	西药批发	上海市上海市静安区
河南南阳天冠供销公司	35968	153269	211	其他食品批发	河南省南阳市宛城区
广西壮族自治区河池市烟草公司	35938	100122	738	烟草制品批发	广西壮族自治区河池市金城江区
安徽省烟草公司淮北市公司	35910	69105	324	烟草制品批发	安徽省淮北相山区
南京东沛国际贸易有限公司	35883	142537	209	其他机械设备及电子产品批发	江苏省南京市白下区
陕西省新华书店	35844	76066	391	图书批发	陕西省西安市莲湖区
重庆市油脂公司	35753	195641	380	米、面制品及食用油批发	重庆市渝中区
上海烟草集团虹口烟草糖酒有限公司	35614	119437	905	烟草制品批发	上海市上海市虹口区
广东烟草南雄市有限公司	35407	62537	531	烟草制品批发	广东省韶关市南雄市
中国石油天然气股份有限公司辽宁鞍山销售分公司	35403	271954	1414	石油及制品批发	辽宁省鞍山市铁东区
广东烟草普宁市有限责任公司	35396	139045	305	烟草制品批发	广东省揭阳市普宁市
中国石油化工股份有限公司河北廊坊石油分公司	35350	199746	738	石油及制品批发	河北省廊坊市广阳区

4－1 续表14

企业名称	资产总计（万元）	销售额（万元）	全部从业人员年平均人数（人）	所属行业	企业所在地
尤妮佳生活用品服务（上海）有限公司	35348	161098	344	化妆品及卫生用品批发	上海市上海市黄浦区
四川省烟草公司南充分公司南充市烟草专卖局	35333	134367	813	烟草制品批发	四川省南充市顺庆区
安徽省烟草公司黄山市公司	35210	78362	353	烟草制品批发	安徽省黄山屯溪县
广州市煤建公司	35205	56683	598	煤炭及制品批发	广东省广州市越秀区
河南九州通医药有限公司	35194	217405	531	西药批发	河南省郑州市管城回族区
江苏华瑞国际实业集团有限公司	35161	141538	240	服装批发	江苏省南京市江宁区
上海马克华菲企业发展有限公司	35120	35592	400	服装批发	上海市上海市徐汇区
河南省烟草公司许昌分公司	34965	140304	286	烟草制品批发	河南省许昌市魏都区
瑞丽市景成集团有限公司	34944	37189	650	肉、禽、蛋及水产品批发	云南省德宏州瑞丽市
陕西省烟草公司渭南分公司	34866	138831	1032	烟草制品批发	陕西省渭南市临渭区
湖北省烟草公司黄石分公司	34671	116301	462	烟草制品批发	湖北省黄石市西塞山区
安徽省烟草公司池州市公司	34581	75086	597	烟草制品批发	安徽省池州市贵池区
上海复星药业有限公司	34570	57937	230	中药材及中成药批发	上海市上海市普陀区
甘肃省烟草公司天水分公司	34547	67100	515	烟草制品批发	甘肃省天水市秦城区
内蒙古自治区烟草公司赤峰市公司	34518	104344	715	烟草制品批发	内蒙古自治区赤峰市红山
云南省机电设备总公司	34282	37138	266	汽车、摩托车及零配件批发	云南省昆明市官渡区
广东烟草潮阳有限公司	34278	135072	202	烟草制品批发	广东省汕头市潮阳区
云南英茂商务有限公司	34189	64306	206	汽车、摩托车及零配件批发	云南省昆明市西山区
黑龙江天源煤炭股份有限公司	34171	34679	400	煤炭及制品批发	黑龙江省鸡西市鸡冠区
上海百红商业贸易有限公司	34118	113102	261	化妆品及卫生用品批发	上海市上海市闸北区
中国烟草总公司辽宁省鞍山分公司	34054	138465	582	烟草制品批发	辽宁省鞍山市铁东区
山东永弘机械有限公司	33988	45013	280	其他机械设备及电子产品批发	山东省烟台市蓬莱市
北京双鹤药业经营有限责任公司	33877	126696	752	西药批发	北京市东城区
湖北省新华书店	33870	98863	310	图书批发	湖北省武汉市桥口区
中国石油天然气股份有限公司河北保定销售分公司	33861	189596	1435	石油及制品批发	河北省保定市新市区
海南省烟草公司海口公司	33827	206358	423	烟草制品批发	海南省海口市龙华区
珠海格力空调销售有限公司	33806	90223	450	家用电器批发	广东省珠海市香洲区
施华洛世奇（上海）贸易有限公司	33722	50552	287	首饰、工艺品及收藏品批发	上海市上海市黄浦区
浙江温岭医药药材有限公司	33715	79850	327	西药批发	浙江省台州市温岭市
中国石油化工股份有限公司揭阳分公司	33502	58022	316	石油及制品批发	广东省揭阳市试验区
湖北省烟草公司荆门分公司	33422	100547	430	烟草制品批发	湖北省荆门市东宝区
河北恒祥医药集团有限公司	33387	93935	330	西药批发	河北省邢台市桥西区
安徽省烟草公司亳州市公司	33385	112681	1233	烟草制品批发	安徽省亳州市谯城区
中国石油化工股份有限公司河南平顶山石油分公司	33333	78894	221	石油及制品批发	河南省平顶山市卫东区
新疆维吾尔自治区烟草公司乌鲁木齐分公司	33306	156279	552	烟草制品批发	新疆（区）乌鲁木齐市天山区
内蒙古西蒙煤炭有限责任公司	33249	161037	750	煤炭及制品批发	内蒙古自治区呼和浩特市赛罕区
山西省烟草公司晋城市公司	33211	97572	450	烟草制品批发	山西省晋城城区
淄博力久实业有限公司	33125	42447	359	其他未列明的批发	山东省淄博高新区
广西柳州医药有限责任公司	32938	99208	379	西药批发	广西壮族自治区柳州市柳北区
山东泰安烟草有限公司	32846	148605	993	烟草制品批发	山东省泰安市泰山区
山西省煤炭运销总公司阳泉分公司郊区公司	32715	105723	479	煤炭及制品批发	山西省阳泉郊区
甘肃省烟草公司陇南分公司	32631	39518	528	烟草制品批发	甘肃省陇南市武都区
甘肃省烟草公司庆阳分公司	32609	56870	587	烟草制品批发	甘肃省庆阳市西峰区
浙江国商实业股份有限公司	32541	60958	263	家用电器批发	浙江省台州市椒江区
中国石油化工股份有限公司萍乡石油分公司	32474	81748	428	石油及制品批发	江西省萍乡市安源区
中国石化股份有限公司河北邢台石油分公司	32424	236853	931	石油及制品批发	河北省邢台市桥西区
四川省烟草公司内江分公司	32419	106586	498	烟草制品批发	四川省内江市东兴区
中油燃气有限责任公司	32378	119996	259	石油及制品批发	北京市西城区
天津食品进出口股份有限公司	32342	34653	254	其他食品批发	天津市和平区
河南省烟草公司周口分公司	32317	207440	2331	烟草制品批发	河南省周口市川汇区

4－1　续表15

企业名称	资产总计（万元）	销售额（万元）	全部从业人员年平均人数（人）	所属行业	企业所在地
中国烟草总公司辽宁省烟草公司营口分公司	32284	88493	383	烟草制品批发	辽宁省营口市站前区
广州神州数码有限公司	32219	297081	405	通讯及广播电视设备批发	广东省广州市天河区
上海烟草集团宝山烟草糖酒有限公司	32189	67789	519	烟草制品批发	上海市上海市宝山区
中油吉林省吉林市销售分公司	32153	282587	1114	石油及制品批发	吉林省吉林市昌邑区
金山烟草糖酒有限公司	32059	79283	540	烟草制品批发	上海市上海市金山区
上海烟草集团松江烟草糖酒有限公司	31891	73832	323	其他食品批发	上海市上海市松江区
天津市正泰实业总公司	31779	105830	250	家用电器批发	天津市河北区
贵州省新华书店	31695	70032	270	图书批发	贵州省贵阳市云岩区
黑龙江省烟草公司齐齐哈尔分公司	31687	126610	426	烟草制品批发	黑龙江省齐齐哈尔龙沙区
上海中邮普泰移动通信设备有限责任公司	31652	152111	306	通讯及广播电视设备批发	上海市上海市静安区
浙江省烟草公司衢州分公司	31586	152133	226	烟草制品批发	浙江省衢州市柯城区
上海烟草集团卢湾烟草糖酒有限公司	31485	56105	683	烟草制品批发	上海市上海市卢湾区
中国石油化工股份有限公司贵州遵义石油分公司	31213	202703	721	石油及制品批发	贵州省遵义市红花岗区
中石油吉林长春销售分公司	31163	317519	901	石油及制品批发	吉林省长春市南关区
中国石油天然气有限公司新疆和田销售公司	31109	68987	538	石油及制品批发	新疆（区）和田地区和田市
绵阳市酒鑫鑫商贸有限公司	30994	35141	342	饮料及茶叶批发	四川省绵阳市涪城区
福建省医药（集团）有限责任公司	30942	55184	319	中药材及中成药批发	福建省福州市鼓楼区
广东烟草梅州市有限公司	30875	161567	248	烟草制品批发	广东省梅州市梅江区
中国石油天然气股份有限公司新疆阿克苏销售公司	30748	158790	362	石油及制品批发	新疆（区）阿克苏地区阿克苏市
深圳健安医药有限公司	30729	58677	1093	西药批发	广东省深圳市福田区
中国船舶燃料供应青岛公司	30702	281994	354	石油及制品批发	山东省青岛市市北区
中国烟草总公司辽宁葫芦岛分公司	30697	92944	386	烟草制品批发	辽宁省葫芦岛市龙港区
山西省煤炭运销总公司蒲县公司	30648	53442	837	煤炭及制品批发	山西省临汾市蒲县
中国石油化工股份有限公司河北衡水分公司	30564	183534	956	石油及制品批发	河北省衡水市桃城区
中国石油天然气股份有限公司安徽合肥分公司	30535	111855	500	石油及制品批发	安徽省合肥市庐阳区
友讯电子设备（上海）有限公司	30523	41925	220	其他机械设备及电子产品批发	上海市上海市长宁区
中国石油天燃气股份有限公司新疆库尔勒销售公司	30486	182021	1115	石油及制品批发	新疆（区）巴州库尔勒市
中国石油天燃汽总公司黑龙江齐齐哈尔分公司	30383	203400	954	石油及制品批发	黑龙江省齐齐哈尔铁锋区
天津罗升企业有限公司	30242	53811	278	其他机械设备及电子产品批发	天津市东丽区
湖北省烟草公司咸宁分公司	30192	96726	657	烟草制品批发	湖北省咸宁市市辖区
卡西欧电子（深圳）有限公司	30109	130539	263	其他日用品批发	广东省深圳市福田区
国药控股湖北新龙有限公司	30042	136000	285	西药批发	湖北省武汉市汉阳区
中国石油天然气股份有限公司内蒙古兴安销售分公司	29995	119452	1161	石油及制品批发	内蒙古自治区兴安盟乌兰浩特市
中国石油天然气股份有限公司鸡西销售分公司	29959	103646	431	石油及制品批发	黑龙江省鸡西市鸡冠区
中国石油化工股份有限公司广东珠海石油分公司	29763	184231	653	石油及制品批发	广东省珠海市香洲区
中国邮电器材深圳公司	29689	93261	260	通讯及广播电视设备批发	广东省深圳市罗湖区
上海烟草集团嘉定烟草糖烟有限公司	29501	99860	558	烟草制品批发	上海市上海市嘉定区
山东东营烟草有限公司	29364	85150	388	烟草制品批发	山东省东营东营区
陕西省烟草公司汉中分公司	29358	98502	778	烟草制品批发	陕西省汉中市汉台区
安徽国生电器有限责任公司	29355	158255	715	家用电器批发	安徽省合肥市庐阳区
四川省烟草公司眉山分公司	29101	80292	345	烟草制品批发	四川省眉山市东坡区
上海福祥陶瓷有限公司	29076	36174	1857	建材批发	上海市上海市闵行区
广东省中山食品水产进出口集团有限公司	29060	455421	832	肉、禽、蛋及水产品批发	广东省中山市中山市
思创数码科技股份有限公司	29052	69069	416	计算机、软件及辅助设备批发	江西省南昌市青山湖区
河北省烟草公司衡水分公司	28915	106286	1040	烟草制品批发	河北省衡水市桃城区
四川省烟草公司自贡分公司	28908	88815	330	烟草制品批发	四川省自贡市自流井区
浙江省建设机械集团有限公司	28821	30254	366	其他机械设备及电子产品批发	浙江省杭州市下城区
内蒙古自治区烟草公司通辽市公司	28778	80064	265	烟草制品批发	内蒙古自治区通辽市科尔沁区
保定银河棉业有限公司	28760	33650	371	棉、麻批发	河北省保定市新市区
山西省煤炭运销公司临汾分公司乡宁县公司	28691	61732	662	煤炭及制品批发	山西省临汾市乡宁县

4－1 续表16

企业名称	资产总计（万元）	销售额（万元）	全部从业人员年平均人数（人）	所属行业	企业所在地
中邮普泰通信服务股份有限公司湖北分公司	28625	86276	308	通讯及广播电视设备批发	湖北省武汉市江岸区
山东康惠医药有限公司	28603	86871	250	西药批发	山东省潍坊市奎文区
山东聊城烟草有限公司	28595	36037	991	烟草制品批发	山东省聊城市东昌府区
云南东骏药业有限公司	28569	78800	1262	西药批发	云南省昆明市西山区
中国石油化工股份有限公司湖北黄石石油分公司	28531	85820	415	石油及制品批发	湖北省黄石市团城山区
重庆金属回收有限责任公司	28494	175241	415	再生物资回收与批发	重庆市渝中区
江西省新华书店	28380	52561	463	图书批发	江西省南昌市西湖区
TCL家用电器（惠州）有限公司	28306	97829	925	家用电器批发	广东省惠州市惠城区
中国石油化工股份有限公司河北承德石油分公司	27953	178383	844	石油及制品批发	河北省承德市双桥区
烟台市供销石油公司	27953	69061	278	石油及制品批发	山东省烟台市芝罘区
阿法拉伐（上海）技术有限公司	27830	64895	220	其他机械设备及电子产品批发	上海市上海市卢湾区
福达（中国）投资有限公司	27785	58492	480	盐及调味品批发	广东省广州市从化市
安徽阜阳医药集团有限公司	27692	108187	484	西药批发	安徽省阜阳市开发区
鄂尔多斯市蒙凯汽车销售有限责任公司	27646	46764	321	汽车、摩托车及零配件批发	内蒙古自治区鄂尔多斯市东胜区
内蒙古河套酒业集团销售有限公司	27561	55536	555	饮料及茶叶批发	内蒙古自治区巴彦淖尔市杭锦后旗
江苏蜂星电讯有限公司	27548	66930	290	通讯及广播电视设备批发	江苏省南京市雨花台区
河南裕华江南汽车销售有限公司	27543	114673	225	汽车、摩托车及零配件批发	河南省郑州市金水区
卡西欧（上海）贸易有限公司	27526	78844	230	家用电器批发	上海市上海市静安区
山东药山医药有限公司	27455	147618	460	西药批发	山东省济南市历城
中国石油化工股份有限公司上饶分公司	27437	162082	760	石油及制品批发	江西省上饶市信州区
伊藤忠纤维贸易（中国）有限公司	27208	122314	441	纺织品、针织品及原料批发	上海市上海市长宁区
广东烟草中山市有限责任公司	27199	147758	239	烟草制品批发	广东省中山市中山市
山东滨州烟草有限公司	27091	119079	696	烟草制品批发	山东省滨州市滨城区
中国石油化工股份有限公司山东聊城石油分公司	26981	129536	884	石油及制品批发	山东省聊城市东昌府区
中国石油公司呼和浩特分公司	26902	260066	1756	石油及制品批发	内蒙古自治区呼和浩特市新城区
广州联新能源发展有限公司	26757	95194	556	石油及制品批发	广东省广州市越秀区
福建九州通医药有限公司	26746	91626	346	西药批发	福建省福州市马尾区
山东福田雷沃重工国际贸易有限公司	26482	109338	210	农业机械批发	山东省潍坊市坊子区
陕西省烟草公司商洛分公司	26206	60252	813	烟草制品批发	陕西省商洛市商州区
大连经济技术开发区星航石化产品销售中心	26117	342477	410	石油及制品批发	辽宁省大连市开发区
河北烟草公司承德市公司	26054	98510	618	烟草制品批发	河北省承德市双桥区
山西省煤炭运销总公司晋中分公司寿阳县公司	26054	118465	260	煤炭及制品批发	山西省晋中寿阳县
江西省高安市粮油购销公司	25938	45623	582	谷物、豆及薯类批发	江西省宜春市高安市
内蒙古自治区烟草公司乌兰察布分公司	25897	82251	612	烟草制品批发	内蒙古自治区乌兰察布集宁区
公主岭市华生交电有限责任公司	25805	52224	431	家用电器批发	吉林省四平市公主岭市
广东省农业机械总公司	25797	66294	230	农业机械批发	广东省广州市海珠区
周大福珠宝金行（苏州）有限公司	25724	43792	1311	首饰、工艺品及收藏品批发	江苏省苏州市平江区
甘肃省烟草公司定西市公司	25660	50395	360	烟草制品批发	甘肃省定西市安定区
内蒙古鄂尔多斯烟草分公司	25531	122992	493	烟草制品批发	内蒙古自治区鄂尔多斯市东胜区
上海天成企业发展有限公司	25470	56809	300	其他食品批发	上海市上海市浦东新区
中国石油天然气股份有限公司四川攀枝花销售分公司	25452	43858	672	石油及制品批发	四川省攀枝花市东区
上海一钢企业开发有限公司	25442	49192	1381	金属及金属矿批发	上海市上海市宝山区
浙江省烟草公司嵊州市公司	25428	70988	204	烟草制品批发	浙江省绍兴市嵊州市
昆山双鹤医药有限责任公司	25412	61990	375	西药批发	江苏省苏州市昆山市
四川省烟草公司广元市公司	25401	81604	642	烟草制品批发	四川省广元市利州区
中国石油天然气股份有限公司黑龙江大庆销售公司	25222	209577	822	石油及制品批发	黑龙江省大庆市龙凤区
朔州市朔城区刘家口煤炭集运站	25202	75471	361	煤炭及制品批发	山西省朔州朔城区
中国石油化工股份有限公司安徽淮南分公司	25180	155542	554	石油及制品批发	安徽省淮南市田家庵区
三得利（上海）食品贸易有限公司	25163	30115	210	饮料及茶叶批发	上海市上海市黄浦区
北京鑫方盛五金交电有限公司	25148	90724	602	五金、交电批发	北京市大兴区

4－1 续表 17

企业名称	资产总计（万元）	销售额（万元）	全部从业人员年平均人数（人）	所属行业	企业所在地
合肥荣事达美的电器营销有限公司	24970	252441	931	家用电器批发	安徽省合肥市高新区
辽宁省烟草公司朝阳市分公司	24715	76691	649	烟草制品批发	辽宁省朝阳市双塔区
山西省朔州市矿业公司金沙滩煤炭集运站	24587	58858	762	煤炭及制品批发	山西省朔州市怀仁县
四川省烟草公司资阳市公司	24583	98977	510	烟草制品批发	四川省资阳市雁江区
浙江省诸暨市对外经济贸易有限公司	24526	57585	225	服装批发	浙江省绍兴市诸暨市
北京一商美洁商业有限公司	24525	102515	523	化妆品及卫生用品批发	北京市丰台区
上海森联木业发展有限公司	24438	64958	252	建材批发	上海市上海市黄浦区
吉林省烟草公司延边州公司	24356	75929	376	烟草制品批发	吉林省延边朝鲜族自治州延吉市
辽宁省烟草公司铁岭市公司	24318	97493	930	烟草制品批发	辽宁省铁岭市银州区
辽宁省烟草公司抚顺市公司	24286	90102	361	烟草制品批发	辽宁省抚顺市新抚区
杭州香蕉服饰有限公司	24207	40155	715	服装批发	浙江省杭州市下城区
云南烟草西双版纳傣族自治州公司	24067	46952	220	烟草制品批发	云南省西双版纳州景洪市
中油股份陕西销售榆林分公司	24040	191590	1219	石油及制品批发	陕西省榆林市绥德县
北京崇德商贸有限公司	23981	71910	1733	鞋帽批发	北京市西城区
中国石油天然气股份有限公司辽宁营口销售分公司	23829	194955	911	石油及制品批发	辽宁省营口市站前区
四川省烟草公司广安分公司	23663	86944	455	烟草制品批发	四川省广安市广安区
浙江大生医药有限公司	23552	69181	254	西药批发	浙江省宁波市北仑区
杭州萧山医药有限公司	23549	47253	210	西药批发	浙江省杭州市萧山区
江西四特酒营销有限责任公司	23540	108308	1360	其他食品批发	江西省宜春市樟树市
甘肃省烟草公司平凉分公司	23438	46441	383	烟草制品批发	甘肃省平凉市崆峒区
成都泰立电信商场有限公司	23410	94533	658	通讯及广播电视设备批发	四川省成都市青羊区
山东瑞康药业有限公司	23388	49574	201	西药批发	山东省烟台市芝罘区
江西省烟草公司萍乡市公司	23365	77857	405	烟草制品批发	江西省萍乡市安源区
中国石油天然气有限公司宝鸡分公司	23319	113309	371	石油及制品批发	陕西省宝鸡市金台区
广东烟草湛江市有限公司	23091	217738	246	烟草制品批发	广东省湛江市赤坎区
重庆力帆实业集团销售有限公司	23005	91653	926	汽车、摩托车及零配件批发	重庆市沙坪坝区
保定长城汽车销售有限公司	22991	449895	469	汽车、摩托车及零配件批发	河北省保定市南市区
省烟草公司漯河分公司	22912	73324	1420	烟草制品批发	河南省漯河市郾城区
黑龙江省烟草公司牡丹江分公司	22872	77304	446	烟草制品批发	黑龙江省牡丹江爱民区
中国石油天然气股份有限公司内蒙古乌兰察布市销售分公司	22827	183794	1995	石油及制品批发	内蒙古自治区乌兰察布市
中国石油天然气股份有限公司四川宜宾销售分公司	22784	132786	701	石油及制品批发	四川省宜宾市翠屏区
杭州果品有限公司	22754	66000	210	果品、蔬菜批发	浙江省杭州市江干区
甘肃省烟草公司武威分公司	22743	37323	343	烟草制品批发	甘肃省武威市凉州区
中国石油四川广元销售分公司	22622	89496	679	石油及制品批发	四川省广元市市中区
贵州省医药(集团)有限责任公司	22588	53306	253	西药批发	贵州省贵阳市云岩区
上海烟草集团青浦烟草糖酒有限公司	22573	79457	589	烟草制品批发	上海市上海市青浦区
贺州市烟草公司	22549	69460	513	烟草制品批发	广西壮族自治区贺州市八步区
梧州市烟草公司	22527	85064	473	烟草制品批发	广西壮族自治区梧州市长洲区
合肥银山棉麻股份有限公司	22502	34549	260	棉、麻批发	安徽省合肥市瑶海区
中国石油化工股份有限公司湖北荆门石油公司	22456	82997	443	石油及制品批发	湖北省荆门市掇刀区
中国石油天然气股份有限公司喀什分公司	22437	134445	441	石油及制品批发	新疆(区)喀什地区喀什市
河南省烟草公司焦作市公司	22353	34065	504	烟草制品批发	河南省焦作市山阳区
上虞市医药有限责任公司	22299	53364	317	西药批发	浙江省绍兴市上虞市
深圳市齐普生信息科技有限公司	22220	76221	210	计算机、软件及辅助设备批发	广东省深圳市福田区
中国船舶燃料供应广州公司	22183	218013	314	石油及制品批发	广东省广州市黄埔区
北京市西南郊食品冷冻厂	22163	36222	535	肉、禽、蛋及水产品批发	北京市丰台区
北京恒日工程机械有限公司	22054	77805	241	其他机械设备及电子产品批发	北京市丰台区
温州成功集团有限公司	21739	53174	298	服装批发	浙江省温州市鹿城区
中国石化销售有限公司西北青海分公司	21694	40312	264	石油及制品批发	青海省西宁市城西区
北京伊藤忠华糖综合加工有限公司	21690	44486	254	其他日用品批发	北京市大兴区

4－1 续表18

企业名称	资产总计（万元）	销售额（万元）	全部从业人员年平均人数（人）	所属行业	企业所在地
浙江帅康营销有限公司	21610	94062	384	家用电器批发	浙江省宁波市余姚市
奥林巴斯(上海)映像销售有限公司	21590	109920	200	其他机械设备及电子产品批发	上海市上海市徐汇区
广西正宇股份有限公司	21552	36089	687	牲畜批发	广西壮族自治区玉林市博白县
山西省烟草公司阳泉市公司	21494	57336	305	烟草制品批发	山西省阳泉市城区
中国石油天然气股份有限公司辽宁本溪销售分公司	21411	164713	580	石油及制品批发	辽宁省本溪市明山区
平高集团销售有限公司	21400	41538	203	其他机械设备及电子产品批发	河南省平顶山市湛河区
联想进出口有限公司	21301	35029	312	贸易经纪与代理	北京市海淀区
深圳市昊天林实业有限公司	21236	46053	320	其他机械设备及电子产品批发	广东省深圳市福田区
邢台市万邦医药有限公司	21234	104390	208	西药批发	河北省邢台市邢台县
上海恩德斯豪斯自动化设备有限公司	21179	69829	250	其他机械设备及电子产品批发	上海市上海市闵行区
江苏金太阳卧室用品有限公司	21145	39589	286	纺织品、针织品及原料批发	江苏省南通市通州市
湖南双舟医药有限公司	21142	71132	262	西药批发	湖南省长沙市长沙县
中国石油天然气股份有限公司四川凉山销售分公司	21109	110075	591	石油及制品批发	四川省凉山州西昌市
江苏通灵翠钻有限公司	21059	53639	360	首饰、工艺品及收藏品批发	江苏省南京市白下区
中国石油化工股份有限公司河南漯河石油分公司	21042	108580	400	石油及制品批发	河南省漯河市召陵区
中国石油化工股份有限公司河北张家口石油分公司	20906	181945	854	石油及制品批发	河北省张家口市桥东区
上海烟草集团南汇烟草糖酒有限公司	20893	72616	391	烟草制品批发	上海市上海市南汇区
四川省绵阳药业集团公司	20806	48094	570	西药批发	四川省绵阳市涪城区
广西壮族自治区烟草公司贵港市公司	20801	83400	535	烟草制品批发	广西壮族自治区贵港市港北区
甘肃省烟草公司白银分公司	20782	44851	279	烟草制品批发	甘肃省白银市白银区
吉林省烟草公司松原分公司	20759	67244	402	烟草制品批发	吉林省松原市宁江区
山西省烟草公司朔州市分公司	20741	72608	296	烟草制品批发	山西省朔州市朔城区
吉林省烟草公司通化市公司	20735	75913	388	烟草制品批发	吉林省通化市东昌区
中国烟草总公司辽宁省辽阳市分公司	20695	71164	298	烟草制品批发	辽宁省辽阳市文圣区
吉林省烟草公司四平分公司	20650	101470	510	烟草制品批发	吉林省四平市铁东区
深圳市联诚医药有限公司	20622	37506	458	西药批发	广东省深圳市罗湖区
常州糖烟酒股份有限公司	20571	86693	208	其他食品批发	江苏省常州市钟楼区
上海烟草集团崇明烟草糖酒有限公司	20560	69085	265	烟草制品批发	上海市上海市崇明县
沈阳荟华楼黄金珠宝首饰有限公司	20529	72190	386	首饰、工艺品及收藏品批发	辽宁省沈阳市沈河区
江西省烟草公司鹰潭分公司	20459	52445	275	烟草制品批发	江西省鹰潭市月湖区
中国石油化工股份有限公司山东滨州分公司	20448	78229	562	石油及制品批发	山东省滨州市滨城区
甘肃省烟草公司张掖分公司	20391	30072	293	烟草制品批发	甘肃省张掖市甘州区
连云港市康缘医药商业有限公司	20317	41617	240	西药批发	江苏省连云港市新浦区
沈阳十二线农副产品有限公司	20275	44049	230	果品、蔬菜批发	辽宁省沈阳市和平区
浙江温州医药商业集团有限公司	20246	44302	298	西药批发	浙江省温州市鹿城区
厦门科华恒盛股份有限公司	20227	31621	230	其他机械设备及电子产品批发	福建省厦门市湖里区
中国石油化工股份有限公司江西新余石油分公司	20076	78431	200	石油及制品批发	江西省新余市渝水区
广东烟草惠州市有限责任公司	19989	196052	232	烟草制品批发	广东省惠州市惠城区
上海雨润肉食品有限公司	19977	135073	459	其他农畜产品批发	上海市上海市普陀区
芜湖中油石油有限公司	19963	78078	380	石油及制品批发	安徽省芜湖市鸠江区
成都德仁堂药业有限公司	19830	46292	303	中药材及中成药批发	四川省成都市青羊区
辽宁省烟草公司阜新市公司	19710	61842	500	烟草制品批发	辽宁省阜新市海州区
中国石油天然气股分有限公司黑龙江佳木斯销售分公司	19703	137899	1329	石油及制品批发	黑龙江省佳木斯市向阳区
李锦记(中国)销售有限公司	19679	130603	604	其他食品批发	广东省广州市越秀区
国药集团西北医药有限公司	19664	39020	230	西药批发	陕西省西安市碑林区
甘肃仕通汽车销售有限公司	19627	58969	312	汽车、摩托车及零配件批发	甘肃省兰州市七里河区
合肥中建工程机械有限公司	19570	78780	452	其他机械设备及电子产品批发	安徽省合肥市经开区
ABB(中国)有限公司上海分公司	19569	176355	503	其他机械设备及电子产品批发	上海市上海市黄浦区
银川新华百货东桥家电有限公司	19565	71880	513	家用电器批发	宁夏回族自治区银川市金凤区
中石化湖北石油公司恩施分公司	19439	83722	484	石油及制品批发	湖北省恩施州恩施市

4－1 续表19

企业名称	资产总计（万元）	销售额（万元）	全部从业人员年平均人数（人）	所属行业	企业所在地
中国石油化工股份有限公司六盘水石油分公司	19415	83667	482	石油及制品批发	贵州省六盘水市钟山区
黑龙江省烟草公司佳木斯分公司	19354	67112	499	烟草制品批发	黑龙江省佳木斯市向阳区
内蒙古烟草公司巴彦淖尔市公司	19315	74085	396	烟草制品批发	内蒙古自治区巴彦淖尔临河区
中国烟草总公司辽宁省盘锦分公司	19308	55498	236	烟草制品批发	辽宁省盘锦市兴隆台区
四川省烟草公司雅安分公司	19274	44965	238	烟草制品批发	四川省雅安市雨城区
广东龙粤通信设备有限公司	19262	188396	515	通讯及广播电视设备批发	广东省广州市天河区
中国石油天然气股份有限公司四川南充销售分公司	19255	116974	778	石油及制品批发	四川省南充市顺庆区
上海虹桥药业有限公司	19253	77781	448	西药批发	上海市上海市闵行区
中石化股份有限公司安徽淮北石油分公司	19243	84376	352	石油及制品批发	安徽省淮北相山区
中国石油化工股份有限公司江西景德镇分公司	19012	94030	500	石油及制品批发	江西省景德镇市珠山区
合肥太古可乐饮料有限公司	18836	30578	878	饮料及茶叶批发	安徽省合肥市经济技术开发区
国石油化工股份有限公司广东云浮石油分公司	18766	60912	352	石油及制品批发	广东省云浮市云城区
宗申产业集团重庆动力产品销售有限公司	18674	130459	317	汽车、摩托车及零配件批发	重庆市九龙坡区
绍兴县华通医药有限公司	18664	42341	451	西药批发	浙江省绍兴市绍兴县
中国石油天然汽股份有限公司四川绵阳销售分公司	18587	86986	705	石油及制品批发	四川省绵阳市涪城区
南京医药盐都有限公司	18527	53687	263	西药批发	江苏省盐城市盐都区
东莞市大地通讯连锁服务有限公司	18508	71160	295	通讯及广播电视设备批发	广东省东莞市东莞市
江苏高速公路石油发展有限公司	18424	328768	850	石油及制品批发	江苏省南京市玄武区
内蒙古自治区烟草公司兴安盟分公司	18372	43246	323	烟草制品批发	内蒙古自治区兴安盟乌兰浩特市
曲江县宜达燃料开发有限公司	18327	74406	318	煤炭及制品批发	广东省韶关市曲江区
中国烟草总公司辽宁省本溪分公司	18315	67174	308	烟草制品批发	辽宁省本溪市明山区
佛山市顺德区越大化工贸易有限公司	18247	154494	555	其他化工产品批发	广东省佛山市顺德区
上海小绵羊卧室制品有限公司	18223	33759	1850	建材批发	上海市上海市嘉定区
中国石油天然气股份有限公司渭南销售分公司	18204	126077	1261	石油及制品批发	陕西省渭南市临渭区
中国石油天然气股份有限公司昌吉销售公司	18177	107656	892	石油及制品批发	新疆(区)昌吉回族自治州昌吉市
中国石油河北销售廊坊分公司	18166	113602	800	石油及制品批发	河北省廊坊市广阳区
山西省朔州市矿业公司南窑出口煤站	18155	47300	553	煤炭及制品批发	山西省朔州市怀仁县
阳泉通源公路煤炭运销有限责任公司	18115	92270	230	煤炭及制品批发	山西省阳泉市城区
黑龙江省农业机械有限责任公司	18099	80945	224	农业机械批发	黑龙江省哈尔滨市南岗区
中油北京销售有限公司	18093	89899	362	石油及制品批发	北京市房山区
广东温氏食品集团有限公司勒竹分公司	18084	43198	583	肉、禽、蛋及水产品批发	广东省云浮市新兴县
广西壮族自治区北海市烟草公司	17976	54609	252	烟草制品批发	广西壮族自治区北海市海城区
大同市旧高山煤炭集运站	17870	66236	435	煤炭及制品批发	山西省大同市左云县
四川省烟草公司巴中分公司	17814	59005	366	烟草制品批发	四川省巴中市巴州区
上海市良菱配销有限公司	17813	37342	292	米、面制品及食用油批发	上海市上海市徐汇区
中油吉林松原销售分公司	17655	133931	868	石油及制品批发	吉林省松原市宁江区
云南小松工程机械有限公司	17653	35701	200	其他机械设备及电子产品批发	云南省昆明市西山区
中油黑龙江牡丹江销售分公司	17630	117906	277	石油及制品批发	黑龙江省牡丹江阳明区
湖南省印刷物资总公司	17628	54994	252	其他未列明的批发	湖南省长沙市开福区
中国石油天燃气股份有限公司山东潍坊销售分公司	17625	61600	564	石油及制品批发	山东省潍坊市高新区
宁夏回族自治区烟草公司吴忠市分公司	17608	47937	248	烟草制品批发	宁夏回族自治区吴忠市利通区
中国石油天然气股份有限公司吉林四平分公司	17581	133110	1331	石油及制品批发	吉林省四平市铁西区
烟台中油石油储运销售有限公司	17550	43421	200	石油及制品批发	山东省烟台芝罘区
中国石油化工股份有限公司吕梁石油公司	17527	186344	733	石油及制品批发	山西省吕梁孝义市
奥吉斯贸易(北京)有限公司	17482	30645	1506	服装批发	北京市东城区
中国石油天然气股份有限公司辽宁辽阳销售分公司	17477	175599	822	石油及制品批发	辽宁省辽阳市太子河区
镇江九泰投资咨询有限责任公司	17451	31496	238	西药批发	江苏省镇江市润州区
重庆海尔家电销售有限公司青岛分公司	17420	88039	852	家用电器批发	山东省青岛市崂山区
丰沃达医药物流(湖南)有限公司	17418	78052	320	西药批发	湖南省长沙市长沙县
西安双鹤医药股份有限公司	17351	35318	418	西药批发	陕西省西安市碑林区

4-1 续表20

企业名称	资产总计（万元）	销售额（万元）	全部从业人员年平均人数（人）	所属行业	企业所在地
上海烟草集团普陀烟草糖酒有限公司	17290	70612	2507	烟草制品批发	上海市上海市普陀区
江西仁和药业有限公司	17281	77805	3301	中药材及中成药批发	江西省宜春市樟树市
广西壮族自治区烟草公司钦州市公司	17280	57843	428	烟草制品批发	广西壮族自治区钦州市钦南区
中国石油天然气股份有限公司福建福州销售分公司	17223	87589	374	石油及制品批发	福建省福州市鼓楼区
中国石油天然气股份有限公司安康销售分公司	17188	94020	602	石油及制品批发	陕西省安康市汉滨区
山东省博大食品有限公司	17179	33600	430	肉、禽、蛋及水产品批发	山东省滨州市博兴县
茂名市实业发展集团公司	17083	60023	273	其他化工产品批发	广东省茂名市茂南区
成都神州数码有限公司	17034	168615	260	计算机、软件及辅助设备批发	四川省成都市武侯区
中国石油天然气股份有限公司河北沧州销售公司	16974	94183	661	石油及制品批发	河北省沧州市运河区
中国石油天然气股份有限公司甘肃平凉销售分公司	16962	117208	542	石油及制品批发	甘肃省平凉市崆峒区
吉林松原国家粮食储备库	16858	261037	234	种子、饲料批发	吉林省松原市宁江区
重庆昌野药业有限公司	16779	79808	203	西药批发	重庆市南岸区
厦门青岛啤酒东南营销有限公司	16764	79262	542	饮料及茶叶批发	福建省厦门市同安区
中国石油天然气股份有限公司四川达州销售分公司	16760	107568	588	石油及制品批发	四川省达州市通川区
中国石油股份有限公司陕西汉中销售公司	16753	105455	766	石油及制品批发	陕西省汉中市汉台区
中国石油天然气内蒙古巴彦淖尔销售分公司	16685	167692	1202	石油及制品批发	内蒙古自治区巴彦淖尔临河区
穆勒电气（上海）有限公司	16673	46535	230	其他未列明的批发	上海市上海市黄浦区
大西电子（上海）有限公司	16611	31844	236	其他未列明的批发	上海市上海市浦东新区
国药控股柳州有限公司	16592	31124	386	西药批发	广西壮族自治区柳州市柳北区
北京市汽车贸易公司(第二名称:北京市汽车配件公司)	16528	47346	230	汽车、摩托车及零配件批发	北京市朝阳区
郑州铁路煤炭运销公司	16517	100092	834	煤炭及制品批发	河南省郑州市二七区
国药集团化学试剂有限公司	16449	45125	241	其他化工产品批发	上海市上海市黄浦区
辽宁成大方圆医药有限公司	16418	56005	455	西药批发	辽宁省沈阳市和平区
傲胜（中国）商业有限公司	16404	44525	780	其他日用品批发	上海市上海市浦东新区
仙居制药销售有限公司	16403	57797	603	西药批发	浙江省台州市仙居县
中油天然气股份有限公司四川德阳销售分公司	16395	127600	765	石油及制品批发	四川省德阳市旌阳区
广东省盐业运输（企业）集团公司	16281	31800	278	盐及调味品批发	广东省广州市越秀区
上海烟草集团杨浦区烟草糖酒有限公司	16241	58617	393	烟草制品批发	上海市上海市杨浦区
上海烟草集团静安烟草糖酒有限公司	16235	34144	291	烟草制品批发	上海市上海市静安区
浙江康恩贝医药销售有限公司	16208	53801	333	西药批发	浙江省杭州市上城区
青岛海尔工贸有限公司	16170	47680	451	家用电器批发	山东省青岛市崂山区
海南省烟草公司琼海公司	16161	83902	246	烟草制品批发	海南省琼海市
天津一汽汽车销售有限公司	16088	709085	424	汽车、摩托车及零配件批发	天津市河西区
广东温氏食品集团有限公司车岗分公司	16052	41651	434	肉、禽、蛋及水产品批发	广东省云浮市新兴县
中国烟草总公司黑龙江省鸡西分公司	16027	64123	399	烟草制品批发	黑龙江省鸡西市鸡冠区
青岛传承国际商贸有限公司	16015	34174	215	鞋帽批发	山东省青岛市市南区
青岛圣元乳业有限公司	15998	50752	428	饮料及茶叶批发	山东省青岛市黄岛区
中国石油四川川南销售分公司	15959	58206	318	石油及制品批发	四川省自贡市自流井区
呼伦贝尔烟草公司	15954	65599	670	烟草制品批发	内蒙古自治区呼伦贝尔海拉尔区
花王（上海）产品服务有限公司	15950	53926	355	化妆品及卫生用品批发	上海市上海市黄浦区
山东新华医药贸易有限公司	15860	57663	321	西药批发	山东省淄博高新区
中国石油天然气股份有限公司辽宁阜新销售分公司	15848	145535	702	石油及制品批发	辽宁省阜新市海州区
广东省烟草兴宁市有限公司	15839	54016	202	烟草制品批发	广东省梅州市兴宁市
中国石油化工股份有限公司山西朔州石油公司	15791	103015	295	石油及制品批发	山西省朔州朔城区
上海微欣工贸有限公司	15786	52336	218	计算机、软件及辅助设备批发	上海市上海市长宁区
天津裕华经济贸易总公司	15597	76039	300	其他化工产品批发	天津市和平区
金华市医药有限公司	15481	41586	248	西药批发	浙江省金华市婺城区
中国石油吉林延边销售分公司	15459	166004	895	石油及制品批发	吉林省延边朝鲜族自治州延吉市
淮南新欣医药有限公司	15397	30987	503	西药批发	安徽省淮南市田家庵区
北京北汽陆驰汽车销售有限公司	15352	99068	224	汽车、摩托车及零配件批发	北京市顺义区

4－1 续表21

企业名称	资产总计（万元）	销售额（万元）	全部从业人员年平均人数（人）	所属行业	企业所在地
中国石油化工股份有限公司黔东南石油分公司	15254	79959	358	石油及制品批发	贵州省黔东南苗族侗族自治州凯里市
深圳市晨光乳业有限公司	15114	46408	376	饮料及茶叶批发	广东省深圳市宝安区
中国石油天然气股份有限公司辽宁盘锦销售分公司	15079	131460	715	石油及制品批发	辽宁省盘锦市双台子区
上海烟草集团徐汇烟草糖酒有限公司	15061	51185	236	烟草制品批发	上海市上海市徐汇区
武汉天下明药业有限公司	15058	69651	235	西药批发	湖北省武汉市东西湖区
中国石化股份有限公司黔南石油分公司	15016	104735	439	石油及制品批发	贵州省黔南布依族苗族自治州都匀区
中国石油黑龙江省绥化销售分公司	14964	118016	1600	石油及制品批发	黑龙江省绥化市北林区
江西省烟草公司新余分公司	14952	49821	260	烟草制品批发	江西省新余市渝水区
飞科集团有限公司	14903	31302	600	家用电器批发	浙江省温州市瓯海区
中国石油天然气股份有限公司辽宁锦州分公司	14890	123086	510	石油及制品批发	辽宁省锦州市古塔区
深圳市深南燃气有限公司	14865	74446	502	石油及制品批发	广东省深圳市南山区
中国石油天然气股份有限公司湖北襄樊分公司	14823	101594	435	石油及制品批发	湖北省襄樊市襄城区
天津市宏桥汇鑫商贸中心	14757	88630	213	再生物资回收与批发	天津市北辰区
福安市医药有限公司	14746	48381	264	西药批发	福建省宁德市 福安区
上海动力燃料有限公司	14579	107002	273	煤炭及制品批发	上海市上海市黄浦区
中国石油化工股份有限公司山西临汾石油分公司	14539	133852	349	石油及制品批发	山西省临汾市尧都区
抚顺石化经济技术开发实业总公司	14481	95886	317	其他化工产品批发	辽宁省抚顺市新抚区
来宾市烟草公司	14445	56926	394	烟草制品批发	广西壮族自治区来宾市兴宾区
上海仁达药品经营有限公司	14431	35291	450	中药材及中成药批发	上海市上海市徐汇区
吉林省烟草公司白城分公司	14412	53497	352	烟草制品批发	吉林省白城市洮北区
河南省烟草公司灵宝市公司	14332	48105	208	烟草制品批发	河南省三门峡市灵宝市
山西省煤炭运销总公司临汾分公司尧都区公司	14324	76080	730	煤炭及制品批发	山西省临汾市尧都区
中国石油天然气股份有限公司浙江宁波销售分公司	14307	131876	280	石油及制品批发	浙江省宁波市江东区
攀钢集团钢城企业总公司	14285	55414	538	煤炭及制品批发	四川省攀枝花市东区
天津市文光集团有限公司	14206	33746	358	五金、交电批发	天津市河东区
中油陕西延安销售公司	14182	294888	980	石油及制品批发	陕西省延安市宝塔区
中国石油天然气股份有限公司吉林通化销售分公司	14137	112489	912	石油及制品批发	吉林省通化市东昌区
中国石油黑龙江双鸭山销售公司	14131	137479	503	石油及制品批发	黑龙江省双鸭山市尖山区
常熟市波司登进出口有限公司	14085	73489	234	服装批发	江苏省苏州市常熟市
北京蒙牛宏达乳制品有限责任公司	14079	124717	1146	饮料及茶叶批发	北京市丰台区
东莞市金叶珠宝有限公司	14078	238579	883	首饰、工艺品及收藏品批发	广东省东莞市东莞市
黑龙江省双鸭山烟草公司	14076	52105	265	烟草制品批发	黑龙江省双鸭山市尖山区
山东东方誉源农资有限公司	14058	38427	439	化肥批发	山东省潍坊市寿光市
怀仁县南窑煤业有限责任公司	14055	31033	406	煤炭及制品批发	山西省朔州市怀仁县
洛阳铁路运通集团实业发展公司	14021	38052	382	煤炭及制品批发	河南省洛阳市廛河回族区
吉林敖东医药有限公司	13963	31471	589	中药材及中成药批发	吉林省延边朝鲜族自治州延吉市
朔州矿业公司岱岳运销站	13952	55855	498	煤炭及制品批发	山西省朔州山阴县
湖南时代阳光医药有限公司	13926	39718	296	西药批发	湖南省长沙市雨花区
辽宁众汇实业发展有限公司	13912	41353	318	服装批发	辽宁省大连市中山区
上海烟草集团长宁烟草糖酒有限公司	13849	49890	247	烟草制品批发	上海市上海市长宁区
云南盘龙云海药品经营有限公司	13809	36260	1110	中药材及中成药批发	云南省昆明市五华区
宁波市鄞州医药药材有限公司	13775	35896	215	西药批发	浙江省宁波市江东区
襄城县烟草公司	13734	33956	562	烟草制品批发	河南省许昌市襄城县
青海省烟草公司西宁分公司	13715	107487	332	烟草制品批发	青海省西宁市城西区
山东鲁南蔬菜产业有限公司	13708	214049	469	果品、蔬菜批发	山东省临沂市苍山县
上海雷允上北区药业股份有限公司	13670	43504	508	中药材及中成药批发	上海市上海市虹口区
伯东企业（上海）有限公司	13645	35849	222	其他机械设备及电子产品批发	上海市上海市浦东新区
邯郸市亚盛工程机械有限公司	13626	39650	320	其他机械设备及电子产品批发	河北省邯郸市复兴区
上海市医药股份有限公司安庆公司	13600	31341	233	西药批发	安徽省安庆市迎江区
浙江英诺法医药有限公司	13559	30057	546	中药材及中成药批发	浙江省金华市婺城区

4－1 续表22

企业名称	资产总计（万元）	销售额（万元）	全部从业人员年平均人数（人）	所属行业	企业所在地
四川金利医药贸易有限公司	13559	47735	204	中药材及中成药批发	四川省成都市金牛区
重庆天利实业有限公司	13553	33253	278	米、面制品及食用油批发	重庆市渝中区
上海汇丰医药药材有限责任公司	13506	40462	308	西药批发	上海市上海市徐汇区
中国石油天然气股份有限公司安徽滁州销售分公司	13479	34160	290	石油及制品批发	安徽省滁州市琅琊区
西安新西北双鹤医药有限责任公司	13467	41405	243	中药材及中成药批发	陕西省西安市未央区
上海信谊联合医药药材有限公司	13413	49293	318	中药材及中成药批发	上海市上海市闸北区
四川省烟草公司阿坝州公司	13377	36156	214	烟草制品批发	四川省阿坝州汶川县
辛集市物资开发有限公司	13372	42492	882	金属及金属矿批发	河北省石家庄市辛集市
上海烟草集团闸北烟草糖酒有限公司	13368	38481	360	烟草制品批发	上海市上海市闸北区
山东金田小商品市场发展有限公司	13297	34653	256	服装批发	山东省威海市文登市
广州海尔工贸有限公司	13265	44721	213	家用电器批发	广东省广州市越秀区
宣威市煤炭供销公司	13227	37988	231	煤炭及制品批发	云南省曲靖市宣威市
厦门黄金香食品有限公司	13209	75109	451	肉、禽、蛋及水产品批发	福建省厦门市思明区
四川省盐业总公司成都分公司	13182	33187	231	盐及调味品批发	四川省成都市青羊区
佛山市顺德区北窖镇供销社	13073	31542	295	家用电器批发	广东省佛山市顺德区
中国石油天然气股份有限公司辽宁抚顺销售分公司	13024	232003	707	石油及制品批发	辽宁省抚顺市新抚区
中国石油天然气股份有限公司四川雅安销售分公司	12976	78807	465	石油及制品批发	四川省雅安市雨城区
山东莱芜市烟草专卖局（公司）	12969	42697	236	烟草制品批发	山东省莱芜市莱城区
海南省烟草公司分公司	12876	89367	258	烟草制品批发	海南省三亚市
吉林省烟草公司白山分公司	12856	42724	284	烟草制品批发	吉林省白山市八道江区
中国石油天然气股份有限公司黑龙江尚志销售分公司	12843	90119	752	石油及制品批发	黑龙江省哈尔滨市尚志市
江西江中医贸有限责任公司	12791	122719	763	中药材及中成药批发	江西省南昌市青山湖区
上海中油大庆石油化工销售公司	12783	60536	219	石油及制品批发	上海市上海市虹口区
浙江不老神食品有限公司	12775	38430	1658	肉、禽、蛋及水产品批发	浙江省衢州市柯城区
上海蒙牛乳业有限公司	12713	112127	447	其他食品批发	上海市上海市卢湾区
深圳市大水联合酒业有限公司	12655	37154	200	饮料及茶叶批发	广东省深圳市罗湖区
沾化县王尔庄海产品有限公司	12646	215486	570	肉、禽、蛋及水产品批发	山东省滨州市沾化县
达能益力贸易（深圳）有限公司	12625	48818	280	饮料及茶叶批发	广东省深圳市宝安区
北京紫竹医药经营有限公司	12552	67440	309	西药批发	北京市海淀区
上海青岛啤酒华东销售有限公司	12382	94806	440	其他食品批发	上海市上海市宝山区
重庆科渝药品经营有限责任公司	12366	65247	287	西药批发	重庆市南岸区
深圳市 TCL 电器销售有限公司	12163	32987	352	家用电器批发	广东省深圳市罗湖区
广州爱联科技有限公司	12128	99382	208	计算机、软件及辅助设备批发	广东省广州市天河区
福州海尔工贸有限公司	12043	37291	458	家用电器批发	福建省福州市鼓楼区
烟台海尔工贸有限公司	11903	70219	302	家用电器批发	山东省烟台市芝罘区
中国石油天然气股份有限公司四川巴中销售分公司	11884	49223	368	石油及制品批发	四川省巴中市巴州区
中国石油天然气股份有限公司德州分公司	11818	59580	318	石油及制品批发	山东省德州市德城区
中国石油天然气股份有限公司四川遂宁销售分公司	11798	56631	448	石油及制品批发	四川省遂宁市船山区
陕西省烟草公司铜川分公司	11797	34655	379	烟草制品批发	陕西省铜川市王益区
黑龙江省烟草公司鹤岗分公司	11745	38668	246	烟草制品批发	黑龙江省鹤岗市工农区
中国船舶燃料供应秦皇岛公司	11701	66799	313	石油及制品批发	河北省秦皇岛市海港区
广东省中山食品进出口有限公司	11634	159267	423	肉、禽、蛋及水产品批发	广东省中山市中山市
天津天服三悦服装有限责任公司	11519	51028	300	服装批发	天津市西青区
包头宁鹿石油有限公司	11449	123252	818	石油及制品批发	内蒙古自治区包头市九原区
深圳市嘉康食品有限公司	11370	115323	216	肉、禽、蛋及水产品批发	广东省深圳市宝安区
北京法雅商贸有限责任公司	11330	41321	814	服装批发	北京市西城区
中石化长江燃料有限公司武汉分公司	11261	71172	390	石油及制品批发	湖北省武汉市江汉区
新兴县温氏食品联营有限公司	11125	39699	327	肉、禽、蛋及水产品批发	广东省云浮市新兴县
山东国运集团有限公司	11094	40425	328	汽车、摩托车及零配件批发	山东省青岛市李沧区
黑河市烟草公司	11089	42097	385	烟草制品批发	黑龙江省黑河市爱辉区

4－1 续表23

企业名称	资产总计（万元）	销售额（万元）	全部从业人员年平均人数（人）	所属行业	企业所在地
中盐河北盐业专营有限公司	11012	39742	261	盐及调味品批发	河北省石家庄市桥东区
湖南大旺食品有限公司长沙分公司	10975	56090	362	其他食品批发	湖南省长沙市芙蓉区
新疆烟草公司巴州公司	10937	53959	233	烟草制品批发	新疆(区)巴州库尔勒市
中国石油天然气股份有限公司新疆吐鲁番销售公司	10916	67547	455	石油及制品批发	新疆(区)吐鲁番地区吐鲁番市
中国石油天然气股份有限公司山东聊城销售分公司	10826	51406	369	石油及制品批发	山东省聊城市东昌府区
温岭市食品总公司	10733	52033	519	肉、禽、蛋及水产品批发	浙江省台州市温岭市
中石油恩施分公司	10624	33303	285	石油及制品批发	湖北省恩施州恩施市
中国石油天然气股份有限公司安徽阜阳销售分公司	10612	33947	256	石油及制品批发	安徽省阜阳市颍州区
中国石油化工股份有限公司河南中原石油分公司	10592	56960	200	石油及制品批发	河南省濮阳市华龙区
东芝家用电器销售(南海)有限公司	10533	32370	650	家用电器批发	广东省佛山市南海区
广东烟草五华县有限公司	10517	45798	370	烟草制品批发	广东省梅州市五华县
中石化长江燃料有限公司南京分公司	10508	279248	452	石油及制品批发	江苏省南京市下关区
榆次煤炭运销公司	10493	44226	303	煤炭及制品批发	山西省晋中市榆次区
菏泽中油石油销售有限公司	10438	40472	262	石油及制品批发	山东省菏泽市牡丹区
南京医药合肥天润有限公司	10383	33262	218	西药批发	安徽省合肥市包河区
南京医药南通健桥有限公司	10375	30485	274	西药批发	江苏省南通市如东县
江苏真维斯服饰有限公司	10347	46481	1000	服装批发	江苏省南京市雨花台区
浙江金冠体育用品有限公司	10338	46390	374	服装批发	浙江省杭州市西湖区
山西省朔州矿业公司马邑煤炭集运站	10324	34649	291	煤炭及制品批发	山西省朔州朔城区
中国石油天然气股份有限公司青海格尔木销售分公司	10258	57560	220	石油及制品批发	青海省海西市格尔木市
江西九州医药有限公司	10232	33022	365	西药批发	江西省宜春市樟树市
上海立丰食品有限公司	10093	44503	593	肉、禽、蛋及水产品批发	上海市上海市静安区
广州TCL电器销售有限公司	10053	76390	537	家用电器批发	广东省广州市越秀区
中国石油天然气股份有限公司黑龙江实华销售公司	10019	63389	377	石油及制品批发	黑龙江省哈尔滨市道里区
广东温氏食品集团有限公司稔村分公司	10008	41873	601	肉、禽、蛋及水产品批发	广东省云浮市新兴县
中国石油天然气股份有限公司吉林省白山销售分公司	9894	82679	671	石油及制品批发	吉林省白山市八道江区
中国石油天然气股份有限公司黑龙江七台河销售分公司	9849	76197	551	石油及制品批发	黑龙江省七台河市桃山区
中国石油天然气股份有限公司酒泉销售分公司	9830	122922	716	石油及制品批发	甘肃省酒泉市肃州区
中国石油天然气股份有限公司浙江舟山销售分公司	9793	95711	252	石油及制品批发	浙江省舟山市普陀区
中石油集团股份有限公司商洛销售分公司	9689	75501	607	石油及制品批发	陕西省商洛市商州区
山西省平遥县煤炭运销公司	9680	48758	210	煤炭及制品批发	山西省晋中平遥县
湖南九芝堂医药有限公司	9594	32291	495	中药材及中成药批发	湖南省长沙市开福区
北京佳之兴商业有限公司	9555	40640	207	厨房、卫生间用具及日用杂货批发	北京市崇文区
江西创力医药有限公司	9512	44408	245	西药批发	江西省南昌市青山湖区
山西省煤炭运销公司晋中分公司昔阳县公司	9479	49843	580	煤炭及制品批发	山西省晋中昔阳县
宁波布利杰进出口有限公司	9466	71107	219	服装批发	浙江省宁波市江东区
湖南南山食品有限公司(贸易)	9455	43321	205	其他未列明的批发	湖南省长沙市开福区
仪征怡华商贸发展有限公司	9409	68442	263	其他化工产品批发	江苏省扬州市仪征市
济南轻骑销售有限公司	9373	76443	288	汽车、摩托车及零配件批发	山东省济南市历下区
济南海尔工贸有限公司	9372	74277	218	家用电器批发	山东省济南市历城区
安徽省宣城市医药有限公司	9314	34500	298	西药批发	安徽省宣城市宣州区
成都宏川酒业有限公司	9265	32553	227	饮料及茶叶批发	四川省成都市武侯区
太原海尔工贸有限公司	9201	96612	269	家用电器批发	山西省太原市小店区
郑州经济技术开发区自备车运输贸易有限公司	9189	37199	479	煤炭及制品批发	河南省郑州市管城回族区
内蒙古包头东宝煤炭物流配送中心	9164	159313	412	煤炭及制品批发	内蒙古自治区包头市九原区
山东鲁抗药品经营有限公司	9123	46526	260	西药批发	山东省济宁市高新区
朔州市跃胜实业公司	9029	61425	300	石油及制品批发	山西省朔州怀仁县
南京福旺食品有限公司合肥分公司	9021	34746	342	其他食品批发	安徽省合肥市新站区
广州东方四海科技有限公司	8953	101281	430	计算机、软件及辅助设备批发	广东省广州市天河区
山东外运弘志国际集装箱运输有限公司	8727	51633	336	贸易经纪与代理	山东省淄博高新区

4－1 续表 24

企业名称	资产总计（万元）	销售额（万元）	全部从业人员年平均人数（人）	所属行业	企业所在地
马鞍山市蓝天废旧物资回收有限公司	8484	52982	418	再生物资回收与批发	安徽省马鞍山市金家庄区
中国石油天然气股份公司阿勒泰分公司	8479	71986	580	石油及制品批发	新疆(区)阿勒泰地区阿勒泰市
上海海尔工贸有限公司	8449	91402	500	家用电器批发	上海市上海市浦东新区
湖南金果实业股份有限公司资产经营分公司	8439	32882	214	其他日用品批发	湖南省衡阳市雁峰区
晋城市沁水县公路煤炭销售有限公司	8437	104722	303	煤炭及制品批发	山西省晋城沁水县
奥康鞋业销售有限公司	8435	33268	729	鞋帽批发	浙江省温州市永嘉县
中石油天然气股份有限公司黑龙江鹤岗分公司	8394	63446	466	石油及制品批发	黑龙江省鹤岗市工农区
南宁市王者通讯设备有限公司	8388	48041	380	通讯及广播电视设备批发	广西壮族自治区南宁市兴宁区
中国石油天然气股份有限公司云南销售分公司	8376	49134	241	石油及制品批发	云南省大理白族自治州大理市
济南果品总公司	8336	55000	275	果品、蔬菜批发	山东省济南市市中区
杭州中油石油天然气销售有限公司	8254	79628	202	石油及制品批发	浙江省杭州市余杭区
中国石油天然气股份有限公司甘肃武威销售分公司	8023	90654	602	石油及制品批发	甘肃省武威市凉州区
洛阳长仑农业机械有限公司	7862	50063	366	农业机械批发	河南省洛阳市涧西区
中国石油天然气股份有限公司甘肃张掖销售分公司	7835	78750	450	石油及制品批发	甘肃省张掖市甘州区
西双版纳中化安联橡胶有限公司	7782	30925	384	其他化工产品批发	云南省西双版纳州景洪市
郑州海尔工贸有限公司	7721	89961	217	家用电器批发	河南省郑州市管城回族区
深圳市乌日娜贸易有限公司	7709	72823	1500	饮料及茶叶批发	广东省深圳市福田区
海南省烟草公司儋州公司	7708	48205	203	烟草制品批发	海南省儋州市儋州市
中国石油天然气股份有限公司黑龙江肇东销售分公司	7508	51018	541	石油及制品批发	黑龙江省绥化市肇东
广州市盛世长运商贸连锁有限公司	7498	45979	233	服装批发	广东省广州市海珠区
成都市荣贸食品有限公司	7490	35632	240	其他食品批发	四川省成都市成华区
中国石油天然气股份有限公司吉林辽源销售分公司	7415	58047	264	石油及制品批发	吉林省辽源市龙山区
河南省烟草公司鹤壁分公司	7388	39741	312	烟草制品批发	河南省鹤壁市淇滨区
北京市尧舜建材供应站	7299	53682	597	建材批发	北京市丰台区
商丘市百川药业有限公司	7284	39442	210	西药批发	河南省商丘市睢阳区
河南省烟草公司方城县公司	7192	30270	422	烟草制品批发	河南省南阳市方城县
新疆维吾尔自治区昌吉回族自治州烟草公司	7177	45283	210	烟草制品批发	新疆(区)昌吉回族自治州昌吉市
南京 TCL 电器销售有限公司	7049	85165	719	家用电器批发	江苏省南京市玄武区
成都海尔工贸有限公司	6873	37101	258	家用电器批发	四川省成都市青羊区
雷州市食品总公司	6860	30750	1093	肉、禽、蛋及水产品批发	广东省湛江市雷州市
广东烟草大埔县有限公司	6828	30297	222	烟草制品批发	广东省梅州市大埔县
北京青岛啤酒北方销售有限公司	6807	73100	321	饮料及茶叶批发	北京市密云县
中国石油天然气股份有限公司辽宁朝阳销售分公司	6775	184514	784	石油及制品批发	辽宁省朝阳市双塔区
河南省烟草公司邓州市公司	6470	38905	1119	烟草制品批发	河南省南阳市邓州市
山西省亚宝医药经销有限公司	6462	41683	2100	中药材及中成药批发	山西省运城芮城县
山东八戒食品有限公司	6414	43360	332	肉、禽、蛋及水产品批发	山东省泰安市肥城县
福建吉马经贸有限公司	6411	33040	1316	饮料及茶叶批发	福建省漳州市芗城区
深圳市卡奔达电子有限公司	6322	32924	219	计算机、软件及辅助设备批发	广东省深圳市福田区
中国石油新疆博州销售公司	6243	35087	305	石油及制品批发	新疆（区）博尔塔拉州博乐市
承德聚鑫贸易有限责任公司	6115	37149	256	饮料及茶叶批发	河北省承德市承德县
新疆维吾尔自治区阿克苏地区烟草公司	6078	48263	225	烟草制品批发	新疆(区)阿克苏地区阿克苏市
南京泉峰国际贸易有限公司	5907	42855	264	其他机械设备及电子产品批发	江苏省南京市江宁区
河南省烟草公司禹州市公司	5811	32668	287	其他农畜产品批发	河南省许昌市禹州市
广州市万荣商贸有限公司	5714	39726	230	厨房、卫生间用具及日用杂货批发	广东省广州市番禺区
神州数码(郑州)有限公司	5645	56240	400	其他机械设备及电子产品批发	河南省郑州市金水区
广州旺旺食品有限公司福州分公司	5582	30961	314	饮料及茶叶批发	福建省福州市台江区
中油四川甘孜销售分公司	5525	77864	519	石油及制品批发	四川省甘孜州康定县
内蒙古伊利实业集团股份有限公司济南分公司	5391	98763	200	饮料及茶叶批发	山东省济南市历下区
河南中石化高速公路有限责任公司	5347	66747	432	石油及制品批发	河南省郑州市金水区
乐金生活健康贸易(上海)有限公司	5292	30306	464	化妆品及卫生用品批发	上海市上海市徐汇区

4－1 续表25

企业名称	资产总计（万元）	销售额（万元）	全部从业人员年平均人数（人）	所属行业	企业所在地
中油碧辟湛江市加油站经营有限公司	4975	34256	260	石油及制品批发	广东省湛江市霞山区
中国石油化工股份有限公司湖北石油直属销售分公司	4884	350023	1014	石油及制品批发	湖北省武汉市桥口区
杭州梯西爱乐(TCL)电器销售有限公司	4863	69059	428	家用电器批发	浙江省杭州市上城区
海阳市胶东水产品批发市场	4800	71300	368	其他食品批发	山东省烟台市海阳市
陕西百嘉贸易服务有限公司	4642	41731	256	化妆品及卫生用品批发	陕西省西安市未央区
中国石油天然气股份公司广西柳州销售分公司	4618	76936	230	石油及制品批发	广西壮族自治区柳州市柳北区
青海省烟草公司海东地区分公司	4605	31493	205	烟草制品批发	青海省海东地区平安县
信宜市粤信肉类食品有限公司	4594	51337	505	肉、禽、蛋及水产品批发	广东省茂名市信宜市
北京曲美馨家商业有限公司	4584	43769	300	其他未列明的批发	北京市顺义区
中油甘肃定西销售分公司	4584	94151	468	石油及制品批发	甘肃省定西市安定区
沾化县粮食收储公司	4552	41365	291	谷物、豆及薯类批发	山东省滨州市沾化县
江西康力药品物流有限公司	4467	35183	680	西药批发	江西省宜春市樟树市
中国石油化工股份有限公司湖北襄樊分公司	4357	171143	1159	石油及制品批发	湖北省襄樊市樊城区
中国石油天然气股份有限公司河南洛阳销售分公司	4355	65051	300	石油及制品批发	河南省洛阳市西工区
山东梦金园珠宝首饰有限公司	4052	38490	335	首饰、工艺品及收藏品批发	山东省潍坊市昌乐区
天津TCL电器销售有限公司	3911	37670	414	家用电器批发	天津市河西区
高州市食品企业集团公司	3874	58238	843	肉、禽、蛋及水产品批发	广东省茂名市高州市
内蒙古伊利实业集团股份有限公司成都分公司	3464	58717	249	其他食品批发	四川省成都市成华区
青岛海尔电器销售有限公司分公司	3360	31294	254	家用电器批发	山东省青岛市崂山区
北京美的空调销售有限公司	3351	36084	233	家用电器批发	北京市门头沟区
沈阳阳光北联数码科技有限公司	3128	38034	220	计算机、软件及辅助设备批发	辽宁省沈阳市和平区
成都TCL电器销售有限公司	3101	33023	293	家用电器批发	四川省成都市武侯区
济南TCL电器销售有限公司	3080	71883	710	家用电器批发	山东省济南市历城区
湖南浏阳河酒业有限公司	2999	31753	232	饮料及茶叶批发	湖南省长沙市芙蓉区
包头市远大蔬菜瓜果副食品有限公司	2974	52861	835	果品、蔬菜批发	内蒙古自治区包头市东河区
长江TCL电器销售有限公司	2912	50147	496	家用电器批发	湖南省长沙市雨花区
中国石油天然气股份有限公司甘肃临夏销售分公司	2870	42590	329	石油及制品批发	甘肃省临夏州临夏市
山东省莒县大鱼水产品有限公司	2787	34140	380	肉、禽、蛋及水产品批发	山东省日照市莒县
中国石油化工股份有限公司十堰分公司	2690	73946	592	石油及制品批发	湖北省十堰市
重庆海尔家电销售有限公司济宁分公司	2675	40094	200	家用电器批发	山东省济宁市高新区
中国石油化工股份有限公司湖北咸宁石分公司	2658	128825	620	石油及制品批发	湖北省咸宁市市辖区
中国石油化工股份有限公司湖北高速公路油销售分公司	2648	121945	509	石油及制品批发	湖北省武汉桥口区
合肥TCL电器销售有限公司	2035	46330	380	家用电器批发	安徽省合肥市瑶海区
武汉TCL电器销售有限公司	1733	33584	323	家用电器批发	湖北省武汉市江岸区
中国石油天然气股份有限公司河北承德销售分公司	1572	70723	420	石油及制品批发	河北省承德市双桥区
内蒙古呱呱叫实业集团农副产品交易分公司	1426	43954	1355	其他农畜产品批发	内蒙古自治区包头市东河区
钦州市食品总公司	1383	39273	230	牲畜批发	广西壮族自治区钦州市钦南区
中国石油天然气股份有限公司河南商丘销售分公司	1351	100945	520	石油及制品批发	河南省商丘市睢阳区
武汉海尔工贸有限公司	1293	35721	450	家用电器批发	湖北省武汉市东西湖区
中国石油天然气股份有限公司湖北荆州销售分公司	1007	35675	422	石油及制品批发	湖北省荆州市沙市
中石油股份有限公司河南许昌销售分公司	953	45909	200	石油及制品批发	河南省许昌市魏都区
中国石油天然气股份有限公司河南南阳销售公司	469	33473	270	石油及制品批发	河南省南阳市卧龙区
中国石油天然气股份有限公司河南新乡销售分公司	435	31573	320	石油及制品批发	河南省新乡市红旗区
湖南新五丰股份有限公司	352	41360	775	其他农畜产品批发	湖南省长沙市芙蓉区
中国石油广西桂林销售分公司		113000	420	石油及制品批发	广西壮族自治区桂林市七星区

4－2　大型零售业企业名单及主要经济指标

企业名称	资产总计（万元）	销售额（万元）	全部从业人员年平均人数（人）	所属行业	企业所在地
国美电器有限公司	974208	638351	2095	家用电器零售	北京市朝阳区
上海百联集团股份有限公司	829443	259263	2671	百货零售	上海市上海市黄浦区
山东银座商城股份有限公司	817560	622350	5648	百货零售	山东省济南市历下区
联华超市股份有限公司	769734	2331474	20127	超级市场零售	上海市上海市普陀区
上海永乐家用电器有限公司	629137	802077	3912	家用电器零售	上海市上海市普陀区
中国石油化工股份有限公司北京石油分公司	612699	2840893	6280	机动车燃料零售	北京市朝阳区
中石化股份有限公司山东临沂石油分公司	564129	197480	1412	机动车燃料零售	山东省临沂市河东区
北京王府井百货（集团）股份有限公司	549917	153758	1993	百货零售	北京市东城区
中国石油化工股份有限公司广州石油分公司	544832	1239441	4084	机动车燃料零售	广东省广州市越秀区
大商集团股份有限公司	530766	597133	4866	百货零售	辽宁省大连市中山区
上海豫园旅游商城股份有限公司	530107	20780	1061	其他综合零售	上海市上海市黄浦区
农工商超市（集团）有限公司	491624	1686068	4304	超级市场零售	上海市上海市普陀区
利群集团股份有限公司	486004	127354	5680	百货零售	山东省青岛市崂山区
北京华联综合超市股份有限公司	470931	175186	2441	百货零售	北京市西城区
北京市大中电器有限公司	465999	725995	2581	家用电器零售	北京市石景山区
武汉武商集团股份有限公司	439220	924560	9711	百货零售	湖北省武汉市江汉区
中石化上海石油分公司	423173	2933371	6680	机动车燃料零售	上海市上海市黄浦区
上海大润发有限公司	420200	84891	1830	超级市场零售	上海市上海市闸北区
上海易初莲花连锁超市有限公司	399807	753113	3028	超级市场零售	上海市上海市浦东新区
中百集团股份有限公司	375073	1138576	14566	超级市场零售	湖北省武汉市江汉区
上海新世界股份有限公司	371308	201062	1133	百货零售	上海市上海市黄浦区
北京京客隆商业集团股份有限公司	368782	702380	5919	超级市场零售	北京市朝阳区
重庆商社新世纪百货公司	364647	777298	7502	百货零售	重庆市江北区
润华集团股份有限公司	346292	169656	826	汽车零售	山东省济南市槐荫区
江苏五星电器有限公司	329694	280535	4385	家用电器零售	江苏省南京市鼓楼区
广东物资集团汽车贸易公司	311039	893000	2709	汽车零售	广东省广州市白云区
北京物美商业集团股份有限公司	303413	129997	1254	超级市场零售	北京市石景山区
苏果超市有限公司	297947	1027525	15947	超级市场零售	江苏省南京市白下区
上海永达控股（集团）有限公司	280911	420414	2050	汽车零售	上海市上海市浦东新区
北京城乡贸易中心股份有限公司	272361	130611	703	百货零售	北京市海淀区
华润万家有限公司	268772	704460	6095	超级市场零售	广东省深圳市罗湖区
北京物美综合超市有限公司	266282	471859	1414	超级市场零售	北京市大兴区
沃尔玛深国投百货有限公司	264068	439273	6283	超级市场零售	广东省深圳市福田区
三联商社	253910	215699	1309	家用电器零售	山东省济南市历下区
南京金鹰国际购物集团有限公司	252522	227966	667	百货零售	江苏省南京市白下区
湖南友谊阿波罗股份有限公司	246730	177993	3379	百货零售	湖南省长沙市芙蓉区
长沙通程实业集团有限公司	236075	131903	2372	百货零售	湖南省长沙市雨花区
长春欧亚集团股份有限公司	236036	1000281	3496	百货零售	吉林省长春市朝阳区
锦江麦德龙现购自运有限公司	234630	951976	8200	超级市场零售	上海市上海市普陀区
深圳市国美电器有限公司	230007	300481	4116	家用电器零售	广东省深圳市福田区
浙江康桥汽车工贸集团股份有限公司	228587	452690	1955	汽车零售	浙江省杭州市拱墅区
深圳茂业商厦有限公司	227132	373127	1171	百货零售	广东省深圳市罗湖区
杭州联华华商集团有限公司	226538	162930	3041	超级市场零售	浙江省杭州市下城区
天津一商友谊股份有限公司	224010	190227	1318	百货零售	天津市河西区
江苏无锡商业大厦集团有限公司	220567	399404	2441	百货零售	江苏省无锡市崇安区
苏宁电器连锁集团股份有限公司	220029	406969	6500	家用电器零售	江苏省南京市鼓楼区
重庆百货大楼股份有限公司	215279	608371	7309	百货零售	重庆市渝中区
深圳天虹商场有限公司	213734	551939	7436	百货零售	广东省深圳市福田区
深圳市海王星辰医药有限公司	203452	101651	3300	药品零售	广东省深圳市南山区
淄博商厦股份有限公司	201637	650135	4998	百货零售	山东省淄博市张店区

4－2　续表1

企业名称	资产总计（万元）	销售额（万元）	全部从业人员年平均人数（人）	所属行业	企业所在地
浙江海越股份有限公司	196557	169614	760	机动车燃料零售	浙江省绍兴市诸暨市
大连美罗药业股份有限公司	194584	140704	1541	药品零售	辽宁省大连市甘井子区
南京新街口百货商店股份有限公司	187564	146458	728	百货零售	江苏省南京市白下区
江苏时代超市有限公司	187431	688449	10228	超级市场零售	江苏省南通市崇川区
华东医药股份有限公司	184407	419121	1083	药品零售	浙江省杭州市下城区
上海联家超市有限公司	182935	526696	5989	超级市场零售	上海市上海市虹口区
郑州丹尼斯百货有限公司	178541	232704	1500	百货零售	河南省郑州市金水区
百盛商业发展有限公司	177325	241961	1569	百货零售	北京市西城区
秦皇岛渤海物流控股股份有限公司	173675	105513	2460	百货零售	河北省秦皇岛市海港区
哈药集团医药有限公司	167278	421219	3671	药品零售	黑龙江省哈尔滨市道里区
山东潍坊百货集团股份有限公司	166671	339078	6820	百货零售	山东省潍坊市高新区
广州友谊商店股份有限公司	166155	245000	1061	百货零售	广东省广州市越秀区
南京中央商场股份有限公司	166013	188829	1671	百货零售	江苏省南京市白下区
武汉中商集团股份有限公司	160460	688585	5920	百货零售	湖北省武汉市武昌区
北京市西单商场股份有限公司	159364	128113	2667	百货零售	北京市西城区
烟台市振华百货集团股份有限公司振华商厦	158839	143648	813	百货零售	山东省烟台市芝罘区
南京医药股份有限公司	158593	276723	554	药品零售	江苏省南京市白下区
深圳市国有免税商品(集团)有限公司	157867	102947	605	烟草制品零售	广东省深圳市福田区
新疆友好集团股份有限公司	154113	111576	1521	百货零售	新疆(区)乌鲁木齐市沙依巴克区
上海国美电器有限公司	152146	382433	2600	家用电器零售	上海市上海市普陀区
广州市国美电器有限公司	147149	285870	4163	家用电器零售	广东省广州市萝岗区
内蒙古利丰集团有限公司	145551	98310	989	汽车零售	内蒙古自治区呼和浩特市回民区
步步高商业连锁股份有限公司	145436	436614	12100	超级市场零售	湖南省湘潭市雨湖区
江苏文峰大世界连锁发展股份有限公司南通文峰大世界	144607	163700	1243	百货零售	江苏省南通市崇川区
天津华润万家生活超市有限公司	143260	206069	3066	超级市场零售	天津市东丽区
上海世纪联华超市发展有限公司	140810	378566	1406	超级市场零售	上海市上海市普陀区
北京华联商厦股份有限公司	140421	72050	506	计算机、软件及辅助设备零售	北京市海淀区
青岛维客集团股份有限公司	140217	126540	1048	百货零售	山东省青岛市李沧区
重庆中汽西南汽车有限公司	139741	287752	1135	汽车零售	重庆市渝北区
上海百安居建材超市有限公司	139193	45743	1162	其他室内装修材料零售	上海市上海市杨浦区
广州市广百股份有限公司	137701	263500	1481	百货零售	广东省广州市越秀区
中兴沈阳商业大厦(集团)股份有限公司	136496	259012	3494	百货零售	辽宁省沈阳市和平区
天津国美电器有限公司	136487	319425	1553	家用电器零售	天津市南开区
中国石化股份有限公司海南石油分公司	135602	579101	2424	机动车燃料零售	海南省海口市秀英区
大连国际商贸大厦有限公司	135399	179805	1398	百货零售	辽宁省大连市中山区
辽宁卓展时代广场百货有限公司	134567	71760	839	服装零售	辽宁省沈阳市沈河区
北京庄胜崇光百货商场	133333	152682	774	百货零售	北京市宣武区
宁波三江购物俱乐部有限公司	130519	254289	6227	超级市场零售	浙江省宁波市海曙区
石家庄北国商城有限责任公司	128707	466196	3160	百货零售	河北省石家庄市桥东区
上海第一八佰伴有限公司	128514	239704	763	百货零售	上海市上海市浦东新区
合肥百货大楼集团股份有限公司	127160	181656	955	百货零售	安徽省合肥市庐阳区
中国石油天然气股份有限公司天津销售分公司	127132	491747	2149	机动车燃料零售	天津市河西区
北京易初莲花连锁超市有限公司	127095	247117	1047	超级市场零售	北京市朝阳区
广州百佳超级市场有限公司	125549	268181	2368	超级市场零售	广东省广州市海珠区
南昌洪城大厦股份有限公司	124078	170269	700	百货零售	江西省南昌市西湖区
安徽风之星汽车股份有限公司	121470	219513	880	汽车零售	安徽省合肥市蜀山区
西安民生集团股份有限公司	118155	106943	2497	百货零售	陕西省西安市新城区
青岛永旺东泰商业有限公司	117540	133508	1368	百货零售	山东省青岛市市南区
武汉市工贸有限公司	117236	324458	1395	家用电器零售	湖北省武汉市桥口区
大连友谊(集团)股份有限公司	114356	120369	779	百货零售	辽宁省大连市中山区

4-2 续表2

企业名称	资产总计（万元）	销售额（万元）	全部从业人员年平均人数（人）	所属行业	企业所在地
中国石油化工股份有限公司安徽安庆石油公司	113624	188995	754	机动车燃料零售	安徽省安庆市迎江区
广东新协力集团有限公司	113183	305763	930	汽车零售	广东省佛山市顺德区
江苏明都汽车摩托车有限公司	111793	224975	1188	汽车零售	江苏省常州市武进区
深圳岁宝百货有限公司	110873	149634	1442	百货零售	广东省深圳市福田区
百大集团股份有限公司	110682	169531	882	百货零售	浙江省杭州市下城区
沈阳商业城股份有限公司	110046	123041	2266	百货零售	辽宁省沈阳市沈河区
西安开元商城有限公司	109264	214806	1010	百货零售	陕西省西安市碑林区
黑龙江省远大购物中心有限责任公司	108757	168080	1600	百货零售	黑龙江省哈尔滨市南岗区
上海家得利超市有限公司	107902	248016	3963	超级市场零售	上海市上海市徐汇区
山东临沂汽车工业贸易有限公司	104166	311207	630	汽车零售	山东省临沂市兰山区
天津劝业场(集团)股份有限公司	104089	142326	1178	百货零售	天津市和平区
济南华联商厦集团股份有限公司	100778	282838	1100	百货零售	山东省济南市槐荫区
中国石油化工股份有限公司河南商丘分公司	100341	136722	630	机动车燃料零售	河南省商丘市梁园区
南昌百货大楼股份有限公司	99645	214001	2260	百货零售	江西省南昌市东湖区
华润万家生活超市广州有限公司	99102	106979	2918	超级市场零售	广东省广州市越秀区
世纪金花股份有限公司	98831	79227	692	百货零售	陕西省西安市莲湖区
新一佳超市有限公司	98414	182267	4204	超级市场零售	广东省深圳市罗湖区
北京家乐福商业有限公司	98340	334804	4529	超级市场零售	北京市丰台区
成都国美电器有限公司	98184	228972	1259	家用电器零售	四川省成都市金牛区
国石油化工股份有限公司广东东莞石油分公司	97970	643345	1775	机动车燃料零售	广东省东莞市东莞市
淄博广电天网视讯有限公司	97592	18110	920	通信设备零售	山东省淄博开发区
济南人民大润发商业有限公司	97552	354551	731	超级市场零售	山东省济南市历下区
北京翠微大厦股份有限公司	97028	218313	1684	百货零售	北京市海淀区
杭州解百集团股份有限公司	96863	157769	945	百货零售	浙江省杭州市上城区
上海太平洋百货有限公司	95958	215449	1045	百货零售	上海市上海市徐汇区
深圳出版发行集团公司	94648	56066	1990	图书零售	广东省深圳市罗湖区
天津滨江商厦有限公司	93606	35116	856	百货零售	天津市和平区
南京宏图三胞企业发展有限公司	93406	309075	523	计算机、软件及辅助设备零售	江苏省南京市玄武区
北京宜家家居有限公司	92408	96480	500	家具零售	北京市朝阳区
山西大昌汽车集团有限公司	91207	306421	600	汽车零售	山西省太原市小店区
北京当代商城有限责任公司	90992	105435	754	百货零售	北京市海淀区
山东家家悦集团有限公司	90261	471834	8523	超级市场零售	山东省威海市环翠区
华联超市股份有限公司	89123	215323	3922	超级市场零售	上海市上海市杨浦区
武汉市汉商集团股份有限公司	89084	54368	1826	百货零售	湖北省武汉市汉阳区
长春卓展时代广场百货有限公司	89061	131007	1230	百货零售	吉林省长春市朝阳区
唐山百货大楼集团有限责任公司	89033	251121	3028	百货零售	河北省唐山市路北区
北京燕莎友谊商城有限公司	88189	345603	1778	百货零售	北京市朝阳区
中国石油化工股份有限公司惠州分公司	88072	123923	1608	机动车燃料零售	广东省惠州市惠城区
北京双安商场有限责任公司	87676	139746	1001	百货零售	北京市海淀区
上海市第一食品股份有限公司	87230	53339	530	其他食品零售	上海市上海市浦东新区
兰州民百(集团)股份有限公司	86025	64117	948	百货零售	甘肃省兰州市城关区
湖南平和堂实业有限公司	86015	118529	1047	百货零售	湖南省长沙市天心区
南宁百货大楼股份有限公司	84932	125704	1082	百货零售	广西壮族自治区南宁市兴宁区
北京超市发连锁股份有限公司	84711	176339	3480	其他食品零售	北京市海淀区
包头市金荣装饰建材城有限责任公司	81913	59005	2597	其他室内装修材料零售	内蒙古自治区包头市青山区
广州友谊班尼路服饰有限公司	81235	216175	1636	服装零售	广东省广州市天河区
北京物美大卖场商业管理有限公司	80904	153422	2489	超级市场零售	北京市大兴区
银川新华百货商店股份有限公司	80349	105798	620	百货零售	宁夏回族自治区银川市兴庆区
北京美廉美连锁商业有限公司	79800	213400	2496	超级市场零售	北京市海淀区
沈阳国美电器有限公司	79050	155819	1000	家用电器零售	辽宁省沈阳市沈河区

4－2 续表3

企业名称	资产总计（万元）	销售额（万元）	全部从业人员年平均人数（人）	所属行业	企业所在地
宝鸡商场集团股份有限公司	78963	66213	4007	超级市场零售	陕西省宝鸡市渭滨区
西安爱家商贸有限公司	78741	135872	1300	超级市场零售	陕西省西安市新城区
浙江华润慈客隆超市有限公司	76587	193843	2002	超级市场零售	浙江省宁波市慈溪市
华糖洋华堂商业有限公司	76210	254492	1706	百货零售	北京市朝阳区
重庆国美电器有限公司	76015	177927	2750	家用电器零售	重庆市沙坪坝区
宜兴华地百货有限公司	75266	98761	1443	百货零售	江苏省无锡市宜兴市
哈尔滨秋林集团股份有限公司	74787	33666	1332	百货零售	黑龙江省哈尔滨市南岗区
深圳市人人乐商业有限公司	74206	255799	2078	超级市场零售	广东省深圳市南山区
北京稻香村食品有限责任公司	73736	48832	2521	糕点、面包零售	北京市东城区
石家庄东方城市广场	73643	111301	1072	百货零售	河北省石家庄市新华区
嘉事堂药业股份有限公司	73632	67435	1016	药品零售	北京市海淀区
苏州函数集团有限责任公司	72764	101211	1450	百货零售	江苏省苏州市平江区
大商集团哈尔滨新一百购物广场有限公司	72717	83821	3413	百货零售	黑龙江省哈尔滨市道里区
哈尔滨中央红集团股份有限公司	72712	142468	2594	百货零售	黑龙江省哈尔滨市道里区
沈阳家乐福商业有限公司	72453	143811	1948	超级市场零售	辽宁省沈阳市沈河区
北京中友百货有限责任公司	71986	164011	787	百货零售	北京市西城区
辽宁兴隆百货集团有限公司	71508	107001	2602	百货零售	辽宁省盘锦市兴隆台区
西安市国美电器有限公司	71134	126131	1502	家用电器零售	陕西省西安市莲湖区
河北保龙仓商业连锁有限公司	71014	74830	2570	超级市场零售	河北省石家庄市裕华区
湖南长沙新一佳商业投资有限公司	70966	147367	3401	超级市场零售	湖南省长沙市开福区
昆明国美电器有限公司	69393	111868	824	家用电器零售	云南省昆明市五华区
上海苏宁电器有限公司	69161	422902	2800	家用电器零售	上海市上海市长宁区
山东德州百货大楼有限公司	69026	271145	2179	百货零售	山东省德州市德城区
广州市好又多百货商业广场有限公司	68024	189639	2428	百货零售	广东省广州市天河区
大商集团沈阳新玛特购物休闲广场有限公司	67834	72451	635	百货零售	辽宁省沈阳市大东区
广东天河城百货有限公司	67626	164026	606	百货零售	广东省广州市天河区
湖州市浙北大厦有些责任公司	67238	180513	1683	百货零售	浙江省湖州市吴兴区
成都伊藤洋华堂有限公司	67097	198708	1278	百货零售	四川省成都市武侯区
成都红旗连锁有限公司	66302	362215	5862	超级市场零售	四川省成都市武侯区
北京市新华书店	66010	30273	918	图书零售	北京市西城区
中原百货集团股份有限公司	65906	157437	558	百货零售	天津市和平区
绍兴大通商城股份有限公司	65389	101402	659	百货零售	浙江省绍兴市上虞市
深圳市顺电连锁股份有限公司	65370	187039	1305	家用电器零售	广东省深圳市福田区
黑龙江黑天鹅家电有限公司	63909	151881	1104	家用电器零售	黑龙江省哈尔滨市南岗区
北京苏宁电器有限公司	63905	433689	3291	家用电器零售	北京市通州区
华润万家生活超市（浙江）有限公司	63752	26764	2790	超级市场零售	浙江省杭州市下城区
青岛国美电器有限公司	63584	130675	920	家用电器零售	山东省青岛市四方区
无锡八佰伴经济管理有限公司	62948	103442	833	百货零售	江苏省无锡市崇安区
浙江国美电器有限公司	62528	96554	1242	家用电器零售	浙江省杭州市下城区
中贸联万客隆商业有限公司	62415	99252	1631	超级市场零售	北京市朝阳区
华联集团吉买盛购物中心有限公司	62335	163314	3543	超级市场零售	上海市上海市闸北区
中油碧辟石油有限公司广州分公司	61893	470596	2058	机动车燃料零售	广东省广州市海珠区
江苏鹏润国美电器有限公司	61768	98851	773	家用电器零售	江苏省南京市白下区
福州国美电器有限公司	61623	135483	550	家用电器零售	福建省福州市晋安区
北京长安商场有限责任公司	61049	79381	1203	百货零售	北京市西城区
深圳市金海马实业有限公司	61000	27423	630	家具零售	广东省深圳市罗湖区
三环集团公司（贸易部分）	60668	178563	956	汽车零售	湖北省武汉武昌区
重庆商社电器有限公司	60523	156244	505	家用电器零售	重庆市渝中区
济南人民商场集团有限公司	60316	84842	1888	百货零售	山东省济南市市中区
内蒙古民族商场有限责任公司	60240	145721	2189	百货零售	内蒙古自治区呼和浩特市回民区

4－2　续表4

企业名称	资产总计（万元）	销售额（万元）	全部从业人员年平均人数（人）	所属行业	企业所在地
兰州国芳百盛购物广场有限责任公司	59473	102748	1012	百货零售	甘肃省兰州市城关区
浙江上百贸易有限公司	59300	100253	700	百货零售	浙江省绍兴市上虞市
上海宏图三胞电脑发展有限公司	59295	97244	1500	计算机、软件及辅助设备零售	上海市上海市徐汇区
山西华宇商业发展股份有限公司	58960	94402	996	百货零售	山西省太原市迎泽区
日照百货大楼有限公司	58639	34685	1145	百货零售	山东省日照市东港区
河北保百集团有限公司	58609	215569	2472	百货零售	河北省保定市南市区
群光实业（武汉）有限公司	58448	86636	591	百货零售	湖北省武汉市洪山区
深圳岁宝连锁商业发展有限公司	57828	64930	706	百货零售	广东省深圳市福田区
广州易初蓬花连锁超市有限公司	57786	178058	2159	超级市场零售	广东省广州市白云区
上海易买得超市有限公司	57477	116963	1856	超级市场零售	上海市上海市虹口区
中国天然气股份有限公司呼伦贝尔销售分公司	57208	200531	1831	机动车燃料零售	内蒙古自治区呼伦贝尔海拉尔区
徐州医药股份有限公司	57071	113127	571	药品零售	江苏省徐州市鼓楼区
宁波市北仑加贝购物俱乐部	56789	128196	4295	超级市场零售	浙江省宁波市北仑区
山西美特好连锁超市股份有限公司	56339	127160	2658	超级市场零售	山西省太原市杏花岭
山西双鹤药业有限公司	56263	99941	687	药品零售	山西省太原市迎泽区
深圳中联广深医药（集团）股份有限公司	54600	152430	2778	药品零售	广东省深圳市罗湖区
延边国际贸易大厦有限责任公司	54227	33182	679	百货零售	吉林省延边朝鲜族自治州延吉市
青岛利客来商贸集团股份有限公司	54087	56690	816	百货零售	山东省青岛市李沧区
沈阳兴隆大家庭购物中心有限公司	53093	163827	2264	百货零售	辽宁省沈阳市沈河区
北京新世界商场	52574	172147	785	百货零售	北京市崇文区
中石油化工股份有限公司湛江石油分公司	51503	245872	1344	机动车燃料零售	广东省湛江市霞山区
深圳市民润农产品配送连锁商业有限公司	51176	59121	1586	超级市场零售	广东省深圳市福田区
中国石油化工股份有限公司广东中山石油分公司	50593	270770	777	机动车燃料零售	广东省中山市中山市
浙江华联商厦有限公司	50317	95092	1979	百货零售	浙江省宁波市余姚市
兰州工贸集团股份有限公司	49696	36671	806	百货零售	甘肃省兰州市七里河区
辽宁成大方圆医药连锁有限公司	49439	88903	3886	药品零售	辽宁省沈阳市和平区
北京甘家口大厦	49408	49795	965	百货零售	北京市海淀区
北京市亨得利瑞士钟表有限责任公司	49198	81002	556	钟表、眼镜零售	北京市东城区
宁波浙国美电器有限公司	49120	91714	583	家用电器零售	浙江省宁波市海曙区
深圳市国美电器有限公司东莞市分公司	48996	77732	799	家用电器零售	广东省东莞市东莞市
长春百货大楼集团股份有限公司	48791	107217	530	百货零售	吉林省长春市朝阳区
江阴华地百货有限公司	48444	60384	1137	百货零售	江苏省无锡市江阴市
天津苏宁电器连锁加盟有限公司	48147	140061	992	家用电器零售	天津市和平区
安徽省商厦股份有限公司	47631	61468	1000	百货零售	安徽省阜阳市颍州区
中国石油化工股份有限公司山西大同分公司	47588	139994	1138	机动车燃料零售	山西省大同市城区
武汉市新华书店股份有限公司	47324	34414	920	图书零售	湖北省武汉市江岸区
邯郸市新世纪商业广场股份有限公司	47198	71450	1392	百货零售	河北省邯郸市丛台区
武汉大润发江汉超市发展有限公司	46884	32144	620	超级市场零售	湖北省武汉市江汉区
寿光市百货大楼有限公司	46841	159538	1036	百货零售	山东省潍坊市寿光市
合肥鼓楼商厦有限责任公司	46704	91838	505	百货零售	安徽省合肥市庐阳区
武汉国美电器有限公司	46697	127678	672	家用电器零售	湖北省武汉市武昌区
宜兴新苏南商厦有限责任公司	46582	74398	1650	百货零售	江苏省无锡市宜兴市
南京友谊华联（集团）有限责任公司	46480	16860	920	百货零售	江苏省南京市白下区
广东苏宁电器有限公司	46466	229866	2150	家用电器零售	广东省广州市海珠区
山西山姆士超市有限公司	46373	37898	800	超级市场零售	山西省太原市小店区
河南永乐生活电器有限公司	46324	100650	632	超级市场零售	河南省郑州市金水区
宝盛道吉（北京）贸易有限公司	46068	58832	1664	服装零售	北京市东城区
南京悦家超市有限公司	45730	76090	1499	超级市场零售	江苏省南京市下关区
中国石油天然气股份有限公司锡林郭勒分公司	45702	169153	1311	机动车燃料零售	内蒙古自治区锡林郭勒盟锡林浩特市
武汉汉福超市有限公司	45566	128292	1881	超级市场零售	湖北省武汉市汉阳区

4－2 续表5

企业名称	资产总计（万元）	销售额（万元）	全部从业人员年平均人数（人）	所属行业	企业所在地
天津金元宝商厦集团有限公司	45407	101359	1265	百货零售	天津市塘沽区
中国石油天然气股份有限公司辽宁沈阳销售分公司	44823	758377	3083	机动车燃料零售	辽宁省沈阳市沈河区
苏州人民商场股份有限公司	44592	168157	516	百货零售	江苏省苏州市平江区
昆山商厦股份有限公司	44326	126272	579	百货零售	江苏省苏州市昆山市
青岛北方国贸大厦集团股份有限公司	44086	155870	537	百货零售	山东省青岛市李沧区
江西洪客隆实业有限公司	43417	79029	1676	百货零售	江西省南昌市东湖区
上海三联(集团)有限公司	43247	77828	649	钟表、眼镜零售	上海市上海市黄浦区
山西国美电器有限公司	43240	97190	925	家用电器零售	山西省太原市小店区
深圳市领跑体育用品有限公司	43005	74674	1621	体育用品零售	广东省深圳市福田区
广州屈臣氏个人用品商店有限公司	42859	274871	806	超级市场零售	广东省广州市越秀区
大商集团股份有限公司大庆新玛特购物休闲广场	42612	76156	3397	百货零售	黑龙江省大庆市开发区市场街
上海烟草(集团)奉贤烟草糖酒有限公司	42541	84622	845	其他综合零售	上海市上海市奉贤区
国药控股江苏有限公司	42152	133225	992	药品零售	江苏省扬州市广陵区
北京图书大厦有限责任公司	41856	44768	644	图书零售	北京市西城区
昆明家乐福超市有限公司	41490	112801	1567	超级市场零售	云南省昆明市五华区
广东吉之岛天贸百货有限公司	40537	70178	808	百货零售	广东省广州市天河区
广州市新华书店集团有限公司	40133	22085	846	图书零售	广东省广州市越秀区
浙江江南大厦股份有限公司	40014	44003	605	百货零售	浙江省嘉兴市南湖区
武汉苏宁电器有限公司	39624	66421	776	家用电器零售	武汉市武汉市江汉区
新疆国美电器有限公司	39040	94654	1174	家用电器零售	新疆(区)乌鲁木齐市沙依巴克区
中国石油天然气股份有限公司内蒙古通辽销售分公司	38494	260820	718	机动车燃料零售	内蒙古自治区通辽市科尔沁区
临沂医药集团有限公司	38473	73765	878	药品零售	山东省临沂市兰山区
宿州华夏商社	38394	60059	2016	超级市场零售	安徽省宿州市埇桥区
湖北金城大厦(集团)实业公司	38382	56397	1390	百货零售	湖北省荆门市东宝区
荆门东方百货大厦	38257	68375	948	超级市场零售	湖北省荆门市东宝区
沃尔玛华东百货有限公司	37992	56140	1569	超级市场零售	上海市上海市浦东新区
江西鹏润国美电器有限公司	37526	53195	934	家用电器零售	江西省南昌市青云谱区
上海东方商厦	37422	136455	781	百货零售	上海市上海市徐汇区
廊坊市商业明珠大厦	37080	84117	1205	百货零售	河北省廊坊市广阳区
青岛家乐福商业有限公司	37021	61335	645	超级市场零售	山东省青岛市市南区
云南沃尔玛百货有限公司	36923	119960	1950	超级市场零售	云南省昆明市五华区
广西南宁康迈商业有限责任公司	36887	34824	965	超级市场零售	广西壮族自治区南宁市西乡塘区
深圳百安居装饰建材有限公司	36878	74015	904	其他室内装修材料零售	广东省深圳市罗湖区
石家庄人民商场股份有限公司	36813	136118	896	百货零售	河北省石家庄市桥西区
宜昌国贸集团有限公司	36709	66340	766	百货零售	湖北省宜昌市西陵区
陕西华润万家生活超市有限公司	36698	122580	1766	超级市场零售	陕西省西安市莲湖区
湖南国美电器有限公司	36630	66901	1057	家用电器零售	湖南省长沙市开福区
哈尔滨家乐福超市有限公司	36456	115981	1500	超级市场零售	黑龙江省哈尔滨市道外区
上海好德便利有限公司	36440	182271	8527	其他综合零售	上海市上海市普陀区
深圳市百佳华百货有限公司	36399	136005	3112	百货零售	广东省深圳市宝安区
重庆家乐福商业有限公司	36205	69037	1200	超级市场零售	重庆市渝中区
山东九州商业集团有限公司	36160	57705	1093	百货零售	山东省临沂市兰山
深圳市苏宁电器有限公司	36028	164922	1642	家用电器零售	广东省深圳市福田区
厦门永乐思文家电有限公司	36020	72884	560	家用电器零售	福建省厦门市思明区
武汉鲁巷广场购物中心	35987	56191	654	百货零售	湖北省武汉市洪山区
云南鸿翔药业有限公司	35914	92678	4432	药品零售	云南省昆明市西山区
芜湖南京新百大厦有限公司	35835	49473	500	百货零售	安徽省芜湖市镜湖区
大连国美电器有限公司	35809	100376	779	家用电器零售	辽宁省大连市中山区
合肥悦家商业有限公司	35642	73155	1502	超级市场零售	安徽省合肥市蜀山区
无锡悦家商业有限公司	35511	97681	900	超级市场零售	江苏省无锡市南长区

4-2 续表6

企业名称	资产总计（万元）	销售额（万元）	全部从业人员年平均人数（人）	所属行业	企业所在地
徐州金鹰国际实业有限公司	35377	79832	556	百货零售	江苏省徐州市鼓楼区
内蒙古维多利商厦有限公司	35092	52240	1600	百货零售	内蒙古自治区呼和浩特市回民区
佛山市顺德区乐从镇供销集团有限公司	34683	113916	2070	其他综合零售	广东省佛山市顺德区
北京蓝岛大厦	34509	89519	1128	百货零售	北京市朝阳区
柳州市百货股份有限公司	34473	33874	663	百货零售	广西壮族自治区柳州市城中区
淄博东泰集团	34436	55423	834	百货零售	山东省淄博市临淄区
大商集团抚顺百货大楼有限公司	34324	106679	535	百货零售	辽宁省抚顺市新抚区
济南国美电器有限公司	33804	73947	508	家用电器零售	山东省济南市历城区
温州人本超市有限公司	33799	118483	3119	超级市场零售	浙江省温州市鹿城区
济南大观园股份有限公司	33785	50828	1300	百货零售	山东省济南市市中区
北京沃尔玛百货有限公司	33778	167975	2490	超级市场零售	北京市石景山区
保定轩宇汽车集团有限公司	33750	151452	556	汽车零售	河北省保定市高新区
株洲市百货有限公司	33720	100493	1438	百货零售	湖南省株洲市芦淞区
合肥百大合家福连锁超市有限责任公司	33657	90469	1320	超级市场零售	安徽省合肥市包河区
陕西省军区军人服务社	33408	78605	1200	百货零售	陕西省西安市雁塔区
江阴国际购物中心有限公司	32958	25319	820	百货零售	江苏省无锡市江阴市
东营银座购物广场有限公司	32820	58397	3210	百货零售	山东省东营东营区
潍坊百货大楼股份有限公司	32807	19161	704	百货零售	山东省潍坊市潍城区
北京物美京北大世界商贸有限公司	32678	30250	708	超级市场零售	北京市怀柔区
常州欧尚超市有限公司	32587	17883	750	超级市场零售	江苏省常州市天宁区
中山市壹加壹商业连锁有限公司	32420	119410	2400	百货零售	广东省中山市中山市
陕西海星连锁超级市场有限责任公司	32304	24491	1084	超级市场零售	陕西省西安市经济技术开发区
深圳家乐福商业有限公司	32270	71165	1200	超级市场零售	广东省深圳市福田区
上海屈臣氏日用品有限公司	32241	86114	1078	化妆品及卫生用品零售	上海市上海市徐汇区
厦门市天虹商场有限公司	32147	53690	689	超级市场零售	福建省厦门市思明区
徐州中央百货大楼股份有限公司	32101	75754	950	百货零售	江苏省徐州市云龙区
锦州中百商厦有限公司	32063	35795	1206	百货零售	辽宁省锦州市凌河区
西安市人人乐超市有限公司	31983	139051	2981	超级市场零售	陕西省西安市莲湖区
中国石油天然气股份有限公司辽宁丹东销售分公司	31912	182343	892	机动车燃料零售	辽宁省丹东市振兴
安徽华联商厦有限责任公司	31888	31092	973	百货零售	安徽省淮南市田家庵区
浙江东兴商厦股份有限公司	31887	50865	771	百货零售	浙江省嘉兴市桐乡市
中化石油股份有限公司湖北分公司	31860	18977	1038	机动车燃料零售	湖北省黄冈市黄州区
威海华联商厦股份有限公司	31498	34782	704	百货零售	山东省威海市环翠区
大商集团股份有限公司大庆百货大楼	31391	123028	1021	百货零售	黑龙江省大庆市萨尔图区
重庆合智物业发展有限公司	31366	75326	1668	其他综合零售	重庆市涪陵区
浙江宏图三胞科技发展有限公司	30941	66622	895	计算机、软件及辅助设备零售	浙江省杭州市西湖区
湖南家润多超市有限公司	30842	129950	3112	超级市场零售	湖南省长沙市雨花区
大同市华林有限责任公司	30799	31340	3992	百货零售	山西省大同市城区
上海可的便利店有限公司	30789	207163	9673	其他综合零售	上海市上海市闸北区
四川永乐家用电器连锁有限公司	30778	76602	935	家用电器零售	四川省成都市金牛区
上海七宝乐购购物中心有限公司	30677	71418	581	超级市场零售	上海市上海市闵行区
青岛润泰事业有限公司	30521	30731	520	超级市场零售	山东省青岛市市南区
常州金太阳至尊家电有限公司	30450	71626	678	家用电器零售	江苏省常州市天宁区
浙江苏宁电器有限公司	30449	118627	765	家用电器零售	浙江省杭州市下城区
浙江雄城商贸股份有限公司	30173	55024	1000	百货零售	浙江省绍兴市诸暨市
贵阳星力百货有限责任公司	30048	43613	1121	百货零售	贵州省贵阳市云岩区
天津滨江购物中心	29946	26541	593	百货零售	天津市和平区
桂林微笑堂实业发展有限公司	29812	74443	803	百货零售	广西壮族自治区桂林市秀峰区
中国石油天然气股份有限公司黄冈销售公司	29596	66322	506	机动车燃料零售	湖北省黄冈市黄州区
深圳乐荣超市有限公司	29446	58613	1042	超级市场零售	广东省深圳市南山区

4－2　续表7

企业名称	资产总计（万元）	销售额（万元）	全部从业人员年平均人数（人）	所属行业	企业所在地
四川领跑体育用品有限公司	29374	61119	770	体育用品零售	四川省成都市青羊区
广州家广超市有限公司(家乐福万国店)	29371	136348	2434	超级市场零售	广东省广州市海珠区
玉林市烟草公司	29274	94250	645	烟草制品零售	广西壮族自治区玉林市玉州区
芜湖华亿国际购物中心有限责任公司	29239	64422	984	百货零售	安徽省芜湖市镜湖区
沃尔玛深国投百货有限公司福州山姆会员店	29183	55578	1438	超级市场零售	福建省福州市鼓楼区
深圳市利联太阳百货有限公司	28734	70372	585	百货零售	广东省深圳市罗湖区
柳州工贸大厦股份有限公司	28653	42637	1786	百货零售	广西壮族自治区柳州市城中区
太原可口可乐饮料有限公司	28518	34426	733	饮料及茶叶零售	山西省太原市高新区
茂名市明湖百货有限公司	28259	43907	595	超级市场零售	广东省茂名市茂南区
西安市新华书店	28176	30861	1109	图书零售	陕西省西安市新城区
本溪华联商厦有限公司	28048	43658	810	百货零售	辽宁省本溪市平山区
山西通达集团有限公司	27895	48851	551	计算机、软件及辅助设备零售	山西省运城市经济技术开发区
上海欧尚超市有限公司	27858	167408	1500	超级市场零售	上海市上海市杨浦区
呼伦贝尔友谊有限责任公司	27757	36514	1119	百货零售	内蒙古自治区呼伦贝尔海拉尔区
中国石油天然气股份有限公司四川岷江销售分公司	27710	147588	786	机动车燃料零售	四川省成都市都江堰市
延吉百货大楼股份有限公司	27634	50126	660	百货零售	吉林省延边朝鲜族自治州延吉市
北京华联综合超市股份有限公司呼和浩特分公司	27579	32428	506	超级市场零售	内蒙古自治区呼和浩特市新城区
镇江百盛商城有限公司	27479	56353	765	百货零售	江苏省镇江市京口区
沈阳维康医药连锁有限公司	27262	31938	1183	药品零售	辽宁省沈阳市铁西区
北京中复电讯设备有限责任公司	27202	95882	1196	通信设备零售	北京市朝阳区
柒一拾壹(北京)有限公司	26775	26880	549	其他综合零售	北京市东城区
广东永乐家用电器有限公司	26774	35747	710	家用电器零售	广东省广州市越秀区
深圳恒波商业连锁有限公司	26774	112562	1210	通信设备零售	广东省深圳市罗湖区
广州购书中心有限公司	26615	34533	582	图书零售	广东省广州市天河区
南京商厦股份有限公司	26582	53863	1456	百货零售	江苏省南京市玄武区
北京天超仓储超市有限责任公司	26549	78814	1544	超级市场零售	北京市崇文区
苏州鹏润国美电器有限公司	26540	51084	730	家用电器零售	江苏省苏州市沧浪区
华润万家(苏州)超市有限公司	26485	110114	2200	超级市场零售	江苏省苏州市平江区
北京顺义西单商场	26407	84898	943	百货零售	北京市顺义区
安徽省徽商集团食品有限公司	26343	67663	894	超级市场零售	安徽省合肥市庐阳区
江阴华联商厦有限公司	26254	35590	526	百货零售	江苏省无锡市江阴市
淄博银座商城有限责任公司	26216	46217	1550	百货零售	山东省淄博市张店区
山东省东营市百货大楼	26200	80087	2406	百货零售	山东省东营东营区
成都苏宁电器连锁加盟有限公司	25863	151318	1002	家用电器零售	四川省成都市金牛区
苏州悦家超市有限公司	25703	57157	900	超级市场零售	江苏省苏州市金阊区
上海伍缘现代杂货有限公司	25670	103589	3009	其他综合零售	上海市上海市卢湾区
上海联华快客便利有限公司	25592	190086	5387	其他综合零售	上海市上海市虹口区
哈尔滨联强商业发展有限公司	25518	96793	960	百货零售	黑龙江省哈尔滨市道里区
福建永乐商业家电有限公司福新店	25394	67102	699	家用电器零售	福建省福州市晋安区
宁波新江厦连锁超市有限公司	25322	44258	724	超级市场零售	浙江省宁波市鄞州区
中国石油天然气股份有限公司内蒙古鄂尔多斯销售分公司	25258	312281	1579	机动车燃料零售	内蒙古自治区鄂尔多斯市东胜区
湖北省十堰市人民商场	25077	63100	833	百货零售	湖北省十堰市
台州市耀达商场有限公司	25039	38543	515	百货零售	浙江省台州市临海市
大连家乐福商业有限公司	24915	76933	980	超级市场零售	辽宁省大连市沙河口区
广州市新大新公司	24915	65905	597	百货零售	广东省广州市越秀区
上海华氏大药房有限公司	24881	45664	1200	药品零售	上海市上海市虹口区
河北保定时代商厦有限公司	24861	90919	1459	百货零售	河北省保定市新市区
吉林省威宝恒客隆仓储百货有限公司	24835	37794	831	超级市场零售	吉林省长春市朝阳区
北京屈臣氏个人用品连锁商店有限公司	24812	73880	883	超级市场零售	北京市朝阳区
章丘市供销合作社	24532	29600	1944	百货零售	山东省济南市章丘市

4－2 续表8

企业名称	资产总计（万元）	销售额（万元）	全部从业人员年平均人数（人）	所属行业	企业所在地
溧阳华地百货有限公司	24529	35136	650	百货零售	江苏省常州市溧阳市
北京市房山华冠商贸有限公司	24473	64415	896	超级市场零售	北京市房山区
中国石油天然气股份有限公司泉州销售分公司	24433	71563	607	机动车燃料零售	福建省泉州市丰泽区
昆山市润华商业有限公司百润发分公司	24335	85715	668	超级市场零售	江苏省苏州市昆山市
江苏雅家乐集团有限公司	24083	55140	1191	超级市场零售	江苏省盐城市盐都区
河北华北油田商业有限公司	24053	37106	779	百货零售	河北省沧州市任邱市
苏州欧尚超市有限公司	23815	90987	500	超级市场零售	江苏省苏州市平江区
大连经济技术开发区昌临旺客隆连锁有限公司	23724	23007	863	超级市场零售	辽宁省大连市开发区
沈阳铁西百货大楼有限公司	23592	90537	533	百货零售	辽宁省沈阳市铁西区
东莞市长安供销社	23568	21994	550	百货零售	广东省东莞市东莞市
江苏省盐城药业有限公司	23477	39143	500	药品零售	江苏省盐城市亭湖区
山东威海百货大楼集团股份有限公司	23477	36449	613	超级市场零售	山东省威海市环翠区
大商集团牡丹江百货大楼有限公司	23354	51080	921	百货零售	黑龙江省牡丹江东安区
朝阳商业城有限公司	23346	33447	980	百货零售	辽宁省朝阳市双塔区
山东省东营市日用工业品公司	23294	46794	3800	百货零售	山东省东营东营区
快乐购物有限责任公司	23259	61728	747	邮购及电子销售	湖南省长沙市开福区
合肥百货大楼集团蚌埠百货大楼有限责任公司	23249	33864	570	百货零售	安徽省蚌埠市蚌山区
浙江供销超市有限公司	23187	160001	1301	百货零售	浙江省绍兴市越城区
信阳亚兴集团有限责任公司	23145	37289	4500	超级市场零售	河南省信阳市浉河区
浙江星普五星电器有限公司	23056	43367	918	家用电器零售	浙江省杭州市西湖区
重庆苏宁电器连锁加盟有限公司	23038	141258	968	家用电器零售	重庆市渝中区
绵阳市家福来电器有限公司	23005	31756	649	家用电器零售	四川省绵阳市游仙区
浙江汇德隆实业集团有限公司	22812	62800	532	其他综合零售	浙江省杭州市萧山区
河南思达连锁商业有限公司	22686	55761	2191	超级市场零售	河南省郑州市金水区
河南九头崖集团平顶山商业连锁有限公司	22607	19789	542	超级市场零售	河南省平顶山市卫东区
重庆永辉实业有限公司	22414	73675	2049	超级市场零售	重庆市江北区
上海良友金伴便利连锁有限公司	22380	102430	2561	其他综合零售	上海市上海市徐汇区
新疆好家乡超市有限公司	22307	53537	632	超级市场零售	新疆(区)乌鲁木齐市天山区
中国石油天然气股份有限公司衡水销售分公司	22193	75366	630	机动车燃料零售	河北省衡水市桃城区
广西联华超市股份有限公司	21924	48337	1614	超级市场零售	广西壮族自治区柳州市城中区
山西省临汾万佳福仓储超市有限公司	21866	24661	1893	超级市场零售	山西省临汾市尧都区
丹阳华地百货有限公司	21781	56725	1200	百货零售	江苏省镇江市丹阳市
张家港市第一人民商场有限责任公司	21713	28834	511	百货零售	江苏省苏州市张家港市
宁波家乐福商业有限公司	21671	45817	507	超级市场零售	浙江省宁波市江东区
山东省淄博糖酒站股份有限公司	21215	40120	952	其他食品零售	山东省淄博市张店区
宁波乐购生活购物有限公司	21036	43686	530	超级市场零售	浙江省宁波市海曙区
济南市新华书店	20979	22258	534	图书零售	山东省济南市历下区
上海童涵春堂药业连锁经营有限公司	20898	42806	501	药品零售	上海市上海市黄浦区
深圳市信南实业发展有限公司	20885	17023	682	超级市场零售	广东省深圳市宝安区
湖北富迪有限公司	20836	36077	4900	超级市场零售	湖北省仙桃市
北京国泰平安百货有限公司	20795	69156	590	百货零售	北京市顺义区
泰州第一百货商店股份有限公司	20580	48074	596	百货零售	江苏省泰州市海陵区
莱州市百货大楼	20533	30309	1397	超级市场零售	山东省烟台市莱州市
大商集团本溪商业大厦有限公司	20509	55157	1209	百货零售	辽宁省本溪市平山区
延安百货大楼集团有限公司	20475	20868	997	百货零售	陕西省延安市宝塔区
深圳永旺友谊商业有限公司	20408	60878	1350	百货零售	广东省深圳市福田区
大庆市庆客隆连锁商贸有限公司	20342	46465	1210	超级市场零售	黑龙江省大庆市萨尔图区
上海喜士多便利连锁有限公司	20336	26602	672	其他综合零售	上海市上海市闸北区
山东省苍山县供销合作社联合社	20293	32585	526	其他综合零售	山东省临沂市苍山县
银川新华百货老大楼有限公司	20252	37997	598	百货零售	宁夏回族自治区银川市兴庆区

4－2 续表9

企业名称	资产总计（万元）	销售额（万元）	全部从业人员年平均人数（人）	所属行业	企业所在地
深圳西武百货有限公司	20249	53928	910	百货零售	广东省深圳市罗湖区
大商集团牡丹江新玛特购物广场有限公司	20234	33103	1006	百货零售	黑龙江省牡丹江西安区
昆明百货大楼商业有限公司	20141	31146	640	百货零售	云南省昆明市五华区
大石桥市兴隆百货有限公司	20136	34140	623	百货零售	辽宁省营口市大石桥市
济宁九龙家电有限公司	20116	45950	639	家用电器零售	山东省济宁市中区
中国石油天然气有限公司唐山销售分公司	20115	136550	1100	机动车燃料零售	河北省唐山市路北区
新华书店北方图书城有限公司	20083	18392	830	图书零售	辽宁省沈阳市沈河区
甘肃国美电器有限公司	20008	21798	590	汽车零售	甘肃省兰州市城关区
云南玉溪百信商贸集团有限公司	19875	31116	1031	超级市场零售	云南省玉溪市红塔区
枣庄购物中心有限公司	19821	78849	595	百货零售	山东省枣庄市市中区
东莞沃尔玛百货有限公司	19812	59154	1002	超级市场零售	广东省东莞市东莞市
家得宝(天津)商业有限公司	19757	66159	1106	其他室内装修材料零售	天津市东丽区
天津劝业家乐福超市有限公司	19644	66611	760	超级市场零售	天津市南开区
重庆市新大兴实业(集团)有限公司	19546	41755	3027	百货零售	重庆市涪陵区
包头百货大楼股份有限公司	19519	56046	850	百货零售	内蒙古自治区包头市昆区
徐州华美商厦有限公司	19458	34400	592	百货零售	江苏省徐州市泉山区
银川市新华百货连锁超市有限公司	19392	49512	750	超级市场零售	宁夏回族自治区银川市兴庆区
东莞市国贸超级市场有限公司	19376	64940	530	超级市场零售	广东省东莞市东莞市
中国石油天然气股份有限公司辽宁葫芦岛销售公司	19211	207607	864	机动车燃料零售	辽宁省葫芦岛市龙港区
玉林金城商厦有限责任公司	19119	19934	850	百货零售	广西壮族自治区玉林市玉州区
湖南老百姓大药房连锁有限公司	19085	38996	1100	药品零售	湖南省长沙市开福区
常州苏宁电器有限公司	19033	47041	769	家用电器零售	江苏省常州市钟楼区
北京旺市百利商业有限公司	18921	72524	1543	超级市场零售	北京市朝阳区
大商集团阜新新玛特购物广场有限公司	18904	69128	1145	百货零售	辽宁省阜新市海州区
盐城商业大厦股份有限公司	18854	52387	775	百货零售	江苏省盐城市亭湖区
白山市方大商贸有限公司	18846	34466	525	超级市场零售	吉林省白山市八道江区
北京市昌平新世纪商城	18736	33114	773	百货零售	北京市昌平区
宁波欧尚超市有限公司	18641	65878	821	超级市场零售	浙江省宁波市海曙区
昆明新知图书城有限责任公司	18607	17675	1506	图书零售	云南省昆明市西山区
铁岭兴隆百货有限公司	18519	45970	978	百货零售	辽宁省铁岭市银州区
上海锐力运动用品有限公司	18517	126088	980	体育用品零售	上海市上海市黄浦区
大连沃尔玛百货有限公司	18467	76605	1437	超级市场零售	辽宁省大连市西岗区
上海迪亚联华零售有限公司	18467	61245	2122	其他综合零售	上海市上海市浦东新区
天津华润超级市场有限公司	18444	37382	1204	超级市场零售	天津市和平区
江苏中央新亚百货股份有限公司	18367	45199	1121	百货零售	江苏省淮安市清河区
华润超级市场有限公司	18351	60051	1403	超级市场零售	北京市朝阳区
贵州一树连锁药业有限公司	18314	19017	753	药品零售	贵州省贵阳市云岩区
永安百货有限公司	18265	64900	688	百货零售	上海市上海市黄浦区
北京市复兴商业城有限公司	18236	38924	610	百货零售	北京市西城区
购宝乐商业(湖南)有限公司	18137	44344	1880	超级市场零售	湖南省长沙市雨花区
河南世纪联华超市有限公司	18051	64415	767	超级市场零售	河南省郑州市金水区
山东馨百商贸有限公司	17921	27192	850	超级市场零售	山东省莱芜市莱城区
深圳市深燃石油气有限公司	17830	73323	1141	其他未列明的零售	广东省深圳市福田区
洛阳丹尼斯量贩有限公司	17731	36973	534	超级市场零售	河南省洛阳市涧西区
泉州市中闽百汇购物有限公司	17675	16706	556	超级市场零售	福建省泉州市鲤城区
东莞市时尚电器有限公司	17613	99267	1061	家用电器零售	广东省东莞市东莞市
湖南心连心实业有限公司	17611	28448	982	超级市场零售	湖南省湘潭市雨湖区
西宁大什字百货商店有限公司	17587	24703	546	百货零售	青海省西宁市城中区
江西黄庆仁栈华氏大药房有限公司	17585	26412	2878	药品零售	江西省南昌市西湖区
葫芦岛市百货大楼	17568	46366	1600	百货零售	辽宁省葫芦岛市连山区

4－2　续表10

企业名称	资产总计（万元）	销售额（万元）	全部从业人员年平均人数（人）	所属行业	企业所在地
广州城建开发宏城连锁超级市场有限公司	17475	39644	1102	超级市场零售	广东省广州市天河区
沃尔玛深国投百货有限公司武汉中山大道分公司	17447	55824	981	超级市场零售	湖北省武汉市江汉区
合肥新华书店有限公司	17343	21611	620	图书零售	安徽省合肥市庐阳区
天津福业商业有限公司	17336	46643	521	超级市场零售	天津市南开区
郑州正道花园商厦股份有限公司	17113	35948	525	百货零售	河南省郑州市金水区
成都市人人乐商业有限公司	17073	64808	1719	超级市场零售	四川省成都市青羊区
泸州汇通百货股份有限公司	17040	42864	570	百货零售	四川省泸州市江阳区
东营振华百货发展有限公司	16959	31490	812	百货零售	山东省东营东营区
沧州市华北商厦有限公司	16911	28128	921	百货零售	河北省沧州市运河区
湖南王一集团香江百货有限公司	16910	33158	1152	超级市场零售	湖南省衡阳市蒸湘区
北京崇文门菜市场物美综合超市有限公司	16869	28782	549	其他食品零售	北京市崇文区
淄博奥德隆经贸有限公司	16718	61136	1136	百货零售	山东省淄博市临淄区
湖北省十堰市寿康永乐有限公司	16637	48877	1200	超级市场零售	湖北省十堰市茅箭
昆明新华书店连锁有限公司	16573	24667	690	图书零售	云南省昆明市五华区
大商集团鸡西新玛特购物广场有限公司	16524	50009	2685	百货零售	黑龙江省鸡西市鸡冠区
河南大张实业有限公司	16484	39690	1714	超级市场零售	河南省洛阳市涧西区
北京金象大药房医药连锁有限责任公司	16466	35081	624	药品零售	北京市西城区
徐州鹏润国美电器有限公司	16451	24170	586	家用电器零售	江苏省徐州市云龙区
中国石油天然气股份有限公司四川眉山销售分公司	16335	79337	568	机动车燃料零售	四川省眉山市东坡区
上海华联罗森有限公司	16322	46058	1269	其他综合零售	上海市上海市卢湾区
烟台市家家悦超市有限公司	16287	94737	3987	超级市场零售	山东省烟台市芝罘区
新乡市平原商场股份有限公司	16263	17416	672	纺织品及针织品零售	河南省新乡市卫滨区
浙江诸暨第一百货有限公司	16231	39822	501	百货零售	浙江省绍兴市诸暨市
福建苏宁电器有限公司	16227	73835	591	家用电器零售	福建省福州市晋安区
中国石油天然气股份有限公司四川乐山销售分公司	16226	115907	829	机动车燃料零售	四川省乐山市市中区
深圳报业集团发行有限公司	16213	15419	1536	报刊零售	广东省深圳市福田区
石油公司	16187	79025	562	机动车燃料零售	四川省资阳市雁江区
齐齐哈尔百货大楼股份有限公司	16148	30599	1300	百货零售	黑龙江省齐齐哈尔龙沙区
上海颐盛商贸有限公司	16131	80935	873	服装零售	上海市上海市黄浦区
成都讯捷通讯连锁有限公司	15959	74934	891	通信设备零售	四川省成都市青羊区
山东省聊城市百货大楼有限责任公司	15951	47493	1083	百货零售	山东省聊城市东昌府区
重庆桐君阁大药房连锁有限责任公司 、	15943	22542	752	药品零售	重庆市渝中区
抚顺罕王商场有限公司	15915	24308	1204	百货零售	辽宁省抚顺市新抚区
青海华联综合超市有限公司	15855	24398	520	超级市场零售	青海省西宁市城中区
银川新华百货购物中心有限公司	15743	35195	522	百货零售	宁夏回族自治区银川市兴庆区
大商集团锦州百货大楼有限公司	15693	65918	701	百货零售	辽宁省锦州市凌河区
中油天然气股份有限公司河北秦皇岛销售分公司	15662	176245	1002	机动车燃料零售	河北省秦皇岛市北戴河区
杭州欧尚超市有限公司	15603	57155	533	超级市场零售	浙江省杭州市拱墅区
厦门银祥食品有限公司	15603	45905	567	肉、禽、蛋及水产品零售	福建省厦门市同安区
宜兴市药业有限公司	15597	31643	575	药品零售	江苏省无锡市宜兴市
许昌市胖东来商贸集团有限公司	15592	31659	752	超级市场零售	河南省许昌市魏都区
济宁市中央百货有限责任公司	15483	18097	901	百货零售	山东省济宁市中区
上海思创服饰有限公司	15403	102132	1061	服装零售	上海市上海市长宁区
江苏盐阜人民商场有限公司	15392	53579	922	百货零售	江苏省盐城市亭湖区
山东龙口市博商购物广场	15344	34491	1100	果品、蔬菜零售	山东省烟台市龙口市
阜阳华联超市有限公司	15336	29543	1285	超级市场零售	安徽省阜阳市颍州区
唐山市鹏润国美电器有限公司	15275	31586	526	家用电器零售	河北省唐山市路南区
山东统一银座商业有限公司	15233	64887	910	超级市场零售	山东省济南市历下区
四川省互惠商业有限责任公司	15204	42436	1078	超级市场零售	四川省成都市新都区
广州宝元贸易有限公司	15193	19403	771	体育用品零售	广东省广州市天河区

4－2 续表11

企业名称	资产总计（万元）	销售额（万元）	全部从业人员年平均人数（人）	所属行业	企业所在地
广州百佳超级市场有限公司深圳分公司	15074	60631	1350	超级市场零售	广东省深圳市罗湖区
昆山润华商业有限公司松江分公司	15036	47632	520	超级市场零售	上海市上海市松江区
安徽省庐江安德利贸易中心有限公司	14954	21514	697	百货零售	安徽省巢湖市庐江县
天津市人人乐商业有限公司	14789	48918	1360	超级市场零售	天津市南开区
滨州银座购物广场有限公司	14744	38972	1150	超级市场零售	山东省滨州市滨城区
吉林大药房药业股份有限公司	14669	34948	1054	药品零售	吉林省长春市南关区
南通国美电器有限公司	14609	18015	500	家用电器零售	江苏省南通市崇川区
湖南苏宁电器有限公司	14601	48736	560	家用电器零售	湖南省长沙市天心区
成都市滔捕商贸有限公司	14580	25586	675	鞋帽零售	四川省成都市金牛区
安徽五星电器有限公司	14568	74057	687	家用电器零售	安徽省合肥市庐阳区
吉林市国美电器有限公司	14566	25835	605	家用电器零售	吉林省吉林市昌邑区
河北家兴商贸有限公司	14527	16954	1117	百货零售	河北省保定市高碑店
北京京北美廉美超市有限公司	14508	52146	650	超级市场零售	北京市昌平区
天津市津工超市有限责任公司	14471	82229	1975	超级市场零售	天津市东丽区
焦作市百货大楼股份有限公司	14461	25162	1342	百货零售	河南省焦作市解放区
湖北新世界随州购物中心	14344	32859	1535	百货零售	湖北省随州曾都区
常熟市百润发超市有限责任公司	14331	41601	568	超级市场零售	江苏省苏州市常熟市
泉州新华都购物广场有限公司	14314	52129	844	其他综合零售	福建省泉州市丰泽区
新疆家乐福超市有限公司	14267	42257	1118	超级市场零售	新疆（区）乌鲁木齐市水磨沟区
大商集团佳木斯百货大楼	14246	58400	1346	百货零售	黑龙江省佳木斯市向阳区
中国石油化工股份有限公司山西晋中石油分公司	14209	176379	1503	机动车燃料零售	山西省晋中市榆次区
成都好又多百货商业广场有限公司	14194	68804	1801	超级市场零售	四川省成都市青羊区
昆山润华商业有限公司苏州高新区分公司	14133	58140	661	超级市场零售	江苏省苏州市高新区
东营市商业大厦有限责任公司	13961	27751	1700	百货零售	山东省东营东营区
上海捷强烟草糖酒（集团）连锁有限公司	13942	73527	1335	超级市场零售	上海市上海市徐汇区
唐山华盛超市有限公司	13891	61200	718	超级市场零售	河北省唐山市路南区
中国石油化工股份有限公司山西运城石油分公司	13805	168993	877	机动车燃料零售	山西省运城盐湖区
温州开太百货有限公司	13751	39451	1500	百货零售	浙江省温州市鹿城区
广东益华百货有限公司	13745	37044	585	百货零售	广东省中山市中山市
昆山润华商业有限公司吉林市分公司	13735	22919	545	超级市场零售	吉林省吉林市昌邑区
六安市西都百货经营管理有限公司	13725	19045	990	百货零售	安徽省六安市金安区
张市帝达购物广场有限公司	13685	26010	784	百货零售	河北省张家口市桥东区
唐山市金客隆仓储批发超级商场	13681	55211	1001	超级市场零售	河北省唐山市丰润区
上海古今内衣有限公司	13638	45264	1345	服装零售	上海市上海市卢湾区
广东赛壹便利店有限公司	13460	57985	1790	超级市场零售	广东省广州市越秀区
德阳洋洋百盛实业有限公司	13460	34264	2886	百货零售	四川省德阳市旌阳区
陵县粮食购销中心	13435	20350	1103	粮油零售	山东省德州市陵县
昆山润华有限公司镇江分公司	13429	48034	509	超级市场零售	江苏省镇江市润州区
葫芦岛宏运商厦有限公司	13411	17522	600	百货零售	辽宁省葫芦岛市连山区
扬州市广润发超市有限公司	13379	41482	549	超级市场零售	江苏省扬州市邗江区
泰安凌云经贸有限公司	13352	17420	1039	百货零售	山东省泰安市宁阳县
合肥百货大楼集团铜陵合百商厦有限责任公司	13273	25313	806	百货零售	安徽省铜陵市铜官山区
沃尔玛深国投百货有限公司哈尔滨中山路分店	13208	49759	1185	超级市场零售	黑龙江省哈尔滨市南岗区
华润万家生活超市（珠海）有限公司	13147	57655	926	百货零售	广东省珠海市香洲区
南京山西路大楼有限责任公司	13128	15464	536	百货零售	江苏省南京市鼓楼区
沂南县供销合作社联合社	13088	18006	1594	百货零售	山东省临沂市沂南
西安易初莲花连锁超市有限公司	13076	30569	789	超级市场零售	陕西省西安市高新区
大庆商厦	12871	36071	649	百货零售	黑龙江省大庆市让胡路区
江西青龙集团商厦有限公司	12809	22419	1072	超级市场零售	江西省宜春市袁州区
山东梁山水泊商场	12780	19114	511	百货零售	山东省济宁市梁山县

4－2　续表12

企业名称	资产总计（万元）	销售额（万元）	全部从业人员年平均人数（人）	所属行业	企业所在地
兖州市广场商厦	12761	37806	1521	百货零售	山东省济宁市兖州市
保定商场股份有限公司	12741	60601	912	百货零售	河北省保定市南市区
北京首航国力商贸有限公司	12724	64424	1592	超级市场零售	北京市丰台区
平顶山市普生药业零售连锁有限公司	12680	35167	606	药品零售	河南省平顶山卫东区
中山市创世纪汽车有限公司	12634	57817	500	汽车零售	广东省中山市中山市
舟山市民生商厦有限责任公司	12623	29251	634	超级市场零售	浙江省舟山市定海区
大连旅顺供销大厦有限公司	12621	22696	700	百货零售	辽宁省大连市旅顺口区
招远市百货金都有限公司	12614	26027	529	百货零售	山东省烟台市招远市
通州文峰大世界有限公司	12530	20141	500	百货零售	江苏省南通市通州市
信阳市西亚商业有限公司	12267	21411	1126	超级市场零售	河南省信阳市师河区
统杰法宝（北京）超市有限公司	12264	29649	649	超级市场零售	北京市朝阳区
邹城市百货大楼有限责任公司	12210	30921	1036	百货零售	山东省济宁市邹城市
吉安市国光实业有限公司	12197	16305	1281	超级市场零售	江西省吉安市吉州区
仙桃市供销商城大厦有限责任公司	12174	24575	1800	百货零售	湖北省仙桃市
杭州物美大卖场商业有限公司	12111	53883	668	超级市场零售	浙江省杭州市西湖区
太原六味斋实业有限公司	12038	23260	594	肉、禽、蛋及水产品零售	山西省太原市高新区
北京欧尚超市有限公司	11986	112426	821	超级市场零售	北京市海淀区
上海崇明供销超市有限公司	11970	45391	885	超级市场零售	上海市上海市崇明县
昆山润华商业有限公司锦州分公司	11957	21464	530	超级市场零售	辽宁省锦州市古塔区
云南讯捷通讯有限公司	11937	49160	800	通信设备零售	云南省昆明市五华区
新百丽鞋业（深圳）有限公司武汉分公司	11892	16922	767	鞋帽零售	湖北省武汉市江汉区
北京兴宇班尼路服装服饰有限公司	11850	33992	741	服装零售	北京市东城区
东莞市天虹商场有限公司	11829	28135	705	超级市场零售	广东省东莞市东莞市
杭州话机世界数码连锁有限公司	11729	40608	588	通信设备零售	浙江省杭州市拱墅区
新合作常客隆连锁超市有限公司	11720	50636	583	超级市场零售	江苏省苏州市常熟市
广东赛壹便利店有限公司深圳公司	11712	24699	720	其他综合零售	广东省深圳市罗湖区
韶关市东明商贸有限公司	11668	16174	1612	超级市场零售	广东省韶关市浈江区
海南大润发商业有限公司	11615	21031	542	超级市场零售	海南省海口市龙华区
襄樊鼓楼商场股份有限公司	11547	100482	1036	百货零售	湖北省襄樊市襄城区
长沙东之杰运动产业发展有限公司	11493	55898	523	体育用品零售	湖南省长沙市天心区
深圳市中联大药房有限公司	11421	21906	611	药品零售	广东省深圳市罗湖区
深圳市永安南城百货有限公司	11380	19095	850	百货零售	广东省深圳市福田区
大商集团抚顺新玛特有限公司	11145	21899	875	超级市场零售	辽宁省抚顺市顺城区
郑州市易初莲花连锁超市有限公司	11035	30782	662	超级市场零售	河南省郑州市管城回族区
福州新华都综合百货有限公司	10947	30120	726	超级市场零售	福建省福州市鼓楼区
呼和浩特市王府井百货有限公司	10914	28386	1819	百货零售	内蒙古自治区呼和浩特市回民区
厦门来雅百货有限公司	10791	18181	512	百货零售	福建省厦门市思明区
西安世纪金花置业有限公司	10732	23042	1143	超级市场零售	陕西省西安市高新区
衡水百货大楼（集团）股份有限公司	10684	18304	725	百货零售	河北省衡水市桃城区
珠海民润连锁商业有限公司	10671	25888	555	超级市场零售	广东省珠海市香洲区
无锡天惠超市股份有限公司	10456	39671	1013	超级市场零售	江苏省无锡市南长区
绍兴好又多百货有限公司	10420	32946	700	超级市场零售	浙江省绍兴市越城区
南京中央金城仓储超市有限责任公司	10418	39659	543	超级市场零售	江苏省南京市白下区
常州市武进明都超市有限公司	10345	28337	851	超级市场零售	江苏省常州市武进区
十堰市京华超市有限公司	10304	29115	699	超级市场零售	湖北省十堰市茅箭区
黄冈市黄商股份有限责任公司	10194	61260	6000	百货零售	湖北省黄冈市黄州区
长春远方实业集团有限公司	10150	18478	890	超级市场零售	吉林省长春市朝阳区
营口经济技术开发区商业大厦有限公司	10098	26924	1394	百货零售	辽宁省营口市鲅鱼圈区
安庆华联购物广场有限责任公司	10088	29945	2500	超级市场零售	安徽省安庆市迎江区
上海诚达百货商业有限公司	9985	31868	545	超级市场零售	上海市上海市徐汇区

4－2 续表13

企业名称	资产总计（万元）	销售额（万元）	全部从业人员年平均人数（人）	所属行业	企业所在地
淮南大润发商业有限公司	9959	23222	505	超级市场零售	安徽省淮南市田家庵区
山西省太原唐久超市有限公司	9877	28615	568	超级市场零售	山西省太原市杏花岭区
西安民生集团咸阳民生购物中心有限公司	9867	30387	875	超级市场零售	陕西省咸阳市秦都区
北京同仁堂连锁药店有限责任公司	9855	36318	997	药品零售	北京市西城区
烟台开发区德胜商城	9710	38653	1200	纺织品及针织品零售	山东省烟台市开发区
浙江福泰隆连锁超市有限公司	9686	27998	722	超级市场零售	浙江省金华市婺城区
北京顺天府商贸有限公司	9666	57452	1080	超级市场零售	北京市丰台区
大连海王星辰医药有限公司	9578	23692	790	药品零售	辽宁省大连市沙河口区
大商集团佳木斯华联商厦有限公司	9530	30223	907	百货零售	黑龙江省佳木斯市向阳区
山东圣豪商业有限公司	9476	21582	539	百货零售	山东省滨州市邹平县
昆山润福商贸有限公司城阳分公司	9474	24478	569	超级市场零售	山东省青岛市城阳区
上海世纪联华西部商业有限公司	9309	43618	678	超级市场零售	上海市上海市普陀区
佛山市苏宁电器有限公司	9309	68057	550	家用电器零售	广东省佛山市禅城区
沈阳沃尔玛百货有限公司	9291	41262	881	超级市场零售	辽宁省沈阳市大东区
连云港家得福商贸有限公司	9214	20106	682	超级市场零售	江苏省连云港市连云区
中国石化股份有限公司山西长治分公司	9207	70555	598	机动车燃料零售	山西省长治城区
云南省曲靖市吉玛特百货有限公司	9176	18348	798	超级市场零售	云南省曲靖市麒麟区
四川省宜宾市燕君贸易连锁有限责任公司	9123	17241	680	家用电器零售	四川省宜宾市翠屏区
吉林市吉润发超市有限公司	9026	26432	520	超级市场零售	吉林省吉林市昌邑区
沃尔玛深国投百货有限公司天津和平路分店	8979	36616	860	超级市场零售	天津市和平区
金坛大统华购物中心有限公司	8970	24434	500	超级市场零售	江苏省常州市金坛市
上海巴黎三城眼镜有限公司	8933	15955	514	钟表、眼镜零售	上海市上海市普陀区
东莞市天和商贸有限公司	8830	27118	1126	百货零售	广东省东莞市东莞市
深圳市有荣配销有限公司	8821	31020	1300	超级市场零售	广东省深圳市福田区
南通通润发超市有限公司	8810	44378	568	超级市场零售	江苏省南通市崇川区
秦皇岛市家惠商贸有限公司	8678	23462	700	超级市场零售	河北省秦皇岛市海港区
北京港佳好邻居连锁便利店有限责任公司	8564	16360	641	其他综合零售	北京市西城区
深圳市万泽医药连锁有限公司	8562	17217	1000	药品零售	广东省深圳市福田区
济南漱玉平民大药房有限公司	8555	30664	936	药品零售	山东省济南市历下区
河南华润万家生活超市有限公司	8542	20720	801	超级市场零售	河南省郑州市金水区
广州市宏丽有限公司	8455	73022	860	百货零售	广东省广州市白云区
广东省惠州市丽日购物广场有限公司	8438	17861	500	百货零售	广东省惠州市惠城区
三门峡百货大楼股份有限公司	8431	19181	619	百货零售	河南省三门峡市湖滨区
西安秋林公司	8368	38000	536	百货零售	陕西省西安市碑林区
河南苏宁电器有限公司	8347	32728	553	家用电器零售	河南省郑州市二七区
北京迪亚首联商业零售有限公司	8344	46946	1483	超级市场零售	北京市朝阳区
上海闵行大润发商贸有限公司	8301	21639	500	超级市场零售	上海市上海市闵行区
台州市三和自选商场有限公司	8255	30958	596	超级市场零售	浙江省台州市温岭市
嘉兴市嘉润商业有限责任公司	8244	36850	507	超级市场零售	浙江省嘉兴市秀洲区
厦门富山诚达百货商业广场有限公司	8188	49215	958	超级市场零售	福建省厦门市思明区
大商集团抚顺商业城有限公司	8086	32499	1221	百货零售	辽宁省抚顺市新抚区
大商集团股份有限公司大庆新东风购物广场	8069	17604	729	百货零售	黑龙江省大庆市萨尔图区
广州市海王星辰医药连锁有限公司	8060	25807	903	药品零售	广东省广州市海珠区
云南健之佳连锁健康药房有限公司	8051	33354	623	药品零售	云南省昆明市盘龙区
黄骅信誉楼商贸有限公司泊头商厦	7982	16238	940	百货零售	河北省沧州市泊头区
长兴县第一百货商店有限责任公司	7788	21755	525	百货零售	浙江省湖州市长兴县
世纪联华发展有限公司	7593	31744	633	超级市场零售	安徽省芜湖市镜湖区
昆山润华商业有限公司鞍山分公司	7587	21832	518	超级市场零售	辽宁省鞍山市铁西区
重庆满庭芳百货广场有限公司	7582	16229	908	百货零售	重庆市南岸区
金华市中洋超市有限公司	7481	19749	624	超级市场零售	浙江省金华市婺城区

4－2　续表 14

企业名称	资产总计（万元）	销售额（万元）	全部从业人员年平均人数（人）	所属行业	企业所在地
广西辉煌交通石化有限公司	7372	60671	513	机动车燃料零售	广西壮族自治区南宁市青秀区
北京亿客隆商业股份有限公司	7352	24352	812	超级市场零售	北京市丰台区
营口兴隆大超市有限公司	7238	21432	1500	超级市场零售	辽宁省营口市站前区
杭州海王星辰健康药房有限公司	7159	15584	596	药品零售	浙江省杭州市上城区
淮南苏果超市有限公司	7123	33459	725	超级市场零售	安徽省淮南市田家庵区
威海长江糖酒有限公司	7092	32148	1386	百货零售	山东省威海市文登
重庆市人人乐商业有限公司	7058	27797	846	超级市场零售	重庆市沙坪坝区
济阳方正家具市场	7028	20476	630	家具零售	山东省济南市济阳县
肥城市富世康工贸有限公司	6919	25430	1089	粮油零售	山东省泰安市肥城县
温州苏宁电器有限公司	6901	32981	547	家用电器零售	浙江省温州市鹿城区
苏果超市马鞍山有限公司	6816	19159	668	超级市场零售	安徽省马鞍山市花山区
胜利油田胜大贸易公司胜大自选商店	6710	39132	897	超级市场零售	山东省东营东营区
苏州联华超市有限公司	6607	21560	726	超级市场零售	江苏省苏州市高新区
陕西苏宁电器有限责任公司	6577	64848	982	家用电器零售	陕西省西安市莲湖区
山东世纪泰华集团有限公司	6566	44640	700	百货零售	山东省潍坊市奎文区
湖南步步高连锁超市益阳有限公司	6495	19594	850	超级市场零售	湖南省益阳市赫山区
宿州美惠多超市	6468	23858	1200	超级市场零售	安徽省宿州市埇桥区
甘肃家世界有限公司	6460	21669	502	百货零售	甘肃省兰州市城关区
南昌市新华书店	6443	18959	534	图书零售	江西省南昌市西湖区
黑龙江好又多百货商业广场有限公司	6406	21526	800	超级市场零售	黑龙江省哈尔滨市南岗区
广州民润连锁商业有限公司	6382	18970	587	超级市场零售	广东省广州市海珠区
佛山市好又多怡东百货商业有限公司	6370	27171	577	超级市场零售	广东省佛山市禅城区
福州麦多万嘉超市有限公司	6212	31503	760	超级市场零售	福建省福州市晋安区
惠州市人人乐商业有限公司	6206	39057	606	超级市场零售	广东省惠州市惠城区
宁海县太平洋百货有限公司	6200	20949	630	百货零售	浙江省宁波市宁海县
深圳市一致医药连锁有限公司	6134	25189	1585	药品零售	广东省深圳市福田区
东莞市励骏实业有限公司	6091	103344	805	鞋帽零售	广东省东莞市东莞市
博山陶琉大观园国际商贸城	6064	74873	1230	其他未列明的零售	山东省淄博市博山区
咸阳人人乐商业有限公司	6064	25997	507	超级市场零售	陕西省咸阳市秦都区
浙江黄岩食品总公司	6057	19656	740	肉、禽、蛋及水产品零售	浙江省台州市黄岩区
宜昌北山商业连锁有限责任公司	6014	23971	1104	超级市场零售	湖北省宜昌市伍家岗区
襄樊襄江商场股份有限公司	5980	82726	827	百货零售	湖北省襄樊市樊城区
北京小白羊超市连锁总店	5852	33207	1515	超级市场零售	北京市石景山区
西安百福乐好又多商贸公司	5799	26538	824	超级市场零售	陕西省西安市雁塔区
厦门市中博贸易有限公司	5781	34812	545	通信设备零售	福建省厦门市湖里区
宝鸡人民商场股份有限公司	5732	38002	640	百货零售	陕西省宝鸡市渭滨区
武汉班尼路商贸有限公司	5677	17571	1243	服装零售	湖北省武汉市江岸区
黑龙江泰华医药有限公司	5535	23297	583	药品零售	黑龙江省绥化市北林区
江苏超越超市连锁发展有限公司	5511	28786	1506	超级市场零售	江苏省南通市崇川区
十堰市新合作鑫城超市有限公司	5498	19127	660	超级市场零售	湖北省十堰市茅箭区

4－2 续表15

企业名称	资产总计（万元）	销售额（万元）	全部从业人员年平均人数（人）	所属行业	企业所在地
厦门新华都购物广场有限公司	5493	24866	654	超级市场零售	福建省厦门市思明区
秦皇岛广缘商厦有限公司	5413	19309	920	超级市场零售	河北省秦皇岛市海港区
大连联华快客中山便利商业有限公司	5332	24333	1126	其他综合零售	辽宁省大连市中山区
上海梅林正广和便利连锁有限公司	5186	39338	1771	其他综合零售	上海市上海市杨浦区
北京星城商厦商贸有限责任公司	5171	17421	792	百货零售	北京市大兴区
常州市信特超市有限公司	5025	26396	875	超级市场零售	江苏省常州市天宁区
中石化湖北宜昌石油分公司	4935	214697	1039	机动车燃料零售	湖北省宜昌市伍家岗区
重庆中百山城超市有限公司	4923	20414	937	超级市场零售	重庆市九龙坡区
青岛美特好连锁超市有限公司	4832	19790	655	超级市场零售	山东省青岛市市北区
台州市路桥区商业有限公司	4674	19152	525	肉、禽、蛋及水产品零售	浙江省台州市路桥区
深圳市好又多量贩百货有限公司	4647	26354	600	超级市场零售	广东省深圳市罗湖区
武汉市好又多百货商业有限公司	4518	16877	583	超级市场零售	湖北省武汉市江岸区
范县濮城镇军寨市场	4500	17710	790	超级市场零售	河南省濮阳市范县
利亚华南便利店有限公司	4479	15924	1160	百货零售	广东省广州市越秀区
上海家家乐商业发展有限公司	4397	25260	688	超级市场零售	上海市上海市浦东新区
湖北新一佳超市有限公司	4367	17720	506	超级市场零售	湖北省武汉市洪山区
大连大商集团有限公司大庆让胡路商场	4363	25485	726	百货零售	黑龙江省大庆市让胡路区
赣州国光购物广场有限责任公司	4347	19013	838	超级市场零售	江西省赣州市章贡区
新乡市胖东来百货有限公司	4305	24113	963	百货零售	河南省新乡市红旗区
唐山家万佳超市有限公司	4300	20391	962	超级市场零售	河北省唐山市丰南区
镇江林宁苏果连锁超市有限公司	4141	15357	583	超级市场零售	江苏省镇江市京口区
南宁市人人乐商业有限公司	4066	18519	530	超级市场零售	广西壮族自治区南宁市青秀区
福建省永辉商业股份有限公司福州台江分公司	4038	19742	532	超级市场零售	福建省福州市台江区
福州闽台茶业有限公司	3765	179029	846	饮料及茶叶零售	福建省福州市晋安区
常熟华地百货有限公司	3710	21329	624	百货零售	江苏省苏州市常熟市
甘肃欣大实业集团兰州经销有限公司	3408	28028	530	烟草制品零售	甘肃省兰州市安宁区
镇江家世界万方连锁超市有限责任公司	3318	16737	508	超级市场零售	江苏省镇江市京口区
随州市百货公司	3316	19106	577	百货零售	湖北省随州曾都区
柳州铁路生活服务总公司	3219	21548	552	生活用燃料零售	广西壮族自治区柳州市柳南区
苏州可的便利店有限公司	3209	15772	657	饮料及茶叶零售	江苏省苏州市沧浪区
日照银座购物广场有限公司	2725	17507	818	百货零售	山东省日照市东港区
无锡可的便利店有限公司	2722	18737	547	超级市场零售	江苏省无锡市北塘区
心连心集团江西萍乡超市有限公司	2231	18011	800	超级市场零售	江西省萍乡市安源区
镇江市恺源旅游商贸有限责任公司	1938	18447	542	超级市场零售	江苏省镇江市京口区
河南五星电器有限公司	1931	39492	720	家用电器零售	河南省郑州市中原区
南京华诚超市有限公司	1920	15527	1394	超级市场零售	江苏省南京市白下区
沂南县天成燃料有限责任公司	1225	40089	1480	生活用燃料零售	山东省临沂市沂南县
湖北真维斯服饰有限公司	108	16397	676	服装零售	湖北省武汉市江岸区

4－3 大型住宿业企业名单及主要经济指标

企业名称	资产总计（万元）	营业额（万元）	全部从业人员年平均人数（人）	所属行业	企业所在地
港中旅(珠海)海洋温泉有限公司	228487	37500	2881	旅游饭店	广东省珠海市金湾区
北京市北京饭店	223550	32104	1310	旅游饭店	北京市东城区
北京九华山庄国际保健俱乐部集团有限公司	212276	53974	2430	旅游饭店	北京市昌平区
浦东新区香格里拉酒店有限公司	189047	93020	1702	旅游饭店	上海市上海市浦东新区
四川九寨天堂温泉酒店有限公司	172725	2646	2167	旅游饭店	四川省阿坝州九寨沟县
湖南华天大酒店股份有限公司	144925	22808	953	旅游饭店	湖南省长沙市芙蓉区
杭州大厦有限公司	135724	4453	1171	旅游饭店	浙江省杭州市下城区
香格里拉大酒店(广州琶洲)有限公司	121720	23943	938	旅游饭店	广东省广州市海珠区
金陵饭店股份有限公司	118674	40891	878	旅游饭店	江苏省南京市鼓楼区
王府饭店有限公司	108813	86434	814	旅游饭店	北京市东城区
上海国际会议中心有限公司东方滨江大酒店	83902	23521	817	旅游饭店	上海市上海市浦东新区
北京世纪金源大饭店有限责任公司	79391	28673	1092	旅游饭店	北京市海淀区
北京燕莎中心有限公司	78941	42053	1086	旅游饭店	北京市朝阳区
北京国际饭店	77095	27108	1092	旅游饭店	北京市东城区
广州市东方宾馆股份有限公司	75602	30558	1431	旅游饭店	广东省广州市越秀区
广州花园酒店	75300	49145	1883	旅游饭店	广东省广州市越秀区
北京香格里拉饭店有限公司	67559	41164	880	旅游饭店	北京市海淀区
北京国际俱乐部有限公司	63714	31514	856	旅游饭店	北京市朝阳区
白天鹅宾馆	62028	41594	1733	旅游饭店	广东省广州市荔湾区
杭州国际大厦有限责任公司	59119	17456	830	旅游饭店	浙江省杭州市下城区
大连富丽华大酒店	58995	24926	1139	旅游饭店	辽宁省大连市中山区
杭州开元名都大酒店有限公司	58368	19797	942	旅游饭店	浙江省杭州市萧山区
广州长隆酒店有限公司	57300	17457	859	旅游饭店	广东省广州市番禺区
静安希尔顿饭店(上海)	53869	45544	1152	旅游饭店	上海市上海市静安区
上海锦江饭店	52890	25387	856	旅游饭店	上海市上海市卢湾区
上海光大会展中心有限公司	48036	21926	937	旅游饭店	上海市上海市徐汇区
北京昆仑饭店有限公司	46403	36555	1256	旅游饭店	北京市朝阳区
北京亮马河大厦有限公司	41186	27830	813	旅游饭店	北京市朝阳区
上海华亭宾馆有限公司	40383	21828	896	旅游饭店	上海市上海市徐汇区
济南舜耕山庄	39245	16006	1123	旅游饭店	山东省济南市市中区
佛山宾馆有限公司	36251	22502	1060	旅游饭店	广东省佛山市禅城区
北京市西苑饭店	35745	21998	1196	旅游饭店	北京市海淀区
新疆银都酒店有限责任公司	34506	15385	947	旅游饭店	新疆(区)乌鲁木齐市沙依巴克区
北京市长城饭店公司	34105	30758	944	旅游饭店	北京市朝阳区
上海市上海宾馆有限公司	30926	17282	1017	旅游饭店	上海市上海市静安区
惠州市康帝国际酒店有限公司	29103	16458	1045	旅游饭店	广东省惠州市惠城区
青岛海天大酒店有限公司	26683	29164	1360	旅游饭店	山东省青岛市市南区
四川锦江宾馆有限公司	23676	21382	1567	旅游饭店	四川省成都市锦江区
花园饭店	22617	31305	894	旅游饭店	上海市上海市卢湾区
北京东方广场有限公司东方君悦大酒店分公司	14030	65853	1191	旅游饭店	北京市东城区
东莞市会展国际大酒店	12106	20118	1367	旅游饭店	广东省东莞市东莞市
江门市逸豪酒店有限公司	9176	16212	1308	旅游饭店	广东省江门市蓬江区
陕西人民大厦有限公司	6331	18003	1098	旅游饭店	陕西省西安市新城区

4－4 大型餐饮业企业名单及主要经济指标

企业名称	资产总计（万元）	营业额（万元）	全部从业人员年平均人数（人）	所属行业	企业所在地
重庆陶然居饮食文化(集团)有限公司	143216	36232	16583	正餐服务	重庆市九龙坡区
中国全聚德(集团)股份有限公司	99739	65593	2314	正餐服务	北京市宣武区
西安饮食服务(集团)股份有限公司	88207	49518	2389	正餐服务	陕西省西安市碑林区
山东蓝海股份有限公司	81917	40703	4187	正餐服务	山东省东营东营区
百胜餐饮(广东)有限公司	74033	81457	16730	快餐服务	广东省广州市越秀区
北京麦当劳食品有限公司	69659	101830	4052	快餐服务	北京市东城区
杭州肯德基有限公司	69223	44501	13895	快餐服务	浙江省杭州市西湖区
重庆世纪金源时代大饭店有限公司	67384	15379	820	正餐服务	重庆市江北区
百胜餐饮(沈阳)有限公司	65606	164030	8900	快餐服务	辽宁省沈阳市和平区
上海肯德基有限公司	64463	182037	14021	快餐服务	上海市上海市徐汇区
广东三元麦当劳食品有限公司	64304	86004	6289	快餐服务	广东省广州市越秀区
北京肯德基有限公司	57643	181237	16283	快餐服务	北京市东城区
杭州饮食服务集团有限公司	49027	23954	1941	正餐服务	浙江省杭州市上城区
天津肯德基有限公司	44446	135879	7758	快餐服务	天津市南开区
武汉市亢龙太子酒轩有限责任公司	41677	29258	1605	正餐服务	湖北省武汉市武昌区
百胜餐饮(深圳)有限公司	39272	92666	6200	快餐服务	广东省深圳市罗湖区
青岛肯德基有限公司	38588	28635	7180	快餐服务	山东省青岛市市南区
南京肯德基有限公司	37125	123983	8205	快餐服务	江苏省南京市白下区
上海必胜客有限公司	36707	118326	10116	正餐服务	上海市上海市徐汇区
北京必胜客比萨饼有限公司	36338	44782	8531	正餐服务	北京市东城区
苏州肯德基有限公司	32499	106894	6501	快餐服务	江苏省苏州市高新区
百胜餐饮(武汉)有限公司	30804	66641	5647	快餐服务	湖北省武汉市江汉区
上海华联麦当劳有限公司	28524	53078	4351	快餐服务	上海市上海市黄浦区
上海兴邦餐饮服务有限公司	24316	38480	1103	正餐服务	上海市上海市浦东新区
福州曼伯罗食品有限公司	22070	40627	1031	快餐服务	福建省福州市鼓楼区
天津麦当劳食品有限公司	21309	38803	1668	快餐服务	天津市河西区
陕西松茂食品有限公司	20577	20865	1352	快餐服务	陕西省西安市碑林区

4－4 续表

企业名称	资产总计（万元）	营业额（万元）	全部从业人员年平均人数（人）	所属行业	企业所在地
深圳面点王饮食连锁有限公司	20434	31023	2665	正餐服务	广东省深圳市福田区
无锡市肯德基有限公司	20106	70480	4064	快餐服务	江苏省无锡市崇安区
上海统一星巴克咖啡有限公司	19802	46036	1535	正餐服务	上海市上海市卢湾区
北京俏江南餐饮有限公司	18329	2440	1119	正餐服务	北京市朝阳区
北京郭林家常菜食品有限责任公司	18207	36829	3445	正餐服务	北京市西城区
南京麦当劳餐饮食品有限公司	17558	38674	1835	快餐服务	江苏省南京市玄武区
东莞市麦当劳食品有限公司	17194	30340	1245	快餐服务	广东省东莞市东莞市
上海豫园商城老城隍庙饮食有限公司	17177	27902	1292	其他餐饮服务	上海市上海市黄浦区
长沙肯德基有限公司	16923	18219	3816	快餐服务	湖南省长沙市天心区
湖北三五酒店有限公司	16685	16168	1643	正餐服务	湖北省武汉市江汉区
百胜餐饮（福州）有限公司	15955	29656	2100	快餐服务	福建省福州市鼓楼区
重庆市德庄饮食文化有限公司	15239	18813	1468	正餐服务	重庆市南岸区
武汉麦当劳餐饮食品有限公司	14695	30239	904	快餐服务	湖北省武汉市江汉区
太原肯德基有限公司	14182	36250	1316	快餐服务	山西省太原市迎泽区
四川省成都市饮食公司	14128	15295	1265	正餐服务	四川省成都市青羊区
聚德华天控股有限公司	13942	20131	1326	正餐服务	北京市西城区
四川麦当劳餐厅食品有限公司	13772	20330	1487	快餐服务	四川省成都市锦江区
北京吉野家快餐有限公司	13500	36265	1956	快餐服务	北京市崇文区
北京美大星巴克咖啡有限公司	12499	22453	1027	饮料及冷饮服务	北京市朝阳区
厦门麦当劳食品发展有限公司	12400	22897	1044	快餐服务	福建省厦门市思明区
东莞肯德基有限公司	12381	32038	1970	快餐服务	广东省东莞市东莞市
厦门肯德基有限公司	12326	18791	2650	快餐服务	福建省厦门市思明区
武汉小蓝鲸健康美食酒店管理公司	12290	20877	3600	正餐服务	湖北省武汉市江汉区
百胜餐饮（成都）有限公司	12089	37546	2450	快餐服务	四川省成都市青羊区
南昌肯德基有限公司	11726	25271	1793	快餐服务	江西省南昌市东湖区
郑州肯德基有限公司	11726	7414	1816	快餐服务	河南省郑州市二七区
武汉艳阳天商贸发展有限公司	11140	15470	1458	正餐服务	湖北省武汉市桥口区
上海麦当劳食品有限公司	10330	19354	1354	快餐服务	上海市上海市黄浦区
福州麦当劳餐厅食品有限公司	10050	15691	1190	快餐服务	福建省福州市鼓楼区
浙江麦当劳餐厅食品有限公司	9896	16225	1895	快餐服务	浙江省杭州市下城区
南宁肯德基有限公司	9812	22750	1450	快餐服务	广西壮族自治区南宁市青秀区
沈阳麦当劳（餐厅食品）有限公司	9429	19372	1100	快餐服务	辽宁省沈阳市皇姑区
大连肯德基有限公司	9154	30883	1950	快餐服务	辽宁省大连市中山区
大连麦当劳餐厅食品有限公司	8220	12308	1000	快餐服务	辽宁省大连市中山区
上海新亚大家乐餐饮有限公司	7073	20181	2020	快餐服务	上海市上海市虹口区
西安福迎门大香港鲍翅酒楼有限公司	5997	15273	1395	正餐服务	陕西省西安市雁塔区
昆明肯德基有限公司	4988	16232	1000	快餐服务	云南省昆明市五华区

4－5 分地区大型批发零售和住宿餐饮业企业名单及主要指标情况

企业名称	资产总计（万元）	销售额（营业额）（万元）	全部从业人员年平均人数（人）	所属行业	企业所在地
北京市					
中粮集团有限公司	5096022	132212	576	谷物、豆及薯类批发	北京市东城区
诺基亚（中国）投资有限公司	2286917	5608492	2158	通讯及广播电视设备批发	北京市经济技术开发区
五矿钢铁有限责任公司	1686284	5613292	212	金属及金属矿批发	北京市海淀区
松下电器（中国）有限公司	1564076	366871	1832	家用电器批发	北京市朝阳区
西门子（中国）有限公司	1558708	970641	5225	通讯及广播电视设备批发	北京市朝阳区
中国储备棉管理总公司	1474848	166787	692	棉、麻批发	北京市西城区
中国航空技术进出口总公司	1414565	266596	606	其他未列明的批发	北京市朝阳区
中国航空油料有限责任公司	1272497	1270864	4269	石油及制品批发	北京市海淀区
中国农业生产资料集团公司	1239051	1615131	200	农药批发	北京市海淀区
中化化肥有限公司	1203065	2446972	2497	化肥批发	北京市西城区
中钢钢铁公司	1197963	2782077	309	金属及金属矿批发	北京市海淀区
中国石油物资装备（集团）总公司	1197517	369883	260	金属及金属矿批发	北京市西城区
中国机械设备进出口总公司	1197359	1158978	609	其他机械设备及电子产品批发	北京市宣武区
中国北方工业公司	1075204	218026	565	其他未列明的批发	北京市宣武区
中国石油天然气股份有限公司华北销售分公司	1049136	5732747	219	石油及制品批发	北京市朝阳区
中国矿产有限责任公司	1033433	2678857	231	金属及金属矿批发	北京市海淀区
索尼（中国）有限公司	1024417	1802302	1693	家用电器批发	北京市朝阳区
国美电器有限公司	974208	638351	2095	家用电器零售	北京市朝阳区
中邮普泰通信服务股份有限公司	764871	1949435	231	通讯及广播电视设备批发	北京市西城区
一汽丰田汽车销售有限公司	667616	5811466	592	汽车、摩托车及零配件批发	北京市海淀区
中国石油化工股份有限公司北京石油分公司	612699	2840893	6280	机动车燃料零售	北京市朝阳区
北京王府井百货（集团）股份有限公司	549917	153758	1993	百货零售	北京市东城区
中国神华能源股份有限公司煤炭销售中心	541896	4588562	646	煤炭及制品批发	北京市东城区
施耐德电气（中国）投资有限公司	520999	382143	2594	其他机械设备及电子产品批发	北京市朝阳区
中国石油技术开发公司	510032	662693	446	石油及制品批发	北京市西城区
诺基亚西门子通信技术（北京）有限公司	500280	522554	1000	其他机械设备及电子产品批发	北京市东城区
北京华联综合超市股份有限公司	470931	175186	2441	百货零售	北京市西城区
北京市大中电器有限公司	465999	725995	2581	家用电器零售	北京市石景山区
中国电子进出口总公司	456171	146743	289	贸易经纪与代理	北京市海淀区
中钢设备公司	381323	222317	265	其他机械设备及电子产品批发	北京市东城区
中国烟草总公司北京市公司	376801	843442	1018	烟草制品批发	北京市东城区
北京京客隆商业集团股份有限公司	368782	702380	5919	超级市场零售	北京市朝阳区
佳能（中国）有限公司	361945	452351	1035	其他机械设备及电子产品批发	北京市东城区
北电网络（中国）有限公司	341978	159241	1118	通讯及广播电视设备批发	北京市朝阳区
中国石化国际事业有限公司	320192	459868	417	贸易经纪与代理	北京市朝阳区
卡特彼勒（中国）投资有限公司	311413	434740	398	其他机械设备及电子产品批发	北京市朝阳区
中国铁路物资北京公司	305755	1322477	288	金属及金属矿批发	北京市宣武区
北京物美商业集团股份有限公司	303413	129997	1254	超级市场零售	北京市石景山区
乐金电子（中国）有限公司	302131	1203906	11590	家用电器批发	北京市朝阳区
北京二商集团有限责任公司	288575	34976	563	肉、禽、蛋及水产品批发	北京市宣武区
中国化工建设总公司	284739	140703	202	其他化工产品批发	北京市朝阳区
北京城乡贸易中心股份有限公司	272361	130611	703	百货零售	北京市海淀区
索尼爱立信移动通信产品（中国）有限公司	267521	818678	1237	其他机械设备及电子产品批发	北京市朝阳区
北京物美综合超市有限公司	266282	471859	1414	超级市场零售	北京市大兴区
中国机械进出口（集团）有限公司	251635	43501	358	其他机械设备及电子产品批发	北京市西城区
北京医药股份有限公司	226617	473046	850	西药批发	北京市东城区
北京市北京饭店	223550	32104	1310	旅游饭店	北京市东城区
北京九华山庄国际保健俱乐部集团有限公司	212276	53974	2430	旅游饭店	北京市昌平区

4－5　续表1

企业名称	资产总计（万元）	销售额（营业额）（万元）	全部从业人员年平均人数（人）	所属行业	企业所在地
中化物产股份有限公司	198210	447081	345	其他化工产品批发	北京市东城区
国药集团药业股份有限公司	192816	394889	284	西药批发	北京市崇文区
百盛商业发展有限公司	177325	241961	1569	百货零售	北京市西城区
中粮国际（北京）有限公司	166938	347223	234	米、面制品及食用油批发	北京市东城区
北京市西单商场股份有限公司	159364	128113	2667	百货零售	北京市西城区
中国出国人员服务总公司	155841	57516	570	贸易经纪与代理	北京市朝阳区
北京李宁体育用品有限公司	154042	311567	573	服装批发	北京市崇文区
卡夫食品（中国）有限公司	152642	164852	783	糕点、糖果及糖批发	北京市朝阳区
中国医药对外贸易公司	147283	232176	258	西药批发	北京市海淀区
大金（中国）投资有限公司	147083	70069	1389	其他机械设备及电子产品批发	北京市东城区
北京华联商厦股份有限公司	140421	72050	506	计算机、软件及辅助设备零售	北京市海淀区
北京庄胜崇光百货商场	133333	152682	774	百货零售	北京市宣武区
北京易初莲花连锁超市有限公司	127095	247117	1047	超级市场零售	北京市朝阳区
中国石油天然气股份有限公司北京销售分公司	124364	687239	2229	石油及制品批发	北京市朝阳区
阿尔派电子（中国）有限公司	123215	87382	473	汽车、摩托车及零配件批发	北京市朝阳区
中国再生资源开发有限公司	120643	1283236	416	再生物资回收与批发	北京市西城区
李宁（中国）体育用品有限公司	114975	162663	846	体育用品批发	北京市通州区
通用美康医药有限公司	113139	139687	303	中药材及中成药批发	北京市崇文区
中国药材集团公司	112503	92312	259	中药材及中成药批发	北京市宣武区
中国电子器材总公司	108874	242418	670	其他机械设备及电子产品批发	北京市海淀区
王府饭店有限公司	108813	86434	814	旅游饭店	北京市东城区
中国全聚德（集团）股份有限公司	99739	65593	2314	正餐服务	北京市宣武区
北京家乐福商业有限公司	98340	334804	4529	超级市场零售	北京市丰台区
北京翠微大厦股份有限公司	97028	218313	1684	百货零售	北京市海淀区
北京市糖业烟酒公司	94957	153151	553	糕点、糖果及糖批发	北京市崇文区
北京宜家家居有限公司	92408	96480	500	家具零售	北京市朝阳区
北京当代商城有限责任公司	90992	105435	754	百货零售	北京市海淀区
捷成（中国）贸易有限公司	90423	166932	366	饮料及茶叶批发	北京市东城区
北京燕莎友谊商城有限公司	88189	345603	1778	百货零售	北京市朝阳区
北京双安商场有限责任公司	87676	139746	1001	百货零售	北京市海淀区
北京中石化首创石油投资经营有限公司	85184	279303	836	石油及制品批发	北京市朝阳区
中国电线电缆进出口有限公司	84811	51124	237	其他未列明的批发	北京市朝阳区
北京超市发连锁股份有限公司	84711	176339	3480	其他食品零售	北京市海淀区
北京物美大卖场商业管理有限公司	80904	153422	2489	超级市场零售	北京市大兴区
北京美廉美连锁商业有限公司	79800	213400	2496	超级市场零售	北京市海淀区
北京世纪金源大饭店有限责任公司	79391	28673	1092	旅游饭店	北京市海淀区
北京燕莎中心有限公司	78941	42053	1086	旅游饭店	北京市朝阳区
北京国际饭店	77095	27108	1092	旅游饭店	北京市东城区
华糖洋华堂商业有限公司	76210	254492	1706	百货零售	北京市朝阳区
北京稻香村食品有限责任公司	73736	48832	2521	糕点、面包零售	北京市东城区
嘉事堂药业股份有限公司	73632	67435	1016	药品零售	北京市海淀区
北京中友百货有限责任公司	71986	164011	787	百货零售	北京市西城区
北京麦当劳食品有限公司	69659	101830	4052	快餐服务	北京市东城区
北京方正延中信息系统有限公司	67774	81937	245	计算机、软件及辅助设备批发	北京市海淀区
北京香格里拉饭店有限公司	67559	41164	880	旅游饭店	北京市海淀区
北京市新华书店	66010	30273	918	图书零售	北京市西城区
松下电工（中国）有限公司	64984	33171	501	五金、交电批发	北京市朝阳区
华润雪花啤酒（中国）有限公司	64390	35619	781	饮料及茶叶批发	北京市东城区
北京苏宁电器有限公司	63905	433689	3291	家用电器零售	北京市通州区
北京国际俱乐部有限公司	63714	31514	856	旅游饭店	北京市朝阳区

4－5　续表2

企业名称	资产总计（万元）	销售额（营业额）（万元）	全部从业人员年平均人数（人）	所属行业	企业所在地
北京骏马诚信机械有限公司	63428	99324	536	其他机械设备及电子产品批发	北京市海淀区
中贸联万客隆商业有限公司	62415	99252	1631	超级市场零售	北京市朝阳区
北京长安商场有限责任公司	61049	79381	1203	百货零售	北京市西城区
北京新华书店首都发行所有限公司	60508	69164	638	图书批发	北京市西城区
北京肯德基有限公司	57643	181237	16283	快餐服务	北京市东城区
北京新世界商场	52574	172147	785	百货零售	北京市崇文区
北京甘家口大厦	49408	49795	965	百货零售	北京市海淀区
北京市亨得利瑞士钟表有限责任公司	49198	81002	556	钟表、眼镜零售	北京市东城区
奥林巴斯（北京）销售服务有限公司	49130	48700	768	医疗用品及器材批发	北京市东城区
北京明珠新兴格力空调销售有限公司	48112	72870	292	家用电器批发	北京市朝阳区
北京师范大学出版社发行部	47923	63975	264	图书批发	北京市海淀区
中国电子器件工业有限公司	46696	101806	248	计算机、软件及辅助设备批发	北京市海淀区
北京服装进出口股份有限公司	46604	85006	231	服装批发	北京市朝阳区
北京昆仑饭店有限公司	46403	36555	1256	旅游饭店	北京市朝阳区
宝盛道吉（北京）贸易有限公司	46068	58832	1664	服装零售	北京市东城区
北京市京新龙医药销售有限公司	45511	173194	399	西药批发	北京市朝阳区
北京图书大厦有限责任公司	41856	44768	644	图书零售	北京市西城区
北京亮马河大厦有限公司	41186	27830	813	旅游饭店	北京市朝阳区
三星电子（北京）技术有限公司	39367	72041	523	家用电器批发	北京市朝阳区
北京必胜客比萨饼有限公司	36338	44782	8531	正餐服务	北京市东城区
杰伟世（中国）投资有限公司	36181	99582	225	家用电器批发	北京市朝阳区
北京市西苑饭店	35745	21998	1196	旅游饭店	北京市海淀区
北京蓝岛大厦	34509	89519	1128	百货零售	北京市朝阳区
北京市长城饭店公司	34105	30758	944	旅游饭店	北京市朝阳区
北京双鹤药业经营有限责任公司	33877	126696	752	西药批发	北京市东城区
北京沃尔玛百货有限公司	33778	167975	2490	超级市场零售	北京市石景山区
北京物美京北大世界商贸有限公司	32678	30250	708	超级市场零售	北京市怀柔区
中油燃气有限责任公司	32378	119996	259	石油及制品批发	北京市西城区
北京中复电讯设备有限责任公司	27202	95882	1196	通信设备零售	北京市朝阳区
柒一拾壹（北京）有限公司	26775	26880	549	其他综合零售	北京市东城区
北京天超仓储超市有限责任公司	26549	78814	1544	超级市场零售	北京市崇文区
北京顺义西单商场	26407	84898	943	百货零售	北京市顺义区
北京鑫方盛五金交电有限公司	25148	90724	602	五金、交电批发	北京市大兴区
北京屈臣氏个人用品连锁商店有限公司	24812	73880	883	超级市场零售	北京市朝阳区
北京一商美洁商业有限公司	24525	102515	523	化妆品及卫生用品批发	北京市丰台区
北京市房山华冠商贸有限公司	24473	64415	896	超级市场零售	北京市房山区
北京崇德商贸有限公司	23981	71910	1733	鞋帽批发	北京市西城区
北京市西南郊食品冷冻厂	22163	36222	535	肉、禽、蛋及水产品批发	北京市丰台区
北京恒日工程机械有限公司	22054	77805	241	其他机械设备及电子产品批发	北京市丰台区
北京伊藤忠华糖综合加工有限公司	21690	44486	254	其他日用品批发	北京市大兴区
联想进出口有限公司	21301	35029	312	贸易经纪与代理	北京市海淀区
北京国泰平安百货有限公司	20795	69156	590	百货零售	北京市顺义区
北京旺市百利商业有限公司	18921	72524	1543	超级市场零售	北京市朝阳区
北京市昌平新世纪商城	18736	33114	773	百货零售	北京市昌平区
华润超级市场有限公司	18351	60051	1403	超级市场零售	北京市朝阳区
北京俏江南餐饮有限公司	18329	2440	1119	正餐服务	北京市朝阳区
北京市复兴商业城有限公司	18236	38924	610	百货零售	北京市西城区
北京郭林家常菜食品有限责任公司	18207	36829	3445	正餐服务	北京市西城区
中油北京销售有限公司	18093	89899	362	石油及制品批发	北京市房山区
奥吉斯贸易（北京）有限公司	17482	30645	1506	服装批发	北京市东城区

4－5　续表3

企业名称	资产总计（万元）	销售额（营业额）（万元）	全部从业人员年平均人数（人）	所属行业	企业所在地
北京崇文门菜市场物美综合超市有限公司	16869	28782	549	其他食品零售	北京市崇文区
北京市汽车贸易公司(第二名称:北京市汽车配件公司)	16528	47346	230	汽车、摩托车及零配件批发	北京市朝阳区
北京金象大药房医药连锁有限责任公司	16466	35081	624	药品零售	北京市西城区
北京北汽陆驰汽车销售有限公司	15352	99068	224	汽车、摩托车及零配件批发	北京市顺义区
北京京北美廉美超市有限公司	14508	52146	650	超级市场零售	北京市昌平区
北京蒙牛宏达乳制品有限责任公司	14079	124717	1146	饮料及茶叶批发	北京市丰台区
北京东方广场有限公司东方君悦大酒店分公司	14030	65853	1191	旅游饭店	北京市东城区
聚德华天控股有限公司	13942	20131	1326	正餐服务	北京市西城区
北京吉野家快餐有限公司	13500	36265	1956	快餐服务	北京市崇文区
北京首航国力商贸有限公司	12724	64424	1592	超级市场零售	北京市丰台区
北京紫竹医药经营有限公司	12552	67440	309	西药批发	北京市海淀区
北京美大星巴克咖啡有限公司	12499	22453	1027	饮料及冷饮服务	北京市朝阳区
统杰法宝(北京)超市有限公司	12264	29649	649	超级市场零售	北京市朝阳区
北京欧尚超市有限公司	11986	112426	821	超级市场零售	北京市海淀区
北京兴宇班尼路服装服饰有限公司	11850	33992	741	服装零售	北京市东城区
北京法雅商贸有限责任公司	11330	41321	814	服装批发	北京市西城区
北京同仁堂连锁药店有限责任公司	9855	36318	997	药品零售	北京市西城区
北京顺天府商贸有限公司	9666	57452	1080	超级市场零售	北京市丰台区
北京佳之兴商业有限公司	9555	40640	207	厨房、卫生间用具及日用杂货批发	北京市崇文区
北京港佳好邻居连锁便利店有限责任公司	8564	16360	641	其他综合零售	北京市西城区
北京迪亚首联商业零售有限公司	8344	46946	1483	超级市场零售	北京市朝阳区
北京亿客隆商业股份有限公司	7352	24352	812	超级市场零售	北京市丰台区
北京市尧舜建材供应站	7299	53682	597	建材批发	北京市丰台区
北京青岛啤酒北方销售有限公司	6807	73100	321	饮料及茶叶批发	北京市密云县
北京小白羊超市连锁总店	5852	33207	1515	超级市场零售	北京市石景山区
北京星城商厦商贸有限责任公司	5171	17421	792	百货零售	北京市大兴区
北京曲美馨家商业有限公司	4584	43769	300	其他未列明的批发	北京市顺义区
北京美的空调销售有限公司	3351	36084	233	家用电器批发	北京市门头沟区
天津市					
中国石化销售有限公司华北分公司	840755	14508173	663	石油及制品批发	天津市和平区
中国石油化工股份有限公司天津石油分公司	264253	1447197	6097	石油及制品批发	天津市南开区
中国烟草总公司天津市公司	237453	488210	1263	烟草制品批发	天津市和平区
天津一商友谊股份有限公司	224010	190227	1318	百货零售	天津市河西区
中国铁路物资天津公司	191145	542560	238	金属及金属矿批发	天津市河东区
国药控股天津有限公司	190876	727110	727	西药批发	天津市和平区
天津华润万家生活超市有限公司	143260	206069	3066	超级市场零售	天津市东丽区
天津国美电器有限公司	136487	319425	1553	家用电器零售	天津市南开区
天津天狮生物工程有限公司	130070	124022	1286	其他食品批发	天津市武清区
中国石油天然气股份有限公司天津销售分公司	127132	491747	2149	机动车燃料零售	天津市河西区
天津太平(集团)有限公司	121726	359240	814	西药批发	天津市和平区
天津劝业场(集团)股份有限公司	104089	142326	1178	百货零售	天津市和平区
天津滨江商厦有限公司	93606	35116	856	百货零售	天津市和平区
中化天津公司	90083	160922	331	其他化工产品批发	天津市河西区
中原百货集团股份有限公司	65906	157437	558	百货零售	天津市和平区
渤海石油物资供应公司	56113	75442	444	石油及制品批发	天津市塘沽区
中国农业机械华北集团有限公司	52178	108563	366	汽车、摩托车及零配件批发	天津市和平区
天津苏宁电器连锁加盟有限公司	48147	140061	992	家用电器零售	天津市和平区
天津金元宝商厦集团有限公司	45407	101359	1265	百货零售	天津市塘沽区
天津肯德基有限公司	44446	135879	7758	快餐服务	天津市南开区

4－5 续表4

企业名称	资产总计（万元）	销售额（营业额）（万元）	全部从业人员年平均人数（人）	所属行业	企业所在地
天津食品进出口股份有限公司	32342	34653	254	其他食品批发	天津市和平区
天津市正泰实业总公司	31779	105830	250	家用电器批发	天津市河北区
天津罗升企业有限公司	30242	53811	278	其他机械设备及电子产品批发	天津市东丽区
天津滨江购物中心	29946	26541	593	百货零售	天津市和平区
天津麦当劳食品有限公司	21309	38803	1668	快餐服务	天津市河西区
家得宝（天津）商业有限公司	19757	66159	1106	其他室内装修材料零售	天津市东丽区
天津劝业家乐福超市有限公司	19644	66611	760	超级市场零售	天津市南开区
天津华润超级市场有限公司	18444	37382	1204	超级市场零售	天津市和平区
天津福业商业有限公司	17336	46643	521	超级市场零售	天津市南开区
天津一汽汽车销售有限公司	16088	709085	424	汽车、摩托车及零配件批发	天津市河西区
天津裕华经济贸易总公司	15597	76039	300	其他化工产品批发	天津市和平区
天津市人人乐商业有限公司	14789	48918	1360	超级市场零售	天津市南开区
天津市宏桥汇鑫商贸中心	14757	88630	213	再生物资回收与批发	天津市北辰区
天津市津工超市有限责任公司	14471	82229	1975	超级市场零售	天津市东丽区
天津市文光集团有限公司	14206	33746	358	五金、交电批发	天津市河东区
天津天服三悦服装有限责任公司	11519	51028	300	服装批发	天津市西青区
沃尔玛深国投百货有限公司天津和平路分店	8979	36616	860	超级市场零售	天津市和平区
天津 TCL 电器销售有限公司	3911	37670	414	家用电器批发	天津市河西区
河北省					
唐山市冀东物贸集团有限公司	314025	670452	750	汽车、摩托车及零配件批发	河北省唐山市滦县
秦皇岛渤海物流控股股份有限公司	173675	105513	2460	百货零售	河北省秦皇岛市海港区
石家庄北国商城有限责任公司	128707	466196	3160	百货零售	河北省石家庄市桥东区
河北省烟草公司石家庄分公司	107732	319643	1070	烟草制品批发	河北省石家庄市桥西区
中国石油化工有限公司河北石家庄分公司	96904	577930	1918	石油及制品批发	河北省石家庄市裕华区
河北省烟草公司唐山分公司	92421	215263	793	烟草制品批发	河北省唐山市路北区
唐山百货大楼集团有限责任公司	89033	251121	3028	百货零售	河北省唐山市路北区
河北省烟草公司保定分公司	84581	307381	1634	烟草制品批发	河北省保定市北市区
河北省新华书店	79600	125384	474	图书批发	河北省石家庄市桥西区
华北制药集团销售有限公司	76008	80743	628	西药批发	河北省石家庄市长安区
中国石油化工股份有限公司河北保定市石油分公司	73804	268613	814	石油及制品批发	河北省保定市南市区
石家庄东方城市广场	73643	111301	1072	百货零售	河北省石家庄市新华区
中国石油化工股份有限公司河北唐山分公司	72514	465827	759	石油及制品批发	河北省唐山市路北区
石家庄乐仁堂股份有限公司	71959	331000	1074	西药批发	河北省石家庄市桥东区
河北省烟草公司廊坊分公司	71193	136936	702	烟草制品批发	河北省廊坊市广阳区
河北保龙仓商业连锁有限公司	71014	74830	2570	超级市场零售	河北省石家庄市裕华区
中化河北进出口公司	66722	77734	210	其他化工产品批发	河北省石家庄市新华区
河北省烟草公司沧州分公司	65811	157234	1189	烟草制品批发	河北省沧州市运河区
河北省烟草公司邯郸分公司	64990	212201	1551	烟草制品批发	河北省邯郸市丛台区
河北保百集团有限公司	58609	215569	2472	百货零售	河北省保定市南市区
河北东盛英华医药有限公司	57292	177483	370	西药批发	河北省邢台市邢台县
河北省烟草公司邢台分公司	54815	141651	1342	烟草制品批发	河北省邢台市桥东区
中国石油化工股份有限公司河北邯郸石油分公司	48124	265523	533	石油及制品批发	河北省邯郸市邯山区
邯郸市新世纪商业广场股份有限公司	47198	71450	1392	百货零售	河北省邯郸市丛台区
河北圣仑进出口集团公司	42435	105770	473	服装批发	河北省石家庄市新华区
中国石油化工股份有限公司河北沧州石油公司	42419	240295	1154	石油及制品批发	河北省沧州市运河区
河北省烟草公司秦皇岛分公司	41339	99988	633	烟草制品批发	河北省秦皇岛市海港区
廊坊市商业明珠大厦	37080	84117	1205	百货零售	河北省廊坊市广阳区
石家庄人民商场股份有限公司	36813	136118	896	百货零售	河北省石家庄市桥西区
中国石油化工股份有限公司河北廊坊石油分公司	35350	199746	738	石油及制品批发	河北省廊坊市广阳区

4－5　续表5

企业名称	资产总计（万元）	销售额（营业额）（万元）	全部从业人员年平均人数（人）	所属行业	企业所在地
中国石油大然气股份有限公司河北保定销售分公司	33861	189596	1435	石油及制品批发	河北省保定市新市区
保定轩宇汽车集团有限公司	33750	151452	556	汽车零售	河北省保定市高新区
河北恒祥医药集团有限公司	33387	93935	330	西药批发	河北省邢台市桥西区
中国石化股份有限公司河北邢台石油分公司	32424	236853	931	石油及制品批发	河北省邢台市桥西区
中国石油化工股份有限公司河北衡水分公司	30564	183534	956	石油及制品批发	河北省衡水市桃城区
河北省烟草公司衡水分公司	28915	106286	1040	烟草制品批发	河北省衡水市桃城区
保定银河棉业有限公司	28760	33650	371	棉、麻批发	河北省保定市新市区
中国石油化工股份有限公司河北承德石油分公司	27953	178383	844	石油及制品批发	河北省承德市双桥区
河北烟草公司承德市公司	26054	98510	618	烟草制品批发	河北省承德市双桥区
河北保定时代商厦有限公司	24861	90919	1459	百货零售	河北省保定市新市区
河北华北油田商业有限公司	24053	37106	779	百货零售	河北省沧州市任邱市
保定长城汽车销售有限公司	22991	449895	469	汽车、摩托车及零配件批发	河北省保定市南市区
中国石油天然气股份有限公司衡水销售分公司	22193	75366	630	机动车燃料零售	河北省衡水市桃城区
邢台市万邦医药有限公司	21234	104390	208	西药批发	河北省邢台市邢台县
中国石油化工股份有限公司河北张家口石油分公司	20906	181945	854	石油及制品批发	河北省张家口市桥东区
中国石油天然气有限公司唐山销售分公司	20115	136550	1100	机动车燃料零售	河北省唐山市路北区
中国石油河北销售廊坊分公司	18166	113602	800	石油及制品批发	河北省廊坊市广阳区
中国石油天然气股份有限公司河北沧州销售公司	16974	94183	661	石油及制品批发	河北省沧州市运河区
沧州市华北商厦有限公司	16911	28128	921	百货零售	河北省沧州市运河区
中油天然气股份有限公司河北秦皇岛销售分公司	15662	176245	1002	机动车燃料零售	河北省秦皇岛市北戴河区
唐山市鹏润国美电器有限公司	15275	31586	526	家用电器零售	河北省唐山市路南区
河北家兴商贸有限公司	14527	16954	1117	百货零售	河北省保定市高碑店
唐山华盛超市有限公司	13891	61200	718	超级市场零售	河北省唐山市路南区
张市帝达购物广场有限公司	13685	26010	784	百货零售	河北省张家口市桥东区
唐山市金客隆仓储批发超级商场	13681	55211	1001	超级市场零售	河北省唐山市丰润区
邯郸市亚盛工程机械有限公司	13626	39650	320	其他机械设备及电子产品批发	河北省邯郸市复兴区
辛集市物资开发有限公司	13372	42492	882	金属及金属矿批发	河北省石家庄市辛集市
保定商场股份有限公司	12741	60601	912	百货零售	河北省保定市南市区
中国船舶燃料供应秦皇岛公司	11701	66799	313	石油及制品批发	河北省秦皇岛市海港区
中盐河北盐业专营有限公司	11012	39742	261	盐及调味品批发	河北省石家庄市桥东区
衡水百货大楼（集团）股份有限公司	10684	18304	725	百货零售	河北省衡水市桃城区
秦皇岛市家惠商贸有限公司	8678	23462	700	超级市场零售	河北省秦皇岛市海港区
黄骅信誉楼商贸有限公司泊头商厦	7982	16238	940	百货零售	河北省沧州市泊头市
承德聚鑫贸易有限责任公司	6115	37149	256	饮料及茶叶批发	河北省承德市承德县
秦皇岛广缘商厦有限公司	5413	19309	920	超级市场零售	河北省秦皇岛市海港区
唐山家万佳超市有限公司	4300	20391	962	超级市场零售	河北省唐山市丰南区
中国石油天然气股份有限公司河北承德销售分公司	1572	70723	420	石油及制品批发	河北省承德市双桥区
山西省					
山西煤炭进出口集团公司	1176666	1560990	210	煤炭及制品批发	山西省太原市杏花岭区
太原钢铁（集团）国际经济贸易有限公司	615852	1407762	241	金属及金属矿批发	山西省太原市尖草坪区
中国石油天然气股份有限公司山西销售分公司	154600	172192	561	石油及制品批发	山西省太原市小店区
山西省烟草公司太原市分公司	102409	286162	666	烟草制品批发	山西省太原市迎泽区
晋城金驹实业有限公司	100734	82775	4614	煤炭及制品批发	山西省晋城城区
山西大昌汽车集团有限公司	91207	306421	600	汽车零售	山西省太原市小店区
山西省农业生产资料公司	80507	101329	263	化肥批发	山西省太原市迎泽区
朔州市芦西选煤厂	73744	51280	594	煤炭及制品批发	山西省朔州平鲁区
山西省烟草公司大同市公司	62538	183295	779	烟草制品批发	山西省大同市城区
山西省烟草公司运城市公司	60207	211434	995	烟草制品批发	山西省运城盐湖区
山西华宇商业发展股份有限公司	58960	94402	996	百货零售	山西省太原市迎泽区

4－5　续表6

企业名称	资产总计（万元）	销售额（营业额）（万元）	全部从业人员年平均人数（人）	所属行业	企业所在地
山西省烟草公司临汾市公司	57195	196640	820	烟草制品批发	山西省临汾市尧都区
山西美特好连锁超市股份有限公司	56339	127160	2658	超级市场零售	山西省太原市杏花岭区
山西双鹤药业有限公司	56263	99941	687	药品零售	山西省太原市迎泽区
山西新华书店集团有限公司	55649	82439	424	图书批发	山西省太原市迎泽区
朔州市煤炭运销公司	53245	143182	2100	煤炭及制品批发	山西省朔州朔城区
山西省烟草公司吕梁市公司	51683	159330	909	烟草制品批发	山西省吕梁离石区
山西省烟草公司长治公司	51606	146265	717	烟草制品批发	山西省长治城区
山西省烟草公司晋中市公司	49141	156729	695	烟草制品批发	山西省晋中市榆次区
中国石油化工股份有限公司山西大同分公司	47588	139994	1138	机动车燃料零售	山西省大同市城区
山西山姆士超市有限公司	46373	37898	800	超级市场零售	山西省太原市小店区
晋城市阳城公路煤炭销售有限公司	46106	186702	400	煤炭及制品批发	山西省晋城阳城县
盂县煤炭运销公司	45516	262143	1070	煤炭及制品批发	山西省阳泉盂县
山西国美电器有限公司	43240	97190	925	家用电器零售	山西省太原市小店区
山西省烟草公司忻州市公司	38231	110249	726	烟草制品批发	山西省忻州市忻府区
山西省烟草公司晋城市公司	33211	97572	450	烟草制品批发	山西省晋城城区
山西省煤炭运销总公司阳泉分公司郊区公司	32715	105723	479	煤炭及制品批发	山西省阳泉郊区
大同市华林有限责任公司	30799	31340	3992	百货零售	山西省大同市城区
山西省煤炭运销总公司蒲县公司	30648	53442	837	煤炭及制品批发	山西省临汾市蒲县
山西省煤炭运销公司临汾分公司乡宁县公司	28691	61732	662	煤炭及制品批发	山西省临汾市乡宁县
太原可口可乐饮料有限公司	28518	34426	733	饮料及茶叶零售	山西省太原市高新区
山西通达集团有限公司	27895	48851	551	计算机、软件及辅助设备零售	山西省运城市经济技术开发区
山西省煤炭运销总公司晋中分公司寿阳县公司	26054	118465	260	煤炭及制品批发	山西省晋中寿阳县
朔州市朔城区刘家口煤炭集运站	25202	75471	361	煤炭及制品批发	山西省朔州朔城区
山西省朔州市矿业公司金沙滩煤炭集运站	24587	58858	762	煤炭及制品批发	山西省朔州市怀仁县
山西省临汾万佳福仓储超市有限公司	21866	24661	1893	超级市场零售	山西省临汾市尧都区
山西省烟草公司阳泉市公司	21494	57336	305	烟草制品批发	山西省阳泉市城区
山西省烟草公司朔州市分公司	20741	72608	296	烟草制品批发	山西省朔州市朔城区
山西省朔州市矿业公司南窑出口煤站	18155	47300	553	煤炭及制品批发	山西省朔州市怀仁县
阳泉通源公路煤炭运销有限责任公司	18115	92270	230	煤炭及制品批发	山西省阳泉市城区
大同市旧高山煤炭集运站	17870	66236	435	煤炭及制品批发	山西省大同市左云县
中国石油化工股份有限公司吕梁石油公司	17527	186344	733	石油及制品批发	山西省吕梁孝义市
中国石油化工股份有限公司山西朔州石油公司	15791	103015	295	石油及制品批发	山西省朔州朔城区
中国石油化工股份有限公司山西临汾石油分公司	14539	133852	349	石油及制品批发	山西省临汾市尧都区
山西省煤炭运销总公司临汾分公司尧都区公司	14324	76080	730	煤炭及制品批发	山西省临汾市尧都区
中国石油化工股份有限公司山西晋中石油分公司	14209	176379	1503	机动车燃料零售	山西省晋中市榆次区
太原肯德基有限公司	14182	36250	1316	快餐服务	山西省太原市迎泽区
怀仁县南窑煤业有限责任公司	14055	31033	406	煤炭及制品批发	山西省朔州市怀仁县
朔州矿业公司岱岳运销站	13952	55855	498	煤炭及制品批发	山西省朔州山阴县
中国石油化工股份有限公司山西运城石油分公司	13805	168993	877	机动车燃料零售	山西省运城盐湖区
太原六味斋实业有限公司	12038	23260	594	肉、禽、蛋及水产品零售	山西省太原市高新区
榆次煤炭运销公司	10493	44226	303	煤炭及制品批发	山西省晋中市榆次区
山西省朔州矿业公司马邑煤炭集运站	10324	34649	291	煤炭及制品批发	山西省朔州朔城区
山西省太原唐久超市有限公司	9877	28615	568	超级市场零售	山西省太原市杏花岭区
山西省平遥县煤炭运销公司	9680	48758	210	煤炭及制品批发	山西省晋中平遥县
山西省煤炭运销公司晋中分公司昔阳县公司	9479	49843	580	煤炭及制品批发	山西省晋中昔阳县
中国石化股份有限公司山西长治分公司	9207	70555	598	机动车燃料零售	山西省长治城区
太原海尔工贸有限公司	9201	96612	269	家用电器批发	山西省太原市小店区
朔州市跃胜实业公司	9029	61425	300	石油及制品批发	山西省朔州怀仁县
晋城市沁水县公路煤炭销售有限公司	8437	104722	303	煤炭及制品批发	山西省晋城沁水县
山西省亚宝医药经销有限公司	6462	41683	2100	中药材及中成药批发	山西省运城芮城县

4－5 续表7

企业名称	资产总计（万元）	销售额（营业额）（万元）	全部从业人员年平均人数（人）	所属行业	企业所在地
内蒙古自治区					
神华煤焦化工有限责任公司	440635	240572	703	其他未列明的批发	内蒙古自治区乌海市海勃湾区
内蒙古利丰集团有限公司	145551	98310	989	汽车零售	内蒙古自治区呼和浩特市回民区
中国石油天然气股份有限公司	135496	247221	2274	石油及制品批发	内蒙古自治区赤峰市松山区
包头市华银工程机械有限公司	114659	78793	728	汽车、摩托车及零配件批发	内蒙古自治区包头市昆区
包头市金荣装饰建材城有限责任公司	81913	59005	2597	其他室内装修材料零售	内蒙古自治区包头市青山区
内蒙古自治区烟草公司呼市分公司	62742	186160	627	烟草制品批发	内蒙古自治区呼和浩特市玉泉区
内盟古铁鑫煤化有限公司	61452	212995	360	煤炭及制品批发	内蒙古自治区包头市东河区
内蒙古民族商场有限责任公司	60240	145721	2189	百货零售	内蒙古自治区呼和浩特市回民区
中国天然气股份有限公司呼伦贝尔销售分公司	57208	200531	1831	机动车燃料零售	内蒙古自治区呼伦贝尔海拉尔区
内蒙古自治区烟草公司包头分公司	47674	156267	594	烟草制品批发	内蒙古自治区包头市高新区
中国石油天然气股份有限公司锡林郭勒分公司	45702	169153	1311	机动车燃料零售	内蒙古自治区锡林郭勒盟锡林浩特市
神华集团包头矿业有限责任公司运销处	44293	156423	460	煤炭及制品批发	内蒙古自治区包头市土右旗
内蒙古新华书店有限责任公司	42806	30194	302	图书批发	内蒙古自治区呼和浩特市新城区
中国石油天然气股份有限公司内蒙古通辽销售分公司	38494	260820	718	机动车燃料零售	内蒙古自治区通辽市科尔沁区
内蒙古维多利商厦有限公司	35092	52240	1600	百货零售	内蒙古自治区呼和浩特市回民区
内蒙古自治区烟草公司赤峰市公司	34518	104344	715	烟草制品批发	内蒙古自治区赤峰市红山
内蒙古西蒙煤炭有限责任公司	33249	161037	750	煤炭及制品批发	内蒙古自治区呼和浩特市赛罕区
中国石油天然气股份有限公司内蒙古兴安销售分公司	29995	119452	1161	石油及制品批发	内蒙古自治区兴安盟乌兰浩特市
内蒙古自治区烟草公司通辽市公司	28778	80064	265	烟草制品批发	内蒙古自治区通辽市科尔沁区
呼伦贝尔友谊有限责任公司	27757	36514	1119	百货零售	内蒙古自治区呼伦贝尔海拉尔区
鄂尔多斯市蒙凯汽车销售有限责任公司	27646	46764	321	汽车、摩托车及零配件批发	内蒙古自治区鄂尔多斯市东胜区
北京华联综合超市股份有限公司呼和浩特分公司	27579	32428	506	超级市场零售	内蒙古自治区呼和浩特市新城区
内蒙古河套酒业集团销售有限公司	27561	55536	555	饮料及茶叶批发	内蒙古自治区巴彦淖尔市杭锦后旗
中国石油公司呼和浩特分公司	26902	260066	1756	石油及制品批发	内蒙古自治区呼和浩特市新城区
内蒙古自治区烟草公司乌兰察布分公司	25897	82251	612	烟草制品批发	内蒙古自治区乌兰察布集宁区
内蒙古鄂尔多斯烟草分公司	25531	122992	493	烟草制品批发	内蒙古自治区鄂尔多斯市东胜区
中国石油天然气股份有限公司内蒙古鄂尔多斯市销售分公司	25258	312281	1579	机动车燃料零售	内蒙古自治区鄂尔多斯市东胜区
中国石油天然气股份有限公司内蒙古乌兰察布市销售分公司	22827	183794	1995	石油及制品批发	内蒙古自治区乌兰察布市
包头百货大楼股份有限公司	19519	56046	850	百货零售	内蒙古自治区包头市昆区
内蒙古烟草公司巴彦淖尔市公司	19315	74085	396	烟草制品批发	内蒙古自治区巴彦淖尔临河区
内蒙古自治区烟草公司兴安盟分公司	18372	43246	323	烟草制品批发	内蒙古自治区兴安盟乌兰浩特市
中国石油天然气内蒙古巴彦淖尔销售分公司	16685	167692	1202	石油及制品批发	内蒙古自治区巴彦淖尔临河区
呼伦贝尔烟草公司	15954	65599	670	烟草制品批发	内蒙古自治区呼伦贝尔海拉尔区
包头宁鹿石油有限公司	11449	123252	818	石油及制品批发	内蒙古自治区包头市九原区
呼和浩特市王府井百货有限公司	10914	28386	1819	百货零售	内蒙古自治区呼和浩特市回民区
内蒙古包头东宝煤炭物流配送中心	9164	159313	412	煤炭及制品批发	内蒙古自治区包头市九原区
包头市远大蔬菜瓜果副食品有限公司	2974	52861	835	果品、蔬菜批发	内蒙古自治区包头市东河区
内蒙古呱呱叫实业集团农副产品交易分公司	1426	43954	1355	其他农畜产品批发	内蒙古自治区包头市东河区
辽宁省					
鞍钢集团国际经济贸易公司	911102	2841687	584	金属及金属矿批发	辽宁省鞍山市铁东区
大连东展集团有限公司	731667	1874395	448	金属及金属矿批发	辽宁省大连市沙河口区
大商集团股份有限公司	530766	597133	4866	百货零售	辽宁省大连市中山区
中国石油天然气股份有限公司东北销售分公司	495140	17866538	664	石油及制品批发	辽宁省沈阳市沈河区
辽宁成大股份有限公司	437988	147713	278	纺织品、针织品及原料批发	辽宁省大连市中山区
中国铁路物资沈阳公司	307500	1176055	404	金属及金属矿批发	辽宁省沈阳市和平区
中国烟草总公司大连市烟草公司	260066	405114	827	烟草制品批发	辽宁省大连市西岗区
大连美罗药业股份有限公司	194584	140704	1541	药品零售	辽宁省大连市甘井子区
中国石油天然气股份有限公司大连销售分公司	163055	927693	2982	石油及制品批发	辽宁省大连市中山区
沈阳市烟草公司	143643	421325	1515	烟草制品批发	辽宁省沈阳市沈河区

4－5　续表8

企业名称	资产总计（万元）	销售额（营业额）（万元）	全部从业人员年平均人数（人）	所属行业	企业所在地
中兴沈阳商业大厦（集团）股份有限公司	136496	259012	3494	百货零售	辽宁省沈阳市和平区
大连国际商贸大厦有限公司	135399	179805	1398	百货零售	辽宁省大连市中山区
辽宁卓展时代广场百货有限公司	134567	71760	839	服装零售	辽宁省沈阳市沈河区
大连友谊（集团）股份有限公司	114356	120369	779	百货零售	辽宁省大连市中山区
青岛润泰事业有限公司沈阳分公司	114120	314450	830	其他未列明的批发	辽宁省沈阳市和平区
沈阳商业城股份有限公司	110046	123041	2266	百货零售	辽宁省沈阳市沈河区
沈阳国美电器有限公司	79050	155819	1000	家用电器零售	辽宁省沈阳市沈河区
沈阳家乐福商业有限公司	72453	143811	1948	超级市场零售	辽宁省沈阳市沈河区
辽宁兴隆百货集团有限公司	71508	107001	2602	百货零售	辽宁省盘锦市兴隆台区
沈阳市第一粮库	70579	31705	323	米、面制品及食用油批发	辽宁省沈阳市铁西区
大商集团沈阳新玛特购物休闲广场有限公司	67834	72451	635	百货零售	辽宁省沈阳市大东区
百胜餐饮（沈阳）有限公司	65606	164030	8900	快餐服务	辽宁省沈阳市和平区
大连富丽华大酒店	58995	24926	1139	旅游饭店	辽宁省大连市中山区
沈阳兴隆大家庭购物中心有限公司	53093	163827	2264	百货零售	辽宁省沈阳市沈河区
国药控股沈阳有限公司	52606	202015	260	西药批发	辽宁省沈阳市和平区
中铁物资集团东北有限公司	50158	74155	275	金属及金属矿批发	辽宁省沈阳市大东区
辽宁成大方圆医药连锁有限公司	49439	88903	3886	药品零售	辽宁省沈阳市和平区
中国石油天然气股份有限公司辽宁沈阳销售分公司	44823	758377	3083	机动车燃料零售	辽宁省沈阳市沈河区
中国烟草总公司辽宁省丹东分公司	44681	88175	818	烟草制品批发	辽宁省丹东市振兴区
辽宁北方出版物配送有限公司	37894	31590	489	图书批发	辽宁省沈阳市东陵区
中国船舶燃料供应大连公司	37424	55000	289	石油及制品批发	辽宁省大连市中山区
大连国美电器有限公司	35809	100376	779	家用电器零售	辽宁省大连市中山区
中国石油天然气股份有限公司辽宁鞍山销售分公司	35403	271954	1414	石油及制品批发	辽宁省鞍山市铁东区
大商集团抚顺百货大楼有限公司	34324	106679	535	百货零售	辽宁省抚顺市新抚区
中国烟草总公司辽宁省鞍山分公司	34054	138465	582	烟草制品批发	辽宁省鞍山市铁东区
中国烟草总公司辽宁省烟草公司营口分公司	32284	88493	383	烟草制品批发	辽宁省营口市站前区
锦州中百商厦有限公司	32063	35795	1206	百货零售	辽宁省锦州市凌河区
中国石油天然气股份有限公司辽宁丹东销售分公司	31912	182343	892	机动车燃料零售	辽宁省丹东市振兴区
中国烟草总公司辽宁葫芦岛分公司	30697	92944	386	烟草制品批发	辽宁省葫芦岛市龙港区
本溪华联商厦有限公司	28048	43658	810	百货零售	辽宁省本溪市平山区
沈阳维康医药连锁有限公司	27262	31938	1183	药品零售	辽宁省沈阳市铁西区
大连经济技术开发区星航石化产品销售中心	26117	342477	410	石油及制品批发	辽宁省大连市开发区
大连家乐福商业有限公司	24915	76933	980	超级市场零售	辽宁省大连市沙河口区
辽宁省烟草公司朝阳市分公司	24715	76691	649	烟草制品批发	辽宁省朝阳市双塔区
辽宁省烟草公司铁岭市公司	24318	97493	930	烟草制品批发	辽宁省铁岭市银州区
辽宁省烟草公司抚顺市公司	24286	90102	361	烟草制品批发	辽宁省抚顺市新抚区
中国石油天然气股份有限公司辽宁营口销售分公司	23829	194955	911	石油及制品批发	辽宁省营口市站前区
大连经济技术开发区昌临旺客隆连锁有限公司	23724	23007	863	超级市场零售	辽宁省大连市开发区
沈阳铁西百货大楼有限公司	23592	90537	533	百货零售	辽宁省沈阳市铁西区
朝阳商业城有限公司	23346	33447	980	百货零售	辽宁省朝阳市双塔区
中国石油天然气股份有限公司辽宁本溪销售分公司	21411	164713	580	石油及制品批发	辽宁省本溪市明山区
中国烟草总公司辽宁省辽阳市分公司	20695	71164	298	烟草制品批发	辽宁省辽阳市文圣区
沈阳荟华楼黄金珠宝首饰有限公司	20529	72190	386	首饰、工艺品及收藏品批发	辽宁省沈阳市沈河区
大商集团本溪商业大厦有限公司	20509	55157	1209	百货零售	辽宁省本溪市平山区
沈阳十二线农副产品有限公司	20275	44049	230	果品、蔬菜批发	辽宁省沈阳市和平区
大石桥市兴隆百货有限公司	20136	34140	623	百货零售	辽宁省营口市大石桥市
新华书店北方图书城有限公司	20083	18392	830	图书零售	辽宁省沈阳市沈河区
辽宁省烟草公司阜新市公司	19710	61842	500	烟草制品批发	辽宁省阜新市海州区
中国烟草总公司辽宁省盘锦分公司	19308	55498	236	烟草制品批发	辽宁省盘锦市兴隆台区
中国石油天然气股份有限公司辽宁葫芦岛销售分公司	19211	207607	864	机动车燃料零售	辽宁省葫芦岛市龙港区

4－5 续表9

企业名称	资产总计（万元）	销售额（营业额）（万元）	全部从业人员年平均人数（人）	所属行业	企业所在地
大商集团阜新新玛特购物广场有限公司	18904	69128	1145	百货零售	辽宁省阜新市海州区
铁岭兴隆百货有限公司	18519	45970	978	百货零售	辽宁省铁岭市银州区
大连沃尔玛百货有限公司	18467	76605	1437	超级市场零售	辽宁省大连市西岗区
中国烟草总公司辽宁省本溪分公司	18315	67174	308	烟草制品批发	辽宁省本溪市明山区
葫芦岛市百货大楼	17568	46366	1600	百货零售	辽宁省葫芦岛市连山区
中国石油天然气股份有限公司辽宁辽阳销售分公司	17477	175599	822	石油及制品批发	辽宁省辽阳市太子河区
辽宁成大方圆医药有限公司	16418	56005	455	西药批发	辽宁省沈阳市和平区
抚顺罕王商场有限公司	15915	24308	1204	百货零售	辽宁省抚顺市新抚区
中国石油天然气股份有限公司辽宁阜新销售分公司	15848	145535	702	石油及制品批发	辽宁省阜新市海州区
大商集团锦州百货大楼有限公司	15693	65918	701	百货零售	辽宁省锦州市凌河区
中国石油天然气股份有限公司辽宁盘锦销售分公司	15079	131460	715	石油及制品批发	辽宁省盘锦市双台子区
中国石油天然气股份有限公司辽宁锦州分公司	14890	123086	510	石油及制品批发	辽宁省锦州市古塔区
抚顺石化经济技术开发实业总公司	14481	95886	317	其他化工产品批发	辽宁省抚顺市新抚区
辽宁众汇实业发展有限公司	13912	41353	318	服装批发	辽宁省大连市中山区
葫芦岛宏运商厦有限公司	13411	17522	600	百货零售	辽宁省葫芦岛市连山区
中国石油天然气股份有限公司辽宁抚顺销售分公司	13024	232003	707	石油及制品批发	辽宁省抚顺市新抚区
大连旅顺供销大厦有限公司	12621	22696	700	百货零售	辽宁省大连市旅顺口区
昆山润华商业有限公司锦州分公司	11957	21464	530	超级市场零售	辽宁省锦州市古塔区
大商集团抚顺新玛特有限公司	11145	21899	875	超级市场零售	辽宁省抚顺市顺城区
营口经济技术开发区商业大厦有限公司	10098	26924	1394	百货零售	辽宁省营口市鲅鱼圈区
大连海王星辰医药有限公司	9578	23692	790	药品零售	辽宁省大连市沙河口区
沈阳麦当劳（餐厅食品）有限公司	9429	19372	1100	快餐服务	辽宁省沈阳市皇姑区
沈阳沃尔玛百货有限公司	9291	41262	881	超级市场零售	辽宁省沈阳市大东区
大连肯德基有限公司	9154	30883	1950	快餐服务	辽宁省大连市中山区
大连麦当劳餐厅食品有限公司	8220	12308	1000	快餐服务	辽宁省大连市中山区
大商集团抚顺商业城有限公司	8086	32499	1221	百货零售	辽宁省抚顺市新抚区
昆山润华商业有限公司鞍山分公司	7587	21832	518	超级市场零售	辽宁省鞍山市铁西区
营口兴隆大超市有限公司	7238	21432	1500	超级市场零售	辽宁省营口市站前区
中国石油天然气股份有限公司辽宁朝阳销售分公司	6775	184514	784	石油及制品批发	辽宁省朝阳市双塔区
大连联华快客中山便利商业有限公司	5332	24333	1126	其他综合零售	辽宁省大连市中山区
沈阳阳光北联数码科技有限公司	3128	38034	220	计算机、软件及辅助设备批发	辽宁省沈阳市和平区
吉林省					
长春欧亚集团股份有限公司	236036	1000281	3496	百货零售	吉林省长春市朝阳区
延边天池工贸有限公司	89182	51112	396	金属及金属矿批发	吉林省延边朝鲜族自治州和龙市
长春卓展时代广场百货有限公司	89061	131007	1230	百货零售	吉林省长春市朝阳区
吉林省烟草公司长春分公司	74351	313269	1188	烟草制品批发	吉林省长春市二道区
吉林省北方医药有限责任公司	71647	76625	900	西药批发	吉林省长春市宽城区
中国石油天然气股份有限公司吉林白城销售分公司	61508	137774	600	石油及制品批发	吉林省白城市洮北区
吉林省新华书店集团有限责任公司	59866	56198	275	图书批发	吉林省长春市二道区
延边国际贸易大厦有限责任公司	54227	33182	679	百货零售	吉林省延边朝鲜族自治州延吉市
长春百货大楼集团股份有限公司	48791	107217	530	百货零售	吉林省长春市朝阳区
吉林省烟草公司吉林分公司	41137	142355	980	烟草制品批发	吉林省吉林市丰满区
中油吉林省吉林市销售分公司	32153	282587	1114	石油及制品批发	吉林省吉林市昌邑区
中石油吉林长春销售分公司	31163	317519	901	石油及制品批发	吉林省长春市南关区
延吉百货大楼股份有限公司	27634	50126	660	百货零售	吉林省延边朝鲜族自治州延吉市
公主岭市华生交电有限责任公司	25805	52224	431	家用电器批发	吉林省四平市公主岭市
吉林省威宝恒客隆仓储百货有限公司	24835	37794	831	超级市场零售	吉林省长春市朝阳区
吉林省烟草公司延边州公司	24356	75929	376	烟草制品批发	吉林省延边朝鲜族自治州延吉市
吉林省烟草公司松原分公司	20759	67244	402	烟草制品批发	吉林省松原市宁江区

4－5 续表10

企业名称	资产总计（万元）	销售额（营业额）（万元）	全部从业人员年平均人数（人）	所属行业	企业所在地
吉林省烟草公司通化市公司	20735	75913	388	烟草制品批发	吉林省通化市东昌区
吉林省烟草公司四平分公司	20650	101470	510	烟草制品批发	吉林省四平市铁东区
白山市方大商贸有限公司	18846	34466	525	超级市场零售	吉林省白山市八道江区
中油吉林松原销售分公司	17655	133931	868	石油及制品批发	吉林省松原市宁江区
中国石油天然气股份有限公司吉林四平分公司	17581	133110	1331	石油及制品批发	吉林省四平市铁西区
吉林松原国家粮食储备库	16858	261037	234	种子、饲料批发	吉林省松原市宁江区
中国石油吉林延边销售分公司	15459	166004	895	石油及制品批发	吉林省延边朝鲜族自治州延吉市
吉林大药房药业股份有限公司	14669	34948	1054	药品零售	吉林省长春市南关区
吉林市国美电器有限公司	14566	25835	605	家用电器零售	吉林省吉林市昌邑区
吉林省烟草公司白城分公司	14412	53497	352	烟草制品批发	吉林省白城市洮北区
中国石油天然气股份有限公司吉林通化销售分公司	14137	112489	912	石油及制品批发	吉林省通化市东昌区
吉林敖东医药有限公司	13963	31471	589	中药材及中成药批发	吉林省延边朝鲜族自治州延吉市
昆山润华商业有限公司吉林市分公司	13735	22919	545	超级市场零售	吉林省吉林市昌邑区
吉林省烟草公司白山分公司	12856	42724	284	烟草制品批发	吉林省白山市八道江区
长春远方实业集团有限公司	10150	18478	890	超级市场零售	吉林省长春市朝阳区
中国石油天然气股份有限公司吉林省白山销售分公司	9894	82679	671	石油及制品批发	吉林省白山市八道江区
吉林市吉润发超市有限公司	9026	26432	520	超级市场零售	吉林省吉林市昌邑区
中国石油天然气股份有限公司吉林辽源销售公司	7415	58047	264	石油及制品批发	吉林省辽源市龙山区
黑龙江省					
黑龙江省农业生产资料公司	795096	682583	344	化肥批发	黑龙江省哈尔滨市道外区
哈药集团医药有限公司	167278	421219	3671	药品零售	黑龙江省哈尔滨市道里区
哈尔滨市烟草公司	156378	350390	1873	烟草制品批发	黑龙江省哈尔滨市南岗区
中国铁路物资哈尔滨公司	127075	605767	260	石油及制品批发	黑龙江省哈尔滨市南岗区
中油黑龙江农垦石油有限责任公司	120121	253835	1578	石油及制品批发	黑龙江省哈尔滨南岗区
黑龙江省远大购物中心有限责任公司	108757	168080	1600	百货零售	黑龙江省哈尔滨市南岗区
中国石油天然气股份有限公司黑龙江哈尔滨销售分公司	104846	428907	2231	石油及制品批发	黑龙江省哈尔滨市道里区
哈尔滨秋林集团股份有限公司	74787	33666	1332	百货零售	黑龙江省哈尔滨市南岗区
大商集团哈尔滨新一百购物广场有限公司	72717	83821	3413	百货零售	黑龙江省哈尔滨市道里区
哈尔滨中央红集团股份有限公司	72712	142468	2594	百货零售	黑龙江省哈尔滨市道里区
黑龙江黑天鹅家电有限公司	63909	151881	1104	家用电器零售	黑龙江省哈尔滨市南岗区
哈尔滨烟叶公司	51593	57638	1292	烟草制品批发	黑龙江省哈尔滨市南岗区
大商集团股份有限公司大庆新玛特购物休闲广场	42612	76156	3397	百货零售	黑龙江省大庆市开发区市场街
黑龙江省烟草公司牡丹江烟叶公司	41691	48334	1712	烟草制品批发	黑龙江省牡丹江牡丹江
中国石油天然气股份有限公司东北销售大庆分公司	36971	1667708	460	石油及制品批发	黑龙江省大庆市龙凤区
黑龙江烟草公司大庆分公司	36870	119007	550	烟草制品批发	黑龙江省大庆市萨尔图区
东宁县吉信工贸(集财)有限责任公司	36791	59560	641	服装批发	黑龙江省牡丹江东宁县
哈尔滨家乐福超市有限公司	36456	115981	1500	超级市场零售	黑龙江省哈尔滨市道外区
黑龙江天源煤炭股份有限公司	34171	34679	400	煤炭及制品批发	黑龙江省鸡西市鸡冠区
黑龙江省烟草公司齐齐哈尔分公司	31687	126610	426	烟草制品批发	黑龙江省齐齐哈尔龙沙区
大商集团股份有限公司大庆百货大楼	31391	123028	1021	百货零售	黑龙江省大庆市萨尔图区
中国石油天燃汽总公司黑龙江齐齐哈尔分公司	30383	203400	954	石油及制品批发	黑龙江省齐齐哈尔铁锋区
中国石油天然气股份有限公司鸡西销售分公司	29959	103646	431	石油及制品批发	黑龙江省鸡西市鸡冠区
哈尔滨联强商业发展有限公司	25518	96793	960	百货零售	黑龙江省哈尔滨市道里区
中国石油天然气股份有限公司黑龙江大庆销售分公司	25222	209577	822	石油及制品批发	黑龙江省大庆市龙凤区
大商集团牡丹江百货大楼有限公司	23354	51080	921	百货零售	黑龙江省牡丹江东安区
黑龙江省烟草公司牡丹江分公司	22872	77304	446	烟草制品批发	黑龙江省牡丹江爱民区
大庆市庆客隆连锁商贸有限公司	20342	46465	1210	超级市场零售	黑龙江省大庆市萨尔图区
大商集团牡丹江新玛特购物广场有限公司	20234	33103	1006	百货零售	黑龙江省牡丹江西安区
中国石油天然气股分有限公司黑龙江佳木斯销分公司	19703	137899	1329	石油及制品批发	黑龙江省佳木斯市向阳区

4－5 续表11

企业名称	资产总计（万元）	销售额（营业额）（万元）	全部从业人员年平均人数（人）	所属行业	企业所在地
黑龙江省烟草公司佳木斯分公司	19354	67112	499	烟草制品批发	黑龙江省佳木斯市向阳区
黑龙江省农业机械有限责任公司	18099	80945	224	农业机械批发	黑龙江省哈尔滨市南岗区
中油黑龙江牡丹江销售分公司	17630	117906	277	石油及制品批发	黑龙江省牡丹江阳明区
大商集团鸡西新玛特购物广场有限公司	16524	50009	2685	百货零售	黑龙江省鸡西市鸡冠区
齐齐哈尔百货大楼股份有限公司	16148	30599	1300	百货零售	黑龙江省齐齐哈尔龙沙区
中国烟草总公司黑龙江省鸡西分公司	16027	64123	399	烟草制品批发	黑龙江省鸡西市鸡冠区
中国石油黑龙江省绥化销售分公司	14964	118016	1600	石油及制品批发	黑龙江省绥化市北林区
大商集团佳木斯百货大楼	14246	58400	1346	百货零售	黑龙江省佳木斯市向阳区
中国石油黑龙江双鸭山销售公司	14131	137479	503	石油及制品批发	黑龙江省双鸭山市尖山区
黑龙江省双鸭山烟草公司	14076	52105	265	烟草制品批发	黑龙江省双鸭山市尖山区
沃尔玛深国投百货有限公司哈尔滨中山路分店	13208	49759	1185	超级市场零售	黑龙江省哈尔滨市南岗区
大庆商厦	12871	36071	649	百货零售	黑龙江省大庆市让胡路区
中国石油天然气股份有限公司黑龙江尚志销售分公司	12843	90119	752	石油及制品批发	黑龙江省哈尔滨市尚志市
黑龙江省烟草公司鹤岗分公司	11745	38668	246	烟草制品批发	黑龙江省鹤岗市工农区
黑河市烟草公司	11089	42097	385	烟草制品批发	黑龙江省黑河市爱辉区
中国石油天然气股份有限公司黑龙江实华销售分公司	10019	63389	377	石油及制品批发	黑龙江省哈尔滨市道里区
中国石油天然气股份有限公司黑龙江七台河销售分公司	9849	76197	551	石油及制品批发	黑龙江省七台河市桃山区
大商集团佳木斯华联商厦有限公司	9530	30223	907	百货零售	黑龙江省佳木斯市向阳区
中石油天然气股份有限公司黑龙江鹤岗分公司	8394	63446	466	石油及制品批发	黑龙江省鹤岗市工农区
大商集团股份有限公司大庆新东风购物广场	8069	17604	729	百货零售	黑龙江省大庆市萨尔图区
中国石油天然气股份有限公司黑龙江肇东销售分公司	7508	51018	541	石油及制品批发	黑龙江省绥化市肇东市
黑龙江好又多百货商业广场有限公司	6406	21526	800	超级市场零售	黑龙江省哈尔滨市南岗区
黑龙江泰华医药有限公司	5535	23297	583	药品零售	黑龙江省绥化市北林区
大连大商集团有限公司大庆让胡路商场	4363	25485	726	百货零售	黑龙江省大庆市让胡路区
上海市					
上海百联集团股份有限公司	829443	259263	2671	百货零售	上海市上海市黄浦区
联华超市股份有限公司	769734	2331474	20127	超级市场零售	上海市上海市普陀区
上海浦东国际机场航空油料有限责任公司	700905	1353677	240	石油及制品批发	上海市上海市浦东新区
上海市医药股份有限公司	693382	1080257	3036	西药批发	上海市上海市浦东新区
上海永乐家用电器有限公司	629137	802077	3912	家用电器零售	上海市上海市普陀区
上海宝钢钢材贸易有限公司	563634	4240936	201	金属及金属矿批发	上海市上海市浦东新区
上海上汽大众汽车销售有限公司	547808	5881236	983	汽车、摩托车及零配件批发	上海市上海市嘉定区
上海豫园旅游商城股份有限公司	530107	20780	1061	其他综合零售	上海市上海市黄浦区
农工商超市（集团）有限公司	491624	1686068	4304	超级市场零售	上海市上海市普陀区
宝钢贸易有限公司	482374	1123843	208	金属及金属矿批发	上海市上海市浦东新区
中石化上海石油分公司	423173	2933371	6680	机动车燃料零售	上海市上海市黄浦区
上海大润发有限公司	420200	84891	1830	超级市场零售	上海市上海市闸北区
上海易初莲花连锁超市有限公司	399807	753113	3028	超级市场零售	上海市上海市浦东新区
上海新世界股份有限公司	371308	201062	1133	百货零售	上海市上海市黄浦区
上海汽车工业销售有限公司	328774	196201	305	汽车、摩托车及零配件批发	上海市上海市徐汇区
上海永达控股（集团）有限公司	280911	420414	2050	汽车零售	上海市上海市浦东新区
欧莱雅（中国）有限公司	274624	653357	1620	化妆品及卫生用品批发	上海市上海市静安区
松下电器机电（上海）有限公司	268847	1369502	618	其他机械设备及电子产品批发	上海市上海市浦东新区
中国石油天然气股份有限公司上海销售公司	239127	84892	3394	石油及制品批发	上海市上海市浦东新区
锦江麦德龙现购自运有限公司	234630	951976	8200	超级市场零售	上海市上海市普陀区
三菱商事（上海）有限公司	229964	764622	350	计算机、软件及辅助设备批发	上海市上海市浦东新区
施耐德电气（中国）投资有限公司上海分公司	216912	334597	1900	五金、交电批发	上海市上海市普陀区
英迈（中国）商业有限公司	216553	1029362	678	其他未列明的批发	上海市上海市徐汇区
浦东新区香格里拉酒店有限公司	189047	93020	1702	旅游饭店	上海市上海市浦东新区

4－5 续表12

企业名称	资产总计（万元）	销售额（营业额）（万元）	全部从业人员年平均人数（人）	所属行业	企业所在地
中国铁路物资上海公司	184494	1006946	321	金属及金属矿批发	上海市上海市闸北区
上海联家超市有限公司	182935	526696	5989	超级市场零售	上海市上海市虹口区
埃克森美孚（中国）投资有限公司	178026	398689	637	石油及制品批发	上海市上海市徐汇区
上海市机械设备成套（集团）有限公司（商业）	176514	183620	422	其他机械设备及电子产品批发	上海市上海市普陀区
上海市五金矿产进出口公司	174632	344697	373	金属及金属矿批发	上海市上海市闸北区
上海云峰（集团）有限公司	170380	150208	431	汽车、摩托车及零配件批发	上海市上海市闵行区
国药控股有限公司	167941	714213	340	西药批发	上海市上海市黄浦区
上海兰生股份有限公司	164856	189918	1313	鞋帽批发	上海市上海市虹口区
上海雷允上药业有限公司	159752	231228	3137	中药材及中成药批发	上海市上海市黄浦区
上海新华传媒股份有限公司	158370	192325	3752	图书批发	上海市上海市黄浦区
上海国美电器有限公司	152146	382433	2600	家用电器零售	上海市上海市普陀区
上海新宇钟表集团股份有限公司	150384	212828	243	其他日用品批发	上海市上海市卢湾区
上海电力物资有限公司	147475	635998	233	其他机械设备及电子产品批发	上海市上海市黄浦区
东方国际集团上海市对外贸易有限公司	144018	535605	206	其他未列明的批发	上海市上海市长宁区
上海世纪联华超市发展有限公司	140810	378566	1406	超级市场零售	上海市上海市普陀区
上海百安居建材超市有限公司	139193	45743	1162	其他室内装修材料零售	上海市上海市杨浦区
泰科电子（上海）有限公司	138784	231906	351	其他未列明的批发	上海市上海市浦东新区
上海海烟物流发展有限公司	131825	675209	675	烟草制品批发	上海市上海市长宁区
上海第一八佰伴有限公司	128514	239704	763	百货零售	上海市上海市浦东新区
明尼苏达矿业制造上海国际贸易有限公司	126062	331320	650	其他未列明的批发	上海市上海市浦东新区
上海市药材有限公司	125257	94121	1382	中药材及中成药批发	上海市上海市黄浦区
上海伊藤忠商事有限公司	122140	43513	242	其他未列明的批发	上海市上海市浦东新区
上海燃料浦东有限责任公司	119534	517175	212	石油及制品批发	上海市上海市黄浦区
上海家得利超市有限公司	107902	248016	3963	超级市场零售	上海市上海市徐汇区
大金（中国）投资有限公司上海分公司	104159	502822	691	计算机、软件及辅助设备批发	上海市上海市静安区
上海博世力士乐液压及自动化有限公司	103455	127666	295	其他机械设备及电子产品批发	上海市上海市浦东新区
雅培贸易（上海）有限公司	101817	173013	516	五金、交电批发	上海市上海市黄浦区
瑞表国际贸易（上海）有限公司	100619	404084	341	其他日用品批发	上海市上海市徐汇区
富士施乐实业发展（上海）有限公司	100098	168832	842	其他未列明的批发	上海市上海市浦东新区
上海烟草集团黄浦烟草糖酒有限公司	99968	183054	511	烟草制品批发	上海市上海市黄浦区
上海太平洋百货有限公司	95958	215449	1045	百货零售	上海市上海市徐汇区
开利空调销售服务（上海）有限公司	90796	253466	900	其他机械设备及电子产品批发	上海市上海市黄浦区
上海丝绸集团股份有限公司	89974	488119	478	服装批发	上海市上海市徐汇区
华联超市股份有限公司	89123	215323	3922	超级市场零售	上海市上海市杨浦区
上海市第一食品股份有限公司	87230	53339	530	其他食品零售	上海市上海市浦东新区
上海国际会议中心有限公司东方滨江大酒店	83902	23521	817	旅游饭店	上海市上海市浦东新区
申莱斯电子（上海）有限公司	82776	176190	275	其他未列明的批发	上海市上海市浦东新区
库柏电气（上海）有限公司	78505	214883	383	其他机械设备及电子产品批发	上海市上海市浦东新区
福特汽车（中国）有限公司	76679	93540	210	汽车、摩托车及零配件批发	上海市上海市浦东新区
上海广电信息电子销售有限公司	74199	57803	371	家用电器批发	上海市上海市徐汇区
上海神州数码有限公司	73311	449012	463	计算机、软件及辅助设备批发	上海市上海市长宁区
中化上海公司	71878	120084	275	其他化工产品批发	上海市上海市黄浦区
上海苏宁电器有限公司	69161	422902	2800	家用电器零售	上海市上海市长宁区
酩悦轩尼诗帝亚吉欧洋酒（上海）有限公司	68452	367310	324	饮料及茶叶批发	上海市上海市静安区
德利多富信息系统（上海）有限公司	67612	85216	472	其他机械设备及电子产品批发	上海市上海市浦东新区
上海创思服饰有限公司	66786	78025	218	服装批发	上海市上海市长宁区
欧文斯科宁（中国）投资有限公司	65621	74500	250	建材批发	上海市上海市浦东新区
上海史泰博企业发展有限公司	65572	134429	768	文具用品批发	上海市上海市长宁区
上海肯德基有限公司	64463	182037	14021	快餐服务	上海市上海市徐汇区
华联集团吉买盛购物中心有限公司	62335	163314	3543	超级市场零售	上海市上海市闸北区

4－5　续表13

企业名称	资产总计（万元）	销售额（营业额）（万元）	全部从业人员年平均人数（人）	所属行业	企业所在地
上海市农业生产资料公司	61130	203041	299	化肥批发	上海市上海市闸北区
上海宏图三胞电脑发展有限公司	59295	97244	1500	计算机、软件及辅助设备零售	上海市上海市徐汇区
山特维克国际贸易（上海）有限公司	58597	165423	390	其他未列明的批发	上海市上海市浦东新区
上海易买得超市有限公司	57477	116963	1856	超级市场零售	上海市上海市虹口区
静安希尔顿饭店（上海）	53869	45544	1152	旅游饭店	上海市上海市静安区
上海锦江饭店	52890	25387	856	旅游饭店	上海市上海市卢湾区
达能食品贸易（中国）有限公司	51269	122649	437	糕点、糖果及糖批发	上海市上海市徐汇区
上海电力燃料有限公司	50770	563717	538	煤炭及制品批发	上海市上海市卢湾区
上海怡康化工材料有限公司	50488	94070	210	其他化工产品批发	上海市上海市长宁区
上海新联纺进出口有限公司	48272	182384	215	纺织品、针织品及原料批发	上海市上海市长宁区
上海光大会展中心有限公司	48036	21926	937	旅游饭店	上海市上海市徐汇区
上海罗捷斯迪电子有限公司	45118	64093	303	其他未列明的批发	上海市上海市浦东新区
兄弟（中国）商业有限公司	44449	164102	328	计算机、软件及辅助设备批发	上海市上海市长宁区
上海南浦食品公司浦东分公司	44143	114521	707	其他食品批发	上海市上海市浦东新区
上海三联（集团）有限公司	43247	77828	649	钟表、眼镜零售	上海市上海市黄浦区
上海中燃船舶燃料有限公司	42691	140563	804	石油及制品批发	上海市上海市虹口区
上海烟草（集团）奉贤烟草糖酒有限公司	42541	84622	845	其他综合零售	上海市上海市奉贤区
上海浦星贸易有限公司	42371	184028	305	其他食品批发	上海市上海市浦东新区
上海九州通医药有限公司	41671	198554	625	西药批发	上海市上海市普陀区
上海华亭宾馆有限公司	40383	21828	896	旅游饭店	上海市上海市徐汇区
熙可国际贸易（上海浦东新区）有限公司	40241	43845	335	其他未列明的批发	上海市上海市黄浦区
上海雅马哈建设摩托车销售有限公司	40176	252607	242	汽车、摩托车及零配件批发	上海市上海市徐汇区
美敦力医疗用品技术服务（上海）有限公司	40125	121618	585	医疗用品及器材批发	上海市上海市浦东新区
香奈尔（中国）贸易有限公司	39511	56926	487	其他未列明的批发	上海市上海市浦东新区
上海家化销售有限公司	39282	113500	4138	化妆品及卫生用品批发	上海市上海市虹口区
恒源祥（集团）有限公司	38953	33518	229	纺织品、针织品及原料批发	上海市上海市黄浦区
华普信息技术有限公司	38455	70141	579	计算机、软件及辅助设备批发	上海市上海市浦东新区
上海第一医药股份有限公司	38191	50285	367	中药材及中成药批发	上海市上海市黄浦区
沃尔玛华东百货有限公司	37992	56140	1569	超级市场零售	上海市上海市浦东新区
大昌洋行（上海）有限公司	37474	115852	600	西药批发	上海市上海市浦东新区
上海实业外联发国际物流有限公司	37429	44789	481	其他机械设备及电子产品批发	上海市上海市浦东新区
上海东方商厦	37422	136455	781	百货零售	上海市上海市徐汇区
上海烟草集团闵行烟草糖酒有限公司	37066	81908	511	烟草制品批发	上海市上海市闵行区
日东电工（上海浦东新区）有限公司	36896	75167	297	其他未列明的批发	上海市上海市浦东新区
上海必胜客有限公司	36707	118326	10116	正餐服务	上海市上海市徐汇区
上海好德便利有限公司	36440	182271	8527	其他综合零售	上海市上海市普陀区
上海雷允上药业西区有限公司	35975	40939	347	西药批发	上海市上海市静安区
上海烟草集团虹口烟草糖酒有限公司	35614	119437	905	烟草制品批发	上海市上海市虹口区
尤妮佳生活用品服务（上海）有限公司	35348	161098	344	化妆品及卫生用品批发	上海市上海市黄浦区
上海马克华菲企业发展有限公司	35120	35592	400	服装批发	上海市上海市徐汇区
上海复星药业有限公司	34570	57937	230	中药材及中成药批发	上海市上海市普陀区
上海百红商业贸易有限公司	34118	113102	261	化妆品及卫生用品批发	上海市上海市闸北区
施华洛世奇（上海）贸易有限公司	33722	50552	287	首饰、工艺品及收藏品批发	上海市上海市黄浦区
上海屈臣氏日用品有限公司	32241	86114	1078	化妆品及卫生用品零售	上海市上海市徐汇区
上海烟草集团宝山烟草糖酒有限公司	32189	67789	519	烟草制品批发	上海市上海市宝山区
金山烟草糖酒有限公司	32059	79283	540	烟草制品批发	上海市上海市金山区
上海烟草集团松江烟草糖酒有限公司	31891	73832	323	其他食品批发	上海市上海市松江区
上海中邮普泰移动通信设备有限责任公司	31652	152111	306	通讯及广播电视设备批发	上海市上海市静安区
上海烟草集团卢湾烟草糖酒有限公司	31485	56105	683	烟草制品批发	上海市上海市卢湾区
上海市上海宾馆有限公司	30926	17282	1017	旅游饭店	上海市上海市静安区

4－5 续表14

企业名称	资产总计（万元）	销售额（营业额）（万元）	全部从业人员年平均人数（人）	所属行业	企业所在地
上海可的便利店有限公司	30789	207163	9673	其他综合零售	上海市上海市闸北区
上海七宝乐购购物中心有限公司	30677	71418	581	超级市场零售	上海市上海市闵行区
友讯电子设备(上海)有限公司	30523	41925	220	其他机械设备及电子产品批发	上海市上海市长宁区
上海烟草集团嘉定烟草糖烟有限公司	29501	99860	558	烟草制品批发	上海市上海市嘉定区
上海福祥陶瓷有限公司	29076	36174	1857	建材批发	上海市上海市闵行区
上海华联麦当劳有限公司	28524	53078	4351	快餐服务	上海市上海市黄浦区
上海欧尚超市有限公司	27858	167408	1500	超级市场零售	上海市上海市杨浦区
阿法拉伐(上海)技术有限公司	27830	64895	220	其他机械设备及电子产品批发	上海市上海市卢湾区
卡西欧(上海)贸易有限公司	27526	78844	230	家用电器批发	上海市上海市静安区
伊藤忠纤维贸易(中国)有限公司	27208	122314	441	纺织品、针织品及原料批发	上海市上海市长宁区
上海伍缘现代杂货有限公司	25670	103589	3009	其他综合零售	上海市上海市卢湾区
上海联华快客便利有限公司	25592	190086	5387	其他综合零售	上海市上海市虹口区
上海天成企业发展有限公司	25470	56809	300	其他食品批发	上海市上海市浦东新区
上海一钢企业开发有限公司	25442	49192	1381	金属及金属矿批发	上海市上海市宝山区
三得利(上海)食品贸易有限公司	25163	30115	210	饮料及茶叶批发	上海市上海市黄浦区
上海华氏大药房有限公司	24881	45664	1200	药品零售	上海市上海市虹口区
上海森联木业发展有限公司	24438	64958	252	建材批发	上海市上海市黄浦区
上海兴邦餐饮服务有限公司	24316	38480	1103	正餐服务	上海市上海市浦东新区
花园饭店	22617	31305	894	旅游饭店	上海市上海市卢湾区
上海烟草集团青浦烟草糖酒有限公司	22573	79457	589	烟草制品批发	上海市上海市青浦区
上海良友金伴便利连锁有限公司	22380	102430	2561	其他综合零售	上海市上海市徐汇区
奥林巴斯(上海)映像销售有限公司	21590	109920	200	其他机械设备及电子产品批发	上海市上海市徐汇区
上海恩德斯豪斯自动化设备有限公司	21179	69829	250	其他机械设备及电子产品批发	上海市上海市闵行区
上海童涵春堂药业连锁经营有限公司	20898	42806	501	药品零售	上海市上海市黄浦区
上海烟草集团南汇烟草糖酒有限公司	20893	72616	391	烟草制品批发	上海市上海市南汇区
上海烟草集团崇明烟草糖酒有限公司	20560	69085	265	烟草制品批发	上海市上海市崇明县
上海喜士多便利连锁有限公司	20336	26602	672	其他综合零售	上海市上海市闸北区
上海雨润肉食品有限公司	19977	135073	459	其他农畜产品批发	上海市上海市普陀区
上海统一星巴克咖啡有限公司	19802	46036	1535	正餐服务	上海市上海市卢湾区
ABB(中国)有限公司上海分公司	19569	176355	503	其他机械设备及电子产品批发	上海市上海市黄浦区
上海虹桥药业有限公司	19253	77781	448	西药批发	上海市上海市闵行区
上海锐力运动用品有限公司	18517	126088	980	体育用品零售	上海市上海市黄浦区
上海迪亚联华零售有限公司	18467	61245	2122	其他综合零售	上海市上海市浦东新区
永安百货有限公司	18265	64900	688	百货零售	上海市上海市黄浦区
上海小绵羊卧室制品有限公司	18223	33759	1850	建材批发	上海市上海市嘉定区
上海市良菱配销有限公司	17813	37342	292	米、面制品及食用油批发	上海市上海市徐汇区
上海烟草集团普陀烟草糖酒有限公司	17290	70612	2507	烟草制品批发	上海市上海市普陀区
上海豫园商城老城隍庙饮食有限公司	17177	27902	1292	其他餐饮服务	上海市上海市黄浦区
穆勒电气(上海)有限公司	16673	46535	230	其他未列明的批发	上海市上海市黄浦区
大西电子(上海)有限公司	16611	31844	236	其他未列明的批发	上海市上海市浦东新区
国药集团化学试剂有限公司	16449	45125	241	其他化工产品批发	上海市上海市黄浦区
傲胜(中国)商业有限公司	16404	44525	780	其他日用品批发	上海市上海市浦东新区
上海华联罗森有限公司	16322	46058	1269	其他综合零售	上海市上海市卢湾区
上海烟草集团杨浦区烟草糖酒有限公司	16241	58617	393	烟草制品批发	上海市上海市杨浦区
上海烟草集团静安烟草糖酒有限公司	16235	34144	291	烟草制品批发	上海市上海市静安区
上海颐盛商贸有限公司	16131	80935	873	服装零售	上海市上海市黄浦区
花王(上海)产品服务有限公司	15950	53926	355	化妆品及卫生用品批发	上海市上海市黄浦区
上海微欣工贸有限公司	15786	52336	218	计算机、软件及辅助设备批发	上海市上海市长宁区
上海思创服饰有限公司	15403	102132	1061	服装零售	上海市上海市长宁区
上海烟草集团徐汇烟草糖酒有限公司	15061	51185	236	烟草制品批发	上海市上海市徐汇区

4－5　续表 15

企业名称	资产总计（万元）	销售额（营业额）（万元）	全部从业人员年平均人数（人）	所属行业	企业所在地
昆山润华商业有限公司松江分公司	15036	47632	520	超级市场零售	上海市上海市松江区
上海动力燃料有限公司	14579	107002	273	煤炭及制品批发	上海市上海市黄浦区
上海仁达药品经营有限公司	14431	35291	450	中药材及中成药批发	上海市上海市徐汇区
上海捷强烟草糖酒（集团）连锁有限公司	13942	73527	1335	超级市场零售	上海市上海市徐汇区
上海烟草集团长宁烟草糖酒有限公司	13849	49890	247	烟草制品批发	上海市上海市长宁区
上海雷允上北区药业股份有限公司	13670	43504	508	中药材及中成药批发	上海市上海市虹口区
伯东企业（上海）有限公司	13645	35849	222	其他机械设备及电子产品批发	上海市上海市浦东新区
上海古今内衣有限公司	13638	45264	1345	服装零售	上海市上海市卢湾区
上海汇丰医药药材有限责任公司	13506	40462	308	西药批发	上海市上海市徐汇区
上海信谊联合医药药材有限公司	13413	49293	318	中药材及中成药批发	上海市上海市闸北区
上海烟草集团闸北烟草糖酒有限公司	13368	38481	360	烟草制品批发	上海市上海市闸北区
上海中油大庆石油化工销售公司	12783	60536	219	石油及制品批发	上海市上海市虹口区
上海蒙牛乳业有限公司	12713	112127	447	其他食品批发	上海市上海市卢湾区
上海青岛啤酒华东销售有限公司	12382	94806	440	其他食品批发	上海市上海市宝山区
上海崇明供销超市有限公司	11970	45391	885	超级市场零售	上海市上海市崇明县
上海麦当劳食品有限公司	10330	19354	1354	快餐服务	上海市上海市黄浦区
上海立丰食品有限公司	10093	44503	593	肉、禽、蛋及水产品批发	上海市上海市静安区
上海诚达百货商业有限公司	9985	31868	545	超级市场零售	上海市上海市徐汇区
上海世纪联华西部商业有限公司	9309	43618	678	超级市场零售	上海市上海市普陀区
上海巴黎三城眼镜有限公司	8933	15955	514	钟表、眼镜零售	上海市上海市普陀区
上海海尔工贸有限公司	8449	91402	500	家用电器批发	上海市上海市浦东新区
上海闵行大润发商贸有限公司	8301	21639	500	超级市场零售	上海市上海市闵行区
上海新亚大家乐餐饮有限公司	7073	20181	2020	快餐服务	上海市上海市虹口区
乐金生活健康贸易（上海）有限公司	5292	30306	464	化妆品及卫生用品批发	上海市上海市徐汇区
上海梅林正广和便利连锁有限公司	5186	39338	1771	其他综合零售	上海市上海市杨浦区
上海家家乐商业发展有限公司	4397	25260	688	超级市场零售	上海市上海市浦东新区
江苏省					
中国石油化工股份有限公司江苏石油分公司	778503	5713491	21047	石油及制品批发	江苏省南京市鼓楼区
苏宁电器股份有限公司南京采购中心	621967	3541951	4390	家用电器批发	江苏省南京市鼓楼区
江苏国泰国际集团有限公司	542529	1054620	2548	纺织品、针织品及原料批发	江苏省苏州市张家港市
江苏省海外企业集团有限公司	504618	548386	1278	其他机械设备及电子产品批发	江苏省南京市玄武区
江苏苏美达集团公司	464616	1257548	4466	纺织品、针织品及原料批发	江苏省南京市玄武区
江苏省烟草公司南京分公司	432360	588522	218	烟草制品批发	江苏省南京市白下区
江苏省烟草公司苏州分公司	370439	666578	570	烟草制品批发	江苏省苏州市金阊区
江苏弘业国际集团有限公司	364471	293778	1840	纺织品、针织品及原料批发	江苏省南京市白下区
南京纺织品进出口股份有限公司	358055	646913	347	纺织品、针织品及原料批发	江苏省南京市鼓楼区
江苏舜天国际集团机械进出口股份有限公司	330463	537991	380	其他机械设备及电子产品批发	江苏省南京市白下区
江苏五星电器有限公司	329694	280535	4385	家用电器零售	江苏省南京市鼓楼区
江苏省烟草公司无锡分公司	314243	522513	944	烟草制品批发	江苏省无锡市崇安区
苏果超市有限公司	297947	1027525	15947	超级市场零售	江苏省南京市白下区
南京金属物流集团有限公司	284096	771819	468	金属及金属矿批发	江苏省南京市白下区
南京金鹰国际购物集团有限公司	252522	227966	667	百货零售	江苏省南京市白下区
阿迪达斯体育（中国）有限公司	230010	520767	629	服装批发	江苏省苏州市平江区
中国石油天然气股份有限公司江苏销售分公司	229271	875740	5158	石油及制品批发	江苏省南京市鼓楼区
江苏无锡商业大厦集团有限公司	220567	399404	2441	百货零售	江苏省无锡市崇安区
苏宁电器连锁集团股份有限公司	220029	406969	6500	家用电器零售	江苏省南京市鼓楼区
江苏舜天股份有限公司	217336	146777	291	服装批发	江苏省南京市白下区
江苏开元股份有限公司	210411	465946	839	纺织品、针织品及原料批发	江苏省南京市白下区
江苏省烟草公司南通分公司	209599	403384	1082	烟草制品批发	江苏省南通市崇川区

4－5 续表16

企业名称	资产总计（万元）	销售额（营业额）（万元）	全部从业人员年平均人数（人）	所属行业	企业所在地
耐克体育（中国）有限公司	194231	782111	598	鞋帽批发	江苏省苏州市太仓市
南京红太阳农资商贸连锁有限公司	190037	283134	338	农药批发	江苏省南京市高淳县
江阴市长江钢管有限公司	189845	388109	498	金属及金属矿批发	江苏省无锡市江阴市
南京新街口百货商店股份有限公司	187564	146458	728	百货零售	江苏省南京市白下区
江苏时代超市有限公司	187431	688449	10228	超级市场零售	江苏省南通市崇川区
江苏博西家用电器销售有限公司	182383	686519	1910	家用电器批发	江苏省南京市鼓楼区
江苏省烟草公司常州分公司	172217	303173	672	烟草制品批发	江苏省常州市钟楼区
江苏开元国际集团轻工业品进出口股份有限公司	170556	301523	287	其他日用品批发	江苏省南京市白下区
江苏省新华书店集团有限公司	169479	306196	324	图书批发	江苏省南京市玄武区
南京中央商场股份有限公司	166013	188829	1671	百货零售	江苏省南京市白下区
南京医药股份有限公司	158593	276723	554	药品零售	江苏省南京市白下区
江苏苏豪国际集团股份有限公司	156198	526438	304	纺织品、针织品及原料批发	江苏省南京市白下区
江苏省烟草公司盐城分公司	155906	284029	1184	烟草制品批发	江苏省盐城市亭湖区
江苏文峰大世界连锁发展股份有限公司南通文峰大世界	144607	163700	1243	百货零售	江苏省南通市崇川区
阿斯利康无锡贸易有限公司	139162	262178	2781	西药批发	江苏省无锡市新区
江苏省烟草公司泰州分公司	135849	286764	1077	烟草制品批发	江苏省泰州市海陵区
江苏省烟草公司徐州分公司	135426	295949	1460	烟草制品批发	江苏省徐州市云龙区
江苏省烟草公司扬州分公司	134324	308365	1033	烟草制品批发	江苏省扬州市维扬区
万联能源集团有限公司	126255	101139	213	石油及制品批发	江苏省连云港市新浦区
江苏省烟草公司镇江分公司	119092	247618	704	烟草制品批发	江苏省镇江市京口区
金陵饭店股份有限公司	118674	40891	878	旅游饭店	江苏省南京市鼓楼区
江苏明都汽车摩托车有限公司	111793	224975	1188	汽车零售	江苏省常州市武进区
苏州市苏创集团有限公司	111108	43957	218	石油及制品批发	江苏省苏州市太仓市
江苏省燃料总公司	98712	561136	229	金属及金属矿批发	江苏省南京市鼓楼区
南京宏图三胞企业发展有限公司	93406	309075	523	计算机、软件及辅助设备零售	江苏省南京市玄武区
江苏省烟草公司淮安分公司	85521	167281	800	烟草制品批发	江苏省淮安市清浦区
南京普迪建材实业集团邮箱公司	82869	34585	375	建材批发	江苏省南京市白下区
南京新华海科技产业集团有限公司	80039	86350	311	计算机、软件及辅助设备批发	江苏省南京市玄武区
宜兴华地百货有限公司	75266	98761	1443	百货零售	江苏省无锡市宜兴市
苏州函数集团有限责任公司	72764	101211	1450	百货零售	江苏省苏州市平江区
江苏省烟草公司连云港分公司	69959	148817	881	烟草制品批发	江苏省连云港市新浦区
江苏省烟草公司宿迁分公司	63338	120278	757	烟草制品批发	江苏省宿迁市宿城区
无锡八佰伴经济管理有限公司	62948	103442	833	百货零售	江苏省无锡市崇安区
江苏鹏润国美电器有限公司	61768	98851	773	家用电器零售	江苏省南京市白下区
常州药业股份有限公司	58664	110759	343	西药批发	江苏省常州市天宁区
徐州医药股份有限公司	57071	113127	571	药品零售	江苏省徐州市鼓楼区
江苏开元国际集团畜产进出口股份有限公司	50573	151828	235	服装批发	江苏省南京市白下区
江苏小天鹅营销有限责任公司	50177	310335	550	家用电器批发	江苏省无锡市北塘区
江阴华地百货有限公司	48444	60384	1137	百货零售	江苏省无锡市江阴市
江苏悦达集团有限公司	48380	96225	395	煤炭及制品批发	江苏省盐城市亭湖区
宜兴新苏南商厦有限责任公司	46582	74398	1650	百货零售	江苏省无锡市宜兴市
南京友谊华联（集团）有限责任公司	46480	16860	920	百货零售	江苏省南京市白下区
南京悦家超市有限公司	45730	76090	1499	超级市场零售	江苏省南京市下关区
江苏亚邦药业集团股份有限公司	45626	36407	713	中药材及中成药批发	江苏省常州市金坛市
常熟市交电家电有限责任公司	45552	134782	257	家用电器批发	江苏省苏州市常熟市
苏州人民商场股份有限公司	44592	168157	516	百货零售	江苏省苏州市平江区
昆山商厦股份有限公司	44326	126272	579	百货零售	江苏省苏州市昆山市
南京蓝燕石化储运实业有限公司	43152	284385	266	石油及制品批发	江苏省南京市栖霞区
江苏省苏南盐业有限公司	42190	57964	357	盐及调味品批发	江苏省苏州市金阊区
国药控股江苏有限公司	42152	133225	992	药品零售	江苏省扬州市广陵区

4－5　续表17

企业名称	资产总计（万元）	销售额（营业额）（万元）	全部从业人员年平均人数（人）	所属行业	企业所在地
南京药业股份有限公司	42025	130658	538	中药材及中成药批发	江苏省南京市白下区
江阴市海江废金属加工有限公司	38320	105923	204	再生物资回收与批发	江苏省无锡市江阴市
南京华东医药有限责任公司	37807	151820	450	中药材及中成药批发	江苏省南京市玄武区
南京肯德基有限公司	37125	123983	8205	快餐服务	江苏省南京市白下区
无锡山禾医药集团物流股份有限公司	36926	106132	380	西药批发	江苏省无锡市南长区
南京东沛国际贸易有限公司	35883	142537	209	其他机械设备及电子产品批发	江苏省南京市白下区
无锡悦家商业有限公司	35511	97681	900	超级市场零售	江苏省无锡市南长区
徐州金鹰国际实业有限公司	35377	79832	556	百货零售	江苏省徐州市鼓楼区
江苏华瑞国际实业集团有限公司	35161	141538	240	服装批发	江苏省南京市江宁区
江阴国际购物中心有限公司	32958	25319	820	百货零售	江苏省无锡市江阴市
常州欧尚超市有限公司	32587	17883	750	超级市场零售	江苏省常州市天宁区
苏州肯德基有限公司	32499	106894	6501	快餐服务	江苏省苏州市高新区
徐州中央百货大楼股份有限公司	32101	75754	950	百货零售	江苏省徐州市云龙区
常州金太阳至尊家电有限公司	30450	71626	678	家用电器零售	江苏省常州市天宁区
江苏蜂星电讯有限公司	27548	66930	290	通讯及广播电视设备批发	江苏省南京市雨花台区
镇江百盛商城有限公司	27479	56353	765	百货零售	江苏省镇江市京口区
南京商厦股份有限公司	26582	53863	1456	百货零售	江苏省南京市玄武区
苏州鹏润国美电器有限公司	26540	51084	730	家用电器零售	江苏省苏州市沧浪区
华润万家（苏州）超市有限公司	26485	110114	2200	超级市场零售	江苏省苏州市平江区
江阴华联商厦有限公司	26254	35590	526	百货零售	江苏省无锡市江阴市
周大福珠宝金行（苏州）有限公司	25724	43792	1311	首饰、工艺品及收藏品批发	江苏省苏州市平江区
苏州悦家超市有限公司	25703	57157	900	超级市场零售	江苏省苏州市金阊区
昆山双鹤医药有限责任公司	25412	61990	375	西药批发	江苏省苏州市昆山市
溧阳华地百货有限公司	24529	35136	650	百货零售	江苏省常州市溧阳市
昆山市润华商业有限公司百润发分公司	24335	85715	668	超级市场零售	江苏省苏州市昆山市
江苏雅家乐集团有限公司	24083	55140	1191	超级市场零售	江苏省盐城市盐都区
苏州欧尚超市有限公司	23815	90987	500	超级市场零售	江苏省苏州市平江区
江苏省盐城药业有限公司	23477	39143	500	药品零售	江苏省盐城市亭湖区
丹阳华地百货有限公司	21781	56725	1200	百货零售	江苏省镇江市丹阳市
张家港市第一人民商场有限责任公司	21713	28834	511	百货零售	江苏省苏州市张家港市
江苏金太阳卧室用品有限公司	21145	39589	286	纺织品、针织品及原料批发	江苏省南通市通州市
江苏通灵翠钻有限公司	21059	53639	360	首饰、工艺品及收藏品批发	江苏省南京市白下区
泰州第一百货商店股份有限公司	20580	48074	596	百货零售	江苏省泰州市海陵区
常州糖烟酒股份有限公司	20571	86693	208	其他食品批发	江苏省常州市钟楼区
连云港市康缘医药商业有限公司	20317	41617	240	西药批发	江苏省连云港市新浦区
无锡市肯德基有限公司	20106	70480	4064	快餐服务	江苏省无锡市崇安区
徐州华美商厦有限公司	19458	34400	592	百货零售	江苏省徐州市泉山区
常州苏宁电器有限公司	19033	47041	769	家用电器零售	江苏省常州市钟楼区
盐城商业大厦股份有限公司	18854	52387	775	百货零售	江苏省盐城市亭湖区
南京医药盐都有限公司	18527	53687	263	西药批发	江苏省盐城市盐都区
江苏高速公路石油发展有限公司	18424	328768	850	石油及制品批发	江苏省南京市玄武区
江苏中央新亚百货股份有限公司	18367	45199	1121	百货零售	江苏省淮安市清河区
南京麦当劳餐饮食品有限公司	17558	38674	1835	快餐服务	江苏省南京市玄武区
镇江九泰投资咨询有限责任公司	17451	31496	238	西药批发	江苏省镇江市润州区
徐州鹏润国美电器有限公司	16451	24170	586	家用电器零售	江苏省徐州市云龙区
宜兴市药业有限公司	15597	31643	575	药品零售	江苏省无锡市宜兴市
江苏盐阜人民商场有限公司	15392	53579	922	百货零售	江苏省盐城市亭湖区
南通国美电器有限公司	14609	18015	500	家用电器零售	江苏省南通市崇川区
常熟市百润发超市有限责任公司	14331	41601	568	超级市场零售	江苏省苏州市常熟市
昆山润华商业有限公司苏州高新区分公司	14133	58140	661	超级市场零售	江苏省苏州市高新区

4－5 续表18

企业名称	资产总计（万元）	销售额（营业额）（万元）	全部从业人员年平均人数（人）	所属行业	企业所在地
常熟市波司登进出口有限公司	14085	73489	234	服装批发	江苏省苏州市常熟市
昆山润华有限公司镇江分公司	13429	48034	509	超级市场零售	江苏省镇江市润州区
扬州市广润发超市有限公司	13379	41482	549	超级市场零售	江苏省扬州市邗江区
南京山西路大楼有限责任公司	13128	15464	536	百货零售	江苏省南京市鼓楼区
通州文峰大世界有限公司	12530	20141	500	百货零售	江苏省南通市通州市
新合作常客隆连锁超市有限公司	11720	50636	583	超级市场零售	江苏省苏州市常熟市
中石化长江燃料有限公司南京分公司	10508	279248	452	石油及制品批发	江苏省南京市下关区
无锡天惠超市股份有限公司	10456	39671	1013	超级市场零售	江苏省无锡市南长区
南京中央金城仓储超市有限责任公司	10418	39659	543	超级市场零售	江苏省南京市白下区
南京医药南通健桥有限公司	10375	30485	274	西药批发	江苏省南通市如东县
江苏真维斯服饰有限公司	10347	46481	1000	服装批发	江苏省南京市雨花台区
常州市武进明都超市有限公司	10345	28337	851	超级市场零售	江苏省常州市武进区
仪征怡华商贸发展有限公司	9409	68442	263	其他化工产品批发	江苏省扬州市仪征市
连云港家得福商贸有限公司	9214	20106	682	超级市场零售	江苏省连云港市连云区
金坛大统华购物中心有限公司	8970	24434	500	超级市场零售	江苏省常州市金坛市
南通通润发超市有限公司	8810	44378	568	超级市场零售	江苏省南通市崇川区
南京 TCL 电器销售有限公司	7049	85165	719	家用电器批发	江苏省南京市玄武区
苏州联华超市有限公司	6607	21560	726	超级市场零售	江苏省苏州市高新区
南京泉峰国际贸易有限公司	5907	42855	264	其他机械设备及电子产品批发	江苏省南京市江宁区
江苏超越超市连锁发展有限公司	5511	28786	1506	超级市场零售	江苏省南通市崇川区
常州市信特超市有限公司	5025	26396	875	超级市场零售	江苏省常州市天宁区
镇江林宁苏果连锁超市有限公司	4141	15357	583	超级市场零售	江苏省镇江市京口区
常熟华地百货有限公司	3710	21329	624	百货零售	江苏省苏州市常熟市
镇江家世界万方连锁超市有限责任公司	3318	16737	508	超级市场零售	江苏省镇江市京口区
苏州可的便利店有限公司	3209	15772	657	饮料及茶叶零售	江苏省苏州市沧浪区
无锡可的便利店有限公司	2722	18737	547	超级市场零售	江苏省无锡市北塘区
镇江市恺源旅游商贸有限责任公司	1938	18447	542	超级市场零售	江苏省镇江市京口区
南京华诚超市有限公司	1920	15527	1394	超级市场零售	江苏省南京市白下区
浙江省					
中国石油化工股份有限公司浙江石油分公司	807096	1874319	19487	石油及制品批发	浙江省杭州市上城区
浙江物产金属集团有限公司	509154	2491237	468	金属及金属矿批发	浙江省杭州市下城区
杭州娃哈哈食品饮料营销有限公司	450254	812080	1007	饮料及茶叶批发	浙江省杭州市上城区
浙江省新华书店集团有限公司	380320	219582	731	图书批发	浙江省杭州市西湖区
浙江物产国际贸易有限公司	348476	1674066	485	金属及金属矿批发	浙江省杭州市下城区
浙江物产元通机电(集团)有限公司	252314	404518	225	汽车、摩托车及零配件批发	浙江省杭州市下城区
浙江康桥汽车工贸集团股份有限公司	228587	452690	1955	汽车零售	浙江省杭州市拱墅区
杭州联华华商集团有限公司	226538	162930	3041	超级市场零售	浙江省杭州市下城区
宁波市慈溪进出口股份有限公司	211959	612205	783	首饰、工艺品及收藏品批发	浙江省宁波市慈溪市
浙江特产集团有限公司	203723	429503	292	其他机械设备及电子产品批发	浙江省杭州市上城区
浙江海越股份有限公司	196557	169614	760	机动车燃料零售	浙江省绍兴市诸暨市
华东医药股份有限公司	184407	419121	1083	药品零售	浙江省杭州市下城区
浙江远大进出口有限公司	184272	1070777	300	其他化工产品批发	浙江省宁波市北仑区
浙江新大集团有限公司	176681	307945	536	纺织品、针织品及原料批发	浙江省杭州市滨江区
浙江中油华电能源有限公司	170341	286904	245	石油及制品批发	浙江省温州市洞头县
浙江凯喜雅国际股份有限公司	158302	210697	271	纺织品、针织品及原料批发	浙江省杭州市下城区
杭州大厦有限公司	135724	4453	1171	旅游饭店	浙江省杭州市下城区
浙江省烟草公司温州分公司	133083	539901	315	烟草制品批发	浙江省温州市鹿城区
宁波三江购物俱乐部有限公司	130519	254289	6227	超级市场零售	浙江省宁波市海曙区
中国石油化工股份有限公司浙江宁波石油分公司	128086	961706	293	石油及制品批发	浙江省宁波市海曙区
德力西电气有限公司	127852	42574	642	其他机械设备及电子产品批发	浙江省温州市乐清市

4－5　续表19

企业名称	资产总计（万元）	销售额（营业额）（万元）	全部从业人员年平均人数（人）	所属行业	企业所在地
浙江英特药业有限责任公司	127100	385237	323	西药批发	浙江省杭州市下城区
中基宁波对外贸易股份有限公司	120411	681924	206	服装批发	浙江省宁波市鄞州区
浙江省茶叶集团有限公司	110930	298324	216	饮料及茶叶批发	浙江省杭州市下城区
百大集团股份有限公司	110682	169531	882	百货零售	浙江省杭州市下城区
浙江省土产畜产进出口集团公司	107616	321084	235	其他食品批发	浙江省杭州市下城区
浙江省粮油食品进出口股份有限公司	107440	210488	292	米、面制品及食用油批发	浙江省杭州市下城区
中捷环洲钢业股份有限公司	99636	172579	350	金属及金属矿批发	浙江省台州市玉环县
杭州解百集团股份有限公司	96863	157769	945	百货零售	浙江省杭州市上城区
浙江东菱股份有限公司	94925	189828	445	金属及金属矿批发	浙江省嘉兴市南湖区
浙江中大集团股份有限公司	92284	301949	259	纺织品、针织品及原料批发	浙江省杭州市下城区
温州菜篮子集团有限公司	85405	70221	1737	果品、蔬菜批发	浙江省温州市鹿城区
浙江省纺织品进出口集团有限公司	85138	315544	369	其他机械设备及电子产品批发	浙江省杭州市上城区
浙江省烟草公司绍兴分公司	78340	347272	328	烟草制品批发	浙江省绍兴市越城区
浙江华润慈客隆超市有限公司	76587	193843	2002	超级市场零售	浙江省宁波市慈溪市
浙江省烟草宁波分公司	72632	659956	355	烟草制品批发	浙江省宁波市科技园区
浙江震元股份有限公司	72298	63860	281	中药材及中成药批发	浙江省绍兴市越城区
宁波百隆贸易有限公司	71398	84356	233	纺织品、针织品及原料批发	浙江省宁波市镇海区
浙江东方集团股份有限公司	69396	409115	524	服装批发	浙江省杭州市上城区
杭州肯德基有限公司	69223	44501	13895	快餐服务	浙江省杭州市西湖区
温州金洲集团有限公司	69196	167874	315	服装批发	浙江省温州市鹿城区
湖州市浙北大厦有些责任公司	67238	180513	1683	百货零售	浙江省湖州市吴兴区
浙江省烟草公司杭州市萧山区公司	67103	148325	220	烟草制品批发	浙江省杭州市萧山区
绍兴大通商城股份有限公司	65389	101402	659	百货零售	浙江省绍兴市上虞市
华润万家生活超市（浙江）有限公司	63752	26764	2790	超级市场零售	浙江省杭州市下城区
宁波医药股份有限公司	63080	231468	250	西药批发	浙江省宁波市海曙区
浙江国美电器有限公司	62528	96554	1242	家用电器零售	浙江省杭州市下城区
浙江省工艺品进出口有限公司	59747	192003	285	首饰、工艺品及收藏品批发	浙江省杭州市下城区
浙江上百贸易有限公司	59300	100253	700	百货零售	浙江省绍兴市上虞市
杭州国际大厦有限责任公司	59119	17456	830	旅游饭店	浙江省杭州市下城区
杭州开元名都大酒店有限公司	58368	19797	942	旅游饭店	浙江省杭州市萧山区
浙江省烟草公司台州分公司	57944	379471	382	烟草制品批发	浙江省台州市椒江区
浙江省烟草公司湖州分公司	57577	250465	376	烟草制品批发	浙江省湖州市吴兴区
宁波市北仑加贝购物俱乐部	56789	128196	4295	超级市场零售	浙江省宁波市北仑区
浙江省邮电器材公司	56450	118524	317	通讯及广播电视设备批发	浙江省杭州市下城区
雄风集团有限公司	55438	114401	840	家用电器批发	浙江省绍兴市诸暨市
杭州市轻工工艺纺织品进出口有限公司	53772	223974	350	服装批发	浙江省杭州市拱墅区
浙江华联商厦有限公司	50317	95092	1979	百货零售	浙江省宁波市余姚市
宁波浙国美电器有限公司	49120	91714	583	家用电器零售	浙江省宁波市海曙区
杭州饮食服务集团有限公司	49027	23954	1941	正餐服务	浙江省杭州市上城区
宁波波导销售有限公司	46738	151159	1407	通讯及广播电视设备批发	浙江省宁波市奉化市
杭州万事利丝绸科技有限公司	43160	71713	350	纺织品、针织品及原料批发	浙江省杭州市江干区
浙江省烟草公司瑞安市公司	42648	107269	200	烟草制品批发	浙江省温州市瑞安市
浙江省烟草公司金华分公司	40808	326409	329	烟草制品批发	浙江省金华市婺城区
浙江省烟草公司嘉兴分公司	40494	341642	258	烟草制品批发	浙江省嘉兴市秀洲区
浙江江南大厦股份有限公司	40014	44003	605	百货零售	浙江省嘉兴市南湖区
浙江话机世界数码连锁集团有限公司	39019	128487	201	通讯及广播电视设备批发	浙江省杭州市拱墅区
宁波博洋服饰有限公司	37677	69223	470	服装批发	浙江省宁波市海曙区
浙江省烟草公司义乌市公司	36521	110390	226	烟草制品批发	浙江省金华市义乌市
浙江烟草公司余姚市公司	35977	110095	241	烟草制品批发	浙江省宁波市余姚市
温州人本超市有限公司	33799	118483	3119	超级市场零售	浙江省温州市鹿城区

4－5　续表20

企业名称	资产总计（万元）	销售额（营业额）（万元）	全部从业人员年平均人数（人）	所属行业	企业所在地
浙江温岭医药药材有限公司	33715	79850	327	西药批发	浙江省台州市温岭市
浙江国商实业股份有限公司	32541	60958	263	家用电器批发	浙江省台州市椒江区
浙江东兴商厦股份有限公司	31887	50865	771	百货零售	浙江省嘉兴市桐乡市
浙江省烟草公司衢州分公司	31586	152133	226	烟草制品批发	浙江省衢州市柯城区
浙江宏图三胞科技发展有限公司	30941	66622	895	计算机、软件及辅助设备零售	浙江省杭州市西湖区
浙江苏宁电器有限公司	30449	118627	765	家用电器零售	浙江省杭州市下城区
浙江雄城商贸股份有限公司	30173	55024	1000	百货零售	浙江省绍兴市诸暨市
浙江省建设机械集团有限公司	28821	30254	366	其他机械设备及电子产品批发	浙江省杭州市下城区
浙江省烟草公司嵊州市公司	25428	70988	204	烟草制品批发	浙江省绍兴市嵊州市
宁波新江厦连锁超市有限公司	25322	44258	724	超级市场零售	浙江省宁波市鄞州区
台州市耀达商场有限公司	25039	38543	515	百货零售	浙江省台州市临海市
浙江省诸暨市对外经济贸易有限公司	24526	57585	225	服装批发	浙江省绍兴市诸暨市
杭州香蕉服饰有限公司	24207	40155	715	服装批发	浙江省杭州市下城区
浙江大生医药有限公司	23552	69181	254	西药批发	浙江省宁波市北仑区
杭州萧山医药有限公司	23549	47253	210	西药批发	浙江省杭州市萧山区
浙江供销超市有限公司	23187	160001	1301	百货零售	浙江省绍兴市越城区
浙江星普五星电器有限公司	23056	43367	918	家用电器零售	浙江省杭州市西湖区
浙江汇德隆实业集团有限公司	22812	62800	532	其他综合零售	浙江省杭州市萧山区
杭州果品有限公司	22754	66000	210	果品、蔬菜批发	浙江省杭州市江干区
上虞市医药有限责任公司	22299	53364	317	西药批发	浙江省绍兴市上虞市
温州成功集团有限公司	21739	53174	298	服装批发	浙江省温州市鹿城区
宁波家乐福商业有限公司	21671	45817	507	超级市场零售	浙江省宁波市江东区
浙江帅康营销有限公司	21610	94062	384	家用电器批发	浙江省宁波市余姚市
宁波乐购生活购物有限公司	21036	43686	530	超级市场零售	浙江省宁波市海曙区
浙江温州医药商业集团有限公司	20246	44302	298	西药批发	浙江省温州市鹿城区
绍兴县华通医药有限公司	18664	42341	451	西药批发	浙江省绍兴市绍兴县
宁波欧尚超市有限公司	18641	65878	821	超级市场零售	浙江省宁波市海曙区
仙居制药销售有限公司	16403	57797	603	西药批发	浙江省台州市仙居县
浙江诸暨第一百货有限公司	16231	39822	501	百货零售	浙江省绍兴市诸暨市
浙江康恩贝医药销售有限公司	16208	53801	333	西药批发	浙江省杭州市上城区
杭州欧尚超市有限公司	15603	57155	533	超级市场零售	浙江省杭州市拱墅区
金华市医药有限公司	15481	41586	248	西药批发	浙江省金华市婺城区
飞科集团有限公司	14903	31302	600	家用电器批发	浙江省温州市瓯海区
中国石油天然气股份有限公司浙江宁波销售分公司	14307	131876	280	石油及制品批发	浙江省宁波市江东区
宁波市鄞州医药药材有限公司	13775	35896	215	西药批发	浙江省宁波市江东区
温州开太百货有限公司	13751	39451	1500	百货零售	浙江省温州市鹿城区
浙江英诺法医药有限公司	13559	30057	546	中药材及中成药批发	浙江省金华市婺城区
浙江不老神食品有限公司	12775	38430	1658	肉、禽、蛋及水产品批发	浙江省衢州市柯城区
舟山市民生商厦有限责任公司	12623	29251	634	超级市场零售	浙江省舟山市定海区
杭州物美大卖场商业有限公司	12111	53883	668	超级市场零售	浙江省杭州市西湖区
杭州话机世界数码连锁有限公司	11729	40608	588	通信设备零售	浙江省杭州市拱墅区
温岭市食品总公司	10733	52033	519	肉、禽、蛋及水产品批发	浙江省台州市温岭市
绍兴好又多百货有限公司	10420	32946	700	超级市场零售	浙江省绍兴市越城区
浙江金冠体育用品有限公司	10338	46390	374	服装批发	浙江省杭州市西湖区
浙江麦当劳餐厅食品有限公司	9896	16225	1895	快餐服务	浙江省杭州市下城区
中国石油天然气股份有限公司浙江舟山销售分公司	9793	95711	252	石油及制品批发	浙江省舟山市普陀区
浙江福泰隆连锁超市有限公司	9686	27998	722	超级市场零售	浙江省金华市婺城区
宁波布利杰进出口有限公司	9466	71107	219	服装批发	浙江省宁波市江东区
奥康鞋业销售有限公司	8435	33268	729	鞋帽批发	浙江省温州市永嘉县
台州市三和自选商场有限公司	8255	30958	596	超级市场零售	浙江省台州市温岭市

4－5　续表21

企业名称	资产总计（万元）	销售额（营业额）（万元）	全部从业人员年平均人数（人）	所属行业	企业所在地
杭州中油石油天然气销售有限公司	8254	79628	202	石油及制品批发	浙江省杭州市余杭区
嘉兴市嘉润商业有限责任公司	8244	36850	507	超级市场零售	浙江省嘉兴市秀洲区
长兴县第一百货商店有限责任公司	7788	21755	525	百货零售	浙江省湖州市长兴县
金华市中洋超市有限公司	7481	19749	624	超级市场零售	浙江省金华市婺城区
杭州海王星辰健康药房有限公司	7159	15584	596	药品零售	浙江省杭州市上城区
温州苏宁电器有限公司	6901	32981	547	家用电器零售	浙江省温州市鹿城区
宁海县太平洋百货有限公司	6200	20949	630	百货零售	浙江省宁波市宁海县
浙江黄岩食品总公司	6057	19656	740	肉、禽、蛋及水产品零售	浙江省台州市黄岩区
杭州梯西爱乐（TCL）电器销售有限公司	4863	69059	428	家用电器批发	浙江省杭州市上城区
台州市路桥区商业有限公司	4674	19152	525	肉、禽、蛋及水产品零售	浙江省台州市路桥区
安徽省					
安徽辉隆农资集团有限公司	246709	418294	448	化肥批发	安徽省合肥市庐阳区
中石化股份有限公司安徽合肥石油分公司	218685	388073	1213	石油及制品批发	安徽省合肥市包河区
安徽省徽商股份有限公司	188062	1103182	310	金属及金属矿批发	安徽省合肥市包河区
安徽华源医药股份有限公司	148350	955088	1889	西药批发	安徽省阜阳市太和区
合肥百货大楼集团股份有限公司	127160	181656	955	百货零售	安徽省合肥市庐阳区
安徽新兴格力空调销售有限公司	123672	207355	720	家用电器批发	安徽省合肥市瑶海区
安徽风之星汽车股份有限公司	121470	219513	880	汽车零售	安徽省合肥市蜀山区
安徽洽洽食品有限公司	120880	153798	892	其他食品批发	安徽省合肥市经开区
中国石油化工股份有限公司安徽分公司	118407	192852	214	石油及制品批发	安徽省蚌埠市龙子湖区
中国石油化工股份有限公司安徽安庆石油公司	113624	188995	754	机动车燃料零售	安徽省安庆市迎江区
联合利华服务（合肥）有限公司	109230	657817	873	化妆品及卫生用品批发	安徽省合肥市经开区
安徽省技术进出口股份有限公司	108054	475880	362	其他机械设备及电子产品批发	安徽省合肥市蜀山区
合肥市荣事达洗衣设备有限责任公司	107198	198732	3692	家用电器批发	安徽省合肥市高新区
安徽省烟草公司合肥市公司	105636	319792	1119	烟草制品批发	安徽省合肥市蜀山区
中国石油化工股份有限公司安徽阜阳石油分公司	97719	184586	730	石油及制品批发	安徽省阜阳市颍州区
安徽省烟草公司安庆公公司	93651	222664	1023	烟草制品批发	安徽省安庆市迎江区
宿州中石化公司	92935	152907	437	石油及制品批发	安徽省宿州市埇桥区
南京医药合肥天星有限公司	89517	174621	1183	西药批发	安徽省合肥市庐阳区
合肥丰乐种业股份有限公司	88545	37101	485	种子、饲料批发	安徽省合肥市蜀山区
安徽省烟草公司六安市公司	74660	139047	829	烟草制品批发	安徽省六安市金安区
安徽省烟草公司巢湖市公司	71983	177975	875	烟草制品批发	安徽省巢湖市居巢区
安徽安粮国际发展股份有限公司	71819	260949	262	纺织品、针织品及原料批发	安徽省合肥市庐阳区
芜湖亚夏实业有限公司	71714	127077	545	汽车、摩托车及零配件批发	安徽省芜湖市鸠江区
安徽省服装进出口股份有限公司	70950	167967	239	服装批发	安徽省合肥市庐阳区
安徽省烟草公司宣城市公司	66866	145813	669	烟草制品批发	安徽省宣城市宣州区
中国石化工股份有限公司安徽宣城石油分公司	65070	117398	471	石油及制品批发	安徽省宣城市宣州区
中国石油化工股份有限公司安徽滁州石油分公司	63638	126530	562	石油及制品批发	安徽省滁州市琅琊区
安徽省烟草公司芜湖市公司	63557	120931	450	烟草制品批发	安徽省芜湖市弋江区
中石化巢湖公司	59209	94470	452	石油及制品批发	安徽省巢湖市居巢区
安徽省烟草公司滁州市公司	58218	157116	769	烟草制品批发	安徽省滁州市琅琊区
中国石油化工股份有限公司马鞍山市石油分公司	51574	94564	363	石油及制品批发	安徽省马鞍山市花山区
宿州烟草公司	49472	125707	1083	烟草制品批发	安徽省宿州市埇桥区
安徽省阜阳市烟草公司	48793	181565	1410	烟草制品批发	安徽省阜阳市颍州区
安徽省商厦股份有限公司	47631	61468	1000	百货零售	安徽省阜阳市颍州区
合肥鼓楼商厦有限责任公司	46704	91838	505	百货零售	安徽省合肥市庐阳区
安徽轻工国际贸易有限公司	43589	176764	225	其他日用品批发	安徽省合肥市蜀山区
安徽省烟草公司淮南市公司	40910	119128	530	烟草制品批发	安徽省淮南市田家庵区
安徽徽商农家福有限公司	39960	142849	409	化肥批发	安徽省合肥市包河区

4－5 续表22

企业名称	资产总计（万元）	销售额（营业额）（万元）	全部从业人员年平均人数（人）	所属行业	企业所在地
宿州华夏商社	38394	60059	2016	超级市场零售	安徽省宿州市埇桥区
蚌埠市烟草专卖局（公司）	37259	105985	552	烟草制品批发	安徽省蚌埠市禹会区
安徽省烟草公司马鞍山市公司	36049	76960	311	烟草制品批发	安徽省马鞍山市花山区
安徽省烟草公司淮北市公司	35910	69105	324	烟草制品批发	安徽省淮北相山区
芜湖南京新百大厦有限公司	35835	49473	500	百货零售	安徽省芜湖市镜湖区
合肥悦家商业有限公司	35642	73155	1502	超级市场零售	安徽省合肥市蜀山区
安徽省烟草公司黄山市公司	35210	78362	353	烟草制品批发	安徽省黄山屯溪
安徽省烟草公司池州市公司	34581	75086	597	烟草制品批发	安徽省池州市贵池区
合肥百大合家福连锁超市有限责任公司	33657	90469	1320	超级市场零售	安徽省合肥市包河区
安徽省烟草公司亳州市公司	33385	112681	1233	烟草制品批发	安徽省亳州市谯城区
安徽华联商厦有限责任公司	31888	31092	973	百货零售	安徽省淮南市田家庵区
中国石油天然气股份有限公司安徽合肥分公司	30535	111855	500	石油及制品批发	安徽省合肥市庐阳区
安徽国生电器有限责任公司	29355	158255	715	家用电器批发	安徽省合肥市庐阳区
芜湖华亿国际购物中心有限责任公司	29239	64422	984	百货零售	安徽省芜湖市镜湖区
安徽阜阳医药集团有限公司	27692	108187	484	西药批发	安徽省阜阳市开发区
安徽省徽商集团食品有限公司	26343	67663	894	超级市场零售	安徽省合肥市庐阳区
中国石油化工股份有限公司安徽淮南分公司	25180	155542	554	石油及制品批发	安徽省淮南市田家庵区
合肥荣事达美的电器营销有限公司	24970	252441	931	家用电器批发	安徽省合肥市高新区
合肥百货大楼集团蚌埠百货大楼有限责任公司	23249	33864	570	百货零售	安徽省蚌埠市蚌山区
合肥银山棉麻股份有限公司	22502	34549	260	棉、麻批发	安徽省合肥市瑶海区
芜湖中油石油有限公司	19963	78078	380	石油及制品批发	安徽省芜湖市鸠江区
合肥中建工程机械有限公司	19570	78780	452	其他机械设备及电子产品批发	安徽省合肥市经开区
中石化股份有限公司安徽淮北石油分公司	19243	84376	352	石油及制品批发	安徽省淮北相山区
合肥太古可乐饮料有限公司	18836	30578	878	饮料及茶叶批发	安徽省合肥市经济技术开发区
合肥新华书店有限公司	17343	21611	620	图书零售	安徽省合肥市庐阳区
淮南新欣医药有限公司	15397	30987	503	西药批发	安徽省淮南市田家庵区
阜阳华联超市有限公司	15336	29543	1285	超级市场零售	安徽省阜阳市颍州区
安徽省庐江安德利贸易中心有限公司	14954	21514	697	百货零售	安徽省巢湖市庐江县
安徽五星电器有限公司	14568	74057	687	家用电器零售	安徽省合肥市庐阳区
六安市西都百货经营管理有限公司	13725	19045	990	百货零售	安徽省六安市金安区
上海市医药股份有限公司安庆公司	13600	31341	233	西药批发	安徽省安庆市迎江区
中国石油天然气股份有限公司安徽滁州销售分公司	13479	34160	290	石油及制品批发	安徽省滁州市琅琊
合肥百货大楼集团铜陵合百商厦有限责任公司	13273	25313	806	百货零售	安徽省铜陵市铜官山区
中国石油天然气股份有限公司安徽阜阳销售分公司	10612	33947	256	石油及制品批发	安徽省阜阳市颍州区
南京医药合肥天润有限公司	10383	33262	218	西药批发	安徽省合肥市包河区
安庆华联购物广场有限责任公司	10088	29945	2500	超级市场零售	安徽省安庆市迎江区
淮南大润发商业有限公司	9959	23222	505	超级市场零售	安徽省淮南市田家庵区
安徽省宣城市医药有限公司	9314	34500	298	西药批发	安徽省宣城市宣州区
南京福旺食品有限公司合肥分公司	9021	34746	342	其他食品批发	安徽省合肥市新站区
马鞍山市蓝天废旧物资回收有限公司	8484	52982	418	再生物资回收与批发	安徽省马鞍山市金家庄区
世纪联华发展有限公司	7593	31744	633	超级市场零售	安徽省芜湖市镜湖区
淮南苏果超市有限公司	7123	33459	725	超级市场零售	安徽省淮南市田家庵区
苏果超市马鞍山有限公司	6816	19159	668	超级市场零售	安徽省马鞍山市花山区
宿州美惠多超市	6468	23858	1200	超级市场零售	安徽省宿州市埇桥区
合肥 TCL 电器销售有限公司	2035	46330	380	家用电器批发	安徽省合肥市瑶海区
福建省					
厦门建发股份有限公司	1093565	2164856	979	服装批发	福建省厦门市思明区
厦门国贸集团股份有限公司	829999	1212513	412	金属及金属矿批发	福建省厦门市思明区
中石化森美（福建）石油有限公司	634832	962156	9006	石油及制品批发	福建省福州市鼓楼区

4－5　续表23

企业名称	资产总计（万元）	销售额（营业额）（万元）	全部从业人员年平均人数（人）	所属行业	企业所在地
厦门象屿集团有限公司	482288	887565	308	其他未列明的批发	福建省厦门市湖里区
中国石油化工股份有限公司福建石油分公司	438988	1855350	1335	石油及制品批发	福建省福州市鼓楼区
中国（福建）对外贸易中心集团	300471	201764	1176	贸易经纪与代理	福建省福州市鼓楼区
福建省烟草公司三明市公司	233578	157324	2234	烟草制品批发	福建省三明市梅列区
福建省烟草公司泉州分公司	222909	525833	1388	烟草制品批发	福建省泉州市丰泽区
福建新华发行（集团）有限责任公司	155314	113438	390	图书批发	福建省福州市鼓楼区
福建省烟草公司福州分公司	155141	417881	1194	烟草制品批发	福建省福州市晋安区
福建省龙岩烟草分公司	151856	231040	2067	烟草制品批发	福建省龙岩市新罗区
福建省农资集团公司	131874	252786	610	化肥批发	福建省福州市鼓楼区
福建省烟草公司南平市公司	123385	235984	2313	烟草制品批发	福建省南平市延平区
福建省烟草公司厦门烟草分公司	112024	251942	303	烟草制品批发	福建省厦门市思明区
福建省烟草公司漳州分公司	111911	320553	1123	烟草制品批发	福建省漳州市芗城区
福建同春药业股份有限公司	74072	196275	896	西药批发	福建省福州市仓山区
福建华闽进出口有限公司	72459	226241	494	鞋帽批发	福建省福州市鼓楼区
福建省烟草公司宁德市公司	68160	169678	733	烟草制品批发	福建省宁德市 蕉城区
福州国美电器有限公司	61623	135483	550	家用电器零售	福建省福州市晋安区
福建省烟草公司莆田分公司	56921	152673	427	烟草制品批发	福建省莆田市城厢区
厦门夏商农产品集团有限公司	48942	364662	245	果品、蔬菜批发	福建省厦门市湖里区
厦门医药采购供应站	40514	93032	358	医疗用品及器材批发	福建省厦门市思明区
罗克韦尔自动化（厦门）有限公司	39069	96375	520	其他机械设备及电子产品批发	福建省厦门市湖里区
厦门永乐思文家电有限公司	36020	72884	560	家用电器零售	福建省厦门市思明区
厦门市天虹商场有限公司	32147	53690	689	超级市场零售	福建省厦门市思明区
福建省医药（集团）有限责任公司	30942	55184	319	中药材及中成药批发	福建省福州市鼓楼区
沃尔玛深国投百货有限公司福州山姆会员店	29183	55578	1438	超级市场零售	福建省福州市鼓楼区
福建九州通医药有限公司	26746	91626	346	西药批发	福建省福州市马尾区
福建永乐商业家电有限公司福新店	25394	67102	699	家用电器零售	福建省福州市晋安区
中国石油天然气股份有限公司泉州销售分公司	24433	71563	607	机动车燃料零售	福建省泉州市丰泽区
福州曼伯罗食品有限公司	22070	40627	1031	快餐服务	福建省福州市鼓楼区
厦门科华恒盛股份有限公司	20227	31621	230	其他机械设备及电子产品批发	福建省厦门市湖里区
泉州市中闽百汇购物有限公司	17675	16706	556	超级市场零售	福建省泉州市鲤城区
中国石油天然气股份有限公司福建福州销售分公司	17223	87589	374	石油及制品批发	福建省福州市鼓楼区
厦门青岛啤酒东南营销有限公司	16764	79262	542	饮料及茶叶批发	福建省厦门市同安区
福建苏宁电器有限公司	16227	73835	591	家用电器零售	福建省福州市晋安区
百胜餐饮（福州）有限公司	15955	29656	2100	快餐服务	福建省福州市鼓楼区
厦门银祥食品有限公司	15603	45905	567	肉、禽、蛋及水产品零售	福建省厦门市同安区
福安市医药有限公司	14746	48381	264	西药批发	福建省宁德市 福安区
泉州新华都购物广场有限公司	14314	52129	844	其他综合零售	福建省泉州市丰泽区
厦门黄金香食品有限公司	13209	75109	451	肉、禽、蛋及水产品批发	福建省厦门市思明区
厦门麦当劳食品发展有限公司	12400	22897	1044	快餐服务	福建省厦门市思明区
厦门肯德基有限公司	12326	18791	2650	快餐服务	福建省厦门市思明区
福州海尔工贸有限公司	12043	37291	458	家用电器批发	福建省福州市鼓楼区
福州新华都综合百货有限公司	10947	30120	726	超级市场零售	福建省福州市鼓楼区
厦门来雅百货有限公司	10791	18181	512	百货零售	福建省厦门市思明区
福州麦当劳餐厅食品有限公司	10050	15691	1190	快餐服务	福建省福州市鼓楼区
厦门富山诚达百货商业广场有限公司	8188	49215	958	超级市场零售	福建省厦门市思明区
福建吉马经贸有限公司	6411	33040	1316	饮料及茶叶批发	福建省漳州市芗城区
福州麦多万嘉超市有限公司	6212	31503	760	超级市场零售	福建省福州市晋安区
厦门市中博贸易有限公司	5781	34812	545	通信设备零售	福建省厦门市湖里区
广州旺旺食品有限公司福州分公司	5582	30961	314	饮料及茶叶批发	福建省福州市台江区
厦门新华都购物广场有限公司	5493	24866	654	超级市场零售	福建省厦门市思明区

4－5 续表24

企业名称	资产总计（万元）	销售额（营业额）（万元）	全部从业人员年平均人数（人）	所属行业	企业所在地
福建省永辉商业股份有限公司福州台江分公司	4038	19742	532	超级市场零售	福建省福州市台江区
福州闽台茶业有限公司	3765	179029	846	饮料及茶叶零售	福建省福州市晋安区
江西省					
南昌洪城大厦股份有限公司	124078	170269	700	百货零售	江西省南昌市西湖区
江西省烟草公司南昌市公司	99821	282084	859	烟草制品批发	江西省南昌市西湖区
南昌百货大楼股份有限公司	99645	214001	2260	百货零售	江西省南昌市东湖区
中国石油化工股分有限公司赣州石油分公司	94294	288319	462	石油及制品批发	江西省赣州市章贡区
江西汇仁集团医药科研营销有限公司	81278	213664	479	中药材及中成药批发	江西省南昌市青山湖区
中国石油化工股份有限公司江西宜春石油分公司	72454	192665	378	石油及制品批发	江西省宜春市袁州区
江西省烟草公司赣州分公司	69661	187049	2013	烟草制品批发	江西省赣州市章贡区
中国石油化工股份有限公司江西南昌石油分公司	67475	302807	1312	石油及制品批发	江西省南昌市青山湖区
江西省宜春市烟草分公司	59306	170750	979	烟草制品批发	江西省宜春市袁州区
江西省烟草公司九江分公司	56628	196350	870	烟草制品批发	江西省九江市浔阳区
江西南华医药有限公司	56462	105022	519	西药批发	江西省南昌市西湖区
中国石油化工股份有限公司江西九江分公司	47570	169689	853	石油及制品批发	江西省九江市浔阳区
抚州烟草公司	47141	129860	1545	烟草制品批发	江西省抚州市临川区
江西洪客隆实业有限公司	43417	79029	1676	百货零售	江西省南昌市东湖区
江西省烟草公司上饶市公司	42758	192013	1155	烟草制品批发	江西省上饶市信州区
吉安市烟草公司	41110	139270	822	烟草制品批发	江西省吉安市吉州区
江西省抚州石油分公司	40156	134170	801	石油及制品批发	茳西省抚州市临川区
中国石油化工股份公司江西吉安分公司	39990	214517	1063	石油及制品批发	江西省吉安市吉州区
江西鹏润国美电器有限公司	37526	53195	934	家用电器零售	江西省南昌市青云谱区
中国石油化工股份有限公司萍乡石油分公司	32474	81748	428	石油及制品批发	江西省萍乡市安源区
思创数码科技股份有限公司	29052	69069	416	计算机、软件及辅助设备批发	江西省南昌市青山湖区
江西省新华书店	28380	52561	463	图书批发	江西省南昌市西湖区
中国石油化工股份有限公司上饶分公司	27437	162082	760	石油及制品批发	江西省上饶市信州区
江西省高安市粮油购销公司	25938	45623	582	谷物、豆及薯类批发	江西省宜春市高安市
江西四特酒营销有限责任公司	23540	108308	1360	其他食品批发	江西省宜春市樟树市
江西省烟草公司萍乡市公司	23365	77857	405	烟草制品批发	江西省萍乡市安源区
江西省烟草公司鹰潭分公司	20459	52445	275	烟草制品批发	江西省鹰潭市月湖区
中国石油化工股份有限公司江西新余石油分公司	20076	78431	200	石油及制品批发	江西省新余市渝水区
中国石油化工股份有限公司江西景德镇分公司	19012	94030	500	石油及制品批发	江西省景德镇市珠山区
江西黄庆仁栈华氏大药房有限公司	17585	26412	2878	药品零售	江西省南昌市西湖区
江西仁和药业有限公司	17281	77805	3301	中药材及中成药批发	江西省宜春市樟树市
江西省烟草公司新余分公司	14952	49821	260	烟草制品批发	江西省新余市渝水区
江西青龙集团商厦有限公司	12809	22419	1072	超级市场零售	江西省宜春市袁州区
江西江中医贸有限责任公司	12791	122719	763	中药材及中成药批发	江西省南昌市青山湖区
吉安市国光实业有限公司	12197	16305	1281	超级市场零售	江西省吉安市吉州区
南昌肯德基有限公司	11726	25271	1793	快餐服务	江西省南昌市东湖区
江西九州医药有限公司	10232	33022	365	西药批发	江西省宜春市樟树市
江西创力医药有限公司	9512	44408	245	西药批发	江西省南昌市青山湖区
南昌市新华书店	6443	18959	534	图书零售	江西省南昌市西湖区
江西康力药品物流有限公司	4467	35183	680	西药批发	江西省宜春市樟树市
赣州国光购物广场有限责任公司	4347	19013	838	超级市场零售	江西省赣州市章贡区
心连心集团江西萍乡超市有限公司	2231	18011	800	超级市场零售	江西省萍乡市安源区
山东省					
博兴县兴福钢贸城	936410	633600	1400	金属及金属矿批发	山东省滨州市博兴县
山东银座商城股份有限公司	817560	622350	5648	百货零售	山东省济南市历下区
中石化股份有限公司山东临沂石油分公司	564129	197480	1412	机动车燃料零售	山东省临沂市河东区

4－5　续表25

企业名称	资产总计（万元）	销售额（营业额）（万元）	全部从业人员年平均人数（人）	所属行业	企业所在地
海尔集团电器产业有限公司	525637	986727	215	家用电器批发	山东省青岛市崂山区
淄川建材城	505000	1086217	21189	建材批发	山东省淄博淄川区
利群集团股份有限公司	486004	127354	5680	百货零售	山东省青岛市崂山区
青岛海尔国际贸易有限公司	412667	525327	351	其他机械设备及电子产品批发	山东省青岛市崂山区
润华集团股份有限公司	346292	169656	826	汽车零售	山东省济南市槐荫区
山东省机械进出口集团公司	317955	490159	576	其他机械设备及电子产品批发	山东省青岛市市南区
三联商社	253910	215699	1309	家用电器零售	山东省济南市历下区
威海纺织集团进出口有限公司	213005	348783	239	服装批发	山东省威海市环翠区
烟台张裕葡萄酿酒公司销售有限公司	204180	251421	376	饮料及茶叶批发	山东省烟台市芝罘区
青岛益佳国际贸易集团有限公司	203832	214306	776	服装批发	山东省青岛市市南区
淄博商厦股份有限公司	201637	650135	4998	百货零售	山东省淄博市张店区
山东省新华书店	187936	211358	593	图书批发	山东省济南市市中区
青岛烟草有限公司	167742	125645	1100	烟草制品批发	山东省青岛市市北区
山东潍坊百货集团股份有限公司	166671	339078	6820	百货零售	山东省潍坊市高新区
烟台市振华百货集团股份有限公司振华商厦	158839	143648	813	百货零售	山东省烟台市芝罘区
山东省农业生产资料有限责任公司	147510	341449	230	化肥批发	山东省济南市历下区
淄博金彩沙发城有限公司	145000	430657	3100	其他未列明的批发	山东省淄博市周村区
山东潍坊烟草有限公司	141073	359386	3290	烟草制品批发	山东省潍坊市高新区
青岛维客集团股份有限公司	140217	126540	1048	百货零售	山东省青岛市李沧区
山东潍坊海王银河医药有限公司	130907	392768	722	中药材及中成药批发	山东省潍坊市奎文区
山东格力电器市场营销有限公司	120637	175373	562	家用电器批发	山东省济南市天桥区
青岛永旺东泰商业有限公司	117540	133508	1368	百货零售	山东省青岛市市南区
山东临沂烟草有限公司	116619	337699	3218	烟草制品批发	山东省临沂市兰山区
绮丽集团有限责任公司	112473	137227	532	服装批发	山东省青岛市市南区
淄川服装城	108511	1103029	33000	服装批发	山东省淄博淄川区
山东临沂汽车工业贸易有限公司	104166	311207	630	汽车零售	山东省临沂市兰山区
东营鲁能方大集团有限责任公司	101649	52432	428	五金、交电批发	山东省东营开发区
济南华联商厦集团股份有限公司	100778	282838	1100	百货零售	山东省济南市槐荫区
中国石化山东泰山石油股份有限公司	100203	319758	1031	石油及制品批发	山东省泰安市泰山区
山东烟台烟草有限公司	98117	329106	1263	烟草制品批发	山东省烟台市莱山区
淄博广电天网视讯有限公司	97592	18110	920	通信设备零售	山东省淄博开发区
济南人民大润发商业有限公司	97552	354551	731	超级市场零售	山东省济南市历下区
山东道恩集团有限公司	95952	394466	316	其他化工产品批发	山东省烟台市龙口市
山东济南烟草有限公司	90632	278775	951	烟草制品批发	山东省济南市历城区
山东家家悦集团有限公司	90261	471834	8523	超级市场零售	山东省威海市环翠区
烟台市农业生产资料总公司	88671	179620	271	化肥批发	山东省烟台市芝罘区
山东济宁烟草有限公司	82107	270035	1420	烟草制品批发	山东省济宁市高新区
山东蓝海股份有限公司	81917	40703	4187	正餐服务	山东省东营东营区
中石化山东淄博石油分公司	72210	317980	240	石油及制品批发	山东省淄博市张店区
山东德州百货大楼有限公司	69026	271145	2179	百货零售	山东省德州市德城区
山东翔龙实业集团有限公司	67887	62542	200	化肥批发	山东省临沂市兰山区
青岛国美电器有限公司	63584	130675	920	家用电器零售	山东省青岛市四方区
济南人民商场集团有限公司	60316	84842	1888	百货零售	山东省济南市市中区
日照百货大楼有限公司	58639	34685	1145	百货零售	山东省日照市东港区
青岛利客来商贸集团股份有限公司	54087	56690	816	百货零售	山东省青岛市李沧区
中国石油化工股份有限公司山东烟台石油分公司	53915	381806	1607	石油及制品批发	山东省烟台市芝罘区
山东大陆企业集团有限公司	49614	56568	1329	金属及金属矿批发	山东省临沂市兰山区
山东菏泽烟草有限公司	49003	210834	1218	烟草制品批发	山东省菏泽市牡丹区
山东威海烟草有限公司	48759	113139	472	烟草制品批发	山东省威海市环翠区
济南中信医药有限公司	47112	184440	480	西药批发	山东省济南市槐荫区

4－5　续表26

企业名称	资产总计（万元）	销售额（营业额）（万元）	全部从业人员年平均人数（人）	所属行业	企业所在地
寿光市百货大楼有限公司	46841	159538	1036	百货零售	山东省潍坊市寿光市
山东枣庄烟草有限公司	45345	141968	876	烟草制品批发	山东省枣庄滕州市
山东北药鲁抗有限公司	45293	158528	1761	西药批发	山东省济宁市中区
山东新星购销总部	45220	362347	2956	饮料及茶叶批发	山东省淄博淄川区
山东日照烟草有限公司	44727	108527	823	烟草制品批发	山东省日照市东港区
青岛北方国贸大厦集团股份有限公司	44086	155870	537	百货零售	山东省青岛市李沧区
济南药业集团有限责任公司	43813	121594	712	中药材及中成药批发	山东省济南市市中区
山东省福瑞达集团有限公司	43511	38976	525	金属及金属矿批发	山东省淄博市周村区
山东德州扒鸡集团有限公司	41879	31191	1450	肉、禽、蛋及水产品批发	山东省德州市运河
德州银龙集团有限公司	41849	54369	300	棉、麻批发	山东省德州市运河
青岛巴龙集团有限公司	41732	46172	1066	服装批发	山东省青岛市市南区
山东德州烟草有限公司	41059	131533	975	烟草制品批发	山东省德州市经济开发区
山东瑞康药品配送有限公司	39666	54863	210	中药材及中成药批发	山东省烟台市芝罘区
山东机械设备进出口集团公司	39547	39991	241	其他机械设备及电子产品批发	山东省青岛市市南区
济南舜耕山庄	39245	16006	1123	旅游饭店	山东省济南市市中区
潍坊市钢联金属材料有限公司	39130	140037	355	金属及金属矿批发	山东省潍坊市潍城区
青岛肯德基有限公司	38588	28635	7180	快餐服务	山东省青岛市市南区
临沂医药集团有限公司	38473	73765	878	药品零售	山东省临沂市兰山区
青岛家乐福商业有限公司	37021	61335	645	超级市场零售	山东省青岛市市南区
烟台开发区舒家批发市场有限公司	36650	249980	1650	其他食品批发	山东省烟台市开发区
肥城市银宝食品有限公司	36630	52545	910	肉、禽、蛋及水产品批发	山东省泰安市肥城县
山东荣庆物流有限公司	36548	52523	3886	果品、蔬菜批发	山东省临沂市苍山县
山东淄博烟草有限公司	36186	153715	944	烟草制品批发	山东省淄博市张店区
山东九州商业集团有限公司	36160	57705	1093	百货零售	山东省临沂市兰山区
淄博东泰集团	34436	55423	834	百货零售	山东省淄博市临淄区
山东永弘机械有限公司	33988	45013	280	其他机械设备及电子产品批发	山东省烟台市蓬莱市
济南国美电器有限公司	33804	73947	508	家用电器零售	山东省济南市历城区
济南大观园股份有限公司	33785	50828	1300	百货零售	山东省济南市市中区
淄博力久实业有限公司	33125	42447	359	其他未列明的批发	山东省淄博高新区
山东泰安烟草有限公司	32846	148605	993	烟草制品批发	山东省泰安市泰山区
东营银座购物广场有限公司	32820	58397	3210	百货零售	山东省东营东营区
潍坊百货大楼股份有限公司	32807	19161	704	百货零售	山东省潍坊市潍城区
威海华联商厦股份有限公司	31498	34782	704	百货零售	山东省威海市环翠区
中国船舶燃料供应青岛公司	30702	281994	354	石油及制品批发	山东省青岛市市北区
青岛润泰事业有限公司	30521	30731	520	超级市场零售	山东省青岛市市南区
山东东营烟草有限公司	29364	85150	388	烟草制品批发	山东省东营东营区
山东康惠医药有限公司	28603	86871	250	西药批发	山东省潍坊市奎文区
山东聊城烟草有限公司	28595	36037	991	烟草制品批发	山东省聊城市东昌府区
烟台市供销石油公司	27953	69061	278	石油及制品批发	山东省烟台市芝罘区
山东药山医药有限公司	27455	147618	460	西药批发	山东省济南市历城区
山东滨州烟草有限公司	27091	119079	696	烟草制品批发	山东省滨州市滨城区
中国石油化工股份有限公司山东聊城石油分公司	26981	129536	884	石油及制品批发	山东省聊城市东昌府区
青岛海天大酒店有限公司	26683	29164	1360	旅游饭店	山东省青岛市市南区
山东福田雷沃重工国际贸易有限公司	26482	109338	210	农业机械批发	山东省潍坊市坊子区
淄博银座商城有限责任公司	26216	46217	1550	百货零售	山东省淄博市张店区
山东省东营市百货大楼	26200	80087	2406	百货零售	山东省东营东营区
章丘市供销合作社	24532	29600	1944	百货零售	山东省济南市章丘市
山东威海百货大楼集团股份有限公司	23477	36449	613	超级市场零售	山东省威海市环翠区
山东瑞康药业有限公司	23388	49574	201	西药批发	山东省烟台市芝罘区
山东省东营市日用工业品公司	23294	46794	3800	百货零售	山东省东营东营区

4－5　续表27

企业名称	资产总计（万元）	销售额（营业额）（万元）	全部从业人员年平均人数（人）	所属行业	企业所在地
山东省淄博糖酒站股份有限公司	21215	40120	952	其他食品零售	山东省淄博市张店区
济南市新华书店	20979	22258	534	图书零售	山东省济南市历下区
莱州市百货大楼	20533	30309	1397	超级市场零售	山东省烟台市莱州市
中国石油化工股份有限公司山东滨州分公司	20448	78229	562	石油及制品批发	山东省滨州市滨城区
山东省苍山县供销合作社联合社	20293	32585	526	其他综合零售	山东省临沂市苍山县
济宁九龙家电有限公司	20116	45950	639	家用电器零售	山东省济宁市中区
枣庄购物中心有限公司	19821	78849	595	百货零售	山东省枣庄市市中区
山东馨百商贸有限公司	17921	27192	850	超级市场零售	山东省莱芜市莱城区
中国石油天燃气股份有限公司山东潍坊销售分公司	17625	61600	564	石油及制品批发	山东省潍坊市高新区
烟台中油石油储运销售有限公司	17550	43421	200	石油及制品批发	山东省烟台芝罘区
重庆海尔家电销售有限公司青岛分公司	17420	88039	852	家用电器批发	山东省青岛市崂山
山东省博大食品有限公司	17179	33600	430	肉、禽、蛋及水产品批发	山东省滨州市博兴县
东营振华百货发展有限公司	16959	31490	812	百货零售	山东省东营东营区
淄博奥德隆经贸有限公司	16718	61136	1136	百货零售	山东省淄博市临淄区
烟台市家家悦超市有限公司	16287	94737	3987	超级市场零售	山东省烟台市芝罘区
青岛海尔工贸有限公司	16170	47680	451	家用电器批发	山东省青岛市崂山区
青岛传承国际商贸有限公司	16015	34174	215	鞋帽批发	山东省青岛市市南区
青岛圣元乳业有限公司	15998	50752	428	饮料及茶叶批发	山东省青岛市黄岛区
山东省聊城市百货大楼有限责任公司	15951	47493	1083	百货零售	山东省聊城市东昌府区
山东新华医药贸易有限公司	15860	57663	321	西药批发	山东省淄博高新区
济宁市中央百货有限责任公司	15483	18097	901	百货零售	山东省济宁市中区
山东龙口市博商购物广场	15344	34491	1100	果品、蔬菜零售	山东省烟台市龙口市
山东统一银座商业有限公司	15233	64887	910	超级市场零售	山东省济南市历下区
滨州银座购物广场有限公司	14744	38972	1150	超级市场零售	山东省滨州市滨城区
山东东方誉源农资有限公司	14058	38427	439	化肥批发	山东省潍坊市寿光市
东营市商业大厦有限责任公司	13961	27751	1700	百货零售	山东省东营东营区
山东鲁南蔬菜产业有限公司	13708	214049	469	果品、蔬菜批发	山东省临沂市苍山县
陵县粮食购销中心	13435	20350	1103	粮油零售	山东省德州市陵县
泰安凌云经贸有限公司	13352	17420	1039	百货零售	山东省泰安市宁阳县
山东金田小商品市场发展有限公司	13297	34653	256	服装批发	山东省威海市文登市
沂南县供销合作社联合社	13088	18006	1594	百货零售	山东省临沂市沂南县
山东莱芜市烟草专卖局（公司）	12969	42697	236	烟草制品批发	山东省莱芜市莱城区
山东梁山水泊商场	12780	19114	511	百货零售	山东省济宁市梁山县
兖州市广场商厦	12761	37806	1521	百货零售	山东省济宁市兖州市
沾化县王尔庄海产品有限公司	12646	215486	570	肉、禽、蛋及水产品批发	山东省滨州市沾化县
招远市百货金都有限公司	12614	26027	529	百货零售	山东省烟台市招远市
邹城市百货大楼有限责任公司	12210	30921	1036	百货零售	山东省济宁市邹城市
烟台海尔工贸有限公司	11903	70219	302	家用电器批发	山东省烟台市芝罘区
中国石油天然气股份有限公司德州分公司	11818	59580	318	石油及制品批发	山东省德州市德城区
山东国运集团有限公司	11094	40425	328	汽车、摩托车及零配件批发	山东省青岛市李沧区
中国石油天然气股份有限公司山东聊城销售分公司	10826	51406	369	石油及制品批发	山东省聊城市东昌府区
菏泽中油石油销售有限公司	10438	40472	262	石油及制品批发	山东省菏泽市牡丹区
烟台开发区德胜商城	9710	38653	1200	纺织品及针织品零售	山东省烟台市开发区
山东圣豪商业有限公司	9476	21582	539	百货零售	山东省滨州市邹平县
昆山润福商贸有限公司城阳分公司	9474	24478	569	超级市场零售	山东省青岛市城阳区
济南轻骑销售有限公司	9373	76443	288	汽车、摩托车及零配件批发	山东省济南市历下区
济南海尔工贸有限公司	9372	74277	218	家用电器批发	山东省济南市历城区
山东鲁抗药品经营有限公司	9123	46526	260	西药批发	山东省济宁市高新区
山东外运弘志国际集装箱运输有限公司	8727	51633	336	贸易经纪与代理	山东省淄博高新区
济南漱玉平民大药房有限公司	8555	30664	936	药品零售	山东省济南市历下区

4－5　续表28

企业名称	资产总计（万元）	销售额（营业额）（万元）	全部从业人员年平均人数（人）	所属行业	企业所在地
济南果品总公司	8336	55000	275	果品、蔬菜批发	山东省济南市市中区
威海长江糖酒有限公司	7092	32148	1386	百货零售	山东省威海市文登市
济阳方正家具市场	7028	20476	630	家具零售	山东省济南市济阳县
肥城市富世康工贸有限公司	6919	25430	1089	粮油零售	山东省泰安市肥城县
胜利油田胜大贸易公司胜大自选商店	6710	39132	897	超级市场零售	山东省东营东营区
山东世纪泰华集团有限公司	6566	44640	700	百货零售	山东省潍坊市奎文区
山东八戒食品有限公司	6414	43360	332	肉、禽、蛋及水产品批发	山东省泰安市肥城县
博山陶琉大观园国际商贸城	6064	74873	1230	其他未列明的零售	山东省淄博市博山区
内蒙古伊利实业集团股份有限公司济南分公司	5391	98763	200	饮料及茶叶批发	山东省济南市历下区
青岛美特好连锁超市有限公司	4832	19790	655	超级市场零售	山东省青岛市市北区
海阳市胶东水产品批发市场	4800	71300	368	其他食品批发	山东省烟台市海阳市
沾化县粮食收储公司	4552	41365	291	谷物、豆及薯类批发	山东省滨州市沾化县
山东梦金园珠宝首饰有限公司	4052	38490	335	首饰、工艺品及收藏品批发	山东省潍坊市昌乐区
青岛海尔电器销售有限公司分公司	3360	31294	254	家用电器批发	山东省青岛市崂山区
济南 TCL 电器销售有限公司	3080	71883	710	家用电器批发	山东省济南市历城区
山东省莒县大鱼水产品有限公司	2787	34140	380	肉、禽、蛋及水产品批发	山东省日照市莒县
日照银座购物广场有限公司	2725	17507	818	百货零售	山东省日照市东港区
重庆海尔家电销售有限公司济宁分公司	2675	40094	200	家用电器批发	山东省济宁市高新区
沂南县天成燃料有限责任公司	1225	40089	1480	生活用燃料零售	山东省临沂市沂南县
河南省					
中国石油化工股份有限公司河南分公司	790824	3549149	12257	石油及制品批发	河南省郑州市金水区
郑州丹尼斯百货有限公司	178541	232704	1500	百货零售	河南省郑州市金水区
中国石油天然气股份有限公司河南销售分公司	143983	744453	568	石油及制品批发	河南省郑州市金水区
中国石油化工股份有限公司郑州石油公司	126021	606088	506	石油及制品批发	河南省郑州市管城回族区
睢阳区棉麻公司	119571	42234	1001	棉、麻批发	河南省商丘市睢阳区
河南省新华书店	113958	168235	612	图书批发	河南省郑州市金水区
河南省烟草公司郑州分公司	111974	378209	2079	烟草制品批发	河南省郑州市中原区
中国石油化工股份有限公司河南商丘分公司	100341	136722	630	机动车燃料零售	河南省商丘市梁园区
中国石油化工股份有限公司开封分公司	91500	121341	240	石油及制品批发	河南省开封市鼓楼区
河南省粮油食品进出口公司	85743	69690	218	米、面制品及食用油批发	河南省郑州市金水区
中国石油化工股份有限公司安阳石油分公司	84245	311597	454	石油及制品批发	河南省安阳市北关区
河南省烟草公司平顶山分公司	76413	78863	2850	烟草制品批发	河南省平顶山市新华区
中国石油化工股份有限公司南阳石油分公司	62032	214220	479	石油及制品批发	河南省南阳市卧龙区
河南省烟草公司洛阳分公司	58788	86158	401	烟草制品批发	河南省洛阳市洛龙区
河南省烟草公司南阳分公司	51504	301883	446	烟草制品批发	河南省南阳市宛城区
河南省烟草公司商丘分公司	51266	191902	1431	烟草制品批发	河南省商丘市睢阳区
河南省烟草公司信阳分公司	48365	191030	1230	烟草制品批发	河南省信阳市平桥区
中国石化股份公司河南信阳分公司	47475	162770	761	石油及制品批发	河南省信阳市平桥区
中国石油天然气股份有限公司河南开封销售分公司	46909	31177	368	石油及制品批发	河南省开封市金明区
河南永乐生活电器有限公司	46324	100650	632	超级市场零售	河南省郑州市金水区
中国石油化工股份有限公司河南洛阳石油分公司	45978	140570	264	石油及制品批发	河南省洛阳市西工区
河南省烟草公司驻马店分公司	45757	177519	390	烟草制品批发	河南省驻马店市驿城区
河南省烟草公司安阳分公司	44571	145112	875	烟草制品批发	河南省安阳市北关区
河南省烟草公司三门峡分公司	41317	150543	242	烟草制品批发	河南省三门峡市湖滨区
中国石油化工股份有限公司濮阳石油分公司	41086	128549	402	石油及制品批发	河南省濮阳市华龙区
中国石油化工股份有限公司河南焦作石油分公司	38899	180000	844	石油及制品批发	河南省焦作市山阳区
中国石油化工股份有限公司河南新乡石油公司	37649	195174	238	石油及制品批发	河南省新乡市卫滨区
河南省烟草公司新乡分公司新乡市烟草专买分公司	36307	45986	873	果品、蔬菜批发	河南省新乡市牧野区
河南省烟草公司开封分公司	36102	134318	849	烟草制品批发	河南省开封市古楼区

4－5　续表29

企业名称	资产总计（万元）	销售额（营业额）（万元）	全部从业人员年平均人数（人）	所属行业	企业所在地
河南南阳天冠供销公司	35968	153269	211	其他食品批发	河南省南阳市宛城区
河南九州通医药有限公司	35194	217405	531	西药批发	河南省郑州市管城回族区
河南省烟草公司许昌分公司	34965	140304	286	烟草制品批发	河南省许昌市魏都区
中国石油化工股份有限公司河南平顶山石油分公司	33333	78894	221	石油及制品批发	河南省平顶山市卫东区
河南省烟草公司周口分公司	32317	207440	2331	烟草制品批发	河南省周口市川汇区
河南裕华江南汽车销售有限公司	27543	114673	225	汽车、摩托车及零配件批发	河南省郑州市金水区
信阳亚兴集团有限责任公司	23145	37289	4500	超级市场零售	河南省信阳市浉河区
省烟草公司漯河分公司	22912	73324	1420	烟草制品批发	河南省漯河市郾城区
河南思达连锁商业有限公司	22686	55761	2191	超级市场零售	河南省郑州市金水区
河南九头崖集团平顶山商业连锁有限公司	22607	19789	542	超级市场零售	河南省平顶山市卫东区
河南省烟草公司焦作市公司	22353	34065	504	烟草制品批发	河南省焦作市山阳区
平高集团销售有限公司	21400	41538	203	其他机械设备及电子产品批发	河南省平顶山市湛河区
中国石油化工股份有限公司河南漯河石油分公司	21042	108580	400	石油及制品批发	河南省漯河市召陵区
河南世纪联华超市有限公司	18051	64415	767	超级市场零售	河南省郑州市金水区
洛阳丹尼斯量贩有限公司	17731	36973	534	超级市场零售	河南省洛阳市涧西区
郑州正道花园商厦股份有限公司	17113	35948	525	百货零售	河南省郑州市金水区
郑州铁路煤炭运销公司	16517	100092	834	煤炭及制品批发	河南省郑州市二七区
河南大张实业有限公司	16484	39690	1714	超级市场零售	河南省洛阳市涧西区
新乡市平原商场股份有限公司	16263	17416	672	纺织品及针织品零售	河南省新乡市卫滨区
许昌市胖东来商贸集团有限公司	15592	31659	752	超级市场零售	河南省许昌市魏都区
焦作市百货大楼股份有限公司	14461	25162	1342	百货零售	河南省焦作市解放区
河南省烟草公司灵宝市公司	14332	48105	208	烟草制品批发	河南省三门峡市灵宝市
洛阳铁路运通集团实业发展公司	14021	38052	382	煤炭及制品批发	河南省洛阳市廛河回族区
襄城县烟草公司	13734	33956	562	烟草制品批发	河南省许昌市襄城县
平顶山市普生药业零售连锁有限公司	12680	35167	606	药品零售	河南省平顶山卫东区
信阳市西亚商业有限公司	12267	21411	1126	超级市场零售	河南省信阳市师河区
郑州肯德基有限公司	11726	7414	1816	快餐服务	河南省郑州市二七区
郑州市易初莲花连锁超市有限公司	11035	30782	662	超级市场零售	河南省郑州市管城回族区
中国石油化工股份有限公司河南中原石油分公司	10592	56960	200	石油及制品批发	河南省濮阳市华龙区
郑州经济技术开发区自备车运输贸易有限公司	9189	37199	479	煤炭及制品批发	河南省郑州市管城回族区
河南华润万家生活超市有限公司	8542	20720	801	超级市场零售	河南省郑州市金水区
三门峡百货大楼股份有限公司	8431	19181	619	百货零售	河南省三门峡市湖滨区
河南苏宁电器有限公司	8347	32728	553	家用电器零售	河南省郑州市二七区
洛阳长仑农业机械有限公司	7862	50063	366	农业机械批发	河南省洛阳市涧西区
郑州海尔工贸有限公司	7721	89961	217	家用电器批发	河南省郑州市管城回族区
河南省烟草公司鹤壁分公司	7388	39741	312	烟草制品批发	河南省鹤壁市淇滨区
商丘市百川药业有限公司	7284	39442	210	西药批发	河南省商丘市睢阳区
河南省烟草公司方城县公司	7192	30270	422	烟草制品批发	河南省南阳市方城县
河南省烟草公司邓州市公司	6470	38905	1119	烟草制品批发	河南省南阳市邓州市
河南省烟草公司禹州市公司	5811	32668	287	其他农畜产品批发	河南省许昌市禹州市
神州数码(郑州)有限公司	5645	56240	400	其他机械设备及电子产品批发	河南省郑州市金水区
河南中石化高速公路有限责任公司	5347	66747	432	石油及制品批发	河南省郑州市金水区
范县濮城镇军寨市场	4500	17710	790	超级市场零售	河南省濮阳市范县
中国石油天然气股份有限公司河南洛阳销售分公司	4355	65051	300	石油及制品批发	河南省洛阳市西工区
新乡市胖东来百货有限公司	4305	24113	963	百货零售	河南省新乡市红旗区
河南五星电器有限公司	1931	39492	720	家用电器零售	河南省郑州市中原区
中国石油天然气股份有限公司河南商丘销售分公司	1351	100945	520	石油及制品批发	河南省商丘市睢阳区
中石油股份有限公司河南许昌销售分公司	953	45909	200	石油及制品批发	河南省许昌市魏都区
中国石油天然气股份有限公司河南南阳销售公司	469	33473	270	石油及制品批发	河南省南阳市卧龙区
中国石油天然气股份有限公司河南新乡销售分公司	435	31573	320	石油及制品批发	河南省新乡市红旗区

4－5 续表30

企业名称	资产总计（万元）	销售额（营业额）（万元）	全部从业人员年平均人数（人）	所属行业	企业所在地
湖北省					
武钢集团国际经济贸易公司	1096619	539280	1783	贸易经纪与代理	湖北省武汉市青山区
武汉武商集团股份有限公司	439220	924560	9711	百货零售	湖北省武汉市江汉区
中国石化集团湖北石油总公司	410385	2007676	949	石油及制品批发	湖北省武汉市桥口区
中百集团股份有限公司	375073	1138576	14566	超级市场零售	湖北省武汉市江汉区
湖北银丰实业集团有限责任公司	339960	217543	2083	棉、麻批发	湖北省武汉市江岸区
湖北省烟草公司武汉市公司	251401	608218	1907	烟草制品批发	湖北省武汉东西湖
武汉中商集团股份有限公司	160460	688585	5920	百货零售	湖北省武汉市武昌区
中国铁路物资武汉公司	155540	647243	312	金属及金属矿批发	湖北省武汉武昌区
湖北省烟草公司恩施州公司	132505	89668	3624	烟草制品批发	湖北省恩施州恩施市
湖北联谊实业集团有限公司	131193	237218	201	其他化工产品批发	湖北省武昌区武汉市
武汉市工贸有限公司	117236	324458	1395	家用电器零售	湖北省武汉市桥口区
武汉医药集团股份有限公司	106985	64513	353	西药批发	湖北省武汉市江岸区
武汉市汉商集团股份有限公司	89084	54368	1826	百货零售	湖北省武汉市汉阳区
湖北九洲通医药有限公司	86847	315506	810	西药批发	湖北省武汉市汉阳区
湖北新兴格力电器销售有限公司	67482	191760	680	家用电器批发	湖北省武汉市桥口区
湖北省烟草公司襄樊市公司	65395	181550	1461	烟草制品批发	湖北省襄樊市樊城区
湖北银海棉业有限责任公司	63335	41494	551	棉、麻批发	湖北省潜江市潜江市
湖北省烟草公司宜昌市公司	62728	163650	1170	烟草制品批发	湖北省宜昌市西陵区
中国石化武汉石油（集团）股份有限公司	61162	346530	2031	石油及制品批发	湖北省武汉市江汉区
三环集团公司（贸易部分）	60668	178563	956	汽车零售	湖北省武汉武昌区
湖北省烟草公司荆州市公司	60262	205491	1077	烟草制品批发	湖北省荆州市沙市区
湖北省烟草公司黄冈市公司	59880	197276	1032	烟草制品批发	湖北省黄冈市黄州区
群光实业（武汉）有限公司	58448	86636	591	百货零售	湖北省武汉市洪山区
东风裕隆汽车销售有限公司	52501	345709	358	汽车、摩托车及零配件批发	湖北省武汉经济开发
湖北省烟草公司孝感市分公司	51045	151794	730	烟草制品批发	湖北省孝感市孝南区
武汉市新华书店股份有限公司	47324	34414	920	图书零售	湖北省武汉市江岸区
武汉大润发江汉超市发展有限公司	46884	32144	620	超级市场零售	湖北省武汉市江汉区
武汉国美电器有限公司	46697	127678	672	家用电器零售	湖北省武汉市武昌区
湖北省烟草公司十堰市公司	46004	108897	480	烟草制品批发	湖北省十堰市茅箭区
武汉汉福超市有限公司	45566	128292	1881	超级市场零售	湖北省武汉市汉阳区
武汉市亢龙太子酒轩有限责任公司	41677	29258	1605	正餐服务	湖北省武汉市武昌区
武汉苏宁电器有限公司	39624	66421	776	家用电器零售	武汉市武汉市江汉区
湖北金城大厦（集团）实业公司	38382	56397	1390	百货零售	湖北省荆门市东宝区
荆门东方百货大厦	38257	68375	948	超级市场零售	湖北省荆门市东宝区
宜昌国贸集团有限公司	36709	66340	766	百货零售	湖北省宜昌市西陵区
武汉鲁巷广场购物中心	35987	56191	654	百货零售	湖北省武汉市洪山区
湖北省烟草公司黄石分公司	34671	116301	462	烟草制品批发	湖北省黄石市西塞山区
湖北省新华书店	33870	98863	310	图书批发	湖北省武汉市桥口区
湖北省烟草公司荆门分公司	33422	100547	430	烟草制品批发	湖北省荆门市东宝区
中化石油股份有限公司湖北分公司	31860	18977	1038	机动车燃料零售	湖北省黄冈市黄州区
百胜餐饮（武汉）有限公司	30804	66641	5647	快餐服务	湖北省武汉市江汉区
湖北省烟草公司咸宁分公司	30192	96726	657	烟草制品批发	湖北省咸宁市市辖区
国药控股湖北新龙有限公司	30042	136000	285	西药批发	湖北省武汉市汉阳区
中国石油天然气股份有限公司黄冈销售公司	29596	66322	506	机动车燃料零售	湖北省黄冈市黄州区
中邮普泰通信服务股份有限公司湖北分公司	28625	86276	308	通讯及广播电视设备批发	湖北省武汉市江岸区
中国石油化工股份有限公司湖北黄石石油分公司	28531	85820	415	石油及制品批发	湖北省黄石市团城山区
湖北省十堰市人民商场	25077	63100	833	百货零售	湖北省十堰市
中国石油化工股份有限公司湖北荆门石油公司	22456	82997	443	石油及制品批发	湖北省荆门市掇刀区

4－5 续表31

企业名称	资产总计（万元）	销售额（营业额）（万元）	全部从业人员年平均人数（人）	所属行业	企业所在地
湖北富迪有限公司	20836	36077	4900	超级市场零售	湖北省仙桃市
中石化湖北石油公司恩施分公司	19439	83722	484	石油及制品批发	湖北省恩施州恩施市
沃尔玛深国投百货有限公司武汉中山大道分公司	17447	55824	981	超级市场零售	湖北省武汉市江汉区
湖北三五酒店有限公司	16685	16168	1643	正餐服务	湖北省武汉市江汉区
湖北省十堰市寿康永乐有限公司	16637	48877	1200	超级市场零售	湖北省十堰市茅箭区
武汉天下明药业有限公司	15058	69651	235	西药批发	湖北省武汉市东西湖区
中国石油天然气股份有限公司湖北襄樊分公司	14823	101594	435	石油及制品批发	湖北省襄樊市襄城区
武汉麦当劳餐饮食品有限公司	14695	30239	904	快餐服务	湖北省武汉市江汉区
湖北新世界随州购物中心	14344	32859	1535	百货零售	湖北省随州曾都区
武汉小蓝鲸健康美食酒店管理公司	12290	20877	3600	正餐服务	湖北省武汉市江汉区
仙桃市供销商城大厦有限责任公司	12174	24575	1800	百货零售	湖北省仙桃市
新百丽鞋业（深圳）有限公司武汉分公司	11892	16922	767	鞋帽零售	湖北省武汉市江汉区
襄樊鼓楼商场股份有限公司	11547	100482	1036	百货零售	湖北省襄樊市襄城区
中石化长江燃料有限公司武汉分公司	11261	71172	390	石油及制品批发	湖北省武汉市江汉区
武汉艳阳天商贸发展有限公司	11140	15470	1458	正餐服务	湖北省武汉市桥口区
中石油恩施分公司	10624	33303	285	石油及制品批发	湖北省恩施州恩施市
十堰市京华超市有限公司	10304	29115	699	超级市场零售	湖北省十堰市茅箭区
黄冈市黄商股份有限责任公司	10194	61260	6000	百货零售	湖北省黄冈市黄州区
宜昌北山商业连锁有限责任公司	6014	23971	1104	超级市场零售	湖北省宜昌市伍家岗区
襄樊襄江商场股份有限公司	5980	82726	827	百货零售	湖北省襄樊市樊城区
武汉班尼路商贸有限公司	5677	17571	1243	服装零售	湖北省武汉市江岸区
十堰市新合作鑫城超市有限公司	5498	19127	660	超级市场零售	湖北省十堰市茅箭区
中石化湖北宜昌石油分公司	4935	214697	1039	机动车燃料零售	湖北省宜昌市伍家岗区
中国石油化工股份有限公司湖北石油直属销售分公司	4884	350023	1014	石油及制品批发	湖北省武汉市桥口区
武汉市好又多百货商业有限公司	4518	16877	583	超级市场零售	湖北省武汉市江岸区
湖北新一佳超市有限公司	4367	17720	506	超级市场零售	湖北省武汉市洪山区
中国石油化工股份有限公司湖北襄樊分公司	4357	171143	1159	石油及制品批发	湖北省襄樊市樊城区
随州市百货公司	3316	19106	577	百货零售	湖北省随州曾都区
中国石油化工股份有限公司十堰分公司	2690	73946	592	石油及制品批发	湖北省十堰市
中国石油化工股份有限公司湖北咸宁石分公司	2658	128825	620	石油及制品批发	湖北省咸宁市市辖区
中国石油化工股份有限公司湖北高速公路油销售分公司	2648	121945	509	石油及制品批发	湖北省武汉桥口区
武汉 TCL 电器销售有限公司	1733	33584	323	家用电器批发	湖北省武汉市江岸区
武汉海尔工贸有限公司	1293	35721	450	家用电器批发	湖北省武汉市东西湖区
中国石油天然气股份有限公司湖北荆州销售分公司	1007	35675	422	石油及制品批发	湖北省荆州市沙市
湖北真维斯服饰有限公司	108	16397	676	服装零售	湖北省武汉市江岸区
湖南省					
中国石油化工股份有限公司湖南石油分公司	544836	79862	14419	石油及制品批发	湖南省长沙市开福区
湖南友谊阿波罗股份有限公司	246730	177993	3379	百货零售	湖南省长沙市芙蓉区
长沙通程实业集团有限公司	236075	131903	2372	百货零售	湖南省长沙市雨花区
南方建材股份有限公司	146827	180234	1502	建材批发	湖南省长沙市芙蓉区
步步高商业连锁股份有限公司	145436	436614	12100	超级市场零售	湖南省湘潭市雨湖区
湖南华天大酒店股份有限公司	144925	22808	953	旅游饭店	湖南省长沙市芙蓉区
湖南省烟草公司长沙市公司	141105	458339	951	烟草制品批发	湖南省长沙市雨花区
郴州市烟草公司	115771	299552	1575	烟草制品批发	湖南省郴州市北湖区
湖南省粮油食品进出口集团有限公司	106101	89200	999	米、面制品及食用油批发	湖南省长沙市芙蓉区
湖南省烟草专卖局衡阳市公司	104407	116645	1053	烟草制品批发	湖南省衡阳市蒸湘区
湖南省新华书店	91738	154999	566	图书批发	湖南省长沙市芙蓉区
湖南平和堂实业有限公司	86015	118529	1047	百货零售	湖南省长沙市天心区
岳阳市烟草公司	81179	244656	672	烟草制品批发	湖南省岳阳市岳阳楼区

4－5　续表 32

企业名称	资产总计（万元）	销售额（营业额）（万元）	全部从业人员年平均人数（人）	所属行业	企业所在地
湖南省烟草公司永州市公司	78478	177865	2219	烟草制品批发	湖南省永州市冷水滩区
湖南省烟草公司株洲市公司	71494	213092	627	饮料及茶叶批发	湖南省株洲市芦淞区
湖南长沙新一佳商业投资有限公司	70966	147367	3401	超级市场零售	湖南省长沙市开福区
湖南省烟草公司常德市公司	69065	74447	909	烟草制品批发	湖南省常德市武陵区
长沙双鹤医药有限责任公司	57984	246531	644	西药批发	湖南省长沙市岳麓区
湖南省烟草公司益阳分公司	57033	188781	351	烟草制品批发	湖南省益阳市赫山区
邵阳市烟草公司	54730	57071	1013	烟草制品批发	湖南省邵阳市大祥区
湖南省烟草公司湘西自治州公司	46811	123062	1018	烟草制品批发	湖南省湘西土家族苗族自治州吉首市
湖南省烟草公司怀化分公司	45588	43427	619	烟草制品批发	湖南省怀化市鹤城区
湖南省烟草公司湘潭市公司	45389	149249	239	烟草制品批发	湖南省湘潭市岳塘区
湖南国美电器有限公司	36630	66901	1057	家用电器零售	湖南省长沙市开福区
株洲市百货有限公司	33720	100493	1438	百货零售	湖南省株洲市芦淞区
湖南家润多超市有限公司	30842	129950	3112	超级市场零售	湖南省长沙市雨花区
快乐购物有限责任公司	23259	61728	747	邮购及电子销售	湖南省长沙市开福区
湖南双舟医药有限公司	21142	71132	262	西药批发	湖南省长沙市长沙县
湖南老百姓大药房连锁有限公司	19085	38996	1100	药品零售	湖南省长沙市开福区
购宝乐商业（湖南）有限公司	18137	44344	1880	超级市场零售	湖南省长沙市雨花区
湖南省印刷物资总公司	17628	54994	252	其他未列明的批发	湖南省长沙市开福区
湖南心连心实业有限公司	17611	28448	982	超级市场零售	湖南省湘潭市雨湖区
丰沃达医药物流（湖南）有限公司	17418	78052	320	西药批发	湖南省长沙市长沙县
长沙肯德基有限公司	16923	18219	3816	快餐服务	湖南省长沙市天心区
湖南王一集团香江百货有限公司	16910	33158	1152	超级市场零售	湖南省衡阳市蒸湘区
湖南苏宁电器有限公司	14601	48736	560	家用电器零售	湖南省长沙市天心区
湖南时代阳光医药有限公司	13926	39718	296	西药批发	湖南省长沙市雨花区
长沙东之杰运动产业发展有限公司	11493	55898	523	体育用品零售	湖南省长沙市天心区
湖南大旺食品有限公司长沙分公司	10975	56090	362	其他食品批发	湖南省长沙市芙蓉区
湖南九芝堂医药有限公司	9594	32291	495	中药材及中成药批发	湖南省长沙市开福区
湖南南山食品有限公司（贸易）	9455	43321	205	其他未列明的批发	湖南省长沙市开福区
湖南金果实业股份有限公司资产经营分公司	8439	32882	214	其他日用品批发	湖南省衡阳市雁峰区
湖南步步高连锁超市益阳有限公司	6495	19594	850	超级市场零售	湖南省益阳市赫山区
湖南浏阳河酒业有限公司	2999	31753	232	饮料及茶叶批发	湖南省长沙市芙蓉区
长江 TCL 电器销售有限公司	2912	50147	496	家用电器批发	湖南省长沙市雨花区
湖南新五丰股份有限公司	352	41360	775	其他农畜产品批发	湖南省长沙市芙蓉区
广东省					
中国石油化工股份有限公司广东石油分公司	1478902	2976301	659	石油及制品批发	广东省广州市荔湾区
中国石油天然气股份有限公司华南地区销售分公司	1002495	4273700	12000	石油及制品批发	广东省广州市天河区
中国石化销售有限公司华南分公司	847414	11667584	1010	石油及制品批发	广东省广州市越秀区
深圳市中金岭南有色金属股份有限公司	793413	383500	8970	金属及金属矿批发	广东省深圳市福田区
中国石油化工股份有限公司广州石油分公司	544832	1239441	4084	机动车燃料零售	广东省广州市越秀区
深圳市天音通信发展有限公司	536507	1437981	2000	通讯及广播电视设备批发	广东省深圳市福田区
中国烟草总公司深圳市公司	459684	725878	328	烟草制品批发	广东省深圳市福田区
中国石油化工股份有限公司广东佛山石油分公司	363048	882002	2576	石油及制品批发	广东省佛山市禅城区
广东物资集团汽车贸易公司	311039	893000	2709	汽车零售	广东省广州市白云区
华润万家有限公司	268772	704460	6095	超级市场零售	广东省深圳市罗湖区
沃尔玛深国投百货有限公司	264068	439273	6283	超级市场零售	广东省深圳市福田区
丽珠医药集团股份有限公司	258389	61664	562	医疗用品及器材批发	广东省珠海市香洲区
深圳市燃气集团有限公司	257673	147079	2361	石油及制品批发	广东省深圳市福田区
广东省广新外贸轻纺控股公司	256038	699536	1083	服装批发	广东省广州市越秀区
中国石油化工股份有限公司深圳石油分公司	250251	1780494	3126	石油及制品批发	广东省深圳市福田区

4－5 续表33

企业名称	资产总计（万元）	销售额（营业额）（万元）	全部从业人员年平均人数（人）	所属行业	企业所在地
广州医药有限公司	243369	805125	577	西药批发	广东省广州市荔湾区
深圳市国美电器有限公司	230007	300481	4116	家用电器零售	广东省深圳市福田区
港中旅(珠海)海洋温泉有限公司	228487	37500	2881	旅游饭店	广东省珠海市金湾区
深圳茂业商厦有限公司	227132	373127	1171	百货零售	广东省深圳市罗湖区
深圳市光汇石油化工股份有限公司	214045	82154	223	石油及制品批发	广东省深圳市龙岗区
深圳天虹商场有限公司	213734	551939	7436	百货零售	广东省深圳市福田区
广东省丝绸纺织集团有限公司	208222	702183	386	纺织品、针织品及原料批发	广东省广州市越秀区
深圳市海王星辰医药有限公司	203452	101651	3300	药品零售	广东省深圳市南山区
广东烟草广州市有限公司	189268	745124	1197	烟草制品批发	广东省广州市天河区
广州友谊商店股份有限公司	166155	245000	1061	百货零售	广东省广州市越秀区
广东省电信器材公司	160694	257078	285	通讯及广播电视设备批发	广东省广州市越秀区
深圳市国有免税商品(集团)有限公司	157867	102947	605	烟草制品零售	广东省深圳市福田区
深圳市广聚能源股份有限公司	156028	63433	376	石油及制品批发	广东省深圳市南山区
广州市立白企业集团有限公司	150025	760509	1800	厨房、卫生间用具及日用杂货批发	广东省广州市荔湾区
广州市国美电器有限公司	147149	285870	4163	家用电器零售	广东省广州市萝岗区
国药控股广州有限公司	146506	462945	400	西药批发	广东省广州市荔湾区
广东省机械进出口股份有限公司	138314	325214	315	其他机械设备及电子产品批发	广东省广州市越秀区
广州市广百股份有限公司	137701	263500	1481	百货零售	广东省广州市越秀区
松下电器机电(深圳)有限公司	130910	555810	280	其他机械设备及电子产品批发	广东省深圳市福田区
广州百佳超级市场有限公司	125549	268181	2368	超级市场零售	广东省广州市海珠区
广东新华发行集团股份有限公司	122792	98945	524	图书批发	广东省广州市越秀区
香格里拉大酒店(广州琶洲)有限公司	121720	23943	938	旅游饭店	广东省广州市海珠区
广州纺织品进出口集团有限公司	118516	220861	303	服装批发	广东省广州市越秀区
广东新协力集团有限公司	113183	305763	930	汽车零售	广东省佛山市顺德区
深圳岁宝百货有限公司	110873	149634	1442	百货零售	广东省深圳市福田区
广州市番禺番龙石油化工有限公司	103561	144290	205	石油及制品批发	广东省广州市番禺区
广东省食品进出口集团公司	102822	160516	2122	肉、禽、蛋及水产品批发	广东省广州市越秀区
深圳市爱施德实业股份有限公司	102277	331420	2500	通讯及广播电视设备批发	广东省深圳市福田区
深圳市青岛啤酒华南营销有限公司	102271	262872	3036	饮料及茶叶批发	广东省深圳市福田区
广州珠江电力燃料有限公司	100249	442384	283	煤炭及制品批发	广东省广州市天河区
广东中域电讯连锁有限公司	99736	119085	638	通讯及广播电视设备批发	广东省东莞市东莞市
华润万家生活超市广州有限公司	99102	106979	2918	超级市场零售	广东省广州市越秀区
中石化中海船舶燃料供应有限公司	99081	1021344	637	石油及制品批发	广东省广州市天河区
新一佳超市有限公司	98414	182267	4204	超级市场零售	广东省深圳市罗湖区
国石油化工股份有限公司广东东莞石油分公司	97970	643345	1775	机动车燃料零售	广东省东莞市东莞市
深圳出版发行集团公司	94648	56066	1990	图书零售	广东省深圳市罗湖区
深圳三九医药贸易有限公司	92559	167771	1060	中药材及中成药批发	广东省深圳市罗湖区
广州市粮食集团有限责任公司	90166	77935	500	米、面制品及食用油批发	广东省广州市越秀区
深圳一致药业股份有限公司	89799	144195	275	西药批发	广东省深圳市福田区
中国石油化工股份有限公司惠州分公司	88072	123923	1608	机动车燃料零售	广东省惠州市惠城区
广东省轻工进出口股分有限公司	85210	275860	1842	厨房、卫生间用具及日用杂货批发	广东省广州市越秀区
广东烟草东莞市有限公司	82172	398899	546	服装批发	广东省东莞市东莞市
广州友谊班尼路服饰有限公司	81235	216175	1636	服装零售	广东省广州市天河区
广东烟草佛山市有限公司责任公司	77314	366016	725	烟草制品批发	广东省佛山市禅城区
广州市东方宾馆股份有限公司	75602	30558	1431	旅游饭店	广东省广州市越秀区
广州格力空调销售有限公司	75545	107143	200	家用电器批发	广东省广州市越秀区
广州花园酒店	75300	49145	1883	旅游饭店	广东省广州市越秀区
中国石油化工股份有限公司广东江门石油分公司	74373	331027	1701	石油及制品批发	广东省江门市蓬江区
深圳市人人乐商业有限公司	74206	255799	2078	超级市场零售	广东省深圳市南山区
百胜餐饮(广东)有限公司	74033	81457	16730	快餐服务	广东省广州市越秀区

4－5 续表34

企业名称	资产总计（万元）	销售额（营业额）（万元）	全部从业人员年平均人数（人）	所属行业	企业所在地
广州食品企业集团有限公司	73569	43030	471	肉、禽、蛋及水产品批发	广东省广州市荔湾区
中国石油化工股份有限公司广东韶关石油分公司	70902	279953	830	石油及制品批发	广东省韶关市浈江区
中山市物资集团有限公司	70519	296687	312	金属及金属矿批发	广东省中山市中山市
广东华农温氏畜牧股份有限公司	70458	89574	1960	肉、禽、蛋及水产品批发	广东省云浮市新兴县
广州市好又多百货商业广场有限公司	68024	189639	2428	百货零售	广东省广州市天河区
广东天河城百货有限公司	67626	164026	606	百货零售	广东省广州市天河区
深圳市顺电连锁股份有限公司	65370	187039	1305	家用电器零售	广东省深圳市福田区
广东三元麦当劳食品有限公司	64304	86004	6289	快餐服务	广东省广州市越秀区
深圳市华孚进出口有限公司	63865	114458	415	纺织品、针织品及原料批发	广东省深圳市福田区
白天鹅宾馆	62028	41594	1733	旅游饭店	广东省广州市荔湾区
中油碧辟石油有限公司广州分公司	61893	470596	2058	机动车燃料零售	广东省广州市海珠区
深圳市金海马实业有限公司	61000	27423	630	家具零售	广东省深圳市罗湖区
深圳招商石化有限公司	59771	75161	352	其他化工产品批发	广东省深圳市南山区
中国石油化工股份有限公司广东清远石油分公司	59431	65862	1048	石油及制品批发	广东省清远市清城区
广东省肇庆土产进出口公司	59345	156267	333	五金、交电批发	广东省肇庆市端州区
中国石油化工股份有限公司阳江石油分公司	58785	153745	654	石油及制品批发	广东省阳江市江城区
广东新中源陶瓷有限公司	57843	47630	216	建材批发	广东省佛山市禅城区
深圳岁宝连锁商业发展有限公司	57828	64930	706	百货零售	广东省深圳市福田区
广州易初莲花连锁超市有限公司	57786	178058	2159	超级市场零售	广东省广州市白云区
广州长隆酒店有限公司	57300	17457	859	旅游饭店	广东省广州市番禺区
三星（中国）投资有限公司广州分公司	57299	258086	260	家用电器批发	广东省广州市越秀区
深圳市怡化电脑有限公司	55371	62967	200	计算机、软件及辅助设备批发	广东省深圳市福田区
深圳中联广深医药（集团）股份有限公司	54600	152430	2778	药品零售	广东省深圳市罗湖区
中国石油化工股份有限公司广东河源分公司	53531	117471	582	石油及制品批发	广东省河源市源城区
广州市番禺沙园集团有限公司	52854	80828	304	家用电器批发	广东省广州市番禺区
广东烟草茂名市有限责任公司	52616	177073	772	饮料及茶叶批发	广东省茂名市茂南区
珠海市燃气集团有限公司	51640	122547	522	石油及制品批发	广东省珠海市香洲区
中石油化工股份有限公司湛江石油分公司	51503	245872	1344	机动车燃料零售	广东省湛江市霞山区
深圳市民润农产品配送连锁商业有限公司	51176	59121	1586	超级市场零售	广东省深圳市福田区
中国石油化工股份有限公司广东中山石油分公司	50593	270770	777	机动车燃料零售	广东省中山市中山市
深圳市金活医药有限公司	50342	48726	279	中药材及中成药批发	广东省深圳市罗湖区
深圳市国美电器有限公司东莞市分公司	48996	77732	799	家用电器零售	广东省东莞市东莞市
汕头市众业达电器有限公司	48682	217020	230	其他机械设备及电子产品批发	广东省汕头市龙湖区
广东茶叶进出口有限公司	48598	45568	215	饮料及茶叶批发	广东省广州市天河区
深圳市康哲药业有限公司	48274	39748	669	西药批发	广东省深圳市南山区
广东九州通医药有限公司	47812	223760	550	西药批发	广东省中山市中山市
广东苏宁电器有限公司	46466	229866	2150	家用电器零售	广东省广州市海珠区
广州华新商贸有限公司	46197	96146	241	饮料及茶叶批发	广东省广州市海珠区
广州市药材公司	46071	135686	406	中药材及中成药批发	广东省广州市荔湾区
广州市振戎燃气连锁经营有限公司	43835	161081	857	石油及制品批发	广东省广州市天河区
深圳市领跑体育用品有限公司	43005	74674	1621	体育用品零售	广东省深圳市福田区
广州屈臣氏个人用品商店有限公司	42859	274871	806	超级市场零售	广东省广州市越秀区
广东烟草韶关市有限公司	41616	167509	1012	烟草制品批发	广东省韶关市浈江区
深圳虎威制衣有限公司广州分公司	41481	115450	502	服装批发	广东省广州市越秀区
广东吉之岛天贸百货有限公司	40537	70178	808	百货零售	广东省广州市天河区
广州市新华书店集团有限公司	40133	22085	846	图书零售	广东省广州市越秀区
百胜餐饮（深圳）有限公司	39272	92666	6200	快餐服务	广东省深圳市罗湖区
深圳市金立通信设备有限公司	38928	206947	365	通讯及广播电视设备批发	广东省深圳市福田区
深圳市亨吉利世界名表中心有限公司	38536	53386	800	其他日用品批发	广东省深圳市南山区
深圳天俊实业股份有限公司	37853	30642	381	牲畜批发	广东省深圳市罗湖区

4－5　续表35

企业名称	资产总计（万元）	销售额（营业额）（万元）	全部从业人员年平均人数（人）	所属行业	企业所在地
中国石油化工股份有限公司广东粤东石油公司	36948	118125	408	石油及制品批发	广东省汕头市龙湖区
深圳百安居装饰建材有限公司	36878	74015	904	其他室内装修材料零售	广东省深圳市罗湖区
深圳市百佳华百货有限公司	36399	136005	3112	百货零售	广东省深圳市宝安区
佛山宾馆有限公司	36251	22502	1060	旅游饭店	广东省佛山市禅城区
深圳市苏宁电器有限公司	36028	164922	1642	家用电器零售	广东省深圳市福田区
广东烟草南雄市有限公司	35407	62537	531	烟草制品批发	广东省韶关市南雄市
广东烟草普宁市有限责任公司	35396	139045	305	烟草制品批发	广东省揭阳市普宁市
广州市煤建公司	35205	56683	598	煤炭及制品批发	广东省广州市越秀区
佛山市顺德区乐从镇供销集团有限公司	34683	113916	2070	其他综合零售	广东省佛山市顺德区
广东烟草潮阳有限公司	34278	135072	202	烟草制品批发	广东省汕头市潮阳区
珠海格力空调销售有限公司	33806	90223	450	家用电器批发	广东省珠海市香洲区
中国石油化工股份有限公司揭阳分公司	33502	58022	316	石油及制品批发	广东省揭阳市试验区
中山市壹加壹商业连锁有限公司	32420	119410	2400	百货零售	广东省中山市中山市
深圳家乐福商业有限公司	32270	71165	1200	超级市场零售	广东省深圳市福田区
广州神州数码有限公司	32219	297081	405	通讯及广播电视设备批发	广东省广州市天河区
广东烟草梅州市有限公司	30875	161567	248	烟草制品批发	广东省梅州市梅江区
深圳健安医药有限公司	30729	58677	1093	西药批发	广东省深圳市福田区
卡西欧电子（深圳）有限公司	30109	130539	263	其他日用品批发	广东省深圳市福田区
中国石油化工股份有限公司广东珠海石油分公司	29763	184231	653	石油及制品批发	广东省珠海市香洲区
中国邮电器材深圳公司	29689	93261	260	通讯及广播电视设备批发	广东省深圳市罗湖区
深圳乐荣超市有限公司	29446	58613	1042	超级市场零售	广东省深圳市南山区
广州家广超市有限公司（家乐福万国店）	29371	136348	2434	超级市场零售	广东省广州市海珠区
惠州市康帝国际酒店有限公司	29103	16458	1045	旅游饭店	广东省惠州市惠城区
广东省中山食品水产进出口集团有限公司	29060	455421	832	肉、禽、蛋及水产品批发	广东省中山市中山市
深圳市利联太阳百货有限公司	28734	70372	585	百货零售	广东省深圳市罗湖区
TCL家用电器（惠州）有限公司	28306	97829	925	家用电器批发	广东省惠州市惠城区
茂名市明湖百货有限公司	28259	43907	595	超级市场零售	广东省茂名市茂南区
福达（中国）投资有限公司	27785	58492	480	盐及调味品批发	广东省广州市从化市
广东烟草中山市有限责任公司	27199	147758	239	烟草制品批发	广东省中山市中山市
广东永乐家用电器有限公司	26774	35747	710	家用电器零售	广东省广州市越秀区
深圳恒波商业连锁有限公司	26774	112562	1210	通信设备零售	广东省深圳市罗湖区
广州联新能源发展有限公司	26757	95194	556	石油及制品批发	广东省广州市越秀区
广州购书中心有限公司	26615	34533	582	图书零售	广东省广州市天河区
广东省农业机械总公司	25797	66294	230	农业机械批发	广东省广州市海珠区
广州市新大新公司	24915	65905	597	百货零售	广东省广州市越秀区
东莞市长安供销社	23568	21994	550	百货零售	广东省东莞市东莞市
广东烟草湛江市有限公司	23091	217738	246	烟草制品批发	广东省湛江市赤坎区
深圳市齐普生信息科技有限公司	22220	76221	210	计算机、软件及辅助设备批发	广东省深圳市福田区
中国船舶燃料供应广州公司	22183	218013	314	石油及制品批发	广东省广州市黄埔区
深圳市昊天林实业有限公司	21236	46053	320	其他机械设备及电子产品批发	广东省深圳市福田区
深圳市信南实业发展有限公司	20885	17023	682	超级市场零售	广东省深圳市宝安区
深圳市联诚医药有限公司	20622	37506	458	西药批发	广东省深圳市罗湖区
深圳面点王饮食连锁有限公司	20434	31023	2665	正餐服务	广东省深圳市福田区
深圳永旺友谊商业有限公司	20408	60878	1350	百货零售	广东省深圳市福田区
深圳西武百货有限公司	20249	53928	910	百货零售	广东省深圳市罗湖区
广东烟草惠州市有限责任公司	19989	196052	232	烟草制品批发	广东省惠州市惠城区
东莞沃尔玛百货有限公司	19812	59154	1002	超级市场零售	广东省东莞市东莞市
李锦记（中国）销售有限公司	19679	130603	604	其他食品批发	广东省广州市越秀区
东莞市国贸超级市场有限公司	19376	64940	530	超级市场零售	广东省东莞市东莞市
广东龙粤通信设备有限公司	19262	188396	515	通讯及广播电视设备批发	广东省广州市天河区

4－5 续表36

企业名称	资产总计（万元）	销售额（营业额）（万元）	全部从业人员年平均人数（人）	所属行业	企业所在地
国石油化工股份有限公司广东云浮石油分公司	18766	60912	352	石油及制品批发	广东省云浮市云城区
东莞市大地通讯连锁服务有限公司	18508	71160	295	通讯及广播电视设备批发	广东省东莞市东莞市
曲江县宜达燃料开发有限公司	18327	74406	318	煤炭及制品批发	广东省韶关市曲江区
佛山市顺德区越大化工贸易有限公司	18247	154494	555	其他化工产品批发	广东省佛山市顺德区
广东温氏食品集团有限公司勒竹分公司	18084	43198	583	肉、禽、蛋及水产品批发	广东省云浮市新兴县
深圳市深燃石油气有限公司	17830	73323	1141	其他未列明的零售	广东省深圳市福田区
东莞市时尚电器有限公司	17613	99267	1061	家用电器零售	广东省东莞市东莞市
广州城建开发宏城连锁超级市场有限公司	17475	39644	1102	超级市场零售	广东省广州市天河区
东莞市麦当劳食品有限公司	17194	30340	1245	快餐服务	广东省东莞市东莞市
茂名市实业发展集团公司	17083	60023	273	其他化工产品批发	广东省茂名市茂南区
广东省盐业运输（企业）集团公司	16281	31800	278	盐及调味品批发	广东省广州市越秀区
深圳报业集团发行有限公司	16213	15419	1536	报刊零售	广东省深圳市福田区
广东温氏食品集团有限公司车岗分公司	16052	41651	434	肉、禽、蛋及水产品批发	广东省云浮市新兴县
广东省烟草兴宁市有限公司	15839	54016	202	烟草制品批发	广东省梅州市兴宁市
广州宝元贸易有限公司	15193	19403	771	体育用品零售	广东省广州市天河区
深圳市晨光乳业有限公司	15114	46408	376	饮料及茶叶批发	广东省深圳市宝安区
广州百佳超级市场有限公司深圳分公司	15074	60631	1350	超级市场零售	广东省深圳市罗湖区
深圳市深南燃气有限公司	14865	74446	502	石油及制品批发	广东省深圳市南山区
东莞市金叶珠宝有限公司	14078	238579	883	首饰、工艺品及收藏品批发	广东省东莞市东莞市
广东益华百货有限公司	13745	37044	585	百货零售	广东省中山市中山市
广东赛壹便利店有限公司	13460	57985	1790	超级市场零售	广东省广州市越秀区
广州海尔工贸有限公司	13265	44721	213	家用电器批发	广东省广州市越秀区
华润万家生活超市（珠海）有限公司	13147	57655	926	百货零售	广东省珠海市香洲区
佛山市顺德区北窖镇供销社	13073	31542	295	家用电器批发	广东省佛山市顺德区
深圳市大水联合酒业有限公司	12655	37154	200	饮料及茶叶批发	广东省深圳市罗湖区
中山市创世纪汽车有限公司	12634	57817	500	汽车零售	广东省中山市中山市
达能益力贸易（深圳）有限公司	12625	48818	280	饮料及茶叶批发	广东省深圳市宝安区
东莞肯德基有限公司	12381	32038	1970	快餐服务	广东省东莞市东莞市
深圳市 TCL 电器销售有限公司	12163	32987	352	家用电器批发	广东省深圳市罗湖区
广州爱联科技有限公司	12128	99382	208	计算机、软件及辅助设备批发	广东省广州市天河区
东莞市会展国际大酒店	12106	20118	1367	旅游饭店	广东省东莞市东莞市
东莞市天虹商场有限公司	11829	28135	705	超级市场零售	广东省东莞市东莞市
广东赛壹便利店有限公司深圳公司	11712	24699	720	其他综合零售	广东省深圳市罗湖区
韶关市东明商贸有限公司	11668	16174	1612	超级市场零售	广东省韶关市浈江区
广东省中山食品进出口有限公司	11634	159267	423	肉、禽、蛋及水产品批发	广东省中山市中山市
深圳市中联大药房有限公司	11421	21906	611	药品零售	广东省深圳市罗湖区
深圳市永安南城百货有限公司	11380	19095	850	百货零售	广东省深圳市福田区
深圳市嘉康食品有限公司	11370	115323	216	肉、禽、蛋及水产品批发	广东省深圳市宝安区
新兴县温氏食品联营有限公司	11125	39699	327	肉、禽、蛋及水产品批发	广东省云浮市新兴县
珠海民润连锁商业有限公司	10671	25888	555	超级市场零售	广东省珠海市香洲区
东芝家用电器销售（南海）有限公司	10533	32370	650	家用电器批发	广东省佛山市南海区
广东烟草五华县有限公司	10517	45798	370	烟草制品批发	广东省梅州市五华县
广州 TCL 电器销售有限公司	10053	76390	537	家用电器批发	广东省广州市越秀区
广东温氏食品集团有限公司稔村分公司	10008	41873	601	肉、禽、蛋及水产品批发	广东省云浮市新兴县
佛山市苏宁电器有限公司	9309	68057	550	家用电器零售	广东省佛山市禅城区
江门市逸豪酒店有限公司	9176	16212	1308	旅游饭店	广东省江门市蓬江区
广州东方四海科技有限公司	8953	101281	430	计算机、软件及辅助设备批发	广东省广州市天河区
东莞市天和商贸有限公司	8830	27118	1126	百货零售	广东省东莞市东莞市
深圳市有荣配销有限公司	8821	31020	1300	超级市场零售	广东省深圳市福田区
深圳市万泽医药连锁有限公司	8562	17217	1000	药品零售	广东省深圳市福田区

4－5 续表37

企业名称	资产总计（万元）	销售额（营业额）（万元）	全部从业人员年平均人数（人）	所属行业	企业所在地
广州市宏丽有限公司	8455	73022	860	百货零售	广东省广州市白云区
广东省惠州市丽日购物广场有限公司	8438	17861	500	百货零售	广东省惠州市惠城区
广州市海王星辰医药连锁有限公司	8060	25807	903	药品零售	广东省广州市海珠区
深圳市乌日娜贸易有限公司	7709	72823	1500	饮料及茶叶批发	广东省深圳市福田区
广州市盛世长运商贸连锁有限公司	7498	45979	233	服装批发	广东省广州市海珠区
雷州市食品总公司	6860	30750	1093	肉、禽、蛋及水产品批发	广东省湛江市雷州市
广东烟草大埔县有限公司	6828	30297	222	烟草制品批发	广东省梅州市大埔县
广州民润连锁商业有限公司	6382	18970	587	超级市场零售	广东省广州市海珠区
佛山市好又多怡东百货商业有限公司	6370	27171	577	超级市场零售	广东省佛山市禅城区
深圳市卡奔达电子有限公司	6322	32924	219	计算机、软件及辅助设备批发	广东省深圳市福田区
惠州市人人乐商业有限公司	6206	39057	606	超级市场零售	广东省惠州市惠城区
深圳市一致医药连锁有限公司	6134	25189	1585	药品零售	广东省深圳市福田区
东莞市励骏实业有限公司	6091	103344	805	鞋帽零售	广东省东莞市东莞市
广州市万荣商贸有限公司	5714	39726	230	厨房、卫生间用具及日用杂货批发	广东省广州市番禺区
中油碧辟湛江市加油站经营有限公司	4975	34256	260	石油及制品批发	广东省湛江市霞山区
深圳市好又多量贩百货有限公司	4647	26354	600	超级市场零售	广东省深圳市罗湖区
信宜市粤信肉类食品有限公司	4594	51337	505	肉、禽、蛋及水产品批发	广东省茂名市信宜市
利亚华南便利店有限公司	4479	15924	1160	百货零售	广东省广州市越秀区
高州市食品企业集团公司	3874	58238	843	肉、禽、蛋及水产品批发	广东省茂名市高州市
广西壮族自治区					
中国石油天然气股份有限公司广西销售分公司	146059	188397	2966	石油及制品批发	广西壮族自治区南宁市青秀区
南宁百货大楼股份有限公司	84932	125704	1082	百货零售	广西壮族自治区南宁市兴宁区
广西新华书店集团有限公司	60168	116619	468	图书批发	广西壮族自治区南宁市青秀区
广西壮族自治区南宁市烟草公司	57771	151061	962	烟草制品批发	广西壮族自治区南宁市西乡塘区
广西壮族自治区烟草公司桂林分公司	57492	177648	805	烟草制品批发	广西壮族自治区桂林市象山区
广西壮族自治区烟草公司百色市公司	55327	104499	1379	烟草制品批发	广西壮族自治区百色市右江区
广西格力空调销售有限责任公司	43786	73333	200	其他机械设备及电子产品批发	广西壮族自治区南宁市青秀区
广西壮族自治区烟草公司柳州市公司	40409	132191	587	烟草制品批发	广西壮族自治区柳州市柳北区
广西南宁康迈商业有限责任公司	36887	34824	965	超级市场零售	广西壮族自治区南宁市西乡塘区
广西壮族自治区河池市烟草公司	35938	100122	738	烟草制品批发	广西壮族自治区河池市金城江区
柳州市百货股份有限公司	34473	33874	663	百货零售	广西壮族自治区柳州市城中区
广西柳州医药有限责任公司	32938	99208	379	西药批发	广西壮族自治区柳州市柳北区
桂林微笑堂实业发展有限公司	29812	74443	803	百货零售	广西壮族自治区桂林市秀峰区
玉林市烟草公司	29274	94250	645	烟草制品零售	广西壮族自治区玉林市玉州区
柳州工贸大厦股份有限公司	28653	42637	1786	百货零售	广西壮族自治区柳州市城中区
贺州市烟草公司	22549	69460	513	烟草制品批发	广西壮族自治区贺州市八步区
梧州市烟草公司	22527	85064	473	烟草制品批发	广西壮族自治区梧州市长洲区
广西联华超市股份有限公司	21924	48337	1614	超级市场零售	广西壮族自治区柳州市城中区
广西正宇股份有限公司	21552	36089	687	牲畜批发	广西壮族自治区玉林市博白县
广西壮族自治区烟草公司贵港市公司	20801	83400	535	烟草制品批发	广西壮族自治区贵港市港北区
玉林金城商厦有限责任公司	19119	19934	850	百货零售	广西壮族自治区玉林市玉州区
广西壮族自治区北海市烟草公司	17976	54609	252	烟草制品批发	广西壮族自治区北海市海城区
广西壮族自治区烟草公司钦州市公司	17280	57843	428	烟草制品批发	广西壮族自治区钦州市钦南区
国药控股柳州有限公司	16592	31124	386	西药批发	广西壮族自治区柳州市柳北区
来宾市烟草公司	14445	56926	394	烟草制品批发	广西壮族自治区来宾市兴宾区
南宁肯德基有限公司	9812	22750	1450	快餐服务	广西壮族自治区南宁市青秀区
南宁市王者通讯设备有限公司	8388	48041	380	通讯及广播电视设备批发	广西壮族自治区南宁市兴宁区
广西辉煌交通石化有限公司	7372	60671	513	机动车燃料零售	广西壮族自治区南宁市青秀区
中国石油天然气股份公司广西柳州销售分公司	4618	76936	230	石油及制品批发	广西壮族自治区柳州市柳北区

4－5 续表38

企业名称	资产总计（万元）	销售额（营业额）（万元）	全部从业人员年平均人数（人）	所属行业	企业所在地
南宁市人人乐商业有限公司	4066	18519	530	超级市场零售	广西壮族自治区南宁市青秀区
柳州铁路生活服务总公司	3219	21548	552	生活用燃料零售	广西壮族自治区柳州市柳南区
钦州市食品总公司	1383	39273	230	牲畜批发	广西壮族自治区钦州市钦南区
中国石油广西桂林销售分公司		113000	420	石油及制品批发	广西壮族自治区桂林市七星区
海南省					
中国石化股份有限公司海南石油分公司	135602	579101	2424	机动车燃料零售	海南省海口市秀英区
海南省烟草公司海口公司	33827	206358	423	烟草制品批发	海南省海口市龙华区
海南省烟草公司琼海公司	16161	83902	246	烟草制品批发	海南省琼海市
海南省烟草公司分公司	12876	89367	258	烟草制品批发	海南省三亚市
海南大润发商业有限公司	11615	21031	542	超级市场零售	海南省海口市龙华区
海南省烟草公司儋州公司	7708	48205	203	烟草制品批发	海南省儋州市儋州市
重庆市					
中国烟草总公司重庆市公司	508579	1226004	7777	烟草制品批发	重庆市江北区
重庆商社新世纪百货公司	364647	777298	7502	百货零售	重庆市江北区
重庆医药股份有限公司	331164	570419	5071	西药批发	重庆市渝中区
重庆百货大楼股份有限公司	215279	608371	7309	百货零售	重庆市渝中区
中国石油天然气股份有限公司重庆销售分公司	213494	1123719	7234	石油及制品批发	重庆市渝中区
重庆新华书店（集团）有限责任公司	177427	130763	3365	图书批发	重庆市渝中区
九禾农资股份有限公司	153923	443073	239	化肥批发	重庆市九龙坡区
重庆陶然居饮食文化（集团）有限公司	143216	36232	16583	正餐服务	重庆市九龙坡区
重庆中汽西南汽车有限公司	139741	287752	1135	汽车零售	重庆市渝北区
重庆桐君阁股份有限公司	111048	261268	568	中药材及中成药批发	重庆市渝中区
重庆华轻商业公司	97355	255918	430	金属及金属矿批发	重庆市渝中区
中国石化销售有限公司川渝重庆分公司	96182	196402	789	石油及制品批发	重庆市渝中区
重庆建设销售有限责任公司重庆分公司	87536	164871	617	汽车、摩托车及零配件批发	重庆市九龙坡区
重庆新兴格力电器销售有限责任公司	77621	197884	362	家用电器批发	重庆市九龙坡区
重庆国美电器有限公司	76015	177927	2750	家用电器零售	重庆市沙坪坝区
重庆世纪金源时代大饭店有限公司	67384	15379	820	正餐服务	重庆市江北区
重庆商社电器有限公司	60523	156244	505	家用电器零售	重庆市渝中区
中国邮电器材重庆公司	55123	67928	600	通讯及广播电视设备批发	重庆市渝中区
重庆东风渝安汽车销售有限公司	51335	194709	212	汽车、摩托车及零配件批发	重庆市沙坪坝区
重庆市盐业总公司	49260	52026	1950	盐及调味品批发	重庆市渝中区
重庆马家岩大川建材市场管理有限公司	45000	155298	1200	建材批发	重庆市沙坪坝区
重庆家乐福商业有限公司	36205	69037	1200	超级市场零售	重庆市渝中区
重庆市油脂公司	35753	195641	380	米、面制品及食用油批发	重庆市渝中区
重庆合智物业发展有限公司	31366	75326	1668	其他综合零售	重庆市涪陵区
重庆金属回收有限责任公司	28494	175241	415	再生物资回收与批发	重庆市渝中区
重庆苏宁电器连锁加盟有限公司	23038	141258	968	家用电器零售	重庆市渝中区
重庆力帆实业集团销售有限公司	23005	91653	926	汽车、摩托车及零配件批发	重庆市沙坪坝区
重庆永辉实业有限公司	22414	73675	2049	超级市场零售	重庆市江北区
重庆市新大兴实业（集团）有限公司	19546	41755	3027	百货零售	重庆市涪陵区
宗申产业集团重庆动力产品销售有限公司	18674	130459	317	汽车、摩托车及零配件批发	重庆市九龙坡区
重庆昌野药业有限公司	16779	79808	203	西药批发	重庆市南岸区
重庆桐君阁大药房连锁有限责任公司	15943	22542	752	药品零售	重庆市渝中区
重庆市德庄饮食文化有限公司	15239	18813	1468	正餐服务	重庆市南岸区
重庆天利实业有限公司	13553	33253	278	米、面制品及食用油批发	重庆市渝中区
重庆科渝药品经营有限责任公司	12366	65247	287	西药批发	重庆市南岸区
重庆满庭芳百货广场有限公司	7582	16229	908	百货零售	重庆市南岸区

4－5 续表39

企业名称	资产总计（万元）	销售额（营业额）（万元）	全部从业人员年平均人数（人）	所属行业	企业所在地
重庆市人人乐商业有限公司	7058	27797	846	超级市场零售	重庆市沙坪坝区
重庆中百山城超市有限公司	4923	20414	937	超级市场零售	重庆市九龙坡区
四川省					
中国石油天然气股份有限公司四川销售分公司	471772	2301402	469	石油及制品批发	四川省成都市青羊区
攀钢集团国际经济贸易有限公司	378993	532389	255	金属及金属矿批发	四川省成都市金牛区
四川烟草公司成都分公司	323778	794923	1367	烟草制品批发	四川省成都市青羊区
四川省烟草公司凉山州公司	222491	451727	3399	烟草制品批发	四川省凉山州西昌市
中铁二局集团物资有限公司	215854	537073	371	金属及金属矿批发	四川省成都市金牛区
四川九寨天堂温泉酒店有限公司	172725	2646	2167	旅游饭店	四川省阿坝州九寨沟县
中国铁路物资成都公司	157386	332532	685	金属及金属矿批发	四川省成都市青羊区
中国石化（销售）川渝分公司	140999	786796	621	石油及制品批发	四川省成都市青羊区
攀钢集团国贸攀枝花有限公司	113785	524252	254	金属及金属矿批发	四川省攀枝花市东区
成都国美电器有限公司	98184	228972	1259	家用电器零售	四川省成都市金牛区
四川省医药有限公司	96585	104871	234	西药批发	四川省成都市青羊区
四川科伦医药贸易有限公司	85204	217973	410	中药材及中成药批发	四川省成都市新都区
四川省烟草公司泸州市公司	77606	126412	1232	烟草制品批发	四川省泸州市江阳区
成都西部医药经营有限公司	74335	294524	311	西药批发	四川省成都市金牛区
成都伊藤洋华堂有限公司	67097	198708	1278	百货零售	四川省成都市武侯区
成都红旗连锁有限公司	66302	362215	5862	超级市场零售	四川省成都市武侯区
四川烟草公司绵阳市分公司	63952	161731	690	烟草制品批发	四川省绵阳市游仙区
四川粮油（集团）有限责任公司	61789	40320	252	米、面制品及食用油批发	四川省成都市锦江区
四川省烟草公司宜宾市公司	55775	161050	882	烟草制品批发	四川省宜宾市翠屏区
四川省烟草公司德阳市分公司	54905	134754	679	烟草制品批发	四川省德阳市旌阳区
四川省烟草公司达州分公司	47719	146019	918	烟草制品批发	四川省达州市通川区
成都万友经济技术开发总公司	46515	47463	239	农业机械批发	四川省成都市金牛区
四川省烟草公司攀枝花市公司	43291	73294	718	烟草制品批发	四川省攀枝花市东区
宜宾市智溢酒业有限公司	40730	84768	1000	饮料及茶叶批发	四川省宜宾市翠屏区
四川射洪沱牌曲酒供销有限公司	40603	64951	252	饮料及茶叶批发	四川省遂宁市射洪县
四川省烟草公司乐山分公司	40526	116508	425	烟草制品批发	四川省乐山市市中区
四川省烟草公司南充分公司南充市烟草专卖局	35333	134367	813	烟草制品批发	四川省南充市顺庆区
四川省烟草公司内江分公司	32419	106586	498	烟草制品批发	四川省内江市东兴区
绵阳市酒鑫鑫商贸有限公司	30994	35141	342	饮料及茶叶批发	四川省绵阳市涪城区
四川永乐家用电器连锁有限公司	30778	76602	935	家用电器零售	四川省成都市金牛区
四川领跑体育用品有限公司	29374	61119	770	体育用品零售	四川省成都市青羊区
四川省烟草公司眉山分公司	29101	80292	345	烟草制品批发	四川省眉山市东坡区
四川省烟草公司自贡分公司	28908	88815	330	烟草制品批发	四川省自贡市自流井区
中国石油天然气股份有限公司四川岷江销售分公司	27710	147588	786	机动车燃料零售	四川省成都市都江堰市
成都苏宁电器连锁加盟有限公司	25863	151318	1002	家用电器零售	四川省成都市金牛区
中国石油天然气股份有限公司四川攀枝花销售分公司	25452	43858	672	石油及制品批发	四川省攀枝花市东区
四川省烟草公司广元市公司	25401	81604	642	烟草制品批发	四川省广元市利州区
四川省烟草公司资阳市公司	24583	98977	510	烟草制品批发	四川省资阳市雁江区
四川锦江宾馆有限公司	23676	21382	1567	旅游饭店	四川省成都市锦江区
四川省烟草公司广安分公司	23663	86944	455	烟草制品批发	四川省广安市广安区
成都泰立电信商场有限公司	23410	94533	658	通讯及广播电视设备批发	四川省成都市青羊区
绵阳市家福来电器有限公司	23005	31756	649	家用电器零售	四川省绵阳市游仙区
中国石油天然气股份有限公司四川宜宾销售分公司	22784	132786	701	石油及制品批发	四川省宜宾市翠屏区
中国石油四川广元销售分公司	22622	89496	679	石油及制品批发	四川省广元市市中区
中国石油天然气股份有限公司四川凉山销售分公司	21109	110075	591	石油及制品批发	四川省凉山州西昌市
四川省绵阳药业集团公司	20806	48094	570	西药批发	四川省绵阳市涪城区

4－5 续表40

企业名称	资产总计（万元）	销售额（营业额）（万元）	全部从业人员年平均人数（人）	所属行业	企业所在地
成都德仁堂药业有限公司	19830	46292	303	中药材及中成药批发	四川省成都市青羊区
四川省烟草公司雅安分公司	19274	44965	238	烟草制品批发	四川省雅安市雨城区
中国石油天然气股份有限公司四川南充销售分公司	19255	116974	778	石油及制品批发	四川省南充市顺庆区
中国石油天然汽股份有限公司四川绵阳销售分公司	18587	86986	705	石油及制品批发	四川省绵阳市涪城区
四川省烟草公司巴中分公司	17814	59005	366	烟草制品批发	四川省巴中市巴州区
成都市人人乐商业有限公司	17073	64808	1719	超级市场零售	四川省成都市青羊区
泸州汇通百货股份有限公司	17040	42864	570	百货零售	四川省泸州市江阳区
成都神州数码有限公司	17034	168615	260	计算机、软件及辅助设备批发	四川省成都市武侯区
中国石油天然气股份有限公司四川达州销售分公司	16760	107568	588	石油及制品批发	四川省达州市通川区
中油天然气股份有限公司四川德阳销售分公司	16395	127600	765	石油及制品批发	四川省德阳市旌阳区
中国石油天然气股份有限公司四川眉山销售分公司	16335	79337	568	机动车燃料零售	四川省眉山市东坡区
中国石油天然气股份有限公司四川乐山销售分公司	16226	115907	829	机动车燃料零售	四川省乐山市市中区
石油公司	16187	79025	562	机动车燃料零售	四川省资阳市雁江区
成都讯捷通讯连锁有限公司	15959	74934	891	通信设备零售	四川省成都市青羊区
中国石油四川川南销售分公司	15959	58206	318	石油及制品批发	四川省自贡市自流井区
四川省互惠商业有限责任公司	15204	42436	1078	超级市场零售	四川省成都市新都区
成都市滔捕商贸有限公司	14580	25586	675	鞋帽零售	四川省成都市金牛区
攀钢集团钢城企业总公司	14285	55414	538	煤炭及制品批发	四川省攀枝花市东区
成都好又多百货商业广场有限公司	14194	68804	1801	超级市场零售	四川省成都市青羊区
四川省成都市饮食公司	14128	15295	1265	正餐服务	四川省成都市青羊区
四川麦当劳餐厅食品有限公司	13772	20330	1487	快餐服务	四川省成都市锦江区
四川金利医药贸易有限公司	13559	47735	204	中药材及中成药批发	四川省成都市金牛区
德阳洋洋百盛实业有限公司	13460	34264	2886	百货零售	四川省德阳市旌阳区
四川省烟草公司阿坝州公司	13377	36156	214	烟草制品批发	四川省阿坝州汶川县
四川省盐业总公司成都分公司	13182	33187	231	盐及调味品批发	四川省成都市青羊区
中国石油天然气股份有限公司四川雅安销售分公司	12976	78807	465	石油及制品批发	四川省雅安市雨城区
百胜餐饮（成都）有限公司	12089	37546	2450	快餐服务	四川省成都市青羊区
中国石油天然气股份有限公司四川巴中销售分公司	11884	49223	368	石油及制品批发	四川省巴中市巴州区
中国石油天然气股份有限公司四川遂宁销售分公司	11798	56631	448	石油及制品批发	四川省遂宁市船山区
成都宏川酒业有限公司	9265	32553	227	饮料及茶叶批发	四川省成都市武侯区
四川省宜宾市燕君贸易连锁有限责任公司	9123	17241	680	家用电器零售	四川省宜宾市翠屏区
成都市荣贸食品有限公司	7490	35632	240	其他食品批发	四川省成都市成华区
成都海尔工贸有限公司	6873	37101	258	家用电器批发	四川省成都市青羊区
中油四川甘孜销售分公司	5525	77864	519	石油及制品批发	四川省甘孜州康定县
内蒙古伊利实业集团股份有限公司成都分公司	3464	58717	249	其他食品批发	四川省成都市成华区
成都 TCL 电器销售有限公司	3101	33023	293	家用电器批发	四川省成都市武侯区
贵州省					
遵义市烟草专卖局（分公司）	346648	453993	9965	烟草制品批发	贵州省遵义市红花岗区
贵州省烟草公司毕节地区分公司	189339	328181	11275	烟草制品批发	贵州省毕节市
中国石油天然气股份有限公司贵州销售分公司	125585	244878	1661	石油及制品批发	贵州省贵阳市南明区
贵州省烟草公司贵阳市分公司	120448	294964	1313	烟草制品批发	贵州省贵阳市南明区
贵州省烟草公司黔西南州分公司	97842	175010	1326	烟草制品批发	贵州省黔西南州兴义市
贵州省烟草公司黔南分公司	75712	97975	2329	烟草制品批发	贵州省黔南布依族苗族自治州都匀市
贵州省烟草公司铜仁分公司	62144	146834	2058	烟草制品批发	贵州省铜仁地区铜仁市
贵州省烟草公司安顺分公司	50306	101294	1359	烟草制品批发	贵州省安顺市西秀区
贵州省烟草公司六盘水分公司	47591	81678	934	烟草制品批发	贵州省六盘水市钟山区
中国烟草贵州进出口有限责任公司	43728	47685	885	烟草制品批发	贵州省贵阳市南明区
中国石油化工股份有限公司贵州贵阳分公司	42285	299032	1273	石油及制品批发	贵州省贵阳市南明区
贵州省烟草公司黔东南分公司	39991	120454	1851	烟草制品批发	贵州省黔东南苗族侗族自治州凯里市

4－5　续表41

企业名称	资产总计（万元）	销售额（营业额）（万元）	全部从业人员年平均人数（人）	所属行业	企业所在地
贵州省新华书店	31695	70032	270	图书批发	贵州省贵阳市云岩区
中国石油化工股份有限公司贵州遵义石油分公司	31213	202703	721	石油及制品批发	贵州省遵义市红花岗区
贵阳星力百货有限责任公司	30048	43613	1121	百货零售	贵州省贵阳市云岩区
贵州省医药(集团)有限责任公司	22588	53306	253	西药批发	贵州省贵阳市云岩区
中国石油化工股份有限公司六盘水石油分公司	19415	83667	482	石油及制品批发	贵州省六盘水市钟山区
贵州一树连锁药业有限公司	18314	19017	753	药品零售	贵州省贵阳市云岩区
中国石油化工股份有限公司黔东南石油分公司	15254	79959	358	石油及制品批发	贵州省黔东南苗族侗族自治州凯里市
中国石化股份有限公司黔南石油分公司	15016	104735	439	石油及制品批发	贵州省黔南布依族苗族自治州都匀区
云南省					
云南红塔烟叶有限责任公司	1484100	487830	609	其他农畜产品批发	云南省玉溪市红塔区
云南省烟草公司曲靖公司	789067	763765	6615	烟草制品批发	云南省曲靖市麒麟区
云南省烟草公司昆明市公司	543387	565329	1400	烟草制品批发	云南省昆明市盘龙区
云南省烟草玉溪市公司	380231	374303	1109	烟草制品批发	云南省玉溪市红塔区
云南省烟草公司红河州公司	373388	368510	2263	烟草制品批发	云南省红河州弥勒县
云南烟草大理州公司	289894	284905	2594	烟草制品批发	云南省大理白族自治州大理市
云南省烟草楚雄州公司	288083	405026	1204	烟草制品批发	云南省楚雄州楚雄市
昆明船舶设备集团有限公司	268615	147405	334	其他机械设备及电子产品批发	云南省昆明市盘龙区
云南省烟草公司昭通市公司	205630	327946	3077	烟草制品批发	云南省昭通市昭阳区
云南省烟草保山市公司	164045	204181	1851	烟草制品批发	云南省保山市隆阳区
云南省烟草公司文山州公司	148141	1285780	1865	烟草制品批发	云南省文山州文山县
云南中烟物资(集团)有限责任公司	133300	727305	207	烟草制品批发	云南省昆明市五华区
云南省烟草烟叶公司	124825	203530	332	烟草制品批发	云南省昆明市官渡区
云南省医药有限公司	99492	301161	306	西药批发	云南省昆明市盘龙区
云南香格里拉金六福酒业销售有限公司	98584	34022	3434	其他未列明的批发	云南省迪庆州经济开发区
昆明国美电器有限公司	69393	111868	824	家用电器零售	云南省昆明市五华区
云南省烟草丽江市公司	65373	102074	493	烟草制品批发	云南省丽江市古城区
云南省烟草思茅市公司	64374	145768	773	烟草制品批发	云南省思茅市翠云区
昆明七彩云南实业股份有限公司	50969	81983	844	首饰、工艺品及收藏品批发	云南省昆明市呈贡县
昆明国家粮食储备有限公司	48058	32009	244	米、面制品及食用油批发	云南省昆明市官渡区
昆明家乐福超市有限公司	41490	112801	1567	超级市场零售	云南省昆明市五华区
云南省烟草公司临沧市公司	39700	103497	712	烟草制品批发	云南省临沧市临翔区
云南新华书店图书有限公司	39107	44458	205	图书批发	云南省昆明市官渡区
云南沃尔玛百货有限公司	36923	119960	1950	超级市场零售	云南省昆明市五华区
云南鸿翔药业有限公司	35914	92678	4432	药品零售	云南省昆明市西山区
瑞丽市景成集团有限公司	34944	37189	650	肉、禽、蛋及水产品批发	云南省德宏州瑞丽市
云南省机电设备总公司	34282	37138	266	汽车、摩托车及零配件批发	云南省昆明市官渡区
云南英茂商务有限公司	34189	64306	206	汽车、摩托车及零配件批发	云南省昆明市西山区
云南东骏药业有限公司	28569	78800	1262	西药批发	云南省昆明市西山区
云南烟草西双版纳傣族自治州公司	24067	46952	220	烟草制品批发	云南省西双版纳州景洪市
昆明百货大楼商业有限公司	20141	31146	640	百货零售	云南省昆明市五华区
云南玉溪百信商贸集团有限公司	19875	31116	1031	超级市场零售	云南省玉溪市红塔区
昆明新知图书城有限责任公司	18607	17675	1506	图书零售	云南省昆明市西山区
云南小松工程机械有限公司	17653	35701	200	其他机械设备及电子产品批发	云南省昆明市西山区
昆明新华书店连锁有限公司	16573	24667	690	图书零售	云南省昆明市五华区
云南盘龙云海药品经营有限公司	13809	36260	1110	中药材及中成药批发	云南省昆明市五华区
宣威市煤炭供销公司	13227	37988	231	煤炭及制品批发	云南省曲靖市宣威市
云南讯捷通讯有限公司	11937	49160	800	通信设备零售	云南省昆明市五华区
云南省曲靖市吉玛特百货有限公司	9176	18348	798	超级市场零售	云南省曲靖市麒麟区
中国石油天然气股份有限公司云南销售分公司	8376	49134	241	石油及制品批发	云南省大理白族自治州大理市

4－5　续表42

企业名称	资产总计（万元）	销售额（营业额）（万元）	全部从业人员年平均人数（人）	所属行业	企业所在地
云南健之佳连锁健康药房有限公司	8051	33354	623	药品零售	云南省昆明市盘龙区
西双版纳中化安联橡胶有限公司	7782	30925	384	其他化工产品批发	云南省西双版纳州景洪市
昆明肯德基有限公司	4988	16232	1000	快餐服务	云南省昆明市五华区
陕西省					
陕西东岭工贸集团股份有限公司	261762	1086079	301	金属及金属矿批发	陕西省宝鸡市金台区
陕西省烟草公司西安分公司	136717	402902	1673	烟草制品批发	陕西省西安市碑林区
西安民生集团股份有限公司	118155	106943	2497	百货零售	陕西省西安市新城区
中国铁路物资西安公司	113125	535527	230	石油及制品批发	陕西省西安市新城区
西安开元商城有限公司	109264	214806	1010	百货零售	陕西省西安市碑林区
世纪金花股份有限公司	98831	79227	692	百货零售	陕西省西安市莲湖区
西安饮食服务(集团)股份有限公司	88207	49518	2389	正餐服务	陕西省西安市碑林区
宝鸡商场集团股份有限公司	78963	66213	4007	超级市场零售	陕西省宝鸡市渭滨区
西安爱家商贸有限公司	78741	135872	1300	超级市场零售	陕西省西安市新城区
西安市国美电器有限公司	71134	126131	1502	家用电器零售	陕西省西安市莲湖区
陕西东大石油化工有限公司	70969	219849	204	石油及制品批发	陕西省西安市高新区
陕西省烟草公司咸阳市公司	45586	158257	1813	烟草制品批发	陕西省咸阳市秦都区
中国石化销售有限公司西北陕西分公司	45165	392920	718	石油及制品批发	陕西省西安市碑林区
陕西省烟草公司榆林市公司	44131	142699	666	烟草制品批发	陕西省榆林市榆阳区
陕西华远医药商业集团有限责任公司	39983	121884	985	西药批发	陕西省西安市碑林区
陕西省烟草公司宝鸡分公司	38130	118413	1238	烟草制品批发	陕西省宝鸡市渭滨区
中石油天然气股份有限公司陕西西安销售分公司	36974	358497	2338	石油及制品批发	陕西省西安市莲湖区
陕西华润万家生活超市有限公司	36698	122580	1766	超级市场零售	陕西省西安市莲湖区
陕西省新华书店	35844	76066	391	图书批发	陕西省西安市莲湖区
陕西省烟草公司渭南分公司	34866	138831	1032	烟草制品批发	陕西省渭南市临渭区
陕西省军区军人服务社	33408	78605	1200	百货零售	陕西省西安市雁塔区
陕西海星连锁超级市场有限责任公司	32304	24491	1084	超级市场零售	陕西省西安市经济技术开发区
西安市人人乐超市有限公司	31983	139051	2981	超级市场零售	陕西省西安市莲湖区
陕西省烟草公司汉中分公司	29358	98502	778	烟草制品批发	陕西省汉中市汉台区
西安市新华书店	28176	30861	1109	图书零售	陕西省西安市新城区
陕西省烟草公司商洛分公司	26206	60252	813	烟草制品批发	陕西省商洛市商州区
中油股份陕西销售榆林分公司	24040	191590	1219	石油及制品批发	陕西省榆林市绥德县
中国石油天然气有限公司宝鸡分公司	23319	113309	371	石油及制品批发	陕西省宝鸡市金台区
陕西松茂食品有限公司	20577	20865	1352	快餐服务	陕西省西安市碑林区
延安百货大楼集团有限公司	20475	20868	997	百货零售	陕西省延安市宝塔区
国药集团西北医药有限公司	19664	39020	230	西药批发	陕西省西安市碑林区
中国石油天然气股份有限公司渭南销售分公司	18204	126077	1261	石油及制品批发	陕西省渭南市临渭区
西安双鹤医药股份有限公司	17351	35318	418	西药批发	陕西省西安市碑林区
中国石油天然气股份有限公司安康销售分公司	17188	94020	602	石油及制品批发	陕西省安康市汉滨区
中国石油股份有限公司陕西汉中销售公司	16753	105455	766	石油及制品批发	陕西省汉中市汉台区
中油陕西延安销售公司	14182	294888	980	石油及制品批发	陕西省延安市宝塔区
西安新西北双鹤医药有限责任公司	13467	41405	243	中药材及中成药批发	陕西省西安市未央区
西安易初莲花连锁超市有限公司	13076	30569	789	超级市场零售	陕西省西安市高新区
陕西省烟草公司铜川分公司	11797	34655	379	烟草制品批发	陕西省铜川市王益区
西安世纪金花置业有限公司	10732	23042	1143	超级市场零售	陕西省西安市高新区
西安民生集团咸阳民生购物中心有限公司	9867	30387	875	超级市场零售	陕西省咸阳市秦都区
中石油集团股份有限公司商洛销售分公司	9689	75501	607	石油及制品批发	陕西省商洛市商州区
西安秋林公司	8368	38000	536	百货零售	陕西省西安市碑林区
陕西苏宁电器有限责任公司	6577	64848	982	家用电器零售	陕西省西安市莲湖区
陕西人民大厦有限公司	6331	18003	1098	旅游饭店	陕西省西安市新城区

4－5　续表43

企业名称	资产总计（万元）	销售额（营业额）（万元）	全部从业人员年平均人数（人）	所属行业	企业所在地
咸阳人人乐商业有限公司	6064	25997	507	超级市场零售	陕西省咸阳市秦都区
西安福迎门大香港鲍翅酒楼有限公司	5997	15273	1395	正餐服务	陕西省西安市雁塔区
西安百福乐好又多商贸公司	5799	26538	824	超级市场零售	陕西省西安市雁塔区
宝鸡人民商场股份有限公司	5732	38002	640	百货零售	陕西省宝鸡市渭滨区
陕西百嘉贸易服务有限公司	4642	41731	256	化妆品及卫生用品批发	陕西省西安市未央区
甘肃省					
中国石油天然气股份有限公司西北销售分公司	848381	4215471	449	石油及制品批发	甘肃省兰州市城关区
甘肃省烟草兰州公司	93544	163673	950	烟草制品批发	甘肃省兰州市城关区
兰州民百（集团）股份有限公司	86025	64117	948	百货零售	甘肃省兰州市城关区
中国石油天然气股份有限公司西北销售兰州分公司	60077	1147618	350	石油及制品批发	甘肃省兰州市西固区
兰州国芳百盛购物广场有限责任公司	59473	102748	1012	百货零售	甘肃省兰州市城关区
兰州工贸集团股份有限公司	49696	36671	806	百货零售	甘肃省兰州市七里河区
中国石油天然气有限公司甘肃省庆阳销售分公司	44008	95267	318	石油及制品批发	甘肃省庆阳市西峰区
甘肃省烟草公司天水分公司	34547	67100	515	烟草制品批发	甘肃省天水市秦城区
甘肃省烟草公司陇南分公司	32631	39518	528	烟草制品批发	甘肃省陇南市武都区
甘肃省烟草公司庆阳分公司	32609	56870	587	烟草制品批发	甘肃省庆阳市西峰区
甘肃省烟草公司定西市公司	25660	50395	360	烟草制品批发	甘肃省定西市安定区
甘肃省烟草公司平凉分公司	23438	46441	383	烟草制品批发	甘肃省平凉市崆峒区
甘肃省烟草公司武威分公司	22743	37323	343	烟草制品批发	甘肃省武威市凉州区
甘肃省烟草公司白银分公司	20782	44851	279	烟草制品批发	甘肃省白银市白银区
甘肃省烟草公司张掖分公司	20391	30072	293	烟草制品批发	甘肃省张掖市甘州区
甘肃国美电器有限公司	20008	21798	590	汽车零售	甘肃省兰州市城关区
甘肃仕通汽车销售有限公司	19627	58969	312	汽车、摩托车及零配件批发	甘肃省兰州市七里河区
中国石油天然气股份有限公司甘肃平凉销售分公司	16962	117208	542	石油及制品批发	甘肃省平凉市崆峒区
中国石油天然气股份有限公司酒泉销售分公司	9830	122922	716	石油及制品批发	甘肃省酒泉市肃州区
中国石油天然气股份有限公司甘肃武威销售分公司	8023	90654	602	石油及制品批发	甘肃省武威市凉州区
中国石油天然气股份有限公司甘肃张掖销售分公司	7835	78750	450	石油及制品批发	甘肃省张掖市甘州区
甘肃家世界有限公司	6460	21669	502	百货零售	甘肃省兰州市城关区
中油甘肃定西销售分公司	4584	94151	468	石油及制品批发	甘肃省定西市安定区
甘肃欣大实业集团兰州经销有限公司	3408	28028	530	烟草制品零售	甘肃省兰州市安宁区
中国石油天然气股份有限公司甘肃临夏销售分公司	2870	42590	329	石油及制品批发	甘肃省临夏州临夏市
青海省					
中国烟草总公司青海分公司	140590	191917	227	烟草制品批发	青海省西宁市城西区
中国石油天然气股份有限公司青海销售分公司	110855	421463	2171	石油及制品批发	青海省西宁市城北区
西宁中油燃起有限责任公司	45075	33686	277	石油及制品批发	青海省西宁市城西区
青海农牧生产资料股份有限公司	40078	39667	217	化肥批发	青海省西宁市城北区
中国石化销售有限公司西北青海分公司	21694	40312	264	石油及制品批发	青海省西宁市城西区
西宁大什字百货商店有限公司	17587	24703	546	百货零售	青海省西宁市城中区
青海华联综合超市有限公司	15855	24398	520	超级市场零售	青海省西宁市城中区
青海省烟草公司西宁分公司	13715	107487	332	烟草制品批发	青海省西宁市城西区
中国石油天然气股份有限公司青海格尔木销售分公司	10258	57560	220	石油及制品批发	青海省海西市格尔木市
青海省烟草公司海东地区分公司	4605	31493	205	烟草制品批发	青海省海东地区平安县

4-5 续表44

企业名称	资产总计（万元）	销售额（营业额）（万元）	全部从业人员年平均人数（人）	所属行业	企业所在地
宁夏回族自治区					
银川新华百货商店股份有限公司	80349	105798	620	百货零售	宁夏回族自治区银川市兴庆区
宁夏回族自治区烟草公司银川市分公司	38357	96777	273	烟草制品批发	宁夏回族自治区银川市金凤区
银川新华百货老大楼有限公司	20252	37997	598	百货零售	宁夏回族自治区银川市兴庆区
银川新华百货东桥家电有限公司	19565	71880	513	家用电器批发	宁夏回族自治区银川市金凤区
银川市新华百货连锁超市有限公司	19392	49512	750	超级市场零售	宁夏回族自治区银川市兴庆区
宁夏回族自治区烟草公司吴忠市分公司	17608	47937	248	烟草制品批发	宁夏回族自治区吴忠市利通区
银川新华百货购物中心有限公司	15743	35195	522	百货零售	宁夏回族自治区银川市兴庆区
新疆维吾尔族自治区					
新疆农资（集团）有限责任公司	297737	189956	306	化肥批发	新疆（区）乌鲁木齐市天山区
新疆奎屯农七师供销棉麻总公司	161348	209086	284	棉、麻批发	新疆（区）伊犁州奎屯市
新疆友好集团股份有限公司	154113	111576	1521	百货零售	新疆（区）乌鲁木齐市沙依巴克区
兵团棉麻公司	152770	279292	478	棉、麻批发	新疆（区）乌鲁木齐市沙依巴克区
昌吉回族自治州粮油购销（集团）有限责任公司	137897	75343	913	谷物、豆及薯类批发	新疆（区）昌吉回族自治州昌吉市
中国石油天然气股份有限公司西北销售公司新疆分公司	102238	4659355	209	石油及制品批发	新疆（区）乌鲁木齐市经济技术开发区
新疆天汇汽车服务有限公司	100693	124650	375	汽车、摩托车及零配件批发	新疆（区）乌鲁木齐市新市区
玛纳斯县供销合作社供销联社	86310	48085	920	棉、麻批发	新疆（区）昌吉回族自治州玛纳斯县
新疆生产建设兵团石油有限公司	69412	250320	1685	石油及制品批发	新疆（区）乌鲁木齐市天山区
新疆棉花产业（集团）莎车棉业有限责任公司	54041	32541	648	棉、麻批发	新疆（区）喀什地区莎车市
新疆维吾尔自治区新华书店	51577	85212	534	图书批发	新疆（区）乌鲁木齐市天山区
新疆九州通医药有限公司	45747	129827	500	西药批发	新疆（区）乌鲁木齐市高新区
新疆巴州尉犁县棉麻公司	41707	31885	238	棉、麻批发	新疆（区）巴州尉犁县
新疆国美电器有限公司	39040	94654	1174	家用电器零售	新疆（区）乌鲁木齐市沙依巴克区
库车县供销社	38348	30875	464	化肥批发	新疆（区）阿克苏地区库车县
乌鲁木齐铁路局实业开发总公司	38076	32900	370	石油及制品批发	新疆（区）乌鲁木齐市新市
新疆银都酒店有限责任公司	34506	15385	947	旅游饭店	新疆（区）乌鲁木齐市沙依巴克区
新疆维吾尔自治区烟草公司乌鲁木齐分公司	33306	156279	552	烟草制品批发	新疆（区）乌鲁木齐市天山区
中国石油天然气有限公司新疆和田销售公司	31109	68987	538	石油及制品批发	新疆（区）和田地区和田市
中国石油天然气股份有限公司新疆阿克苏销售分公司	30748	158790	362	石油及制品批发	新疆（区）阿克苏地区阿克苏市
中国石油天燃气股份有限公司新疆库尔勒销售分公司	30486	182021	1115	石油及制品批发	新疆（区）巴州库尔勒市
中国石油天然气股份有限公司喀什分公司	22437	134445	441	石油及制品批发	新疆（区）喀什地区喀什市
新疆好家乡超市有限公司	22307	53537	632	超级市场零售	新疆（区）乌鲁木齐市天山区
中国石油天然气股份有限公司昌吉销售公司	18177	107656	892	石油及制品批发	新疆（区）昌吉回族自治州昌吉市
新疆家乐福超市有限公司	14267	42257	1118	超级市场零售	新疆（区）乌鲁木齐市水磨沟区
新疆烟草公司巴州公司	10937	53959	233	烟草制品批发	新疆（区）巴州库尔勒市
中国石油天然气股份有限公司新疆吐鲁番销售分公司	10916	67547	455	石油及制品批发	新疆（区）吐鲁番地区吐鲁番市
中国石油天然气股份公司阿勒泰分公司	8479	71986	580	石油及制品批发	新疆（区）阿勒泰地区阿勒泰市
新疆维吾尔自治区昌吉回族自治州烟草公司	7177	45283	210	烟草制品批发	新疆（区）昌吉回族自治州昌吉市
中国石油新疆博州销售公司	6243	35087	305	石油及制品批发	新疆（区）博尔塔拉州博乐市
新疆维吾尔自治区阿克苏地区烟草公司	6078	48263	225	烟草制品批发	新疆（区）阿克苏地区阿克苏市

附　录

简要说明：

附录Ⅰ　统计上大中小型划分办法
附录Ⅱ　批发零售和住宿餐饮业统计限额标准
附录Ⅲ　主要统计指标解释

附录Ⅰ　统计上大中小型企业划分办法(暂行)

一、根据国家经贸委、国家计委、财政部、国家统计局《关于印发中小企业标准暂行规定的通知》(国经贸委中小企[2003]143 号),结合统计工作的实际情况,特制定本办法。

二、本办法适用于统计上对工业(采矿业,制造业,电力、燃气及水的生产和供应业)、建筑业、交通运输、仓储和邮政业、批发和零售业、住宿和餐饮业的企业划分规模。

三、本办法以法人企业或单位作为对企业规模的划分对象,以从业人员数、销售额和资产总额三项指标为划分依据。企业规模的具体划分标准见附表。

四、企业规模由政府综合统计部门根据上年统计年报每年划分一次。企业规模一经确认,月度统计原则上不进行调整。

附表:统计上大中小型企业划分标准

行业名称	指标名称	计算单位	大型	中型	小型
工业企业	从业人员数 销售额 资产总额	人 万元 万元	2000 及以上 30000 及以上 40000 及以上	300 – 2000 以下 3000 30000 以下 4000 – 40000 以下	300 以下 3000 以下 4000 以下
建筑业企业	从业人员数 销售额 资产总额	人 万元 万元	3000 及以上 30000 及以上 40000 及以上	600 – 3000 以下 3000 – 30000 以下 4000 – 40000 以下	600 以下 3000 以下 4000 以下
批发业企业	从业人员数 销售额	人 万元	200 及以上 30000 及以上	100 – 200 以下 3000 – 30000 以下	100 以下 3000 以下
零售业企业	从业人员数 销售额	人 万元	500 及以上 15000 及以上	100 – 500 以下 1000 – 15000 以下	100 以下 1000 以下
交通运输业企业	从业人员数 销售额	人 万元	3000 及以上 30000 及以上	500 – 3000 以下 3000 – 30000 以下	500 以下 3000 以下
邮政业企业	从业人员数 销售额	人 万元	1000 及以上 30000 及以上	400 – 1000 以下 3000 – 30000 以下	400 以下 3000 以下
住宿和餐饮业企业	从业人员数 销售额	人 万元	800 及以上 15000 及以上	400 – 800 以下 3000 – 15000 以下	400 以下 3000 以下

说明:1. 表中的"工业企业"包括采矿业、制造业、电力、燃气及水的生产和供应业三个行业的企业。

2. 工业企业的销售额以现行统计制度中的年产品销售收入代替;建筑业企业的销售额以现行统计制度中的年工程结算收入代替;批发和零售业的销售额以现行报表制度中的年销售额代替;交通运输和邮政业、住宿和餐饮业企业的销售额以现行统计制度中的年营业收入代替;资产总额以现行统计制度中的资产合计代替。

3. 大型和中型企业须同时满足所列各项条件的下限指标,否则下划一档。

附录Ⅱ　批发零售和住宿餐饮业统计限额标准

行业类别	统计指标名称	计量单位	限额标准
批发业	年末从业人员 年销售额	人 万元	20 及以上 2000 及以上
零售业	年末从业人员 年销售额	人 万元	60 及以上 500 及以上
住宿业	星级宾馆、饭店		
餐饮业	年末从业人员 年营业额	人 万元	40 及以上 200 及以上

说明：外贸企业按批发业标准执行。

附录Ⅲ　主要统计指标解释

一、批发、零售、餐饮业主要财务指标解释

1. 资产总计：指企业拥有或控制的能以货币计量的经济资源，包括各种财产、债权和其他权利。资产按其流动性（即资产的变现能力和支付能力）划分为：流动资产、长期投资、固定资产、无形资产、递延资产和其他资产。

2. 流动资产：指企业可以在一年内或者超过一年的一个生产周期内变现或者耗用的资产，包括现金及各种存款、短期投资，应收及预付款项、存货等。

3. 存货：指企业在生产经营过程中为销售或耗用而储备的各种资产，包括原材料、周转材料、包装物、低值易耗品、在产品、自制半成品、产成品等。

4. 固定资产原价：指企业在建造、购置、安装、改建、扩建、技术改造某项固定资产时所支出的全部货币总额。

5. 固定资产折旧：指对固定资产由于磨损和损耗而转移到产品中去的那一部分价值的补偿。

6. 负债合计：指企业所承担的能以货币计量，将以资产或劳务偿付的债务，偿还形式包括货币、资产或提供劳务。

7. 所有者权益合计：指企业投资人对企业净资产的所有权。企业净资产为企业全部资产与企业全部负债的差额，包括实收资本、资本公积、盈余公积、未分利润等。

8. 实收资本：指企业投资者实际投入的资本（或股本），包括货币、实物、无形资产等各种形式的投入。实收资本按投资主体可分为国家资本、集体资本、法人资本、个人资本、港澳台资本和外商资本。

9. 国家资本：指有权代表国家投资的政府部门或机构、直属事业单位对企业形成的资本金。

10. 集体资本：指由本企业职工等自然人集体投资或各种机构对企业进行扶持形成的集体性质的资本金。

11. 法人资本：指法人以其依法可支配的资产投入企业形成的资本金。

12. 个人资本：指自然人实际投入企业的资本金。

13. 港澳台资本：指我国香港、澳门和台湾地区投资者实际投入企业的资本金。

14. 外商资本：指外国投资者实际投入企业的资本金。

15. 营业收入合计：指企业在销售商品、提供劳务及让渡资产使用权等日常活动中所形成的经济利益的总收入。包括主营业务收入和其他业务收入。

16. 主营业务收入：指企业在从事销售商品、提供劳务等主要生产经营活动中所产生的收入总额。此项目应根据相关行业的“产品销售收入”、“商品销售额”、“主营业务收入”、“营业收入”、“经营收入”、“工程结算收入”等科目发生额填列。

17. 主营业务成本：指企业为销售商品、提供劳务等主要生产经营活动而发生的各种耗费。

18. 主营业务税金及附加：指企业根据实现收入的一定比例计提的营业税、城建税和教育费附加总额。

19. 主营业务利润：指企业在从事商品销售、提供服务等主要经营中所产生的利润之和。

20. 其他业务利润：批企业除销售商品、提供劳务等主要经营活动外的其他业务收入扣除其他业务成本及应负担的费用、税金后的净收入。

21. 营业费用：指企业在销售商品、提供劳务等生产经营中发生的各项经营费用和餐饮企业经营中发生的各项费用。包括运输费、装卸费、包装费、保险费、展览费、差旅费、广告费、商品损耗、进出口商品累计拥金、经营人员的工资及福利费等。

22. 管理费用：指企业行政管理部门为组织和管理生产经营活动而发生的各项费用。

23. 税金：指企业按规定从管理费用中支付的各种税金，包括房产税、土地使用税、车船使用税、印花税等。

24. 差旅费：指因公务出差所发生的各种费用，包含外埠差旅费、市内差旅费、各种出差补贴等。

25. 工会经费：指建立工会组织的企业事业按每月全部职工工资总额的一定比例向工会拨缴的经

费。

26. 财务费用:指企业为筹集生产经营所需资金等而发生的费用,包括利息支出、汇兑损失以及相关的金融机构手续费等。

27. 利息净支出:指企业在生产经营期间利息支出扣除利息收入后的净额。

28. 营业利润:指企业从事生产经营活动所产生的利润,即主营业务利润加其他业务利润扣除管理费用、财务费用后的净额。

29. 利润总额:指企业在生产经营过程中各种收入扣除各种耗费后的盈余,反映企业在报告期内实现的亏盈总额,包括营业利润、补贴收入、投资净收益和营业外收支净额。

30. 应交所得税:指企业按税法规定,应从生产经营等活动的所得中交纳的税金。

31. 劳动、失业保险费):指企业向社会保障部门和保险公司为本单位职工支付的劳动保险、失业保险的费用。

32. 住房公积金和住房补贴:指企业单位、及其在职职工缴存的长期住房储金和国家为职工解决住房问题而给予的住房补贴资助。

33. 本年应付工资总额:指企业应支付给本单位职工的全部工资,它反映企业本期累计应付的工资总额,而不是会计“应付工资”科目的余额。

34. 本年应付福利费总额:指企业累计提取的福利费总额,它反映本期应付福利费的全部发生额,而不是会计“应付福利费”科目的余额。

35. 本年应交增值税(批发和零售企业填写)(80):指企业按税法规定,从事货物销售或提供加工、修理修配劳务等增加货物价值的活动本期应交纳的税金。指企业在报告期应交增值税额。

计算公式为:

$$\begin{array}{c}\text{本年应交}\\\text{增值税}\end{array}=\text{销项税额}-\left(\begin{array}{c}\text{进项}\\\text{税额}\end{array}-\begin{array}{c}\text{进项税}\\\text{额转出}\end{array}\right)-\begin{array}{c}\text{出口抵减内销}\\\text{产品应纳税额}\end{array}-\begin{array}{c}\text{减免}\\\text{税款}\end{array}+\begin{array}{c}\text{出口}\\\text{退税}\end{array}$$

36. 全部从业人员年平均人数:指年内各月平均拥有的人数,其计算公式为:

$$\begin{array}{c}\text{全部从业人}\\\text{员平均人数}\end{array}=\frac{(1\text{月平均人数}+2\text{月平均人数}+\cdots+12\text{月平均人数})}{12}$$

$$\text{月平均人数}=\frac{\left(\begin{array}{c}\text{月初从业}\\\text{人员数}\end{array}+\begin{array}{c}\text{月末从业}\\\text{人员数}\end{array}\right)}{2}$$

二、批发和零售业商品流转统计指标解释

1. 商品购进总额:指从本企业以外的单位和个人购进(包括从国外直接进口)作为转卖或加工后转卖的商品金额。本指标由从生产者购进额、从批发和零售业购进额、进口额和其他项组成,反映批发和零售业从国内外市场上购进商品的价值总量。

2. 进口:指直接从国外进口的商品和委托外贸部门代理进口的商品,不包括从国内有关单位购进的进口商品。外贸企业只能统计自主经营进口的商品,不包括受托代理进口的商品。

3. 商品销售总额(销售额):指售予本企业以外的单位和个人的商品金额(含增值税)。销售总额包括零售额和批发额两部分,其中零售额包括:售予居民和社会集团商品的金额;批发额包括:售予生产经营单位商品的金额和出口商品的金额。这个指标反映批发和零售业在国内市场上销售商品以及出口商品的价值总量。

4. 批发额:指批发和零售业企业(单位)向生产经营企业(单位)销售的商品金额。

6. 零售额:指批发和零售业企业(单位)售予城乡居民用于生活消费和社会集团用于公共消费的商品金额。具体包括:

(1)售予城乡居民的各种生活消费品;

(2)售予入境旅游的外国人、华侨、港澳台同胞的各类商品;

(3)售予行政事业单位,社会团体、军队和武警等机构的商品,以及以零售方式售予各类企业的商品。具体包括:用于非生产和社会交往的办公用品,如通讯设备、计算器具和设备、电讯网络设备、文印设备、音像视听器材和设备、纸张、本册、文具及装订文印材料、家具、日用电器、针纺织品、清洁卫生用品、文体用品、奖品、纪念品、礼品等;供内部人员乘坐的交通工具和燃料;用于办公设施修缮的各类配件、材料、工具等;用于取暖和防暑降温的设备、燃料、材料及食品等;专用于教学的用品和设备;非营利医疗机构的中、西药品、中药材和医疗设备器材;非专用的劳动保护用品;不对外营业的内部食堂用的餐具、炊具、设备、清洁卫生工具和食品、燃料等;军队、武警用于其人员生活的衣着品和个人用品;其他各类非生产性设备和用品。不包括:

(1)售予城乡居民已确知是用于生产、经营的商品;

(2)售予各类农业生产者的生产资料类商品;

(3)售予企业单位生产上专用的劳动保护用品。

7. 期(年)末库存总额:指批发和零售业企业(单位)已取得所有权的全部商品金额。这个指标反映批发和零售业的商品库存情况,以及对市场商品供应的保证程度。期末库存包括:

(1)存放在本单位(如门市部、批发站、采购站、经营处)的仓库、货场、货柜和货架中的商品;

(2)挑选、整理、包装中的商品;

(3)已记入购进而尚未运到本单位的商品,即发货单或银行承兑凭证已到而货未到的商品;

(4)寄放他处的商品,如因购货方拒绝付款而暂时存在购货方的商品;

(5)委托其他单位代销(未作销售或调出)尚未售出的商品;

(6)代其他单位购进尚未交付的商品。

期末库存不包括:

(1)所有权不属于本单位的商品,如商品已作销售但买方尚未取走的商品,代替他人保管、运输、加工的商品,代其他单位销售(未做购进或调入)而未售出的商品;

(2)委托外单位加工的商品(包括本单位所属加工厂和其他生产单位加工生产尚未收回成品的商品);

(3)外贸企业代理其他单位从国外进口,尚未付给订货单位的商品;

(4)代国家储备部门保管的商品。

企业的库存商品金额可以采用进价进行核算,采用进价核算的商品,应按商品进货原则(或实际采购成本)计算期末库存;采用售价核算的商品,应按商品的售价计算期末库存。购入的商品,在商品到达验收入库后计算期末库存(对已记入购进尚未运到的商品,也可计算期末库存);对于月终尚未开出承兑商业汇票的入库商品,按应付给供货单位的价款暂估计算期末库存;年度终了,凡已转入库存和已作销售的进口商品,属于国外以离岸价格成交、有应付未付国外运保费的,应先估计期末库存,委托其他单位代销的商品包括在期末库存中;委托外单位加工的商品,在发出商品时作减少期末库存,当加工商品收回时增加期末库存(包括商品进货原价、加工费用、加工税金等)。

三、住宿和餐饮业经营情况指标解释

1. 营业额:指住宿和餐饮业法人企业、产业活动单位在经营活动中因提供服务或销售商品等取得的收入。包括:客房收入、餐费收入、商品销售额(含增值税)和其他收入。

2. 客房收入:指住宿和餐饮业法人企业、产业活动单位在经营活动中因提供住宿服务取得的收入。

3. 餐费收入:指住宿和餐饮业法人企业、产业活动单位因为顾客提供就餐服务取得的收入。包括:经烹饪、调制加工后出售的各种食品,如主食、炒菜、凉拌菜等的收入。

4. 商品销售额:指住宿和餐饮业法人企业、产业活动单位出售商品的销售总额(含增值税)。

5. 其他收入:指营业额中除客房收入、餐费收入、商品销售额(含增值税)以外的其他收入。包括:娱乐、健身和商务服务等。

6. 床位数:指宾馆、饭店、酒店、旅馆等供应旅客使用的床位数,不包括临时加的床位和宾馆、饭店、酒店、旅馆等内部工作人员使用的床位。该指标按年内正常情况下的实有数统计。

7. 餐位数:指住宿和餐饮业法人企业、产业活动单位为顾客提供就餐服务时,正常可同时容纳就餐人员的餐位数量,不包括临时加的餐位。该指标按年内正常情况下的实有数统计。

8. 年末餐饮营业面积:指住宿和餐饮业法人企业、产业活动单位对外提供就餐服务的门店建筑面积和从事食品加工、烹饪、调制的厨房面积,不包括办公用房和仓库等面积。该指标按年末实有面积统计。